中國國家圖書館編

國家圖書館藏敦煌遺書

第一百冊　北敦〇七九五三號——北敦〇八一二二號

北京圖書館出版社

圖書在版編目(CIP)數據

國家圖書館藏敦煌遺書·第一百册/中國國家圖書館編;任繼愈主編.—北京:北京圖書館出版社,2008.6

ISBN 978-7-5013-3252-6

Ⅰ.國… Ⅱ.①中…②任… Ⅲ.敦煌學—文獻 Ⅳ.K870.6

中國版本圖書館 CIP 數據核字(2008)第 030808 號

書　　名　國家圖書館藏敦煌遺書·第一百册
著　　者　中國國家圖書館編　任繼愈主編
責任編輯　徐　蜀　孫　彦
封面設計　李　璀

出　　版　北京圖書館出版社　(100034　北京西城區文津街7號)
發　　行　010-66139745　66151313　66175620　66126153
66174391(傳真)　66126156(門市部)
E-mail　cbs@nlc.gov.cn(投稿)　btsfxb@nlc.gov.cn(郵購)
Website　www.nlcpress.com
經　　銷　新華書店
印　　刷　北京文津閣印務有限責任公司

開　　本　八開
印　　張　49.5
版　　次　2008年6月第1版第1次印刷
印　　數　1-250册(套)

書　　號　ISBN 978-7-5013-3252-6/K·1479
定　　價　990.00 圓

編輯委員會

主　　編　任繼愈
常務副主編　方廣錩
副　主　編　李際寧　張志清
編委（按姓氏筆畫排列）　王克芬　王姿怡　吴玉梅　周春華　陳　穎　黄　霞（常務）　黄　建　程佳羽　劉玉芬

出版委員會

主　任　詹福瑞
副主任　陳　力
委　員（按姓氏筆畫排列）　李　健　姜　紅　郭又陵　徐　蜀　孫　彦

攝製人員（按姓氏筆畫排列）

于向洋　王富生　王遂新　谷韶軍　張　軍　張紅兵　張　陽　曹　宏　郭春紅　楊　勇　嚴　平

原件修整人員（按姓氏筆畫排列）

朱振彬　杜偉生　李　英　胡玉清　胡秀菊　張　平　劉建明

目錄

又付財物居肆販賣時耶貰瀰往到其邊而
為說法教使繫念以白黑石子用當稠算善
念下白惡念下黑優波毱多奉受其教善惡
之念輙投石子壓黑偏多白者鮮少漸漸脩
習白黑正等繫念不止更無黑石純有白者
善念已盛逮得壓果時彼城中有婬女並遣
婢持錢往從買華優波毱提心性質直鐃與
其華不令有恨婢賚華歸婬女甚怪問其婢
言前日買華用錢一種往何以少今何以多
將無前時相欺竊乎婢答之言今日華主意
仁守禮平等相與所以鐃猥又復其生形體
殊妙大家若見沒不有恨婬女聞之遣信請
喚優波毱提自抑不往又復迮白終不從命
于時婬女與王家兒而共交通貪其衣服衆
寶所成利興義襄煞而藏之王家搜覓於其
舍得尋取婬女斬截手足劓其耳鼻懸於高
標豎置冢間雖荷此苦然未命終優波毱提

BD07953號　賢愚經卷一三　（2–1）

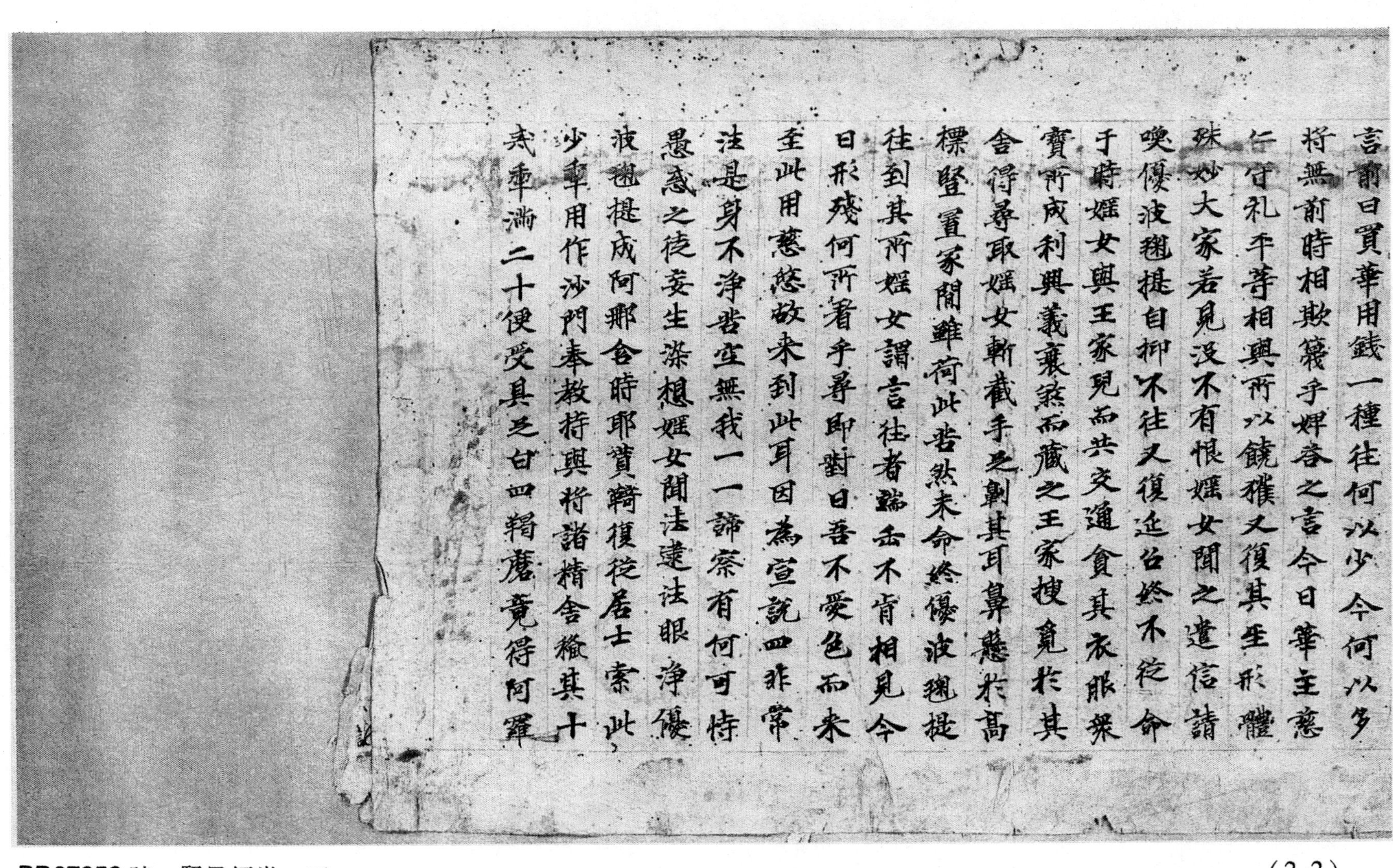
言前日買華用錢一種往何以少今何以多
將無前時相欺竊乎婢答之言今日華主意
仁守禮平等相與所以鐃猥又復其生形體
殊妙大家若見沒不有恨婬女聞之遣信請
喚優波毱提自抑不往又復迮白終不從命
于時婬女與王家兒而共交通貪其衣服衆
寶所成利興義襄煞而藏之王家搜覓於其
舍得尋取婬女斬截手足劓其耳鼻懸於高
標豎置冢間雖荷此苦然未命終優波毱提
往到其所婬女謂言往者諮白不肯相見今
日形殘何所看乎尋即對曰吾不愛色而來
至此用慈愍故來到此耳因為宣說四非常
法是身不淨苦空無我一一諦察有何可恃
愚惑之徒妄生染想婬女聞法逮法眼淨優
波毱提成阿那含時耶貰瀰復從居士索此
少年用作沙門奉教將與將詣精舍稱其十
武年滿二十便受具足由四羯磨竟得阿羅

BD07953號　賢愚經卷一三　（2–2）

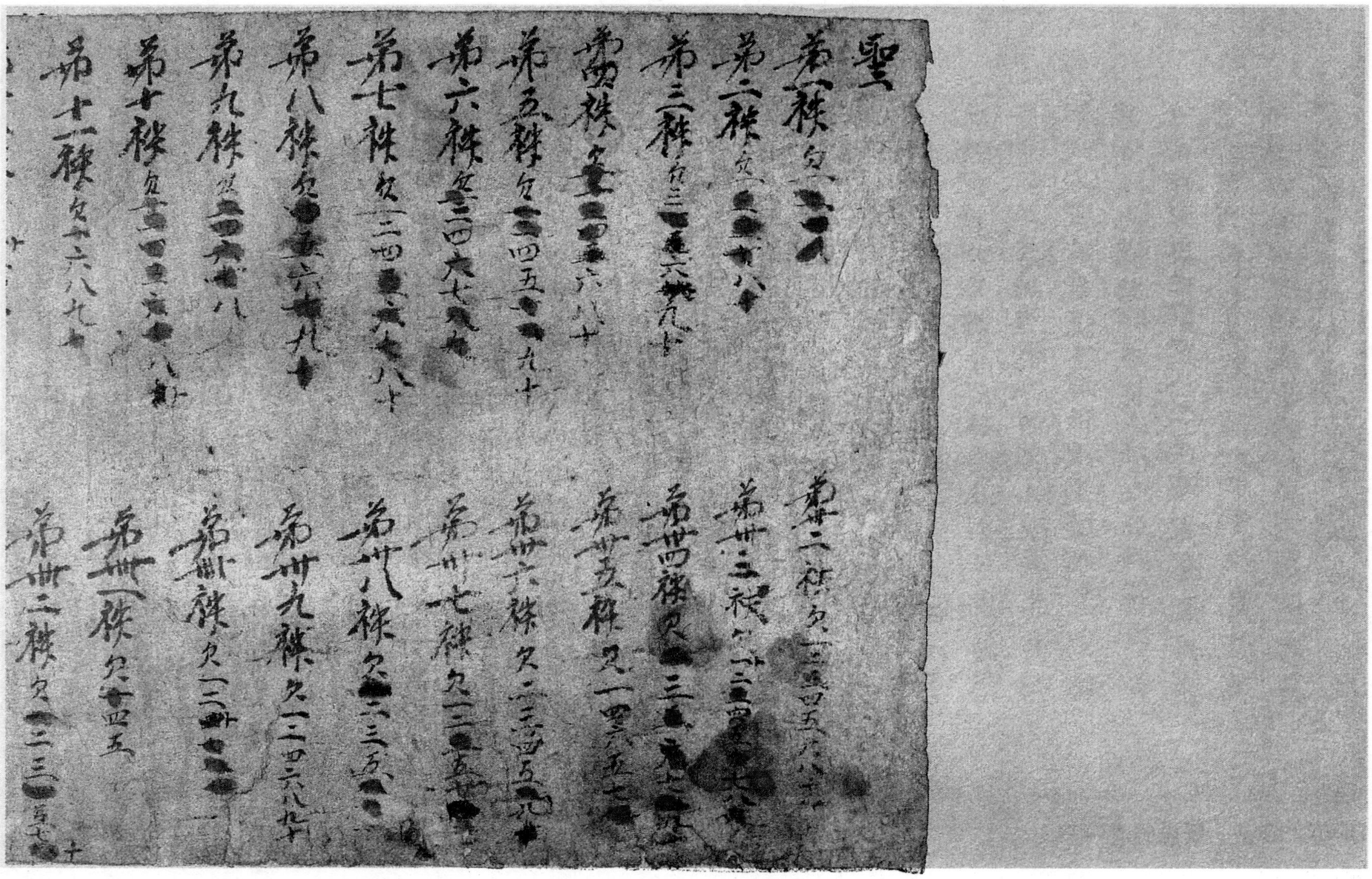

BD07954 號　點勘聖光寺大般若波羅蜜多經數（擬）　（2–1）

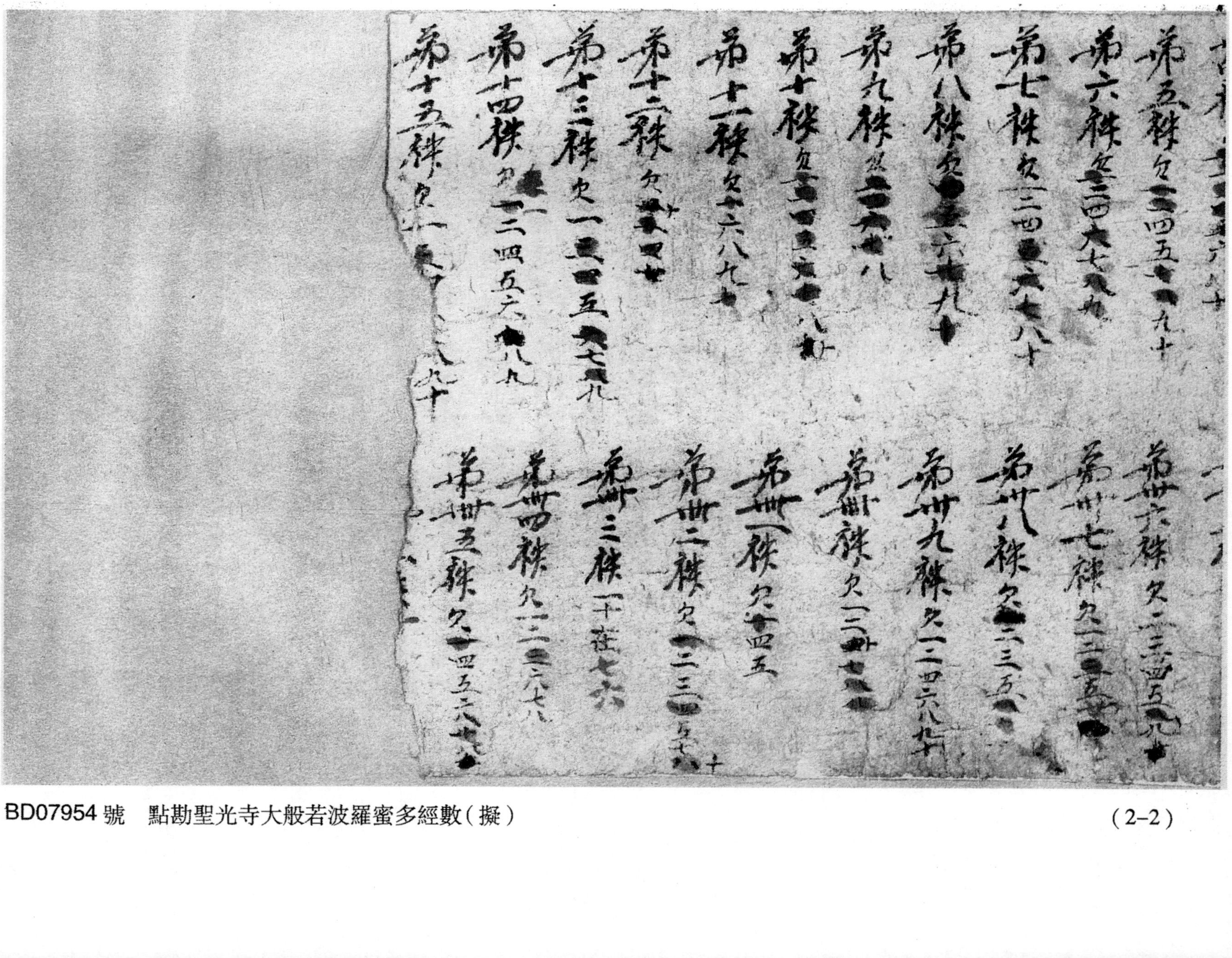

BD07954 號　點勘聖光寺大般若波羅蜜多經數（擬）　（2–2）

BD07954 號背　勘記　（1-1）

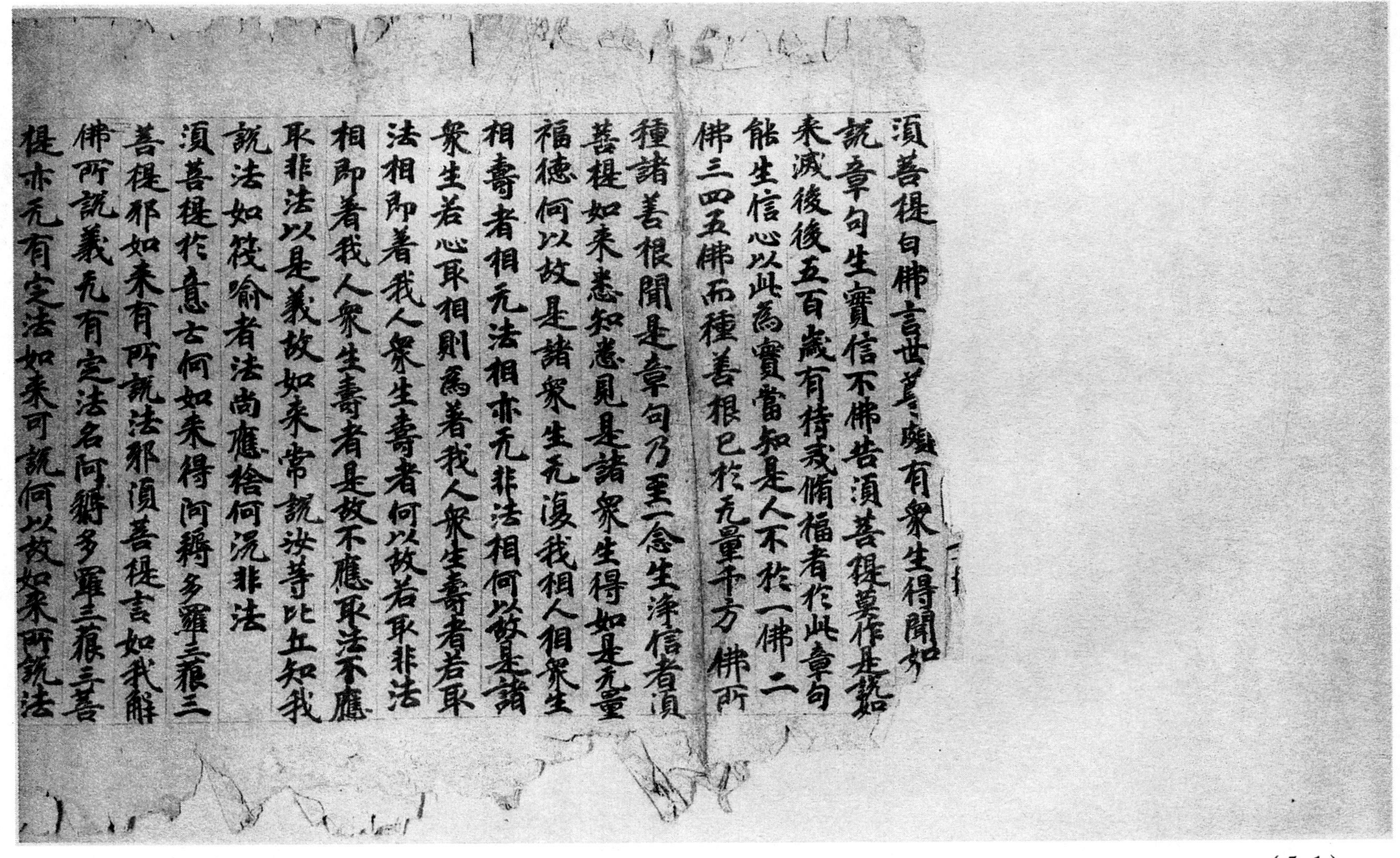

須菩提白佛言世尊頗有衆生得聞如
說章句生實信不佛告須菩提莫作是說如
來滅後後五百歲有持戒脩福者於此章句
能生信心以此爲實當知是人不於一佛二
佛三四五佛而種善根已於无量千万佛所
種諸善根聞是章句乃至一念生淨信者須
菩提如來悉知悉見是諸衆生得如是无量
福德何以故是諸衆生无復我相人相衆生
相壽者相无法相亦无非法相何以故是諸
衆生若心取相則爲著我人衆生壽者若取
法相即著我人衆生壽者何以故若取非法
相即著我人衆生壽者是故不應取法不應
取非法以是義故如來常說汝等比丘知我
說法如筏喻者法尚應捨何況非法
須菩提於意云何如來得阿耨多羅三藐三
菩提耶如來有所說法耶須菩提言如我解
佛所說義无有定法名阿耨多羅三藐三菩
提亦无有定法如來可說何以故如來所說法

BD07955 號　金剛般若波羅蜜經　（5-1）

說法如筏喻者法尚應捨何況非法
須菩提於意云何如來得阿耨多羅三藐三
菩提耶如來有所說法耶須菩提言如我解
佛所說義无有定法名阿耨多羅三藐三菩
提亦无有定法如來可說何以故如來所說法
皆不可取不可說非法非非法所以者何
一切賢聖皆以无為法而有差別
須菩提於意云何若人滿三千大千世界七
寶以用布施是人所得福德寧為多不須菩
提言甚多世尊何以故是福德即非福德性
是故如來說得福德多須菩提於意云若
復有人於此經中受持乃至四句偈等為他
人說其福勝彼何以故須菩提一切諸佛及
諸佛阿耨多羅三藐三菩提法皆從此經出
須菩提所謂佛法者即非佛法
須菩提於意云何須陁洹能作是念我得須
陁洹果不須菩提言不也世尊何以故須陁
洹名為入流而无所入不入色聲香味觸法
是名須陁洹須菩提於意云何斯陁含能作
是念我得斯陁含果不須菩提言不也世尊
何以故斯陁含名一往來而實无往來是名
斯陁含須菩提於意云何阿那含能作是念
我得阿那含果不須菩提言不也世尊何以
故阿那含名為不來而實无來是故名阿那
含須菩提於意云何阿羅漢能作是念我得
阿羅漢道不須菩提言不也世尊何以故實

我得阿那含果不須菩提言不也世尊何以
故阿那含名為不來而實无來是故名阿那
含須菩提於意云何阿羅漢能作是念我得
阿羅漢道不須菩提言不也世尊何以故實
无有法名阿羅漢世尊若阿羅漢作是念我
得阿羅漢道即為著我人衆生壽者世尊佛
說我得无諍三昧人中最為第一是第一離
欲阿羅漢我不作是念我是離欲阿羅漢世
尊我若作是念我得阿羅漢道世尊則不說
須菩提是樂阿蘭那行者以須菩提實无所
行而名須菩提是樂阿蘭那行
佛告須菩提於意云何如來昔在然燈佛所
於法有所得不世尊如來在然燈佛所於法
實无所得須菩提於意云何菩薩莊嚴佛土
不不也世尊何以故莊嚴佛土者則非莊嚴是
名莊嚴是故須菩提諸菩薩摩訶薩應如是
生清淨心不應住色生心不應住聲香味
觸法生心應无所住而生其心須菩提譬如
有人身如須弥山王於意云何是身為大不
須菩提言甚大世尊何以故佛說非身是名
大身須菩提如恒河中所有沙數如是沙等
恒河於意云何是諸恒河沙寧為多不須菩
提言甚多世尊但諸恒河尚多无數何況其
沙須菩提我今實言告汝若有善男子善女
人以七寶滿尒所恒河沙數三千大千世界
以用布施得福多不須菩提言甚多世尊佛

提言甚多世尊但諸恒河尚多无數何況其
沙須菩提我今實言告汝若有善男子善女
人以七寶滿尒所恒河沙數三千大千世界
以用布施得福多不須菩提言甚多世尊佛
告須菩提若善男子善女人於此經中乃至
受持四句偈等為他人說而此福德勝前福
德復次須菩提隨說是經乃至四句偈等當
知此處一切世間天人阿脩羅皆應供養如
佛塔廟何況有人盡能受持讀誦須菩提當
知是人成就最上第一希有之法若是經典
所在之處則為有佛若尊重弟子
尒時須菩提白佛言世尊當何名此經我等
云何奉持佛告須菩提是經名為金剛般若
波羅蜜以是名字汝當奉持所以者何須菩
提佛說般若波羅蜜則非般若波羅蜜須菩
提於意云何如来有所說法不須菩提白佛
言世尊如来无所說須菩提於意云何三千
大千世界所有微塵是為多不須菩提言甚
多世尊須菩提諸微塵如来說非微塵是名
微塵如来說世界非世界是名世界須菩提
於意云何可以三十二相見如来不不也世尊
何以故如来說三十二相即是非相是名三
十二相須菩提若有善男子善女人以恒
河沙等身命布施若復有人於此經中乃至
受持四句偈等為他人說其福甚多
尒時須菩提聞說是經深解義趣涕淚悲泣
而白佛言希有世尊說如是甚深經典我
從昔来所得慧眼未曾得聞

BD07955號　金剛般若波羅蜜經　（5-4）

於意云何可以三十二相見如来不不也世尊
何以故如来說三十二相即是非相是名三
十二相須菩提若有善男子善女人以恒
河沙等身命布施若復有人於此經中乃至
受持四句偈等為他人說其福甚多
尒時須菩提聞說是經深解義趣涕淚悲泣
而白佛言希有世尊說如是甚深經典我
從昔来所得慧眼未曾得聞如是之經世
尊若復有人得聞是經信心清淨則生實相當
知是人成就第一希有功德世尊是實相者
則是非相是故如来說名實相世尊我今得
聞如是經典信解受持不足為難若當来世
後五百歲其有眾生得聞是經信解受持是
人則為第一希有何以故此人无我相人相
眾生相壽者相所以者何我相即是非相人
相眾生相壽者相即是非相何以故離一切
諸相則名諸佛佛告須菩提如是如是若復
有人得聞是經不驚不怖不畏當知是人甚
為希有何以故須菩提如来說第一波羅蜜

BD07955號　金剛般若波羅蜜經　（5-5）

底九 達摩底十 伽迦娜十一 莎訶某持迦底十二 莎婆婆毗輸底十三 摩訶娜耶十四 波唎婆羅莎訶十五
尒時復有五十五殑伽佛一時同聲説是无量壽宗要經陀羅尼曰
南謨薄伽勃底一 阿波唎蜜哆二 阿喻紇硯娜三 須毗你志指陀四 囉佐耶五 怛他羯他耶六 怛姪他唵七 薩婆桒志
伽囉八 波唎輸底九 達摩底十 伽迦娜十一 莎訶某持迦底十二 莎婆婆毗輸底十三 摩訶娜耶十四 波唎婆羅莎訶十五
尒時復有四十五殑伽佛一時同聲説是无量壽宗要經陀羅尼曰 南謨薄伽勃底一 阿波
唎蜜哆二 阿喻紇硯娜三 須毗你志指陀四 囉佐耶五 怛他羯他耶六 怛姪他唵七 薩婆桒志伽囉八 波唎輸
底九 達摩底十 伽迦娜十一 莎訶某持伽底十二 莎婆婆毗輸底十三 摩訶娜耶十四 波唎婆羅莎訶十五
尒時復有三十六殑伽佛一時同聲説是无量壽宗要經陀羅尼曰 南謨薄伽勃底阿波
唎蜜哆二 阿喻紇硯娜三 須毗你志指陀四 囉佐耶五 怛他羯他耶六 怛姪他唵七 薩婆桒志伽囉八 波唎輸底九 達摩
底十 伽迦娜十一 莎訶某持迦底十二 莎婆婆毗輸底十三 摩訶娜耶十四 波唎婆羅莎訶十五
尒時復有二十五殑伽佛一時同聲説是无量壽宗要經陀羅尼曰 南謨薄伽勃底一 阿波唎
蜜哆二 阿喻紇硯娜三 須毗你志指陀四 囉佐耶五 怛他羯他耶六 怛姪他唵七 薩婆桒志伽囉八 波唎
輸底九 達摩底十 伽迦娜十一 莎訶某持迦底十二 莎婆婆毗輸底十三 摩訶娜耶十四 波唎婆羅莎訶十五
尒時復有恒河沙殑伽佛一時同聲説是无量壽宗要經陀羅尼曰 南謨薄伽勃底一 阿
波唎蜜哆二 阿喻紇硯娜三 須毗你志指陀四 囉佐耶五 怛他羯他耶六 怛姪他唵七 薩婆桒志迦囉八 波唎
輸底九 達摩底十 伽迦娜十一 莎訶某持伽底十二 莎婆婆毗輸底十三 摩訶娜耶十四 波唎婆羅莎訶十五
善男子若有自書寫教人書寫是无量壽宗要經如其命盡復得長壽而滿年陀囉
尼曰 南謨薄伽勃底一 阿波唎蜜哆二 阿喻紇硯娜三 須毗你志指陀四 囉佐耶五 怛他羯他耶六
怛姪他唵七 薩婆桒志伽囉八 波唎輸底九 達摩底十 伽迦娜十一 莎訶某持伽底十二 莎婆婆毗輸底十三
摩訶娜耶十四 波唎婆羅莎訶十五 若有自書寫教人書寫是无量壽宗要經
讀誦受持畢竟不墮地獄在在所生得宿命智陀羅尼曰 南謨薄伽勃底一 阿波唎蜜
哆二 阿喻紇硯娜三 須毗你志指陀四 囉佐耶五 怛他羯他耶六 怛姪他唵七 薩婆桒志伽囉八 波唎輸底九 達摩

BD07956號　無量壽宗要經　（4–1）

善男子若有自書寫教人書寫是无量壽宗要經如其命盡復得長壽而滿年陀囉
尼曰 南謨薄伽勃底一 阿波唎蜜哆二 阿喻紇硯娜三 須毗你志指陀四 囉佐耶五 怛他羯他耶六
怛姪他唵七 薩婆桒志伽囉八 波唎輸底九 達摩底十 伽迦娜十一 莎訶某持伽底十二 莎婆婆毗輸底十三
摩訶娜耶十四 波唎婆羅莎訶十五 若有自書寫教人書寫是无量壽宗要經
讀誦受持畢竟不墮地獄在在所生得宿命智陀羅尼曰 南謨薄伽勃底一 阿波唎蜜
哆二 阿喻紇硯娜三 須毗你志指陀四 囉佐耶五 怛他羯他耶六 怛姪他唵七 薩婆桒志伽囉八 波唎輸底九 達摩
底十 伽迦娜十一 莎訶某持迦底十二 莎婆婆毗輸底十三 摩訶娜耶十四 波唎婆羅莎訶十五
若有自書教人書寫是无量壽宗要經受持讀誦如同書寫八万四千一切經典陀羅尼曰
南謨薄伽勃底一 阿波唎蜜哆二 阿喻紇硯娜三 須毗你志指陀四 囉佐耶五 怛他羯他耶六 怛姪他唵七 薩
婆桒志伽囉八 波唎輸底九 達摩底十 伽迦娜十一 莎訶某持伽底十二 莎婆婆毗輸底十三 摩訶娜耶十四 波唎
婆羅莎訶十五 若有自書寫教人書寫是无量壽宗要經即是書寫八万四千部建立
塔廟陀羅尼曰 南謨薄伽勃底一 阿波唎蜜哆二 阿喻紇硯娜三 須毗你志指陀四 囉佐耶五 怛
他羯他耶六 怛姪他唵七 薩婆桒志迦囉八 波唎輸底九 達摩底十 伽迦娜十一 莎訶某持伽底十二 莎婆
婆毗輸底十三 摩訶娜耶十四 波唎婆羅莎訶十五
若有自書寫教人書寫是无量壽宗要經能消五无間等一切重罪陀羅尼曰
南謨薄伽勃底一 阿波唎蜜哆二 阿喻紇硯娜三 須毗你志指陀四 囉佐耶五 怛他羯他耶六 怛姪他唵七
薩婆桒志伽囉八 波唎輸底九 達摩底十 伽迦娜十一 莎訶某持伽底十二 莎婆婆毗輸底十三 摩訶娜耶十四
波唎婆羅莎訶十五 若有自書寫教人書寫是无量壽宗要經受持讀誦設有
重罪猶如須弥盡能除滅陀羅尼曰 南謨薄伽勃底一 阿波唎蜜哆二 阿喻紇
硯娜三 須毗你志指陀四 囉佐耶五 怛他羯他耶六 怛姪他唵七 薩婆桒志伽囉八 波唎輸底九 達摩底
伽迦娜十一 莎訶某持伽底十二 莎婆婆毗輸底十三 摩訶娜耶十四 波唎婆羅莎訶十五
若有自書寫是无量壽宗要經受持讀誦若魔魔之眷屬夜叉羅刹不得其便終无
枉死陀羅尼曰 南謨薄伽勃底一 阿波唎蜜哆二 阿喻紇硯娜三 須毗你志指陀四 囉佐耶五 怛
他羯他耶六 怛姪他唵七 薩婆桒志伽囉八 波唎輸底九 達摩底十 伽迦娜十一 莎訶某持伽底十二 莎婆婆毗
輸底十三 摩訶娜耶十四 波唎婆羅莎訶十五 若有自書教人書寫是无量壽宗要經
受持讀誦當命終時有九十九殑佛現其人前來千佛授手能遊一切佛刹莫於此經生其
疑惑陀羅尼曰 南謨薄伽勃底一 阿波唎蜜哆二 阿喻紇硯娜三 須毗你志指陀四 囉佐耶五
怛他羯他耶六 怛姪他唵七 薩婆桒志伽囉八 波唎輸底九 達摩底十 伽迦娜十一 莎訶某持伽底十二 莎婆婆
毗輸底十三 摩訶娜耶十四 波唎婆羅莎訶十五
若有自書寫教人書寫是无量壽宗要經受持讀誦常得四天大王隨其衛護陀羅尼曰

BD07956號　無量壽宗要經　（4–2）

受持讀誦當令後時有九十九姟佛現其人前來手佛授手能遊一切佛剎莫於此經生於
疑惑陀羅尼曰　南謨薄伽勃底一阿波唎蜜多二阿喻紇硯娜三須毗你悉指陀四囉佐耶五
怛他羯他耶六怛姪他唵七薩婆桑悉迦囉八波唎輸底九達磨底十伽迦娜十一莎訶娑持伽底十二莎婆
毗輸底十三摩訶娜耶十四波唎婆囉莎訶十五
若有自書寫教人書寫是旡量壽宗要經受持讀誦常得四天大王隨其衛護陀羅尼曰
南謨薄伽勃底一阿波唎蜜多二阿喻紇硯娜三須毗你悉指陀四囉佐耶五怛他羯他耶六怛姪他唵七薩婆
桑悉伽囉八波唎輸底九達磨底十伽迦娜十一莎訶娑持伽底十二莎婆婆毗輸底十三摩訶娜耶十四
波唎婆囉莎訶十五　若有自書教人書寫是旡量壽宗要經受持讀誦當得往
生西方極樂世界阿彌陀佛淨土陀羅尼曰　南謨薄伽勃底一阿波唎蜜多二阿喻紇
硯娜三須毗你悉指陀四囉佐耶五怛他羯他耶六怛姪他唵七薩婆桑悉伽囉八波唎輸底九達磨底十伽
伽娜十一莎訶娑持伽底十二莎婆婆毗輸底十三摩訶娜耶十四波唎婆囉莎訶十五
若有人自書寫使人書寫是旡量壽經典之處則為是塔皆應恭敬作禮若是畜生
或為鳥獸得聞如是等類皆當不久得成一切種智陀羅尼曰
南謨薄伽勃底一阿波唎蜜多二阿喻紇硯娜三須毗你悉指陀四囉佐耶五怛他羯他耶六怛姪他唵七薩婆
桑悉伽囉八波唎輸底九達磨底十伽迦娜十一莎訶娑持伽底十二莎婆婆毗輸底十三摩訶娜耶十四波
唎婆囉莎訶十五　若有於是旡量壽經典自書寫使人書寫畢竟不受女人之身
陀羅尼曰　南謨薄伽勃底一阿波唎蜜多二阿喻紇硯娜三須毗你悉指陀四囉佐耶五怛他
羯他耶六怛姪他唵七薩婆桑悉伽囉八波唎輸底九達磨底十伽迦娜十一莎訶娑持伽底十二莎婆婆
毗輸底十三摩訶娜耶十四波唎婆囉莎訶十五
若有能於是經少分施者等於三千大千世界滿中七寶布施陀羅尼曰
南謨薄伽勃底一阿波唎蜜多二阿喻紇硯娜三須毗你悉指陀四囉佐耶五怛他羯他耶六怛姪他
唵七薩婆桑悉伽囉八波唎輸底九達磨底十伽迦娜十一莎訶娑持伽底十二莎婆婆毗輸底十三摩
訶娜耶十四波唎婆囉莎訶十五　若有供養是經者則是供養一切諸經等旡有異陀
羅尼曰　南謨薄伽勃底一阿波唎蜜多二阿喻紇硯娜三須毗你悉指陀四囉佐耶怛他羯他
耶六怛姪他唵七薩婆桑悉伽囉八波唎輸底九達磨底十伽迦娜十一莎訶娑持伽底十二莎婆婆毗輸底
摩訶娜耶十四波唎婆囉莎訶十五　如是毗婆尸佛尸棄佛毗舍浮佛拘留孫佛俱那含牟
尼佛迦葉佛釋迦牟尼佛　若有人以七寶供養如是七佛其福有限書寫受持是旡
量壽宗要經典所有功德不可限量陀羅尼曰
南謨薄伽勃底一阿波唎蜜多二阿喻紇硯娜三須毗你悉指陀四囉佐耶五怛他羯他耶六怛姪他唵七
薩婆桑悉伽囉八波唎輸底九達磨底十伽迦娜十一莎訶娑持伽底十二莎婆婆毗輸底十三摩訶娜
耶十四波唎婆囉莎訶十五　若有七寶等於須彌以用布施其福上能知其限量是旡

BD07956號　無量壽宗要經　（4–3）

尼佛迦葉佛釋迦牟尼佛　若有人以七寶供養如是七佛其福有限書寫受持是旡
量壽宗要經典所有功德不可限量陀羅尼曰
南謨薄伽勃底一阿波唎蜜多二阿喻紇硯娜三須毗你悉指陀四囉佐耶五怛他羯他耶六怛姪他唵七
薩婆桑悉伽囉八波唎輸底九達磨底十伽迦娜十一莎訶娑持伽底十二莎婆婆毗輸底十三摩訶娜
耶十四波唎婆囉莎訶十五　若有七寶等於須彌以用布施其福上能知其限量是旡
量壽經典其福不可知數陀羅尼曰　南謨薄伽勃底一阿波唎蜜多二阿喻紇
硯娜三須毗你悉指陀四囉佐耶五怛他羯他耶六怛姪他唵七薩婆桑悉伽囉八波唎輸底九達磨
底十伽迦娜十一莎訶娑持伽底十二莎婆婆毗輸底十三摩訶娜耶十四波唎婆囉莎訶十五
如是四大海水可知滴數是旡量壽經典所生果報不可數量陀羅尼曰
南謨薄伽勃底一阿波唎蜜多二阿喻紇硯娜三須毗你悉指陀四囉佐耶五達磨羯他耶六怛姪他唵七薩
婆桑悉伽囉八波唎輸底九達磨底十伽迦娜十一莎訶娑持伽底十二莎婆婆毗輸底十三摩訶娜耶十四
波唎婆囉莎訶十五　若有人自書使人書寫是旡量壽經典又能護持供養即如恭
敬供養一切十方佛土如來旡有別異陀羅尼曰　南謨薄伽勃底一阿波唎蜜多二阿
喻紇硯娜三須毗你悉指陀四囉佐耶五怛他羯他耶六怛姪他唵七薩婆桑悉伽囉八波唎輸底九達磨
底十伽迦娜十一莎訶娑持迦底十二莎婆婆毗輸底十三摩訶娜耶十四波唎婆囉莎訶十五
布施力能成正覺　悟布施力人師子　布施力能聲聞　慈悲階漸最能入
持戒力能成正覺　悟持戒力人師子　持戒力能聲聞　慈悲階漸最能入
忍辱力能成正覺　悟忍辱力人師子　忍辱力能聲聞　慈悲階漸最能入
精進力能成正覺　悟精進力人師子　精進力能聲聞　慈悲階漸最能入
禪定力能成正覺　悟禪定力人師子　禪定力能聲聞　慈悲階漸最能入
智慧力能成正覺　悟智慧力人師子　智慧力能聲聞　慈悲階漸最能入
尒時如來說是經已一切世間天人阿脩羅揵闥婆等聞佛所說皆大歡喜信受奉行
佛說旡量壽宗要經

BD07956號　無量壽宗要經　（4–4）

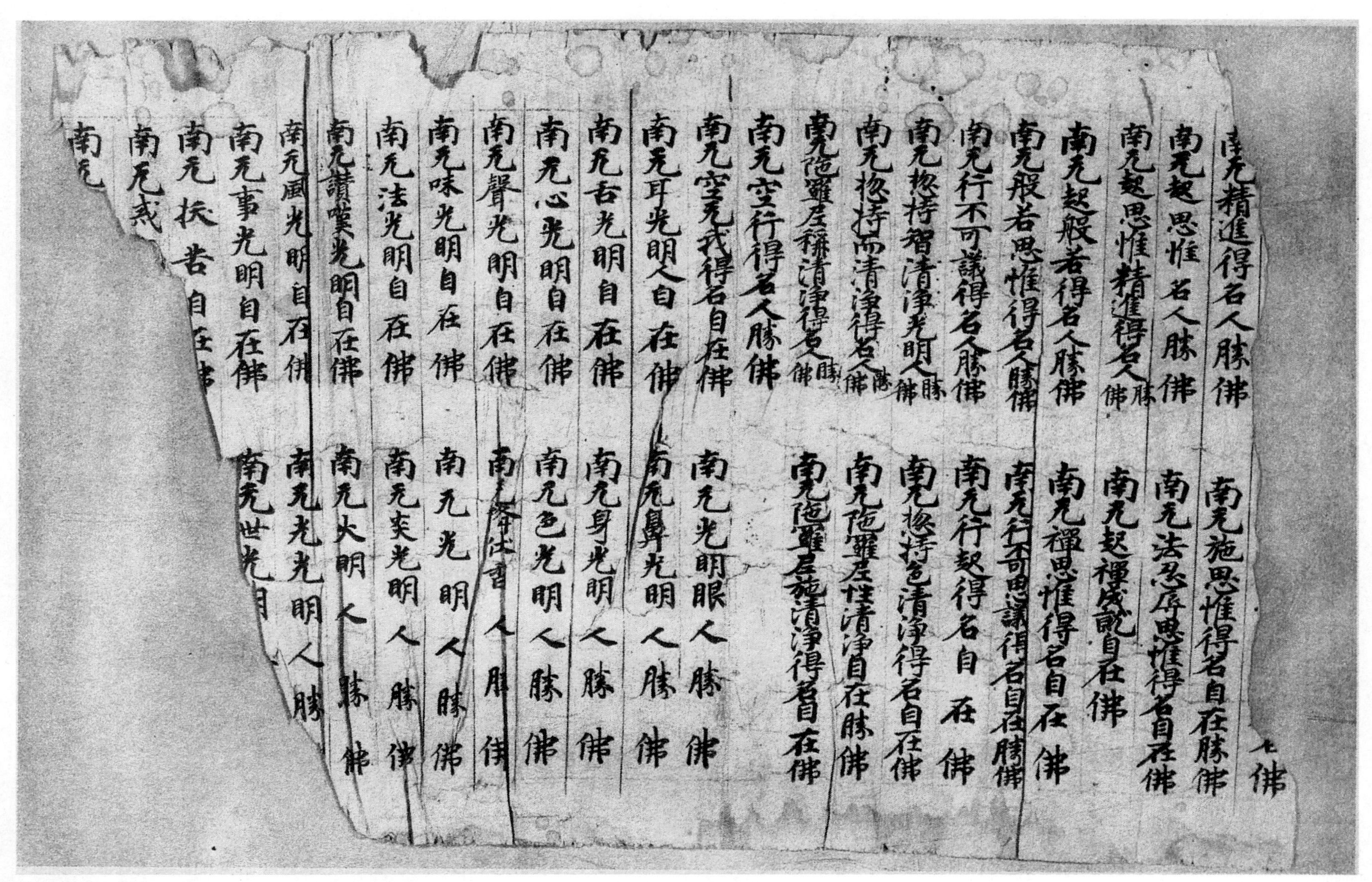

南无精進得名人勝佛　南无施思惟得名自在勝佛
南无起思惟名人勝佛　南无法忍辱思惟得名自在佛
南无起思惟精進得名人勝佛　南无起禪成就自在佛
南无起般若得名人勝佛　南无禪思惟得名自在佛
南无般若思惟得名人勝佛　南无行不可思議得名自在勝佛
南无行不可議得名人勝佛　南无行起得名自在佛
南无捴持智清淨光明人勝佛　南无捴持色清淨得名自在佛
南无捴持而清淨得名人勝佛　南无陁羅尼性清淨自在勝佛
南无陁羅尼稱清淨得見人勝佛　南无陁羅尼施清淨得名自在佛
南无空行得名人勝佛
南无空无我得名自在佛　南无光明眼人勝佛
南无耳光明人自在佛　南无鼻光明人勝佛
南无舌光明自在佛　南无身光明人勝佛
南无心光明自在佛　南无色光明人勝佛
南无聲光明自在佛　南无[illegible]法香人勝佛
南无味光明自在佛　南无光明人勝佛
南无法光明自在佛　南无实光明人勝佛
南无讚嘆光明自在佛　南无火明人勝佛
南无國光明自在佛　南无光光明人勝
南无事光明自在佛　南无世光明
南无拔苦自在佛
南无裁
南无

BD07957號　佛名經（十六卷本）卷八　（1–1）

言連環者有其三種 一者環具足 二者連環解釋 三者連環不差
[illegible]門第五言難者 夫難起之因而有五種 一者不了義故難
二者義相違故難 三者与道理相違故難 四者多么故難
五者事不現故難 上來五門之中第二第三第四第五此四門義
通此非本 不可配文 從首至終以義通釋 第一總攝門中文七有
假今當第一門 其序分於中文四 一時成就 二主成就 三處所成就
四衆成就 是故与何時是誰何處爲何等 亦隨類而配經文
我聞一時此稱時成就也 言如是者爲諸菩薩結集之時 啓問文殊師
利菩薩等言 汝云何聞 當如實說 彼即答言 如是我聞 此即能
引下諸經文 問曰 何故集經者不言自說 言如是我聞 答 離增
益損減謗故 言我聞者 此二顯其親聞非自證也 若自親中
無傳中過失故 所以立我 恒中非證故 立作聞 除此又緣則不
然了此義故 語言自證不生處故 言一時者 即中經時也 此有二釋
[illegible]

引下諸經文問曰何故集經者不言自說言如是我聞答離增
益損減謗故言我聞者此二類其親聞非自證也為自親中
无傳中過失故所以立我但中非證故立我聞除佛人餘則不
能了此義故若言自證不生信故言一時者即中經時也此有二釋
一者相合二与經合与中相合者顯此經寶難得中故与經合者此
顯如來亦於餘時為度衆生經餘處故 經薄伽梵此二義成
就也言薄伽梵者此是梵音此翻云降伏具足謂降四魔具六
功德故名薄伽梵 經住王舍城耆闍崛山者此三處可成說也此有通
別通言王舍城別即耆闍崛山言住者有其三種一威儀住二說法
住三禪定住中復為三種一梵住二天住三聖住 王舍為往昔之時為諸非
人惱亂國人毀壞村邑王勅國人於其門上題王舍字由是非
人不能毀壞故名王舍城耆闍崛山者此翻云鷲峯山此山
峯勢狀如鷲鳥因以為名列二處者一為歌利益在家出家
諸人等故二為令自利具足他利圓滿故為此聚落諸聚落
中最為尊貴此經亦尔於諸經中最為第一故於此說
耆闍崛山者此經甚深難得入故顯高勝義也 經與大苾芻衆
至摩訶薩俱此第四衆成就也文二一聲聞中二菩薩成就彼復
有二一舉名二列數 與大苾芻 此初舉名也言大者一者數大
二威德大有千二百五十故名數大皆是大阿羅漢故名威
德大言苾芻者有五種一名字二乞求三自稱四破惑五白

BD07958號　大乘稻芉經隨聽疏　　（3–2）

諸人等於二諦令自

中最爲尊貴此經亦尓於諸經中最爲第一故於此說

耆闍崛山者此經甚深難得入故顯高勝義也　經與大比丘衆

至摩訶薩俱此第四衆成就也文二一聲聞二菩薩衆成就　初復

有二一舉名二列數　與大比丘衆　此初舉名也　言大者　一者數大

二威德大　有千二百五十故名數大　皆是大阿羅漢故名威

德大　言丘者　有五種　一名字　二乞求　三自稱　四破惡　五白

四羯磨得戒　所雖有五種　今取第四　衆者　和合義也　千二百五

十人　此二列數也　世尊成等正覺　於王舍城度優樓頻螺迦

葉師及弟子五百人　頻螺迦葉及師弟子二百五十　伽耶迦

葉亦二百五十　舍利子目連共二百五十　從王舍城說此經　問　大

乘經中何故列聲聞耶　答有三義故　一集經者故　於自生信

故　二令諸聲聞入大乘故　三七回緣法是共有法故　先列聲聞

者　一爲諸聲聞不離於佛常隨侍者故　二於出家人生恭敬故　及

諸菩薩摩訶薩俱　此二菩薩衆成就也　此是梵音　翻爲道心　大道心

道心者　故言大道心者

BD07958號　大乘稻芉經隨聽疏

（3–3）

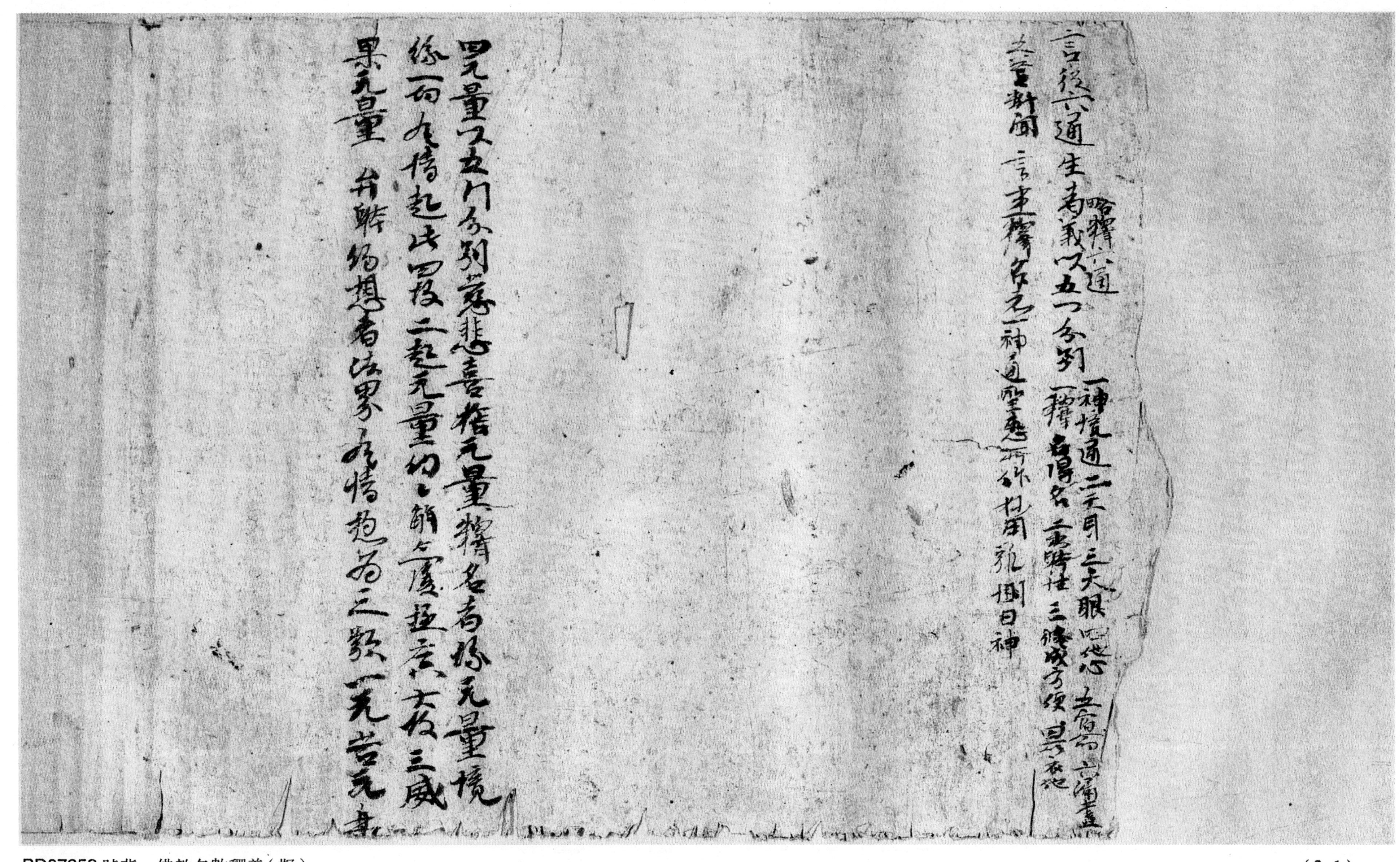

BD07958號背　佛教名數釋義（擬）

（2–1）

BD07958號背　雜寫　　　　（2–2）

脫菩薩語阿難言如來世尊說是經典威
神功德利益不少坐中諸鬼神有十二神王從
坐而起往到佛所叫跪合掌白佛言我等十
二鬼神在所作護若城邑聚落空閑林中若
四輩弟子誦持此經令所結願无求不得阿
難問言其名云何為我說之救脫菩薩言灌
頂章句其名如是
神名金毗羅　神名和耆羅　神名弥佉羅　神名安陁羅
神名摩尼羅　神名宋林羅　神名因持羅　神名波耶羅
神名摩休羅　神名真陁羅　神名照頭羅　神名毗伽羅
救脫菩薩語阿難言此諸鬼神別有七千以
為眷屬皆悉叉手低頭聽佛世尊說是琉
璃光如來本願功德莫不一時捨鬼神形得受
人身長得度脫无衆惱患若人疾急厄難之
日當以五色縷結其名字得如願已然後解
結令人得福灌頂章句法應如是

BD07959號　灌頂章句拔除過罪生死得度經　（2–1）

神名摩尼羅　神名宋林羅　神名因持羅　神名波耶羅
神名摩休羅　神名真陁羅　神名照頭羅　神名毗伽羅
救脫菩薩語阿難言此諸鬼神別有七千以
為眷屬皆悉叉手低頭聽佛世尊說是琉
璃光如來本願功德莫不一時捨鬼神形得受
人身長得度脫无衆惱患若人疾急厄難之
日當以五色縷結其名字得如願已然後解
結令人得福灌頂章句法應如是
佛說是經時比丘僧八千人諸菩薩三万六
千人俱諸天龍鬼神八部大王无不歡喜阿
難從坐而起前白佛言世尊演說此法當何名
之佛言此經凡有三名一名藥師琉璃光本願
功德二名灌頂章句十二神王結願神呪三名
拔除過罪生死得度佛說經竟大衆人民
作礼奉行

藥師經一卷

BD07959號　灌頂章句拔除過罪生死得度經　（2–2）

蜜多清淨故真如清淨真如清淨故一切智
智清淨何以故若精進波羅蜜多清淨若真
如清淨若一切智智清淨无二无二分无別
无斷故精進波羅蜜多清淨故法界法性不虛
妄性不變異性平等性離生性法定法住實
際虛空界不思議界清淨法界乃至不思議
界清淨故一切智智清淨何以故若精進波
羅蜜多清淨若法界乃至不思議界清淨若
一切智智清淨无二无二分无別无斷故善
現精進波羅蜜多清淨故苦聖諦清淨苦聖
諦清淨故一切智智清淨何以故若精進波
羅蜜多清淨若苦聖諦清淨若一切智智清
淨无二无二分无別无斷故精進波羅蜜
多清淨故集滅道聖諦清淨集滅道聖諦
清淨故一切智智清淨何以故若精進波羅
蜜多清淨若集滅道聖諦清淨若一切智

BD07960號　大般若波羅蜜多經卷二〇六　（3-1）

[illegible]
羅蜜多清淨若苦聖諦清淨若一切智智清
淨无二无二分无別无斷故精進波羅蜜
多清淨故集滅道聖諦清淨集滅道聖諦
清淨故一切智智清淨何以故若精進波羅
蜜多清淨若集滅道聖諦清淨若一切智
智清淨无二无二分无別无斷故善現精進
波羅蜜多清淨故四靜慮清淨四靜慮清
淨故一切智智清淨何以故若精進波羅蜜
多清淨若四靜慮清淨若一切智智清淨无
二无二分无別无斷故精進波羅蜜多清淨
故四无量四无色定清淨四无量四无色定清
淨故一切智智清淨何以故若精進波羅
蜜多清淨若四无量四无色定清淨若一切
智智清淨无二无二分无別无斷故善現精
進波羅蜜多清淨故八解脫清淨八解脫清
淨故一切智智清淨何以故若精進波羅蜜
多清淨若八解脫清淨若一切智智清淨无
二无二分无別无斷故精進波羅蜜多清淨
故八勝處九次第定十遍處清淨八勝處九
次第定十遍處清淨故一切智智清淨何以
故若精進波羅蜜多清淨若八勝處九次第
定十遍處清淨若一切智智清淨无二无二
分无別无斷故善現精進波羅蜜多清淨故四
念住清淨四念住清淨故一切智智清淨何
以故若精進波羅蜜多清淨若四念住清淨
若一切智智清淨无二无二分无別无斷故

BD07960號　大般若波羅蜜多經卷二〇六　（3-2）

故若精進波羅蜜多清淨若八勝處九次第
定十遍處清淨若一切智智清淨无二无二
分无別无斷故善現精進波羅蜜多清淨故四
念住清淨四念住清淨故一切智智清淨何
以故若精進波羅蜜多清淨若四念住清淨
若一切智智清淨无二无二分无別无斷故
精進波羅蜜多清淨故四正斷四神足五根
五力七等覺支八聖道支清淨四正斷乃至
八聖道支清淨故一切智智清淨何以故若
精進波羅蜜多清淨若四正斷乃至八聖道
支清淨若一切智智清淨无二无二分无別
无斷故善現精進波羅蜜多清淨故空解脫
門清淨空解脫門清淨故一切智智清淨何
以故若精進波羅蜜多清淨若空解脫門清
淨若一切智智清淨无二无二分无別无斷
故精進波羅蜜多清淨故无相无願解脫門
清淨无相无願解脫門清淨故一切智智清
淨何以故若精進波羅蜜多清淨若无相无
願解脫門清淨若一切智智清淨无二无二
分无別无斷故善現精進波羅蜜多清淨故

BD07960 號　大般若波羅蜜多經卷二〇六　（3–3）

須菩提於意云何可
提言如是如是以卅二相觀如來佛言須菩
提若以卅二相觀如來者轉輪聖王則是如
來須菩提白佛言世尊如我解佛所說義
不應以卅二相觀如來尒時世尊而說偈言
若以色見我　以音聲求我　是人行邪道　不能見如來
須菩提汝若作是念如來不以具足相故得阿
耨多羅三藐三菩提須菩提莫作是念如
來不以具足相故得阿耨多羅三藐三菩提
須菩提汝若作是念發阿耨多羅三藐三
提者說諸法斷滅相莫作是念何以故發阿
多羅三藐三菩提者於法不說斷滅相須
菩提若菩薩以滿恒河沙等世界七寶布施
若復有人知一切法无我得成於忍此菩薩
勝前菩薩所得功德須菩提以諸菩薩不
受福德故須菩提白佛言世尊云何菩薩不
受福德須菩提菩薩所作福德不應貪著

BD07961 號　金剛般若波羅蜜經　（3–1）

菩提若菩薩以滿恒河沙等世界七寶布施
若復有人知一切法无我得成於忍此菩薩
勝前菩薩所得功德須菩提以諸菩薩不
受福德故須菩提白佛言世尊云何菩薩不
受福德須菩提菩薩所作福德不應貪著是
著故說不受福德
須菩提若有人言如來若來若去若坐若
臥是人不解我所說義何以故如來者无所從
來亦无所去故名如來
須菩提若善男子善女人以三千大千世界
碎為微塵於意云何是微塵衆寧為多不
甚多世尊何以故若是微塵衆實有者佛
則不說是微塵衆所以者何佛說微塵衆則
非微塵衆是名微塵衆世尊如來所說三千大
千世界則非世界是名世界何以故若世界實
有者則是一合相如來說一合相則非一合相
是名一合相須菩提一合相者則是不可說但
凡夫之人貪著其事須菩提若人言佛說
我見人見衆生見壽者見須菩提於意云何
是人解我所說義不世尊是人不解如來所
說義何以故世尊說我見人見衆生見壽者
見即非我見人見衆生見壽者見是名我見
人見衆生見壽者見須菩提發阿耨多羅三
藐三菩提心者於一切法應如是知如是見如
是信解不生法相須菩提所言法相者如來
說即非法相是名法相須菩提若有人以滿无
量阿僧祇世界七寶持用布施若有善男子

BD07961號　金剛般若波羅蜜經　（3–2）

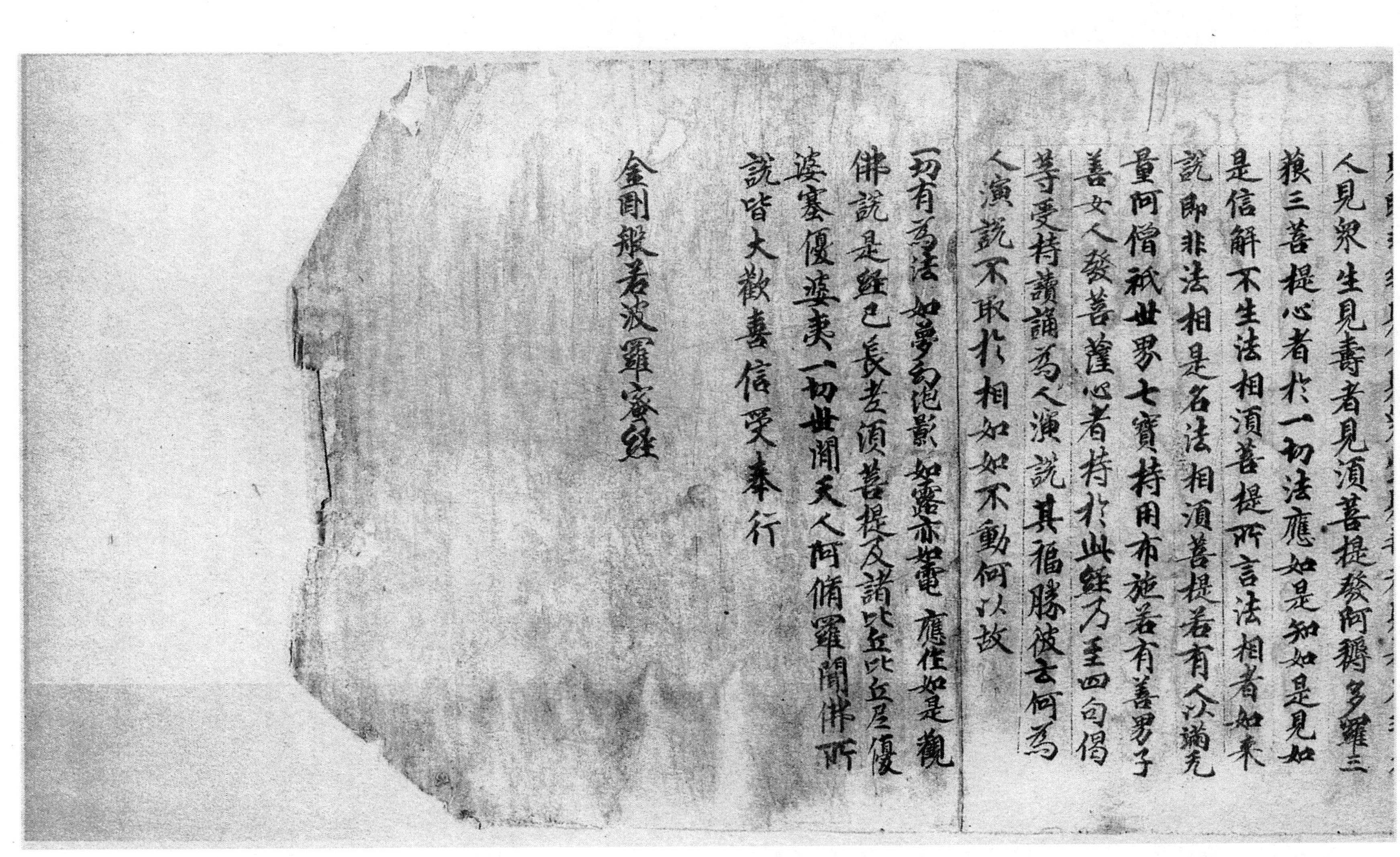
人見衆生見壽者見須菩提發阿耨多羅三
藐三菩提心者於一切法應如是知如是見如
是信解不生法相須菩提所言法相者如來
說即非法相是名法相須菩提若有人以滿无
量阿僧祇世界七寶持用布施若有善男子
善女人發菩薩心者持於此經乃至四句偈
等受持讀誦為人演說其福勝彼云何為
人演說不取於相如如不動何以故
一切有為法　如夢幻泡影　如露亦如電　應作如是觀
佛說是經已長老須菩提及諸比丘比丘尼優
婆塞優婆夷一切世間天人阿脩羅聞佛所
說皆大歡喜信受奉行

金剛般若波羅蜜經

BD07961號　金剛般若波羅蜜經　（3–3）

行婬至共畜生是比丘波羅
若比丘若在村落若閑靜處
取法若爲王王大臣所捉若煞若縛若
賊汝癡汝無所知是比丘波羅夷不共住
若比丘故自手斷人命持刀與人歎譽死快勸死
咄男子用此惡活爲寧死不生作如是心思惟種
種方便歎譽死快勸死是比丘波羅夷不共住
若比丘實无所知自稱言我得上人法我已入聖智
勝法我知是我見是彼於異時若問若不問欲
自清淨故作是說我實不知不見言見虚誑妄
語除增上慢是比丘波羅夷不共住
諸大德我已說四波羅夷法若比丘犯一一波羅夷
法不得與諸比丘共住如前後亦如是是比丘得波
羅夷罪不應共住今問諸大德是中清淨不 三說
諸大德是中清淨默然故是事如是持
諸大德是十三僧伽婆尸沙法半月半月說戒經
中來 若比丘故弄陰出精除夢中僧伽婆尸沙
若比丘婬欲意與女人身相觸若捉手若捉髮若
觸一一身分者僧伽婆尸沙
若比丘婬欲意與女人麁惡婬欲語隨麁惡婬欲語
者僧伽婆尸沙
若比丘婬欲意於女人前自歎身言大妹我脩梵行
持戒精進脩善法可持是婬欲法供養我如是供養

BD07962號　四分律比丘戒本　（3–1）

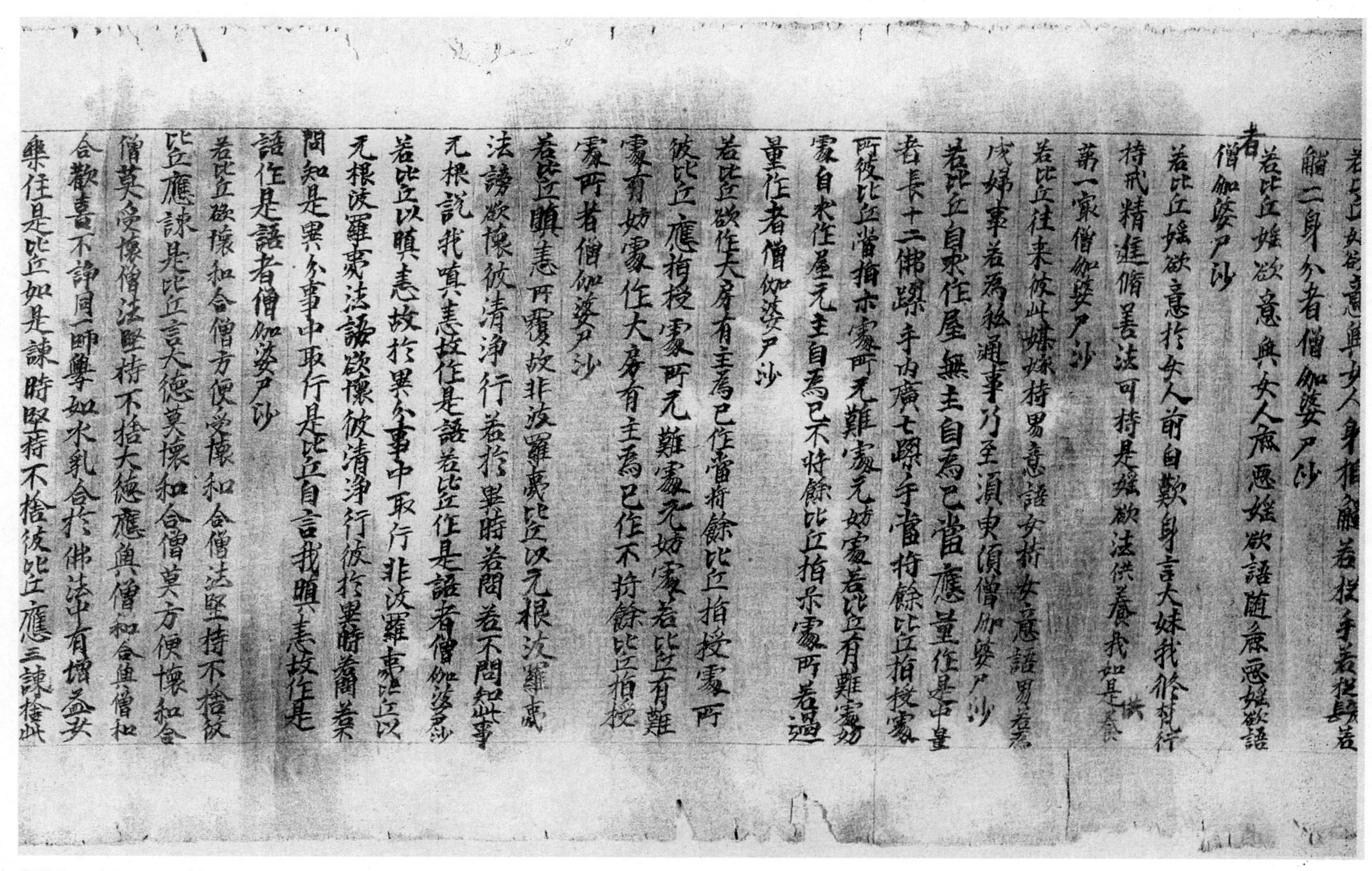
若比丘婬欲意與女人身相觸若捉手若捉髮若
觸一一身分者僧伽婆尸沙
若比丘婬欲意與女人麁惡婬欲語隨麁惡婬欲語
者僧伽婆尸沙
若比丘婬欲意於女人前自歎身言大妹我脩梵行
持戒精進脩善法可持是婬欲法供養我如是供養
第一最僧伽婆尸沙
若比丘往來彼此媒嫁持男意語女持女意語男若爲
成婦事若爲私通事乃至須臾頃僧伽婆尸沙
若比丘自求作屋無主自爲己當應量作是中量
者長十二佛磔手內廣七磔手當將餘比丘指授處
所彼比丘當指示處所无難處无妨處若比丘有難處妨
處自求作屋无主自爲己不將餘比丘指示處所若過
量作者僧伽婆尸沙
若比丘欲作大房有主爲己作當將餘比丘指授處所
彼比丘應指授處所无難處无妨處若比丘有難
處有妨處作大房有主爲己作不將餘比丘指授
處所者僧伽婆尸沙
若比丘瞋恚所覆故非波羅夷比丘以无根波羅夷
法謗欲壞彼清淨行若於異時若問若不問知此事
无根說我瞋恚故作是語若比丘作是語者僧伽婆尸沙
若比丘以瞋恚故於異分事中取片非波羅夷比丘以
无根波羅夷法謗欲壞彼清淨行彼於異時若問若不
問知是異分事中取片是比丘自言我瞋恚故作是
語作是語者僧伽婆尸沙
若比丘欲壞和合僧方便受壞和合僧法堅持不捨彼
比丘應諫是比丘言大德莫壞和合僧莫方便壞和合
僧莫受壞僧法堅持不捨大德應與僧和合與僧和
合歡喜不諍同一師學如水乳合於佛法中有增益安
樂住是比丘如是諫時堅持不捨彼比丘應三諫捨此

BD07962號　四分律比丘戒本　（3–2）

處所者僧伽婆尸沙
若比丘瞋恚所覆故非波羅夷比丘以无根波羅夷
法謗欲壞彼清淨行若於異時若問若不問知此事
无根說我瞋恚故作是語若比丘作是語者僧伽婆尸沙
若比丘以瞋恚故於異分事中取片非波羅夷比丘以
无根波羅夷法謗欲壞彼清淨行彼於異時若問若不
問知是異分事中取片是比丘自言我瞋恚故作是
語作是語者僧伽婆尸沙
若比丘欲壞和合僧方便受壞和合僧法堅持不捨彼
比丘應諫是比丘言大德莫壞和合僧莫方便壞和合
僧莫受壞僧法堅持不捨大德應與僧和合與僧和
合歡喜不諍同一師學如水乳合於佛法中有增益安
樂住是比丘如是諫時堅持不捨彼比丘應三諫捨此
事故乃至三諫捨者善不捨者僧伽婆尸沙
若比丘有餘伴黨若一若二若三乃至无數彼比丘語是
比丘言大德莫諫此比丘此比丘是法語比丘律語比丘此
比丘所說我等喜樂此比丘所說我等忍可彼比丘言
大德莫作是說言此比丘是法語比丘律語比丘此比丘
所說我等喜樂此比丘所說我等忍可然此比丘非法
語比丘非律語比丘大德莫欲壞和合僧汝等當樂欲
和合僧大德應與僧和合歡喜不諍同一師學如水

BD07962號　四分律比丘戒本　（3–3）

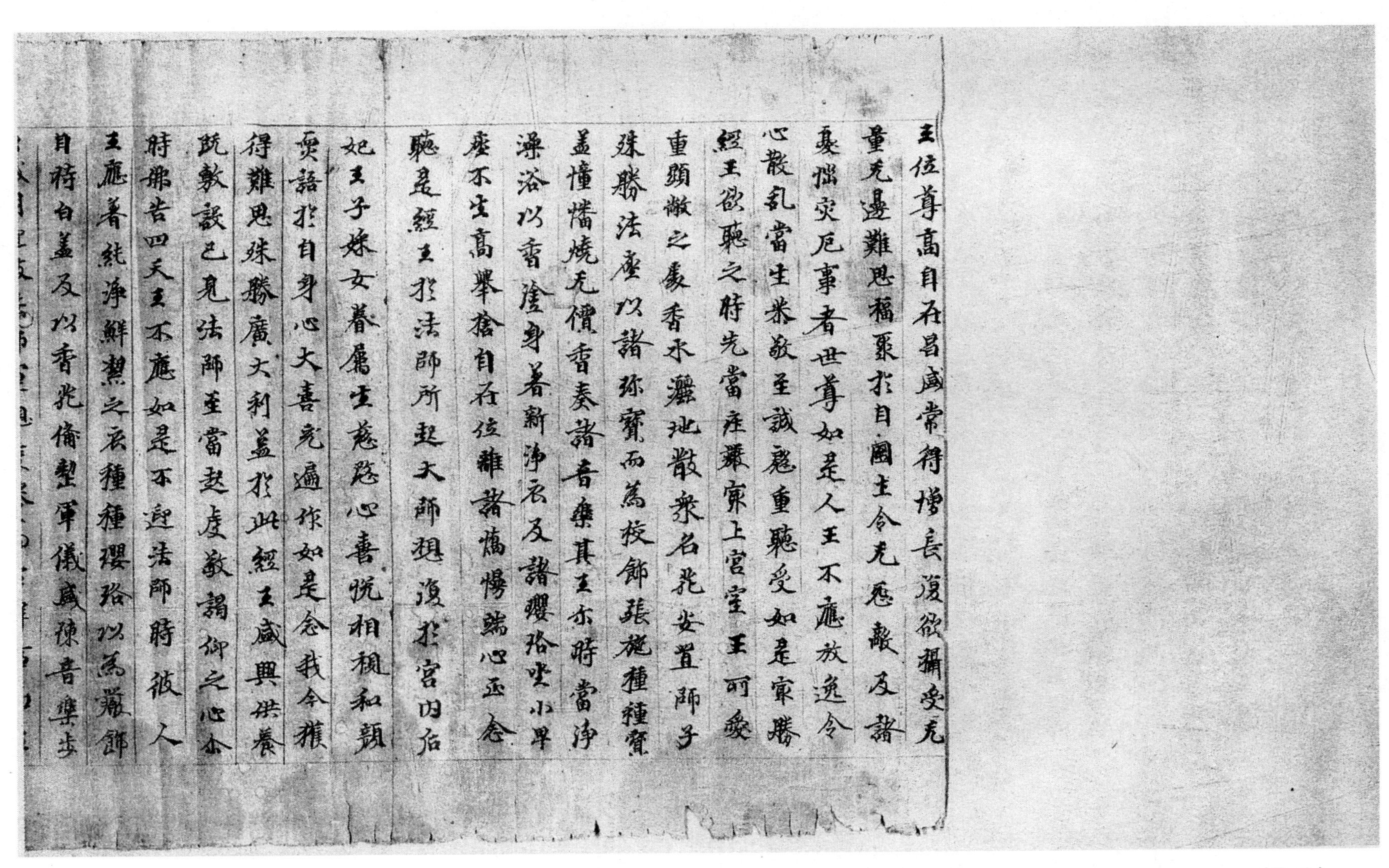

王位尊高自在昌盛常得增長復欲攝受无
量无邊難思福聚於自國土令无怨敵及諸
憂惱灾厄事者世尊如是人王不應放逸令
心散亂當生恭敬至誠慇重聽受如是最勝
經王欲聽之時先當莊嚴最上宮室王所愛
重顯敞之處香水灑地散衆名花安置師子
殊勝法座以諸珍寶而爲校飾張施種種寶
蓋幢幡燒无價香奏諸音樂其王爾時當淨
澡浴以香塗身著新淨衣及諸瓔珞坐小卑
座不生高舉捨自在位離諸憍慢端心正念
聽是經王於法師所起大師想復於宮內后
妃王子婇女眷屬生慈愍心喜悅相視和顏
愛語於自身心大喜充遍作如是念我今獲
得難思殊勝廣大利益於此經王盛興供養
既敷設已見法師至當起虔敬渴仰之心尒
時佛告四天王不應如是不迎法師時彼人
王應著純淨鮮潔之衣種種瓔珞以爲嚴飾
自持白蓋及以香花備整軍儀盛陳音樂步

BD07963號　金光明最勝王經卷六　（2–1）

受語於自身心大喜充遍作如是念我今獲
得難思殊勝廣大利益於此經王盛興供養
既敷設已見法師至當起虔敬謁御之心尒
時佛告四天王不應如是不迎法師時彼人
王應著純淨鮮潔之衣種種瓔珞以為嚴飾
自持白蓋及以香花備整軍儀盛陳音樂步
出城闕迎彼法師運想虔恭為吉祥事四王
以何因緣令彼人王親作如是恭敬供養由
彼人王舉足下足步步即是恭敬供養承事
尊重百千万億那庾多諸佛世尊復得超越
如是劫數生死之苦復於來世如是數劫當
受輪王殊勝尊位隨其步步亦於現世福德
增長自在為王感應難思眾所欽重當於无
量百千億劫人天受用七寶宮殿所在生處
常得為王增益壽命言詞辯了人天信受无
所畏懼有大名稱咸共瞻仰天上人中受勝
妙樂獲大力勢有大威德身相奇妙端嚴无
比值天人師遇善知識成就具足无量福聚
四王當知彼諸人王見如是等種種无量功

BD07963號　金光明最勝王經卷六　（2–2）

无所无生永寂滅　為一切歸故出世
諸佛法王出世間　能立无上正教法
如來境界无邊際　世間自在稱无上
佛難思議无倫匹　相好光明照十方
大聖世尊正教道　猶如淨眼覩明珠
一切世間眾生類　不能思議佛功德
覺滅一切愚癡闇　超昇无上智慧臺
如來功德難思議　眾生見者煩惱滅
淨見不動自在尊　能生无量悅樂心
眾生癡醉心　為現寂靜微妙法
能燃无量智慧燈　是則方便真淨眼
如來清淨妙色身　悉能顯現遍十方
此身非有无所依　如來見佛真實觀
如來音聲无罣导　堪受化者无不聞
湛然不動无往返　是名善慧樂法門
一切十方无邊佛　寂靜法門天人主
如來光明靡不照　是故歡憙妙法門
佛於无邊諸劫海　常求正覺度眾生
无量方便化一切　清淨廣稱如是見
復有樂業光明天王於觀一切眾生諸根法

BD07964號　大方廣佛華嚴經（晉譯五十卷本　宮本）卷一　（9–1）

一切十方无邊佛　寂靜法門天人主
如來光明靡不照　是故歡喜妙法門
佛於无邊諸劫海　常求正覺化衆生
无量方便化一切　清淨廣播如是見
復有樂業光明天王於觀一切衆生諸根法
雲法門而得自在淨堅目天於一切佛妙色
方便念觀法門而得自在樂樂天王於一毛孔
見不思議諸佛國土境界法門而得自在普
門慧眼天王於入普門觀察法界法門而得自
在不轉愛天於持一切衆生處處受生法門
而得自在善慧光天於入一切世間境界不
思議法門而得自在无垢淨光天於一切衆
生一切法中出要法門而得自在无垢光天
於受化者能使入佛境界法門而得自在尒
時樂業光明天王承佛神力觀察一切果實
天衆以偈頌曰
一切佛境界　甚深難思議　諸餘衆生類　莫能測量者
如來善明導　无量諸群生　能令悉歡樂　悉來无上道
佛以神通力　三世普開化　一切衆生類　各隨其所聞
癡惑鄣永除　慧命淨无穢　能觀諸如來　衆妙淨法海
諸法真實相　寂滅无所依　如來力方便　能為衆生現
如來不諸法　无性无所依　而能現衆像　顯相猶明燈
以諸跡　方便隨所樂　為現諸如來　獨慧神通力
因憍各異門　无量難思議　為遠正法憧　令入功德海
如來神道力　能於一毛孔　各為衆演說　无上寂滅法
一一諸如來　各為其眷屬　顯法无量門　功德之大海
悉皆師子吼　演說諸佛法　是則大獨尊　无上方便力
十方個　一切群生類　悉能為皮現　如來之正法
如來未曾有　悉來之果相　皆令皮歡喜　不退慧境界
如來為衆生　普現衆報相　猶若日光照　衆像靡不現

BD07964 號　大方廣佛華嚴經（晉譯五十卷本　宮本）卷一　（9–2）

如來神道[illegible]
一一諸如來　各為其眷屬　顯法无量門　功德之大海
悉皆師子吼　演說諸佛法　是則大獨尊　无上方便力
十方個　一切群生類　悉能為皮現　如來之正法
如來未曾有　悉來之果相　皆令皮歡喜　不退慧境界
如來為衆生　普現衆報相　猶若日光照　衆像靡不現
又為皮衆生　演說寂滅法　令皮見真實　甚深獨慧處
如來自觀察　甚深微妙義　隨皮衆生根　普雨甘露法
為開諸法門　无量難思議　悉歸入寂滅　平等真實觀
平等无數劫　廣修習大悲　逮成等正覺　度脫群生類
普雨甘露法　隨器皆充滿　如龍興慶雲　普雨於一切
復有淨獨天王於觀衆生善根法門而得自
在顯妙天王於一切有覺照法門而得自在
勝妙天王於總持辯才法門而得自在香燈
天王[illegible]出世解脫法門而得自在獨英
[illegible]一切衆生甚深法中能生歡喜法門
而得自在化樂天王於化菩薩功德圓滿入
无盡法門而得自在踊化天王於普觀无量
世惚衆生慈悲獨滿法門而得自在尒時淨
獨天王承佛神力普觀遍淨天衆以偈頌曰
諸佛正法凡鄣尋　周滿十方无量國
現佛境界難思議　離垢法門无量海
如來處世无所依　法身清淨无起滅
而能照現无量土　一切悉見天中天
无量劫海循方便　光明普照十方界
清淨法界如如住　寂滅微妙最无上
衆生愚癡瞽心目　无眼迴轉生死中
如來導以清淨道　開示无上最勝門
如來所乘无上道　一切衆生莫能思
佛見一切妙色門　普念樂觀淨眼見
[illegible]

BD07964 號　大方廣佛華嚴經（晉譯五十卷本　宮本）卷一　（9–3）

清淨法界如〻住　寂滅微妙冣无上
衆生愚癡瞽心目　无眼迴轉生死中
如來導以清淨道　開示无上冣勝門
如來所乘无上道　一切衆生莫能思
佛見一切妙色門　善念樂觀淨眼見
佛說微妙揔持門　如一切刹微塵等
調伏一切衆生故　清淨慧眼能照見
如來出世甚難值　无量億劫時一遇
雖諍遍衆會　唯佛世尊能應時
一切衆生難思議　佛能悉現淨妙法
現見如來无量法　猶如明照見衆像
三世諸佛所淨法　教化衆生難思議
悉觀念此功德已　樂法踊躍大歡喜
衆生決[illegible]　愚癡邪闇大怨怖
佛以者[illegible]变　見淨境界如天幢
佛放无量大光明　一〻光明无量佛
无量方便皆悉現　化度一切衆生類
復有愛樂天子於寂靜愛樂滅衆生苦法門所
得自在妙離光天於諸衆生心淨離垢塵脩功
德海法門所得自在自在音天於一切衆生一
劫所脩功德於一念中出生法門所得自在
勝念智天於世間生住滅種〻清淨功德法
門所得自在淨樂音天於一切菩薩在兜率
宮塵說供養法門所得自在善思音天於一
劫中說諸地義以一念傾悉能受說法門所
得自在解脫光音天於莊嚴道場法門所得
自在甚深音天於无量神足諸功德海法門
所得自在離垢勝稱天於一切諸佛功德海
境界法門所得自在出淨光天於過去諸佛
願力所持歡喜功德力藏法門所得自在尒

劫中說諸地義以一念傾悉能受說法門所
得自在解脫光音天於莊嚴道場法門所得
自在甚深音天於无量神足諸功德海法門
所得自在離垢勝稱天於一切諸佛功德海
境界法門所得自在出淨光天於過去諸佛
願力所持歡喜功德力藏法門所得自在尒
時光音天子承佛神力遍觀光音天衆以偈
頌曰
我憶如來過去行　我行供養立憶念
如尒所脩清淨善　佛光明故今悉現
如來无垢莊嚴身　增長衆生清淨心
安住慈悲喜捨中　是名莊嚴淨法門
如來廣大方便法　无量劫海所脩集
波生涙乃如〻相　法王音聲方便門
如來神力遍十方　普照无量諸佛刹
十方諸佛皆悉現　勝念方便滅愚癡
无量刹海塵數佛　供養恭敬生歡喜
故能除滅群生闇　是名妙音勝境界
无量劫海甚深處　說方便地无倫匹
所演妙法无窮盡　心方便門得自在
如來无量自在力　於念〻中普示現
降伏神道摧无量　是則名爲妙法門
佛持深廣无与等　神足示現不可量
能令諸根悉清淨　得住甚深微妙法
如來智慧无邊際　行淨无比无量身
普見一切兩足尊　无上離垢稱方便
於過去世菩薩時　供養无量諸佛海
五大指頰難思議　是故還得无上智
復有尸棄大梵天於照現諸法入不思議法
門所得自在智光明梵於一切禪等觀寂靜

普見一切兩足尊　无上離垢攝方便
於過去世菩薩時　供養无量諸佛海
立大誓願難思議　是故還得无上智
復有尸棄大梵天於照現諸法入不思議法
門所得自在智光明梵於一切禪等觀寂靜
善住法門所得自在智光心梵於照諸不
可思議入方便法門所得自在普音雲梵於
一切佛妙音聲海等度入法門所得自在
應時音梵於攝伏眾生眾勝法門所得自在
寂靜光梵於一切剎敎起安住分別諸法〻
門所得自在普光梵於无量方便化眾生法
門所得自在堅固梵於諸法淨相住寂行法
門所得自在樂目光梵於一切有无來无去
无可依止勇猛法門所得自在普樂音梵於
无盡法隨行普照法門所得自在尒時尸棄
大梵承佛神力遍觀一切諸大梵眾以偈頌曰
佛身清淨常寂然　普照十方諸世界
寂滅无相无照現　見佛身相如浮雲
一切眾生莫能測　如來法身禪境界
无量方便難思議　是智慧光法照門
一佛剎塵諸法海　一音演說悉无餘
此羅塵劫演不盡　是名光心法門
如來妙法音滿足　眾生隨類悉得解
一切皆謂同其語　梵音普至眾无上
十方三世佛所得　一切菩薩方便行
悉於如來身中現　而於佛身无分別
佛身如空不可盡　无相无㝵普示現
所可應現如幻化　神變淨音靡不周
身佛无邊如虛空　智淨音之如是是

BD07964號　大方廣佛華嚴經（晉譯五十卷本　宮本）卷一　（9–6）

十方三世佛所得　一切菩薩方便行
悉於如來身中現　而於佛身无分別
佛身如空不可盡　无相无㝵普示現
所可應現如幻化　神變淨音靡不周
身佛无邊如虛空　智淨音之如是是
佛於諸法无郭導　猶如月光照一切
法王安住妙法堂　法身光明无不照
法性如寶无異相　是名樂音海法門
復有自在天王於教化无量眾生藏法門所
得自在善眼光天令諸眾生得最上樂法門
所得自在雜寶冠天於解眾生无量性欲方
便法門所得自在精進善慧天於眾生分別
義法門所得自在勇妙雜音天於諸眾生應
念觀察法門所得自在光明樂幢天於諸眾
生超出魔事法門所得自在淨境界天於諸
眾生念化法門所得自在雜色輪天於念充
滿十方諸佛法門所得自在華焰妙光天於
佛功德自在覺悟充滿念隨順法門所得自
在大力光天於離世間境界法門所得自在
尒時自在天王承佛神力遍觀一切自在天
眾以偈頌曰
如來法身等法界　普應眾生悉對現
如來法王化眾生　隨順諸法悉調伏
世間一切上妙樂　聖寂滅樂為最勝
无垢妙法如來室　清淨勝眼如寶見
如來普照諸世間　疑地枯林降法雨
眾生蒙潤罪斷除　是寶幢妙法門
如來所演一妙音　廣大法海說无餘
佛以一音遍十方　是名勝勇善法門
一切十方諸佛土　入佛一毛猶不滿

BD07964號　大方廣佛華嚴經（晉譯五十卷本　宮本）卷一　（9–7）

无碍妙法如來藏　清淨勝明如實見
如來普照諸世間　疑地枯林降法雨
衆生蒙潤煩惱除　是寶積幢妙法門
如來所演一妙音　廣大法海說无餘
佛以一音遍十方　是名勝勇善法門
一切十方諸佛土　入佛一毛猶不滿
佛以大慈如虛空　是名清淨法慧門
一切衆生慢高山　佛以十力摧无餘
佛慧光明照十方　是名光幢妙法門
淨觀如來滅癡冥　淨見智慧悉充滿
永離惡趣諸恐怖　是名寶境妙法門
如來大悲放光明　隨其所應淨開法
普導衆生至善趣　是名善幢妙法門
一切十方諸佛事　此衆一切悉淨見
如來法界滿虛空　是名淨華勝法門
无量劫海諸佛國　皆是衆勝慧境界
如來於此无高心　是名力幢妙法門
復有善化天王於一切法分別化法門而得
自在寂靜光天於觀一切有无我真實法門
而得自在化力光天於諸衆生離癡智慧滿
足法門而得自在雜勝天於諸佛音聲數起
一切歡喜勇猛法門而得自在念光天於一
切佛相好功德具足无量法門而得自在踊
雲音天於淨智慧次第憶念過去无量劫法門
而得自在淨光勝天於一切衆生長養種種
功德智慧法門而得自在樂光髻天於一切
三昧境界无盡力法門而得自在樂智慧
天於一切方便境界无盡力法門而得自在
華光髻天於諸衆生業行苦樂觀法門而
得自在尒時善化天王承佛神力遍觀化樂

BD07964 號　大方廣佛華嚴經（晉譯五十卷本　宮本）卷一　（9–8）

如來大悲放光明　隨其所應淨開法
普導衆生至善趣　是名善幢妙法門
一切十方諸佛事　此衆一切悉淨見
如來法界滿虛空　是名淨華勝法門
无量劫海諸佛國　皆是衆勝慧境界
如來於此无高心　是名力幢妙法門
復有善化天王於一切法分別化法門而得
自在寂靜光天於觀一切有无我真實法門
而得自在化力光天於諸衆生離癡智慧滿
足法門而得自在雜勝天於諸佛音聲數起
一切歡喜勇猛法門而得自在念光天於一
切佛相好功德具足无量法門而得自在踊
雲音天於淨智慧次第憶念過去无量劫法門
而得自在淨光勝天於一切衆生長養種種
功德智慧法門而得自在樂光髻天於一切
三昧境界无盡力法門而得自在樂智慧
天於一切方便境界无盡力法門而得自在
華光髻天於諸衆生業行苦樂觀法門而
得自在尒時善化天王承佛神力遍觀化樂
天衆以偈頌曰

BD07964 號　大方廣佛華嚴經（晉譯五十卷本　宮本）卷一　（9–9）

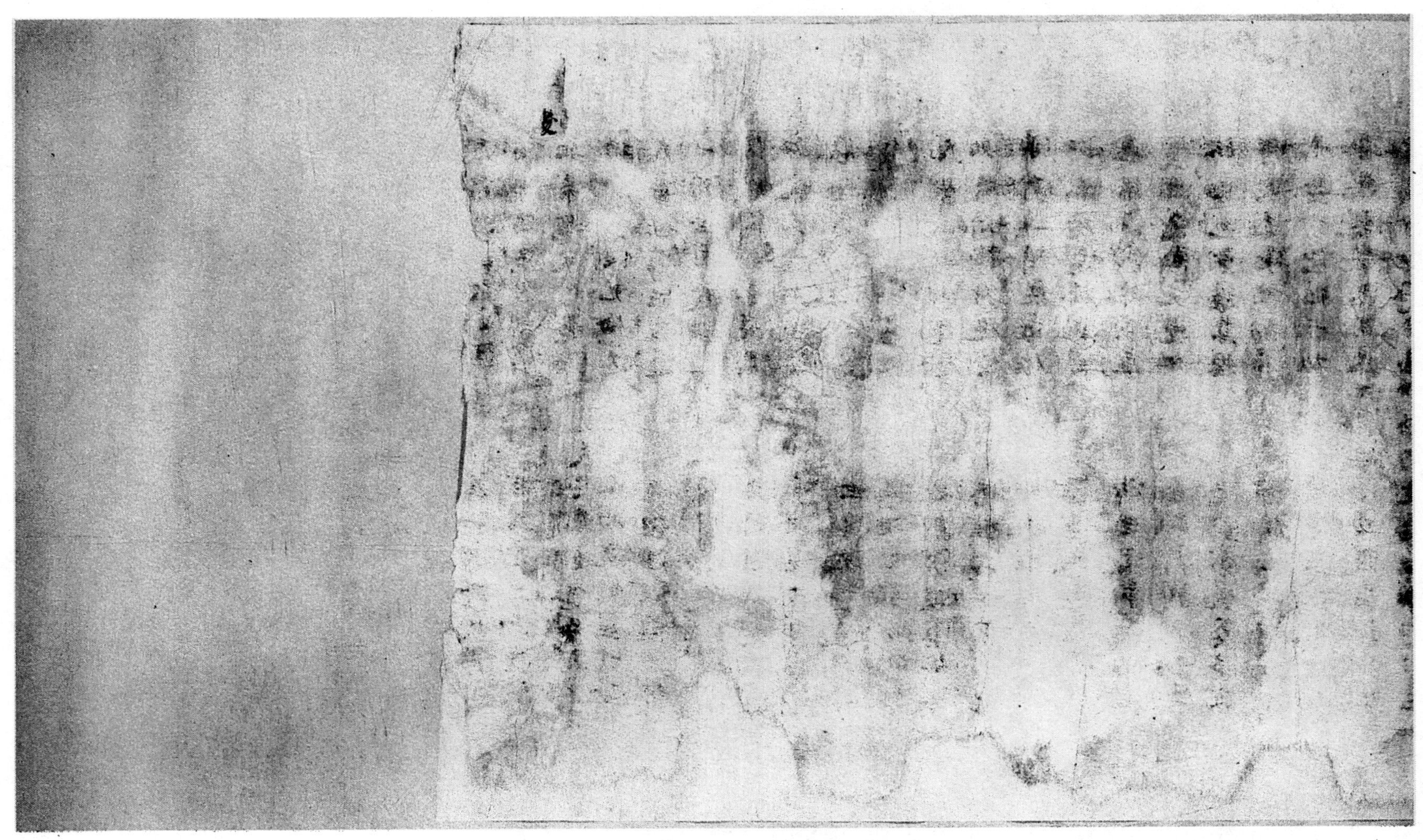

BD07964 號背　雜寫　（1–1）

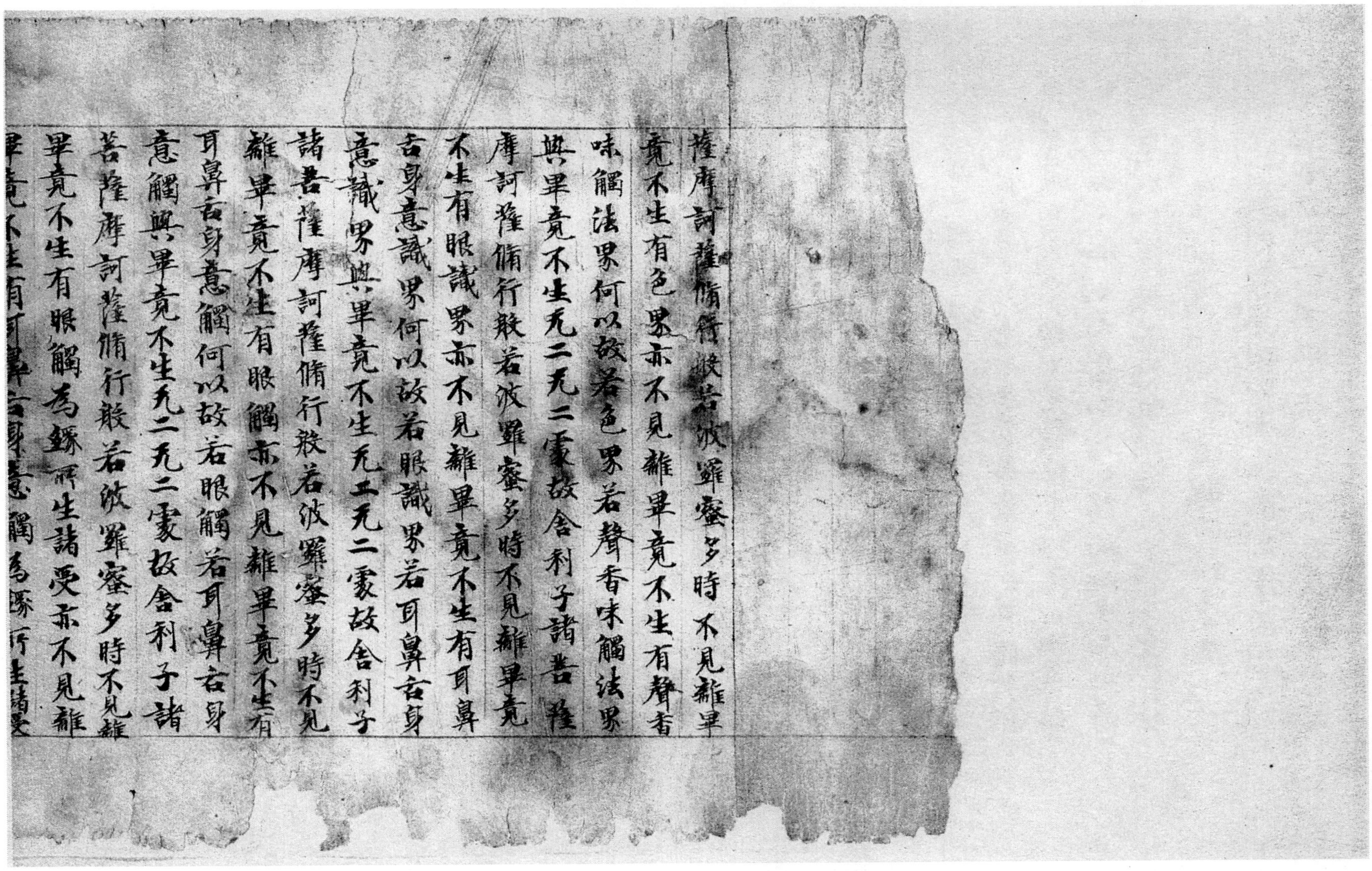

薩摩訶薩脩行般若波羅蜜多時不見離畢
竟不生有色界亦不見離畢竟不生有聲香
味觸法界何以故若色界若聲香味觸法界
與畢竟不生无二无二處故舍利子諸菩薩
摩訶薩脩行般若波羅蜜多時不見離畢竟
不生有眼識界亦不見離畢竟不生有耳鼻
舌身意識界何以故若眼識界若耳鼻舌身
意識界與畢竟不生无二无二處故舍利子
諸菩薩摩訶薩脩行般若波羅蜜多時不見
離畢竟不生有眼觸亦不見離畢竟不生有
耳鼻舌身意觸何以故若眼觸若耳鼻舌身
意觸與畢竟不生无二无二處故舍利子諸
菩薩摩訶薩脩行般若波羅蜜多時不見離
畢竟不生有眼觸為緣所生諸受亦不見離
畢竟不生有耳鼻舌身意觸為緣所生諸受

BD07965 號　大般若波羅蜜多經卷四二二　（4–1）

離畢竟不生有眼觸亦不見離畢竟不生有
耳鼻舌身意觸何以故若眼觸若耳鼻舌身
意觸與畢竟不生无二无二處故舍利子諸
菩薩摩訶薩脩行般若波羅蜜多時不見離
畢竟不生有眼觸為緣所生諸受亦不見離
畢竟不生有耳鼻舌身意觸為緣所生諸受
何以故若眼觸為緣所生諸受若耳鼻舌身
意觸為緣所生諸受與畢竟不生无二无二處
故舍利子諸菩薩摩訶薩脩行般若波羅蜜
多時不見離畢竟不生有布施波羅蜜多
亦不見離畢竟不生有淨戒安忍精進靜慮
般若波羅蜜多何以故若布施波羅蜜多若
淨戒安忍精進靜慮般若波羅蜜多與畢竟
不生无二无二處故舍利子諸菩薩摩訶薩
脩行般若波羅蜜多時不見離畢竟不生有
四念住亦不見離畢竟不生有四正斷四神
足五根五力七等覺支八聖道支何以故若
四念住若四正斷乃至八聖道支與畢竟不
生无二无二處故舍利子諸菩薩摩訶薩脩
行般若波羅蜜多時不見離畢竟不生廣說
乃至有佛十力亦不見離畢竟不生有四无
所畏四无礙解大慈大悲大喜大捨十八佛
不共法何以故若佛十力若四无所畏乃至
十八佛不共法與畢竟不生无二无二處故
舍利子諸菩薩摩訶薩脩行般若波羅蜜多
時不見離畢竟不生有一切三摩地門亦不
見離畢竟不生有一切陁羅尼門何以故若

BD07965號　大般若波羅蜜多經卷四二二　（4–2）

不共法何以故若佛十力若四无所畏乃至
十八佛不共法與畢竟不生无二无二處故
舍利子諸菩薩摩訶薩脩行般若波羅蜜多
時不見離畢竟不生有一切三摩地門亦不
見離畢竟不生有一切陁羅尼門何以故若
一切三摩地門若一切陁羅尼門與畢竟不
生无二无二處故舍利子諸菩薩摩訶薩脩
行般若波羅蜜多時不見離畢竟不生有一
切智亦不見離畢竟不生有道相智一切相
智何以故若一切智若道相智一切相智與
畢竟不生无二无二處故舍利子諸菩薩摩訶
薩脩行般若波羅蜜多時不見離畢竟不
生有聲聞乘亦不見離畢竟不生有獨覺乘
大乘何以故若聲聞乘若獨覺乘大乘與畢
竟不生无二无二處故舍利子由此因緣我
作是說離畢竟不生亦无菩薩摩訶薩能行
无上正等菩提
復次舍利子尊者所問何緣故說若菩薩摩
訶薩聞如是說心不沉沒亦不憂悔其心不
驚不恐不怖當知是菩薩摩訶薩能行般若
波羅蜜多者舍利子諸菩薩摩訶薩脩行般
若波羅蜜多時不見諸法有實作用但見諸
法如夢如幻如響如像如陽焰如光影如尋
香城如變化事雖現似有而无實用聞說諸
法本性皆空深生歡喜離沉沒等舍利子由
此因緣我作是說若菩薩摩訶薩聞如是說
心不沉沒亦不憂悔其心不驚不恐不怖當
知是菩薩摩訶薩行般若波羅蜜多

BD07965號　大般若波羅蜜多經卷四二二　（4–3）

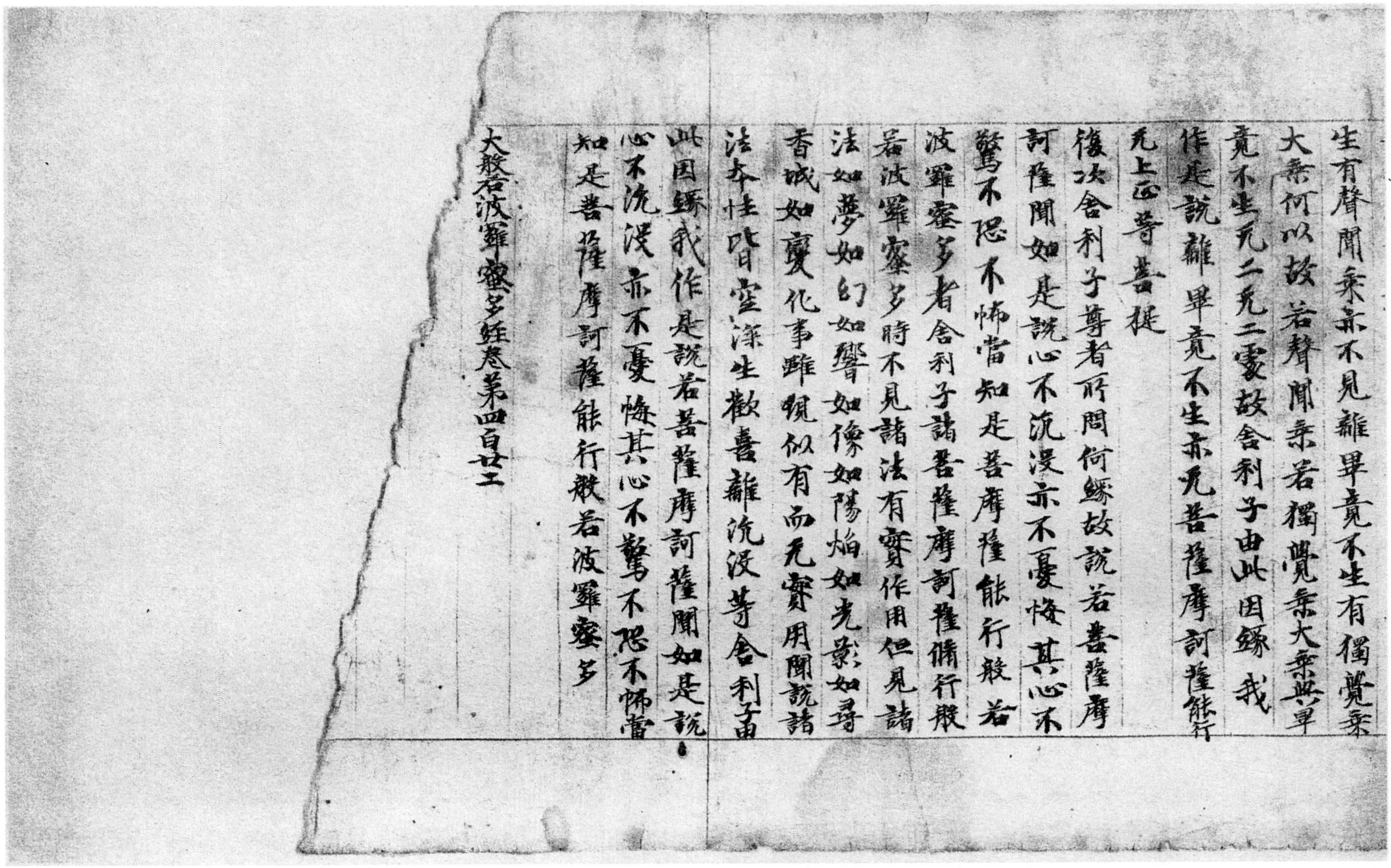

生有聲聞乘亦不見離畢竟不生有獨覺乘
大乘何以故若聲聞乘若獨覺乘大乘無畢
竟不生无二无二處故舍利子由此因緣我
作是說離畢竟不生亦无菩薩摩訶薩能行
无上正等菩提
復次舍利子尊者所問何緣故說若菩薩摩
訶薩聞如是說心不沉沒亦不憂悔其心不
驚不恐不怖當知是菩薩摩訶薩能行般若
波羅蜜多者舍利子諸菩薩摩訶薩脩行般
若波羅蜜多時不見諸法有實作用但見諸
法如夢如幻如響如像如陽焰如光影如尋
香城如變化事雖現似有而无實用聞說諸
法本性皆空深生歡喜離沉沒等舍利子由
此因緣我作是說若菩薩摩訶薩聞如是說
心不沉沒亦不憂悔其心不驚不恐不怖當
知是菩薩摩訶薩能行般若波羅蜜多

大般若波羅蜜多經卷第四百廿二

BD07965 號　大般若波羅蜜多經卷四二二　　（4–4）

BD07966 號背　護首　　（1–1）

金剛般若波羅蜜經
如是我聞一時佛在舍衛國祇樹給孤獨園
與大比丘衆千二百五十人俱尒時世尊食
時著衣持鉢入舍衛大城乞食於其城中次
第乞已還至本處飯食訖收衣鉢洗足已敷
座而坐時長老須菩提在大衆中即從座起
偏袒右肩右膝著地合掌恭敬而白佛言希
有世尊如來善護念諸菩薩善付囑諸菩薩
世尊善男子善女人發阿耨多羅三藐三菩
提心應云何住云何降伏其心佛言善哉善
哉須菩提如汝所說如來善護念諸菩薩善
付囑諸菩薩汝今諦聽當為汝說善男子善

BD07966 號　金剛般若波羅蜜經　（4–1）

世尊善男子善女人發阿耨多羅三藐三菩
提心應云何住云何降伏其心佛言善哉善
哉須菩提如汝所說如來善護念諸菩薩善
付囑諸菩薩汝今諦聽當為汝說善男子善
女人發阿耨多羅三藐三菩提心應如是住
如是降伏其心唯然世尊願樂欲聞
佛告須菩提諸菩薩摩訶薩應如是降伏其
心所有一切衆生之類若卵生若胎生若濕生
若化生若有色若无色若有想若无想若
非有想若非无想我皆令入无餘涅槃而滅
度之如是滅度无量无數无邊衆生實无衆
生得滅度者何以故須菩提若菩薩有我相
人相衆生相壽者相即非菩薩
復次須菩提菩薩於法應无所住行於布施
所謂不住色布施不住聲香味觸法布施須
菩提菩薩應如是布施不住於相何以故若
菩薩不住相布施其福德不可思量須菩提
於意云何東方虛空可思量不不也世尊須
菩提南西北方四維上下虛空可思量不不
也世尊須菩提菩薩无住相布施福德亦復
如是不可思量須菩提菩薩但應如所教住
須菩提於意云何可以身相見如來不不也
世尊不可以身相得見如來何以故如來所
說身相即非身相佛告須菩提凡所有相皆
是虛妄若見諸相非相則見如來
須菩提白佛言世尊頗有衆生得聞如是言

BD07966 號　金剛般若波羅蜜經　（4–2）

須菩提於意云何可以身相見如來不也
世尊不可以身相得見如來何以故如來所
說身相即非身相佛告須菩提凡所有相皆
是虛妄若見諸相非相則見如來
須菩提白佛言世尊頗有衆生得聞如是言
說章句生實信不佛告須菩提莫作是說如
來滅後後五百歲有持戒脩福者於此章句
能生信心以此為實當知是人不於一佛二
佛三四五佛而種善根已於无量千万佛所
種諸善根聞是章句乃至一念生淨信者須
菩提如來悉知悉見是諸衆生得如是无量
福德何以故是諸衆生无復我相人相衆生
相壽者相无法相亦无非法相何以故是諸
衆生若心取相則為著我人衆生壽者若取
法相即著我人衆生壽者何以故若取非法
相即著我人衆生壽者是故不應取法不應
取非法以是義故如來常說汝等比丘知我
說法如筏喻者法尚應捨何況非法
須菩提於意云何如來得阿耨多羅三藐三菩
提耶如來有所說法耶須菩提言如我解
佛所說義无有定法名阿耨多羅三藐三菩
提亦无有定法如來可說何以故如來所說
法皆不可取不可說非法非非法所以者何
一切賢聖皆以无為法而有差別
須菩提於意云何若人滿三千大千世界七
寶以用布施是人所得福德寧為多不須菩

BD07966號　金剛般若波羅蜜經　（4–3）

能生信心以此為實當知是人不於一佛二
佛三四五佛而種善根已於无量千万佛所
種諸善根聞是章句乃至一念生淨信者須
菩提如來悉知悉見是諸衆生得如是无量
福德何以故是諸衆生无復我相人相衆生
相壽者相无法相亦无非法相何以故是諸
衆生若心取相則為著我人衆生壽者若取
法相即著我人衆生壽者何以故若取非法
相即著我人衆生壽者是故不應取法不應
取非法以是義故如來常說汝等比丘知我
說法如筏喻者法尚應捨何況非法
須菩提於意云何如來得阿耨多羅三藐三菩
提耶如來有所說法耶須菩提言如我解
佛所說義无有定法名阿耨多羅三藐三菩
提亦无有定法如來可說何以故如來所說
法皆不可取不可說非法非非法所以者何
一切賢聖皆以无為法而有差別
須菩提於意云何若人滿三千大千世界七
寶以用布施是人所得福德寧為多不須菩

BD07966號　金剛般若波羅蜜經　（4–4）

大般若波羅蜜多經卷第三百七

初分佛母品第卌一之三　三藏法師玄奘奉　詔譯

佛言善現甚深般若波羅蜜多由不緣色而
生於識是為不見色故名示色相不緣受想
行識而生於識是為不見受想行識故名示
受想行識相由不緣眼處而生於識是為不
見眼處故名示眼處相不緣耳鼻舌身意處
而生於識是為不見耳鼻舌身意處故名示
耳鼻舌身意處相由不緣色處而生於識是
為不見色處故名示色處相不緣聲香味觸
法處而生於識是為不見聲香味觸法處故
名示聲香味觸法處相由不緣眼界而生於識
是為不見眼界故名示眼界相不緣色界眼
識界及眼觸眼觸為緣所生諸受而生於識
是為不見色界乃至眼觸為緣所生諸受故
名示色界乃至眼觸為緣所生諸受相由不
緣耳界而生於識是為不見耳界故名示耳

BD07967 號　大般若波羅蜜多經卷三〇七　（2–1）

見眼處故名示眼處相不緣耳鼻舌身意處
而生於識是為不見耳鼻舌身意處故名示
耳鼻舌身意處相由不緣色處而生於識是
為不見色處故名示色處相不緣聲香味觸
法處而生於識是為不見聲香味觸法處故
名示聲香味觸法處相由不緣眼界而生於識
是為不見眼界故名示眼界相不緣色界眼
識界及眼觸眼觸為緣所生諸受而生於識
是為不見色界乃至眼觸為緣所生諸受故
名示色界乃至眼觸為緣所生諸受相由不
緣耳界而生於識是為不見耳界故名示耳
界相不緣聲界耳識界及耳觸耳觸為緣所
生諸受而生於識是為不見聲界乃至耳觸
為緣所生諸受故名示聲界乃至耳觸為緣
所生諸受相由不緣鼻界而生於識是為不
見鼻界故名示鼻界相不緣香界鼻識界及
鼻觸鼻觸為緣所生諸受而生於識是為不
見香界乃至鼻觸為緣所生諸受故名示香
界乃至鼻觸為緣所生諸受相由不緣舌界
而生於識是為不見舌界故名示舌界相不緣

BD07967 號　大般若波羅蜜多經卷三〇七　（2–2）

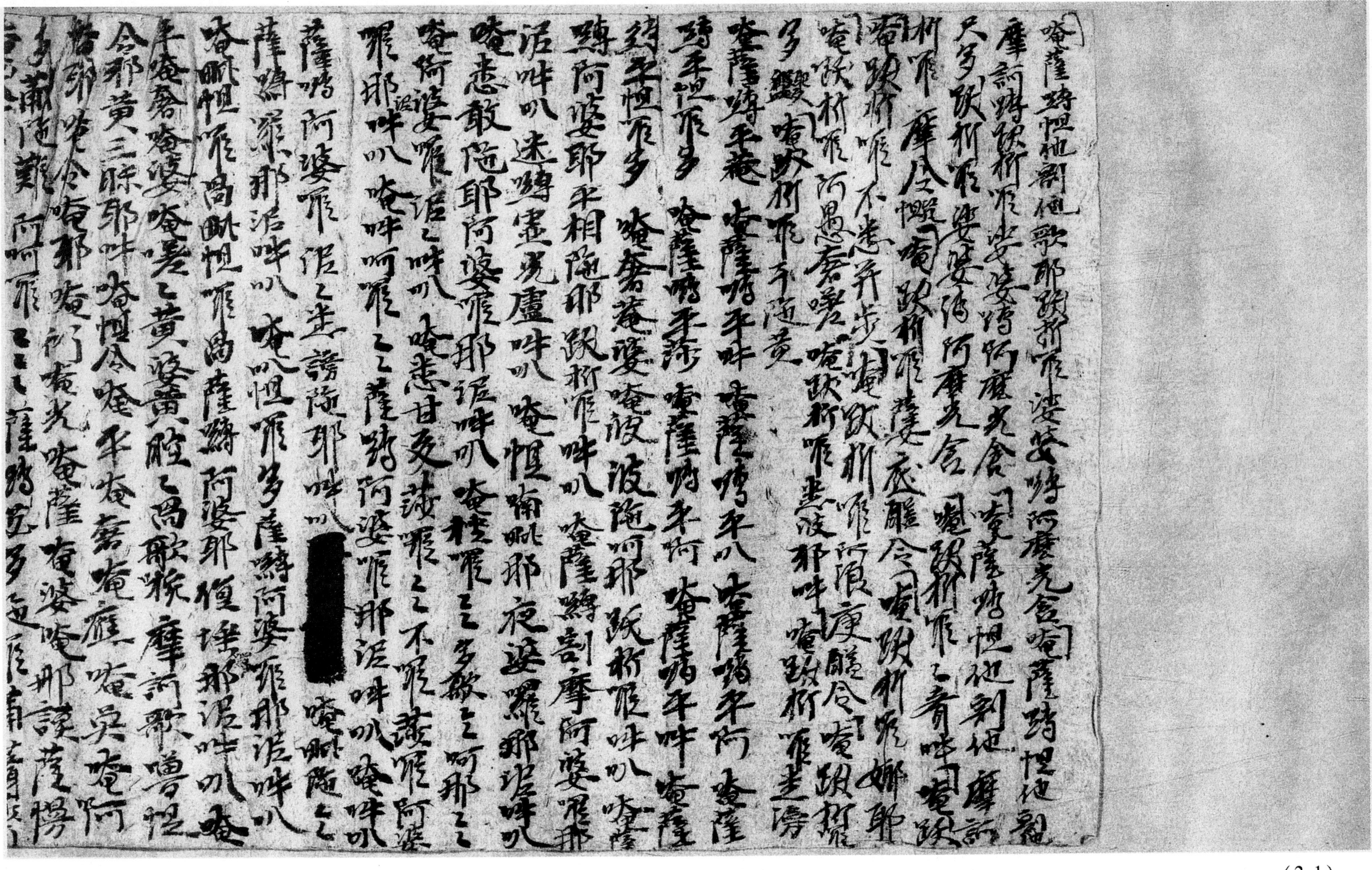

BD07968號　陀羅尼（擬）

（2–1）

BD07968號　陀羅尼（擬）　（2–2）

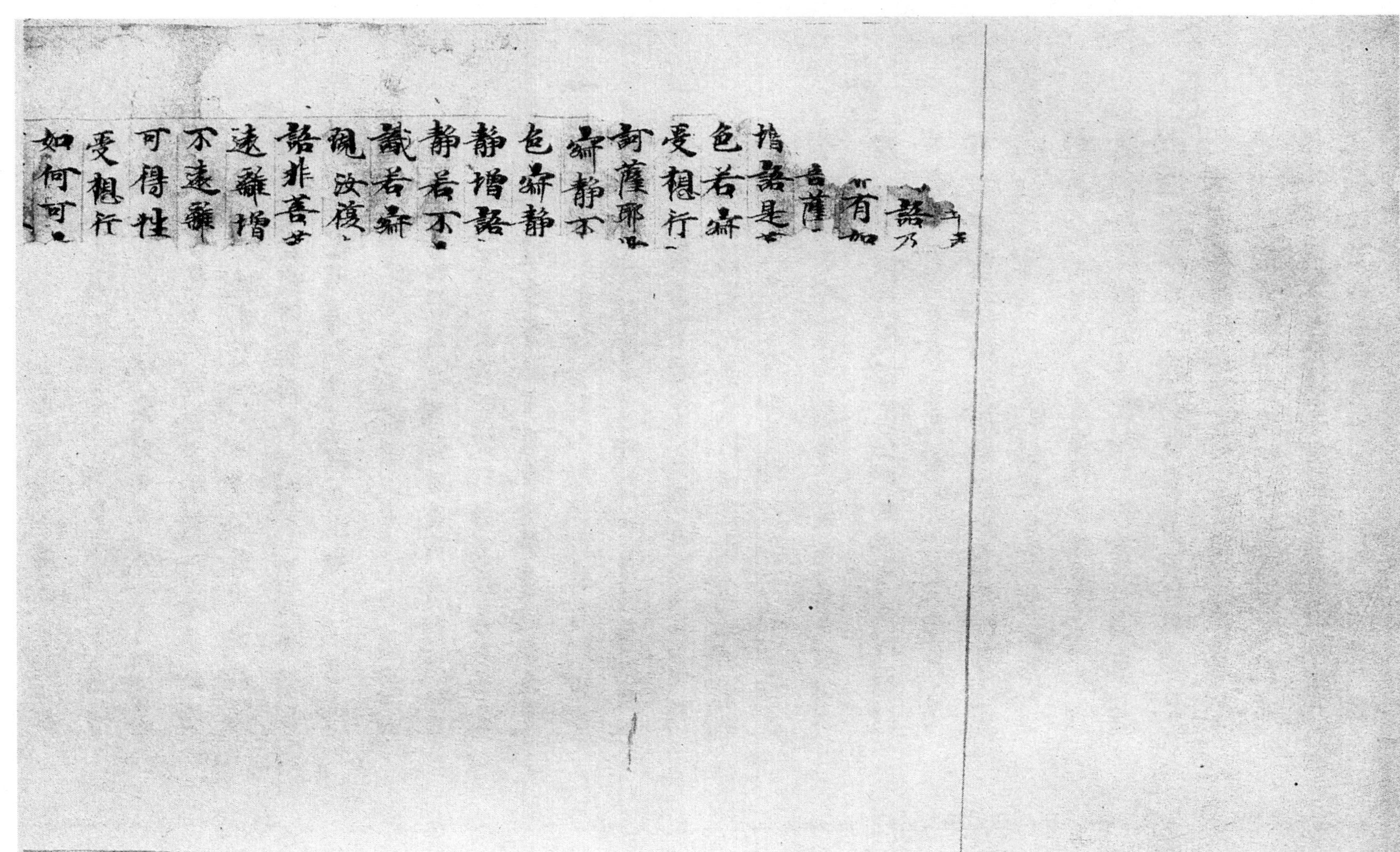

BD07969號　大般若波羅蜜多經卷二三　（6–1）

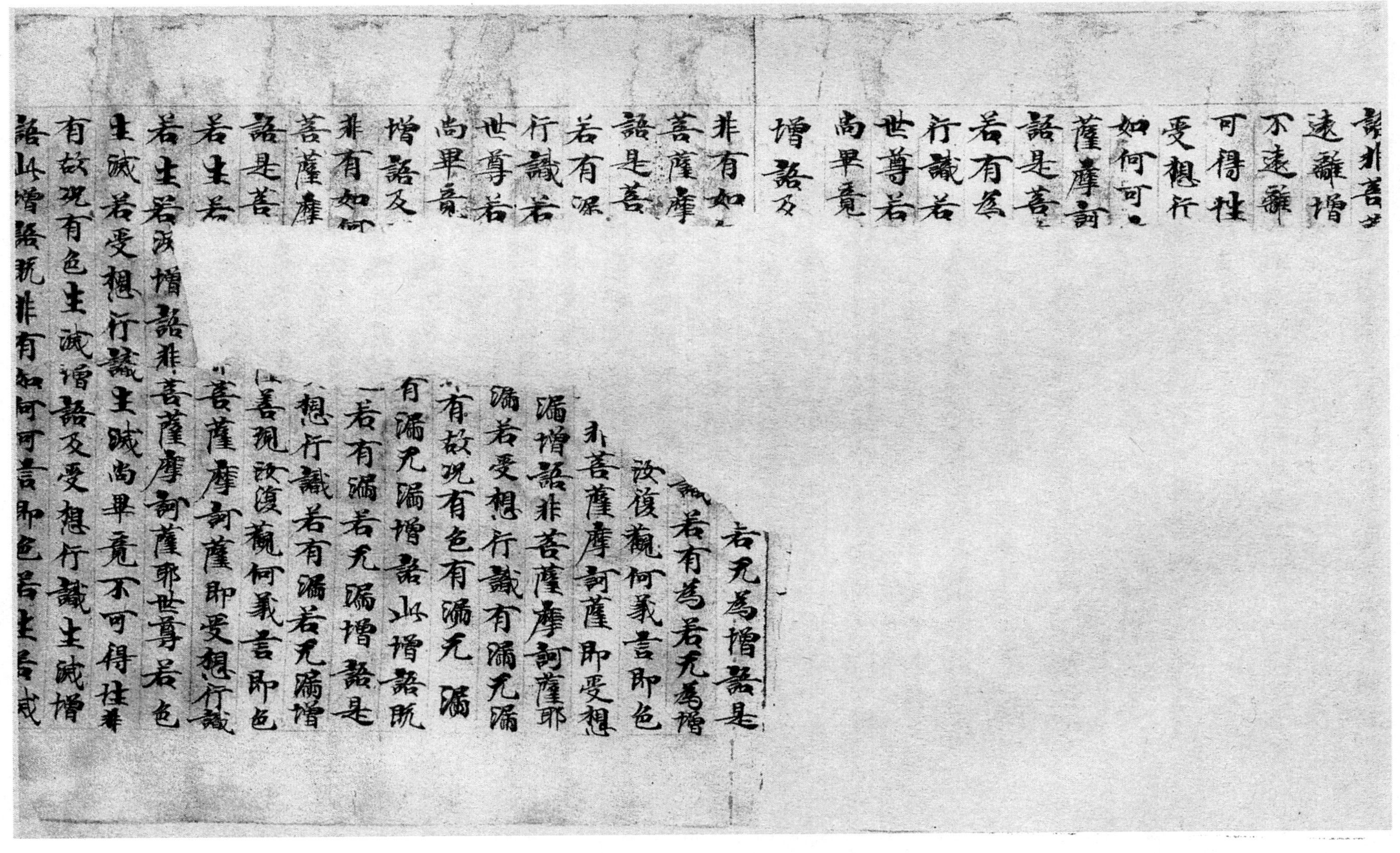

BD07969號　大般若波羅蜜多經卷二三　（6–2）

若生若……菩薩摩訶薩即受想行識
若生若滅增語非菩薩摩訶薩耶世尊若色
生滅若受想行識生滅尚畢竟不可得性非
有故況有色生滅增語及受想行識生滅增
語此增語既非有如何可言即色若生若滅
增語是菩薩摩訶薩即受想行識若生若滅
增語是菩薩摩訶薩善現汝復觀何義言即
色若善若非善增語非菩薩摩訶薩即受想
行識若善若非善增語非菩薩摩訶薩耶世
尊若色善非善若受想行識善非善尚畢竟
不可得性非有故況有色善非善增語及受
想行識善非善增語此增語既非有如何可
言即色若善若非善增語是菩薩摩訶薩即
受想行識若善若非善增語是菩薩摩訶薩
善現汝復觀何義言即色若有罪若无罪增
語非菩薩摩訶薩即受想行識若有罪若无
罪增語非菩薩摩訶薩耶世尊若色有罪无
罪若受想行識有罪无罪尚畢竟不可得性
非有故況有色有罪无罪增語及受想行識
有罪无罪增語此增語既非有如何可言即
色若有罪若无罪增語是菩薩摩訶薩即受
想行識若有罪若无罪增語是菩薩摩訶薩
善現汝復觀何義言即色若有煩惱若无煩
惱增語非菩薩摩訶薩即受想行識若有煩
惱若无煩惱增語非菩薩摩訶薩耶世尊若
色有煩惱无煩惱若受想行識有煩惱无煩
惱尚畢竟不可得性非有故況有色有煩惱
无煩惱增語及受想行識有煩惱无煩惱增

BD07969號　大般若波羅蜜多經卷二三　（6–3）

惱增語非菩薩摩訶薩即受想行識若有煩
惱若无煩惱增語非菩薩摩訶薩耶世尊若
色有煩惱无煩惱若受想行識有煩惱无煩
惱尚畢竟不可得性非有故況有色有煩惱
无煩惱增語及受想行識有煩惱无煩惱增
語此增語既非有如何可言即色若有煩惱
若无煩惱增語是菩薩摩訶薩即受想行識
若有煩惱若无煩惱增語是菩薩摩訶薩善
現汝復觀何義言即色若世間若出世間增
非菩薩摩訶薩即受想行識若世間若出
間增語非菩薩摩訶薩耶世尊若色世間
世間若受想行識世間出世間尚畢竟不
性非有故況有色世間出世間增語及
行識世間出世間增語此增語既非有
言即色若世間若出世間增語是菩
訶薩即受想行識若世間若出世間增
是菩薩摩訶薩善現汝復觀何義言即色
雜染若清淨增語非菩薩摩訶薩即受想
識若雜染若清淨增語非菩薩摩訶薩耶
若色雜染清淨若受想行識雜染清淨
竟不可得性非有故況有色雜染清淨
及受想行識雜染清淨增語此增語既非
可言即色若雜染若清淨增語是菩
訶薩即受想行識若雜染若清淨增語
薩摩訶薩善現汝復觀何義言即色若
死若屬涅槃增語非菩薩摩訶薩即受
識若屬生死若屬涅槃增語非菩薩摩
世尊若色屬生死屬涅槃若受想行

BD07969號　大般若波羅蜜多經卷二三　（6–4）

何可言即色若雜染若清淨增語是菩
訶薩即受想行識若雜染若清淨增語
薩摩訶薩善現汝復觀何義言即色若
死若屬涅槃增語非菩薩摩訶薩即受
識若屬生死若屬涅槃增語非菩薩摩
世尊若色屬生死屬涅槃若受想行
生死屬涅槃尚畢竟不可得性非有故
屬生死屬涅槃增語及受想行識屬
涅槃增語此增語既非有如何可言
屬生死若屬涅槃增語是菩薩摩訶
想行識若屬生死若屬涅槃增語是
訶薩善現汝復觀何義言即色若在
外若在兩間增語非菩薩摩訶薩即
識若在內若在外若在兩間增語非
訶薩耶世尊若色在內在外在兩間
識在內在外在兩間尚畢竟不可
故既有色在內在外在兩間增語
識在內在外在兩間增語此增語
何可言即色若在內若在外若在
是菩薩摩訶薩即受想行識若在
在兩間增語是菩薩摩訶薩善
何義言即色若可得若不可得增
摩訶薩即受想行識若可得若不
菩薩摩訶薩耶世尊若色可得
想行識可得不可得尚畢竟不
故既有色可得不可得增語及
可得不可得增語此增語既非有
色若可得若不可得增語是菩

BD07969號　大般若波羅蜜多經卷二三　（6–5）

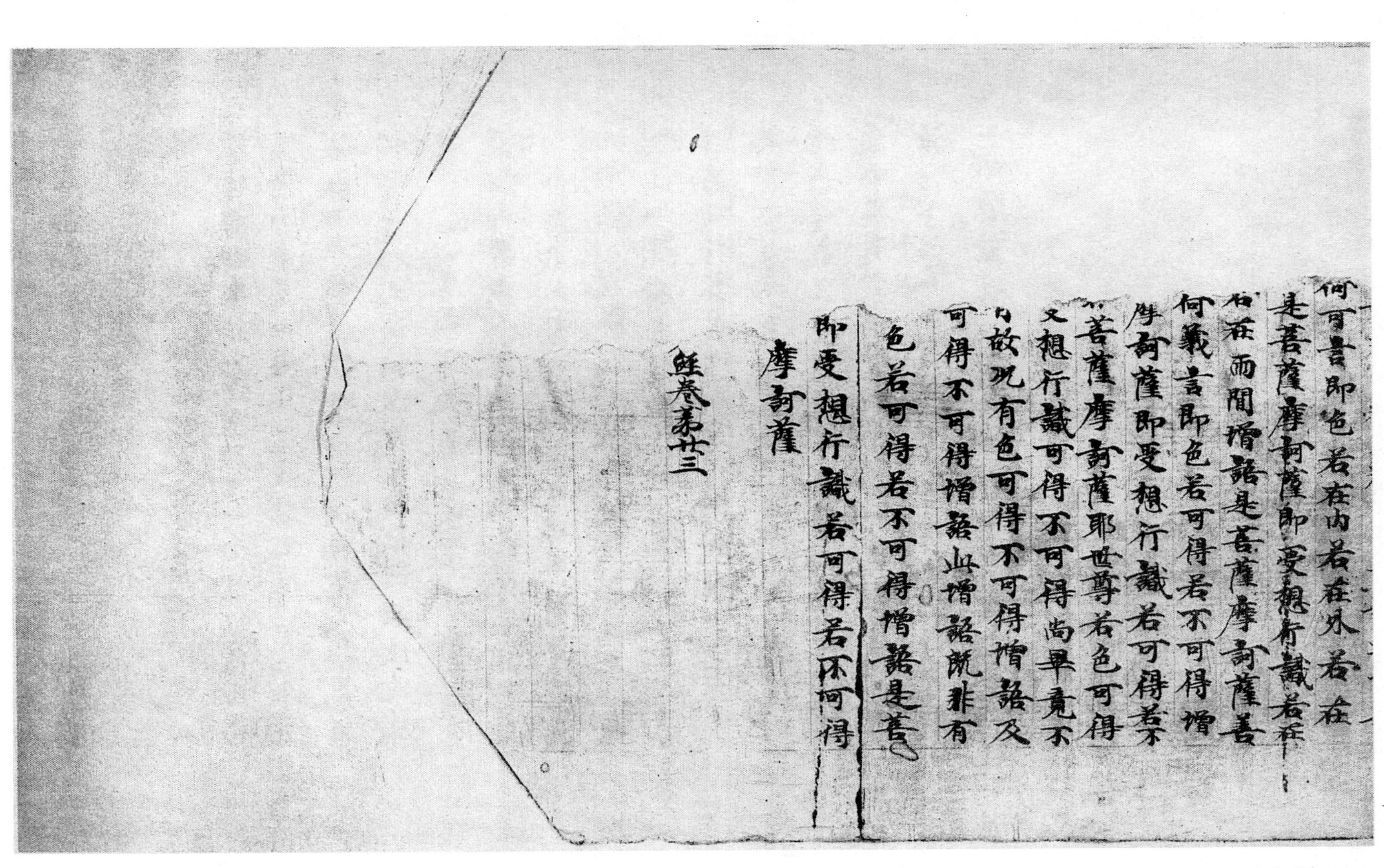
何可言即色若在內若在外若在
是菩薩摩訶薩即受想行識若在
在兩間增語是菩薩摩訶薩善
何義言即色若可得若不可得增
摩訶薩即受想行識若可得若不
菩薩摩訶薩耶世尊若色可得
想行識可得不可得尚畢竟不
故既有色可得不可得增語及
可得不可得增語此增語既非有
色若可得若不可得增語是菩
即受想行識若可得若不可得
摩訶薩
經卷第廿三

BD07969號　大般若波羅蜜多經卷二三　（6–6）

菩提南西北方四維上下虛空可思量不不
也世尊須菩提菩薩无住相布施福德亦
復如是不可思量須菩提菩薩但應如所教住
須菩提於意云何可以身相見如来不不也
世尊不可以身相得見如来何以故如来所
說身相即非身相佛告須菩提凡所有相皆
是虛妄若見諸相非相則見如来
須菩提白佛言世尊頗有衆生得聞如是言
說章句生實信不佛告須菩提莫作是說如
来滅後後五百歲有持戒脩福者於此章句
能生信心以此爲實當知是人不於一佛二
佛三四五佛而種善根已於无量千万佛所
種諸善根聞是章句乃至一念生淨信者須
菩提如来悉知悉見是諸衆生得如是无量
福德何以故是諸衆生无復我相人相衆生
相壽者相无法相亦无非法相何以故是諸
衆生若心取相則爲著我人衆生壽者若取
法相即著我人衆生壽者何以故若取非法

BD07970號　金剛般若波羅蜜經　（2–1）

說章句生實信不佛告須菩提莫作是說如
来滅後後五百歲有持戒脩福者於此章句
能生信心以此爲實當知是人不於一佛二
佛三四五佛而種善根已於无量千万佛所
種諸善根聞是章句乃至一念生淨信者須
菩提如来悉知悉見是諸衆生得如是无量
福德何以故是諸衆生无復我相人相衆生
相壽者相无法相亦无非法相何以故是諸
衆生若心取相則爲著我人衆生壽者若取
法相即著我人衆生壽者何以故若取非法
相即著我人衆生壽者是故不應取法不應
取非法以是義故如来常說汝等比丘知我
說法如筏喻者法尚應捨何況非法
須菩提於意云何如来得阿耨多羅三藐三
菩提耶如来有所說法耶須菩提言如我解
佛所說義无有定法名阿耨多羅三藐三菩
提亦无有定法如来可說何以故如来所說
法皆不可取不可說非法非非法所以者何
一切賢聖皆以无爲法而有差別

BD07970號　金剛般若波羅蜜經　（2–2）

…護念諸菩薩善付囑諸菩
…善女人發阿耨多羅三藐三
應云何住云何降伏其心佛言善善
哉須菩提如汝所說如來善護念諸菩
…付囑諸菩薩汝今諦聽當為汝說善男
子善女人發阿耨多羅三藐三菩提心應如
是住如是降伏其心唯然世尊願樂欲聞
佛告須菩提諸菩薩摩訶薩應如是降伏其
心所有一切眾生之類若卵生若胎生若濕生
若化生若有色若无色若有想若无想若非
有想非无想我皆令入无餘涅槃而滅度
之如是滅度无量无數无邊眾生實无眾生
得滅度者何以故須菩提若菩薩有我相人
相眾生相壽者相即非菩薩
復次須菩提菩薩於法應无所住行於布施
所謂不住色布施不住聲香味觸法布施須
菩提菩薩應如是布施不住於相何以故若
菩薩不住相布施其福德不可思量須菩提
於意云何東方虛空可思量不不也世尊須
菩提南西北方四維上下虛空可思量不不

BD07971 號　金剛般若波羅蜜經　　（1–1）

兑

法界法性不虛妄性不變異性平等性離生
性法定法住實際虛空界不思議界是菩薩
不能脩四念住亦不能脩四正斷四神足五
根五力七等覺支八聖道支是菩薩不能證
苦聖諦亦不能證集滅道聖諦是菩薩不能
脩四靜慮亦不能脩四无量四无色定是菩
薩不能脩八解脫亦不能脩八勝處九次第
定十遍處是菩薩不能脩空解脫門亦不能
脩无相无願解脫門是菩薩不能脩五眼亦
不能脩陀羅尼門是菩薩不能脩佛十力亦
不能脩四无所畏四无礙解大慈大悲大喜
大捨十八佛不共法是菩薩不能脩一切智
亦不能脩道相智一切相智
諸天子若菩薩為攝取一切智故行為棄捨
一切智故行為攝取道相智一切相智故行
為棄捨道相智一切相智故行是菩薩不能
脩般若波羅蜜多亦不能脩靜慮精進安忍
淨戒布施波羅蜜多是菩薩不能證內空亦
不能證外空內外空空空大空勝義空有為

BD07972 號　大般若波羅蜜多經（兑廢稿）卷三二一　　（2–1）

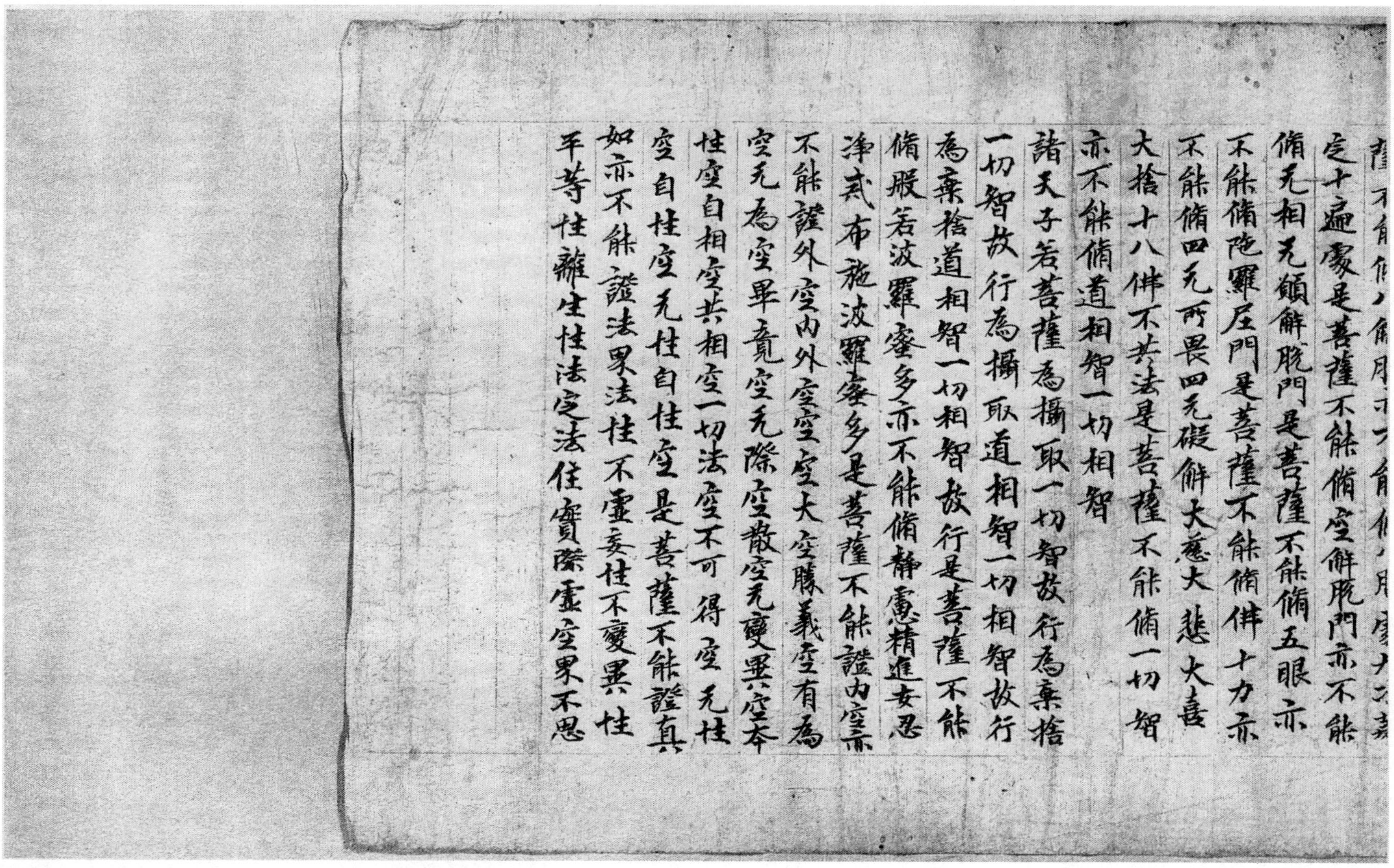

薩不能修八解脫亦不能修八勝處九次第
定十遍處是菩薩不能修空解脫門亦不能
修无相无願解脫門是菩薩不能修五眼亦
不能修陀羅尼門是菩薩不能修佛十力亦
不能修四无所畏四无礙解大慈大悲大喜
大捨十八佛不共法是菩薩不能修一切智
亦不能修道相智一切相智
諸天子若菩薩為攝取一切智故行為棄捨
一切智故行為攝取道相智一切相智故行
為棄捨道相智一切相智故行是菩薩不能
修般若波羅蜜多亦不能修靜慮精進安忍
淨戒布施波羅蜜多是菩薩不能證內空亦
不能證外空內外空空空大空勝義空有為
空无為空畢竟空无際空散空无變異空本
性空自相空共相空一切法空不可得空无性
空自性空无性自性空是菩薩不能證真
如亦不能證法界法性不虛妄性不變異性
平等性離生性法定法住實際虛空界不思

BD07972 號　大般若波羅蜜多經（兌廢稿）卷三二一　　（2–2）

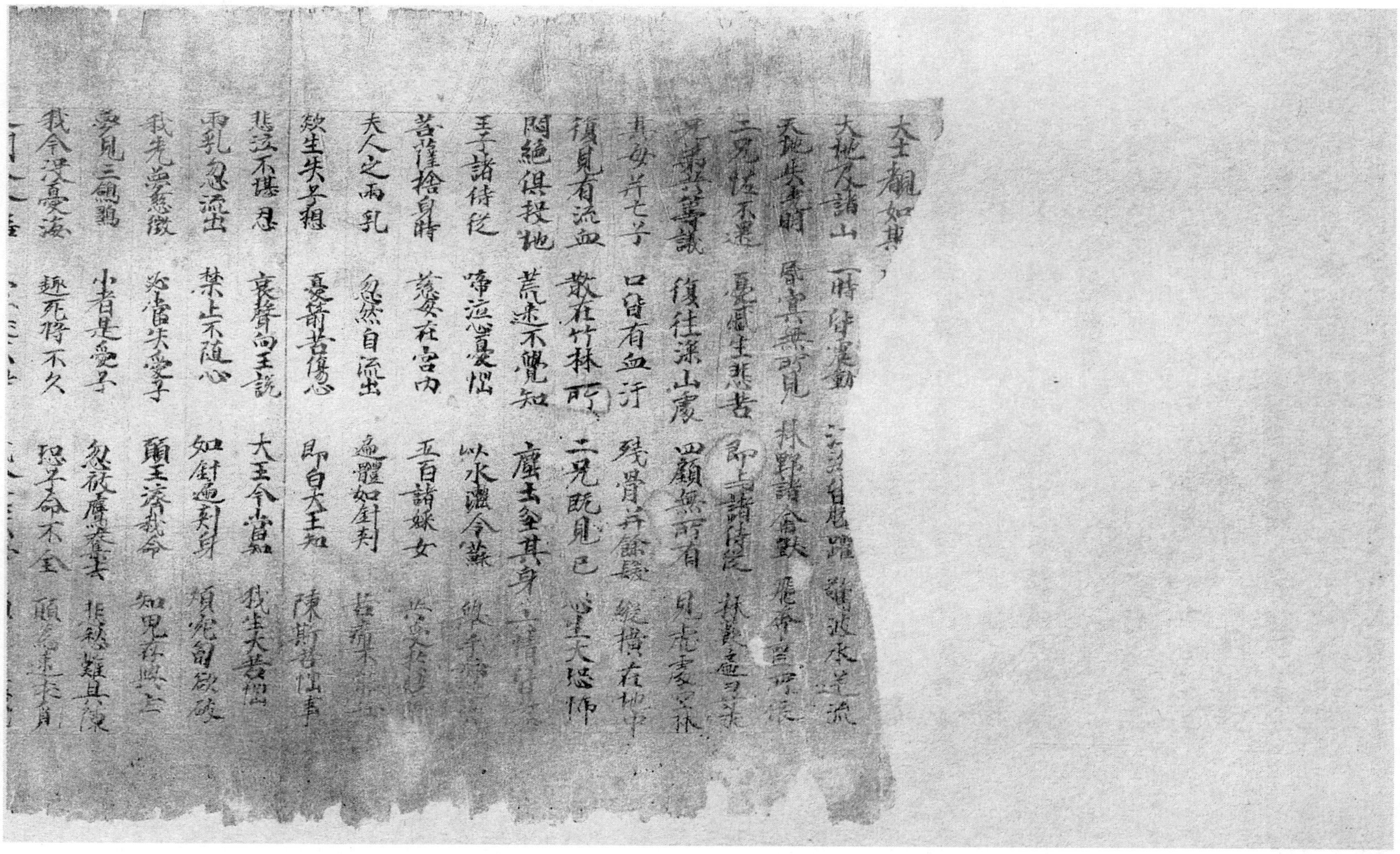

大王觀如其[illegible]
大地及諸山　一時皆震動　[illegible]皆騰躍　諸波水逆流
天地失光明　昏冥無所見　林野諸禽獸　飛奔皆四散
二兒啼不還　憂惱生悲苦　即與諸侍從　林藪遍尋求
[illegible]菩薩　復往深山處　四顧無所有　見虎處空林
其母并七子　口皆有血汙　殘骨并餘髮　縱橫在地中
復見有流血　散在竹林所　二兒既見已　心生大恐怖
悶絕俱躄地　荒迷不覺知　塵土坌其身　[illegible]
王子諸侍從　啼泣心憂惱　以水灑令蘇　[illegible]
菩薩捨身時　慈母在宮內　五百諸婇女　[illegible]
夫人之兩乳　忽然自流出　遍體如針刺　苦痛[illegible]
欻生失子想　憂箭苦傷心　即白大王知　陳斯苦惱事
悲泣不堪忍　哀聲向王說　大王今當知　我生大苦惱
兩乳忽流出　禁止不隨心　如針遍刺身　煩冤胸欲破
我先夢惡徵　必當失愛子　願王濟我命　知兒存與亡
夢見三鴿鶵　小者是愛子　忽被鷹奪去　悲愁難具陳
我今沒憂海　趣死將不久　恐子命不全　願為速求覓
[illegible]

BD07973 號　金光明最勝王經卷一〇　　（4–1）

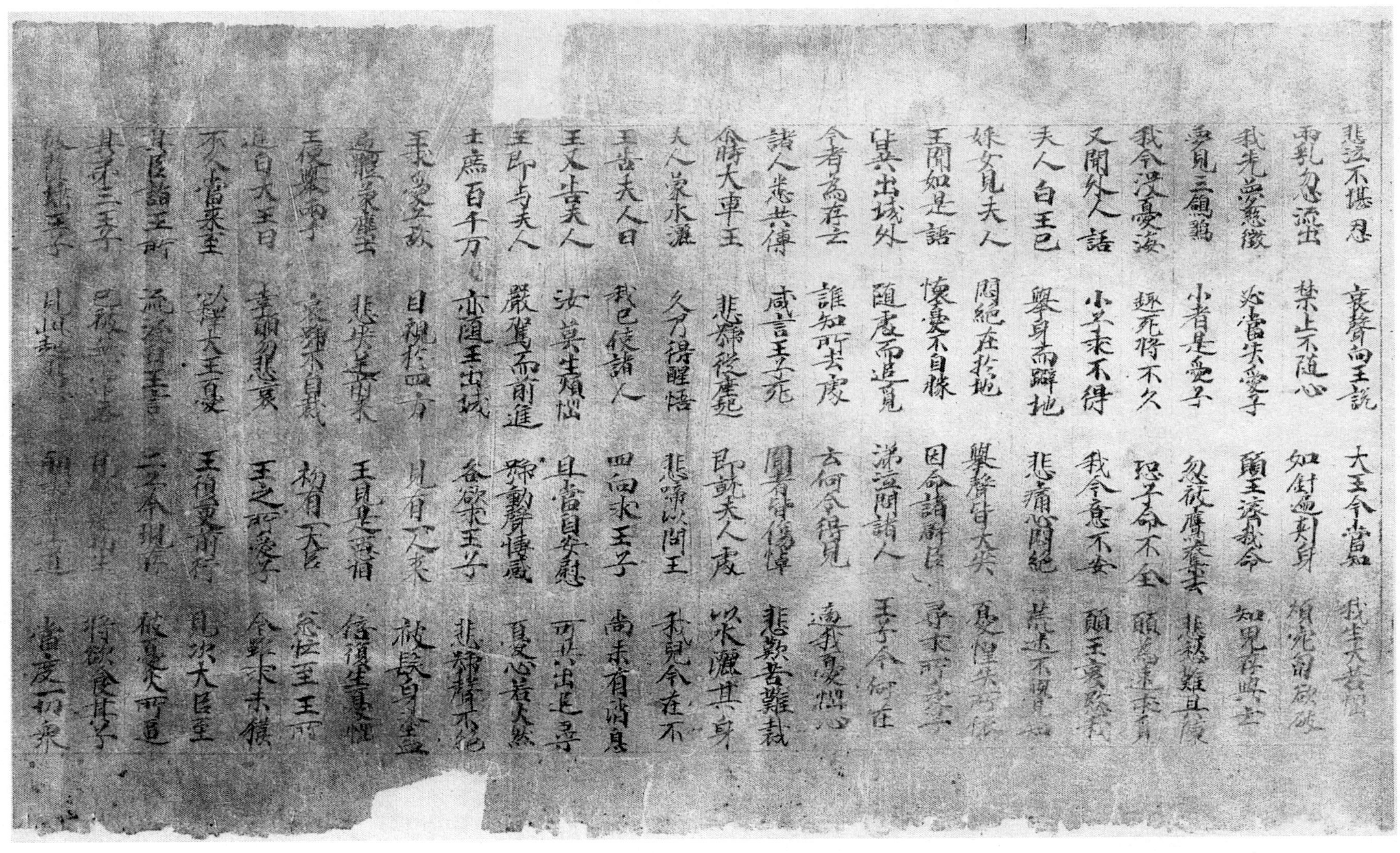

悲泣不堪忍　哀聲向王說　大王今當知　我生大苦惱
兩乳忽流出　禁止不隨心　如針遍刺身　煩冤胸欲破
我先夢惡徵　必當失愛子　願王濟我命　知兒存與亡
夢見三鴿鶵　小者是愛子　忽被鷹奪去　悲愁難具陳
我今沒憂海　趣死將不久　恐子命不全　願為速求覓
又聞外人語　小子求不得　我今意不安　願王哀愍我
夫人白王已　舉身而躄地　悲痛心悶絕　荒迷不覺知
婇女見夫人　悶絕在於地　舉聲皆大哭　憂惶失所依
王聞如是語　懷憂不自勝　因命諸群臣　尋求所愛子
皆共出城外　隨處而追覓　涕泣問諸人　王子今何在
今者為存亡　誰知所去處　云何令得見　遣我憂惱心
諸人悲共傳　咸言王子死　聞者皆傷悼　悲歎苦難裁
爾時大車王　悲號從座起　即就夫人處　以水灑其身
夫人蒙水灑　久乃得醒悟　悲啼以問王　我兒今在不
王告夫人曰　我已使諸人　四向求王子　尚未有消息
王又告夫人　汝莫生煩惱　且當自安慰　可共出追尋
王即与夫人　嚴駕而前進　號哭聲哀戚　憂心若火然
士庶百千万　亦隨王出城　各欲求王子　悲號聲不絕
王求愛子故　目視於四方　見有一人來　被髮身塗血
遍體蒙塵土　悲泣而來至　王見是惡相　倍復生憂惱
王便舉兩手　哀號不自裁　初有一大臣　急行至王所
進白大王曰　幸願勿悲哀　王之所愛子　今雖求未獲
不久當來至　以釋大王憂　王復更前行　見次大臣至
其臣詣王所　流淚白王言　二子今現存　被憂火所逼
其第三王子　已被無常吞　見餓虎初生　將欲食其子
彼薩埵王子　見此起悲心　願求無上道　當度一切眾

BD07973 號　金光明最勝王經卷一〇　（4–2）

進白大王曰　幸願勿悲哀　王之所愛子　今雖求未獲
不久當來至　以釋大王憂　王復更前行　見次大臣至
其臣詣王所　流淚白王言　二子今現存　被憂火所逼
其第三王子　已被無常吞　見餓虎初生　將欲食其子
彼薩埵王子　見此起悲心　願求無上道　當度一切眾
繫想妙菩提　廣大深如海　即上高山頂　投身餓虎前
虎飢不能食　以竹自傷頸　遂啖王子身　唯有餘骸骨
時王及夫人　聞已俱悶絕　心沒於憂海　煩惱火燒然
臣以旃檀水　灑王及夫人　俱起大悲號　舉手椎胸臆
第三大臣來　白王如是語　我見二王子　悶絕在林中
臣以冷水灑　今方始穌息　顧視於四方　如猛火周遍
暫起還復倒　悲號不自勝　舉手以哀言　稱歎弟希有
王聞如是說　倍增憂火煎　夫人大號哭　高聲作是語
我之小子偏鍾愛　已為無常羅剎吞
餘有二子今現存　復被憂火所燒逼
我今速可之山下　安慰令其保餘命
即便馳駕望前路　一心詣彼捨身崖
路逢二子行啼泣　椎胸懊惱失容儀
父母見已抱憂悲　俱往山林捨身處
既至菩薩捨身地　共聚悲號生大苦
脫去瓔珞盡哀心　收取菩薩身餘骨
與諸人眾同供養　共造七寶窣覩波
以舍利置此函中　鳴咽懷憂趣城邑
[illegible]屋是　勿生於異念
[illegible]次曼殊室利
[illegible]五兒五苾芻　一是大目連　一是舍利子
我為汝等說　往昔利他緣　如是菩薩行　成佛因當學

BD07973 號　金光明最勝王經卷一〇　（4–3）

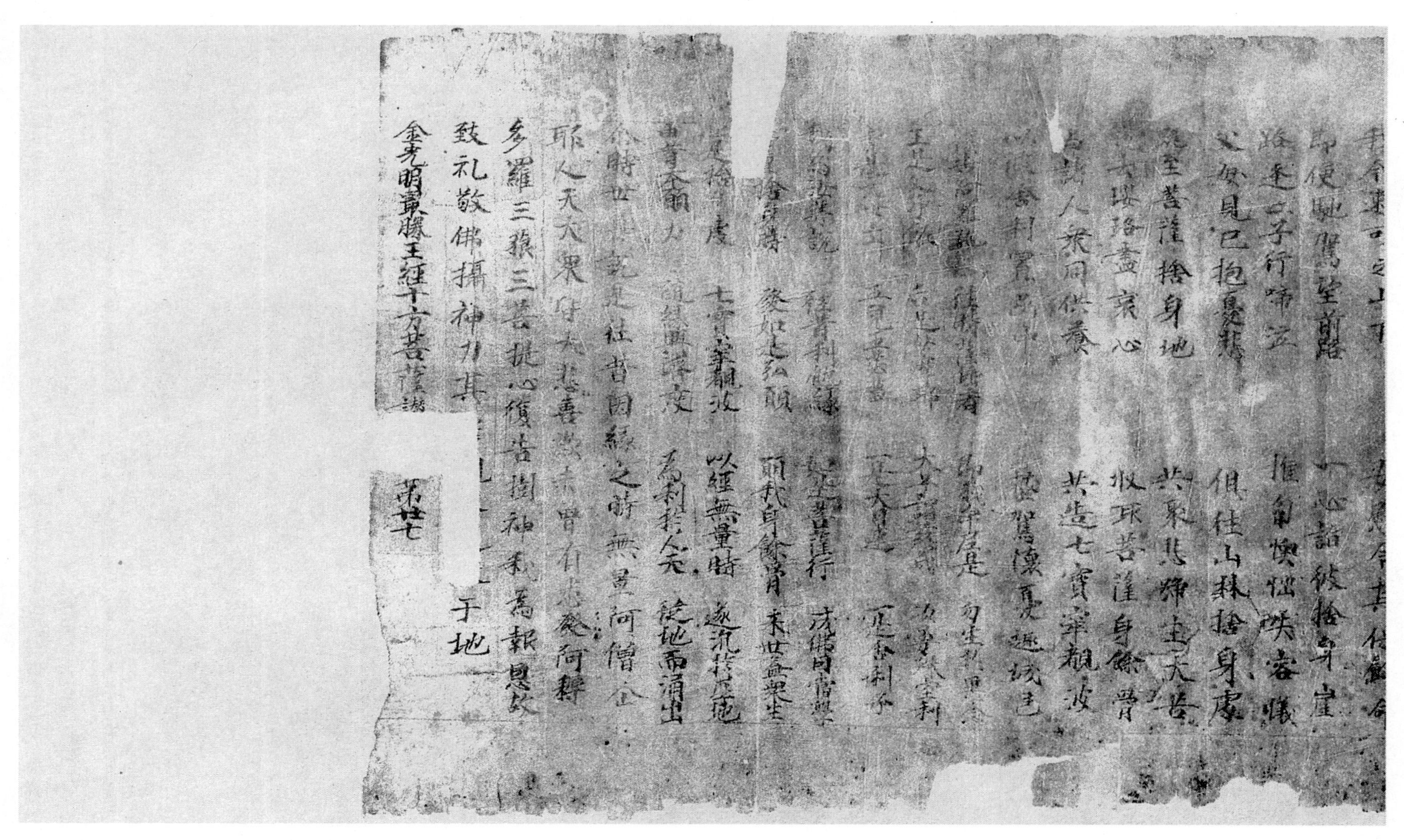

BD07973 號　金光明最勝王經卷一〇　　　　（4–4）

BD07974 號　金剛般若波羅蜜經　　　　（6–1）

須菩提是樂阿蘭那行者以須菩提實无所
行而名須菩提是樂阿蘭那行
佛告須菩提於意云何如来昔在然燈佛所
於法有所得不世尊如来在然燈佛所於法
實无所得
須菩提於意云何菩薩莊嚴佛土不不也世
尊何以故莊嚴佛土者則非莊嚴是名莊
嚴是故須菩提諸菩薩摩訶薩應如是生清淨
心不應住色生心不應住聲香味觸法生心
應无所住而生其心須菩提譬如有人身如
須弥山王於意云何是身為大不須菩提言
甚大世尊何以故佛說非身是名大身
須菩提如恒河中所有沙數如是沙等恒河
於意云何是諸恒河沙寧為多不須菩提言
甚多世尊但諸恒河尚多无數何況其沙須
菩提我今實言告汝若有善男子善女人以
七寶滿尒所恒河沙數三千大千世界以用
布施得福多不須菩提言甚多世尊佛告須
菩提若善男子善女人於此經中乃至受持
四句偈等為他人說而此福德勝前福德
復次須菩提隨說是經乃至四句偈等當知
此處一切世間天人阿脩羅皆應供養如佛
塔廟何況有人盡能受持讀誦須菩提當知

BD07974號　金剛般若波羅蜜經　（6–2）

四句偈等為他人說而此福德勝前福德
復次須菩提隨說是經乃至四句偈等當知
此處一切世間天人阿脩羅皆應供養如佛
塔廟何況有人盡能受持讀誦須菩提當知
是人成就最上第一希有之法若是經典所
在之處則為有佛若尊重弟子
尒時須菩提白佛言世尊當何名此經我等
云何奉持佛告須菩提是經名為金剛般若
波羅蜜以是名字汝當奉持所以者何須菩
提佛說般若波羅蜜則非般若波羅蜜須菩
提於意云何如来有所說法不須菩提白佛
言世尊如来无所說須菩提於意云何三千
大千世界所有微塵是為多不須菩提言甚
多世尊須菩提諸微塵如来說非微塵是名
微塵如来說世界非世界是名世界須菩提
於意云何可以三十二相見如来不不也世
尊不可以三十二相得見如来何以故如来
說三十二相即是非相是名三十二相
須菩提若有善男子善女人以恒河沙等身
命布施若復有人於此經中乃至受持四句
偈等為他人說其福甚多
尒時須菩提聞說是經深解義趣涕淚悲泣
而白佛言希有世尊佛說如是甚深經典我
從昔来所得慧眼未曾得聞如是之經世尊

BD07974號　金剛般若波羅蜜經　（6–3）

尒時須菩提聞說是經深解義趣涕淚悲泣
而白佛言希有世尊佛說如是甚深經典我
從昔來所得慧眼未曾得聞如是之經世尊
若復有人得聞是經信心清淨則生實相當
知是人成就弟一希有功德世尊是實相者
則是非相是故如來說名實相世尊我今得
聞如是經典信解受持不足為難若當來世
後五百歲其有衆生得聞是經信解受持是
人則為弟一希有何以故此人无我相人相
衆生相壽者相所以者何我相即是非相人
相衆生相壽者相即是非相何以故離一切
諸相則名諸佛
佛告須菩提如是如是若復有人得聞是經
不驚不怖不畏當知是人甚為希有何以故
須菩提如来說弟一波羅蜜非弟一波羅蜜
是名弟一波羅蜜
須菩提忍辱波羅蜜如来說非忍辱波羅蜜
何以故須菩提如我昔為歌利王割截身體
我於尒時无我相无人相无衆生相无壽者
相何以故我於往昔節節支解時若有我相
人相衆生相壽者相應生瞋恨須菩提又念
過去於五百世作忍辱仙人於尒所世无我
相无人相无衆生相无壽者相是故須菩提
菩薩應離一切相發阿耨多羅三藐三菩提

BD07974 號　金剛般若波羅蜜經　（6–4）

相何以故我於往昔節節支解時若有我相
人相衆生相壽者相應生瞋恨須菩提又念
過去於五百世作忍辱仙人於尒所世无我
相无人相无衆生相无壽者相是故須菩提
菩薩應離一切相發阿耨多羅三藐三菩提
心不應住色生心不應住聲香味觸法生心
應生无所住心若心有住則為非住是故佛
說菩薩心不應住色布施須菩提菩薩為利
益一切衆生應如是布施如来說一切諸相
即是非相又說一切衆生則非衆生
須菩提如来是真語者實語者如語者不誑
語者不異語者須菩提如来所得法此法无
實无虛
須菩提若菩薩心住於法而行布施如人入
闇則无所見若菩薩心不住法而行布施如
人有目日光明照見種種色
須菩提當来之世若有善男子善女人能於此
經受持讀誦則為如来以佛智慧悉知是人
悉見是人皆得成就无量无邊功德
須菩提若有善男子善女人初日分以恒河
沙等身布施中日分復以恒河沙等身布施
後日分亦以恒河沙等身布施如是无量百
千万億劫以身布施若復有人聞此經典信
[illegible]

BD07974 號　金剛般若波羅蜜經　（6–5）

沙等身布施中日分復以恒河沙等身布施
後日分亦以恒河沙等身布施如是无量百
千万億劫以身布施若復有人聞此經典信
心不逆其福勝彼何況書寫受持讀誦為人
解說
須菩提以要言之是經有不可思議不可稱
量无邊功德如來為發大乘者說為發最上
乘者說若有人能受持讀誦廣為人說如來
悉知是人悉見是人皆得成就不可量不可
稱无有邊不可思議功德如是人等則為荷
擔如來阿耨多羅三藐三菩提何以故須菩提
若樂小法者著我見人見眾生見壽者見
則於此經不能聽受讀誦為人解說須菩提
在在處處若有此經一切世間天人阿脩羅
所應供養當知此處則為是塔皆應恭敬作
禮圍遶以諸華香而散其處
復次須菩提善男子善女人受持讀誦此經
若為人輕賤是人先世罪業應墮惡道以今
世人輕賤故先世罪業則為消滅當得阿耨多
羅三藐三菩提須菩提我念過去无量阿僧祇
劫於然燈佛前得值八百四千万億那由他
諸佛悉皆供養承事无空過者若復有

BD07974 號　金剛般若波羅蜜經　（6–6）

異二釆下多心

故有七大義同前所釋　次明起備門中第二發起序文分為五
一往紫哉　五施生　四陳疑　五五啟問　經爾時具壽舍利子往彌勒
菩薩摩訶薩經行之處　此初往也　言爾時者仏在王舍中經時
也　言具壽者恭敬之辭　具命根故　舍利子者從母立名也
言彌勒者梵音也　慈氏一種翻之名　過去有仏号為慈氏　於彼
發心願我當來成仏之時亦同此号　故以為名　故稱行立名者　爲此菩
於四无量偏修慈故　三從母立名者　過去之時出家修道名最
勝尊　母名慈氏　是故亦名慈氏也　言經行之處者　謂彌勒菩
所在之處　爲諸有情說法化也　經到已共相慰問　此二事相恭
敬也　爲試妙法　无有瞋容　言善来菩者爲慰問　一二俱尊敬　一但以慰問
相不亂　若置禮者不成業　致有過失　故經俱坐盤陀石上　此三施坐
言俱坐者　彌勒与舟子同於一坐　論妙法故也　不承條坐　就石坐
者　當尒之時　此石近故　二乘依法　故是故互不條生　舍利弗是智
惠第一故能問　彌勒菩是補處故就答

BD07975號　大乘稻芉經隨聽手鏡記　（1–1）

BD07975號背　雜寫三條（擬）

（1–1）

号日……
邊一切人民……
一閻浮提在……
切明靈圖……
善男子善女……
具相得甚滌……
知即知慧眼常見
即是色受相行
……如来耳常聞種種无盡
人身……即是聲是妙音聲如来鼻
常嗅種種无盡香香即是空空即是香
積如来舌常覺種種无盡味味即是空空即
是味是法喜如来身常覺種種无盡觸觸即
是空空即是觸是智明如来意常心想分別
種種无盡法法即是空空即是法是法明如
来善男子此六根顯現人皆口說其善誦法
輪常轉即成聖道若說邪語惡法常轉即墮
惡趣善男子善惡之理不得不信无礙菩薩
人之身心是佛法器亦是十二部大經卷也无
始已来轉轉不盡不檢豪毛如来藏經唯識
心見性者之所能知非諸聲聞凡夫所能知
也善男子讀誦此經深解真理即知身心是

BD07976號　天地八陽神咒經　（7–1）

輪常轉即成聖道若說邪語惡法常轉即墮
惡趣善男子善惡之理不得不信无礙菩薩
人之身心是佛法器亦是十二部大經卷也无
始已来轉轉不盡不檢豪毛如来藏經唯識
心見性者之所能知非諸聲聞凡夫所能知
也善男子讀誦此經深解真理即知身心是
佛法器若醉迷不醒不了自心是佛根本流
浪諸趣墮於惡道永沉苦海不聞佛法名字
无礙菩薩復白佛言世尊人之在世生死為重
生不擇日時至即生死不擇日時至即死何
因殯葬即問良辰吉日然始殯葬之後還有
妨害貧窮者多滅門者不少唯願世尊為諸
邪見无知衆生說其因緣令得正道除其顛
倒佛言善哉善哉善男子汝實甚能問於衆
生生死之事殯葬之法汝等諦聽當為汝說
智慧之理大道之法夫天地廣大清日月廣長
明時年善善美實无有異善男子人王菩薩
甚大慈悲愍念衆生皆如赤子下為人主作
人父母順於俗法遣作曆日頒下天下令知時
節為有平滿成收開除之字執危破殺之文
愚人依字信用无不免於凶禍又使邪師厭
鎮說是道非温求神拜餓鬼却招殃自受苦如
斯人輩逆天時逆地理背日月之光常投闇
室違正道之廣路恒尋邪徑顛倒之甚也善
男子生時讀此經三遍兒則易生甚吉大利聰明利
智福德具足而无中夭死時讀此經三遍一无妨害

BD07976號　天地八陽神咒經　（7–2）

斯人輩返天時逆地理背日月之光常投闇
室違正道之廣路恒尋邪徑顛倒之甚也善
男子生時讀此經三遍兒則易生大利聰明利
智福德具足而无中夭死時讀三遍一无妨害
得福无量善男子日好日月好月年年好
年實无間陽但辦日須殯葬殯葬之日讀此
經七遍甚大吉利獲福无量門榮人貴延年
益壽命終之日並得成聖
善男子殯葬之地不問東西南北安隱之處
人之愛樂鬼神愛樂即讀經三遍便以脩營
安置墓田永无災障家富人興甚大吉利尒
時世尊欲重宣此義而說偈言
勝生善善日　休殯好好時　生死讀誦經　甚得大利益
月月善明月　年年大好年　讀經即殯葬　榮華万代昌
尒時衆中七万千人聞佛所說心開意解捨邪
歸正得佛法分永斷疑惑皆得阿耨多羅三
藐三菩提无礙菩薩復白佛言世尊一切凡
夫皆以婚嫁為親先問相宜後取吉日然始
成親成親已後富貴皆老者少貧寒生離死別
者多一種信邪如何而有差別唯願世尊為決
衆疑佛言善男女汝等諦聽當為汝說天陰地
陽月陰日陽水陰火陽男陰女陽天地氣合
一切草木生焉日月交運四時八節明焉水火
相承一切万物熟焉男女允諧子孫興焉皆
是天之常道自然之理世諦之法善男子愚
人无智信其邪師卜問望吉而不脩善造種

BD07976 號　天地八陽神咒經　（7–3）

陽月陰日陽水陰火陽男陰女陽天地氣合
一切草木生焉日月交運四時八節明焉水火
相承一切万物熟焉男女允諧子孫興焉皆
是天之常道自然之理世諦之法善男子愚
人无智信其邪師卜問望吉而不脩善造種
種惡業命終之後復得人身者如指甲上土
墮於地獄作餓鬼畜生者如大地土善男子
復得人身正信脩善者如指甲上土信邪造惡
業者如大地土善男子若結婚親莫問水火
相剋胞胎相壓唯看禄命書即知福德多
少以為眷屬呼迎之日讀此經三遍即以成
礼此乃善善相因明明相屬門高人貴子孫
興盛聰明利智多才多藝孝敬相承甚大吉
利而无中夭福德具足皆成佛道
時有八菩薩承佛威神得大惣持常處人間
和光同塵破邪立正度四生處八解具足日
跋陁和菩薩漏盡和　羅隣竭菩薩漏盡和
憍日兜菩薩漏盡和　須量弥菩薩漏盡和
那羅達菩薩漏盡和　因坻達菩薩漏盡和
和輪調菩薩漏盡和　无緣觀菩薩漏盡和
是八菩薩俱白佛言世尊我等於諸佛所受
得陁羅尼神呪而今說之擁護受持讀誦八
陽經者永无恐怖使一切不善之物不得侵
損讀經法師即於佛前而說呪曰
阿佉尼　尼佉尼　阿比羅　曼隸　曼多隸
世尊若有不善者欲來惱法師聞我說此

BD07976 號　天地八陽神咒經　（7–4）

得陁羅尼神呪而今說之擁護受持讀誦八
陽經者永无恐怖使一切不善之物不得侵
損讀經法師即於佛前而說呪曰
阿佉尼 尼佉尼 阿比羅 曼隸 曼多隸
世尊若有不善者欲來惱法師聞我說此
呪頭破作七分如阿梨樹枝
是時无邊身菩薩白佛言世尊云何名八陽經
唯願世尊為諸聽衆解說其義令得醒悟
速達心本入佛知見永斷疑悔
佛言善哉善哉善男子汝等諦聽吾今為汝
解說八陽之經八者分別也陽者明解也明
解大乘无為之理了能分別八識因緣空无所
得又云八識為經陽明為緯經緯相投以成
經教故名八陽經八識者眼是色識耳是聲
識鼻是香識舌是味識身是觸識意是分
別識含藏識阿賴耶識是名八識明了分別
八識根源空无所有即知兩眼光明天中即現
日月光明世尊兩耳聲聞天聲天中即現无
量聲如來兩鼻佛香天佛香天中即現香
積如來口舌是法味天法味天中即現法喜如
來身是盧舍那天盧舍那天中即現成就
盧舍那佛盧舍那鏡像佛盧舍那光明佛意
是无分別天无分別天中即現不動如來大
光明佛心是法界天法界天中即現空王如
來含藏識天演出阿那含經大涅槃經阿賴
耶識天演出大智度論經瑜伽論經善男子

BD07976號　天地八陽神咒經　（7–5）

是无分別天无分別天中即現不動如來大
光明佛心是法界天法界天中即現空王如
來含藏識天演出阿那含經大涅槃經阿賴
耶識天演出大智度論經瑜伽論經善男子
佛即是法法即是佛合為一相即現大通智
勝如來佛說此經時一切大地六種震動光
照天地无有邊際浩浩蕩蕩而无所名一切
幽冥皆悉明朗一切地獄並皆消滅一切罪人
俱得離苦皆發无上菩提心
尒時衆中八万千菩薩一時成佛号曰虛空藏
如來應正等覺劫名圓滿國号无邊一切人
民无有彼此並證无諍三昧六千比丘比丘
尼優婆塞優婆夷得大揔持无數天龍夜
叉乾闥婆阿脩羅迦樓羅緊那羅摩睺羅伽
人非人等得法眼淨行菩薩道
復次善男子若復有人得官登位之日及新
入宅之日即讀此經三遍甚大吉利獲福无
量善男子若讀此經一遍者如讀一切經一
遍能寫一卷者如寫一切經一部其功德
不可稱不可量无有邊如斯人等即成聖道
復次无邊身菩薩摩訶薩若有衆生不信正法
常生邪見忽聞此經即生誹謗言非佛說是
人現世得白癩病惡瘡膿血遍體交流腥
臊臭穢人皆憎疾命終之日即墮阿鼻无間
地獄上火徹下下火徹上鐵叉遍身穿穴五
藏洋銅灌口肋骨爛壞一日一夜万死万生

BD07976號　天地八陽神咒經　（7–6）

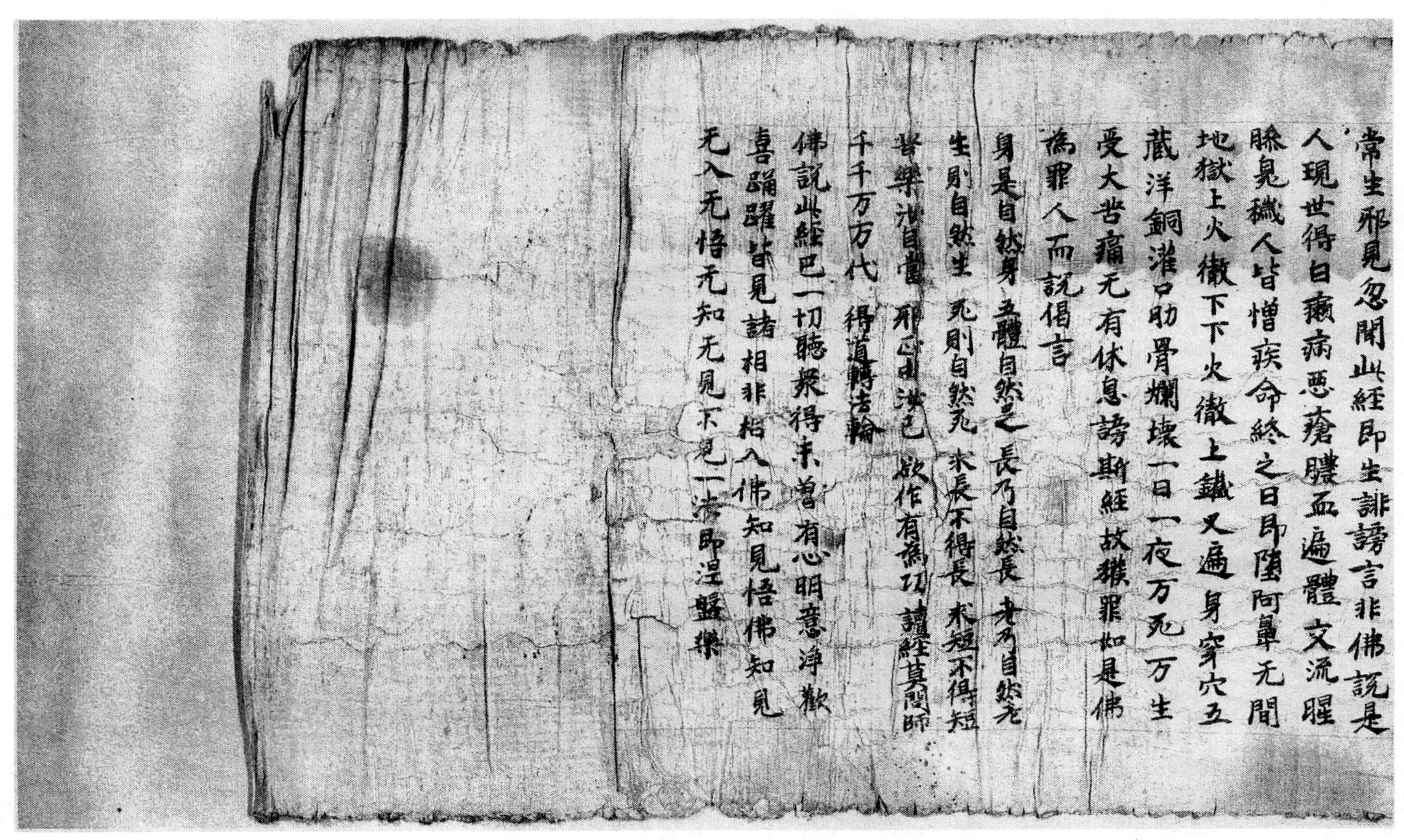

常生邪見忽聞此經即生誹謗言非佛說是
人現世得白癩病惡瘡膿血遍體交流腥
臊臭穢人皆憎疾命終之日即墮阿鼻无間
地獄上火徹下下火徹上鐵叉遍身穿穴五
藏洋銅灌口肋骨爛壞一日一夜万死万生
受大苦痛无有休息謗斯經故獲罪如是佛
為罪人而說偈言
身是自然身　五體自然足　長乃自然長　老乃自然老
生則自然生　死則自然死　求長不得長　求短不得短
苦樂汝自當　邪正由汝己　欲作有為功　讀經莫問師
千千万万代　得道轉法輪
佛說此經已一切聽衆得未曾有心明意淨歡
喜踊躍皆見諸相非相入佛知見悟佛知見
无入无悟无知无見不見一法即涅槃樂

BD07976 號　天地八陽神咒經　　（7–7）

BD07977 號 1　七階佛名經　　（2–1）

南无旃檀窟莊嚴勝佛　南无賢善首佛
南无善意佛　南无廣莊嚴王佛
南无金花光佛　南无寶蓋照空自在王佛
南无虛空寶華光佛　南无瑠璃莊嚴王佛
南无普現色身光佛　南无不動智光佛
南无降伏諸魔王佛　南无財光明佛
南无智慧勝佛　南无彌勒仙光佛
南无世淨光佛　南无善寂月音妙尊智王佛
南无龍種上尊王佛　南无日月光佛
南无日月珠光佛　南无慧勝王佛
南无師子吼自在力王佛　南无妙音勝佛

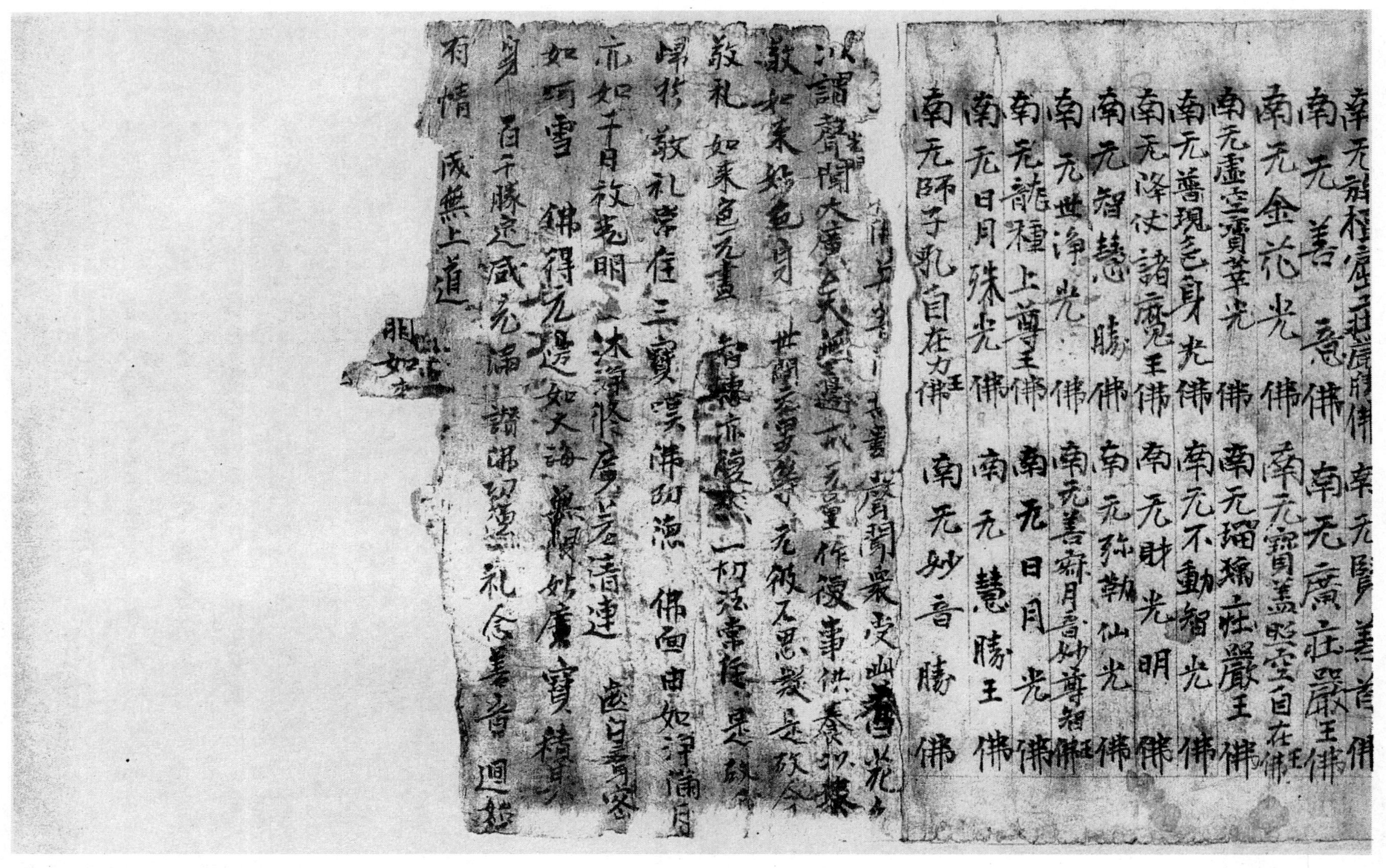

BD07977 號 2　七階佛名經　（2–2）

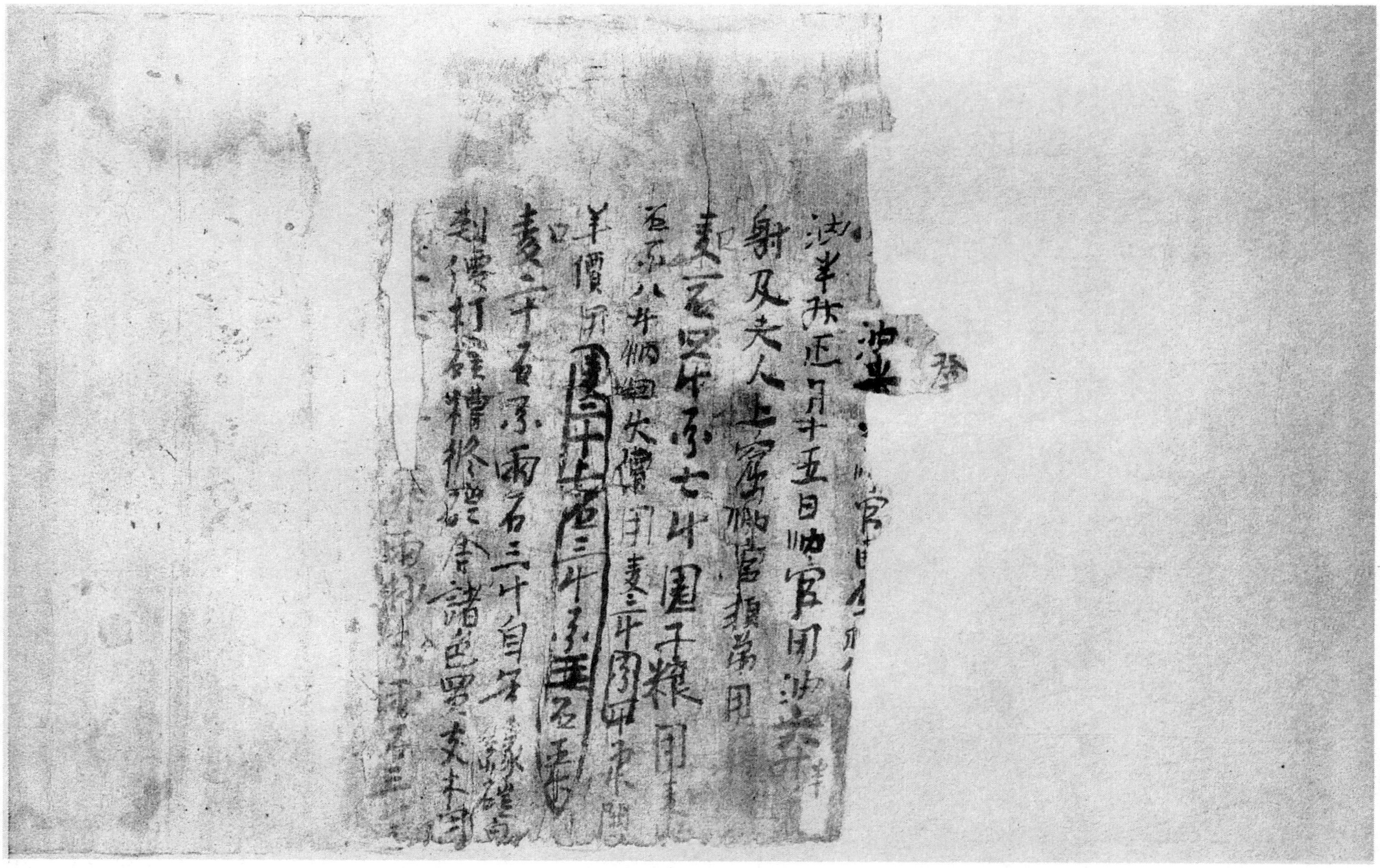

BD07977 號背　麥粟油破除歷（擬）　（1–1）

一切恭敬敬礼常住三寶
是諸衆等人各𨂂跪嚴持
香花如法供養願此香花
雲遍滿十方界供養一切
佛化仏并菩薩无數聲
聞衆受此香花雲為以光
明臺廣於无邊界无邊
无量作佛事供養已以𣪍敬
一切普誦摩訶般若波羅
蜜如来妙色身世間无異
等无比不思議是故今敬礼
如来色无盡智慧亦復然
一切法常住是故我歸依敬
礼常住三寶　漢佛功德佛
有三十二相八十隨形号三界
度衆生皆共成佛道
南无東方須弥燈光明如来
十方佛等一切諸佛　南无毗婆

BD07978號　七階佛名經　（8-1）

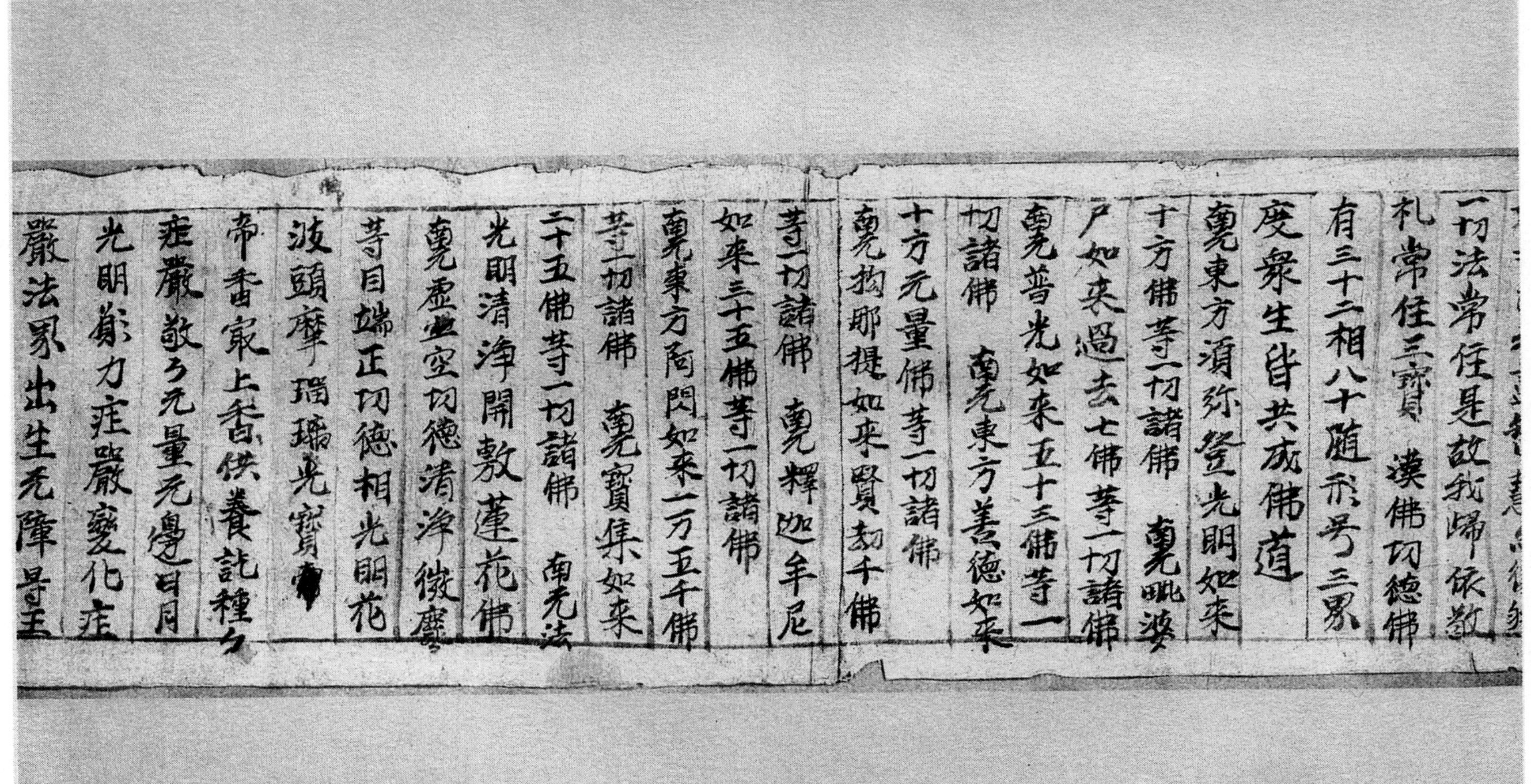
一切法常住是故我歸依敬
礼常住三寶　漢佛功德佛
有三十二相八十隨形号三界
度衆生皆共成佛道
南无東方須弥燈光明如来
十方佛等一切諸佛　南无毗婆
尸如来過去七佛等一切諸佛
南无普光如来五十三佛等一
切諸佛　南无東方善德如来
十方无量佛等一切諸佛
南无拘那提如来賢劫千佛
等一切諸佛　南无釋迦牟尼
如来三十五佛等一切諸佛
南无東方阿閦如来一万五千佛
等一切諸佛　南无寶集如来
二十五佛等一切諸佛　南无法
光明清淨開敷蓮花佛
南无虚空功德清淨微塵
等目端正功德相光明花
波頭摩瑠璃光寶體
香最上香供養訖種種
莊嚴頂髻无量无邊日月
光明願力莊嚴變化莊
嚴法界出生无障㝵王

BD07978號　七階佛名經　（8-2）

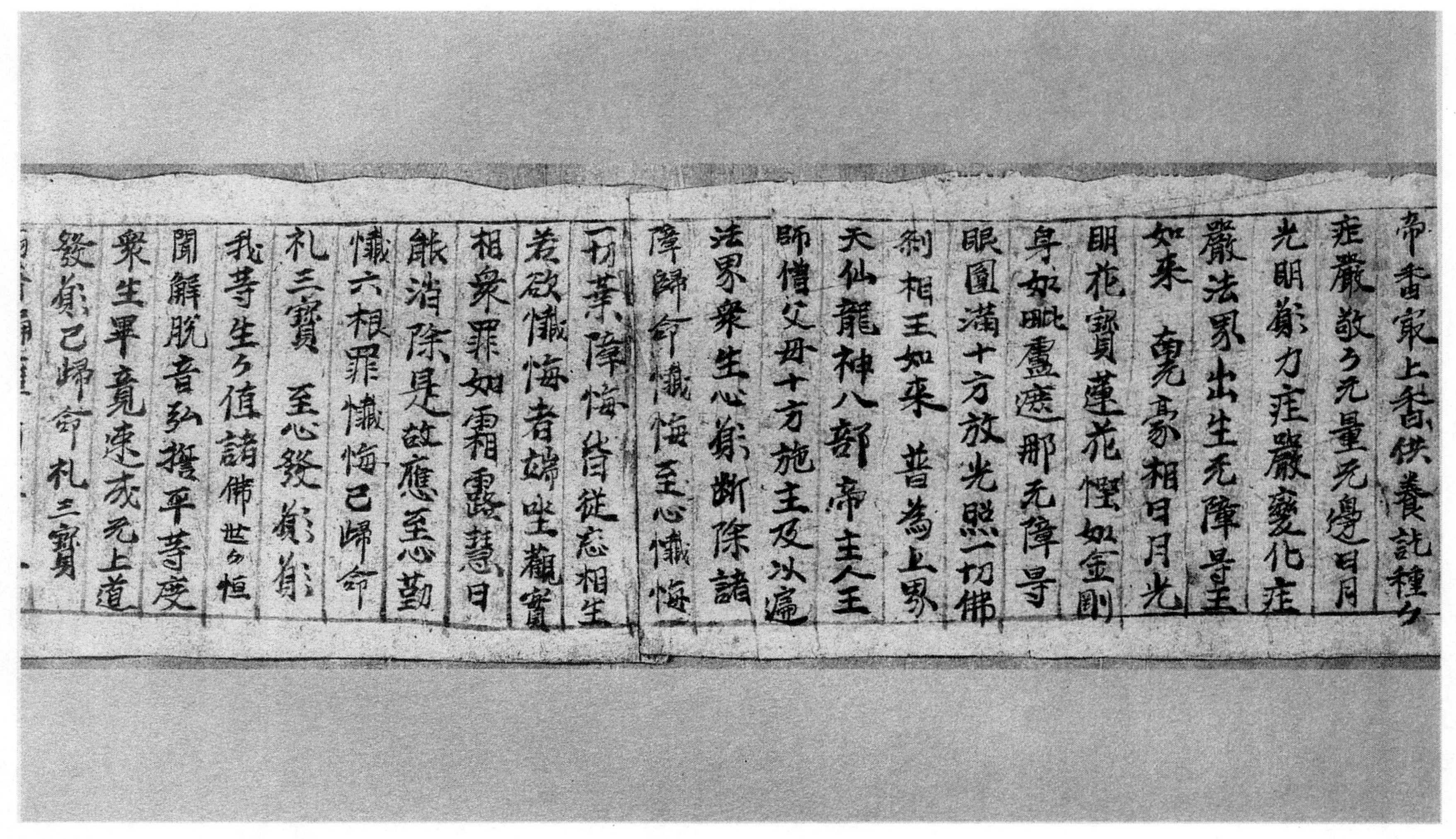

BD07978 號　七階佛名經　　（8–3）

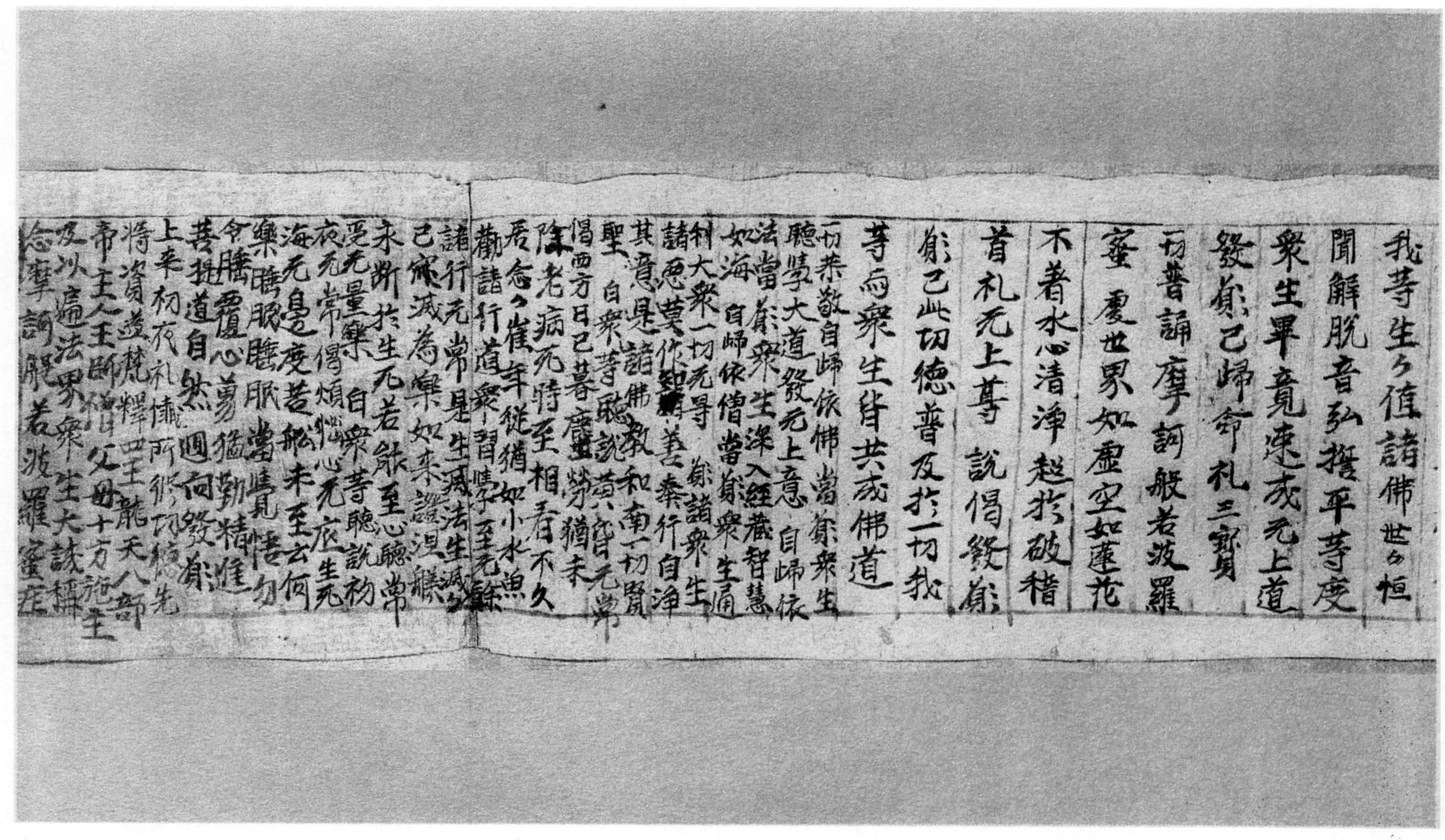

BD07978 號　七階佛名經　　（8–4）

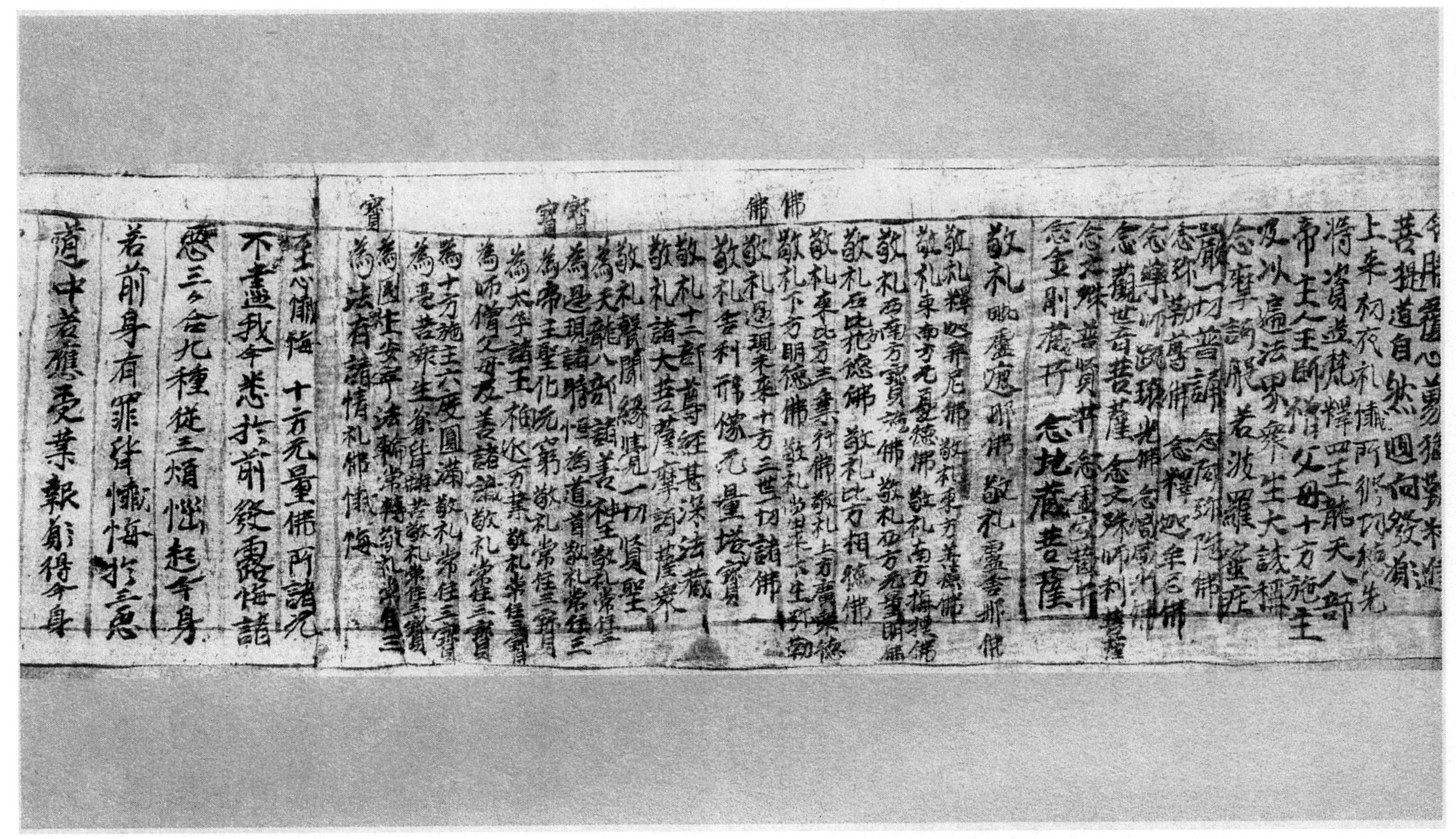

BD07978號　七階佛名經　　（8–5）

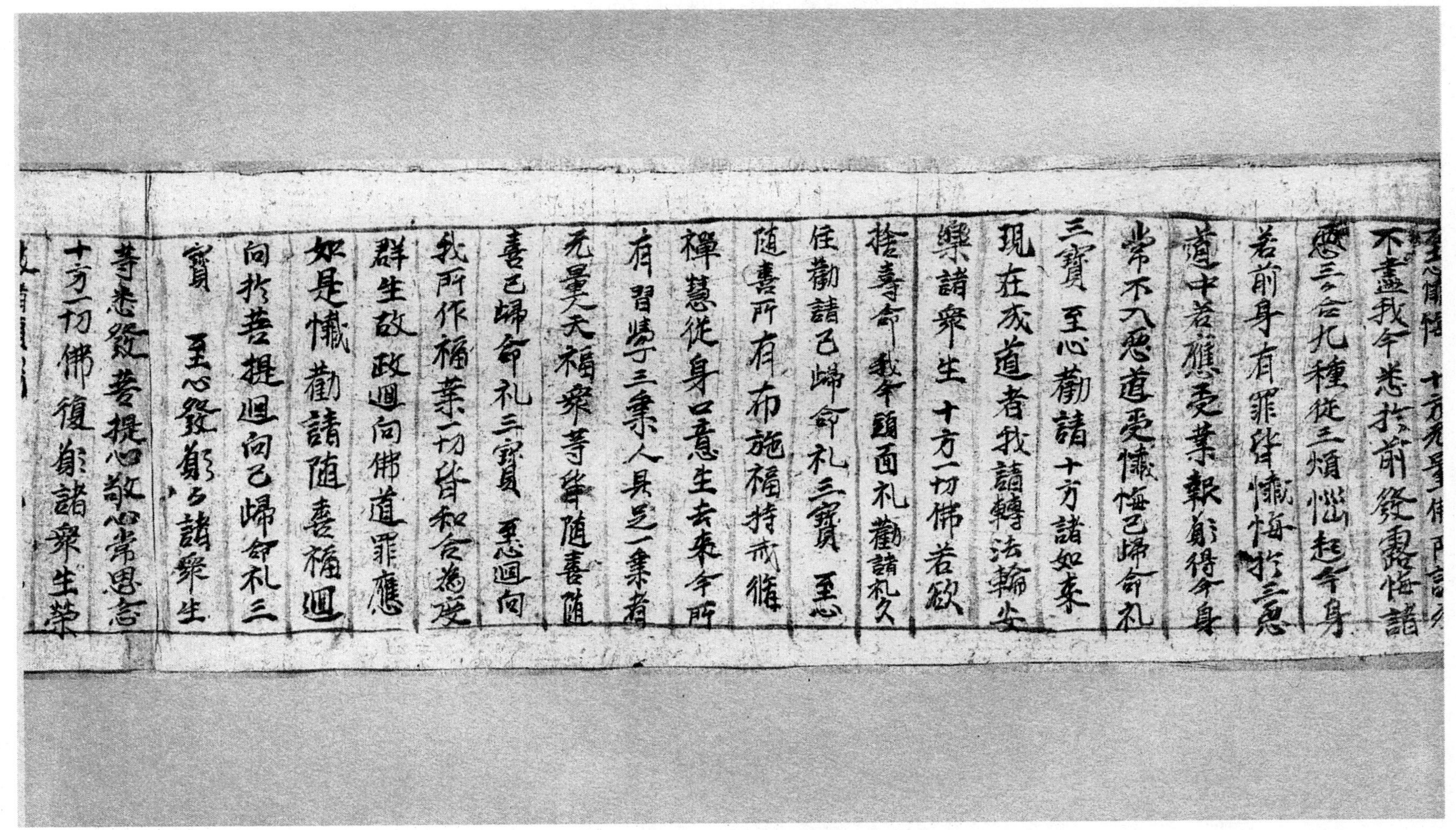

BD07978號　七階佛名經　　（8–6）

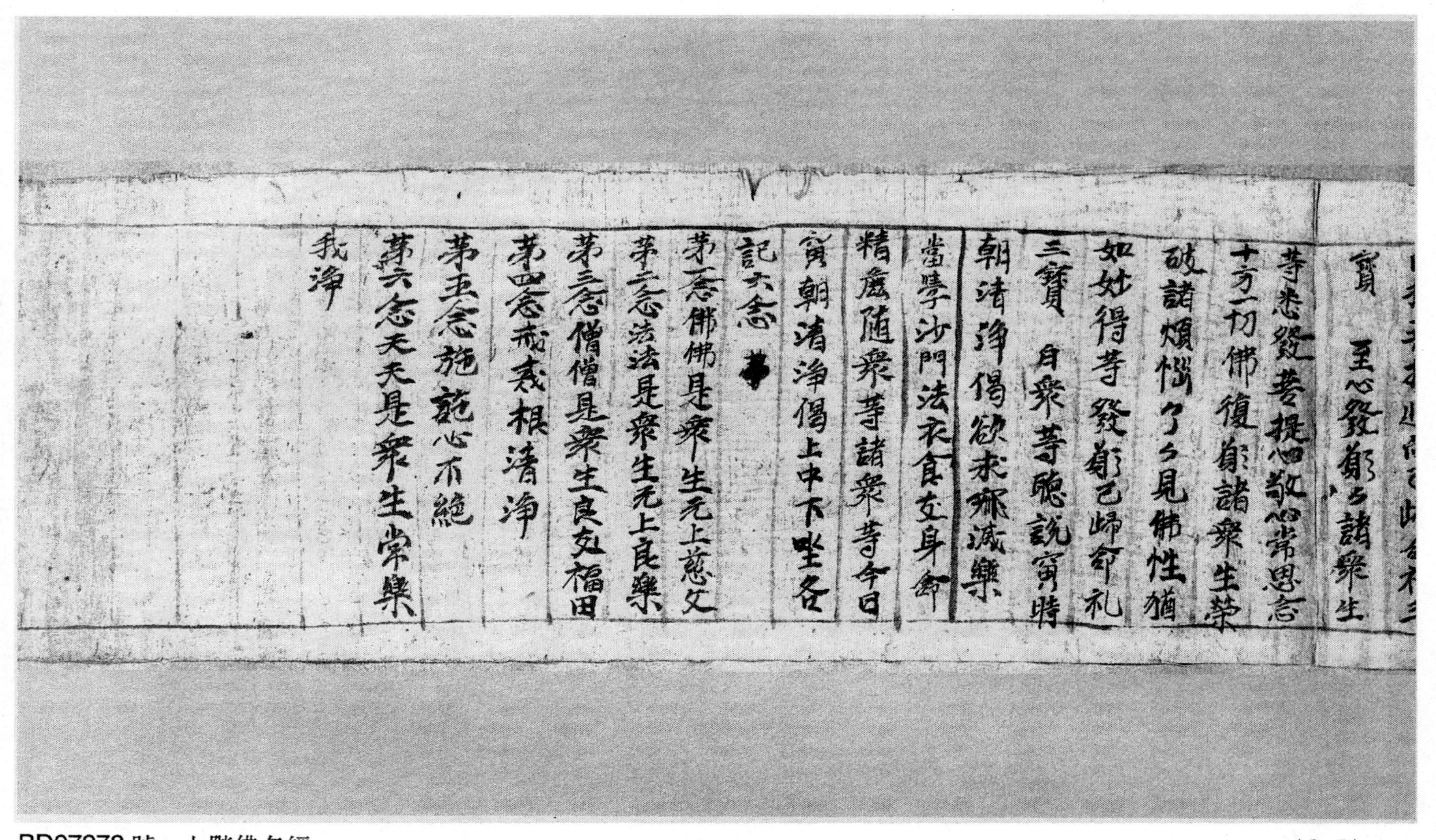
BD07978號　七階佛名經　（8–7）

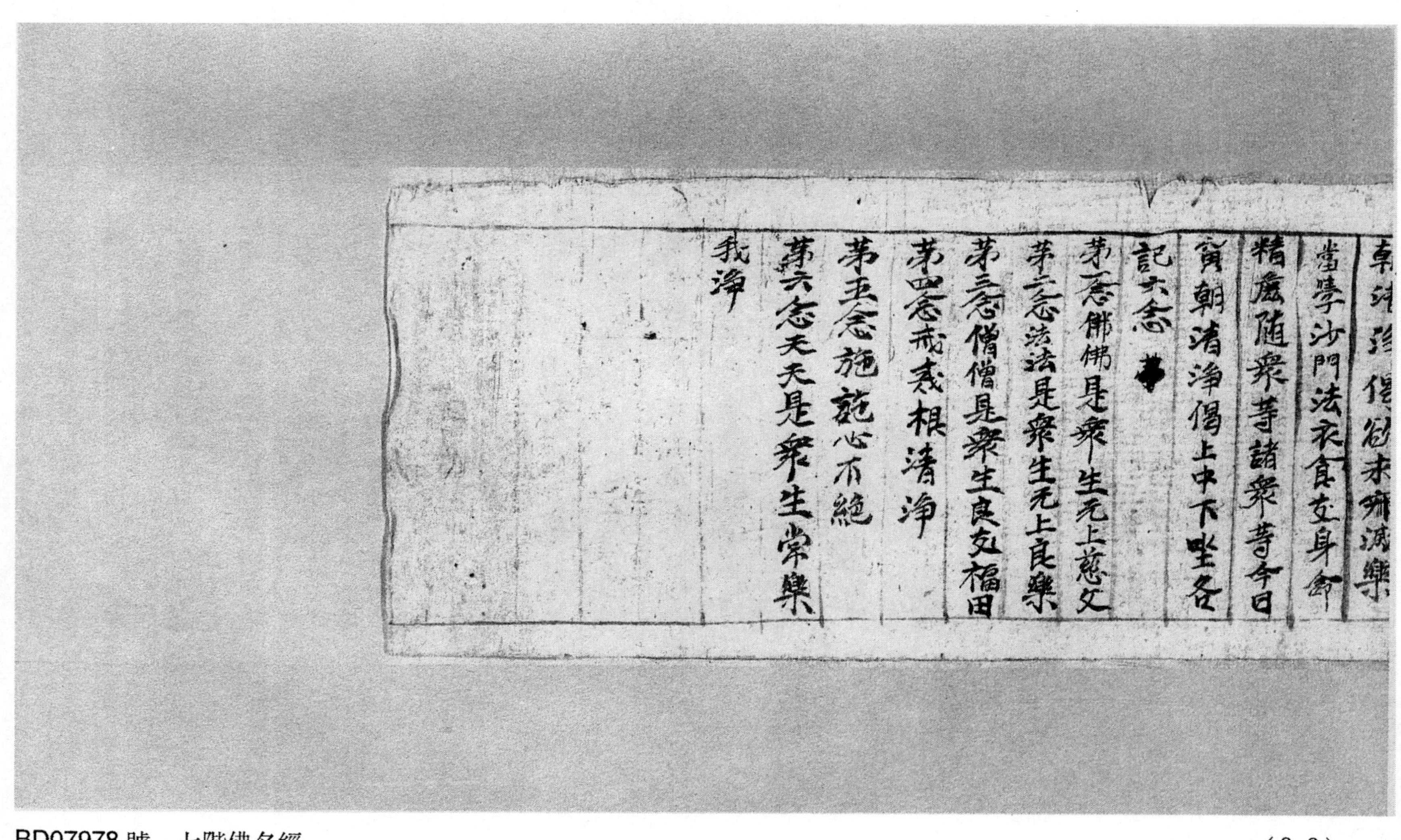
BD07978號　七階佛名經　（8–8）

佛說佛名經卷第十五

南无法山勝佛　南无寶[illegible]

南无自在陁羅集佛　南无樹提藏[illegible]

南无星宿稱佛　南无功德力堅固王佛

南无聲自在增長佛　南无勝一切世間佛

南无三世法界佛　南无妙聲吼佛

南无寶地龍王佛　南无法疾吼聲佛

南无香須彌手釋自在寶幢城　南无光輪佛

南无寶蓮佛　南无功德華佛

南无多供養佛　南无無邊功德王佛

南无增長喜佛　南无師子龍奮迅佛

南无婆羅藏師子步行佛　南无觀諸法佛

南无法華智佛　南无持法清淨佛

南无堅固精進言語佛　南无聲精進佛

南无爽摩尼佛　南无山光明佛

南无清淨无垢藏佛　南无無垢月佛

南无請法根佛　南无多智佛

南无能作智佛　南无廣智佛

南无力意佛　南无勝意佛

南无法堅固歡喜佛　南无堅固行自在佛

BD07979號　佛名經（二十卷本）卷一五　（1–1）

星母陀羅尼咒

釋迦如來應正等覺說供養星法及陀羅尼曰

唵命伽羅羯迦夜莎訶　唵尸富奢毗莎訶　唵遙富俱磨囉耶莎訶

唵補馱夜婆夜莎訶　唵補伽阿婆悉波馱耶莎訶　唵須阿囉莎

哆磨夜莎訶　唵迦囉尸寧婆囉頗耶莎訶　唵阿蜜嘌哆悉剎夜耶

莎訶　唵祖翰羇多剎莎訶

復次釋迦如來應正等覺說衆星母陀羅尼曰

怛姪他補馱補達跋佐囉、鉢命莎囉、波囉莎訶、悉迦莎囉

悉磨囉、吒囉馱耶、磨囉、磨囉馱、揭馱耶　莎婆毗各鄉

俱盧盡耶、揭奢婆耶　揭奢伽囉扇提、俱提馱磨耶、

世尊我調伏諸大神通者欲於我等國內生增嫉心處皆拮渴

逭提、柱囉、嗜泥　呣嗡、呣須、訶婆訶鞞　宿剎剎

郁迦邏馱明　步邏夜明　阿芷囉馱鄉　薩埵多他伽多　阿地悉啼多

薩明乜莎訶　唵莎訶　吽莎訶　睎剎莎訶　步母吽莎訶

杜有莎訶　鉢囉馱囉夜莎訶　阿至乞[illegible]

BD07980號　星母陀羅尼咒　（2–1）

俱盧々盡耶々　揭奢婆耶　揭奢伽囉扇提々　俱提馱磨耶々

世尊我調伏諸大神通者欲於我等國內生增嫉心處皆拈渴

進提々　柱嚩々　嗜泥　呣谿々　呣須々　訶婆訶𩑠　宿羯剃

郁迦邏馱明　步邏遮夜明　阿芒囉馱鄉　薩埵多他伽多　阿地瑟啼多

薩明曳莎訶　唵莎訶　吽莎訶　唏剁莎訶　步母吽莎訶

杜胥莎訶　鉢麗馱囉夜莎訶　荷娪他夜莎訶　唵夜莎訶

馱羅寧須多　吒羅灘耶　鉢馱耶莎　邏訶𩑠莎訶　揭多𩑠莎訶

俱麗邏耶莎訶　諸乞設多邏難莎訶　薩邏毒波怛羅波難莎訶

唵薩羅毗啼叭吼莎訶

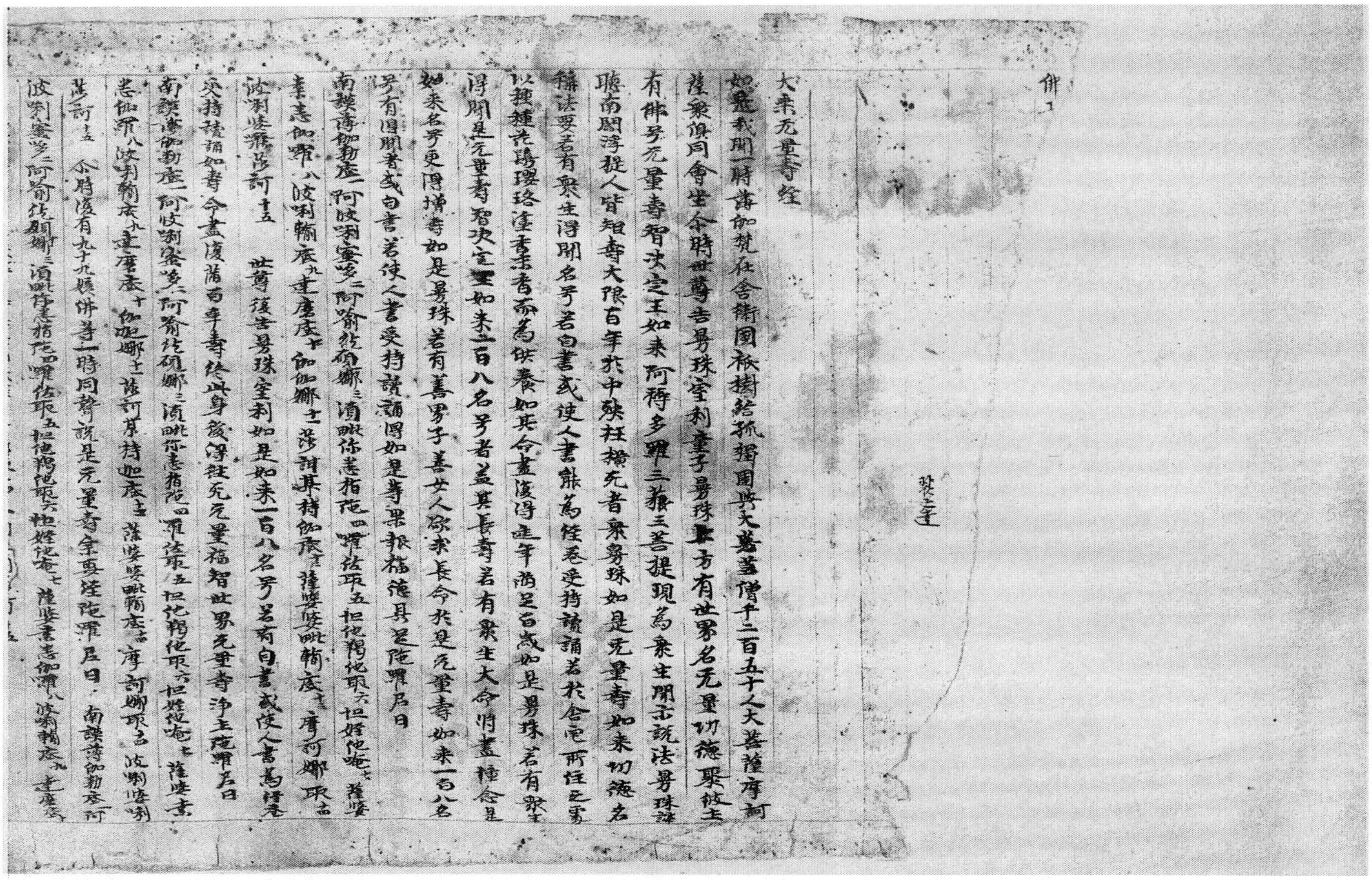

BD07981 號　無量壽宗要經　　（4–1）

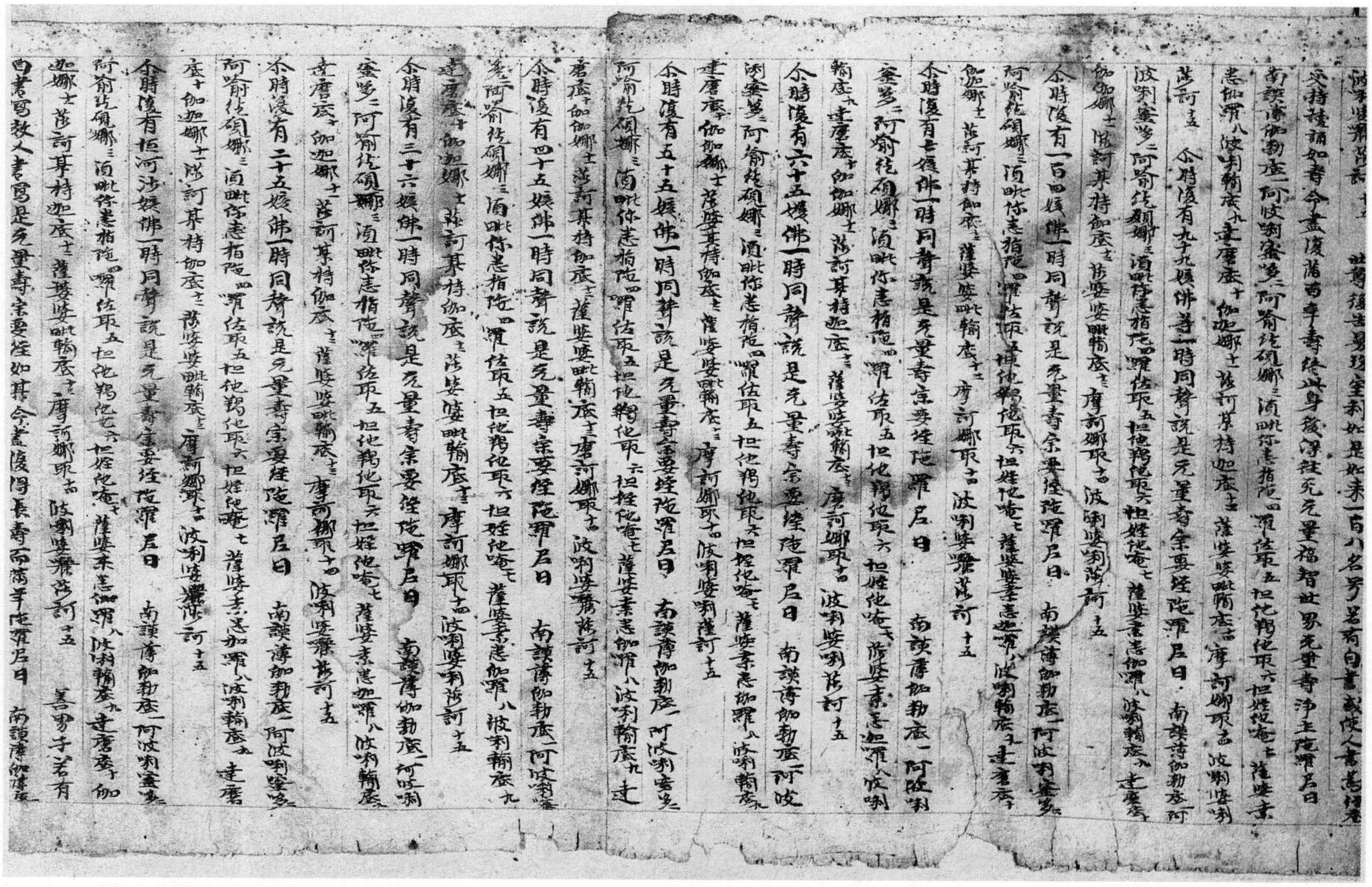

BD07981 號　無量壽宗要經　　（4–2）

BD07981 號　無量壽宗要經 （4–3）

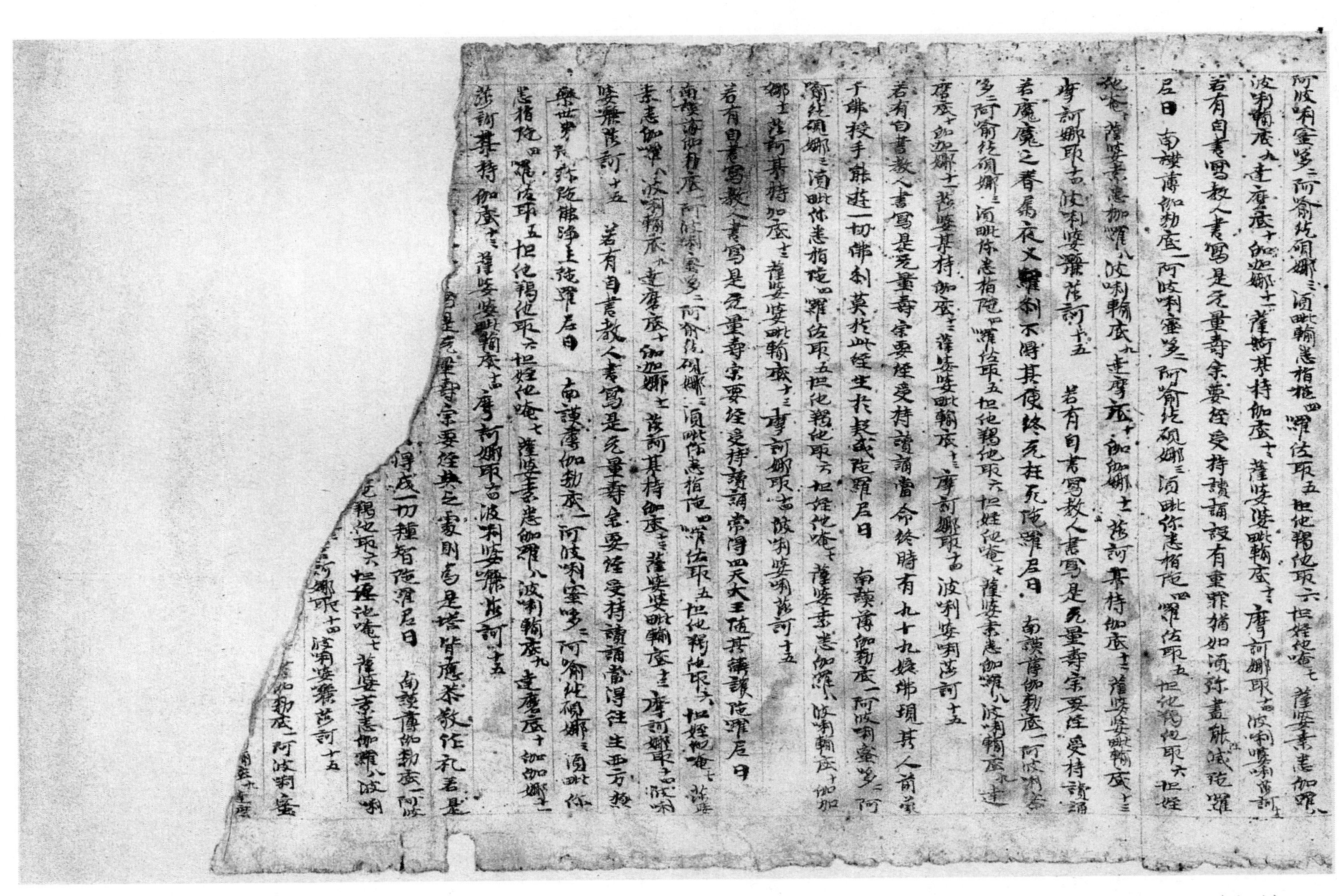

BD07981 號　無量壽宗要經 （4–4）

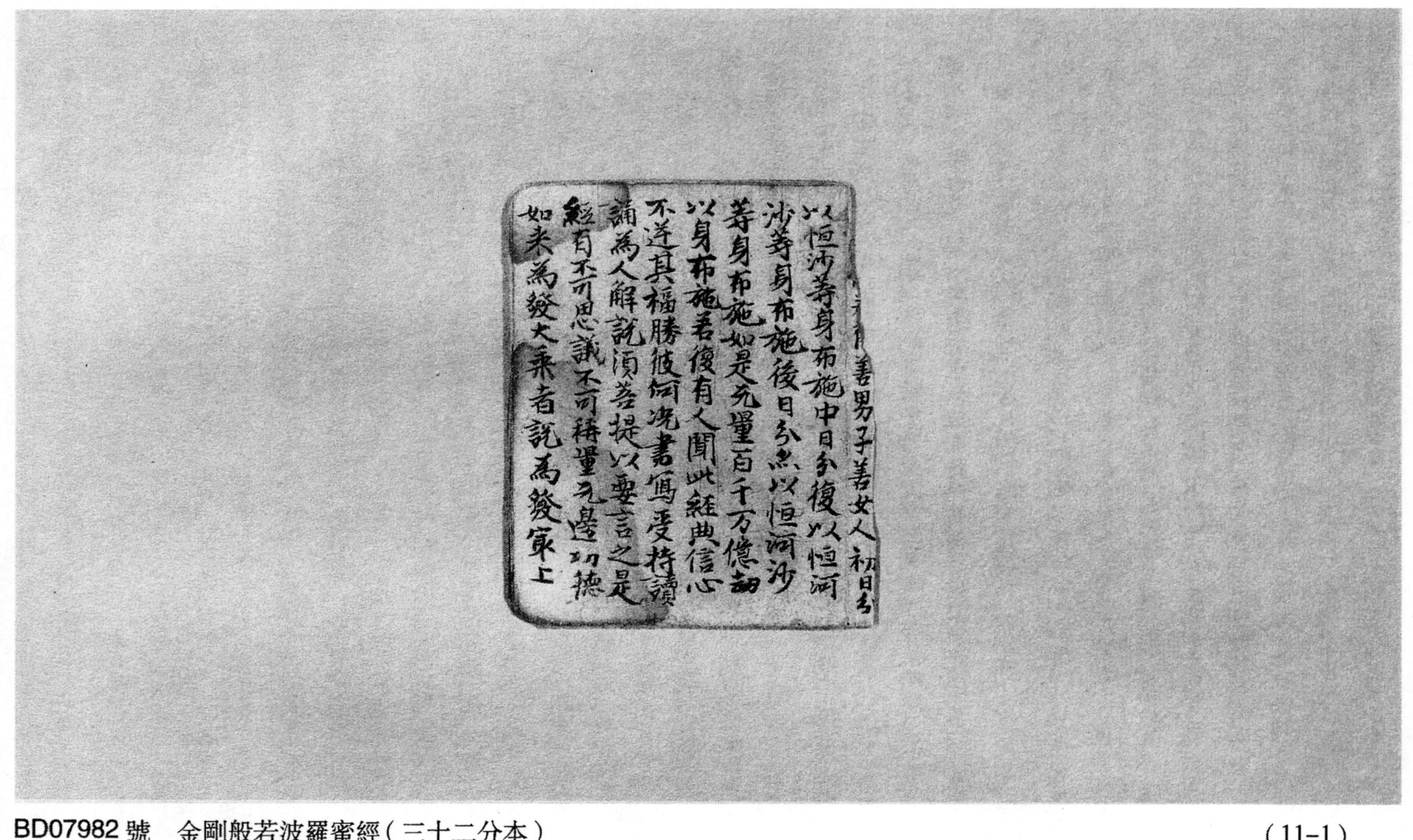

BD07982號　金剛般若波羅蜜經（三十二分本）　　（11–1）

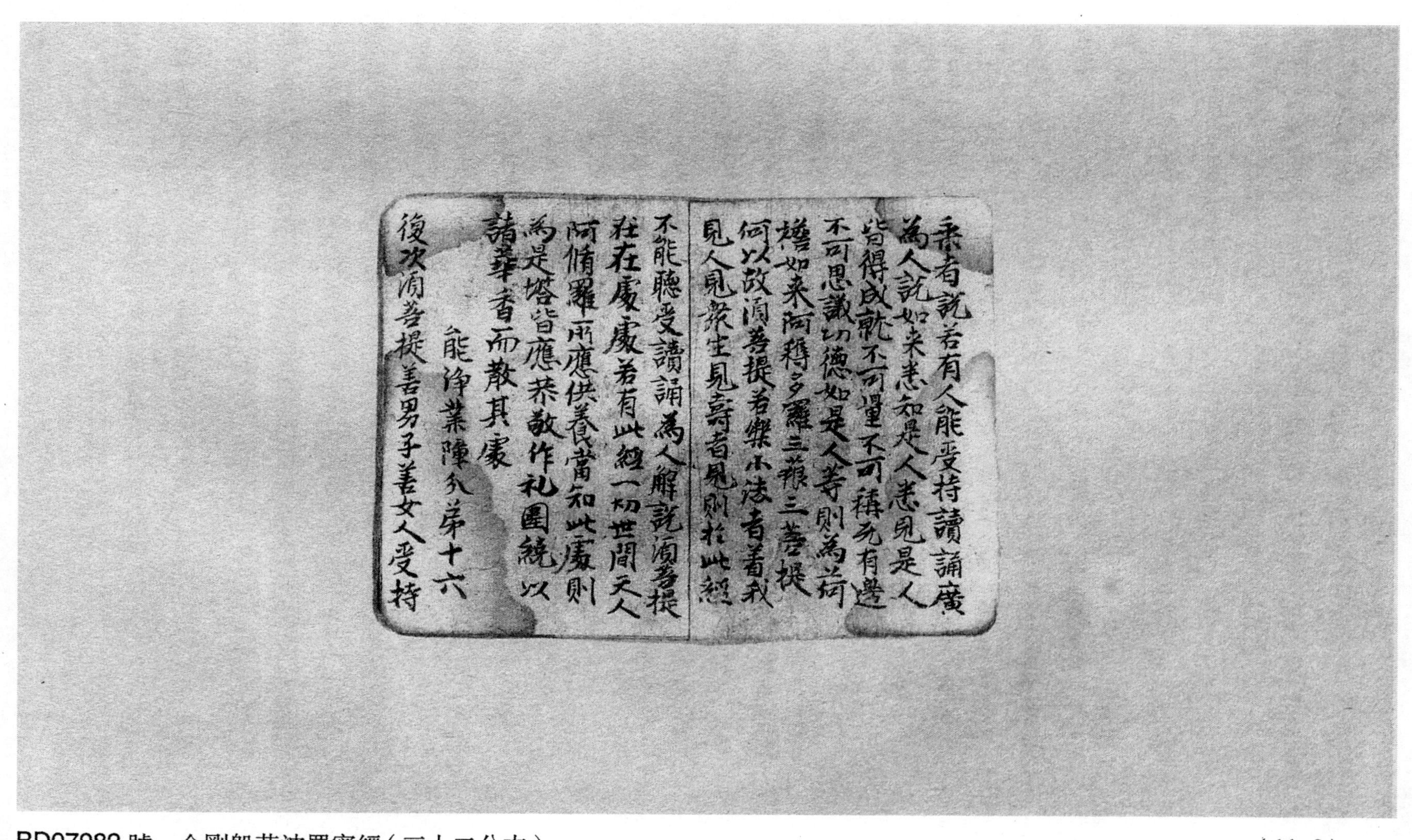

BD07982號　金剛般若波羅蜜經（三十二分本）　　（11–2）

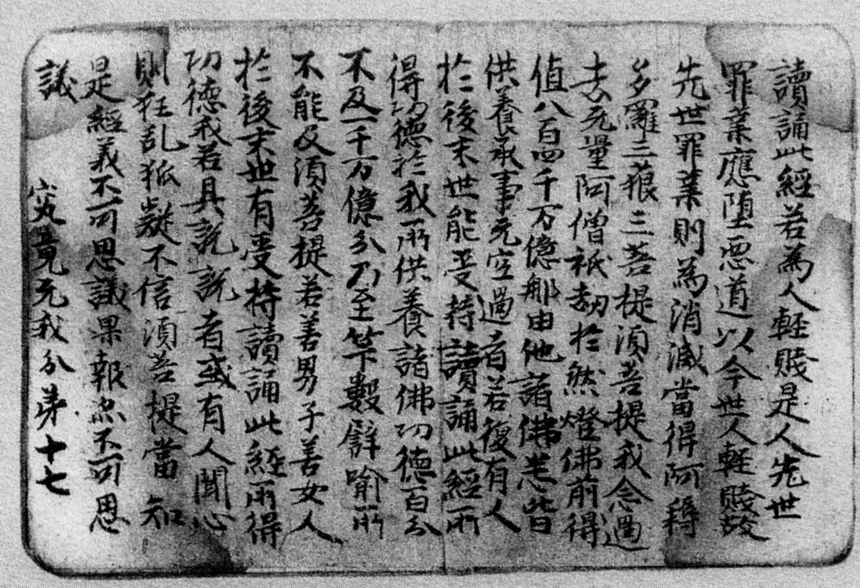

BD07982 號　金剛般若波羅蜜經（三十二分本）　　（11–3）

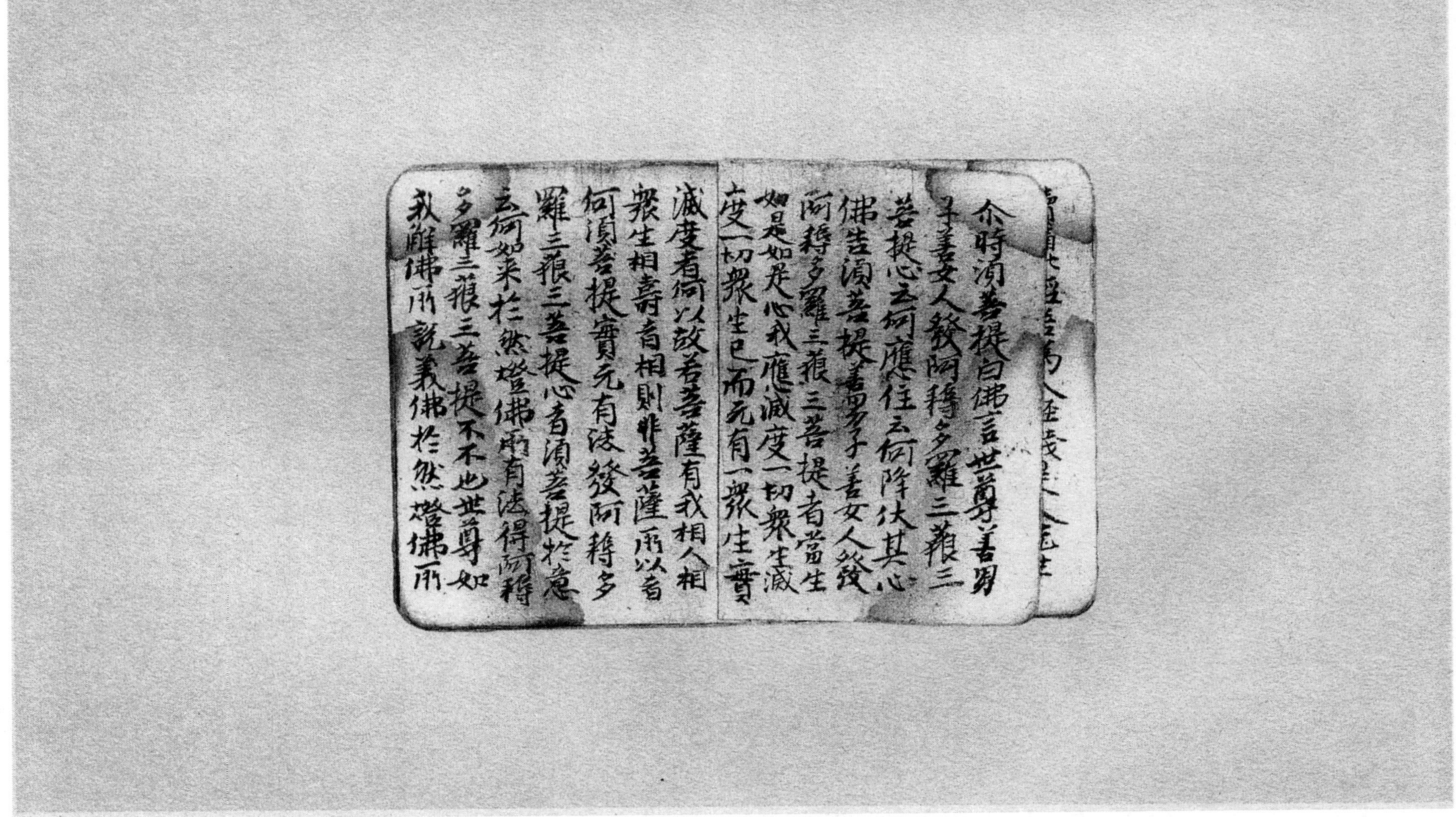

BD07982 號　金剛般若波羅蜜經（三十二分本）　　（11–4）

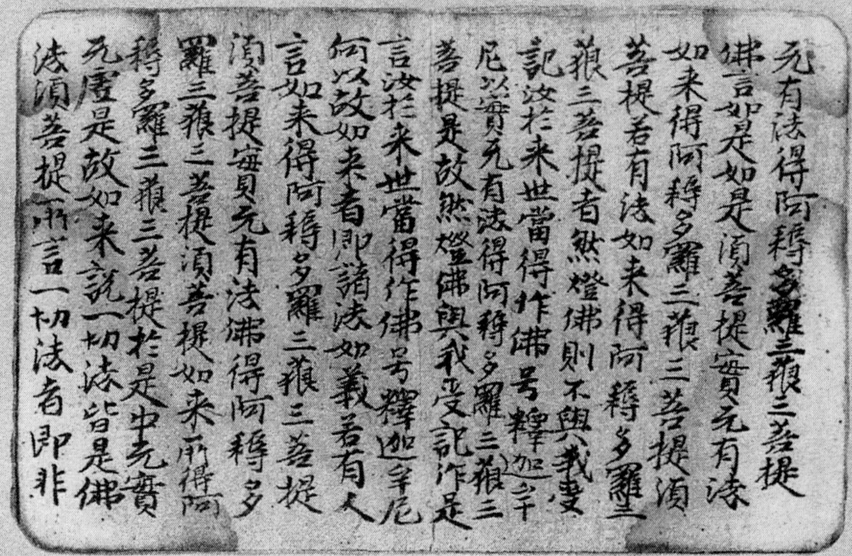

无有法得阿耨多羅三藐三菩提
佛言如是如是須菩提實无有法
如来得阿耨多羅三藐三菩提須
菩提若有法如来得阿耨多羅三
藐三菩提者然燈佛則不與我受
記汝於来世當得作佛号釋迦牟
尼以實无有法得阿耨多羅三藐三
菩提是故然燈佛與我受記作是
言汝於来世當得作佛号釋迦牟尼
何以故如来者即諸法如義若有人
言如来得阿耨多羅三藐三菩提
須菩提實无有法佛得阿耨多
羅三藐三菩提須菩提如来所得阿
耨多羅三藐三菩提於是中无實
无虚是故如来説一切法皆是佛
法須菩提所言一切法者即非

BD07982號　金剛般若波羅蜜經（三十二分本）　（11–5）

一切法是故名一切法須菩提譬如
人身長大須菩提言世尊如来説
人身長大則為非大身是名大身
須菩提菩薩亦如是若作是言
我當滅度无量衆生則不名菩
薩何以故須菩提无有法名為菩
薩是故佛説一切法无我无人无
衆生无壽者須菩提若菩薩作
是言我當莊嚴佛土是不名菩
薩何以故如来説莊嚴佛土者即
非莊嚴是名莊嚴須菩提若菩
薩通達无我法者如来説名真
是菩薩

一體同觀分苐十八

BD07982號　金剛般若波羅蜜經（三十二分本）　（11–6）

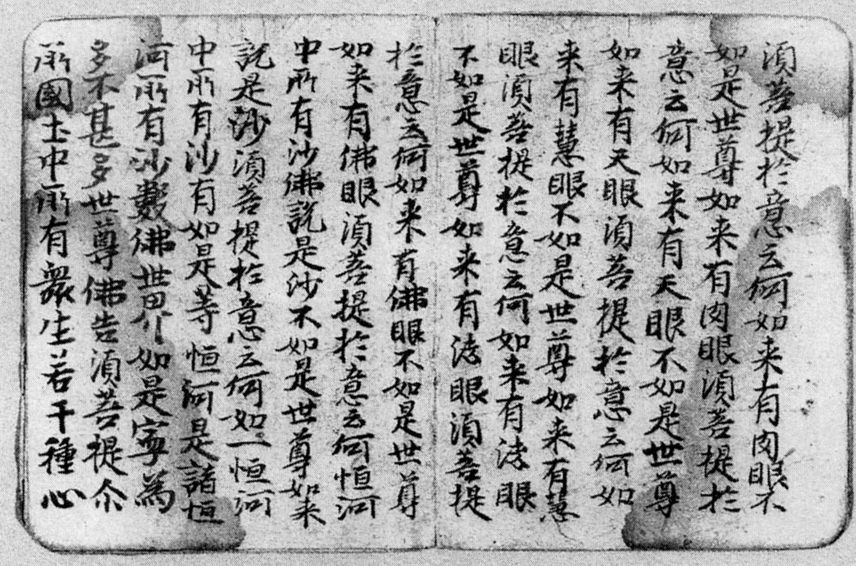

BD07982號　金剛般若波羅蜜經（三十二分本）　（11–7）

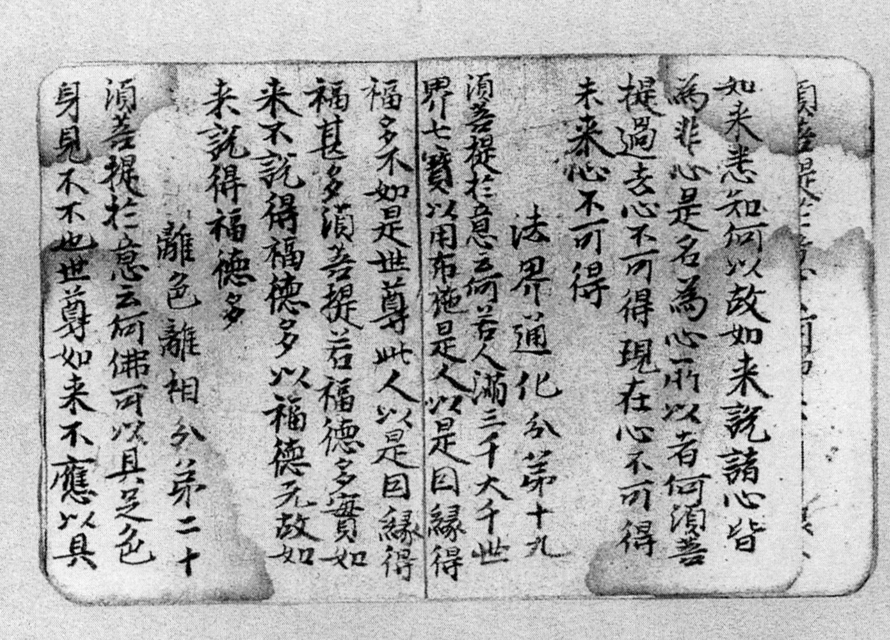

BD07982號　金剛般若波羅蜜經（三十二分本）　（11–8）

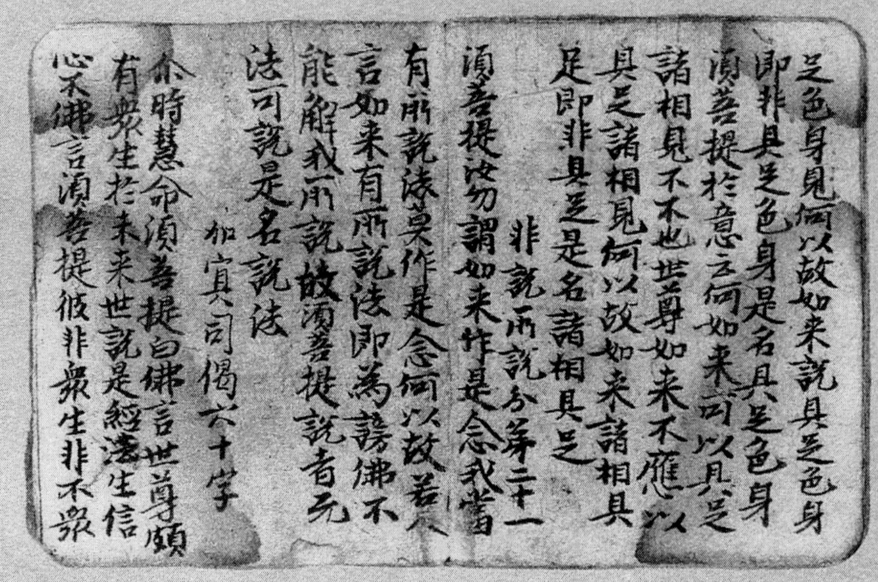
是色身見何以故如来說具足色身
即非具足色身是名具足色身
須菩提於意云何如来可以具足
諸相見不不也世尊如来不應以
具足諸相見何以故如来說諸相具
足即非具足是名諸相具足
非說所說分第二十一
須菩提汝勿謂如来作是念我當
有所說法莫作是念何以故若人
言如来有所說法即為謗佛不
能解我所說故須菩提說者无
法可說是名說法
加冥司偈六十字
尒時慧命須菩提白佛言世尊頗
有衆生於未来世聞說是經生信
心不佛言須菩提彼非衆生非不衆

BD07982號　金剛般若波羅蜜經（三十二分本）　（11–9）

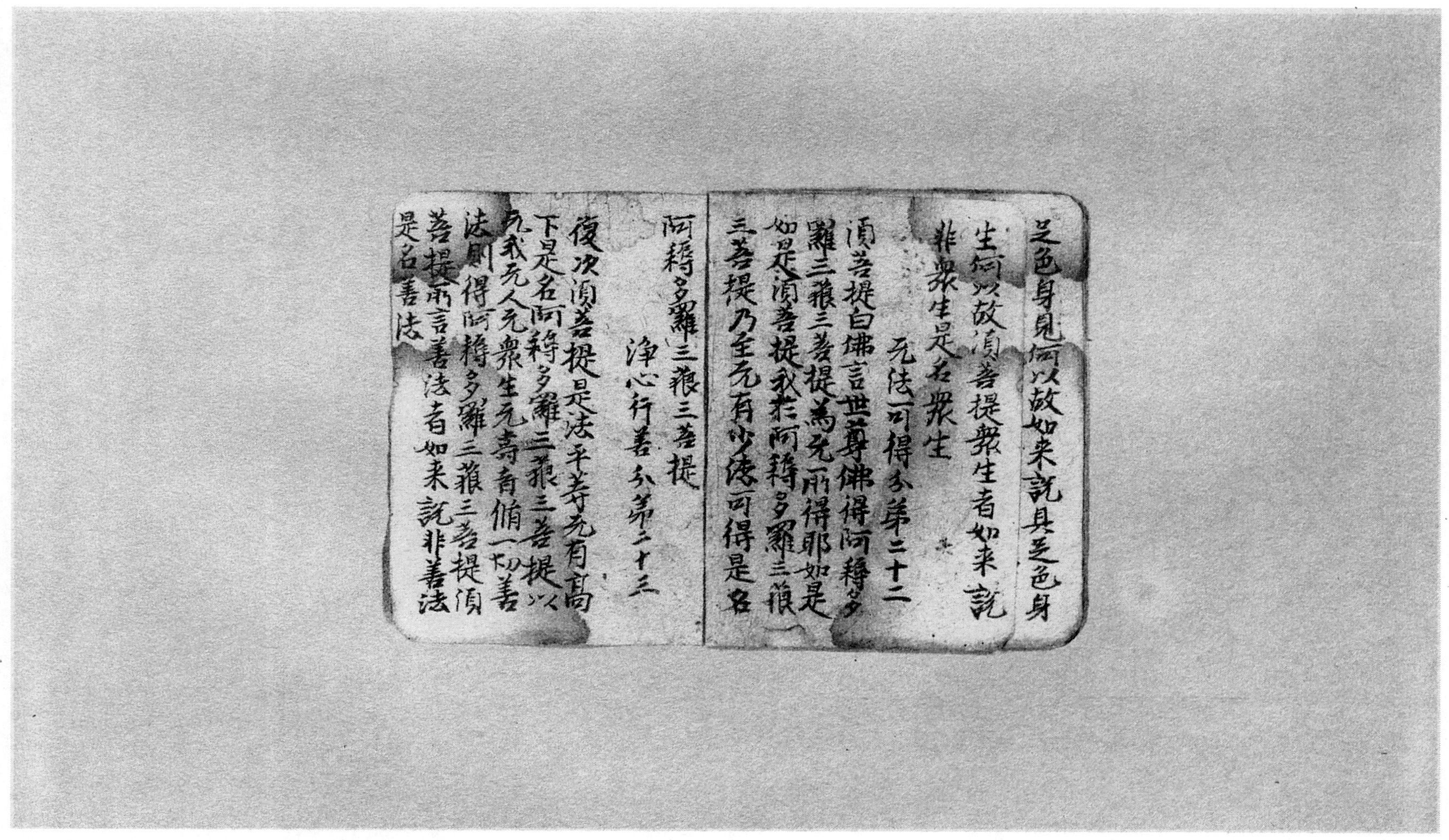
是色身見何以故如来說具足色身
生何以故須菩提衆生衆生者如来說
非衆生是名衆生
无法可得分第二十二
須菩提白佛言世尊佛得阿耨多
羅三藐三菩提為无所得耶如是
如是須菩提我於阿耨多羅三藐
三菩提乃至无有少法可得是名
阿耨多羅三藐三菩提
淨心行善分第二十三
復次須菩提是法平等无有高
下是名阿耨多羅三藐三菩提以
无我无人无衆生无壽者脩一切善
法則得阿耨多羅三藐三菩提須
菩提所言善法者如来說非善法
是名善法

BD07982號　金剛般若波羅蜜經（三十二分本）　（11–10）

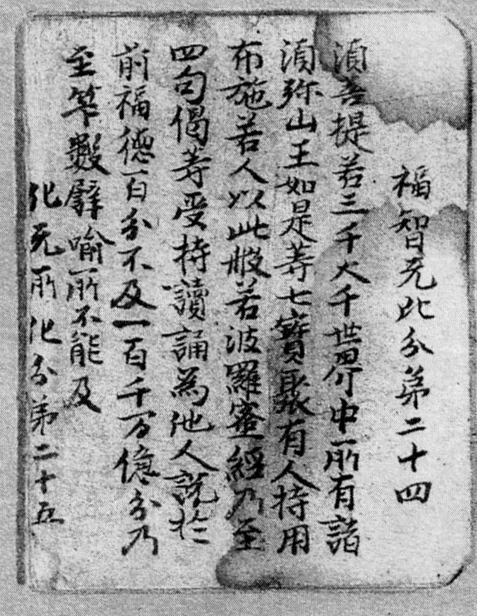

福智无比分第二十四
須菩提若三千大千世界中所有諸
須弥山王如是等七寶聚有人持用
布施若人以此般若波羅蜜經乃至
四句偈等受持讀誦為他人說於
前福德百分不及一百千万億分乃
至筭數譬喻所不能及
化无所化分第二十五

BD07982號　金剛般若波羅蜜經（三十二分本）　（11–11）

若来若去若坐若卧是人不解我所說義何
以故如来者无所從来亦无所去故名如来須
菩提若善男子善女人以三千大千世界碎
為微塵於意云何是微塵衆寧為多不甚多
世尊何以故若是微塵衆實有者佛則不說
是微塵衆所以者何佛說微塵衆則非微塵
衆是名微塵衆世尊如来所說三千大千世
界則非世界是名世界何以故若世界實有
者則是一合相如来說一合相則非一合相
是名一合相須菩提一合相者則是不可說
但凡夫之人貪著其事須菩提若人言佛說
我見人見衆生見壽者見須菩提於意云
何是人解我所說義不不也世尊是人不解如
来所說義何以故世尊說我見人見衆生見
壽者見即非我見人見衆生見壽者見是名
我見人見衆生見壽者見須菩提發阿耨多
羅三藐三菩提心者於一切法應如是知如
是見如是信解不生法相須菩提所言法相
如来說即非法相是名法相須菩提若有人
以滿无量阿僧祇世界七寶持用布施若有

BD07983號　金剛般若波羅蜜經　（2–1）

界則非世界是名世界何以故若世界實有
者則是一合相如来說一合相則非一合相
是名一合相須菩提一合相者則是不可說
但凡夫之人貪著其事須菩提若人言佛說
我見人見衆生見壽者見須菩提於意云
何是人解我所說義不不也世尊是人不解如
来所說義何以故世尊說我見人見衆生見
壽者見即非我見人見衆生見壽者見是名
我見人見衆生見壽者見須菩提發阿耨多
羅三藐三菩提心者於一切法應如是知如
是見如是信解不生法相須菩提所言法相
如来說即非法相是名法相須菩提若有人
以滿无量阿僧祇世界七寶持用布施若有
善男子善女人發菩薩心者持於此經乃至
四句偈等受持讀誦為人演說其福勝彼云
何為人演說不取於相如如不動何以故
一切有為法　如夢幻泡影　如露亦如電　應作如是觀
佛說是經已長老須菩提及諸比丘比丘尼優
婆塞優婆夷一切世間天人阿脩羅聞佛
所說皆大歡喜信受奉行

BD07983號　金剛般若波羅蜜經　（2–2）

長者居士宰官婆羅門婦
女身而為說法應以童男童
男童女身而為說法應以天龍
迦樓羅緊那羅摩睺羅伽
皆現之而為說法應以執金剛
神而為說法无盡意是觀世音
德以種種形遊諸國土度脫衆
供養觀世音菩薩是觀世音
急難之中能施无畏是故此娑
畏者无盡意菩薩白佛言世
世音菩薩即解頸衆寶珠
以與之作是言仁者受此法施
薩不肯受之无盡意復白
我等故受此瓔珞尒時佛告
盡意菩薩及四衆天龍夜叉
緊那羅摩睺羅伽人非人等故
菩薩愍諸四衆及於天龍人非人
一分奉釋迦牟尼佛一分奉多寶
菩薩有如是自在神力遊於娑
菩薩以偈問曰
世尊妙相具　我今重問彼　佛子何因
具足妙相尊　偈答无盡意　汝聽

BD07984號　觀世音經　（3–1）

盡意菩薩及四衆天龍夜叉
緊那羅摩睺羅伽人非人等故
菩薩愍諸四衆及於天龍人非人
一分奉釋迦牟尼佛一分奉多寶
菩薩有如是自在神力遊於娑
菩薩以偈問曰
世尊妙相具　我今重問彼　佛子何
具足妙相尊　偈荅無盡意　汝聽
弘誓深如海　歷劫不思議　侍
我為汝略說　聞名及見身　心
假使興害意　推落大火坑　念彼
或漂流巨海　龍魚諸鬼難　念彼
或在須彌峯　為人所推墮　念彼
或被惡人逐　墮落金剛山　念彼
或值怨賊遶　各執刀加害　念彼
或遭王難苦　臨刑欲壽終　念彼
或囚禁枷鎖　手足被杻械　念彼
咒咀諸毒藥　所欲害身者　念彼
或遇惡羅刹　毒龍諸鬼等　念
若惡獸圍繞　利牙爪可怖　念彼
蚖蛇及蝮蠍　氣毒煙火然　念彼
雲雷鼓掣電　降雹澍大雨　念彼
衆生被困厄　无量苦逼身　觀音
具足神通力　廣修智方便　十方
種種諸惡趣　地獄鬼畜生　生老
真觀清淨觀　廣大智慧觀　悲觀
無垢清淨光　慧日破諸闇　能伏
悲體戒雷震　慈意妙大雲　注甘露
諍訟經官處　怖畏軍陣中　念彼
妙音觀世音　梵音海潮音　勝彼
念念勿生疑　觀世音淨聖　於苦
具一切功德　慈眼視衆生　福聚
尒時持地菩

或遭王難苦　臨刑欲壽終　念彼
或囚禁枷鎖　手足被杻械　念彼
咒咀諸毒藥　所欲害身者　念彼
或遇惡羅刹　毒龍諸鬼等　念
若惡獸圍繞　利牙爪可怖　念彼
蚖蛇及蝮蠍　氣毒煙火然　念彼
雲雷鼓掣電　降雹澍大雨　念彼
衆生被困厄　无量苦逼身　觀音
具足神通力　廣修智方便　十方
種種諸惡趣　地獄鬼畜生　生老
真觀清淨觀　廣大智慧觀　悲觀
無垢清淨光　慧日破諸闇　能伏
悲體戒雷震　慈意妙大雲　注甘露
諍訟經官處　怖畏軍陣中　念彼
妙音觀世音　梵音海潮音　勝彼
念念勿生疑　觀世音淨聖　於苦
具一切功德　慈眼視衆生　福聚
尒時持地菩薩即從座起
衆生聞是觀世音菩薩品
現神通力者當知是人功德不
品時衆中八万四千衆生皆發
羅三藐三菩提心
觀世音菩薩經一卷
妙法蓮華經觀世音菩薩經

君所化三清境内大聖尊神三界四臣諸天真
仙五岳洞宮權示大士身六神通已〻正位
諸上仙等无鞅數衆如日初出照細塵埃又
如大風吹穿雨霧遍滿空界一時同集各坐
金林形座相稱相好光明均等如一諸天音
樂不鼓自鳴百和寶香芳耀流溢太上道君
懸座虛空七色寶雲師子座上九光覆蓋百
寶莊嚴大士天人仙禽神獸香花妓樂洞映
法身其座皆以太上道君无量功德之所薰
脩莊嚴微妙第一希有諸始發意退位之人
皆見十方諸妙國土與此世界无一差別神
尊徒衆所處莊嚴法式軌儀皆悉齊等見
是事已生歡喜心堅固大乘皆得不退是諸大
衆淨寂滅圓遠道君恭敬讚歎辭如衆星光
映滿月暉耀朗徹不可稱言尒時道陵以大慈
力愍衆會故從座而起威儀庠序妙相端
嚴猶如風動七寶叢林其聲和雅出微妙
音觀察衆會稽首頌曰
一切世間无始尊　无量劫中脩善行
是故報得天人尊　三界十方咸恭敬
智慧圓滿具功德　常樂真我妙清淨

BD07985號　太玄真一本際經卷四　（2–1）

寶莊嚴大士天人仙禽神獸香花妓樂洞映
法身其座皆以太上道君无量功德之所薰
脩莊嚴微妙第一希有諸始發意退位之人
皆見十方諸妙國土與此世界无一差別神
尊徒衆所處莊嚴法式軌儀皆悉齊等見
是事已生歡喜心堅固大乘皆得不退是諸大
衆淨寂滅圓遠道君恭敬讚歎辭如衆星光
映滿月暉耀朗徹不可稱言尒時道陵以大慈
力愍衆會故從座而起威儀庠序妙相端
嚴猶如風動七寶叢林其聲和雅出微妙
音觀察衆會稽首頌曰
一切世間无始尊　无量劫中脩善行
是故報得天人尊　三界十方咸恭敬
智慧圓滿具功德　常樂真我妙清淨
寂滅恬惔離諸有　无爲湛然平且正
无形无色可睹視　无說无聲可聞聽
大悲大愛等矜憐　普見妙身如水鏡
七十二相金剛輝　八十一好瑠璃映
隨宜授與良法藥　救療衆生煩惱病
世醫治救愈復生　天尊救護永无横
哀愍群生如赤子　施與見樂及來慶

BD07985號　太玄真一本際經卷四　（2–2）

BD07986號　無量壽宗要經

（5–1）

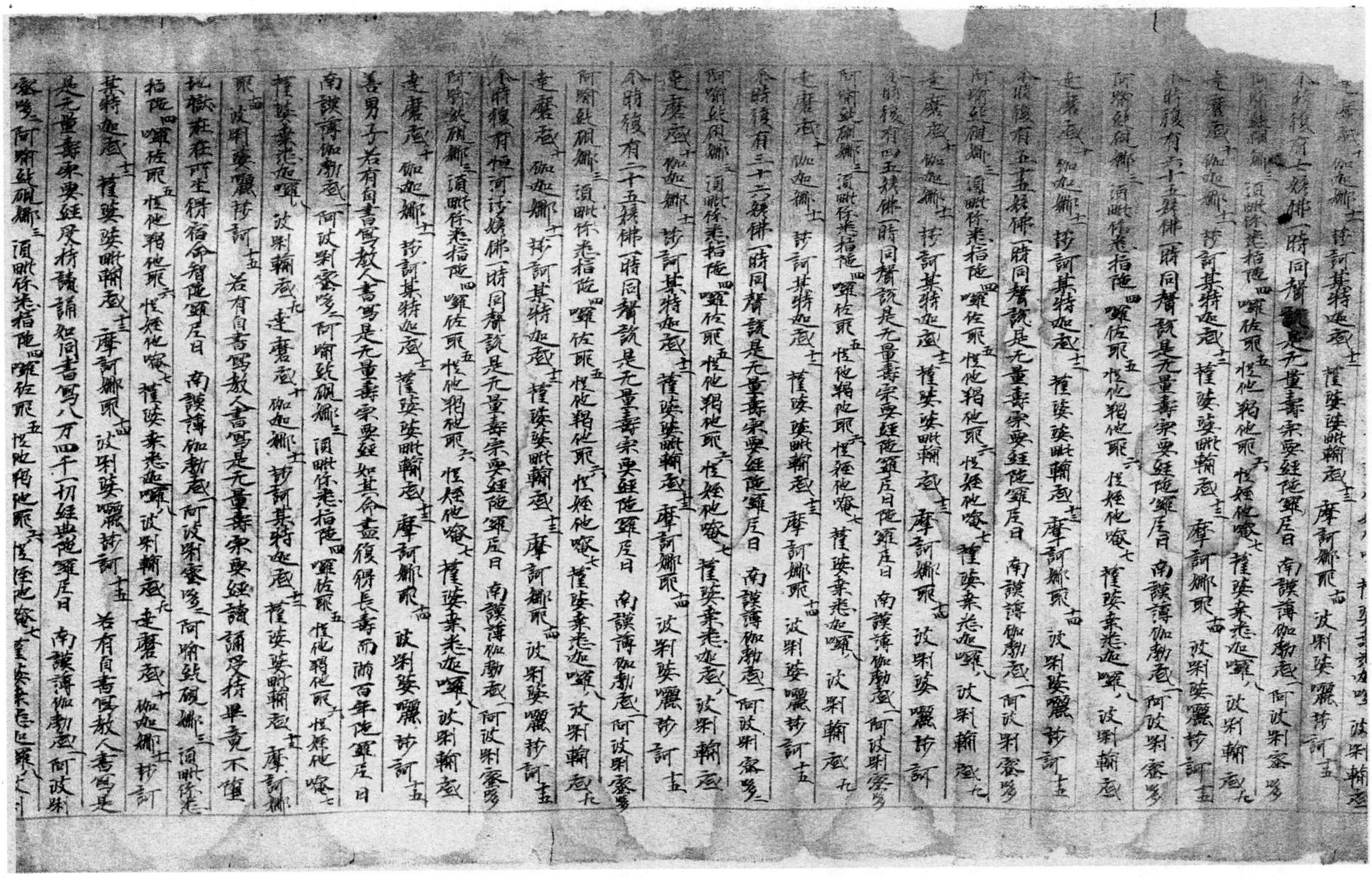

BD07986號　無量壽宗要經

（5–2）

那十四 波咧娑嚩莎訶十五 若有自書寫教人書寫是无量壽宗要經讀誦受持畢竟不墮
地獄在在所生得宿命智陁羅尼曰 南謨薄伽勃底一 阿波咧蜜哆二 阿喻紇硯揶三 須毗你悉
指陁四 囉佐邪五 怛他羯他邪六 怛姪他唵七 薩婆桑悉迦囉八 波咧輸底九 達磨底十 伽迦揶十一 莎訶
其特迦底十二 薩婆婆毗輸底十三 摩訶揶邪十四 波咧娑嚩莎訶十五 若有自書寫教人書寫是
无量壽宗要經受持讀誦如同書寫八万四千一切經典陁羅尼曰 南謨薄伽勃底一 阿波咧
蜜哆二 阿喻紇硯揶三 須毗你悉指陁四 囉佐邪五 怛他羯他邪六 怛姪他唵七 薩婆桑悉迦囉八 波咧
輸底九 達磨底十 伽迦揶十一 莎訶其特迦底十二 薩婆婆毗輸底十三 摩訶揶邪十四 波咧娑嚩莎訶十五
若有自書寫教人書寫是无量壽宗要經即是書寫八万四千部建立塔廟陁羅尼曰 南謨薄
伽勃底一 阿波咧蜜哆二 阿喻紇硯揶三 須毗你悉指陁四 囉佐邪五 怛他羯他邪六 怛姪他唵七 薩婆桑
悉迦囉八 波咧輸底九 達磨底十 伽迦揶十一 莎訶其特迦底十二 薩婆婆毗輸底十三 摩訶揶邪十四 波咧娑嚩莎訶
若有自書寫教人書寫是无量宗要經能消五无間等一切重罪陁羅尼曰 南謨薄伽勃底一 阿波
咧蜜哆二 阿喻紇硯揶三 須毗你悉指陁四 囉佐邪五 怛他羯他邪六 怛姪他唵七 薩婆桑悉迦囉八 波咧輸
底九 達磨底十 伽迦揶十一 莎訶其特迦底十二 薩婆婆毗輸底十三 摩訶揶邪十四 波咧娑嚩莎訶十五
若有自書寫教人書寫是无量壽宗要受持讀誦設有重罪猶如須弥盡能除滅陁羅尼曰
南謨薄伽勃底一 阿波咧蜜哆二 阿喻紇硯揶三 須毗你悉指陁四 囉佐邪五 怛他羯他邪六 怛姪他唵七
薩婆桑悉迦囉八 波咧輸底九 達磨底十 伽迦揶十一 莎訶其特迦底十二 薩婆婆毗輸底十三 摩訶揶邪
十四 波咧娑嚩莎訶十五 若有自書寫教人書寫是无量壽宗要經受持讀誦若魔魔之眷屬
夜叉羅剎不得其便終无枉死陁羅尼曰 南謨薄伽勃底一 阿波咧蜜哆二 阿喻紇硯揶三 須毗
你悉指陁四 囉佐邪五 怛他羯他邪六 怛姪他唵七 薩婆桑悉迦囉八 波咧輸底九 達磨底十 伽迦揶十一 莎
訶其特迦底十二 薩婆婆毗輸底十三 摩訶揶邪十四 波咧娑嚩莎訶十五 若有自書寫教書寫是
无量壽宗要經受持讀誦當命終時有九十九俱胝佛現其人前千佛授手能遊一切佛剎莫
於此經生於疑或陁羅尼曰 南謨薄伽勃底一 阿波咧蜜哆二 阿喻紇硯揶三 須毗你悉指陁四 囉
佐邪五 怛他羯他邪六 怛姪他唵七 薩婆桑悉迦囉八 波咧輸底九 達磨底十 伽迦揶十一 莎訶其特迦
底十二 薩婆婆毗輸底十三 摩訶揶邪十四 波咧娑嚩莎訶十五 若有自書寫教人書寫是无量壽宗
要經受持讀誦常得四天大王隨其衛護陁羅尼曰 南謨薄伽勃底一 阿波咧蜜哆二 阿喻
紇硯揶三 須毗你悉指陁四 囉佐邪五 怛他羯他邪六 怛姪他唵七 薩婆桑悉迦囉八 波咧輸底九 達
磨底十 伽迦揶十一 莎訶其特迦底十二 薩婆婆毗輸底十三 摩訶揶邪十四 波咧娑嚩莎訶十五
若有自書寫教人書寫是无量壽經受持讀誦當得往生西方極樂世界阿弥陁淨土陁羅尼曰
南謨薄伽勃底一 阿波咧蜜哆二 阿喻紇硯揶三 須毗你悉指陁四 囉佐邪五 怛他羯他邪六 怛姪他唵七
薩婆桑悉迦囉八 波咧輸底九 達磨底十 伽迦揶十一 莎訶其特迦底十二 薩婆婆毗輸底十三 摩訶揶邪

BD07986號　無量壽宗要經　（5–3）

紇硯揶三 須毗你悉指陁四 囉佐邪五 怛他羯他邪六 怛姪他唵七 薩婆桑悉迦囉八 波咧輸底九 達
磨底十 伽迦揶十一 莎訶其特迦底十二 薩婆婆毗輸底十三 摩訶揶邪十四 波咧娑嚩莎訶十五
若有自書寫教人書寫是无量壽經受持讀誦當得往生西方極樂世界阿弥陁淨土陁羅尼曰
南謨薄伽勃底一 阿波咧蜜哆二 阿喻紇硯揶三 須毗你悉指陁四 囉佐邪五 怛他羯他邪六 怛姪他唵七
薩婆桑悉迦囉八 波咧輸底九 達磨底十 伽迦揶十一 莎訶其特迦底十二 薩婆婆毗輸底十三 摩訶揶邪
波咧娑嚩莎訶十五 若有方所自書寫教人書寫是无量壽經典之處則爲是塔皆應恭敬
作礼若是畜生或爲鳥獸得聞是經如是等類皆當不久得成一切種智陁羅尼曰
南謨薄伽勃底一 阿波咧蜜哆二 阿喻紇硯揶三 須毗你悉指陁四 囉佐邪五 怛他羯他邪六 怛姪他唵七
薩婆桑悉迦囉八 波咧輸底九 達磨底十 伽迦揶十一 莎訶其特迦底十二 薩婆毗輸底十三 摩訶揶邪
波咧娑嚩莎訶十五 若有於是无量壽經自書寫若使人書畢竟不受女人之身陁羅尼曰
南謨薄伽勃底一 阿波咧蜜哆二 阿喻紇硯揶三 須毗你悉指陁四 囉佐邪五 怛他羯他邪六 怛姪他唵七
薩婆桑悉迦囉八 波咧輸底九 達磨底十 伽迦揶十一 莎訶其特迦底十二 薩婆婆毗輸底十三 摩訶揶
邪十四 波咧娑嚩莎訶十五 若有能於是經少分能惠施者等於三千大千世界滿中七寶布施
陁羅尼曰 南謨薄伽勃底一 阿波咧蜜哆二 阿喻紇硯揶三 須毗你悉指陁四 囉佐邪五 怛他羯他邪六 怛姪
他唵七 薩婆桑悉迦囉八 波咧輸底九 達磨底十 伽迦揶十一 莎訶其特迦底十二 薩婆婆毗輸底十三 摩訶
揶邪十四 波咧娑嚩莎訶十五 若有能供養是經者則是供養一切諸等无有異陁羅尼曰
南謨薄伽勃底一 阿波咧蜜哆二 阿喻紇硯揶三 須毗你悉指陁四 囉佐邪五 怛他羯他邪六 怛姪他唵
薩婆桑悉迦囉八 波咧輸底九 達磨底十 伽迦揶十一 莎訶其特迦底十二 薩婆婆毗輸底十三 摩訶揶
邪十四 波咧娑嚩莎訶十五 如是毗婆尸佛 尸弃佛 毗舍浮佛 俱那含牟尼佛 加葉佛 釋迦牟
尼佛 若有人以七寶供養如是七佛其福有限書寫受持是无量壽經典所有功德不
可限量陁羅尼曰 南謨薄伽勃底一 阿波咧蜜哆二 阿喻紇硯揶三 須毗你悉指陁四 囉佐邪
五 怛他羯他邪六 怛姪他唵七 薩婆桑悉迦囉八 波咧輸底九 達磨底十 伽迦揶十一 莎訶其特迦底
薩婆婆毗輸底十三 摩訶揶邪十四 波咧娑嚩莎訶十五 若有七寶等於須弥以用布施其福
上能知其限量是无量壽經典其福不可知數陁羅尼曰 南謨薄伽勃底一 阿波咧蜜哆二 阿
喻紇硯揶三 須毗你悉指陁四 囉佐邪五 怛他羯他邪六 怛姪他唵七 薩婆桑悉迦囉八 波咧輸底九 達
磨底十 伽迦揶十一 莎訶其特迦底十二 薩婆婆毗輸底十三 摩訶揶邪十四 波咧娑嚩莎訶十五
如是四大海水可知滴數是无量壽經典所生果報不可數量陁羅尼曰 南謨薄伽勃底一 阿
波咧蜜哆二 阿喻紇硯揶三 須毗你悉指陁四 囉佐邪五 怛他羯他邪六 怛姪他唵七 薩婆桑悉迦囉八 波咧輸底
達磨底十 伽迦揶十一 莎訶其特迦底十二 薩婆婆毗輸底十三 摩訶揶邪十四 波咧娑嚩莎訶十五
若有自書使人書寫是无量壽經典又能護持供養即如恭敬供養一切十方佛土如來无有異陁
羅尼曰 南謨薄伽勃底一 阿波咧蜜哆二 阿喻紇硯揶三 須毗你悉指陁四 囉佐邪五 怛他羯他邪六 怛姪

BD07986號　無量壽宗要經　（5–4）

經　若有人以七寶供養如是七佛其福有限書寫受持是无量壽經典所有功德不
可限量陀羅尼曰　南謨薄伽勃底一　阿波唎蜜多二　阿喻紇硯那三　須毗你悉指陀四　囉佐耶
五　怛他羯他耶六　怛姪他唵七　薩婆桑悉迦囉八　波唎輸底九　達磨底十　伽伽那十一　莎訶其特迦底
十二　薩婆婆毗輸底十三　摩訶那耶十四　波唎婆囉莎訶十五　若有七寶等於須弥山用布施其福
上能知其限量是无量壽經典其福不可知數陀羅尼曰　南謨薄伽勃底一　阿波唎蜜多二　阿
喻紇硯那三　須毗你悉指陀四　囉佐耶五　怛他羯他耶六　怛姪他唵七　薩婆桑悉迦囉八　波唎輸底九　達
磨底十　伽伽那十一　莎訶其特迦底十二　薩婆婆毗輸底十三　摩訶那耶十四　波唎婆囉莎訶十五
如是四大海水可知滴數是无量壽經典所生果報不可數量陀羅尼曰　南謨薄伽勃底一　阿
波唎蜜多二　阿喻紇硯那三　須毗你悉指陀四　囉佐耶五　怛他羯他耶六　怛姪他唵七　薩婆桑悉迦囉八　波唎輸底
達磨底十　伽伽那十一　莎訶其特迦底十二　薩婆婆毗輸底十三　摩訶那耶十四　波唎婆囉莎訶十五
若有自書使人書寫是无量壽經典又能讀持供養則如恭敬供養一切十方佛土如來无有異別陀
羅尼曰　南謨薄伽勃底一　阿波唎蜜多二　阿喻紇硯那三　須毗你悉指陀四　囉佐耶五　怛他羯他耶六　怛姪
他唵七　薩婆桑悉迦囉八　波唎輸底九　達磨底十　伽伽那十一　莎訶其特迦底十二　薩婆婆毗輸底十三　摩訶
那耶十四　波唎婆囉莎訶十五

布施力能成正覺　悟布施力人師子　布施力能聲善聞　慈悲階漸最能入
持戒力能成正覺　悟持戒力人師子　持戒力能聲善聞　慈悲階漸最能入
忍辱力能成正覺　悟忍辱力人師子　忍辱力能聲善聞　慈悲階漸最能入
精進力能成正覺　悟精進力人師子　精進力能聲善聞　慈悲階漸最能入
禪定力能成正覺　悟禪定力人師子　禪定力能聲善聞　慈悲階漸最能入
智慧力能成正覺　悟智慧力人師子　智慧力能聲善聞　慈悲階漸最能入

尒時如來說是經已一切世間天人阿脩羅揵闥婆等聞佛所說皆大歡喜信
受奉行

佛說无量壽宗要經

BD07986號　無量壽宗要經　（5–5）

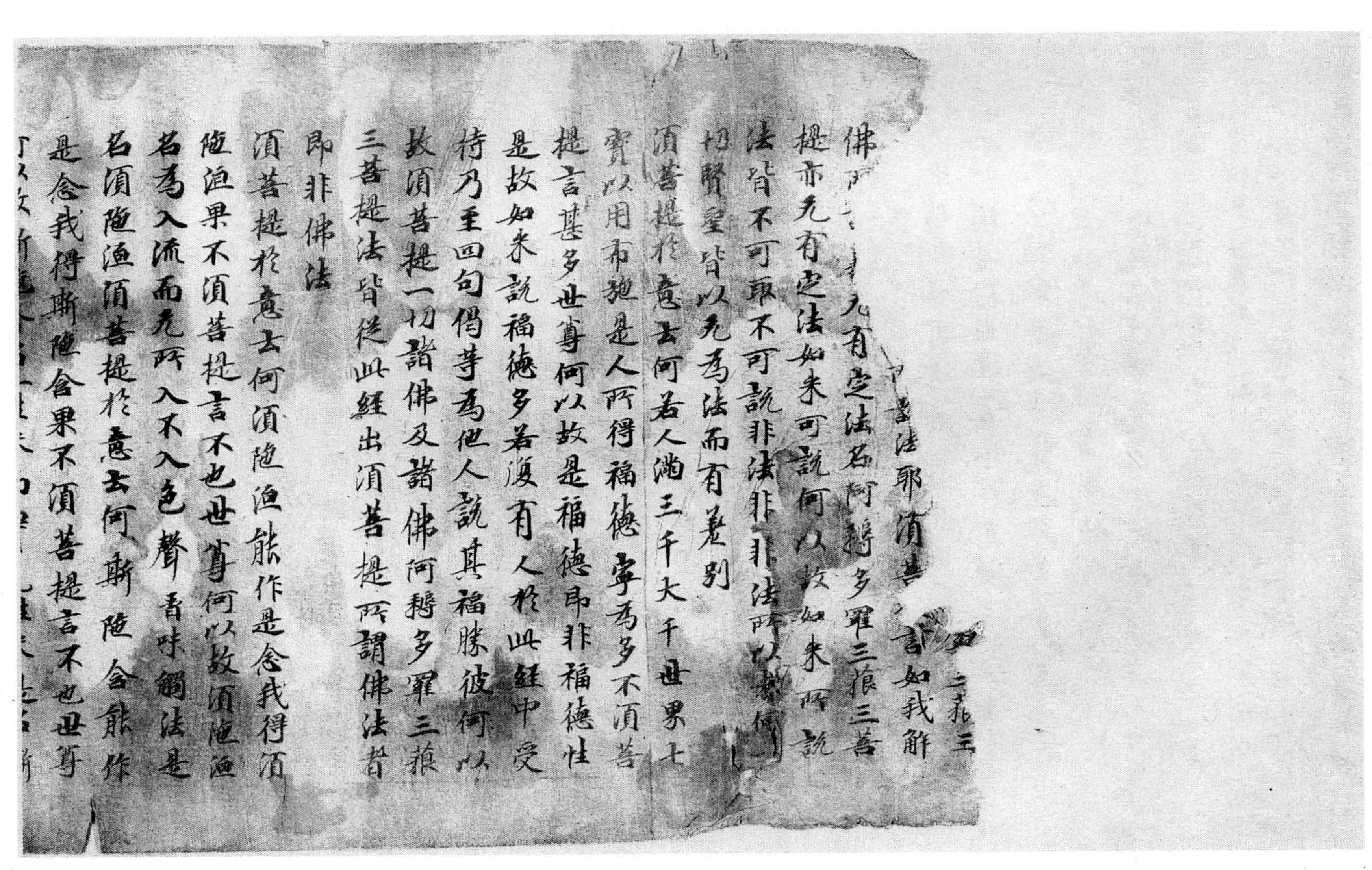

……說法耶須菩提言如我解
佛所說義无有定法名阿耨多羅三藐三菩
提亦无有定法如來可說何以故如來所說
法皆不可取不可說非法非非法所以者何
一切賢聖皆以无為法而有差別
須菩提於意云何若人滿三千大千世界七
寶以用布施是人所得福德寧為多不須菩
提言甚多世尊何以故是福德即非福德性
是故如來說福德多若復有人於此經中受
持乃至四句偈等為他人說其福勝彼何以
故須菩提一切諸佛及諸佛阿耨多羅三藐
三菩提法皆從此經出須菩提所謂佛法者
即非佛法
須菩提於意云何須陀洹能作是念我得須
陀洹果不須菩提言不也世尊何以故須陀洹
名為入流而无所入不入色聲香味觸法是
名須陀洹須菩提於意云何斯陀含能作
是念我得斯陀含果不須菩提言不也世尊
何以故斯……

BD07987號　金剛般若波羅蜜經　（4–1）

須菩提於意云何須陁洹能作是念我得須
陁洹果不須菩提言不也世尊何以故須陁洹
名為入流而无所入不入色聲香味觸法是
名須陁洹須菩提於意云何斯陁含能作
是念我得斯陁含果不須菩提言不也世尊
何以故斯陁含名一往來而實无往來是名斯
陁含須菩提於意云何阿那含能作是念我
得阿那含果不須菩提言不也世尊何以故
阿那含名為不來而實无來是故名阿那含
須菩提於意云何阿羅漢能作是念我得阿
羅漢道不須菩提言不也世尊何以故實无
有法名阿羅漢世尊若阿羅漢作是念我
得阿羅漢道即為著我人衆生壽者世尊佛
說我得无諍三昧人中最為第一是第一離
欲阿羅漢我不作是念我是離欲阿羅漢世
尊我若作是念我得阿羅漢道世尊則不說
須菩提是樂阿蘭那行者以須菩提實无所
行而名須菩提是樂阿蘭那行
佛告須菩提於意云何如來昔在然燈佛所
於法有所得不世尊如來在然燈佛所於法實
无所得須菩提於意云何菩薩莊嚴佛土不
不也世尊何以故莊嚴佛土者則非莊嚴是
名莊嚴是故須菩提諸菩薩摩訶薩應如
是生清淨心不應住色生心不應住聲香味觸
法生心應无所住而生其心須菩提譬如有人
身如須弥山王於意云何是身為大不須菩
是菩[illegible]

BD07987號　金剛般若波羅蜜經　（4–2）

不也世尊何以故莊嚴佛土者則非莊嚴是
名莊嚴是故須菩提諸菩薩摩訶薩應如
是生清淨心不應住色生心不應住聲香味觸
法生心應无所住而生其心須菩提譬如有人
身如須弥山王於意云何是身為大不須菩
提言甚大世尊何以故佛說非身是名大身
須菩提如恒河中所有沙數如是沙等恒河
於意云何是諸恒河沙寧為多不須菩提
言甚多世尊但諸恒河尚多无數何況其
沙須菩提我今實言告汝若有善男子善女
人以七寶滿尒所恒河沙數三千大千世界以
用布施得福多不須菩提言甚多世尊佛
告須菩提若善男子善女人於此經中乃至
受持四句偈等為他人說而此福德勝前福
德復次須菩提隨說是經乃至四句偈等當
知此處一切世間天人阿脩羅皆應供養如
佛塔廟何況有人盡能受持讀誦須菩提當
知是人成就最上第一希有之法若是經典所
在之處則為有佛若尊重弟子
尒時須菩提白佛言世尊當何名此經我等
云何奉持佛告須菩提是經名為金剛般若
波羅蜜以是名字汝當奉持所以者何須菩
提佛說般若波羅蜜則非般若波羅蜜須菩
提於意云何如來有所說法不須菩提白佛
言世尊如來无所說須菩提於意云何三千
大千世界所有微塵是為多不須菩提言甚
多世尊須菩提諸微塵如來說非微塵是名

BD07987號　金剛般若波羅蜜經　（4–3）

沙須菩提我今實言告汝若有善男子善女
人以七寶滿尒所恒河沙數三千大千世界以
用布施得福多不須菩提言甚多世尊佛
告須菩提若善男子善女人於此經中乃至
受持四句偈等為他人說而此福德勝前福
德復次須菩提隨說是經乃至四句偈等當
知此處一切世間天人阿脩羅皆應供養如
佛塔廟何況有人盡能受持讀誦須菩提當
知是人成就最上第一希有之法若是經典所
在之處則為有佛若尊重弟子
尒時須菩提白佛言世尊當何名此經我等
云何奉持佛告須菩提是經名為金剛般若
波羅蜜以是名字汝當奉持所以者何須菩
提佛說般若波羅蜜則非般若波羅蜜須菩
提於意云何如來有所說法不須菩提白佛
言世尊如來无所說須菩提於意云何三千
大千世界所有微塵是為多不須菩提言甚
多世尊須菩提諸微塵如來說非微塵是名
微塵如來說世界則非世界是名世界

BD07987號　金剛般若波羅蜜經　　（4–4）

思惟是已復[illegible]
毀害者諸佛賢聖之所呵責有復世間善惡
不別此是惡人懷毒陰謀欲來害我若不忍
與彼惡人則无有異脩忍之人一切愛敬不
忍之人衆所增惡增長煩惱長煩惱故生
死增長長生死故生諸難處生難處故遠
離善友遠善友故不聞正法不聞法故重
習疑網以疑網故遠離阿耨多羅三藐三菩提
是故我今不應起惡作是念已即說偈言
寧自喪身命　終不起惡心　向於壞色服　寧自喪身命
終不起惡心　向於出家人
說是偈已即便命終天地六反震動驚諸禽
狩四散馳走无雲雨血日无精光尒時獵師
即脫被服持刀剝之擔負還歸既至家已奉
上國王王見歡喜問諸臣言我從生以来未
聞畜狩身毛金色如何今日親自眼見奇哉
佉哉徐問獵師以何方便而得是皮尒時獵
師即前白王唯願大王賜我无畏當以上事
白大王說王言恣汝所願尒時獵師具以上

BD07988號　大方便佛報恩經卷七　　（3–1）

即脫被服持刀剝之擔負還歸既至家已奉
上國王王見歡喜問諸臣言我從生以來未
聞畜獸身毛金色如何今日親自眼見奇哉
佐哉徐問獵師以何方便而得是皮尒時獵
師即前白王唯願大王賜我无畏當以上事
向大王說王言隨汝所願尒時獵師具以上
事向大王說王聞是語心生憂惱辟如人噎
復不得咽又不得吐即出宣令一切大臣及
諸小王大衆已集即自宣言諸君當知我曾
從智者聞如是語若有畜獸身毛金色必是
菩薩若一衆生發菩提心令一切衆生得大
利益如何今日是惡獵師設是方便煞是菩
薩我今若以官爵俸祿象馬七珍衣服飲食
財錢穀帛賜是惡人則與彼一道共為儔侶
思惟是已即取獵師奪其命根持師子皮還
入山中到尸骸所即以牛頭栴檀聚而成薪
火耶維之師子皮骨收取舍利起塔供養佛
告阿難諸善男子堅誓師子者今則我身釋
迦文是菩薩如是親近善友乃至喪命終不
起惡何以故為知恩報恩故所以者何菩薩得
近善知識故能速成阿耨多羅三藐三菩
提善男子菩薩常勤求善知識為聞佛
法乃至一句一偈一義三界煩惱皆悉萎悴菩
薩至心求佛語時得法情重不惜身命設賤
熱鐵猛火之地不以為患菩薩為一偈故尚
不惜命況十二部經為一偈故尚不惜命況

BD07988號　大方便佛報恩經卷七　（3–2）

入山中到尸骸所即以牛頭栴檀聚而成薪
火耶維之師子皮骨收取舍利起塔供養佛
告阿難諸善男子堅誓師子者今則我身釋
迦文是菩薩如是親近善友乃至喪命終不
起惡何以故為知恩報恩故所以者何菩薩得
近善知識故能速成阿耨多羅三藐三菩
提善男子菩薩常勤求善知識為聞佛
法乃至一句一偈一義三界煩惱皆悉萎悴菩
薩至心求佛語時得法情重不惜身命設賤
熱鐵猛火之地不以為患菩薩為一偈故尚
不惜命況十二部經為一偈故尚不惜命況
餘財物聞法利故身得安隱滋生信心直心正
見見說法者如見父母心无憍慢為衆生故至
心聽法不為利養為衆生故不為自利為正
法故不畏王難飢渴寒熱虎狼惡獸盜賊
等事先自調伏煩惱諸根然後聽法非時不
聽至心聽法恭敬說者尊重於法是名菩薩
知恩報恩云何菩薩至心聽法聽法有四一
者至心二者一心三者一切心四者善心是

BD07988號　大方便佛報恩經卷七　（3–3）

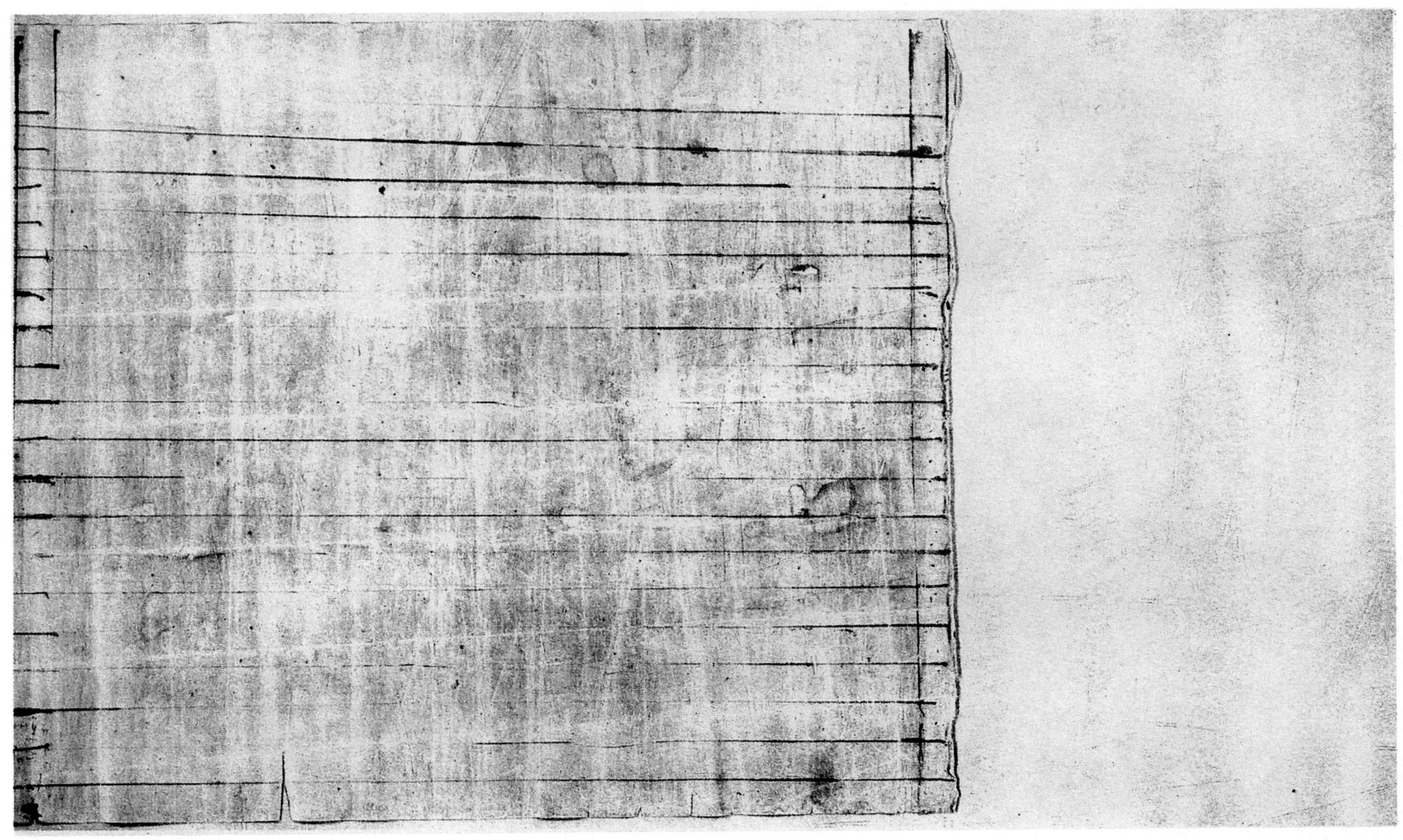

BD07988 號背　界欄　（3–1）

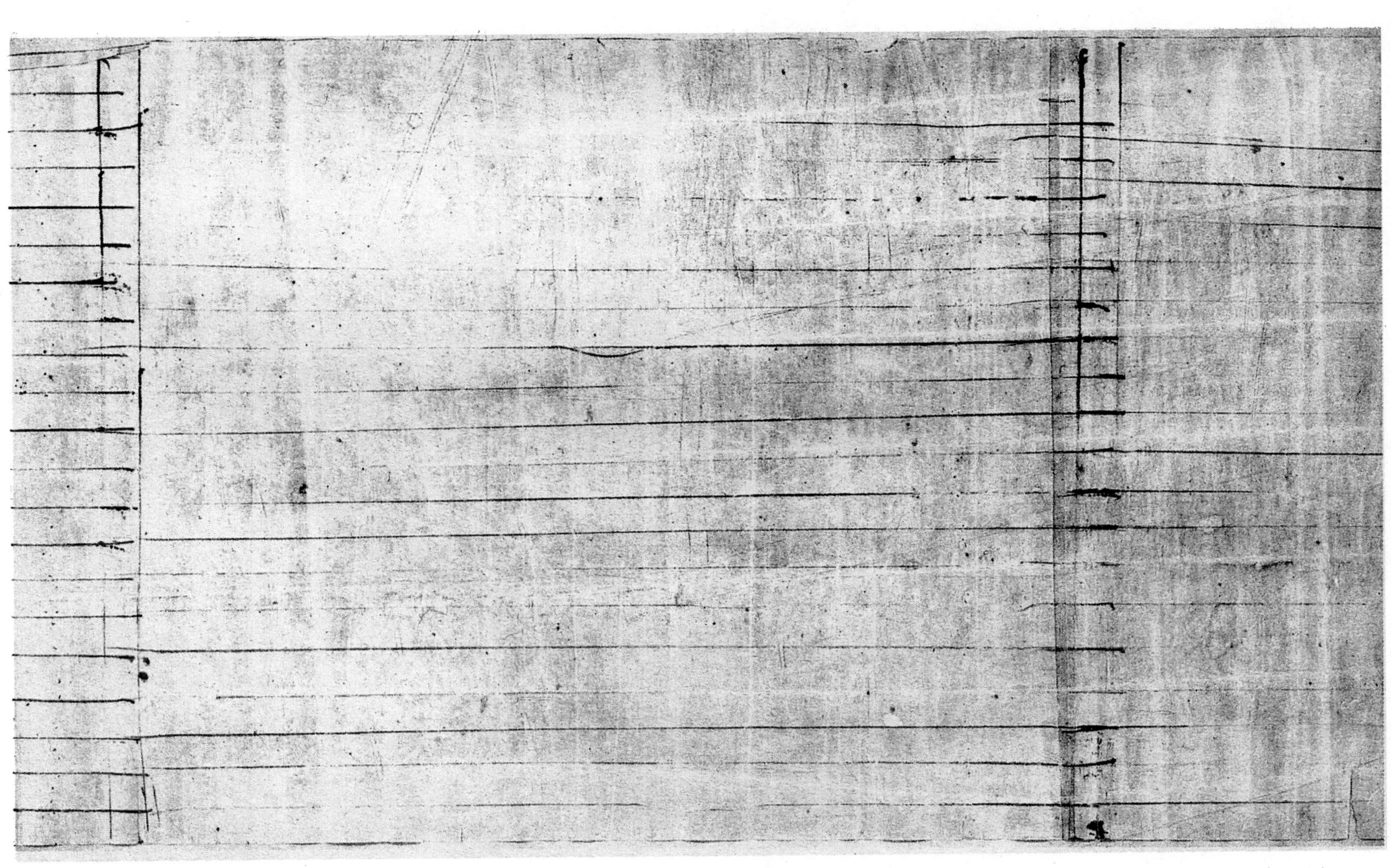

BD07988 號背　界欄　（3–2）

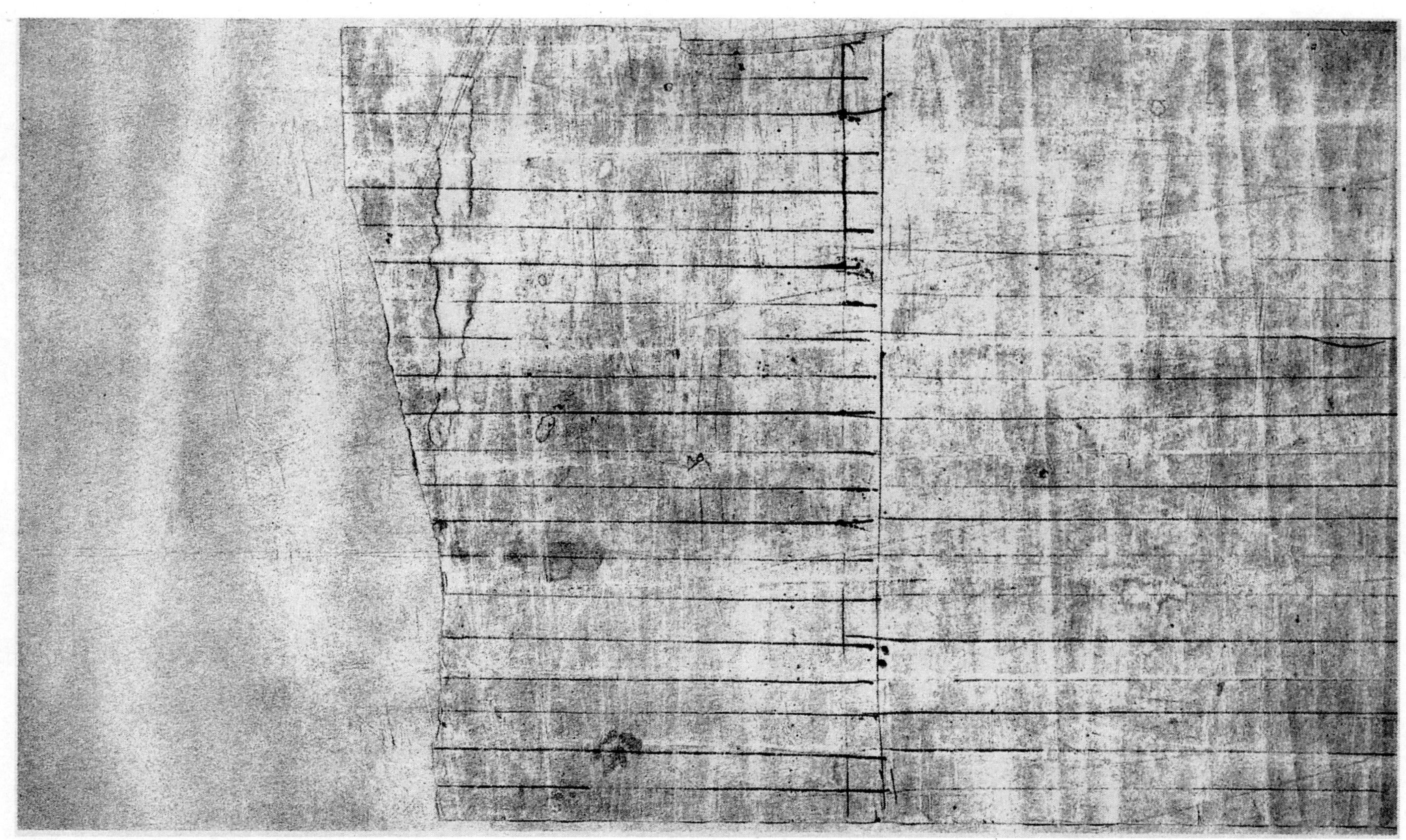

BD07988號背　界欄　（3–3）

靜特
七行寶
花開無
寶雲光
寂風吹動
汝但勤念
和汝深心相隨
送吾千里傍助旁
想得白毫無數佛
無人相讚不能傳
任汝經行懸樂國
給孤園裏風光池
金口長宣寂妙法
循成此業坐西方
摩尼流注蓮花裏
觀音說法似
尋常變足蓮
彌陀身着寶衣新
莫向閻浮貪五欲
成真早得悟无為

一過人
不知端坐想
花臺寶坐自然高
不誦如何化世間
吾今且去給孤園
如來在彼不思議
見聞無不願歸依
無邊世界盡金光
風動萬般香
樂共相和
戴阿彌陀
足下圓明千輻輪
念吾名字速成真
豪相光明安兩眉

摩尼流注蓮花業　□動□□香
觀音說法似□□　天樂共相和
尋常變□足蓮□　寶戴阿彌陀
彌陀身著寶衣新　足下圓明千輻輪
莫向閻浮貪五欲　念吾名字速成真
成真早得悟无為　豪相光明安兩眉
能照閻浮諸獄主　變為佛國妙光輝
光輝寂妙在人間　普攜衆生到佛前
各各皆成菩薩位　一時惣得坐紅蓮
紅蓮生在寶花池　千光万色不思議
水鳥珠林同國土　異香音樂每相隨
相隨惣坐妙花宮　□國惣雄雄
處處相迎上寶殿　勸仍有始終
始終如一不思議　賢坐在瓊池
是汝堅心較力造　非關諸佛與君為
君為較力甚堅強　空生上品坐金剛
莫辭艱難任閻浮界　如今名字在西方
西方寶殿是塵巨　黃金界道地琉璃
千葉蓮花百寶座　法身清淨尒時衣
珠衣寶體万般光　巡行寶樹七重行
莫嫌蓮珠寂妙讚　化度衆生無隱藏
隱藏寂妙不成師　法教流行無盡藏
為汝廣宣涅槃讚　言化代禪威
神威法界救蒼生　重開惠眼明
端坐能觀極樂國　樓臺惣是大寶憶擎
憶擎寶地如千日　千日之中万色光
光中無數諸菩薩　彌陀殿下獻名香
名香殿下寶雲成　菩薩端嚴礼不輕
天樂樓前聽妙響　唯聞水鳥念佛聲
佛聲振動夜靈靈　天魔心驚悉皆驚
降伏魔軍逃佛後　虔誠頂礼數无窮
無窮年歎大魔軍　一時淨往作生人

神

名香殿下寶雲成　菩薩端嚴礼不輕
天樂樓前聽妙響　唯聞水鳥念佛聲
佛聲振動夜摩宮　天魔心驚悉皆聽
降得魔軍道佛後　虔誠頂礼數无窮
無窮乍數大魔軍　一時得往作生人
惣爲迴心生彼國　[illegible]勤瞻仰大慈尊
慈尊妙色甚巍巍　光除似五須弥
兩目澄明如大[illegible]　十八願大慈悲
慈悲廣闢極樂門　豈務閻浮五濁人
各與光明七寶坐　何曾更見一微塵
寂塵佛刹從心現　無邊世界盡光輝
五蘊變成清淨眼　八識翻爲八德池
八池惣是寶蓮花　念佛之人發道牙
惣別閻浮濁惡界　一時極樂受精華
精華圖象見衆　各坐光明七寶臺
幸得同生慈主國　長劫之中更不迴
不迴永往百千西　家相光明日月齊
忍辱門中八聖[illegible]　由風衆七菩提
菩提道中清淨尊　樂深妙覺事難論
奈想自然成解脫　了心能啓大悲門
西方極樂自前明　万法皆從寶臺出
歸西方讚　沙門法照述
歸去来　誰能惡道受輪迴
且共念彼彌陀号　往生極樂坐花臺
歸去来　娑婆世境苦難裁
急手專心念彼佛　彌陀淨土法門開
歸去来　誰能此處受其災
惣勸同緣諸衆[illegible]　力相持歸去来
具共往生安樂界　[illegible]花皆藏彼衆
歸去来　生老病死苦相催
晝夜勤須念彼佛　極樂逍遙坐寶臺
歸去来　娑婆苦處哭哀哀

BD07989號　淨土五會念佛頌經觀行儀卷下　（5–3）

揔勸同緣諸衆等
具共往生安樂界　歸去來
晝夜勤須人念彼佛　歸去來
急須專念弥陀佛　歸去来
但有須心能念佛　歸去来
努力迴心歸淨土　歸去来
急手須歸安樂國　歸去来
千生万死無休息　歸去来
聲聲為念弥陀号
飲酒食肉貪財色　歸去来
不如西方快樂處
四十八願讚
法藏因中弘誓重
勸衆勤求無間斷
四十八願大慈悲
願願之中皆得往
須工旋繞千万禮
汝但專心勤念佛
善哉調御釋迦尊
全使諸天宝象讚
座坐諸人緊發心
聽取慈尊真實說
勸汝慇勤苦脩道
黃金地上琉璃照

力相將歸去來
花普嚴彼衆
生老病死苦相催
極樂逍遙坐寶臺
娑婆苦處哀哀
長辭五濁見如來
弥陀淨剎法門開
臨終決定坐花臺
晝夜唯聞唱苦哉
摩尼殿上礼如來
娑婆穢境不堪停
佛聞法悟无生
三塗地獄實堪憐
多劫常為猛焰燃
一時聞者坐金蓮
刀山劍樹實難當
長劫將身入鑊湯
永超生死離无常
釋迦悲願不思議
莫令虛棄發心遲
根衆生念佛遲
正值弥陀出見時
一雙足下踏蓮花
慈光直入行人家
勸衆恒持淨法門
衆生盡出棄宥
百法門中須入深
今諸學者莫沉吟
深厭樹浮大火坑
羽月摩尼道意坐

歸去来　晝夜惟聞唱苦哉
努力迴心歸淨土　摩尼殿上禮如来
歸去来　娑婆穢境不堪停
急手須歸安樂國　見佛聞法悟无生
歸去来　三塗地獄實堪憐
千生万死無休息　多劫常為猛焰燃
聲聲為念彌陁号　一時聞者坐金蓮
歸去来　刀山劍樹實難當
飲酒食肉貪財色　長劫將身入鑊湯
不如西方快樂處　永超生死離无常

四十八願讚

法藏因中弘誓重　釋迦悲願不思議
勸衆勤求無悶斷　尊令虛弃發心遲
四十八願大慈悲　[illegible]根衆生念佛遲
願願之中皆得往　正值彌陁出見時
頂上旋螺千万顆　一雙足下踏蓮花
汝但專心勤念佛　慈光直入行人家
善哉調御釋迦尊　勸衆恒持淨法門
全使諸天空裏讚　衆生苦盡出蒙昏
座坐諸人緊發心　百法門中須入深
聽取慈尊真實說　今諸學者莫沉吟
勸汝慇勤善修道　深春樹浮大火坑
黄金地上琉璃照　明月摩尼通意生

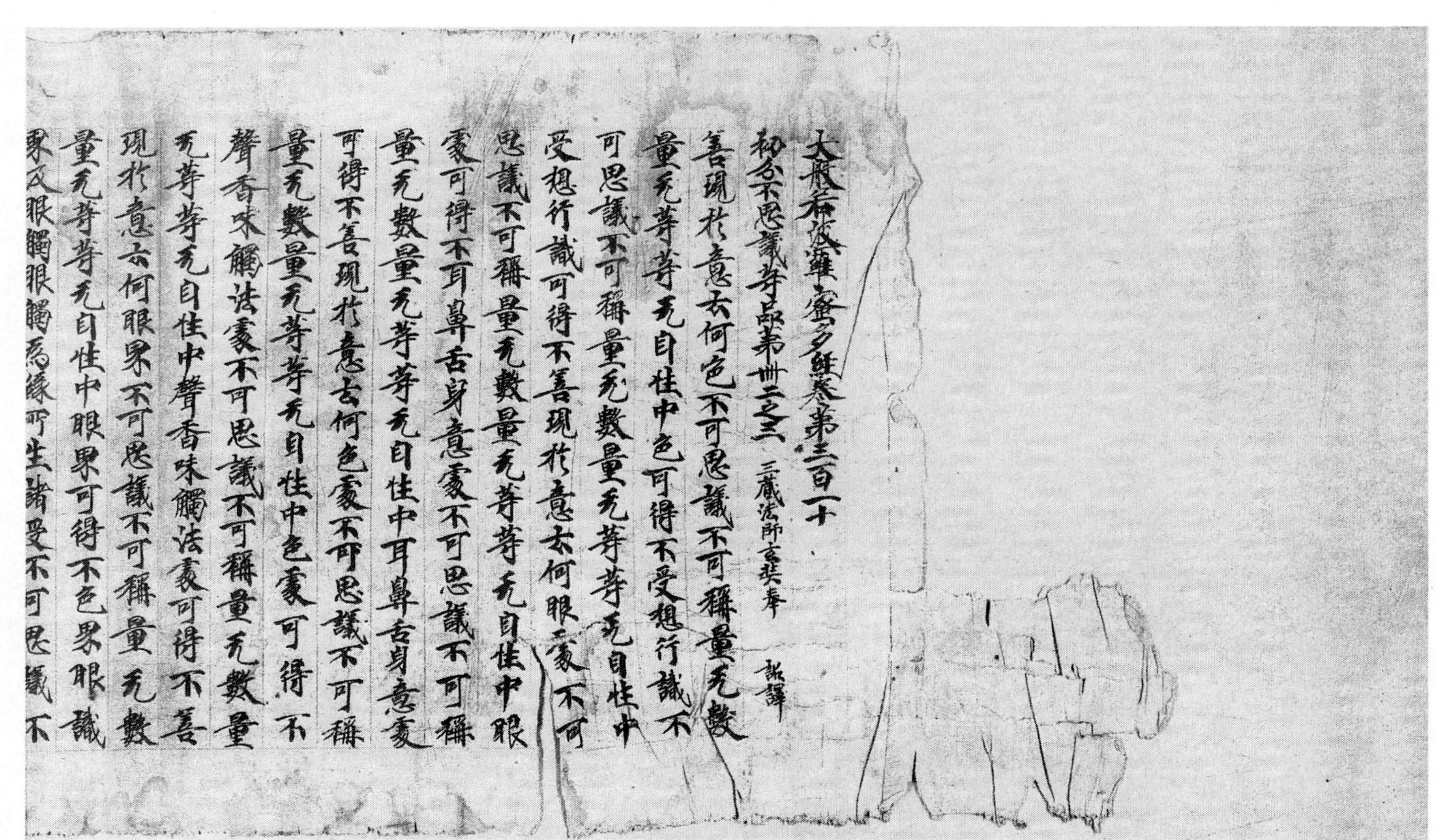

大般若波羅蜜多經卷第三百一十
初分不思議等品第卌二之三　三藏法師玄奘奉　詔譯
善現於意云何色不可思議不可稱量无數
量无等等无自性中色可得不受想行識不
可思議不可稱量无數量无等等无自性中
受想行識可得不善現於意云何眼處不可
思議不可稱量无數量无等等无自性中眼
處可得不耳鼻舌身意處不可思議不可稱
量无數量无等等无自性中耳鼻舌身意處
可得不善現於意云何色處不可思議不可稱
量无數量无等等无自性中色處可得不
聲香味觸法處不可思議不可稱量无數量
无等等无自性中聲香味觸法處可得不善
現於意云何眼界不可思議不可稱量无數
量无等等无自性中眼界可得不色界眼識
界及眼觸眼觸為緣所生諸受不可思議不

BD07990號　大般若波羅蜜多經卷三一〇　（5–1）

現於意云何色處不可思議不可稱
量无數量无等等无自性中色處可得不
聲香味觸法處不可思議不可稱量无數量
无等等无自性中聲香味觸法處可得不善
現於意云何眼界不可思議不可稱量无數
量无等等无自性中眼界可得不色界眼識
界及眼觸眼觸為緣所生諸受不可思議不
可稱量无數量无等等无自性中色界乃至
眼觸為緣所生諸受可得不善現於意云何
耳界不可思議不可稱量无數量无等等无
自性中耳界可得不聲界耳識界及耳觸耳
觸為緣所生諸受不可思議不可稱量无數
量无等等无自性中聲界乃至耳觸為緣所
生諸受可得不善現於意云何鼻界不可思
議不可稱量无數量无等等无自性中鼻界
可得不香界鼻識界及鼻觸鼻觸為緣所生
諸受不可思議不可稱量无數量无等等无
自性中香界乃至鼻觸為緣所生諸受可得
不善現於意云何舌界不可思議不可稱量
无數量无等等无自性中舌界可得不味界
舌識界及舌觸舌觸為緣所生諸受不可思
議不可稱量无數量无等等无自性中味界
乃至舌觸為緣所生諸受可得不善現於意
云何身界不可思議不可稱量无數量无等等
无自性中身界可得不觸界身識界及身
觸身觸為緣所生諸受不可思議不可稱量
无數量无等等无自性中觸界乃至身觸為

BD07990號　大般若波羅蜜多經卷三一〇　（5–2）

乃至舌觸為緣所生諸受可得不善現於意
云何身界不可思議不可稱量无數量无等等
无自性中身界可得不觸界身識界及身
觸身觸為緣所生諸受不可思議不可稱量
无數量无等等无自性中觸界乃至身觸為
緣所生諸受可得不善現於意云何意界不
可思議不可稱量无數量无等等无自性中
意界可得不法界意識界及意觸意觸為緣
所生諸受不可思議不可稱量无數量无等
等无自性中法界乃至意觸為緣所生諸受
可得不善現於意云何地界不可思議不可
稱量无數量无等等无自性中地界可得不
水火風空識界不可思議不可稱量无數量
无等等无自性中水火風空識界可得不善
現於意云何无明不可思議不可稱量无數
量无等等无自性中无明可得不行識名色
六處觸受愛取有生老死愁歎苦憂惱不可
思議不可稱量无數量无等等无自性中行
乃至老死愁歎苦憂惱可得不
善現於意云何布施波羅蜜多不可思議不
可稱量无數量无等等无自性中布施波羅
蜜多可得不淨戒安忍精進靜慮般若波羅
蜜多不可思議不可稱量无數量无等等无
自性中淨戒乃至般若波羅蜜多可得不善
現於意云何內空不可思議不可稱量无數
量无等等无自性中內空可得不外空內外
空空空大空勝義空有為空无為空畢竟空

BD07990號　大般若波羅蜜多經卷三一〇　（5–3）

蜜多可得不淨戒安忍精進靜慮般若波羅
蜜多不可思議不可稱量无數量无等等无
自性中淨戒乃至般若波羅蜜多可得不善
現於意云何內空不可思議不可稱量无數
量无等等无自性中內空可得不外空內外
空空空大空勝義空有為空无為空畢竟空
无際空散空无變異空本性空自相空共相
空一切法空不可得空无性空自性空无性
自性空不可思議不可稱量无數量无等等
无自性中外空乃至无性自性空可得不善
現於意云何真如不可思議不可稱量无數
量无等等无自性中真如可得不法界法性
不虛妄性不變異性平等性離生性法定法
住實際虛空界不思議界不可思議不可稱
量无數量无等等无自性中法界乃至不思
議界可得不善現於意云何苦聖諦不可思
議不可稱量无數量无等等无自性中苦聖
諦可得不集滅道聖諦不可思議不可稱量
无數量无等等无自性中集滅道聖諦可得
不善現於意云何四靜慮不可思議不可稱
量无數量无等等无自性中四靜慮可得不
四无量四无色定不可思議不可稱量无數量
无等等无自性中四无量四无色定可得不
善現於意云何八解脫不可思議不可稱
量无數量无等等无自性中八解脫可得不
八勝處九次第定十遍處不可思議不可稱
量无數量无等等无自性中八勝處九次第

BD07990號　大般若波羅蜜多經卷三一〇　（5–4）

量无等等无自性中真如可得不法界法性
不虛妄性不變異性平等性離生性法定法
住實際虛空界不思議界不可思議不可稱
量无數量无等等无自性中法界乃至不思
議界可得不善現於意云何苦聖諦不可思
議不可稱量无數量无等等无自性中苦聖
諦可得不集滅道聖諦不可思議不可稱量
无數量无等等无自性中集滅道聖諦可得
不善現於意云何四靜慮不可思議不可稱
量无數量无等等无自性中四靜慮可得不
四无量四无色定不可思議不可稱量无數量
无等等无自性中四无量四无色定可得不
善現於意云何八解脫不可思議不可稱
量无數量无等等无自性中八解脫可得不
八勝處九次第定十遍處不可思議不可稱
量无數量无等等无自性中八勝處九次第
定十遍處可得不善現於意云何四念住不
可思議不可稱量无數量无等等无自性中
四念住可得不四正斷四神足五根五力七等

BD07990號　大般若波羅蜜多經卷三一〇　　(5–5)

BD07991號背　護首　　(1–1)

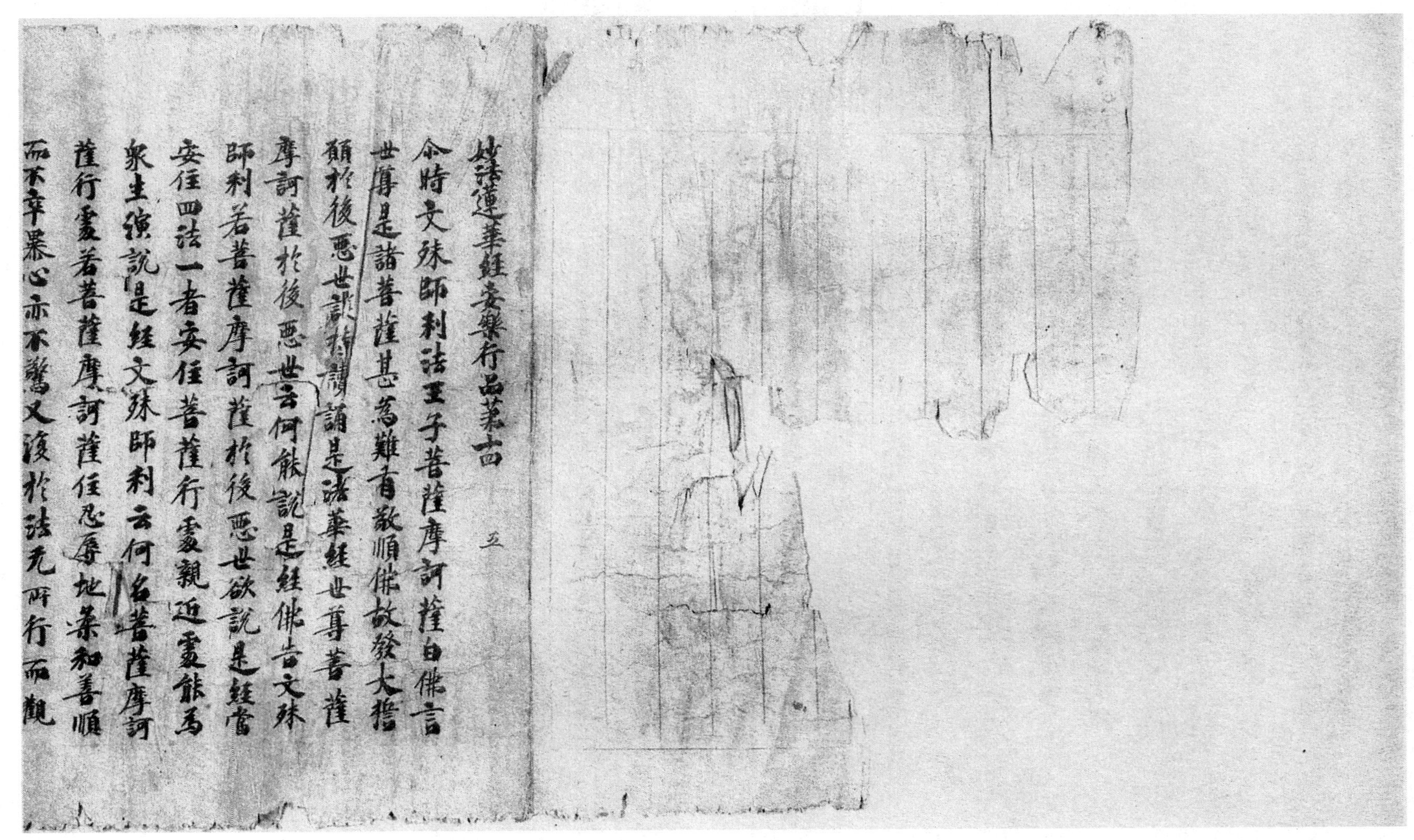
妙法蓮華經安樂行品第十四　五
尒時文殊師利法王子菩薩摩訶薩白佛言
世尊是諸菩薩甚爲難有敬順佛故發大誓
願於後惡世護持讀誦是法華經世尊菩薩
摩訶薩於後惡世云何能說是經佛告文殊
師利若菩薩摩訶薩於後惡世欲說是經當
安住四法一者安住菩薩行處親近處能爲
衆生演說是經文殊師利云何名菩薩摩訶
薩行處若菩薩摩訶薩住忍辱地柔和善順
而不卒暴心亦不驚又復於法無所行而觀

BD07991號　妙法蓮華經卷五　（2–1）

願於後惡世護持讀誦是法華經世尊菩薩
摩訶薩於後惡世云何能說是經佛告文殊
師利若菩薩摩訶薩於後惡世欲說是經當
安住四法一者安住菩薩行處親近處能爲
衆生演說是經文殊師利云何名菩薩摩訶
薩行處若菩薩摩訶薩住忍辱地柔和善順
而不卒暴心亦不驚又復於法無所行而觀
諸法如實相亦不行不分別是名菩薩摩訶
薩行處云何名菩薩摩訶薩親近處菩薩摩
訶薩不親近國王王子大臣官長不親近諸
外道梵志尼揵子等及造世俗文筆讚詠外
書及路伽耶陁逆路伽耶陁者亦不親近諸
有凶戲相扠相撲及那羅等種種變現之戲
又不親近旃陁羅及畜猪羊鷄狗畋獵漁捕
諸惡律儀如是人等或時來者則爲說法無
所悕望又不親近求聲聞比丘比丘尼優婆
塞優婆夷亦不問訊若於房中若經行處若
在講堂中不共住止或時來者隨宜說法無
所悕求文殊師利又菩薩摩訶薩不應於女
人身取能生欲想相而爲說法亦不樂見若
入他家不與小女處女寡女等共語亦復不近
五種不男之人以爲親厚不獨入他家

BD07991號　妙法蓮華經卷五　（2–2）

執著是波羅蜜義生死過失涅槃功德正覺
正觀是波羅蜜義愚人智人皆悉攝受是波
羅蜜義能現種種珎妙法寶是波羅蜜義无
礙解脫智慧滿足是波羅蜜義法界衆生界
正分別知是波羅蜜義施等及智能令至不
退轉是波羅蜜義无生法忍能令滿足是波
羅蜜義能於菩提成佛十力四无所畏不共
法等皆悉成就是波羅蜜義生死涅槃了无
二相是波羅蜜義濟度一切是波羅蜜義一
切外道來相詰難善能解釋令其降伏是波
羅蜜義能轉十二妙行法輪是波羅蜜義无
所著无所見无患累是波羅蜜多義　羅　嚴
善男子初地菩薩是相先現三千大千世界　是
无量无邊種種寶藏无不盈滿菩薩悉見善　嚴身
男子二地菩薩是相先現三千大千世界地
平如掌无量无邊種種妙色清淨珎寶莊嚴
之具菩薩悉見善男子三地菩薩是相先現
自身勇健甲仗莊嚴一切怨賊皆能摧伏菩
薩悉見善男子四地菩薩是相先現四方風
輪種種妙花悉皆散灑充布地上菩薩悉見

BD07992號　金光明最勝王經（兌廢稿）卷四　　（2–1）

切外道來相詰難善能解釋令其降伏是波
羅蜜義能轉十二妙行法輪是波羅蜜義无
所著无所見无患累是波羅蜜多義　羅　嚴
善男子初地菩薩是相先現三千大千世界　是
无量无邊種種寶藏无不盈滿菩薩悉見善　嚴身
男子二地菩薩是相先現三千大千世界地
平如掌无量无邊種種妙色清淨珎寶莊嚴
之具菩薩悉見善男子三地菩薩是相先現
自身勇健甲仗莊嚴一切怨賊皆能摧伏菩
薩悉見善男子四地菩薩是相先現四方風
輪種種妙花悉皆散灑充布地上菩薩悉見
善男子五地菩薩是相先現有妙寶女衆寶
瓔珞周遍嚴身首冠名花以為其飾菩薩悉
見善男子六地菩薩是相先現七寶花池有
四階道金沙遍布清淨无穢八功德水皆悉
无量无邊種種寶藏清淨　淨淨實
如是我一時佛在舍國祇樹給孤
我聞如是一時佛在　善男子初地
如是我聞一　十輪經第一如是我聞

BD07992號　金光明最勝王經（兌廢稿）卷四　　（2–2）

四階道金砂，道布清淨，无識八功德水皆
畢得 織 金 故德長命

BD07992 號背　雜寫　　（1–1）

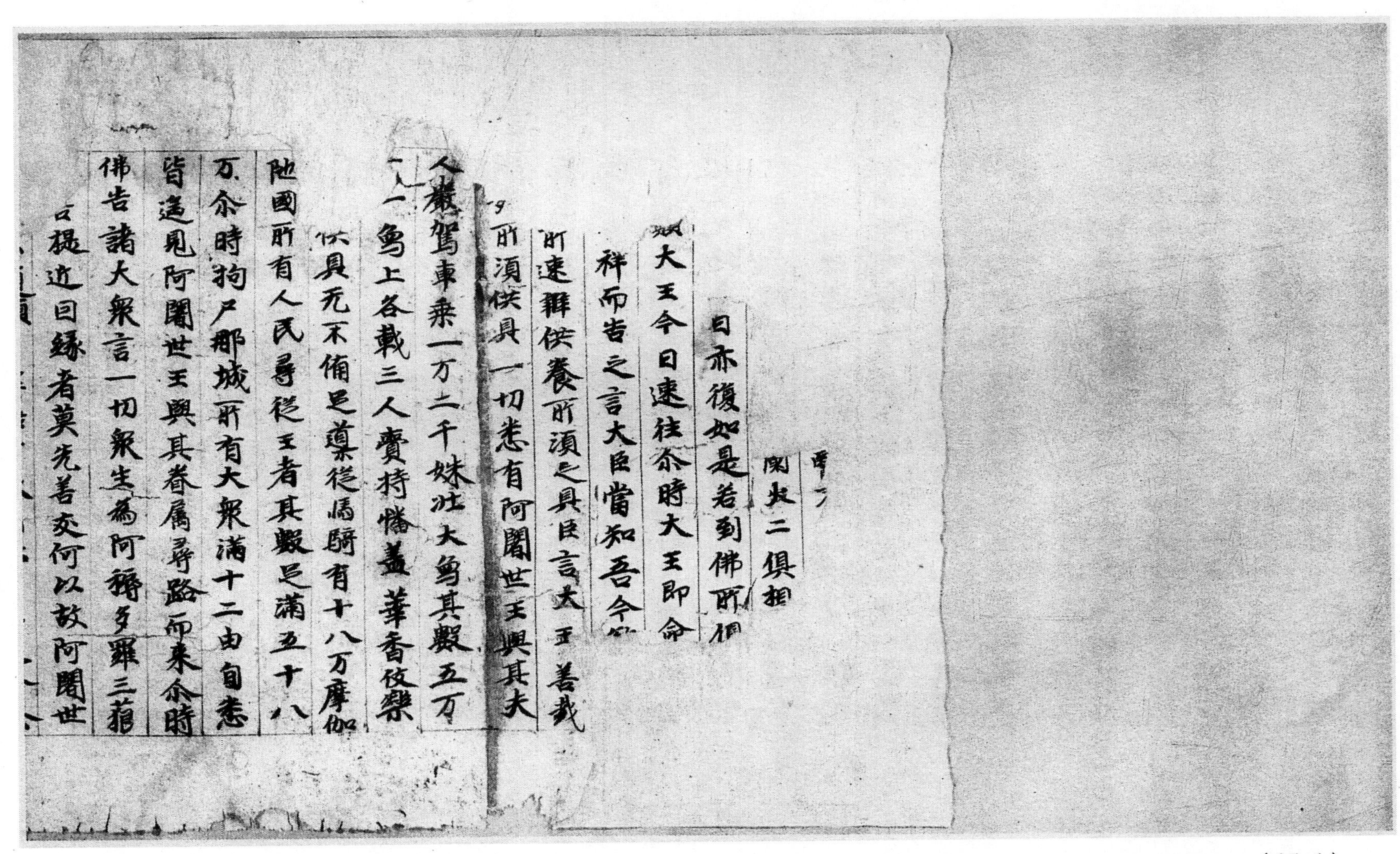

闍共二俱相
曰亦復如是若到佛所個
大王今日速往尒時大王即命
耆而告之言大臣當知吾今欲
所速辦供養所須之具臣言大王善哉
所須供具一切悉有阿闍世王與其夫
人嚴駕車乘一万二千妹壯大象其數五万
一一象上各載三人賣持幡蓋華香伎樂
供具无不備足導從馮騎有十八万摩伽
陁國所有人民尋從王者其數足滿五十八
万。尒時拘尸那城所有大衆滿十二由旬悉
皆遙見阿闍世王與其眷屬尋路而來。尒時
佛告諸大衆言一切衆生爲阿耨多羅三藐
菩提近因緣者莫先善友何以故阿闍世

BD07993 號　大般涅槃經（北本）卷二〇　　（15–1）

陁國所有人民尋從王者其數足滿五十八
万。尒時拘尸那城所有大衆滿十二由旬悉
皆遥見阿闍世王與其眷屬尋路而來尒時
佛告諸大衆言一切衆生爲阿耨多羅三藐
三菩提近因緣者莫先善友何以故阿闍世
不隨順耆婆語者来月七日必定命終
墮阿鼻獄是故近因莫若善友阿闍世王復
於前路聞舍婆提毗瑠璃王乘船入海遇火
而死瞿伽離比丘生身入地至阿鼻獄須那
刹多作種種惡到於佛所衆罪得滅聞是語
耆婆言吾今雖聞如是二言猶未審定
汝来耆婆吾欲與汝同載一乘設我當入阿鼻
地獄冀汝持捉不令我墮何以故吾昔曾聞
得道之人不入地獄尒時佛告諸大衆言阿
闍世王猶有疑心我今當爲作決定心尒時
會中有一菩薩名持一切白佛言世尊如佛
一切諸法皆无定相所謂色无定相乃
至涅槃亦无定相如来今者云何而爲阿
闍世作決定心佛言善哉善哉善男子我今
定爲阿闍世王作決定心何以故若王疑心
可破壞者當知諸法无有定相是故我爲阿
世王作決定心當知是心爲无定之善男
彼王心是決定者王之逆罪云何可壞
以无定故其罪可壞是故我爲阿闍世王作
決定心尒時大王即到娑羅雙樹間至於佛

可破壞者當知諸法无有定相是故我爲阿
世王作決定心當知是心爲无定之善男
彼王心是決定者王之逆罪云何可壞
以无定故其罪可壞是故我爲阿闍世王作
決定心尒時大王即到娑羅雙樹間至於佛
所仰瞻如来三十二相八十種好猶如微妙
真金之山尒時世尊出八種聲告言大王時
闍世王左右顧視此大衆中誰是大王我
累又无福德如来不應稱爲大王尒時
如来即復喚言阿闍世大王時王聞已心大
歡喜即作是言如来今日顧命語言真知如
来於諸衆生大悲憐愍等无差別白佛言世
尊我今疑心永无遺餘定知如来真是衆生
无上大師尒時迦葉菩薩語持一切菩薩言
已爲阿闍世王作決定心尒時阿闍世
王即白佛言世尊假使我今得與梵王釋提
桓因坐起飲食猶不歡悅得遇如来一言顧
命深以欣慶尒時阿闍世王即以所持幡蓋
華香伎樂供養前禮佛足右遶三迊禮敬畢
却坐一面
尒時佛告阿闍世王言大王今當爲汝說正
法要汝當一心諦聽諦聽凡夫常當繫心觀
身有二十事所謂我此身中空无无漏諸善
根本我此生死未得調順墮墜深坑无處不
畏以何方便得見佛性云何脩定得見佛性
八常苦无常樂我淨八難之難難得遠離

法要汝當一心諦聽諦聽凡夫常當繫心觀
身有二十事所謂我此身中空无无漏諸善
根本我此生死未得調順墮墜深坑无處不
畏以何方便得見佛性云何脩定得見佛性
八常若无常樂我淨八難之難難得遠離
恒為怨家之所追逐无有一法能遮諸有於
三惡趣未得解脫具足種種諸惡耶見亦未
造立度五逆津生死无際未得其邊不作諸
業不得果報无有我作他人受果不作樂因
終无樂果若有造業果報不失因无明生亦
因死去來現在常行放逸大王凡夫之人
常於此身當作如是二十種觀作是觀已不
樂生死不樂生死則得止觀尒時次第觀心
生相住相滅相次第止觀生住滅相定慧進戒
亦復如是觀生住滅已能知心相乃至戒相
終不作惡无有死畏三惡道畏若不繫心觀
察如是二十事者心則放逸无惡不造阿闍
世言如我解佛所說義者我從昔來初未曾
觀是二十事故造眾惡造眾惡故則有死畏
三惡道畏世尊我自招殃造是重惡父王无辜
横加逆害是二十事設觀不觀必定當墮阿
鼻地獄佛告大王一切諸法性相无常无有
決定王云何言必定當墮阿鼻地獄阿闍世
王白佛言世尊若一切法无定相者我之殺
罪亦應不定若殺定者一切諸法則非不定
佛言大王善哉善哉諸佛世尊說一切法悉

BD07993號　大般涅槃經（北本）卷二〇　（15–4）

鼻地獄佛告大王一切諸法性相无常无有
決定王云何言必定當墮阿鼻地獄阿闍世
王白佛言世尊若一切法无定相者我之殺
罪亦應不定若殺定者一切諸法則非不定
佛言大王善哉善哉諸佛世尊說一切法悉
无定相王復能知殺亦不定是故當知殺无
定相大王如汝所言父王无辜横加逆害者
何者是父但於假名眾生五陰妄生父想於
十二入十八界中何者是父若色是父四陰
應非若四是父色亦應非若色非色會為父
无有是處何以故色與非色性无合故大
王凡夫眾生於是色陰妄生父想如是色陰
亦不可害何以故色有十種是十種中唯色
一種可見可持可稱可量可牽可縛雖可見
縛其性不住以不住故不可得見不可捉持
不可稱量不可牽縛色相如是云何可殺若
色是父可殺可害獲罪報者餘九應非若九
非者則應无罪大王色有三種過去未來現
在過去現在則不可害何以故過去過去故
現在念念滅故遮未來故名之為殺如是一
色或有可殺或不可殺有殺不殺色則不定
色若不定殺亦不定殺不定故報亦不定云
何說言定入地獄大王一切眾生所作罪業
凡有二種一者輕二者重若心口作則名為
輕身口心作則名為重大王心念口說身不
作者所得報輕大王昔日口不勑殺但言削

BD07993號　大般涅槃經（北本）卷二〇　（15–5）

何說言定入地獄大王一切衆生所作罪業
凡有二種一者輕二者重若心口作則名爲
輕身口心作則名爲重大王心念口說身不
作者所得報輕大王昔日口不勅煞但言削
足大王若勅侍臣立斬王首坐時乃斬猶不
得罪况王不勅云何得罪王若得罪諸佛世
尊亦應得罪何以故汝父先王頻婆娑羅常
於諸佛種諸善根是故今日得居王位諸佛
若不受其供養則不爲王若不爲王汝則不
得爲國生害若汝煞父當有罪者我等諸佛
亦應有罪若佛世尊无得罪者汝獨云何而
得罪耶大王頻婆娑羅往有惡心於毗富羅
山遊行獵鹿周遍曠野悉无所得唯見一仙
五通具足見已即生瞋恚惡心我今遊獵所
以不得正坐此人駈逐令去即勅左右而令
煞之其人臨終生瞋恚心退失神通而作誓
言我實无辜汝以心口横加戮害我於來世
亦當如是還以心口而害於汝時王聞已即
生悔心供養死屍是王如是尚得輕受不墮
地獄况王不尒而當地獄受果報耶先王自
作還自受之云何令王而得煞罪如王所言
父王无辜者大王云何言无夫有罪者則有
罪報无惡業者則无罪報汝父先王若无辜
罪云何有報頻婆娑羅於現世中亦得善果
及以惡果是故先王亦復不定以不定故煞

BD07993號　大般涅槃經（北本）卷二〇　（15-6）

作還自受之云何令王而得煞罪如王所言
父王无辜者大王云何言无夫有罪者則有
罪報无惡業者則无罪報汝父先王若无辜
罪云何有報頻婆娑羅於現世中亦得善果
及以惡果是故先王亦復不定以不定故煞
亦不定煞不定故云何而言定入地獄衆生
狂惑凡有四種一者貪狂二者藥狂三者呪
狂四者本業緣狂大王我弟子中有是四狂
雖多作惡我終不記是人犯戒是人所作不
至三惡若還得心亦不言犯王本貪國逆害
父王貪狂心作云何得罪大王如人酖醉逆
害其母既醒悟已心生悔恨當知是業亦不
得報王今貪醉非本心作若非本心云何得
罪大王譬如幻師四衢道頭幻作種種男女
象馬瓔珞衣服愚癡之人謂爲真實有智
之人知非真實煞亦如是凡夫謂實諸佛世尊
知其非真大王譬如山間響聲愚癡之人謂
之實聲有智之人知其非真煞亦如是凡夫
謂實諸佛世尊知其非真大王如人有怨詐
來親附愚癡之人謂爲實親智者了達乃知
虛詐煞亦如是凡夫謂實諸佛世尊知其非
真大王如人執鏡自見面像愚癡之人謂爲
真面智者了達知其非真煞亦如是凡夫謂
實諸佛世尊知其非真大王如熱時炎愚癡
之人謂之是水智者了達知其非水煞亦如
是凡夫謂實諸佛世尊知其非真大王如乾

BD07993號　大般涅槃經（北本）卷二〇　（15-7）

真大王如人執鏡自見面像愚癡之人謂為
真面智者了達知其非真煞亦如是凡夫謂
實諸佛世尊知其非真大王如熱時炎愚癡
之人謂之是水智者了達知其非水煞亦如
是凡夫謂實諸佛世尊知其非真大王如乾
闥婆城愚癡之人謂為真實智者了達知其
非真煞亦如是凡夫謂實諸佛世尊知其非
真大王如人夢中受五欲樂愚癡之人謂之
為實智者了達知其非真煞亦如是凡夫謂
實諸佛世尊知其非真大王煞法煞業煞者
煞果及以解脫我皆了之則无有罪王雖知
煞云何有罪大王譬如有人主知典酒如其
不飲則亦不醉雖復知火亦不燒燃王亦如
是雖復知煞云何有罪大王有諸衆生於日
出時作種種罪於月出時復行刼盜日月不
出則不作罪雖因日月令其作罪然此日月
實不得罪煞亦如是雖復因王王實无罪
大王如王宮中常勑屠羊心初无懼云何於
父獨生懼心雖復人畜尊卑差別寶命重死
二俱无異何故於羊心輕无懼於父先王生重
憂苦大王世間之人是愛僮僕不得自在為
愛所使而行煞害設有果報乃是愛罪王
不自在當有何咎大王譬如涅槃非有非无而
亦是有煞亦如是雖非有非无而亦是有慚愧
之人則是非有无慚愧者則為非无受果報

BD07993號　大般涅槃經（北本）卷二〇　（15–8）

愛所使而行煞害設有果報乃是愛罪王
不自在當有何咎大王譬如涅槃非有非无而
亦是有煞亦如是雖非有非无而亦是有慚愧
之人則是非有无慚愧者則為非无受果報
者名之為有空見之人則為非有有見之人
則為非无有有見者亦名為有何以故有有
見者得果報故无有見者則无果報常見之
人則為非有无常見者則為非无常常見者
不得為无何以故常常見者有惡業果故是
故常常見者不得為无以是義故雖非有无
而亦是有大王夫衆生者名出入息斷出入
息故名為煞諸佛隨俗亦說為煞大王色是
无常色之因緣亦是无常從无常因生色云
何常乃至識无常識之因緣亦是无常從无
常因生識云何常以无常故苦以苦故空以
空故无我若是无常苦空无我為何所煞煞
无常者得常涅槃煞苦得樂煞空得實煞於
无我而得真我大王若煞无常苦空无我者
則與我同我亦煞於无常苦空无我不入地
獄汝云何入尒時阿闍世王如佛所說觀色
乃至觀識作是觀已即白佛言世尊我今始
知色是无常乃至識是无常我本若能如是
知者則不作罪世尊我昔曾聞諸佛世尊常
為衆生而作父母雖聞是語猶未定審今則
定知世尊我亦曾聞須弥山王四寶所成所

BD07993號　大般涅槃經（北本）卷二〇　（15–9）

知色是无常乃至識是无常我本若能如是
知者則不作罪世尊我昔曾聞諸佛世尊常
為衆生而作父母雖聞是語猶未定審今則
定知世尊我亦曾聞須弥山王四寶所成所
謂金銀瑠璃頗梨若有衆鳥隨所集處則同
其色雖聞是言亦不審定我今来至佛須弥
山則與同色同色者則知諸法无常苦空无
我世尊我見世間從伊蘭子生伊蘭樹不見
伊蘭生栴檀樹我今始見從伊蘭子生栴檀
樹伊蘭子者我身是也栴檀樹者即是我心
无根信也无根信者我初不知恭敬如来不
信法僧是名无根世尊我若不遇如来世尊
當於无量阿僧祇劫在大地獄受无量苦我
今見佛以是見佛所得功德破壞衆生所有一
切煩惱惡心佛言大王善哉善哉我今知
汝必能破壞衆生惡心世尊若我審能破壞
衆生諸惡心者使我常在阿鼻地獄无量劫
中為諸衆生受大苦惱不以為苦尒時摩伽
陁國无量人民悉發阿耨多羅三藐三菩提
心以如是等无量人民發大心故阿闍世王
所有重罪即得微薄王及夫人後宮婇女悉
皆同發阿耨多羅三藐三菩提心尒時阿闍
世王語耆婆言耆婆我今未死已得天身捨
於短命而得長命捨无常身而得常身令諸
衆生發阿耨多羅三藐三菩提心即是天身

BD07993號　大般涅槃經（北本）卷二〇　（15–10）

所有重罪即得微薄王及夫人後宮婇女悉
皆同發阿耨多羅三藐三菩提心尒時阿闍
世王語耆婆言耆婆我今未死已得天身捨
於短命而得長命捨无常身而得常身令諸
衆生發阿耨多羅三藐三菩提心即是天身
長命常身即是一切諸佛弟子說是語已即
以種種寶幢幡蓋香華瓔珞微妙伎樂而供
養佛復以偈頌而讚嘆言
實語甚微妙　善巧於句義　甚深秘密藏　為衆故顯示
所有廣博言　為衆故略說　具足如是語　善能療衆生
若有諸衆生　得聞是語者　若信及不信　定知是佛說
諸佛常軟語　為衆故說麁　麁語及軟語　皆歸第一義
是故我今者　歸依於世尊　如来語一味　猶如大海水
是名第一諦　故无无義語　如来今所說　種種无量法
男女大小聞　同獲第一義　无因亦无果　无生及无滅
是名大涅槃　聞者破諸結　如来為一切　常作慈父母
當知諸衆生　皆是如来子　世尊大慈悲　為衆故苦行
如人著鬼魅　狂亂多所作　我今得見佛　所得三業善
願以此功德　迴向无上道　我今所供養　佛法及衆僧
願以此功德　三寶常在世　我今所當得　種種諸功德
願以此破壞　衆生四種魔　我遇惡知識　造作三世罪
今於佛前悔　願後更莫造　願諸衆生等　悉發菩提心
繫心常思念　十方一切佛　復願諸衆生　永破諸煩惱
了了見佛性　猶如妙德等
尒時世尊讚阿闍世王善哉善哉若有人能
發菩提心當知是人則為莊嚴諸佛大衆大

BD07993號　大般涅槃經（北本）卷二〇　（15–11）

令於佛前悔　願後更莫造　觀諸衆生等　悉發菩提心
繫心常思念　十方一切佛　復願諸衆生　永破諸煩惱
了了見佛性　猶如妙德等
尒時世尊讚阿闍世王善哉善哉若有人能
發菩提心當知是人則爲莊嚴諸佛大衆大
王汝昔已於毗婆尸佛初發阿耨多羅三藐
三菩提心從是已來至我出世於其中閒未
曾墮於地獄受苦大王當知菩提之心乃有
如是无量果報大王從今已往常當懃脩菩
提之心何以故從是因緣當得消滅无量惡
故尒時阿闍世王及摩伽陁舉國人民從坐
而起遶佛三匝辭退還宮天行品者如雜華
中說
大般涅槃經嬰兒行品第九
善男子云何名爲嬰兒行善男子不能起住
來去語言是名嬰兒如來亦尒不能起者如
來終不起諸法相不能住者如來不著一切
諸法不能來者如來身行无有動搖不能去
者如來已到大般涅槃不能語者如來雖爲
一切衆生演說諸法實无所說何以故有所
說者名有爲法如來世尊非是有爲是故无
說又无語者猶如嬰兒言語未了雖復有語
實亦无語如來亦尒語未了者即是諸佛秘
密之言雖有所說衆生不解故名无語又嬰
兒者名物不一未知正語雖名物不一未知
正語非不因此而得識物如來亦尒一切衆

BD07993號　大般涅槃經（北本）卷二〇　（15–12）

實亦无語如來亦尒語未了者即是諸佛秘
密之言雖有所說衆生不解故名无語又嬰
兒者名物不一未知正語雖名物不一未知
正語非不因此而得識物如來亦尒一切衆
生方類各異所言不同如來方便隨而說之
亦令一切因而得解又嬰兒者能說大字如
來亦尒說於大字所謂婆和和者有爲婆者
无爲是名嬰兒和者名爲无常婆者名爲有
常如來說常衆生聞已爲常法故斷於无常
是名嬰兒行又嬰兒者不知苦樂晝夜父母
菩薩摩訶薩亦復如是爲衆生故不見苦樂
无晝夜相於諸衆生其心平等故无父母親
疎等相又嬰兒者不能造作大小諸事菩薩
摩訶薩亦復如是菩薩不造生死作業是名
不作大事者即五逆也菩薩摩訶薩終不造
作五逆重罪小事者即二乘心菩薩終不退
菩提心而作聲聞辟支佛乘又嬰兒行者如
彼嬰兒啼哭之時父母即以楊樹黃葉而語
之言莫啼莫啼我与汝金嬰兒見已生真金
想便止不啼然此楊葉實非金也木牛木馬
木男木女嬰兒見已亦復生於男女等想即
止不啼實非男女以作如是男女想故名曰
嬰兒如來亦尒若有衆生欲造衆惡如來爲
說三十三天常樂我淨端正自恣於妙宮殿
受五欲樂六根所對无非是樂衆生聞有如
是樂故心生貪樂止不爲惡懃作三十三天

BD07993號　大般涅槃經（北本）卷二〇　（15–13）

止不啼實非男女以作如是男女想故名曰
嬰兒如来亦尒若有衆生欲造衆惡如来爲
說三十三天常樂我淨端正自恣於妙宮殿
受五欲樂六根所對无非是樂衆生聞有如
是樂故心生貪樂止不爲惡懃作三十三天
善業實是生死无常无樂无我无淨爲度衆
生方便說言常樂我淨又嬰兒者若有衆生
猒生死時如来則爲說於二乘然實无有二
乘之實以二乘故知生死過見涅槃樂以是
見故則能自知有斷不斷有真不真有脩不
脩有得不得善男子如彼嬰兒於非金中而
生金想如来亦尒於不淨中而說爲淨如来
以得第一義故則无虛妄如彼嬰兒於非牛
馬作牛馬想若有衆生於非道中作真道想
如来亦說非道爲道非道之中實无有道以
能生道微因緣故說非道爲道如彼嬰兒於
木男女生男女想如来亦尒知非衆生說衆
生相而實无有衆生相也若佛如来說无衆
生一切衆生則墮邪見是故如来說有衆生
於衆生中作衆生想者則不能破衆生相也
若於衆生破衆生相者是則能得大般涅槃
以得如是大涅槃故止不啼哭是名嬰兒行
善男子若有男女受持讀誦書寫解說是五
行者當知是人必定當得如是五行迦葉菩
薩白佛言世尊如我解佛所說義者我亦定

BD07993號　大般涅槃經（北本）卷二〇　（15–14）

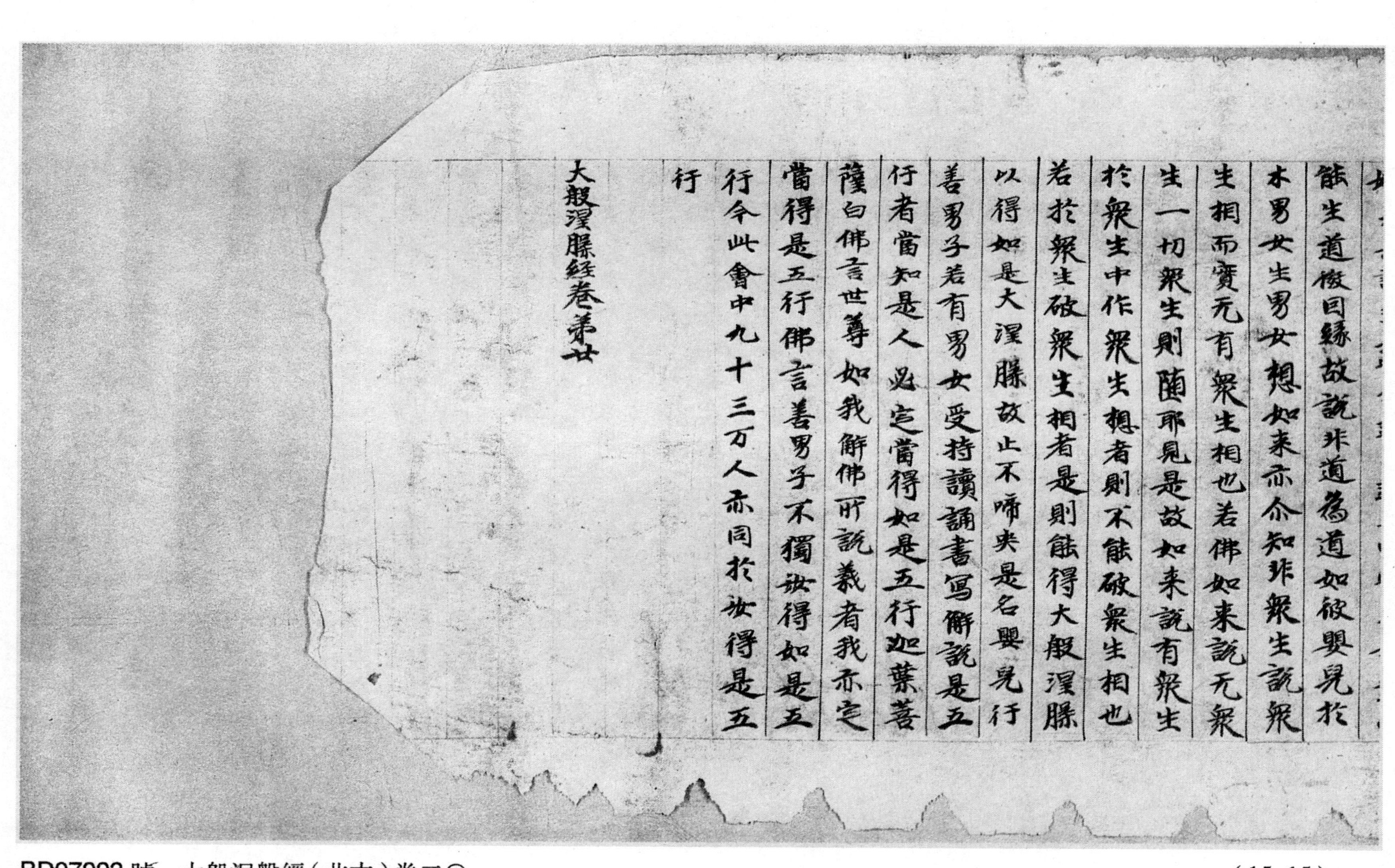
能生道微因緣故說非道爲道如彼嬰兒於
木男女生男女想如来亦尒知非衆生說衆
生相而實无有衆生相也若佛如来說无衆
生一切衆生則墮邪見是故如来說有衆生
於衆生中作衆生想者則不能破衆生相也
若於衆生破衆生相者是則能得大般涅槃
以得如是大涅槃故止不啼哭是名嬰兒行
善男子若有男女受持讀誦書寫解說是五
行者當知是人必定當得如是五行迦葉菩
薩白佛言世尊如我解佛所說義者我亦定
當得是五行佛言善男子不獨汝得如是五
行今此會中九十三万人亦同於汝得是五
行

大般涅槃經卷第廿

BD07993號　大般涅槃經（北本）卷二〇　（15–15）

……樂行品第……

……師利法王子……薩白佛言

菩薩甚為難有敬順佛故發大誓
願於後惡世護持讀誦是法華經世尊菩薩
摩訶薩於後惡世云何能說是經佛告文殊
師利若菩薩摩訶薩於後惡世欲說是經當
安住四法一者安住菩薩行處親近處能為
衆生演說是經文殊師利云何名菩薩摩訶
薩行處若菩薩摩訶薩住忍辱地柔和善順
而不卒暴心亦不驚又復於法无所行而觀
諸法如實相亦不行不分別是名菩薩摩訶
薩行處云何名菩薩摩訶薩親近處菩薩摩
訶薩不親近國王王子大臣官長不親近諸
外道梵志尼揵子等及造世俗文筆讚詠外
書及路伽耶陀逆路伽耶陀者亦不親近諸
有兇戲相扠相撲及那羅等種種變現之戲
又不親近旃陀羅及畜猪羊雞狗畋獵漁捕
諸惡律儀如是人等或時來者則為說法无
所悕望又不親近求聲聞比丘比丘尼優婆

BD07994號　妙法蓮華經卷五　　（3–1）

書及路伽耶陀逆路伽耶陀者亦不親近諸
有兇戲相扠相撲及那羅等種種變現之戲
又不親近旃陀羅及畜猪羊雞狗畋獵漁捕
諸惡律儀如是人等或時來者則為說法无
所悕望又不親近求聲聞比丘比丘尼優婆
塞優婆夷亦不問訊若於房中若經行處若
在講堂中不共住止或時來者隨宜說法无
所悕求文殊師利又菩薩摩訶薩不應於女
人身取能生欲想相而為說法亦不樂見若
入他家不與小女處女寡女等共語亦復不
近五種不男之人以為親厚不獨入他家若
有因緣須獨入時但一心念佛若為女人說
法不露齒咲不現胸臆乃至為法猶不親厚
況復餘事不樂畜年少弟子沙弥小兒亦不
樂與同師常好坐禪在於閑處脩攝其心文
殊師利是名初親近處復次菩薩摩訶薩觀
一切法空如實相不顛倒不動不退不轉如
虛空无所有性一切語言道斷不生不出不
起无名无相實无所有无量无邊无礙无障
但以因緣有從顛倒生故說常樂觀如是法
相是名菩薩摩訶薩第二親近處尒時世尊
欲重宣此義而說偈言

若有菩薩　於後惡世　无怖畏心　欲說是經
應入行處　及親近處　常離國王　及國王子
大臣官長　兇險戲者　及旃陀羅　外道梵志
亦不親近　增上慢人　貪著小乘　三藏學者

BD07994號　妙法蓮華經卷五　　（3–2）

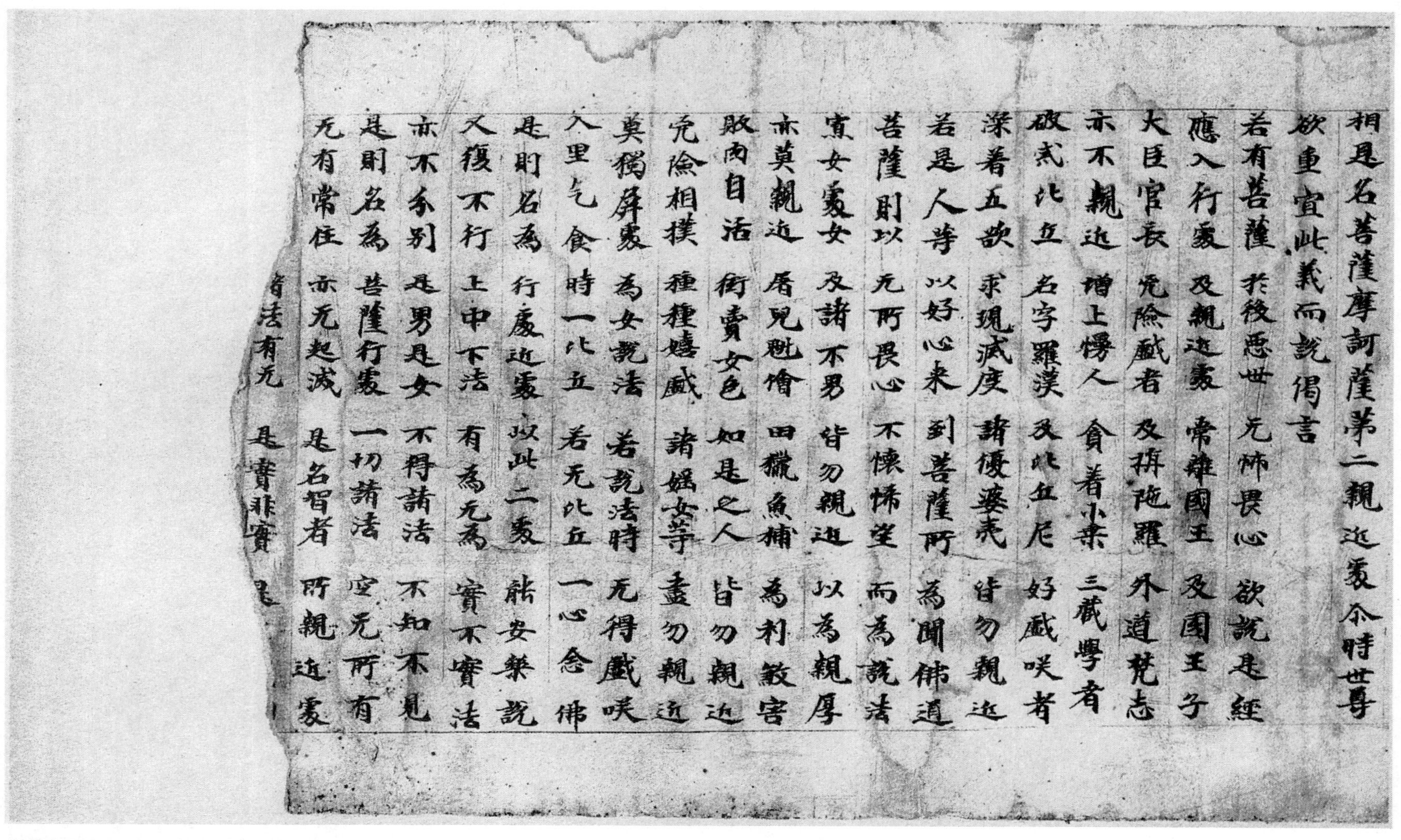

BD07994 號　妙法蓮華經卷五　（3–3）

BD07995 號　大般若波羅蜜多經卷二一八　（2–1）

善現法界清淨故真如清淨真如清淨故一
切智智清淨何以故若法界清淨若真如清
淨若一切智智清淨无二无二分无別无斷故
法界清淨故法性不虛妄性不變異性平
等性離生性法定法住實際虛空界不思議
界清淨法性乃至不思議界清淨故一切智
智清淨何以故若法界清淨若法性乃至不
思議界清淨若一切智智清淨无二无二分
无別无斷故善現法界清淨故苦聖諦清淨
苦聖諦清淨故一切智智清淨何以故若法
界清淨若苦聖諦清淨若一切智智清淨无
二无二分无別无斷故法界清淨故集滅道
聖諦清淨集滅道聖諦清淨故一切智智清
淨何以故若法界清淨若集滅道聖諦清淨
若一切智智清淨无二无二分无別无斷故
善現法界清淨故四靜慮清淨四靜慮清淨
故一切智智清淨何以故若法界清淨若四
靜慮清淨若一切智智清淨无二无二分无
別无斷故法界清淨故四无量四无色定清
淨四无量四无色定清淨故一切智智清淨
何以故若法界清淨若四无量四无色定清
淨若一切智智清淨无二无二分无別无斷
故善現法界清淨故八解脫清淨八解脫清
淨故一切智智清淨何以故若法界清淨若

BD07995 號　大般若波羅蜜多經卷二一八　（2–2）

BD07995 號背　勘記　（1–1）

……皆
於是眾中諸
是念今二大士文
說妙法即時八千菩
人皆欲隨從
文
大弟子眾及諸天人
耶離大城尒時長者維摩詰心
利與大眾俱來即以神力空其室
有及諸侍者唯置一床以疾而臥
既入其室見其室空无諸所有獨寢
維摩詰言善來文殊師利不來相而來不見
相而見文殊師利言如是居士若來已更不
來若去已更不去所以者何來者无所從來
去者无所至所可見者更不可見且置是事
居士是疾寧可忍不療治有損不至增乎世
尊慇懃致問无量居士是疾何所因起其生
久如當云何滅維摩詰言從癡有愛則我疾
生以一切眾生病是故我病若一切眾生病滅

BD07996號　維摩詰所說經卷中　（4–1）

尊慇懃致問无量居士是疾何所因起其生
久如當云何滅維摩詰言從癡有愛則我疾
生以一切眾生病是故我病若一切眾生病滅
則我病滅所以者何菩薩為眾生故入生死
有生死則有病若眾生得離病者則菩薩无
復病譬如長者唯有一子其子得病父母亦病
若子病愈父母亦愈菩薩如是於諸眾生
愛之若子眾生病則菩薩病眾生病愈菩薩
亦愈又言是疾何所因起菩薩疾者以大悲
起文殊師利言居士此室何以空无侍者維
摩詰言諸佛國土亦復皆空又問以何為空
荅曰以空空又問空何用空荅曰以无分別空
故空又問空可分別耶荅曰分別亦空又問
空當於何求荅曰當於六十二見中求又
問六十二見當於何求荅曰當於諸佛解脫
中求又問諸佛解脫當於何求荅曰當於一
切眾生心行中求又仁所問何无侍者一切
眾魔及諸外道皆吾侍也所以者何眾魔者
樂生死菩薩於生死而不捨外道者樂諸見
菩薩於諸見而不動文殊師利言居士所疾
為何等相維摩詰言我病无形不可見又問
此病身合耶心合耶荅曰非身合身相離故
亦非心合心如幻故又問地大水大火大風大
於此四大何大之病荅曰是病非地大亦不
離地大水火風大亦復如是而眾生病從
四大起以其有病是故我病尒時文殊師利
問維摩詰言菩薩應云何慰喻有疾菩薩維

BD07996號　維摩詰所說經卷中　（4–2）

此病身合耶心合耶答曰非身合身相離故
亦非心合心如幻故又問地大水大火大風大
於此四大何大之病答曰是病非地大亦不
離地大水火風大亦復如是而衆生病從
四大起以其有病是故我病尒時文殊師利
問維摩詰言菩薩應云何慰喻有疾菩薩維
摩詰言說身无常不說猒離於身說身有苦
不說樂於涅槃說身无我而說教導衆生說
身空寂不說畢竟寂滅說悔先罪而不說入
於過去以己之疾愍於彼疾當識宿世无數
劫苦當念饒益一切衆生憶所脩福念於淨
命勿生憂惱常起精進當作醫王療治衆病
菩薩應如是慰喻有疾菩薩令其歡喜文殊
師利言居士有疾菩薩云何調伏其心維摩
詰言有疾菩薩應作是念今我此病皆從前
世妄想顛倒諸煩惱生无有實法誰受病者
所以者何四大合故假名為身四大无主身亦
无我又此病起皆由著我是故於我不應生
著既知病本即除我想及衆生想當起法想
應作是念但以衆法合成此身起唯法起滅
唯法滅又此法者各不相知起時不言我起滅
時不言我滅彼有疾菩薩為滅法想當作
是念此法想者亦是顛倒顛倒者是即大患
我應離之云何為離離我我所云何離我我
所謂離二法云何離二法謂不念內外諸法行
於平等云何平等謂我等涅槃等所以者
何我及涅槃此二皆空以何為空但以名字
故空如此二法无決定性得是平等无有餘
病唯有空病空病亦空是有疾菩薩以无

BD07996 號　維摩詰所說經卷中　（4–3）

師利言居士有疾菩薩云何調伏其心維摩
詰言有疾菩薩應作是念今我此病皆從前
世妄想顛倒諸煩惱生无有實法誰受病者
所以者何四大合故假名為身四大无主身亦
无我又此病起皆由著我是故於我不應生
著既知病本即除我想及衆生想當起法想
應作是念但以衆法合成此身起唯法起滅
唯法滅又此法者各不相知起時不言我起滅
時不言我滅彼有疾菩薩為滅法想當作
是念此法想者亦是顛倒顛倒者是即大患
我應離之云何為離離我我所云何離我我
所謂離二法云何離二法謂不念內外諸法行
於平等云何平等謂我等涅槃等所以者
何我及涅槃此二皆空以何為空但以名字
故空如此二法无決定性得是平等无有餘
病唯有空病空病亦空是有疾菩薩以无
受而受諸受未具佛法亦不滅受而取
設身有苦念惡趣衆生起大悲心
亦當調伏一切衆生但除其病
斷病本而

BD07996 號　維摩詰所說經卷中　（4–4）

十五日夜聲聞布薩，先須差三兩箇不到
菩薩布薩老宿弋歡喜　◎大衆一念我
比丘尼某甲從前白月十五日至今黑月
十五日於其中間三業四威儀中多不善
心亂大衆惟願慈悲布施歡喜　◎此唱道
叫礼佛叅上座訖打揵槌唄下維那礼佛之
歡喜　◎大姉僧聽我比丘尼某甲當為十
五日維那於其中間鳴鍾失時撿校不周
惱乱大衆惟願慈悲布施歡喜　又云十五
日已滿願衆善替　唱道維那云當次維那
下然後唄上維那礼佛叅上座訖然後乞歡
喜　大姉僧聽我比丘尼某甲當為十五日維

BD07997號　比丘尼布薩文（擬）　（3–1）

日已滿，願衆善替。　唱道維那云當次維那
下，然後唄上維那礼佛叅上座訖然後乞歡
喜。大姉僧聽我比丘尼某甲當為十五日維
那於其中間鳴鍾失時，願□指示。　唱道
維那云：大姉僧聽，衆差比丘尼某甲當為
十五日維那　為十五日維那當□十五日
維那，內外鑒持，然後唱道。羅漢聖僧年尤
夫衆和合，香湯沐淨籌，布薩度衆生。
大姉僧聽，衆衆誰小小者守護　三說　大姉僧聽　衆衆誰小小者已守護
外清淨大沙門入　三說　大姉僧聽外清淨
大沙門已入內外寂淨无諸難事，堪可行
籌廣作布薩，我比丘尼某甲為布薩故
行籌，惟願上中下座各各端身正意，如
法受籌　三說　受囑受籌人　大姉僧聽，次行沙
彌籌　三說　大姉僧聽，次一住處一布薩，大僧
若干人，沙弥若干人，都合若干人，各於佛法
中清淨出家，和合布薩，上順佛教，中報四
恩，下為含識，各誦經中清淨妙偈。
大姉僧聽，衆請比丘尼某甲為中誦戒比
丘尼某甲梵音戒師昇高座。然後作
梵

BD07997號　比丘尼布薩文（擬）　（3–2）

行籌唯願上中下座各各端身正意如
法受籌（說三）受囑受（人籌）大姉僧聽次行沙
弥籌（說三）大[illegible]聽次一住處一布薩大僧
若干人沙弥若干人都合若干人各於佛法
中清淨出家和合布薩上順佛教中報四
恩下為含識各誦經中清淨妙偈
大姉僧聽衆請比丘尼某甲於僧中誦戒比
丘尼某甲梵音戒師昇高座然後作
梵

BD07997 號　比丘尼布薩文（擬）　（3–3）

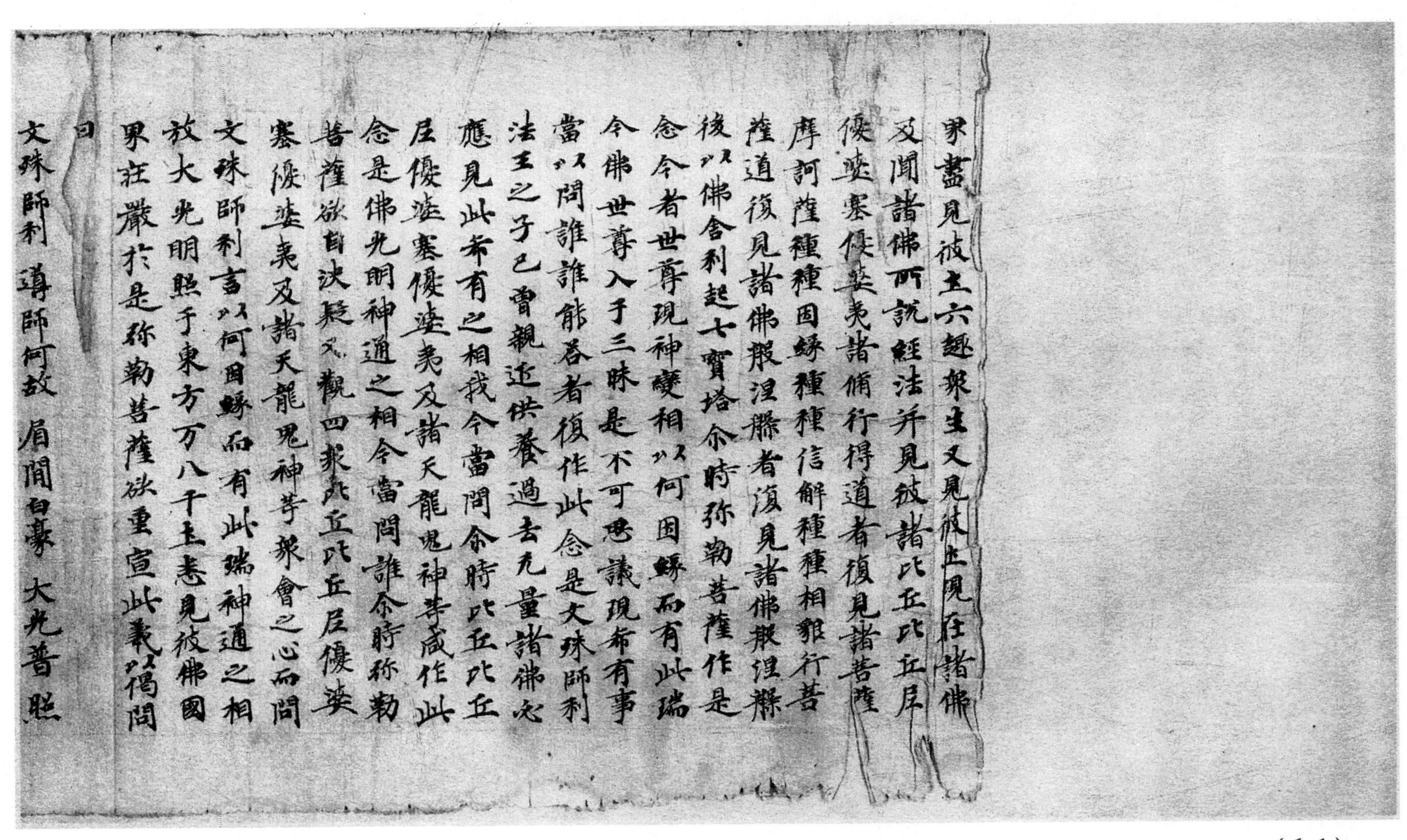
界盡見彼土六趣衆生又見彼土現在諸佛
及聞諸佛所說經法并見彼諸比丘比丘尼
優婆塞優婆夷諸修行得道者復見諸菩薩
摩訶薩種種因緣種種信解種種相貌行菩
薩道復見諸佛般涅槃者復見諸佛般涅槃
後以佛舍利起七寶塔尒時弥勒菩薩作是
念今者世尊現神變相以何因緣而有此瑞
今佛世尊入于三昧是不可思議現希有事
當以問誰誰能答者復作此念是文殊師利
法王之子已曾親近供養過去无量諸佛必
應見此希有之相我今當問尒時比丘比丘
尼優婆塞優婆夷及諸天龍鬼神等咸作此
念是佛光明神通之相今當問誰尒時弥勒
菩薩欲自決疑又觀四衆比丘比丘尼優婆
塞優婆夷及諸天龍鬼神等衆會之心而問
文殊師利言以何因緣而有此瑞神通之相
放大光明照于東方万八千土悉見彼佛國
界莊嚴於是弥勒菩薩欲重宣此義以偈問
曰
文殊師利　導師何故　眉間白豪　大光普照

BD07998 號　妙法蓮華經卷一　（6–1）

文殊師利言以何因緣而有此瑞神通之相
放大光明照于東方万八千土悉見彼佛國
界莊嚴於是彌勒菩薩欲重宣此義以偈問
曰
文殊師利 導師何故 眉間白毫 大光普照
雨曼陁羅 曼殊沙華 栴檀香風 悅可衆心
以是因緣 地皆嚴淨 而此世界 六種震動
時四部衆 咸皆歡喜 身意快然 得未曾有
眉間光明 照于東方 万八千土 皆如金色
從阿鼻獄 上至有頂 諸世界中 六道衆生
生死所趣 善惡業緣 受報好醜 於此悉見
又覩諸佛 聖主師子 演說經典 微妙第一
其聲清淨 出柔軟音 教諸菩薩 无數億万
梵音深妙 令人樂聞 各於世界 講說正法
種種因緣 以无量喻 照明佛法 開悟衆生
若人遭苦 厭老病死 為說涅槃 盡諸苦際
若人有福 曾供養佛 志求勝法 為說緣覺
若有佛子 脩種種行 求无上慧 為說淨道
文殊師利 我住於此 見聞若斯 及千億事
如是衆多 今當略說 我見彼土 恒沙菩薩
種種因緣 而求佛道 或有行施 金銀珊瑚
真珠摩尼 車𤦲馬瑙 金剛諸珍 奴婢車乘
寶飾輦轝 歡喜布施 迴向佛道 願得是乘
三界第一 諸佛所歎 或有菩薩 駟馬寶車
欄楯華蓋 軒飾布施 復見菩薩 身肉手足
及妻子施 求无上道 又見菩薩 頭目身體
欣樂施與 求佛智慧 文殊師利 我見諸王
往詣佛所 問无上道 便捨樂土 宮殿臣妾
剃除鬚髮 而被法服 或見菩薩 而作比丘

BD07998 號　妙法蓮華經卷一　　（6–2）

欄楯華蓋 軒飾布施 復見菩薩 身肉手足
及妻子施 求无上道 又見菩薩 頭目身體
欣樂施與 求佛智慧 文殊師利 我見諸王
往詣佛所 問无上道 便捨樂土 宮殿臣妾
剃除鬚髮 而被法服 或見菩薩 而作比丘
獨處閑靜 樂誦經典 又見菩薩 勇猛精進
入於深山 思惟佛道 又見離欲 常處空閑
深脩禪定 得五神通 又見菩薩 安禪合掌
以千万偈 讚諸法王 復見菩薩 智深志固
能問諸佛 聞悉受持 又見佛子 定慧具足
以无量喻 為衆講法 欣樂說法 化諸菩薩
破魔兵衆 而擊法鼓 又見菩薩 寂然宴默
天龍恭敬 不以為喜 又見菩薩 處林放光
濟地獄苦 令入佛道 又見佛子 未嘗睡眠
經行林中 懃求佛道 又見具戒 威儀无缺
淨如寶珠 以求佛道 又見佛子 住忍辱力
增上慢人 惡罵捶打 皆悉能忍 以求佛道
又見菩薩 離諸戲咲 及癡眷屬 親近智者
一心除亂 攝念山林 億千万歲 以求佛道
或見菩薩 餚饍飲食 百種湯藥 施佛及僧
名衣上服 價直千万 或无價衣 施佛及僧
千万億種 栴檀寶舍 衆妙臥具 施佛及僧
清淨園林 華菓茂盛 流泉浴池 施佛及僧
如是等施 種種微妙 歡喜无猒 求无上道
或有菩薩 說寂滅法 種種教詔 无數衆生
或見菩薩 觀諸法性 无有二相 猶如虛空
又見佛子 心无所著 以此妙慧 求无上道
文殊師利 又有菩薩 佛滅度後 供養舍利
又見佛子 造諸塔廟 无數恒沙 嚴飾國界

BD07998 號　妙法蓮華經卷一　　（6–3）

如是等施種種微妙 歡喜无猒求无上道
或有菩薩說寂滅法 種種教詔无數衆生
或見菩薩觀諸法性 无有二相猶如虚空
又見佛子心无所著 以此妙慧求无上道
文殊師利又有菩薩 佛滅度後供養舍利
又見佛子造諸塔廟 无數恒沙嚴飾國界
寶塔高妙五千由旬 縱廣正等二千由旬
一一塔廟各千幢幡 珠交露幔寶鈴和鳴
諸天龍神人及非人 香華伎樂常以供養
文殊師利諸佛子等 為供舍利嚴飾塔廟
國界自然殊特妙好 如天樹王其華開敷
佛放一光我及衆會 見此國界種種殊妙
諸佛神力智慧希有 放一淨光照无量國
我等見此得未曾有 佛子文殊願決衆疑
四衆欣仰瞻仁及我 世尊何故放斯光明
佛子時答決疑令喜 何所饒益演斯光明
佛坐道場所得妙法 為欲說此為當授記
示諸佛土衆寶嚴淨 及見諸佛此非小緣
文殊當知四衆龍神 瞻察仁者為說何等
尒時文殊師利語彌勒菩薩摩訶薩及諸大
士善男子等如我惟忖今佛世尊欲說大法
雨大法雨吹大法螺擊大法鼓演大法義諸
善男子我於過去諸佛曾見此瑞放斯光已
即說大法是故當知今佛現光亦復如是欲
令衆生咸得聞知一切世間難信之法故現
斯瑞諸善男子如過去无量无邊不可思議
阿僧祇劫尒時有佛号日月燈明如來應供
正遍知明行足善逝世間解无上士調御丈
夫天人師佛世尊演說正法初善中善後善

BD07998 號　妙法蓮華經卷一　　（6–4）

令衆生咸得聞知一切世間難信之法故現
斯瑞諸善男子如過去无量无邊不可思議
阿僧祇劫尒時有佛号日月燈明如來應供
正遍知明行足善逝世間解无上士調御丈
夫天人師佛世尊演說正法初善中善後善
其義深遠其語巧妙純一无雜具足清白梵
行之相為求聲聞者說應四諦法度生老病
死究竟涅槃為求辟支佛者說應十二因緣
法為諸菩薩說應六波羅蜜令得阿耨多羅
三藐三菩提成一切種智次復有佛亦名日
月燈明次復有佛亦名日月燈明如是二万
佛皆同一字号日月燈明又同一姓姓頗羅
墮彌勒當知初佛後佛皆同一字名日月燈
明十号具足所可說法初中後善其最後佛
未出家時有八子一名有意二名善意三名
无量意四名寶意五名增意六名除疑意七
名響意八名法意是八王子威德自在各領
四天下是諸王子聞父出家得阿耨多羅三
藐三菩提悉捨王位亦隨出家發大乘意常
脩梵行皆為法師已於千万佛所殖諸善本
是時日月燈明佛說大乘經名无量義教菩
薩法佛所護念說是經已即於大衆中結加
趺坐入於无量義處三昧身心不動是時天
雨曼陁羅華摩訶曼陁羅華曼殊沙華摩訶
曼殊沙華而散佛上及諸大衆普佛世界六
種震動尒時會中比丘比丘尼優婆塞優婆
夷天龍夜叉乾闥婆阿脩羅迦樓羅緊那羅
摩睺羅伽人非人及諸小王轉輪聖王等是
諸大衆得未曾有歡喜合掌一心觀佛尒時

BD07998 號　妙法蓮華經卷一　　（6–5）

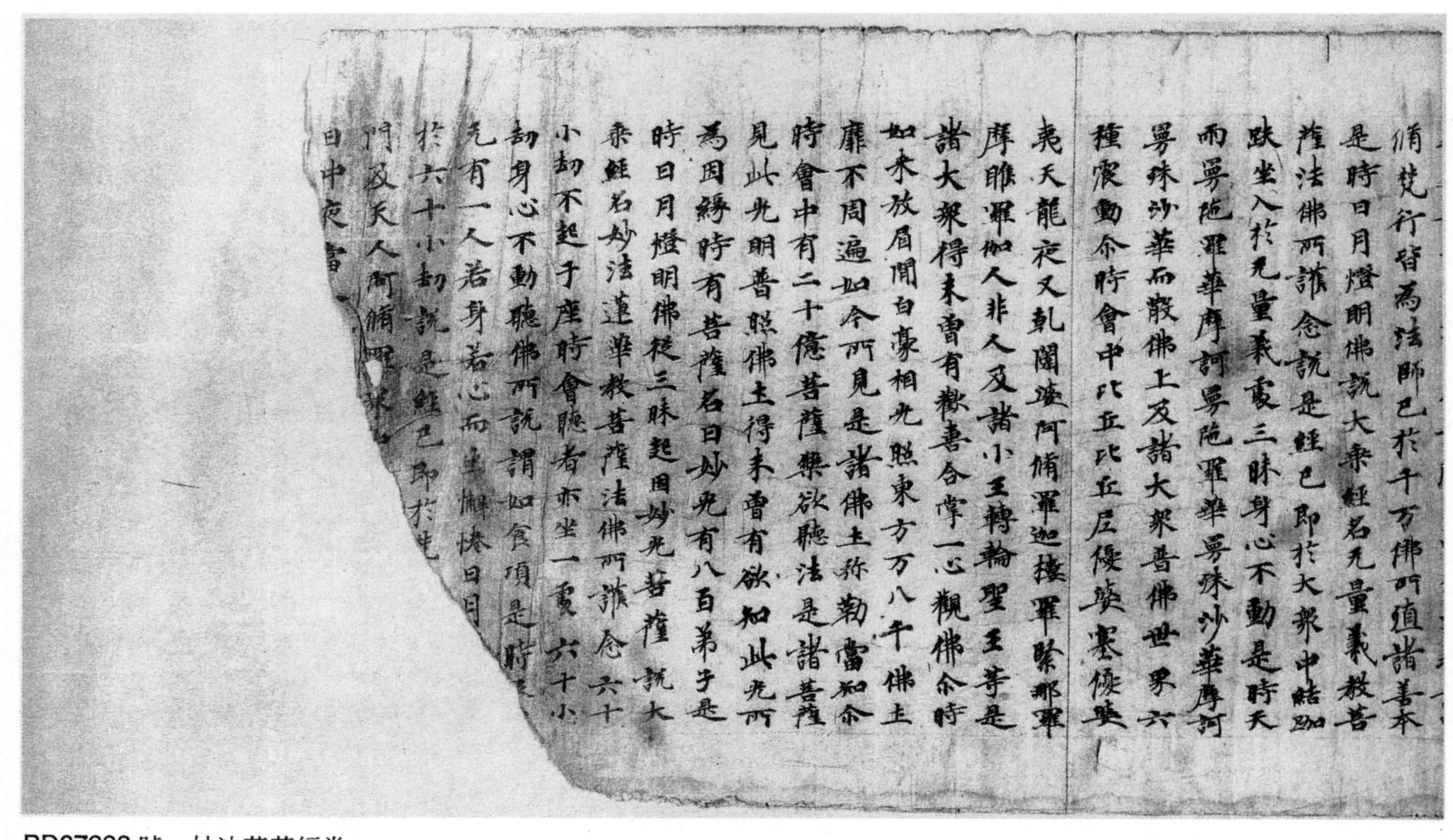
脩梵行皆為法師已於千万佛所殖諸善本
是時日月燈明佛說大乘經名无量義教菩
薩法佛所護念說是經已即於大衆中結加
趺坐入於无量義處三昧身心不動是時天
雨曼陁羅華摩訶曼陁羅華曼殊沙華摩訶
曼殊沙華而散佛上及諸大衆普佛世界六
種震動尒時會中比丘比丘尼優婆塞優婆
夷天龍夜叉乾闥婆阿脩羅迦樓羅緊那羅
摩睺羅伽人非人及諸小王轉輪聖王等是
諸大衆得未曾有歡喜合掌一心觀佛尒時
如來放眉間白豪相光照東方万八千佛土
靡不周遍如今所見是諸佛土弥勒當知尒
時會中有二十億菩薩樂欲聽法是諸菩薩
見此光明普照佛土得未曾有欲知此光所
為因緣時有菩薩名曰妙光有八百弟子是
時日月燈明佛從三昧起因妙光菩薩說大
乘經名妙法蓮華教菩薩法佛所護念六十
小劫不起于座時會聽者亦坐一處六十小
劫身心不動聽佛所說謂如食頃是時
无有一人若身若心而生懈惓日月
於六十小劫說是經已即於梵
門及天人阿脩羅衆
曰中夜當

BD07998 號　妙法蓮華經卷一　（6–6）

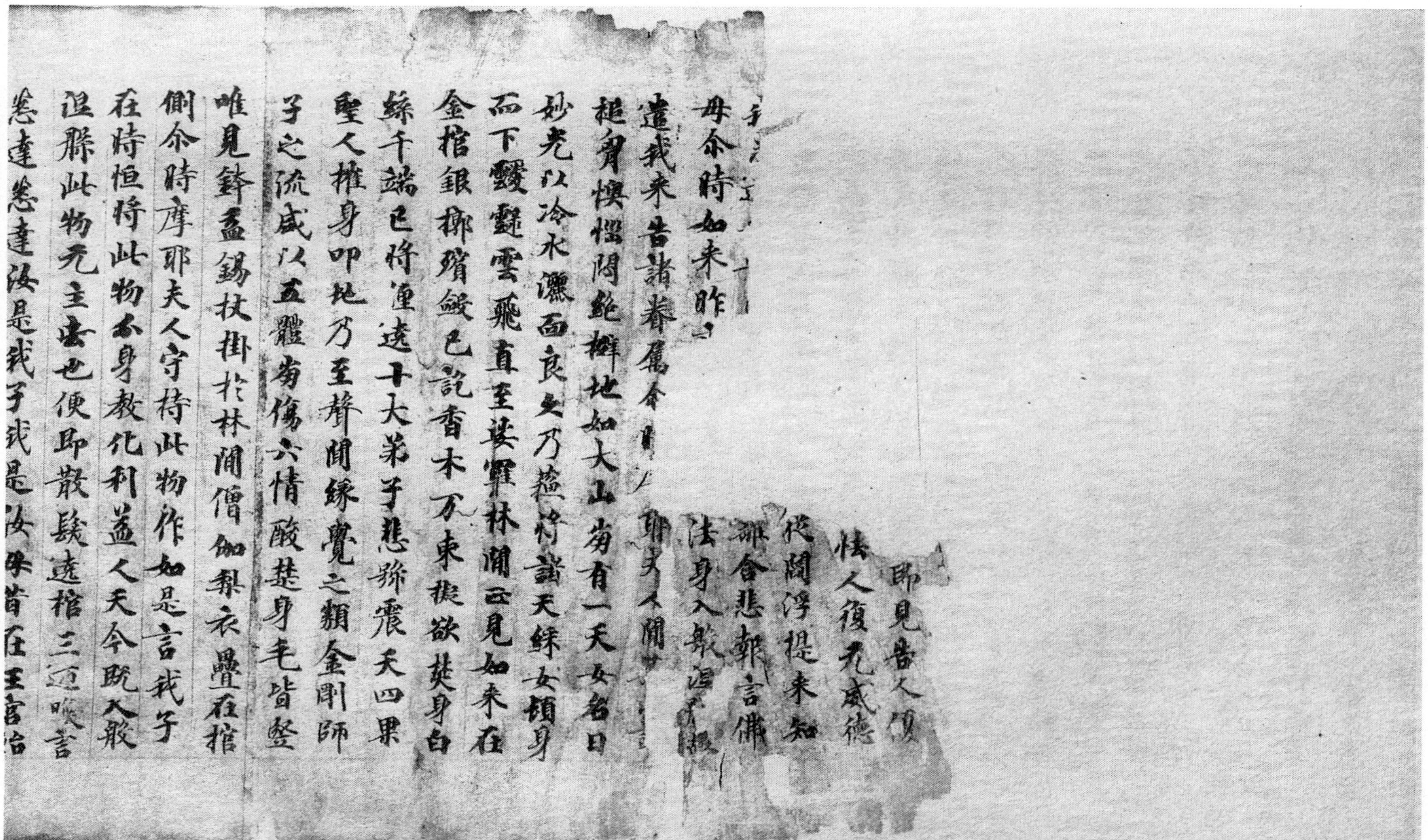

母尒時如來昨……
達我來告諸眷屬尒……耶夫人聞……
褪身懊惱悶絕擗地如大山崩有一天女名曰
妙光以冷水灑面良久乃蘇捋諸天綵女頂身
而下璽璽雲飛直至娑羅林間已見如來在
金棺銀槨殯斂已訖香木万束捉欲焚身白
絲千端已將運遠十大弟子悲號震天四果
聖人搥身叩地乃至聲聞緣覺之類金剛師
子之流咸以五體崩傷六情酸楚身毛皆竪
……法身入般涅……
……淚合悲歎言佛
……代閻浮提來知
……怯人復无威德
……即見昔人頂
唯見鉢盂錫杖掛於林間僧伽梨衣疊在棺
側尒時摩耶夫人守持此物作如是言我子
在時恒持此物分身教化利益人天今既入般
涅槃此物无主出世便即散燄遠棺三迊嗚言
悉達悉達汝是我子我是汝母昔在王宮白

BD07999 號　佛母經（異本三）　（2–1）

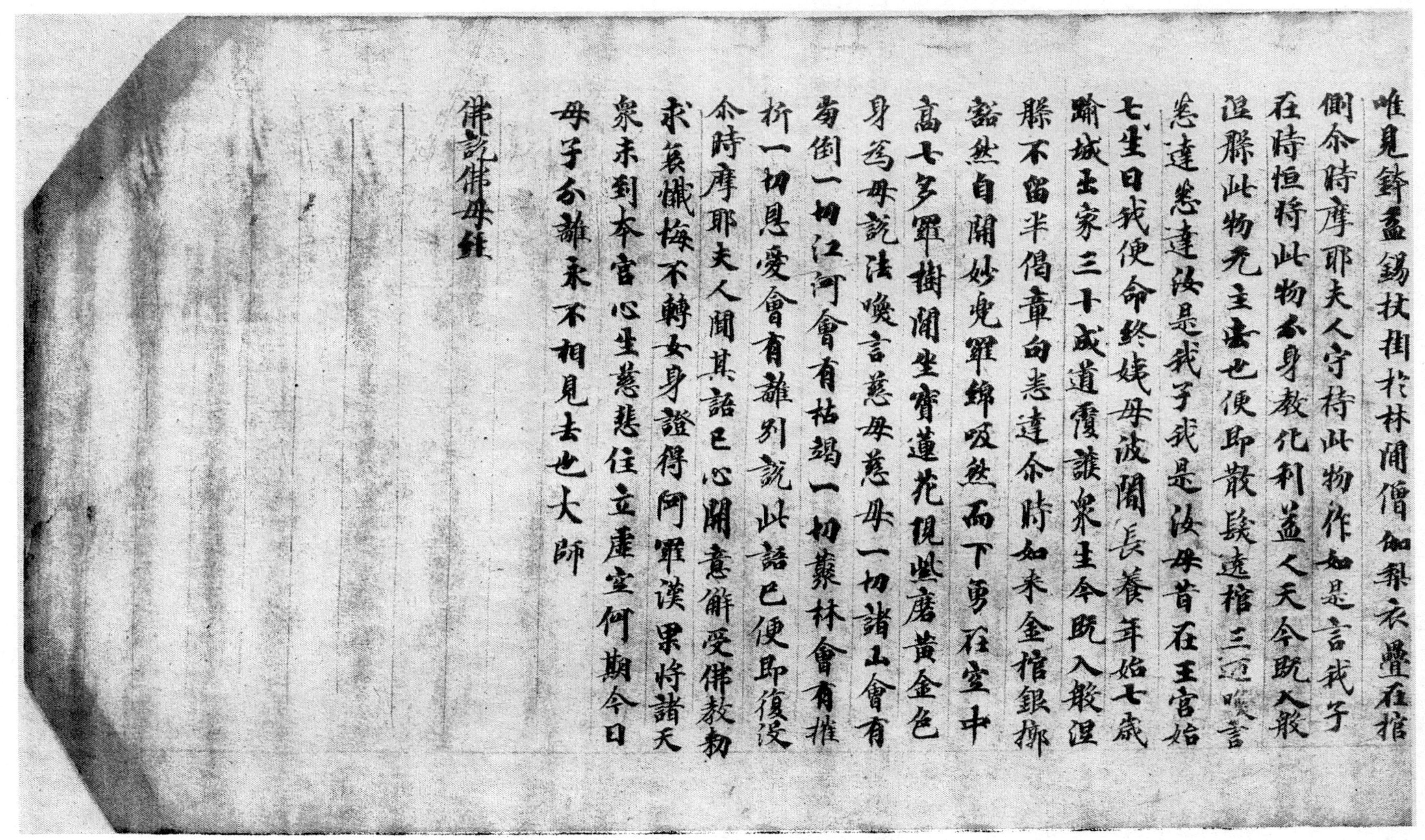
唯見鉢盂錫杖掛於林間僧伽梨衣疊在棺
側尒時摩耶夫人守持此物作如是言我子
在時恒將此物今身教化利益人天今既入般
涅槃此物无主也便即散髮遶棺三匝嘆言
悉達悉達汝是我子我是汝母昔在王宮始
七日我便命終姨母波闍長養年始七歲
踰城出家三十成道覆護衆生今既入般涅
槃不留半偈章句悉達尒時如來金棺銀槨
豁然自開妙兜羅綿㗡然而下身在空中
高七多羅樹閣坐寶蓮花現紫磨黃金色
身為母說法喚言慈母慈母一切諸山會有
崩倒一切江河會有枯竭一切藂林會有摧
折一切恩愛會有離別說此語已便即復沒
尒時摩耶夫人聞其語已心開意解受佛教勑
求哀懺悔不轉女身證得阿羅漢果將諸天
衆未到本宮心生慈悲住立虛空何期今日
母子分離永不相見去也大師

佛說佛母經

BD07999 號　佛母經（異本三）　　（2–2）

迷理義　言以迷理迷事別者即是闇鈍也利鈍麁細見修
不同故云迷事別故有麁可以地、前之八品惑麁相以故
二智斷除　迷理煩惱麁而難折斷數易於見道斷具
麁相全未遣細　迷理是障有故下折其之心即此折故能
障尋心〃有存弃但能斷有相之理未能妄相　言迷
事者鈍細難斷故如惑同斷事說事相此五位一百
个法是相　又事即理也事是麁相理即細相　所以於修
道位中斷此而斷次細之惑至金剛玉座上假後得至
任持莫炎以正斷●智再入重門始能斷三界九地中地〃
前之八品細惑麁惑盡　次第九品惑以根本智斷者何
故如是次第九品惑不用後得智斷何也　地〃求第九品下〃
細惑煩惱細難斷故後得智帶相不能斷也故云以唯迷
理唯猶獨也　迷即是執〃煩惱真理未能一如　迷元相
元生真如之理所以前念於等覺地位假根本智積斷

BD08000 號　迷理義（擬）　　（2–1）

障尋心之有存并但能新有相之理未能妄相　言迷
事有能細難斷故如截同斷事諦事相此之巨一百
个法是相　又事即理也事是麁相理即細相　所以於修
道位中新此而新次細之惑至金剛王座上俶後得至
任將英定以正斷■智再入重門始能新三界九地中地地
新之八品細惑難惑盡　次第九品惑以根本智斷者何
故如是次第九品惑不用後得智斷何也　地地第九品下下
細惑煩惱細難斷故後得智帶相不能斷也故云以唯迷
理唯獨也　迷即是執執煩惱真理未能一如　迷无相
无生真如之理所以新念於菩提地位假根本智稍斷
三界内下下細惑盡欲念得妙覺位當尔之時无始
所新无理可修无情可化故云根本智斷　言根本者
即是正斷智此智寂而常湛无所施為更不新
後得智故云第九品下下惑以根本智新也

BD08000 號　迷理義（擬）　　（2–2）

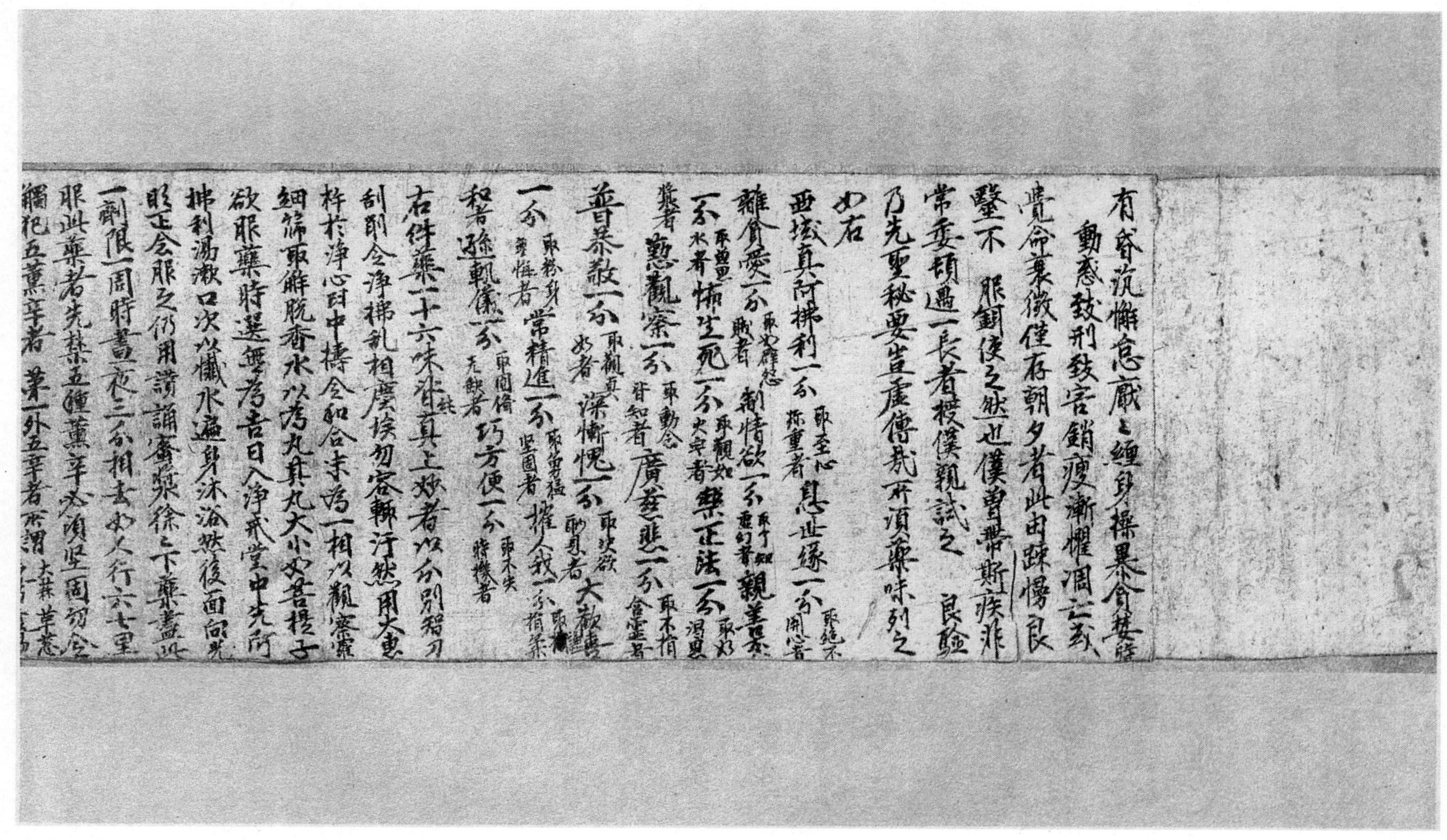
有昏沉懈怠厥厥纏身操果不會菩提
動惑致刑致害銷瘦漸懼凋亡□
貴命衰微僅存朝夕者此由躁慢良
醫不服銅使之然也僕曾帶斯疾非
常委頓遇一長者授僕親試之良驗
乃先聖秘要豈虛傳哉所須藥味列之
如右
西域真阿梨勒一分（取至心斷重者）息世緣一分（取絶不閑心者）
離貪愛一分（取必離怨賊者）斷情欲一分（取于細塵幻者）親善友
一分（取鱼避水者）怖生死一分（取觀如火宅者）樂正法一分（取好渴思者）
（[illegible]者）慇觀察一分（取動念皆知者）廣慈悲一分（取不捨含靈者）
普恭敬一分（取觀真如者）深慚愧一分（取決欲恥見者）大歡喜
一分（取務身發悔者）常精進一分（取勇猛堅固者）推人我一分（指茶）
和柔遜輒儀一分（取周備无缺者）巧方便一分（取不失時機者）
右件藥一十六味並真上妙者以分別智刀
刮削令淨拂亂相塵埃勿容輒污然用大惠
杵於淨心臼中搗令和合於淨一相以觀察
細篩取解脫香水以為丸其丸大小如菩提子
欲服藥時選無為吉日入淨戒堂中先行
拂利湯漱口次以懺水遍身沐浴然後面向光
明正念服之仍用讚誦齋藥餘之下藥盡以
一劑限一周時晝夜三分相去如人行六七里
服此藥者先禁五種葷辛必須堅固勿令
觸犯五葷辛者第一外五辛者所謂大蒜韭葱

BD08001 號　治昏怠方（擬）　　（3–1）

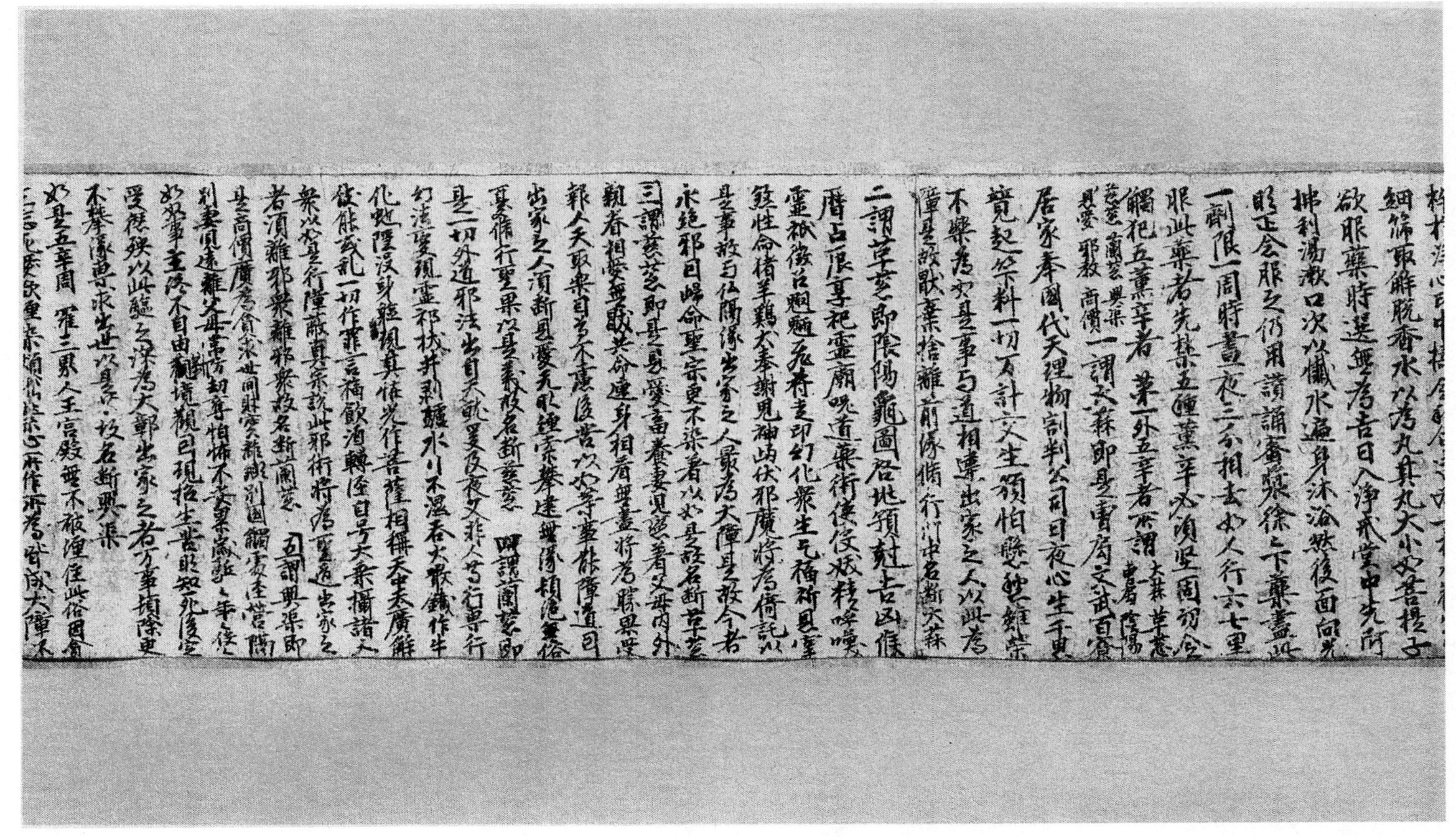
BD08001號　治昏怠方（擬）　（3–2）

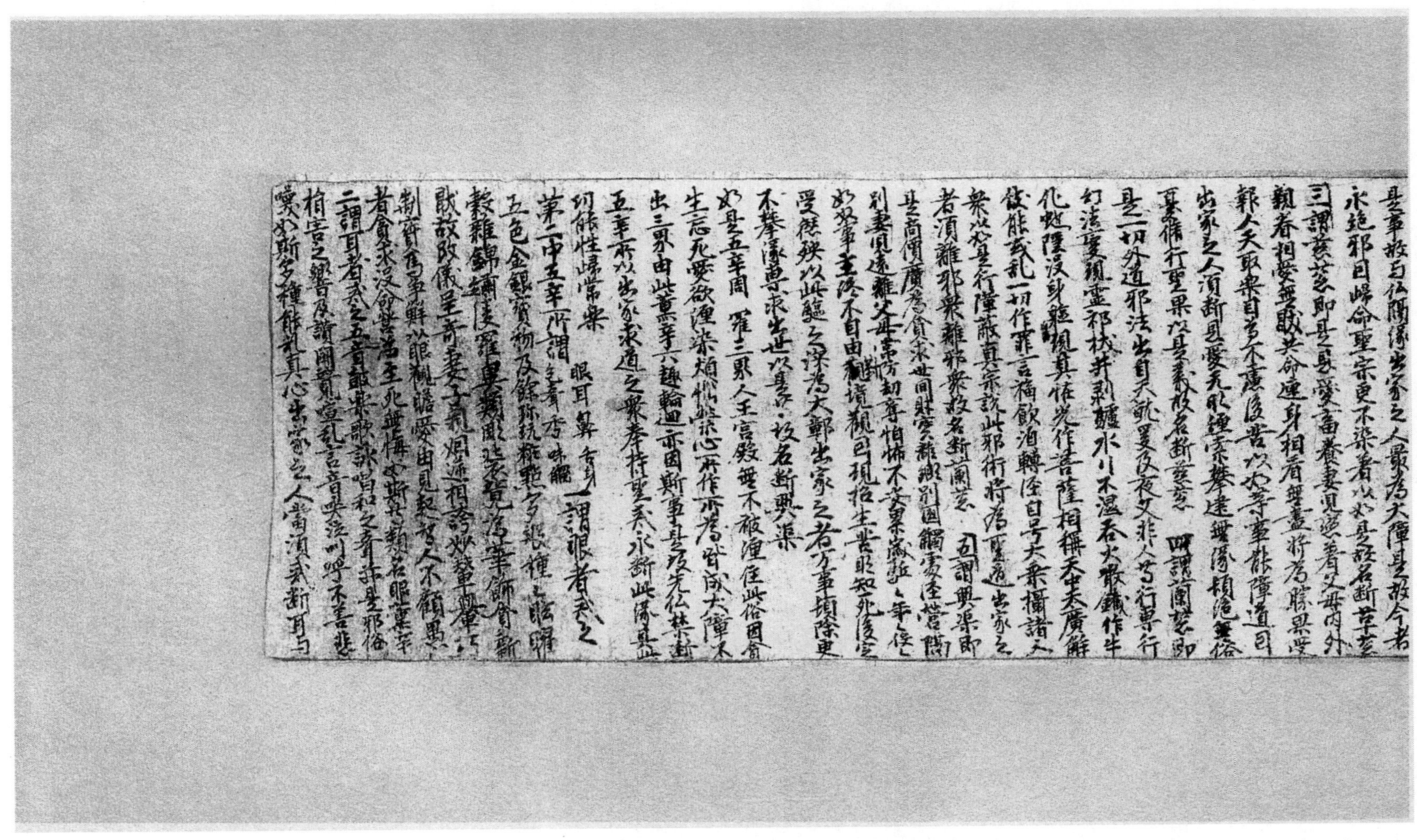
BD08001號　治昏怠方（擬）　（3–3）

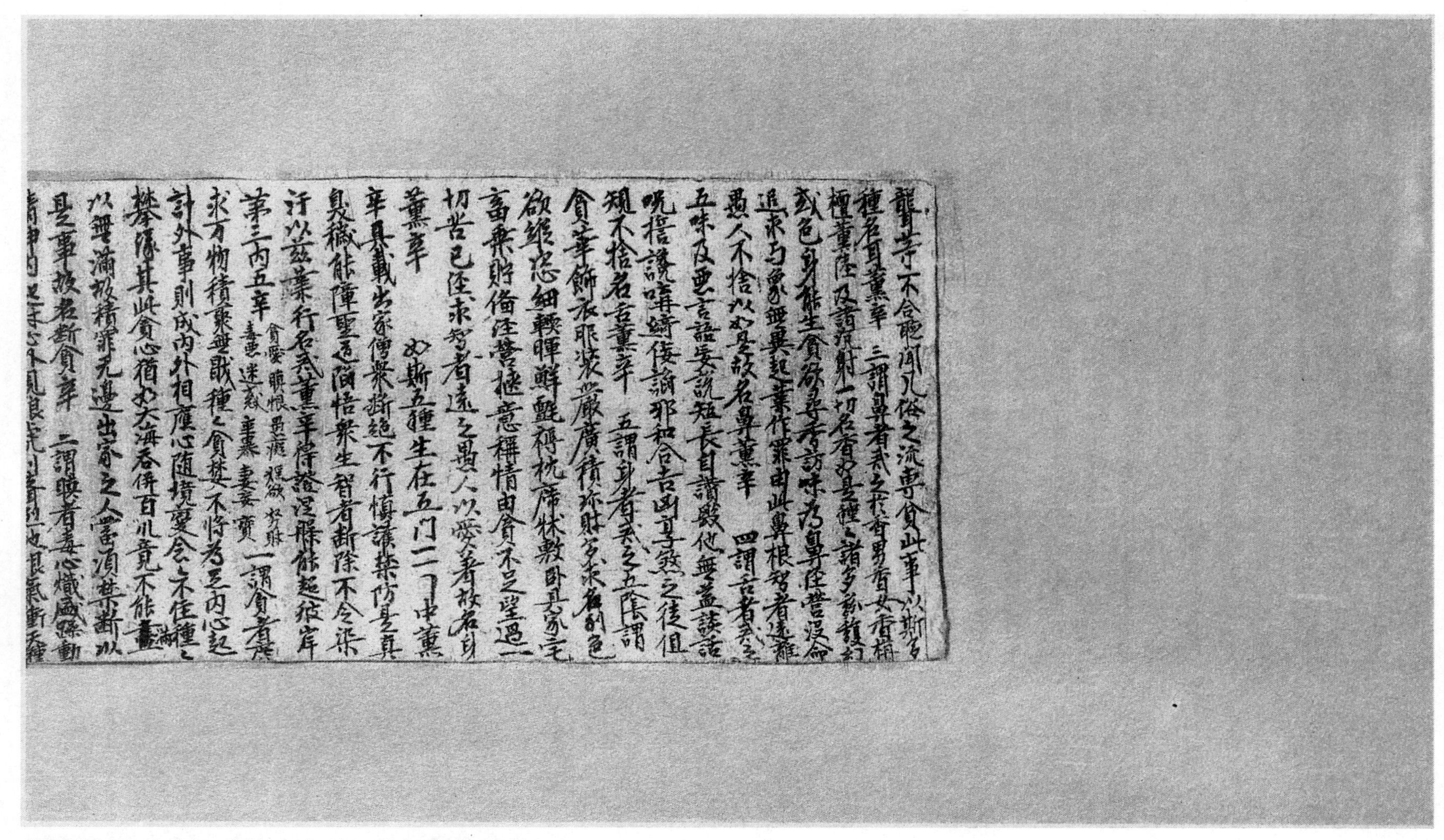

BD08001 號背　謹檢大小乘經食胡荽菜得惡趣報　（4–1）

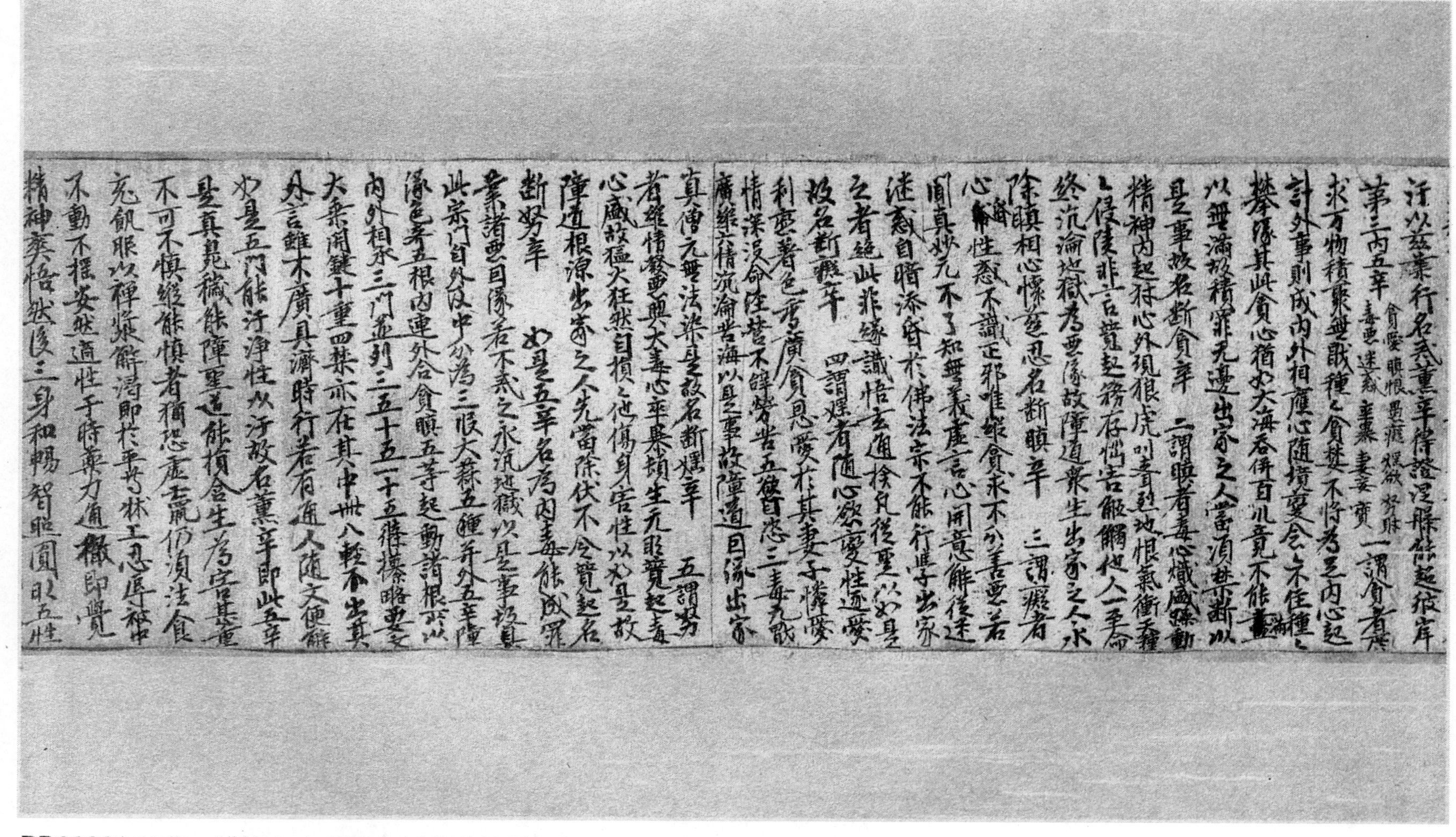

BD08001 號背　謹檢大小乘經食胡荽菜得惡趣報　（4–2）

必是五門能汙淨性以汙故名葷辛即此五辛
是真是穢能障聖道能損含生為害甚重
不可不慎縱能慎者猶恐虛羸仍須法食
充飢服以禪悅解渴即於平等林下忍辱衣中
不動不搖安然適性于時乘力道觀即覺
精神爽悟然後三身和暢智照圓明五性
恬虛覺更清朗内外澄寂身心怛然當
此之時萬疾皆愈縱有勞役起飢渴火
生但堅固忍辱受之則不能為害須臾
屏滯雖暫艱辛事除身命豈可辭
憚凡抱此患羸困者多者時暫療治
甚根源不盡能七日一剷則終身永除若
常服者神驗難說因茲愈病之効遂
成超世之切有智之者應當報重幸
存秘要勿妄宣傳苟非其人道不
虛受略標大況未盡深文
餘有禁忌別方具錄

謹撿大小乘經　食胡荽菜得惡趣
報　大順經云食此菜者所生之處
不得聞經佛法　華嚴經云食此菜
者生生之處不覩諸佛被人憎疾
天畔經云若人食此菜者不生悔
長劫處阿鼻地獄無有出期若證
食者不遇懺悔　大集經云此菜者
是天魔波旬變身作千年猸狐
尿處自生此處食者能滅道設今生
不知經典來生決定能守聖教作

BD08001號背　謹檢大小乘經食胡荽菜得惡趣報　（4–3）

長劫處阿鼻地獄無有出期若證
食者不遇懺悔　大集經云此菜者
是天魔波旬變身作千年猸狐
尿處自生此處食者能滅道設今生
不知經典來生決定能守聖教作
外道一闡提世間一切罪極不過五逆
盜常住物此不遇懺悔若對喫胡
荽人五逆盜常住物人吾即能救
喫胡荽菜人自業深重吾不能
救也　菩薩戒經中蘭慈是也
食者結業罪　龍樹論云若人食
胡荽入佛塔中墮大地獄具足十
劫受大極苦花報作穢蟲中經无
量劫　五明論云食此菜者念殺
亂失於正定鬼神得便多非命死
墮无間獄　尊者婆頗蒲(?)識其
弟子婆眉多言汝宜護法遠
引群生便(?)種不斷乃真出家
汝當勤精進將來無食胡荽
五辛酒肉則十重戒自然清淨
現在證果若人食胡荽菜者從
庶再具足死墮守廁中神中(?)
令斷之　勸傳以俗守嚴禮(?)
莫喫胡荽縮(?)仏教　薩埵投岸
由自捨菜中可樓(?)及仏難

BD08001號背　謹檢大小乘經食胡荽菜得惡趣報　（4–4）

金剛般若波羅蜜經
如是我聞一時佛在舍衛國祇樹給孤獨園
與大比丘衆千二百五十人俱尒時世尊食
時著衣持鉢入舍衛大城乞食於其城中次
第乞已還至本處飯食訖收衣鉢洗足已敷
座而坐時長老須菩提在大衆中即從坐起
偏袒右肩右膝著地合掌恭敬而白佛言希
有世尊如來善護念諸菩薩善付囑諸菩
薩世尊善男子善女人發阿耨多羅三藐三
菩提心應云何住云何降伏其心佛言善哉
善哉須菩提如汝所說如來善護念諸菩薩
善付囑諸菩薩汝今諦聽當為汝說善男子
善女人發阿耨多羅三藐三菩提心應如是住
如是降伏其心唯然世尊願樂欲聞
佛告須菩提諸菩薩摩訶薩應如是降伏其
心所有一切衆生之類若卵生若胎生若濕
生若化生若有色若无色若有想若无想若
非有想若非无想我皆令入无餘涅槃而滅

BD08002號　金剛般若波羅蜜經

（2–1）

有世尊如來善護念諸菩薩善付囑諸菩
薩世尊善男子善女人發阿耨多羅三藐三
菩提心應云何住云何降伏其心佛言善哉
善哉須菩提如汝所說如來善護念諸菩薩
善付囑諸菩薩汝今諦聽當為汝說善男子
善女人發阿耨多羅三藐三菩提心應如是住
如是降伏其心唯然世尊願樂欲聞
佛告須菩提諸菩薩摩訶薩應如是降伏其
心所有一切衆生之類若卵生若胎生若濕
生若化生若有色若无色若有想若无想若
非有想若非无想我皆令入无餘涅槃而滅
度之如是滅度无量无數无邊衆生實无衆
生得滅度者何以故須菩提若菩薩有我相
人相衆生相壽者相即非菩薩
復次須菩提菩薩於法應无所住行於布施
所謂不住色布施不住聲香味觸法布施須
菩提菩薩應如是布施不住於相何以故若
菩薩不住相布施其福德不可思量須菩提
於意云何東方虛空可思量不不也世尊須
菩提南西北方四維上下虛空可思量不不

BD08002號　金剛般若波羅蜜經

（2–2）

方進教化衆生
道過无量阿僧祇劫當於此土得阿耨多羅
三藐三菩提号曰法明如来應供正遍知明
行足善逝世間解无上士調御丈夫天人師
佛世尊其佛以恒河沙等三千大千世界爲
一佛土七寶爲地地平如掌无有山陵谿澗
溝壑七寶臺觀充滿其中諸天宮殿近處虚
空人天交接兩得相見无諸惡道亦无女人
一切衆生皆以化生无有婬欲得大神通身
出光明飛行自在志念堅固精進智慧普皆
金色三十二相而自莊嚴其國衆生常以二
食一者法喜食二者禪悦食有无量阿僧祇
千万億那由他諸菩薩衆得大神通四无閡
智善能教化衆生之類其聲聞衆筭數校計
所不能知皆得具足六通三明及八解脱其
佛國土有如是等无量功德莊嚴成就劫名
寶明國名善淨其佛壽命无量阿僧祇劫
法住甚久佛滅度後起七寶塔遍滿其國
尒時世尊欲重宣此義而說偈言

BD08003號　妙法蓮華經卷四　（2–1）

一切衆生皆以化生无有婬欲得大神通身
出光明飛行自在志念堅固精進智慧普皆
金色三十二相而自莊嚴其國衆生常以二
食一者法喜食二者禪悦食有无量阿僧祇
千万億那由他諸菩薩衆得大神通四无閡
智善能教化衆生之類其聲聞衆筭數校計
所不能知皆得具足六通三明及八解脱其
佛國土有如是等无量功德莊嚴成就劫名
寶明國名善淨其佛壽命无量阿僧祇劫
法住甚久佛滅度後起七寶塔遍滿其國
尒時世尊欲重宣此義而說偈言
諸比丘諦聽　佛子所行道　善學方便故　不可得思議
知衆樂小法　而畏於大智　是故諸菩薩　作聲聞緣覺
以无數方便　化諸衆生類　自說是聲聞　去佛道甚遠
度脱无量衆　皆悉得成就　雖小欲懈怠　漸當令作佛
内祕菩薩行　外現是聲聞　少欲厭生死　實自淨佛土
示衆有三毒　又現邪見相　我弟子如是　方便度衆生
若我具足說　種種現化事　衆生聞是者　心則懷疑惑

BD08003號　妙法蓮華經卷四　（2–2）

任捨性若作有力无力不作有力无力世尊
是菩薩摩訶薩名大有所得非行般若波羅
蜜多何以故非有所得想能證无上正
提故
復次世尊若菩薩摩訶薩起如是想如是
若波羅蜜多於一切智若作大小不作大
於道相智一切相智若作大小不作大小於
一切智若作集散不作集散於道相智一切
相智若作集散不作集散於一切智若作有
量无量不作有量无量於道相智一切相智
若作有量无量不作有量无量於一切智若
作廣狹不作廣狹於道相智一切相智若作
廣狹不作廣狹於一切智若作有力无力不
作有力无力於道相智一切相智若作有力
无力不作有力无力世尊是菩薩摩訶薩名
大有所得非行般若波羅蜜多何以故非有
所得想能證无上正等菩提故

BD08004 號　大般若波羅蜜多經卷一七九　（2–1）

於道相智一切相智若作大小不作大小於
一切智若作集散不作集散於道相智一切
相智若作集散不作集散於一切智若作有
量无量不作有量无量於道相智一切相智
若作有量无量不作有量无量於一切智若
作廣狹不作廣狹於道相智一切相智若作
廣狹不作廣狹於一切智若作有力无力不
作有力无力於道相智一切相智若作有力
无力不作有力无力世尊是菩薩摩訶薩名
大有所得非行般若波羅蜜多何以故非有
所得想能證无上正等菩提故
復次世尊若菩薩摩訶薩起如是想如是般
若波羅蜜多於一切陁羅尼門若作大小不
作大小於一切三摩地門若作大小不作大
小於一切陁羅尼門若作集散不作集散於
一切三摩地門若作集散不作集散於一切
陁羅尼門若作有量无量不作有量无量於
一切三摩地門若作有量无量不作有量无
量於一切陁羅尼門若作廣狹不作廣狹於
一切三摩地門若作廣狹不作廣狹於一切
陁羅尼門若作有力无力不作有力无力於
一切三摩地門若作有力无力不作有力无

BD08004 號　大般若波羅蜜多經卷一七九　（2–2）

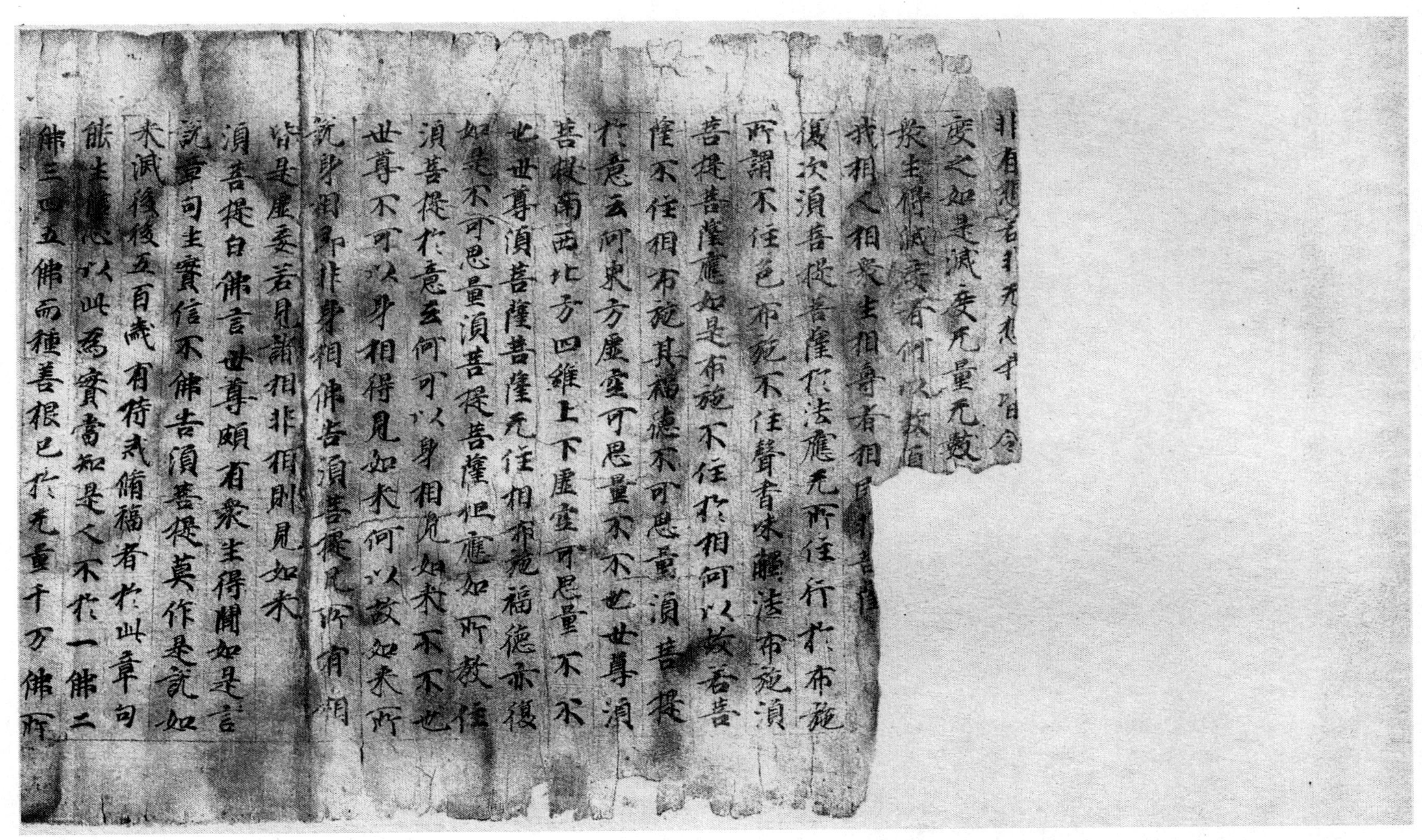
非有想若非无想我皆令
度之如是滅度无量无數
衆生得滅度者何以故須
我相人相衆生相壽者相即非菩薩
復次須菩提菩薩於法應无所住行於布施
所謂不住色布施不住聲香味觸法布施須
菩提菩薩應如是布施不住於相何以故若菩
薩不住相布施其福德不可思量須菩提
於意云何東方虚空可思量不不也世尊須
菩提南西北方四維上下虚空可思量不不
也世尊須菩薩菩薩无住相布施福德亦復
如是不可思量須菩提菩薩但應如所教住
須菩提於意云何可以身相見如来不不也
世尊不可以身相得見如来何以故如来所
說身相即非身相佛告須菩提凡所有相
皆是虚妄若見諸相非相則見如来
須菩提白佛言世尊頗有衆生得聞如是言
說章句生實信不佛告須菩提莫作是說如
来滅後後五百歲有持戒脩福者於此章句
能生信心以此為實當知是人不於一佛二
佛三四五佛而種善根已於无量千万佛所

BD08005 號　金剛般若波羅蜜經　（2–1）

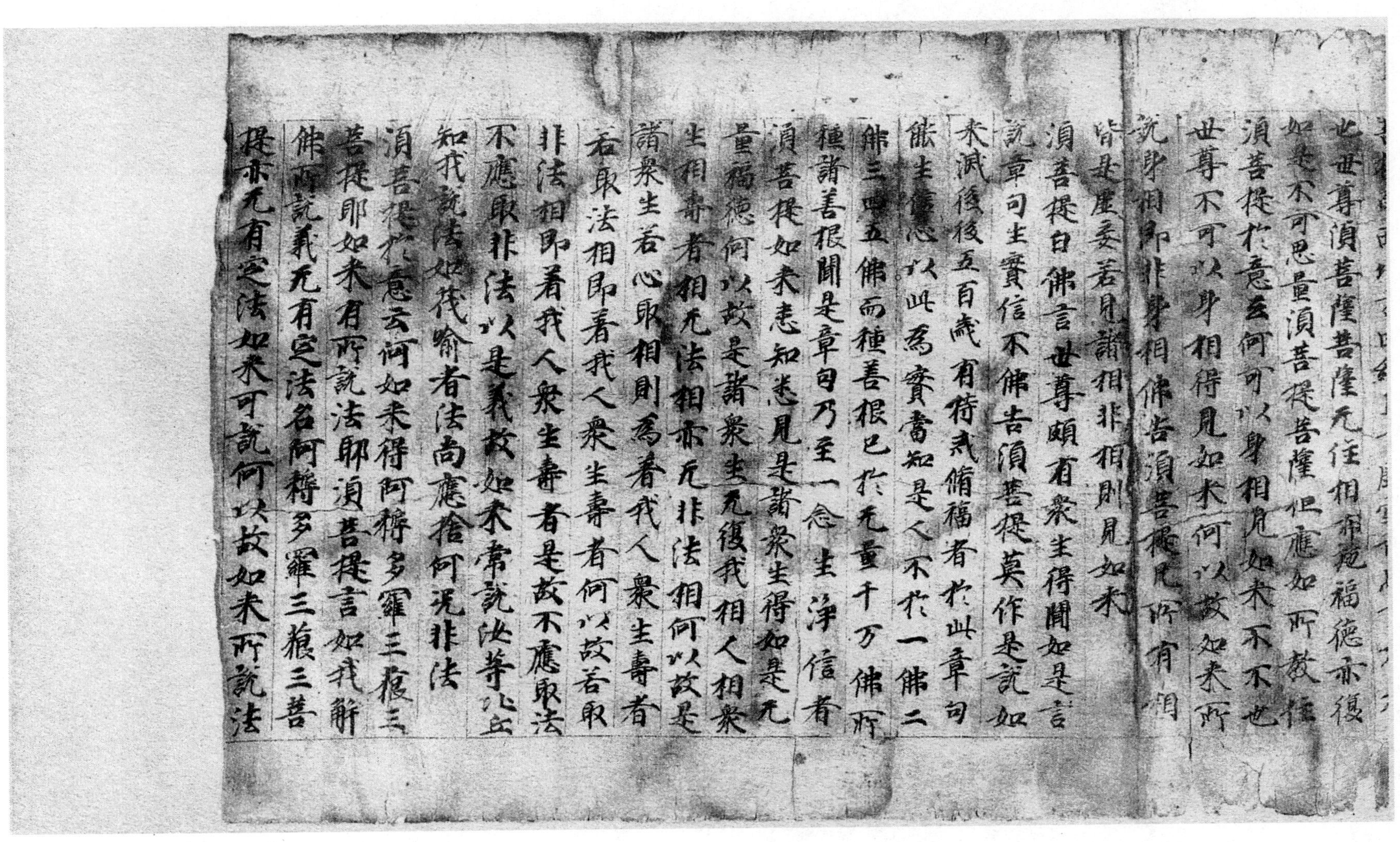
也世尊須菩薩菩薩无住相布施福德亦復
如是不可思量須菩提菩薩但應如所教住
須菩提於意云何可以身相見如来不不也
世尊不可以身相得見如来何以故如来所
說身相即非身相佛告須菩提凡所有相
皆是虚妄若見諸相非相則見如来
須菩提白佛言世尊頗有衆生得聞如是言
說章句生實信不佛告須菩提莫作是說如
来滅後後五百歲有持戒脩福者於此章句
能生信心以此為實當知是人不於一佛二
佛三四五佛而種善根已於无量千万佛所
種諸善根聞是章句乃至一念生淨信者
須菩提如来悉知悉見是諸衆生得如是无
量福德何以故是諸衆生无復我相人相衆
生相壽者相无法相亦无非法相何以故是
諸衆生若心取相則為着我人衆生壽者
若取法相即着我人衆生壽者何以故若取
非法相即着我人衆生壽者是故不應取法
不應取非法以是義故如来常說汝等比丘
知我說法如筏喻者法尚應捨何況非法
須菩提於意云何如来得阿耨多羅三藐三
菩提耶如来有所說法耶須菩提言如我解
佛所說義无有定法名阿耨多羅三藐三菩
提亦无有定法如来可說何以故如来所說法

BD08005 號　金剛般若波羅蜜經　（2–2）

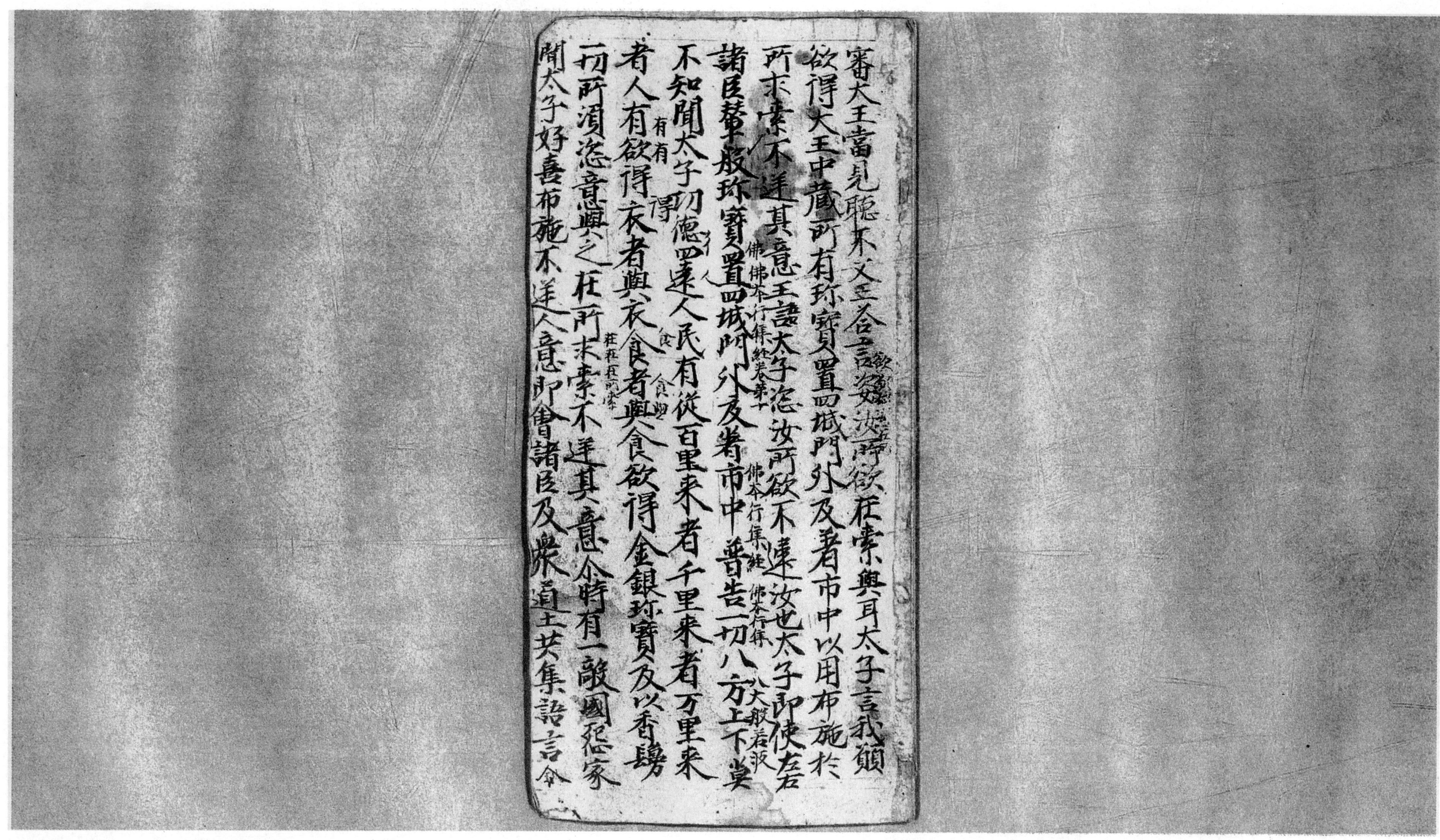

審大王當見聽不文王答言汝所欲在索與耳太子言我願
欲得大王中藏所有珍寶置四城門外及著市中以用布施於
所求索不逆其意王語太子恣汝所欲不違汝也太子即使左右
諸臣輩般珍寶置四城門外及著市中普告一切八方上下莫
不知聞太子功德四遠人民有從百里來者千里來者万里來
者人有欲得衣者與衣食者與食欲得金銀珍寶及以香鑪
一切所須恣意與之在所求索不逆其意尒時有一敵國怨家
聞太子好喜布施不逆人意即會諸臣及衆道士共集語言今

BD08006 號　太子須大拏經講經文（擬）

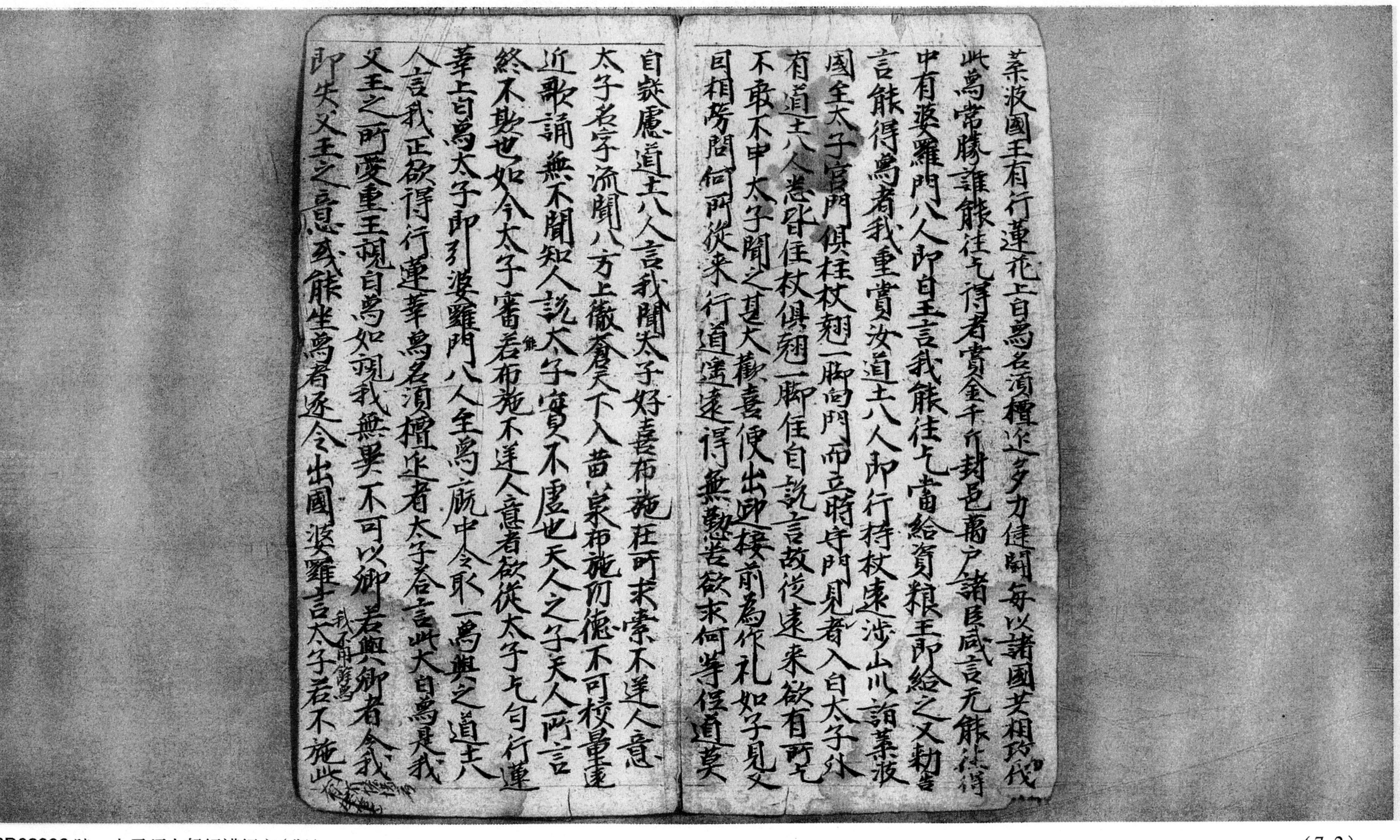

葉波國王有行蓮花上白為名須檀延多力健鬪每以諸國共相攻伐
此為常勝誰能往乞得者賞金千斤封邑萬户諸臣咸言无能往得
中有婆羅門八人即白王言我能往乞當給資粮王即給之又勅曰
言能得為者我重賞汝道士八人即行持杖遠涉山川詣葉波
國至太子宮門俱拄杖翹一脚向門而立時守門見者入白太子外
有道士八人悉皆拄杖翹一脚住自說言故從遠来欲有所乞
不乘不中太子聞之甚大歡喜便出迎接前為作礼如子見父
問相勞問何所從来行道遙遠得無勤懃若欲求何等住道莫
自餓慮道士八人言我聞太子好喜布施在所求索不違人意
太子名字流聞八方上徹蒼天下入黄泉布施功德不可校量遠
近歌誦無不聞知人說太子實不虛也天人之子天人所言
終不欺世如今太子審若能布施不違人意者欲從太子乞白行蓮
華上白為太子即引婆羅門八人至為廐中令取一為與之道士八
人言我正欲得行蓮華為名須檀延者太子答言此大白為是我
父王之所愛重王視自為如視我無異不可以卿若與卿者令我
即失父王之意或能坐為者逐令出國婆羅門言太子若不施此

BD08006號　太子須大拏經講經文（擬）　（7–2）

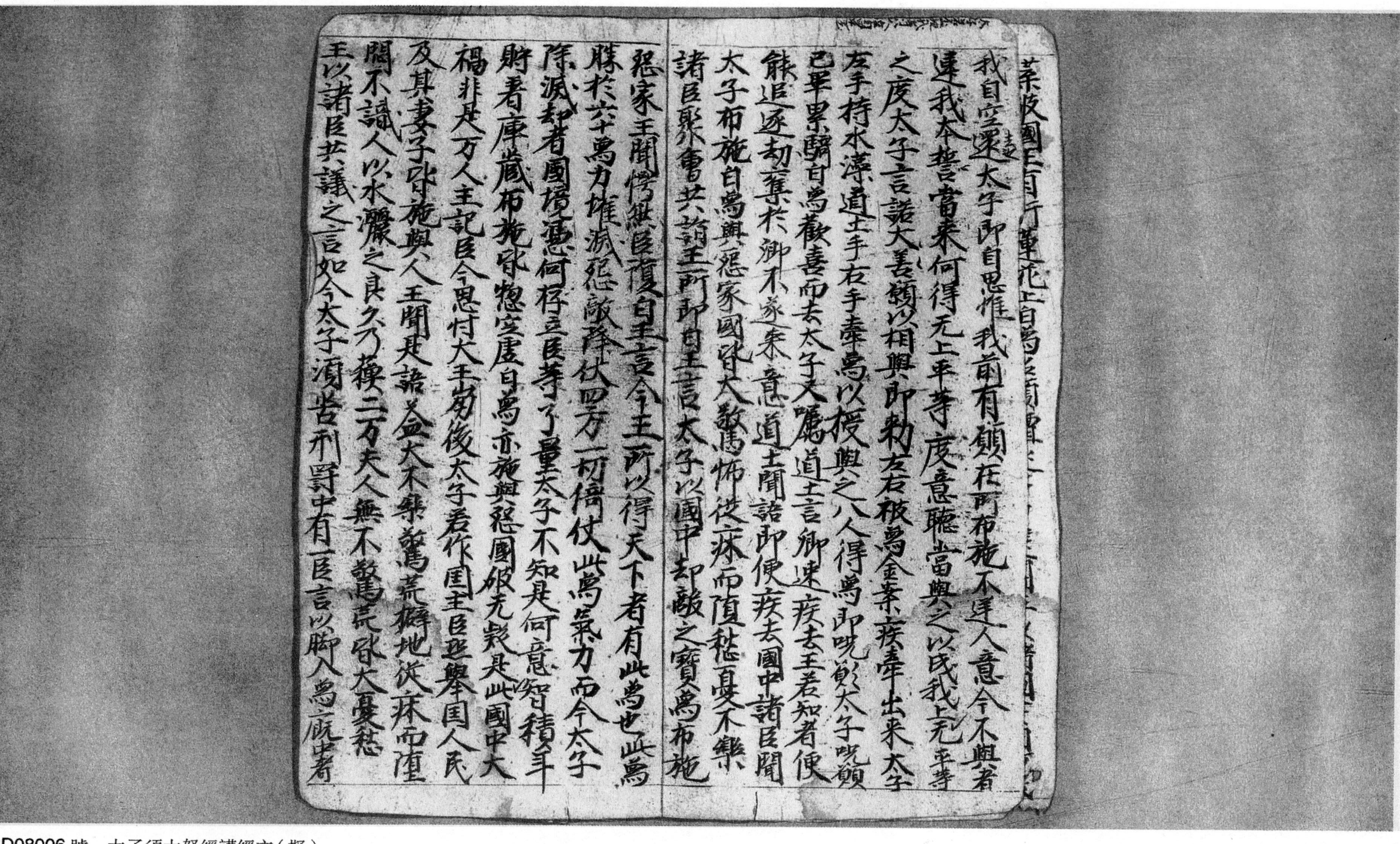

菜波國王自行蓮花上自爲……

我自空還太子即自思惟我前有願在所布施不逆人意今不與者

違我本誓當來何得无上平等度意聽當與之以成我无上平等

之度太子言諾大善願以相與即勅左右被爲金案疾牽出来太子

左手持水澡道士手右手牽爲以授與之八人得爲即咒願太子咒願

已畢騎白爲歡喜而去太子大慶道士言卿速疾去王若知者便

能追逐劫奪於卿不遂來意道士聞語即便疾去國中諸臣聞

太子布施白爲與怨家國皆大驚怖從床而墮愁憂不樂

諸臣聚會共詣王所即白王言太子以國中却敵之寶爲布施

怨家王聞愕然臣復白王言今王所以得天下者有此爲也此爲

勝於六千爲力堆滅怨敵降伏四方一切倚仗此爲氣力而今太子

除滅却者國境危何存立臣等了量太子不知是何意智精年

財者庫藏布施皆惣空虚白爲亦施與怨國破无疑是此國中大

禍非是万人主記臣今思忖大王莂後太子若作国主臣悉舉国人民

及其妻子皆施與人王聞是語益大不樂驚荒躃地從床而墮

悶不識人以水灑之良久乃穌二万夫人無不驚荒皆大憂愁

王以諸臣共議之言如今太子須皆刑罰中有一臣言以脚入爲一底出者

BD08006號　太子須大拏經講經文（擬）　　（7–3）

當截其脚手牽爲者當截其手眼視爲者當挑其眼或言當
斷其頭或言身節節百段諸臣共議各言如是王聞是語更益悲哀
悶絶倒地小得穌心復聲告諸臣言我於先時求天禱地得此一子
見大好道喜悲布施人臣等咸皆言皆刑我子我不忍見臣等慈悲
看我面孔我先斷我命後刑我子交我全在爭忍眼前而見此事
吟
爲佛爲宫無太子　皆自求天地　得此一嬌兒　不忍眼前死
須諸臣等起慈悲　我之顔面莫相違　乃可先頭斷我命　然後方始殺我兒
中裏有一智臣嫌諸臣議汝等出言快不當理王唯有是一子甚愛
重之豈生如是心皆刑苦耳可遣大王之太子不合受斯治罰
遂而進步向前啓白王言臣亦不敢使王太子禁止拘閉苦痛刑遣
促遂出國置野田山中十二年經過苦事十二年許不見人煙坐伏身
心當使慚愧他自衣食不好經遭苦事會改心辛愛惜倉庫百王
即隨此大臣所言即遣使者召喚太子既前問言是汝何故將我白
象施與怨家而不道我也太子白言前我與王自有要誓諸所布施
不逆人意是以不白也王言前所要者自謂珍寶許汝布施白象何與
太子報此皆是王之所有物何得獨惜王語太子莫往我國從汝
著檀特中十二年矣太子自王言不敢違戾大王教命處

BD08006號　太子須大拏經講經文（擬）

（7–4）

當截其脚手乞為者當截其手眼乞為者當挑其眼截之言皆
更大布施七日厭我猶發心乃出國去汝為正唯布施大劇空我國藏
兼我寶為輸與怨家速便出去不聽汝住七日布施也太子
白言不敢煩重國家財寶亦不違庚大王教命今我自有私財
願得布施盡則乃去大王沉音不肯二万夫人垂淚諮王請留太
子諸夫人日長時不放住宮且交暫住七日盡情布施乃令出國耳
王即聽之太子即使左右普告四遠欲要財物者悉詣宮門隨意
布施四方人聞皆來到門太子為設飲食施以珍寶恣意而去
七日財盡貧者得百万人歡喜
尒時菩薩從迦毗羅婆穌都城
太子即入私宮告其妻言汝好住宮孝侍父母善育男女王今
逐我著檀特山中十二年妃聞是語愕然驚起報太子曰父王唯
有是一子甚憐愛之今作何過卒起是心速逐離乎太子告妻言
而我布施大劇空虛國藏無遺寶為用施怨家王及傍臣悉逐我
耳曼坻言使國豐饒貧令大王及諸傍臣吏民大小富樂無極
但當努力共向山中求志道耳太子言人在山中恐怖之處致難為心
虎狼猛狩遍滿林泉蛇蝎蚊蚖壞壞山谷嗅食人肉恐動人情但
住宮中不可去也曼坻言太子猶尚不怕我獨何苦太子言不得汝

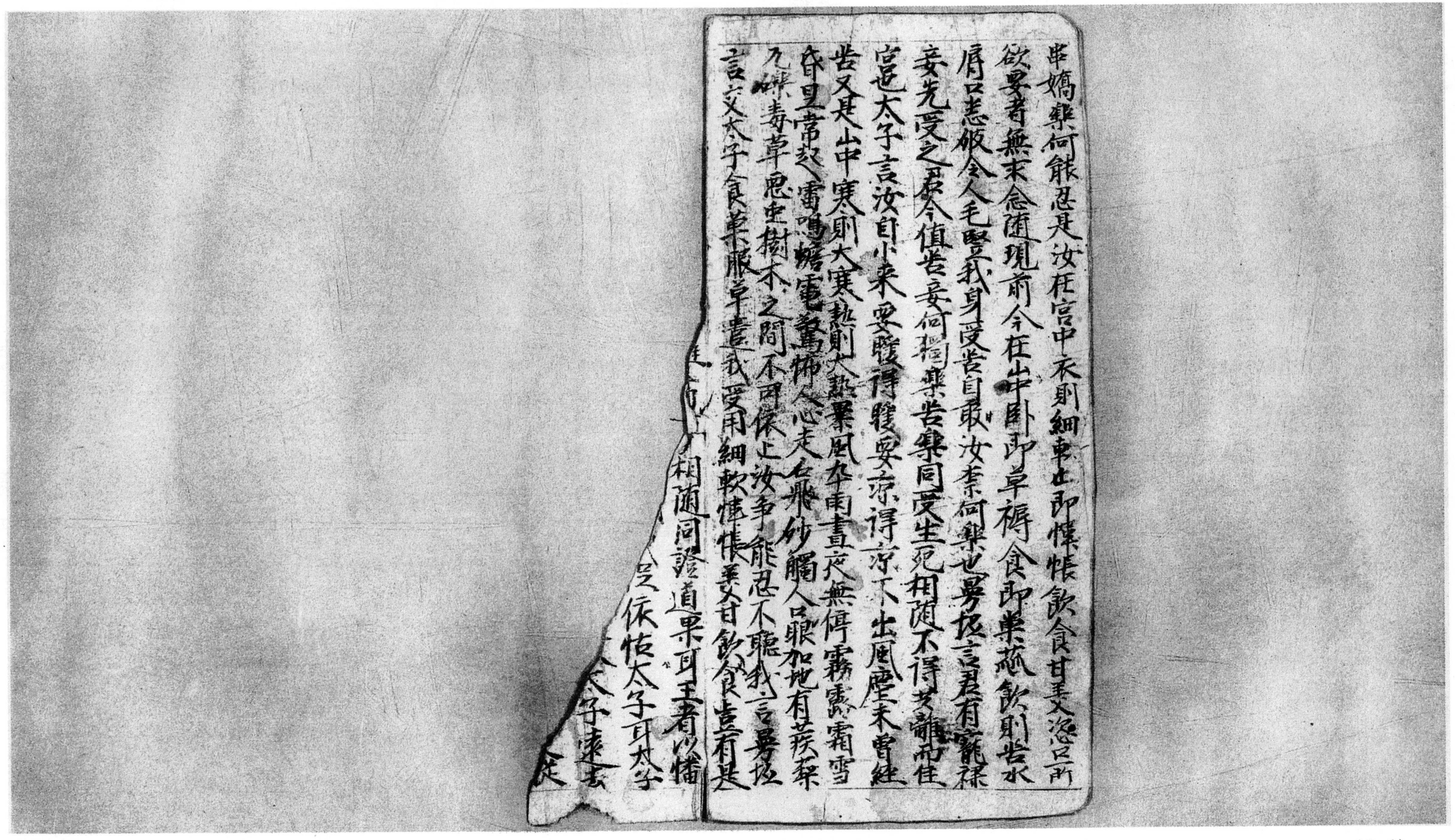

串嬌樂何能忍是汝在宮中衣則細軟即幃帳飲食甘美又恣口所
欲要者無不念隨現前今在山中臥即草褥食即菓菰飲則苦水
脣口焦破令人毛豎我身受苦自取汝柰何樂也男擬言君有寵祿
妾先受之君今值苦妾何獨樂苦樂同受生死相隨不得分離而住
宮也太子言汝自小來要暖得暖要凉得凉不出風塵未曾經
苦又是山中寒則大寒熱則大熱暴風卒雨晝夜無停霧露霜雪
昏且常起雷鳴霹電鴟鳥怖人心走石飛砂觸人口眼加地有蒺藜
瓦礫毒草惡虫樹木之間不可保止汝爭能忍不聽我言男擬
言又太子食草服草盡我要用細軟幃帳美甘飲食豈有是
……相隨同證道果耳王者以憍
……之依怙太子耳太子
……子遠去
……從

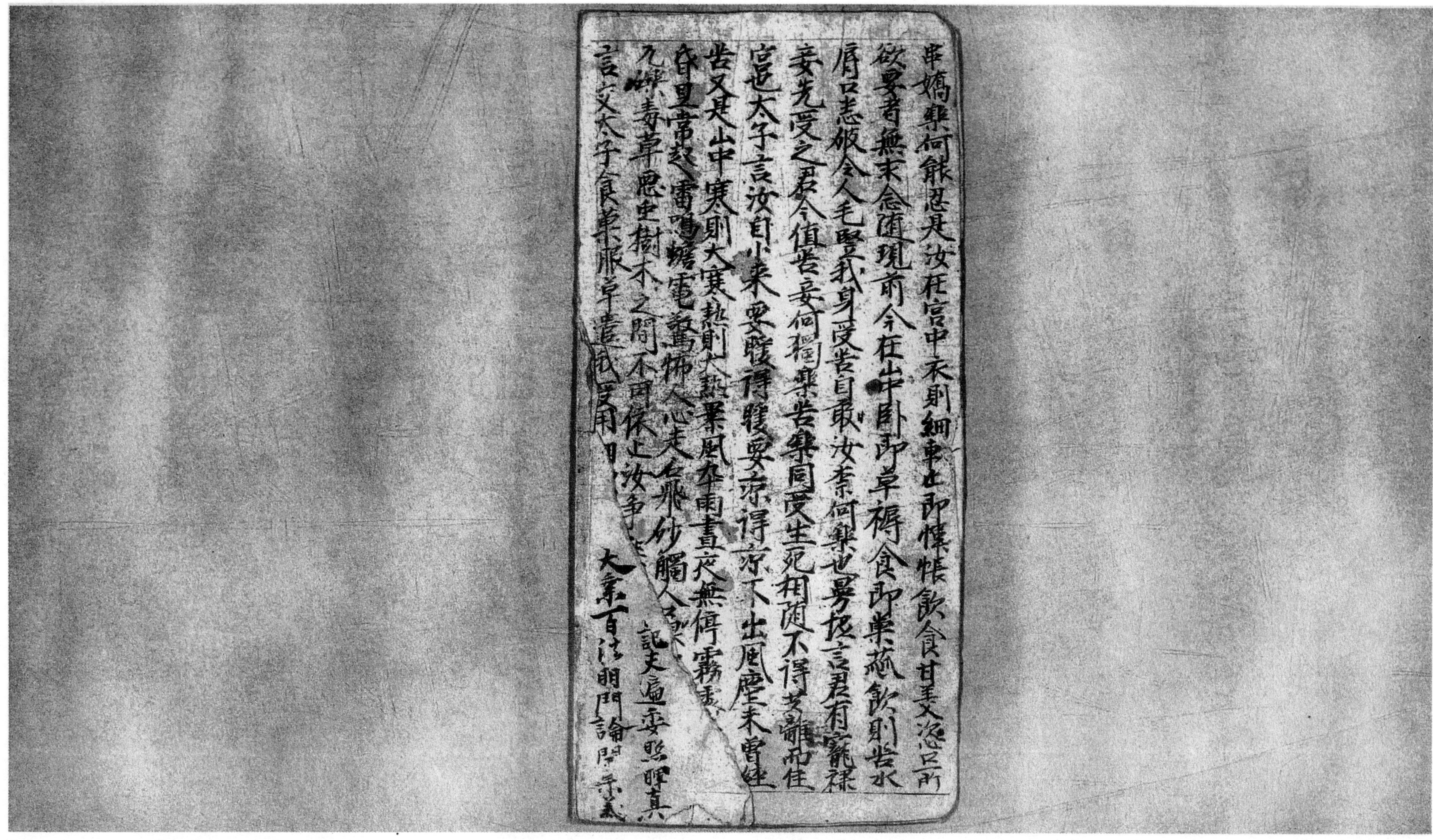

BD08006號　太子須大拏經講經文（擬）

无盡意若有人受持六……恒河沙
形供養飲食衣服臥具醫……於汝意云
善女人功德多不無盡意言甚多
持觀世音菩薩名号乃至一時礼拜供養是
無異於百千万億劫不可窮盡無盡意受持觀世音
菩薩名号得如是無量無邊福德之利
无盡意菩薩白佛言世尊觀世音菩薩云何遊
娑世界云何而為衆生説法方便之力其事云何
佛告無盡意菩薩善男子若有國土衆生應以佛身得
度者觀世音菩薩即現佛身而為説法應以辟支佛
身得度者即現辟支佛身而為説法應以聲
度者即現聲聞身而為説法應以梵王身得
現梵王身而為説法應以帝釋身得度者即
身而為説法應以自在天身得度者即現自在天身而
為説法應以大自在天身得度者即現大自在天身而
為説法應以天大將軍身得度者即現天大將軍身而為
説法應以毗沙門身得度者即現毗沙門身而為説法應

BD08007號1　觀世音經　（5-1）

現梵王身而為説法應以帝釋身得度者即
身而為説法應以自在天身得度者即現自在天身而
為説法應以大自在天身得度者即現大自在天身而
為説法應以天大將軍身得度者即現天大將軍身而為
説法應以毗沙門身得度者即現毗沙門身而為説法應
以小王身得度者即現小王身而為説法應以長者身
得度者即現長者身而為説法應以居士身得度者
即現居士身而為説法應宰官身得度者即現宰官
身而為説法應以婆羅門身度者即現婆羅門身而
為説法應以比丘比丘尼優婆塞優婆夷身得度者
即現比丘比丘尼優婆塞優婆夷身而為説法應以
長者居士宰官婆羅門婦女身得度者即現婦女
身而為説法應以童男童女身得度者即現童男
童女身而為説法應以天龍夜叉乾闥婆阿脩羅迦
樓羅緊那羅摩睺羅伽人非人等身得度者即皆
現之而為説法應以執金剛神得度者即現執金剛神
而為説法無盡意是觀世音菩薩成就如是功德
以種種形遊諸國土度脫衆生是故汝等應當一心供
養觀世音菩薩是觀世音菩薩摩訶薩於怖畏急
難之中能施無畏是故此娑婆世界皆号之為施無
畏者
無盡意菩薩白佛言世尊我……養觀世音菩
薩即解頸衆寶珠瓔珞價直百……金而以與之作
是言仁者受此法施珍寶瓔珞時觀世音菩薩不

BD08007號1　觀世音經　（5-2）

畏者
無盡意菩薩白佛言世尊我今當供養觀世音菩
薩即解頸衆寶珠瓔珞價直百千兩金而以與之作
是言仁者受此法施珎寶瓔珞時觀世音菩薩不
肯受之無盡意復白觀世音菩薩言仁者愍我
等故受此瓔珞尒時佛告觀世音菩薩當愍此無
盡意菩薩及諸四衆天龍夜叉乾闥婆阿脩羅迦樓
羅緊那羅摩睺羅伽人非人等故受是瓔珞即時觀
世音菩薩愍諸四衆及於天龍人非人等受其瓔
珞分作二分一分奉釋迦牟尼佛一分奉多寶佛塔無
盡意觀世音菩薩有如是自在神力遊於娑婆世界
尒時無盡意菩薩以偈問曰
世尊妙相具　我今重問彼　佛子何因緣　名為觀世音
具足妙相尊　偈答無盡意　汝聽觀音行　善應諸方所
弘誓深如海　歷劫不思議　侍多千億佛　發大清淨願
我為汝略說　聞名及見身　心念不空過　能滅諸有苦
假使興害意　推落大火坑　念彼觀音力　火坑變成池
或漂流巨海　龍魚諸鬼難　念彼觀音力　波浪不能沒
或在須彌峰　為人所推墮　念彼觀音力　如日虛空住
或被惡人逐　墮落金剛山　念彼觀音力　不能損一毛
或值怨賊繞　各執刀加害　念彼觀音力　咸即起慈心
或遭王難苦　臨刑欲壽終　念彼觀音力　刀尋段段壞
或囚禁枷鎖　手足被杻械　念彼觀音力　釋然得解脫
呪詛諸毒藥　所欲害身者　念彼觀音力　還著於本人
或遇惡羅剎　毒龍諸鬼等　念彼觀音力　時悉不敢害

BD08007號1　觀世音經　（5–3）

或值怨賊繞　各執刀加害　念彼觀音力　咸即起慈心
或遭王難苦　臨刑欲壽終　念彼觀音力　刀尋段段壞
或囚禁枷鎖　手足被杻械　念彼觀音力　釋然得解脫
呪詛諸毒藥　所欲害身者　念彼觀音力　還著於本人
或遇惡羅剎　毒龍諸鬼等　念彼觀音力　時悉不敢害
若惡獸圍繞　利牙爪可怖　念彼觀音力　疾走無邊方
蚖蛇及蝮蝎　氣毒煙火然　念彼觀音力　尋聲自迴去
雲雷鼓掣電　降雹澍大雨　念彼觀音力　應時得消散
衆生被困厄　無量苦逼身　觀音妙智力　能救世間苦
具足神通力　廣修智方便　十方諸國土　無剎不現身
種種諸惡趣　地獄鬼畜生　生老病死苦　以漸悉令滅
真觀清淨觀　廣大智慧觀　悲觀及慈觀　常願常瞻仰
無垢清淨光　慧日破諸闇　能伏災風火　普明照世間
悲體戒雷震　慈意妙大雲　澍甘露法雨　滅除煩惱焰
諍訟經官處　怖畏軍陣中　念彼觀音力　衆怨悉退散
妙音觀世音　梵音海潮音　勝彼世間音　是故須常念
念念勿生疑　觀世音淨聖　於苦惱死厄　能為作依怙
具一切功德　慈眼視衆生　福聚海無量　是故應頂禮
尒時持地菩薩即從座起前白佛言世尊若有衆
生聞是觀世音菩薩品自在之業普門示現神通
力者當知是功德不少佛說是普門品時衆中八
万四千衆生皆發無等等阿耨多羅三藐三菩
提心

BD08007號1　觀世音經　（5–4）

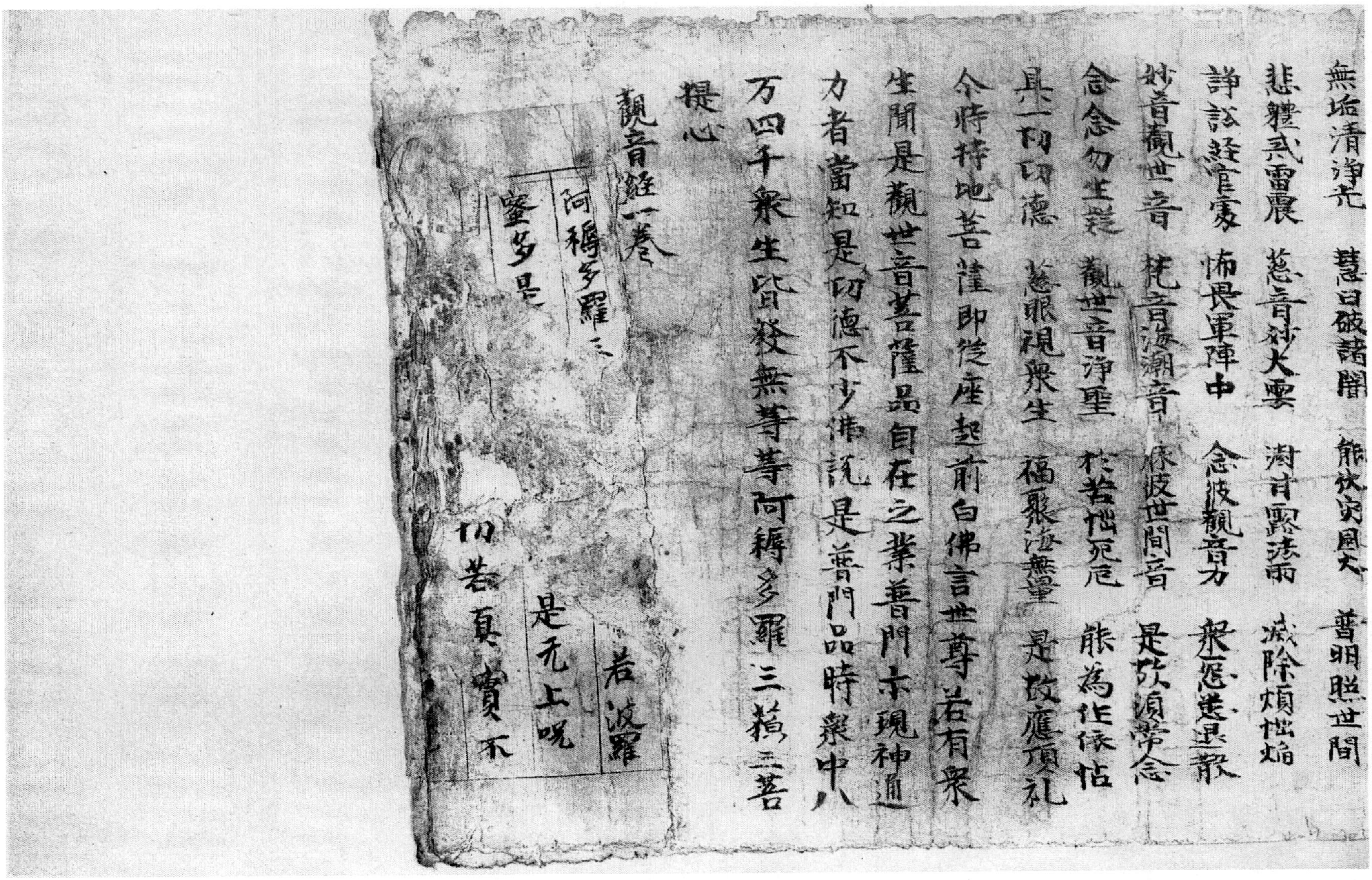

BD08007 號 1　觀世音經 （5–5）

BD08007 號 2　般若波羅蜜多心經

BD08007 號背　都司書手董文員付筆歷（擬） （1–1）

法華
授記當得
如來滅度之後若有人聞
一偈一句一念隨喜者我亦與授阿耨多羅
三藐三菩提記若復有人受持讀誦解說書
寫妙法華經乃至一偈於此經卷敬視如佛
種種供養華香瓔珞末香塗香燒香繒蓋幢
幡衣服伎樂乃至合掌恭敬藥王當知是諸
人等已曾供養十萬億佛於諸佛所成就大
願愍眾生故生此人間
藥王若有人問何等眾生於未來世當得作
佛應示是諸人等於未來世必得作佛何
以故若善男子善女人於法華經乃至一句
受持讀誦解說書寫種種供養經卷華香瓔
珞末香塗香燒香繒蓋幢幡衣服伎樂合掌

BD08008號　妙法蓮華經卷四　　（3–1）

藥王若有人問何等眾生於未來世當得作
佛應示是諸人等於未來世必得作佛何
以故若善男子善女人於法華經乃至一句
受持讀誦解說書寫種種供養經卷華香瓔
珞末香塗香燒香繒蓋幢幡衣服伎樂合掌
恭敬是人一切世間所應瞻奉應以如來供
養而供養之當知此人是大菩薩成就阿耨
多羅三藐三菩提哀愍眾生願生此間廣演
分別妙法華經何況盡能受持種種供養者
藥王當知是人自捨清淨業報於我滅度後
愍眾生故生於惡世廣演此經若是善男子
善女人我滅度後能竊為一人說法華經乃
至一句當知是人則如來使如來所遣行如
來事何況於大眾中廣為人說藥王若有惡
人以不善心於一劫中現於佛前常毀罵佛
其罪尚輕若人以一惡言毀呰在家出家讀
誦法華經者其罪甚重藥王其有讀誦法華
經者當知是人以佛莊嚴而自莊嚴則為如
來肩所荷擔其所至方應隨向禮一心合掌
恭敬供養尊重讚歎華香瓔珞末香塗香燒
香繒蓋幢幡衣服餚饌作諸伎樂人中上供
而供養之應持天寶而以散之天上寶聚應
以奉獻所以者何是人歡喜說法須臾聞之
即得究竟阿耨多羅三藐三菩提故尒時世
尊欲重宣此義而說偈言

BD08008號　妙法蓮華經卷四　　（3–2）

至一句當知是人則如來使如來所遣行如
來事何況於大眾中廣為人說藥王若有惡
人以不善心於一劫中現於佛前常毀罵佛
其罪尚輕若人以一惡言毀呰在家出家讀
誦法華經者其罪甚重藥王其有讀誦法華
經者當知是人以佛莊嚴而自莊嚴則為如
來肩所荷擔其所至方應隨向禮一心合掌
恭敬供養尊重讚歎華香瓔珞末香塗香燒
香繒蓋幢幡衣服餚饌作諸伎樂人中上供
而供養之應持天寶而以散之天上寶聚應
以奉獻所以者何是人歡喜說法須臾聞之
即得究竟阿耨多羅三藐三菩提故尒時世
尊欲重宣此義而說偈言
若欲住佛道　成就自然智　常當勤供養　受持法華者
其有欲疾得　一切種智慧　當受持是經　并供養持者
若有能受持　妙法華經者　當知佛所使　愍念諸眾生
諸有能受持　妙法華經者　捨於清淨土　愍眾故生此
當知如是人　自在所欲生　能於此惡世　廣說無上法
應以天華香　及天寶衣服　天上妙寶聚　供養說法者

BD08008號　妙法蓮華經卷四　(3–3)

熱湯鑊地獄眾生既得休息歡喜踊躍諸化
佛等各為說法心開意解即時壽終盡得生
天當于是時光明化佛弥滿三千大千世界
五道眾生皆得度脫凡於如來光明入處各
有所應欲說地獄事光從足下入欲說畜生
事光從足上入欲說餓鬼事光從脛入欲
說人道事光從臍入欲說轉輪聖王事光從
脅入欲說羅漢事光從口入欲說辟支佛事光
從眉間入欲說菩薩事光從頂入欲說過去
事光從後入欲說當來今現在事光從前入
尒時世尊現大變化光明普照十方世界大
千境界雨眾天花无量伎樂不鼓自鳴諸天
人民一切大眾莫不歡喜倍加踊躍於是世
尊還攝神足光明使還遶佛三匝光從後入
无量諸天一切大眾異口同音讚嘆如來功

BD08009號　菩薩本行經卷中　(3–1)

佛時世尊現大變化光明普照十方世界大
千境界雨衆天花无量伎樂不鼓自鳴諸天
人民一切大衆莫不歡喜倍加踊躍於是世
尊還攝神足光明使還遶佛三匝光從頂入
无量諸天一切大衆異口同音讚歎如來功
德巍巍難量不可思議乃知是于於是阿難
長跪叉手前白佛言佛不妄咲々必有因今
日世尊欲咲如是將欲自說先世宿行佛告
阿難及諸大衆乃昔過去久遠无量无數世
時此閻浮提有轉輪王名脩陁梨鄯等王四
天下此閻浮提八万四千諸小國王八万四
千城王有七寶一金輪寶輪有千輻縱廣卌
里周迊百廿里王欲行時輪在前導不賔伏
者金輪自然在頭上短自然降伏不用兵衆
卅二摩尼珠寶着於幢頭晝夜常照十六百
里三白象寶其象身體象脩姝好白如雪光
王乘其上自然飛行一食之頃周四天下四
紺馬寶朱髦尾王乘其上一食之頃逼四天
下五典兵臣王意欲得百千万兵自然而至
六典藏臣王意欲須金銀七寶衣被飲食披
其雨手七寶財產一切所須隨意所欲隨手
中出而无有盡七王女寶端正无比猶若天
女无有女人瑕穢之垢身體香潔如憂鉢華
王意欲得清涼之時身自然冷欲得溫時身
自然煴聲如梵聲常能使王歡喜踊躍名曰

BD08009號　菩薩本行經卷中　（3–2）

下五典兵臣王意欲得百千万兵自然而至
六典藏臣王意欲須金銀七寶衣被飲食披
其雨手七寶財產一切所須隨意所欲隨手
中出而无有盡七王女寶端正无比猶若天
女无有女人瑕穢之垢身體香潔如憂鉢華
王意欲得清涼之時身自然冷欲得溫時身
自然煴聲如梵聲常能使王歡喜踊躍名曰
玉女寶王有千子勇猛无比王欲出時七寶
大蓋常在其頭上七寶隨從羣臣无數導從
前後百千伎樂其音和雅魏々堂々不可稱
計王千子中其家小者見王如是問其母言
此何國王魏々如是其母答言此是脩陁鄯
等大轉輪王主四天下汝之父也不識之耶
太子歎言我當何時應得為王母復答言王
有千子汝第一小不應得王太子復言若不
應得為王者何用在家作白衣為即便長跪
白其母言願聽出家作沙門詣山澤中學於
仙道母即聽之并……惟所得稽

BD08009號　菩薩本行經卷中　（3–3）

久久當病不至三年或有人闍取能使人
惡病若有人取他缘色與他內人受者知情
興者同罪三人俱病或有人闍取僧尼雜器
知而不還　雖是畜生擬作經像
乃至三年病或有人將內人入三寶屋行不
淨法能使人病若有人妻掠淨行尼能使人
病若有人安經像屋裏充本函盛之在下
者內人心宿能使人病不出三年一切身招
惡病宜以香重懺悔罪從心生罪從心滅心
如天堂心如地獄仰手是天堂覆手是地獄
欲滅身中重罪至心懺悔莫生懈退佛告
七佛及金剛蜜迹諸大菩薩及諸眷屬此
三病人云何可濟金剛大士以救本緣今者
可愍方便方宜救濟得免此人病苦世稱如

BD08010號　救疾經　（3–1）

如天堂心如地獄仰手是天堂覆手是地獄
欲滅身中重罪至心懺悔莫生懈退佛告
七佛及金剛密迹諸大菩薩及諸眷屬此
三病人云何可濟金剛大士以發本緣今者
可愍方便方宜救濟得免此人病苦世稱如
來大慈大悲
佛七各各白言世尊衆生蠢蠢皆有佛性此
人之病易除消滅今日聞之金剛密迹是吾
長兄阿難是吾小弟吾之眷屬數不可計阿
私陁仙能禁毒氣阿羅羅仙能呪惡鬼三
十三天能下法水雪山大醫能降沙業甘
露法津能潤枯阿凋世闍王身犯重罪尚
有可消身瘡除滅佛以方便身復如故不
消不滅是病者心中生也佛即以觀心壷實
化作大坑方圓四千尖滿中炭閻阿闍
世王汝能入此火坑除滅汝罪瘡差平復
阿闍世王言世尊能滅我罪我當即入阿
闍世王即以佛前誓首發願踊身入火已水
擠掩變爲浴池衆罪消滅譬如有人墮長流
水從上如墮在下則心從諸佛歸悔重罪則
滅不信經語輕罪難滅佛告諸疾人吾教
汝但當至心百日之中請大德法師治齋
日日礼七佛名字日日礼金剛密迹日日礼
无量壽佛一日之中造成一卷救疾經百日之
中行道懺悔百卷成就作齋慶經可免此

擠掩變爲浴池衆罪消滅譬如有人堰長流
水從上如堰在下則心從諸佛歸悔重罪則
滅不信經語輕罪難滅佛告諸疾人吾教
汝但當全心百日之中請大德法師治齋
日日礼七佛名字日日礼金剛蜜迹日日礼
无量壽佛一日之中造成一卷救疾經百日之
中行道懺悔百卷成就作齋慶經可免此
事宿殃患耳
莫生不信瘡遂增廣佛語不虛經言非謬
正法之言甚深甚善諸佛語大弟子此經
名救護衆生惡疾經今流布閻浮提人有
疾者知聞

佛說救疾經一卷

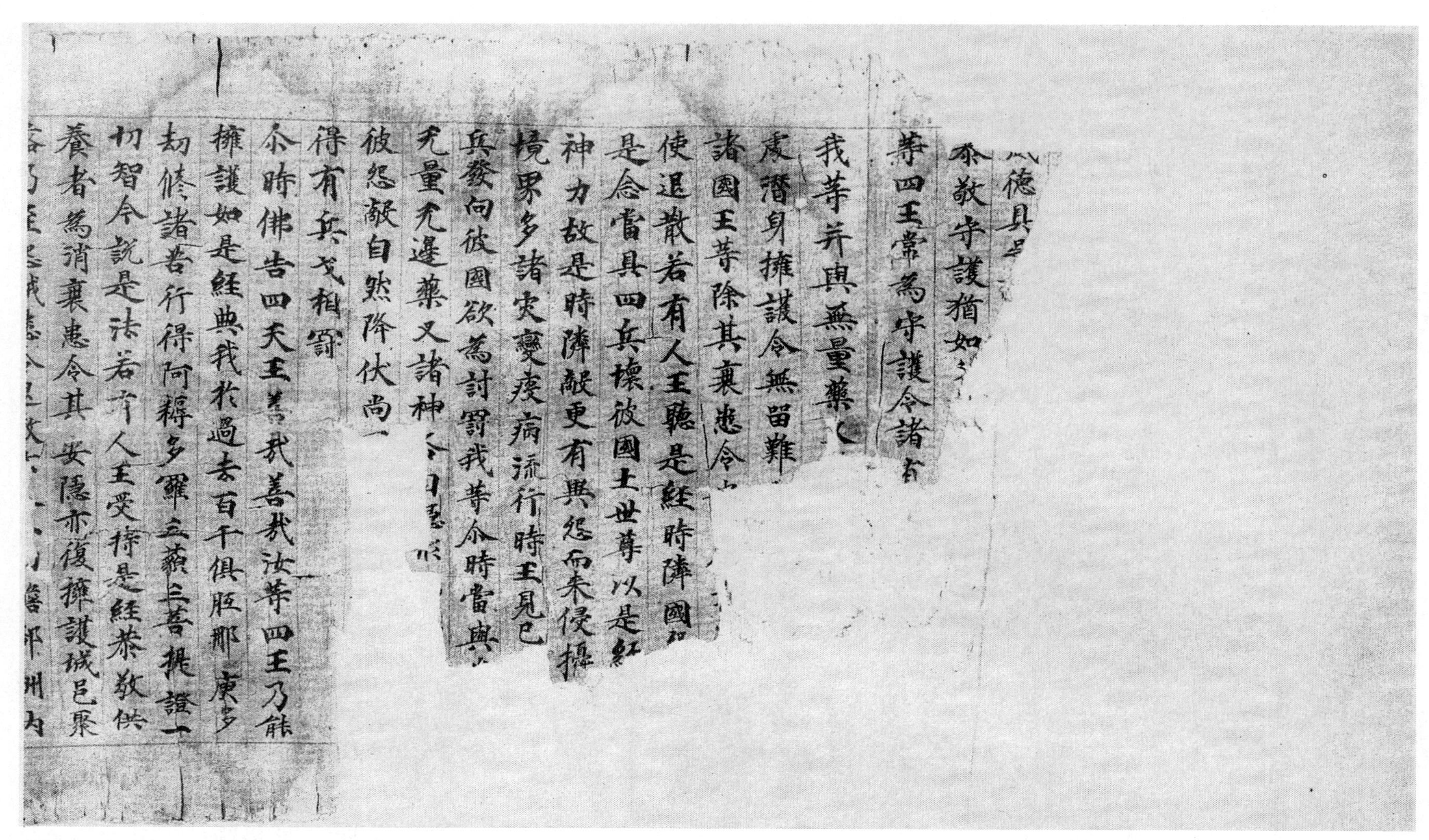

威德具
尒敬守護猶如
等四王常為守護令諸有
我等并與無量藥叉
處潛身擁護令無留難
諸國王等除其衰患令
使退散若有人王聽是經時隣國
是念當具四兵壞彼國土世尊以是經
神力故是時隣敵更有異怨而來侵擾
境界多諸災變疫病流行時王見已
兵發向彼國欲為討罰我等尒時當與
无量无邊藥叉諸神
彼怨敵自然降伏尚不
得有兵戈相罰
尒時佛告四天王善哉善哉汝等四王乃能
擁護如是經典我於過去百千俱胝那庾多
劫修諸苦行得阿耨多羅三藐三菩提證一
切智今說是法若有人王受持是經恭敬供
養者為消衰患令其安隱亦復擁護城邑聚
贍部洲內

BD08011號　金光明最勝王經卷六　（3-1）

尒時佛告四天王善哉善哉汝等四王乃能
擁護如是經典我於過去百千俱胝那庾多
劫修諸苦行得阿耨多羅三藐三菩提證一
切智今說是法若有人王受持是經恭敬供
養者為消衰患令其安隱亦復擁護城邑聚
落乃至怨賊悉令退散　贍部洲內
所有諸王永無衰惱鬪　知此
贍部洲八万四千城邑聚
王等各於其國受諸快樂
寶豈足受用不相侵奪隨
不起惡念貪求他國咸生少
有鬪戰繫縛等苦其土人
和穆猶如水乳情相愛重
讓增長善根以是因緣此
人民熾盛大地沃壤寒暑
月星宿常度无虧風雨隨
時寶皆悉豊盈心無慳鄙
業若人命終多生天上
來世有諸人王聽受是經
經四部之衆尊重稱讚復
及諸眷屬無量百千諸藥
當聽受是妙經王由得聞此
上味增益汝等身心勢力
光悉令充滿是諸人王若能至心聽
則為廣大希有供養供養於我釋
正等覺若供養我則是供養過去
百千俱胝那庾多佛若能供養三世

BD08011號　金光明最勝王經卷六　（3-2）

王等各於其國受諸快樂
寶豈足受用不相侵奪隨
不起惡念貪求他國咸生少
有鬪戰繫縛等苦其土人
和穆猶如水乳情相愛重
讓增長善根以是因緣此
人民熾盛大地沃壤寒暑
月星宿常度无虧風雨隨
財寶皆悉豊盈心無慳鄙
業若人命終多生天上
來世有諸人王聽受是經
經四部之衆尊重稱讚復
及諸眷屬無量百千諸藥
當聽受是妙經王由得聞此
上味增益汝等身心勢力
光悉令充滿是諸人王若能至心聽
則為廣大希有供養供養於我釋
正等覺若供養我則是供養過去
百千俱胝那庾多佛若能供養三世

BD08011 號　金光明最勝王經卷六　（3–3）

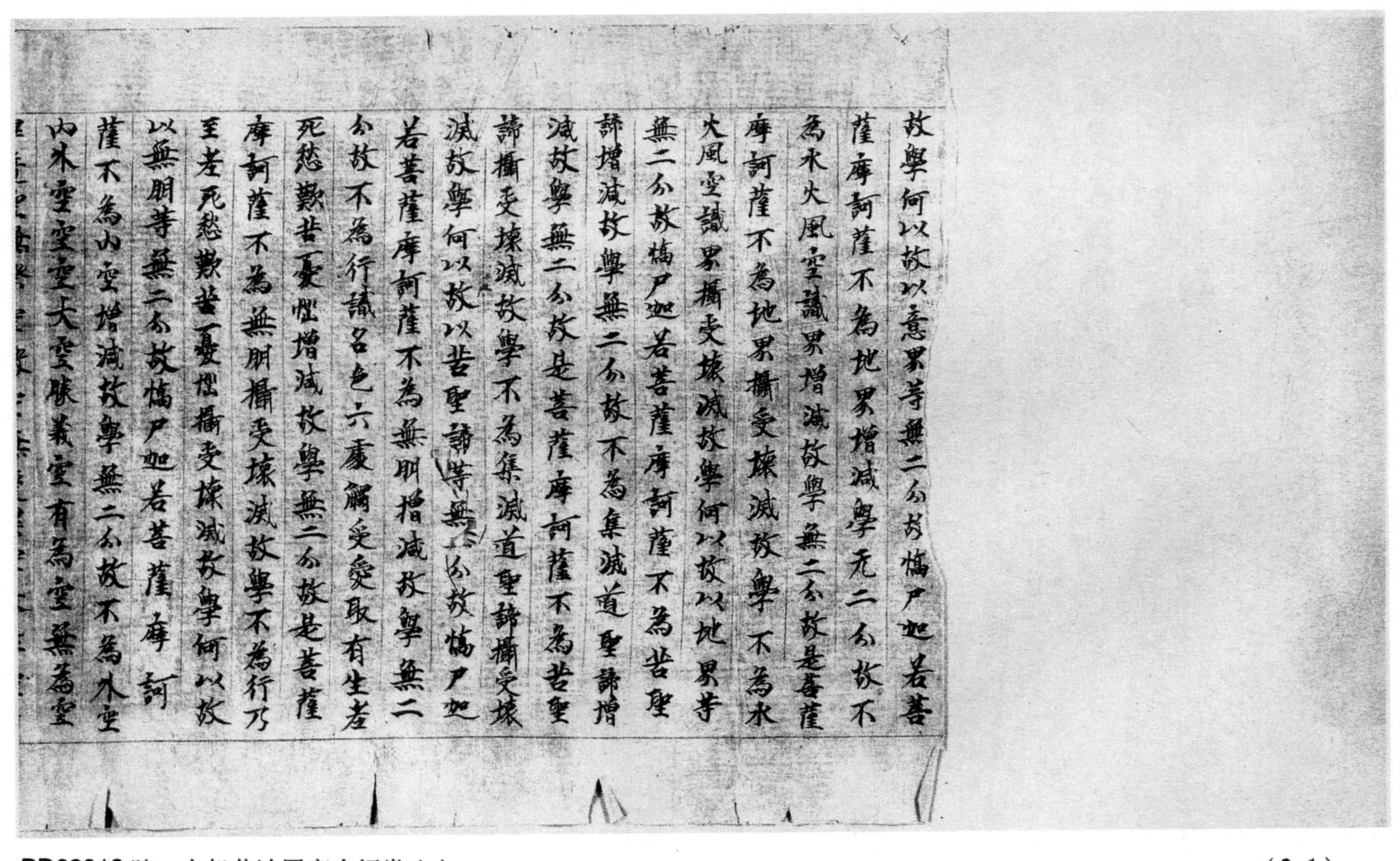
故學何以故以意界等無二分故憍尸迦若菩
薩摩訶薩不為地界增減學无二分故不
為水火風空識界增減故學無二分故是菩薩
摩訶薩不為地界攝受壞滅故學不為水
火風空識界攝受壞滅故學何以故以地界等
無二分故憍尸迦若菩薩摩訶薩不為苦聖
諦增減故學無二分故不為集滅道聖諦增
減故學無二分故是菩薩摩訶薩不為苦聖
諦攝受壞滅故學不為集滅道聖諦攝受壞
滅故學何以故以苦聖諦等無二分故憍尸迦
若菩薩摩訶薩不為無明增減故學無二
分故不為行識名色六處觸受愛取有生老
死愁歎苦憂惱增減故學無二分故是菩薩
摩訶薩不為無明攝受壞滅故學不為行乃
至老死愁歎苦憂惱攝受壞滅故學何以故
以無明等無二分故憍尸迦若菩薩摩訶
薩不為內空增減故學無二分故不為外空
內外空空空大空勝義空有為空無為空

BD08012 號　大般若波羅蜜多經卷八七　（2–1）

諦增減故學無二分故不為集滅道聖諦增
減故學無二分故是菩薩摩訶薩不為苦聖
諦攝受壞滅故學不為集滅道聖諦攝受壞
滅故學何以故以苦聖諦等無二分故憍尸迦
若菩薩摩訶薩不為無明增減故學無二
分故不為行識名色六處觸受愛取有生老
死愁歎苦憂惱增減故學無二分故是菩薩
摩訶薩不為無明攝受壞滅故學不為行乃
至老死愁歎苦憂惱攝受壞滅故學何以故
以無明等無二分故憍尸迦若菩薩摩訶
薩不為內空增減故學無二分故不為外空
內外空空空大空勝義空有為空無為空
畢竟空無際空散空無變異空本性空自
相空共相空一切法空不可得空無性空自性空
無性自性空增減故學無二分故是菩薩摩
訶薩不為內空攝受壞滅故學不為外空乃
至無性自性空攝受壞滅故學何以故以內
空等無二分故憍尸迦若菩薩摩訶薩不為
真如增減故學無二分故不為法界法性不虛
妄性不變異性平等性離生性法定法住實
際虛空界不思議界增減故學無二分故
是菩薩摩訶薩不為真如攝受壞滅故學

BD08012號　大般若波羅蜜多經卷八七　（2–2）

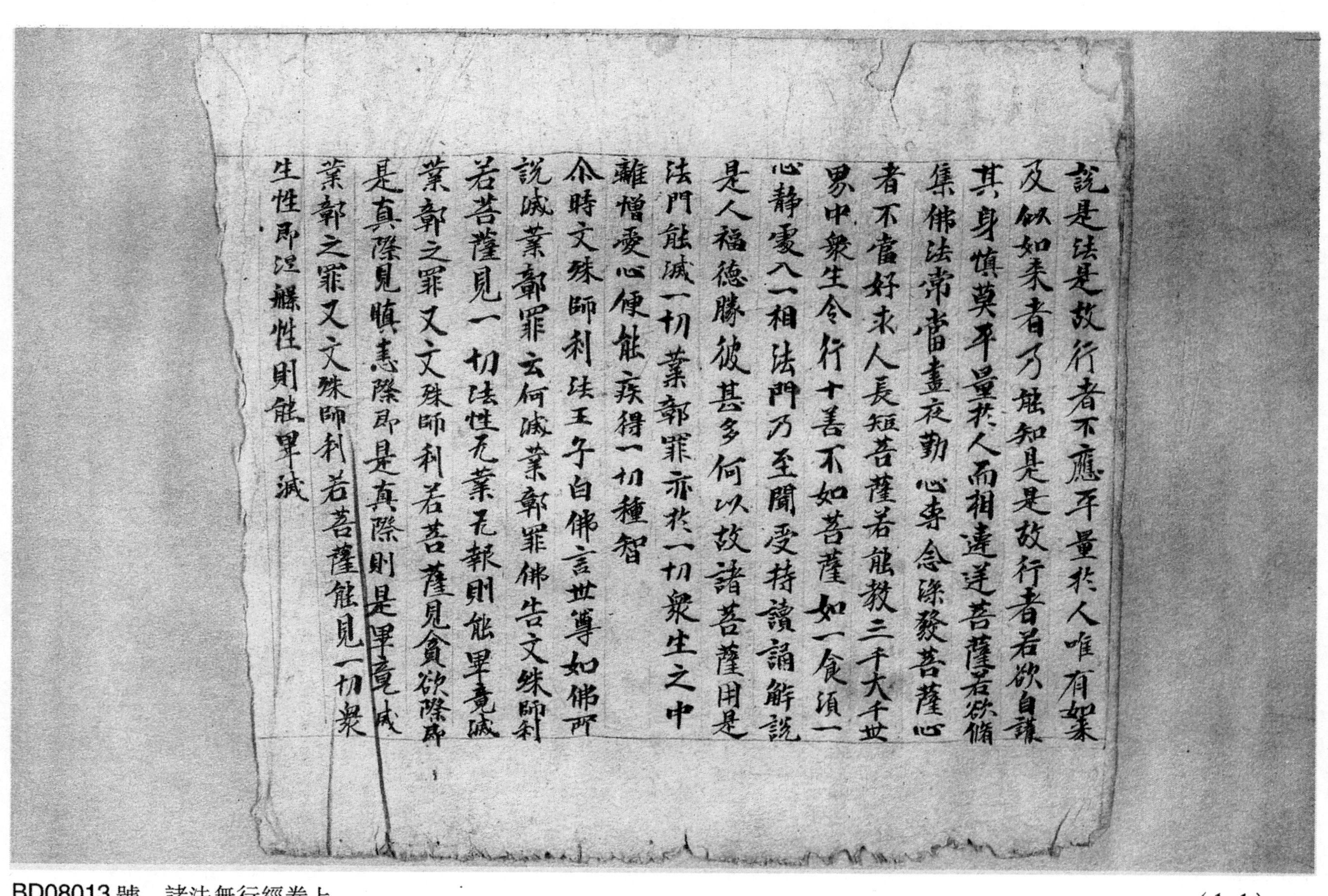
說是法是故行者不應平量於人唯有如來
及似如來者乃能知是是故行者若欲自護
其身慎莫平量於人而相違逆菩薩若欲脩
集佛法常當晝夜勤心專念深發菩薩心
者不當好求人長短菩薩若能教三千大千世
界中眾生令行十善不如菩薩如一食頃一
心靜處入一相法門乃至聞受持讀誦解說
是人福德勝彼甚多何以故諸菩薩用是
法門能滅一切業鄣罪亦於一切眾生之中
離憎愛心便能疾得一切種智
尒時文殊師利法王子白佛言世尊如佛所
說滅業鄣罪云何滅業鄣罪佛告文殊師利
若菩薩見一切法性无業无報則能畢竟滅
業鄣之罪又文殊師利若菩薩見貪欲際即
是真際見瞋恚際即是真際則是畢竟滅
業鄣之罪又文殊師利若菩薩能見一切眾
生性即涅槃性則能畢滅

BD08013號　諸法無行經卷上　（1–1）

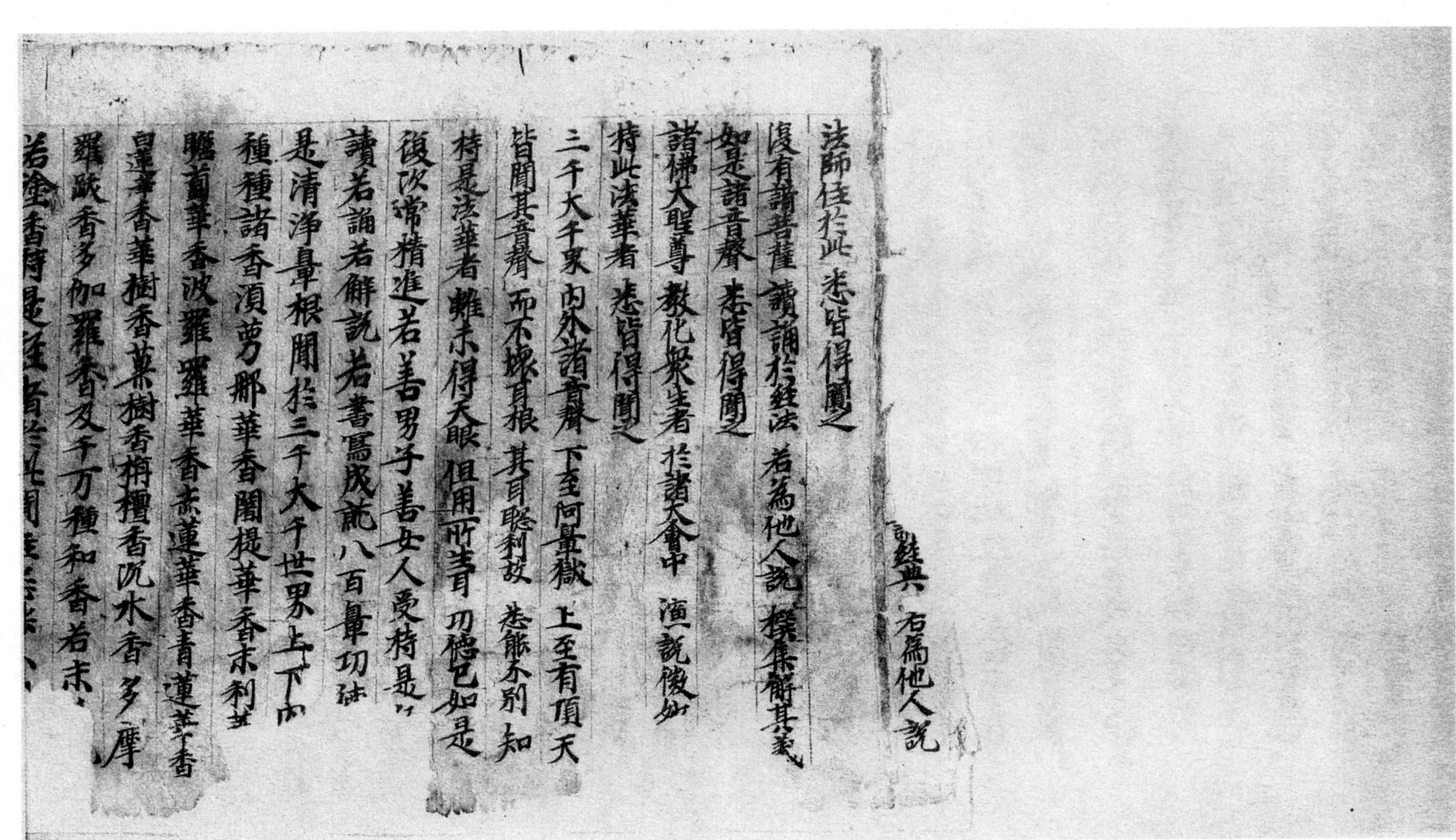

……經典 若為他人說
法師住於此 悉皆得聞之
復有諸菩薩 讀誦於經法 若為他人說 撰集解其義
如是諸音聲 悉皆得聞之
諸佛大聖尊 教化眾生者 於諸大會中 演說微妙法
持此法華者 悉皆得聞之
三千大千界 內外諸音聲 下至阿鼻獄 上至有頂天
皆聞其音聲 而不壞耳根 其耳聰利故 悉能分別知
持是法華者 雖未得天眼 但用所生耳 功德已如是
復次常精進 若善男子善女人受持是經
讀若誦若解說若書寫成就八百鼻功德
是清淨鼻根聞於三千大千世界上下內
種種諸香 須曼那華香 闍提華香 末利華
瞻蔔華香 波羅羅華香 赤蓮華香 青蓮華香
白蓮華香 華樹香 菓樹香 栴檀香 沉水香 多摩
羅跋香 多伽羅香 及千万種和香 若末
若塗香持是經者於此間……

BD08014號　妙法蓮華經卷六　（4–1）

種種諸香 須曼那華香 闍提華香 末利華
瞻蔔華香 波羅羅華香 赤蓮華香 青蓮華香
白蓮華香 華樹香 菓樹香 栴檀香 沉水香 多摩
羅跋香 多伽羅香 及千万種和香 若末
若塗香 持是經者於此間住 悉能分
別知眾生之香 象香 馬香 牛羊等香 男
香 童子香 童女香 及草木叢林香 若
遠所有諸香悉皆得聞分別不錯 持是經者
雖住於此亦聞天上諸天之香 波利質多羅拘
鞞陀羅樹香 及曼陀羅華香 摩訶曼陀
華香 曼殊沙華香 摩訶曼殊沙華
栴檀沉水種種末香 諸雜華香 如是等天
所出之香無不聞知 又聞諸天身香 釋提桓
因在勝殿上五欲娛樂嬉戲時香 若在妙法堂
上為忉利諸天說法時香 若於諸園遊戲時
香 及餘天等男女身香 皆悉遙聞 如是展
轉乃至梵世 上至有頂諸天身香 亦皆聞
聞諸天所燒之香 及聲聞香 辟支佛香 菩薩
香 諸佛身香 亦皆遙聞 知其所在 雖聞此香
然於鼻根不壞不錯 若欲分別為他人說 憶
念不謬 爾時世尊欲重宣此義而說偈
是人鼻清淨 於此世界中 若香若臭物 種種
須曼那闍提 多摩羅栴檀 沉水及桂香 種種
及知眾生香 男子女人香 說法者遠住 聞香知所
大勢轉輪王 小轉輪及子 群臣諸宮人 聞香知所
身所著珎寶 及地中寶藏 轉輪王寶女 聞香知所

BD08014號　妙法蓮華經卷六　（4–2）

香諸佛身香亦皆遥聞知其所在雖聞此香
然於鼻根不壞不錯若欲分別為他人說憶
念不謬尒時世尊欲重宣此義而說偈
是人鼻清淨　於此世界中　若香若臭物　種種悉
須曼那闍提　多摩羅栴檀　沈水及桂香　種種
及知眾生香　男子女人香　說法者遠住　聞香知所
大勢轉輪王　小轉輪及子　群臣諸宮人　聞香知所
身所著珎寶　及地中寶藏　轉輪王寶女　聞香知所在
諸人嚴身具　衣服及瓔珞　種種所塗香　聞則知其身
諸天若行坐　遊戲及神變　持是法華者　聞香悉
諸樹華菓實　及蘇油香氣　持經者住此　悉知其
諸山深嶮處　栴檀樹華敷　眾生在中者　聞香皆能
鐵圍山大海　地中諸眾生　持經者聞香　悉知其所
阿脩羅男女　及其諸眷屬　鬪諍遊戲時　聞香皆能知
曠野險隘處　師子象虎狼　野牛水牛等　聞香知
若有懷妊者　未辯其男女　無根及非人　聞香悉
以聞香力故　知其初懷妊　成就不成就　安樂產福
以聞香力故　知男女所念　染欲癡恚心　亦知脩善
地中眾伏藏　金銀諸珎寶　銅器之所盛　聞香悉能
種種諸瓔珞　無能識其價　聞香知貴賤　出處及所在
天上諸華等　曼陁曼殊沙　波利質多樹　聞香悉能
天上諸宮殿　上中下差別　眾寶華莊嚴　聞香悉
天園林勝殿　諸觀妙法堂　在中而娛樂　聞香悉能
諸天若聽法　或受五欲時　來往行坐臥　聞香悉能知
天女所著衣　好華香莊嚴　周旋遊戲時　聞香悉能知
如是展轉上　乃至於梵世　入禪出禪者　聞香悉能

BD08014號　妙法蓮華經卷六　（4-3）

諸山深嶮處　栴檀樹華敷　眾生在中者　聞香皆能
鐵圍山大海　地中諸眾生　持經者聞香　悉知其所
阿脩羅男女　及其諸眷屬　鬪諍遊戲時　聞香皆能知
曠野險隘處　師子象虎狼　野牛水牛等　聞香知
若有懷妊者　未辯其男女　無根及非人　聞香悉
以聞香力故　知其初懷妊　成就不成就　安樂產福
以聞香力故　知男女所念　染欲癡恚心　亦知脩善
地中眾伏藏　金銀諸珎寶　銅器之所盛　聞香悉能
種種諸瓔珞　無能識其價　聞香知貴賤　出處及所在
天上諸華等　曼陁曼殊沙　波利質多樹　聞香悉能
天上諸宮殿　上中下差別　眾寶華莊嚴　聞香悉
天園林勝殿　諸觀妙法堂　在中而娛樂　聞香悉能
諸天若聽法　或受五欲時　來往行坐臥　聞香悉能知
天女所著衣　好華香莊嚴　周旋遊戲時　聞香悉能知
如是展轉上　乃至於梵世　入禪出禪者　聞香悉能知
光音遍淨天　乃至于有頂　初生及退沒　聞
諸比丘眾等　於法常精進
或在林樹下　專

BD08014號　妙法蓮華經卷六　（4-4）

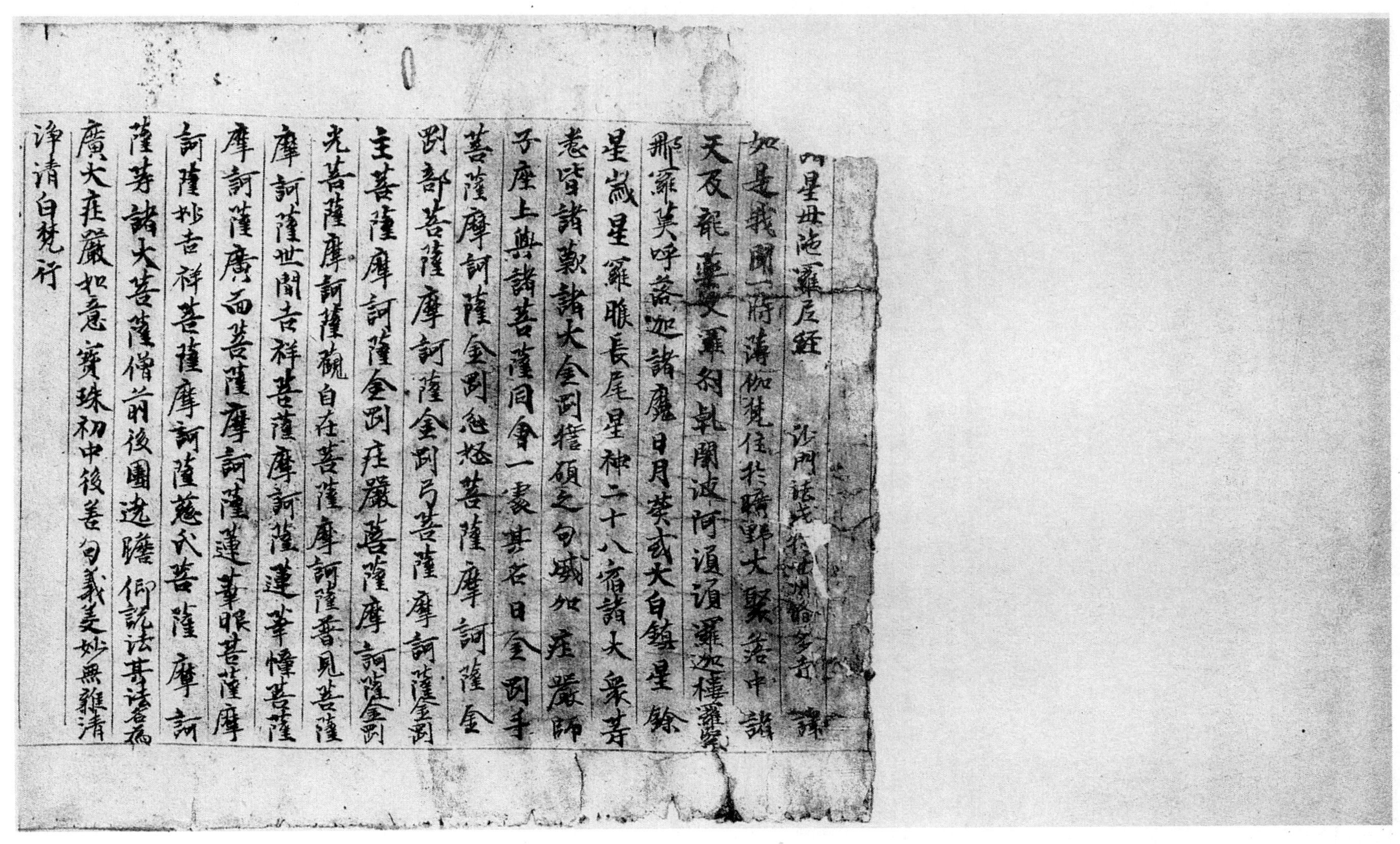
諸星母陀羅尼經　沙門法成於甘州修多寺譯
如是我聞一時薄伽梵住於曠野大聚落中諸
天及龍藥叉羅刹乾闥婆阿須羅迦樓羅緊
那羅莫呼落迦諸魔日月熒惑太白鎮星餘
星歲星羅睺長尾星神二十八宿諸大衆等
悉皆讚歎諸大金剛堅固之句城如莊嚴師
子座上與諸菩薩同會一處其名曰金剛手
菩薩摩訶薩金剛忿怒菩薩摩訶薩金
剛部菩薩摩訶薩金剛弓菩薩摩訶薩金剛
主菩薩摩訶薩金剛莊嚴菩薩摩訶薩金剛
光菩薩摩訶薩觀自在菩薩摩訶薩普見菩薩
摩訶薩世間吉祥菩薩摩訶薩蓮華幢菩薩
摩訶薩廣面菩薩摩訶薩蓮華眼菩薩摩
訶薩妙吉祥菩薩摩訶薩慈氏菩薩摩訶
薩等諸大菩薩僧前後圍遶瞻仰說法其法者爲
廣大莊嚴如意寶珠初中後善句義美妙無雜清
淨清白梵行

BD08015號　諸星母陀羅尼經　（3–1）

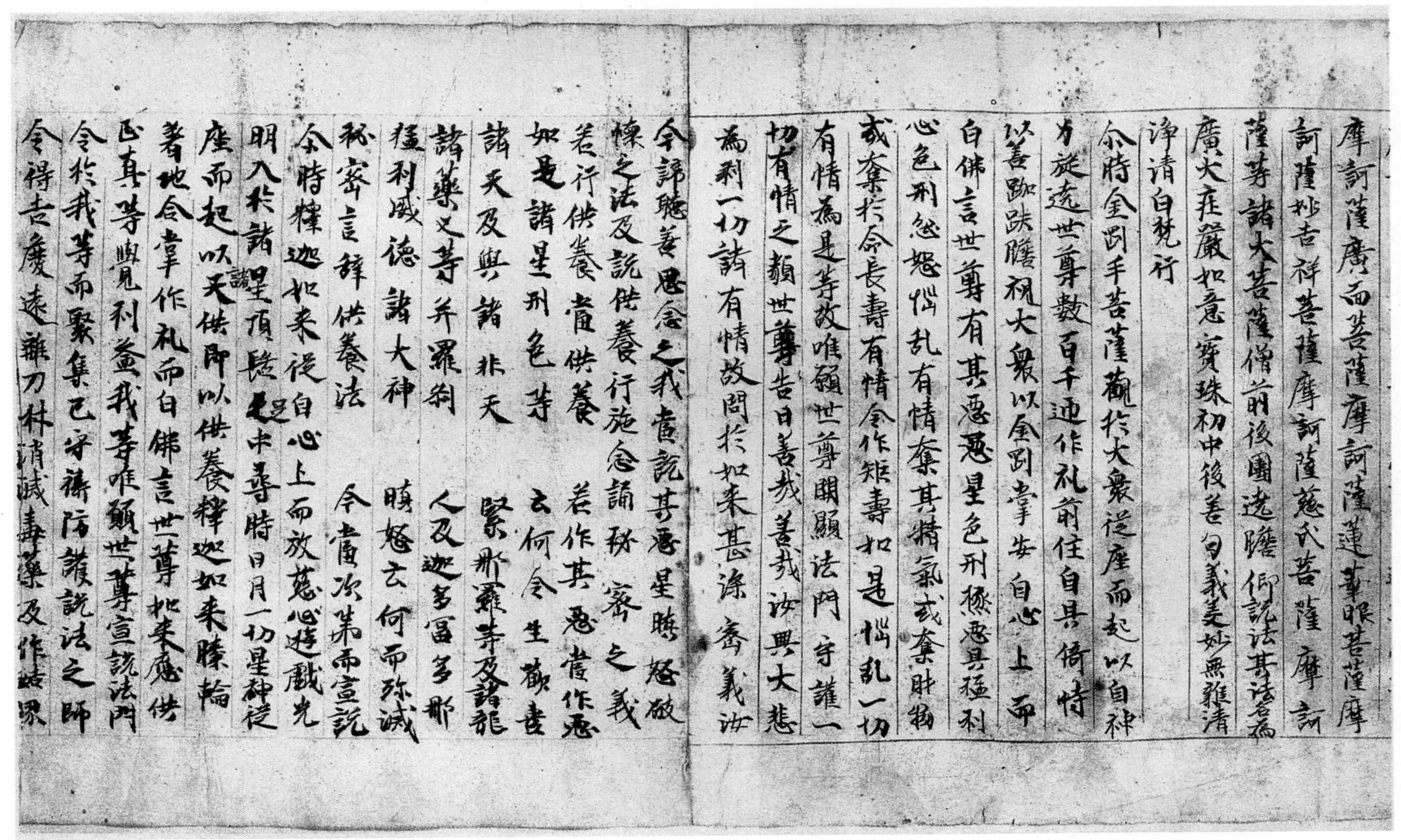
摩訶薩廣面菩薩摩訶薩蓮華眼菩薩摩
訶薩妙吉祥菩薩摩訶薩慈氏菩薩摩訶
薩等諸大菩薩僧前後圍遶瞻仰說法其法者爲
廣大莊嚴如意寶珠初中後善句義美妙無雜清
淨清白梵行
爾時金剛手菩薩觀於大衆從座而起以自神
力旋遶世尊數百千迊作礼前住自其倚恃
以善跏趺瞻視大衆以金剛掌安自心上而
白佛言世尊有其惡惑星色形懸惡具猛利
心色形忿怒惱亂有情奪其精氣或奪財物
或奪於命長壽有情令作短壽如是惱亂一切
有情爲是等故唯願世尊開顯法門守護一
切有情之類世尊告曰善哉善哉汝興大悲
爲利一切諸有情故問於如來甚深密義汝
今諦聽善思念之我當說其惡星曜忿敬
辣之法及說供養行施念誦秘密之義
若行供養當供養　若作其惡當作惡
如是諸星形色等　云何令生歡喜
諸天及與諸非天　緊那羅等及諸龍
諸藥叉等并羅刹　人及迦多冨多那
猛利威德諸大神　曠怒云何而殄滅
秘密言辞供養法　今當次第而宣說
爾時釋迦如來從自心上而放慈心遊戲光
明入於諸星頂髻之中尋時日月一切星神從
座而起以天供具以供養釋迦如來膝輪
著地合掌作礼而白佛言世尊如來應供
正真等覺見利益我等唯願世尊宣說法門
令於我等而聚集已守護防護說法之師
令得吉慶遠離刀杖讀誡毒藥及作呪咀

BD08015號　諸星母陀羅尼經　（3–2）

心色刑煞嬈惱亂有情奪其精氣或奪財物
或奪於命長壽有情令作短壽如是惱亂一切
有情爲是等故唯願世尊開顯法門守護一
切有情之類世尊告曰善哉善哉汝興大悲
爲利一切諸有情故問於如來甚深密義汝
今諦聽善思念之我當說其惡星曜嬈敬
愫之法及說供養行施念誦秘密之義
若行供養當供養　若作其惡當作惡
如是諸星刑色等　云何令生歡喜
諸天及與諸非天　緊那羅等及諸龍
諸藥叉等并羅剎　人及迦多富多那
猛利威德諸大神　曠怒云何而殄滅
秘密言辭供養法　今當次第而宣說
介時釋迦如來從自心上而放慈心遊戲光
明入於諸星頂隱足中尋時日月一切星神從
座而起以天供即以供養釋迦如來勝輪
著地合掌作禮而白佛言世尊如來應供
正真等覺利益我等唯願世尊宣說法門
令於我等而聚集已守護防護說法之師
令得吉慶遠離刀杖消滅毒藥及作蠱眾

BD08015號　諸星母陀羅尼經　　（3–3）

BD08015號背　裱補紙文獻（擬）、勘記　　（1–1）

万師子之座嚴好如前
菩薩以滿鉢香飯與維
離城及三千大千世界
亻
邪
維門居
士等聞是香氣身意快然歎未曾有於是長
者主月蓋從八万四千人來入維摩詰舍見
其室中菩薩甚多諸師子座高廣嚴好皆大
歡喜礼衆菩薩及大弟子却住一面諸地神
虛空神及欲色界諸天聞此香氣亦皆來入
維摩詰舍時維摩詰語舍利弗等諸大聲聞
一者可食如來甘露味飯大悲所薰无以限
意食之使不消也有異聲聞念是飯少而此
大衆人人當食化菩薩曰勿以聲聞小德小
智稱量如來无量福慧四海有竭此飯无盡
使一切人食揣若須弥乃至一劫猶不能盡
所以者何无盡戒定智慧解脫解脫知見功
德具足者所食之餘終不可盡於是鉢飯悉
飽衆會猶故不賜其諸菩薩聲聞天人食此
飯者身安快樂譬如一切樂莊嚴國諸菩薩

BD08016號　維摩詰所說經卷下　（2–1）

意食之使不消也有異聲聞念是飯少而此
大衆人人當食化菩薩曰勿以聲聞小德小
智稱量如來无量福慧四海有竭此飯无盡
使一切人食揣若須弥乃至一劫猶不能盡
所以者何无盡戒定智慧解脫解脫知見功
德具足者所食之餘終不可盡於是鉢飯悉
飽衆會猶故不賜其諸菩薩聲聞天人食此
飯者身安快樂譬如一切樂莊嚴國諸菩薩
也又諸毛孔皆出妙香亦如衆香國土諸樹
之香
尒時維摩詰問衆香菩薩香積如來以何說
法彼菩薩曰我土如來无文字說但以衆香
令諸天人得入律行菩薩各各坐香樹下聞
斯妙香即獲一切德藏三昧得是三昧者菩
薩所有功德皆悉具足彼諸菩薩問維摩詰
今世尊釋迦牟尼以何說法維摩詰言此土
衆生剛強難化故佛為說剛強之語以調伏
之言是地獄是畜生是餓鬼是諸難處是愚
人生處是身耶行是身耶行報是口耶行是
口耶行報是意耶行是意耶行報是殺生是
殺生報是不與取是不與取報是耶婬是耶
婬報是忘語是忘語報是兩舌是兩舌報是
惡口是惡口報是无義語是无義語報是貪
嫉

BD08016號　維摩詰所說經卷下　（2–2）

三菩提法皆從此經出須菩提所謂
即非佛法
須菩提於意云何須陁洹能作是念我
陁洹果不須菩提言不也世尊何以故
洹名為入流而无所入不入色聲香味
是名須陁洹須菩提於意云何斯陁含
是念我得斯陁含果不須菩提言不也世
何以故斯陁含名一往來而實无往來是
斯陁含須菩提於意云何阿那含能作是念
我得阿那含果不須菩提言不也世尊何以
故阿那含名為不來而實无來是故名阿那
含須菩提於意云何阿羅漢能作是念我得
阿羅漢道不須菩提言不也世尊何以故實
无有法名阿羅漢世尊若阿羅漢作是念我
得阿羅漢道即為著我人衆生壽者世尊
佛說我得无諍三昧人中最為第一是第一離
欲阿羅漢我不作是念我是離欲阿羅漢世
尊我若作是念我得阿羅漢道世尊則不說
須菩提是樂阿蘭那行者以須菩提實无所
行而名須菩提是樂阿蘭那行
佛告須菩提於意云何如來昔在燃燈佛所

BD08017號　金剛般若波羅蜜經　（2–1）

是名須陁洹須菩提於意云何斯陁含
是念我得斯陁含果不須菩提言不也世
何以故斯陁含名一往來而實无往來是
斯陁含須菩提於意云何阿那含能作是念
我得阿那含果不須菩提言不也世尊何以
故阿那含名為不來而實无來是故名阿那
含須菩提於意云何阿羅漢能作是念我得
阿羅漢道不須菩提言不也世尊何以故實
无有法名阿羅漢世尊若阿羅漢作是念我
得阿羅漢道即為著我人衆生壽者世尊
佛說我得无諍三昧人中最為第一是第一離
欲阿羅漢我不作是念我是離欲阿羅漢世
尊我若作是念我得阿羅漢道世尊則不說
須菩提是樂阿蘭那行者以須菩提實无所
行而名須菩提是樂阿蘭那行
佛告須菩提於意云何如來昔在燃燈佛所
於法有所得不世尊如來在燃燈佛所於法
實无所得須菩提於意云何菩薩莊嚴佛土
不不也世尊何以故莊嚴佛土者則非莊嚴

BD08017號　金剛般若波羅蜜經　（2–2）

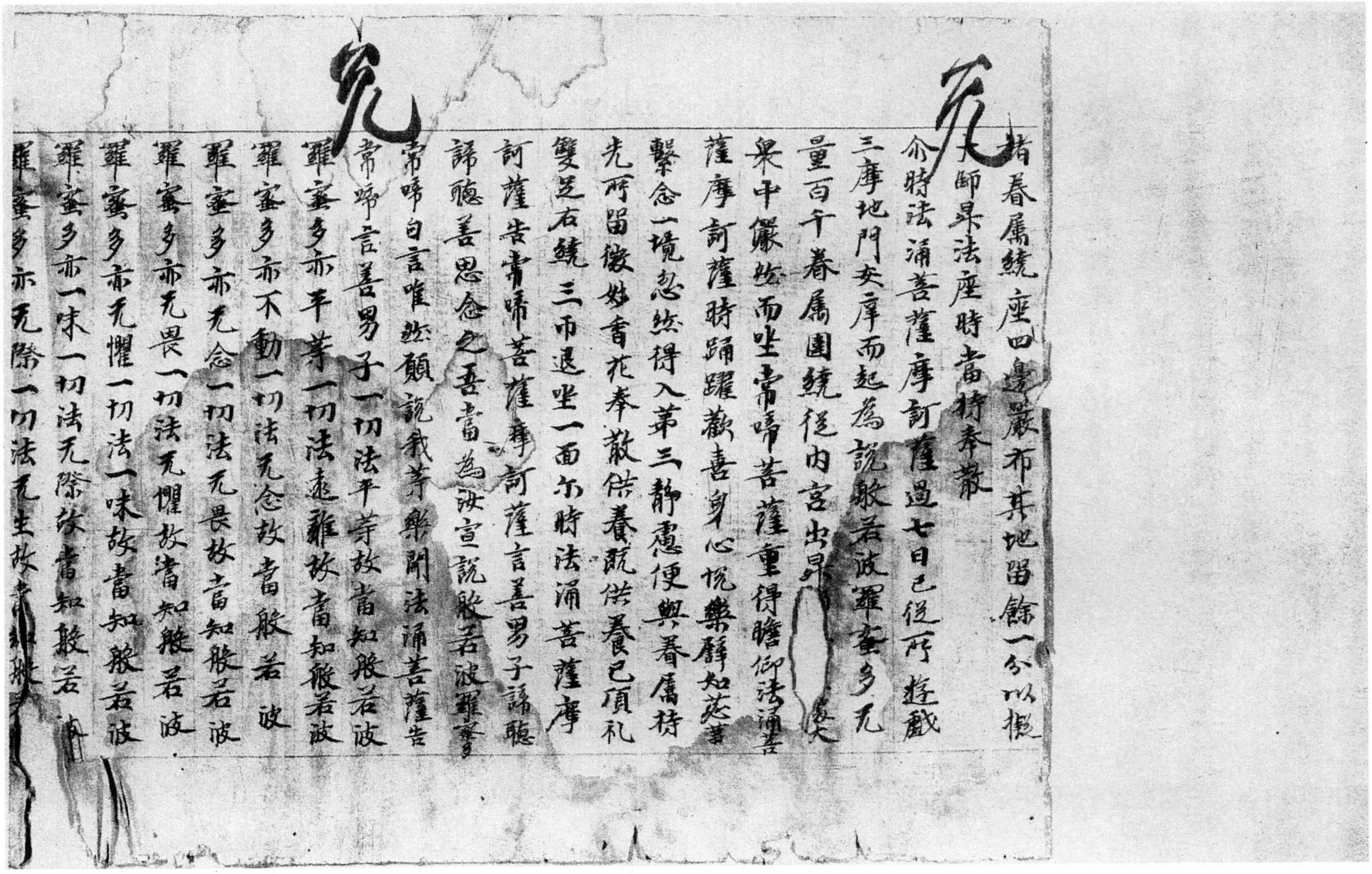

兑　兑

者眷屬繞座四邊嚴布其地留餘一分以擬
大師昇法座時當持奉散
介時法涌菩薩摩訶薩過七日已從所遊戲
三摩地門安庠而起為說般若波羅蜜多无
量百千眷屬圍繞從内宮出昇座
衆中儼然而坐常啼菩薩重得瞻仰法涌菩
薩摩訶薩時踊躍歡喜身心悅樂譬如苾芻
繫念一境忽然得入第三靜慮便與眷屬持
先所留微妙香花奉散供養既供養已頂礼
雙足右繞三帀退坐一面尒時法涌菩薩摩
訶薩告常啼菩薩摩訶薩言善男子諦聽
諦聽善思念之吾當為汝宣說般若波羅蜜多
常啼白言唯然願說我等樂聞法涌菩薩告
常啼言善男子一切法平等故當知般若波
羅蜜多亦平等一切法遠離故當知般若波
羅蜜多亦不動一切法无念故當知般若波
羅蜜多亦无念一切法无畏故當知般若波
羅蜜多亦无畏一切法无懼故當知般若波
羅蜜多亦无懼一切法一味故當知般若波
羅蜜多亦一味一切法无際故當知般若波
羅蜜多亦无際一切法无生故當知般

BD08018號　大般若波羅蜜多經（兑廢稿）卷四〇〇　（2–1）

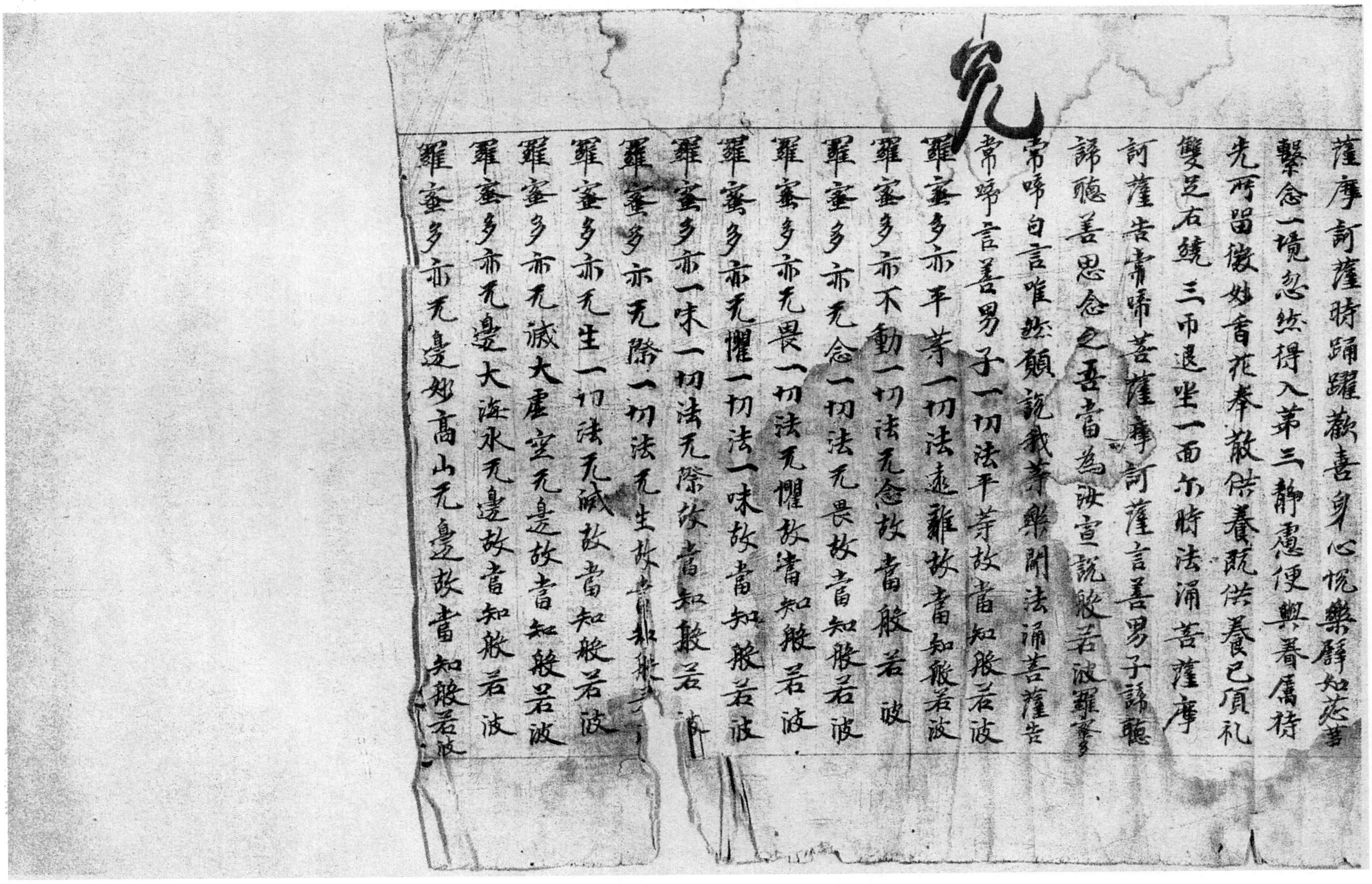

兑

薩摩訶薩時踊躍歡喜身心悅樂譬如苾芻
繫念一境忽然得入第三靜慮便與眷屬持
先所留微妙香花奉散供養既供養已頂礼
雙足右繞三帀退坐一面尒時法涌菩薩摩
訶薩告常啼菩薩摩訶薩言善男子諦聽
諦聽善思念之吾當為汝宣說般若波羅蜜多
常啼白言唯然願說我等樂聞法涌菩薩告
常啼言善男子一切法平等故當知般若波
羅蜜多亦平等一切法遠離故當知般若波
羅蜜多亦不動一切法无念故當知般若波
羅蜜多亦无念一切法无畏故當知般若波
羅蜜多亦无畏一切法无懼故當知般若波
羅蜜多亦无懼一切法一味故當知般若波
羅蜜多亦一味一切法无際故當知般若波
羅蜜多亦无際一切法无生故當知般若
羅蜜多亦无生一切法无滅故當知般若波
羅蜜多亦无滅大虛空无邊故當知般若波
羅蜜多亦无邊大海水无邊故當知般若波
羅蜜多亦无邊妙高山无邊故當知般若波

BD08018號　大般若波羅蜜多經（兑廢稿）卷四〇〇　（2–2）

者不壞於常者樂
之象獨稱三界之[illegible]
聖法王利見事[illegible]
籠於万八千歲周
日流釋載叶通神[illegible]
塵區玉毫舒耀而降靈
煩惱之賊詎藉干戈
闡圓明之界廣納於無
於有識綖使浮天欲[illegible]
情塵法雨霑而便靡歸依
向者去危而獲安可謂巍
蕩乎而無能名者矣但四[illegible]
六趣悠悠俱纏有結詎知空於
堅馳逐於五陰之中播遷於[illegible]
品彙終俟法門自白馬西來玄言
則隨類敷演衆生乃迷性開迷匡暄
蹟倫龍樹騰芳於寶偈於是道
閻浮半滿之教區分大小之乘並鶩
德接武於勝場琳遠高人駢[illegible]

BD08019號　三藏聖教序（唐中宗）　（2–1）

[illegible]馳逐於五陰之中播遷於[illegible]
品彙終俟法門自白馬西來玄言
則隨類敷演衆生乃迷性開迷匡暄
蹟倫龍樹騰芳於寶偈於是道
閻浮半滿之教區分大小之乘並鶩
德接武於勝場琳遠高人駢[illegible]
徽言者範應千古而暢英聲
方而騰茂實須屬後周膺運
使天下招提咸從毀廢衆中[illegible]
嗟乎閑寂禪居空留窠坐之[illegible]
復經行之蹤复洎開皇重將修[illegible]
遐分膚冤哭神吟山鳴海沸既遭塗炭
正法消淪邪見增長於是人迷覺路運
苦集之區俗藪真宗竄絆於蓋纏之內我
大唐之有天下也上凌巢燧府視羲軒
三聖重光萬邦一統咸加有截澤被無垠
坤絡以還淳亘乾維而獻款再懸　佛日
補梵天龍宮將八柱齊安鷲嶺共五峯
大知　釋教諒屬
皇朝者焉大福先寺翻經三藏法師義淨
范陽人也俗姓張氏五代相韓之後三台仕
今我高祖爲東齊郡守
大千十部叉

BD08019號　三藏聖教序（唐中宗）　（2–2）

而得成辦一切德事業所以者何如是六種波羅
蜜多普能攝受一切佛法是故善現若諸菩
薩欲證無上正等菩提應學六種波羅蜜多
復次善現若諸菩薩欲學六種波羅蜜多應
於般若波羅蜜多甚深經典至心聽聞受持
讀誦觀察義趣請决所疑所以者何如是般
若波羅蜜多甚深經典能與六種波羅蜜多
為尊為導為生養母善現當知若諸菩薩欲
得不隨他教行欲住不隨他教行欲斷一切
有情疑欲滿一切有情願應學如是甚深般
若波羅蜜多具壽善現便白佛言甚深般若
波羅蜜多以何為相佛告善現甚深般若波
羅蜜多無礙為相尒時善現復白佛言頗有
因緣甚深般若波羅蜜多無礙之相餘一切法
亦得有耶佛告善現有因緣故甚深般若
波羅蜜多無礙之相餘一切法亦可說有所
以者何以一切法無不皆如甚深般若波羅

BD08020號　大般若波羅蜜多經卷五六四　（2–1）

因緣甚深般若波羅蜜多無礙之相餘一切法
亦得有耶佛告善現有因緣故甚深般若
波羅蜜多無礙之相餘一切法亦可說有所
以者何以一切法無不皆如甚深般若波羅
蜜多是空遠離具壽善現復白佛言若一切
法皆空遠離云何有情有染有淨所以者何
非空遠離法可說有染淨非空遠離能證菩
提非離空遠離有別法可得云何令我解如
是義佛告善現於意云何有情長夜有我等
心執我等不善現對曰如是世尊佛告善現
於意云何有情所執我及我所空遠離不善
現對曰如是世尊佛告善現於意云何豈不
有情由我我所流轉生死善現對曰如是世
尊佛告善現如是有情流轉生死施設雜染
及清淨者由諸有情虛妄執著我及我所
說有雜染而於其中無雜染者由諸有情不妄
執著我及我所說有清淨而於其中無清淨
者是故善現雖一切法皆空遠離而諸有情
亦可施設有染有淨若諸菩薩能如是行名
行般若波羅蜜多具壽善現便白佛言希有
世尊雖一切法皆空遠離而諸有情有染有

BD08020號　大般若波羅蜜多經卷五六四　（2–2）

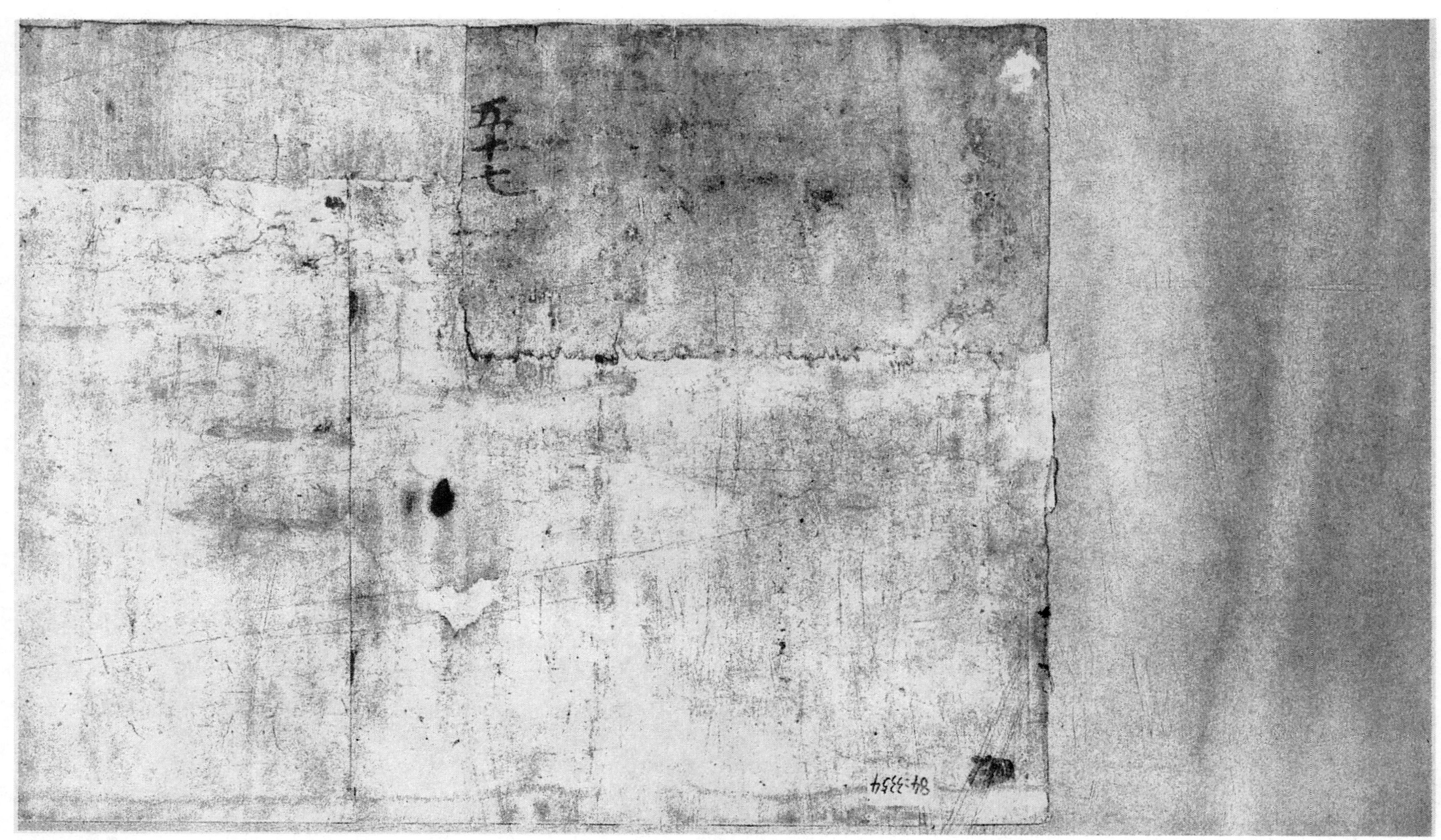

BD08020 號背　勘記　　　　（1–1）

有莊嚴是故須菩提諸菩薩摩訶薩應如是
生清淨心不應住色生心不應住聲香味觸
法生心應无所住而生其心須菩提譬如有
人身如須弥山王於意云何是身為大不須
菩提言甚大世尊何以故佛說非身是名大
身須菩提如恒河中所有沙數如是沙等恒
河於意云何是諸恒河沙寧為多不須菩提
言甚多世尊但諸恒河尚多无數何況其沙
須菩提我今實言告汝若有善男子善女人
以七寶滿尒所恒河沙數三千大千世界以用
布施得福多不須菩提言甚多世尊佛告須
菩提若善男子善女人於此經中乃至受持
四句偈等為他人說而此福德勝前福德復
次須菩提隨說是經乃至四句偈等當知此
處一切世間天人阿修羅皆應供養如佛塔
廟何況有人盡能受持讀誦須菩提當知是

BD08021 號　金剛般若波羅蜜經　　　　（3–1）

菩提若善男子善女人於此經中乃至受持
四句偈等為他人說而此福德勝前福德復
次須菩提隨說是經乃至四句偈等當知此
處一切世間天人阿脩羅皆應供養如佛塔
廟何況有人盡能受持讀　須菩提當知是
人成就最上第一希有之法若是經典所在之
處則為有佛若尊重弟子
尒時須菩提白佛言世尊當何名此經我等
云何奉持佛告須菩提是經名為金剛般若
波羅蜜以是名字汝當奉持所以者何須菩
提佛說般若波羅蜜則非般若波羅蜜須
菩提於意云何如來有所說法不須菩提白
佛言世尊如來无所說須菩提於意云何三千
大千世界所有微塵是為多不須菩提言甚
多世尊須菩提諸微塵如來說非微塵是名
微塵如來說世界非世界是名世界須菩提
於意云何可以三十二相見如來不不也世
尊何以故如來說三十二相即是非相是名
三十二相須菩提若有善男子善女人以恒
河沙等身命布施若復有人於此經中乃至
受持四句偈等為他人說其福甚多
尒時須菩提聞說是經深解義趣涕淚悲泣
而白佛言希有世尊佛說如是甚深經典我
從昔來所得慧眼未曾得聞
若復有人得聞是經信心清
如是人成就第一希有功德世

BD08021號　金剛般若波羅蜜經　（3-2）

提佛說般若波羅蜜則非般若波羅蜜須
菩提於意云何如來有所說法不須菩提白
佛言世尊如來无所說須菩提於意云何三千
大千世界所有微塵是為多不須菩提言甚
多世尊須菩提諸微塵如來說非微塵是名
微塵如來說世界非世界是名世界須菩提
於意云何可以三十二相見如來不不也世
尊何以故如來說三十二相即是非相是名
三十二相須菩提若有善男子善女人以恒
河沙等身命布施若復有人於此經中乃至
受持四句偈等為他人說其福甚多
尒時須菩提聞說是經深解義趣涕淚悲泣
而白佛言希有世尊佛說如是甚深經典我
從昔來所得慧眼未曾得聞
若復有人得聞是經信心清
如是人成就第一希有功德世
則是非相是故如來說
聞如是經

BD08021號　金剛般若波羅蜜經　（3-3）

捨十八佛[illegible]
以四正斷四神足五根五力七等[illegible]
道支無二為方便無生為方便無所得為方
便迴向一切智智脩習佛十力四無所畏四
無礙解大慈大悲大喜大捨十八佛不共法
慶喜四正斷四神足五根五力七等覺支八
聖道支四正斷四神足五根五力七等覺支
八聖道支性空何以故以四正斷四神足五
根五力七等覺支八聖道支性空與佛十力
四無所畏四無礙解大慈大悲大喜大捨十八
佛不共法無二無二分故慶喜由此故説以
四念住等無二為方便無生為方便無所得
為方便迴向一切智智脩習佛十力四無所
畏四無礙解大慈大悲大喜大捨十八佛不
共法世尊云何以四念住無二為方便無生
為方便無所得為方便迴向一切智智脩
習無忘失法恒住捨性慶喜四念住四念住
性空何以故以四念住性空與無忘失法恒

BD08022號　大般若波羅蜜多經卷一二一　（2–1）

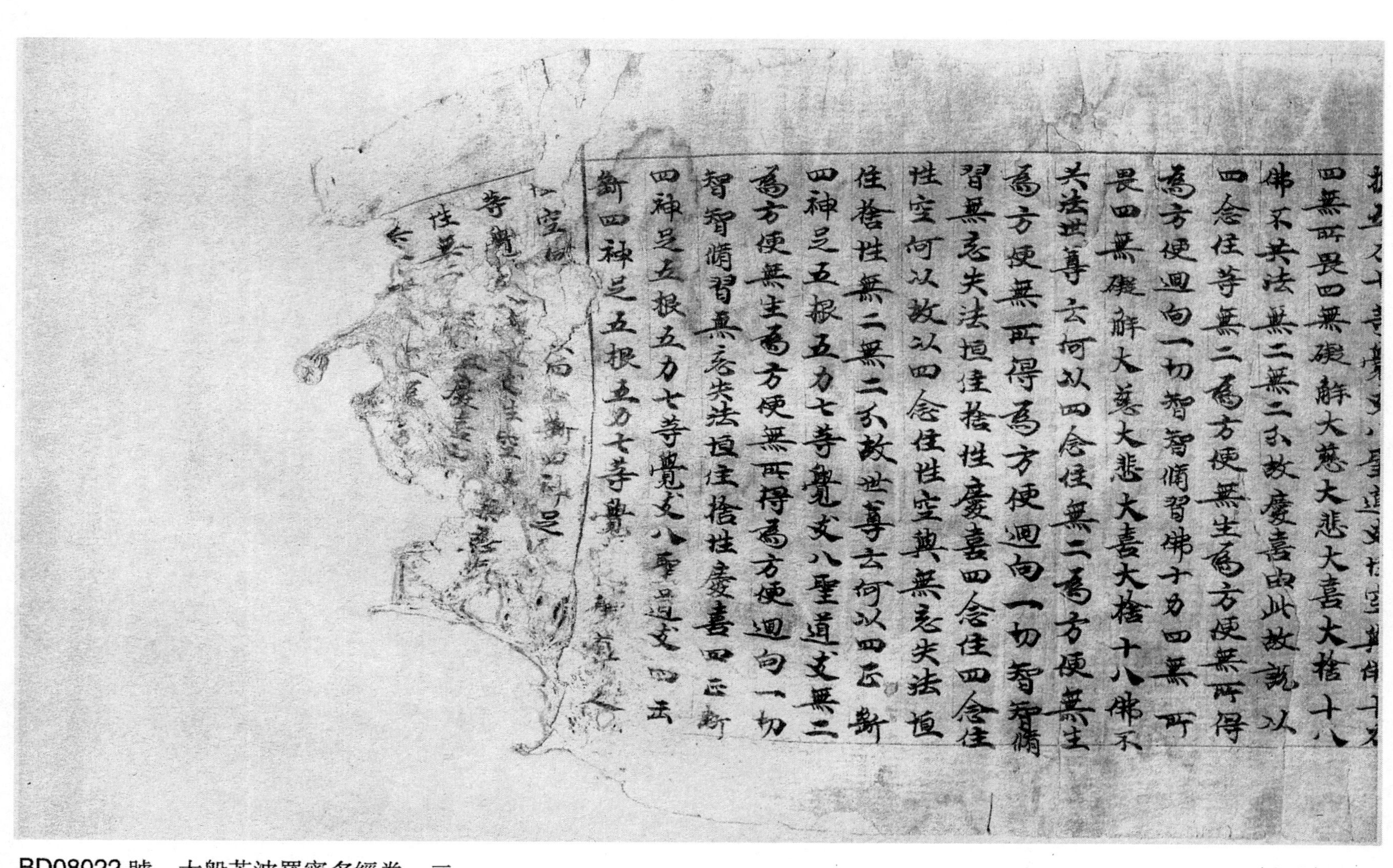

[illegible]七等覺支八聖道支性空與佛十力
四無所畏四無礙解大慈大悲大喜大捨十八
佛不共法無二無二分故慶喜由此故説以
四念住等無二為方便無生為方便無所得
為方便迴向一切智智脩習佛十力四無所
畏四無礙解大慈大悲大喜大捨十八佛不
共法世尊云何以四念住無二為方便無生
為方便無所得為方便迴向一切智智脩
習無忘失法恒住捨性慶喜四念住四念住
性空何以故以四念住性空與無忘失法恒
住捨性無二無二分故世尊云何以四正斷
四神足五根五力七等覺支八聖道支無二
為方便無生為方便無所得為方便迴向一切
智智脩習無忘失法恒住捨性慶喜四正斷
四神足五根五力七等覺支八聖道支四正
斷四神足五根五力七等覺[illegible]
[illegible]

BD08022號　大般若波羅蜜多經卷一二一　（2–2）

脣脉亦不曲戾
狹長亦不窪曲无有一切不可喜相脣舌
齒悉皆嚴好鼻脩高直面貌圓滿眉高而
額廣平正人相具足世世所生見佛聞法信
受教誨阿逸多汝且觀是勸於一人令往聽
法功德如此何況一心聽說讀誦而於大
為人分別如說脩行尒時世尊欲重宣此義
而說偈言
若人於法會　得聞是經典　乃至於一偈　隨喜為他說
如是展轉教　至于第五十　最後人獲福　今當分別
如有大施主　供給无量眾　具滿八十歲　隨意之所
見彼衰老相　髮白而面皺　齒疏形枯竭　念其死不
我今應當教　令得於道果　即為方便說　涅槃真實
世皆不牢固　如水沫泡焰　汝等咸應當　疾生厭離
諸人聞是法　皆得阿羅漢　具足六神通　三明八解
最後第五十　聞一偈隨喜　是人福勝彼　不可為譬

BD08023號　妙法蓮華經卷六　（2–1）

如是展轉教　至于第五十　最後人獲福　今當分別
如有大施主　供給无量眾　具滿八十歲　隨意之所
見彼衰老相　髮白而面皺　齒疏形枯竭　念其死不
我今應當教　令得於道果　即為方便說　涅槃真實
世皆不牢固　如水沫泡焰　汝等咸應當　疾生厭離
諸人聞是法　皆得阿羅漢　具足六神通　三明八解
最後第五十　聞一偈隨喜　是人福勝彼　不可為譬
如是展轉聞　其福尚无量　何況於法會　初聞隨喜者
若有勸一人　將引聽法華　言此經深妙　千万劫難遇
即受教往聽　乃至須臾聞　斯人之福報　今當分別
世世无口患　齒不疏黃黑　脣不厚褰缺　无有可惡
舌不乾黑短　鼻高脩且直　額廣而平正　面目悉端嚴
為人所喜見　口氣无臭穢　優鉢華之香　常從其口
若故詣僧坊　欲聽法華經　須臾聞歡喜　今當說其
後生天人中　得妙象馬車　珍寶之輦轝　及乘天宮
若於講法處　勸人坐聽經　是福因緣得　釋梵轉輪
何況一心聽　解說其義趣　如說而脩行　其福不可
妙法蓮華經法師功德品第十九
尒時佛告常精進菩薩摩訶薩若善男子
女人受持是法華經若讀若誦若解說
寫是人當得八百眼功德千二百耳功德

BD08023號　妙法蓮華經卷六　（2–2）

BD08024號1　八波羅夷經

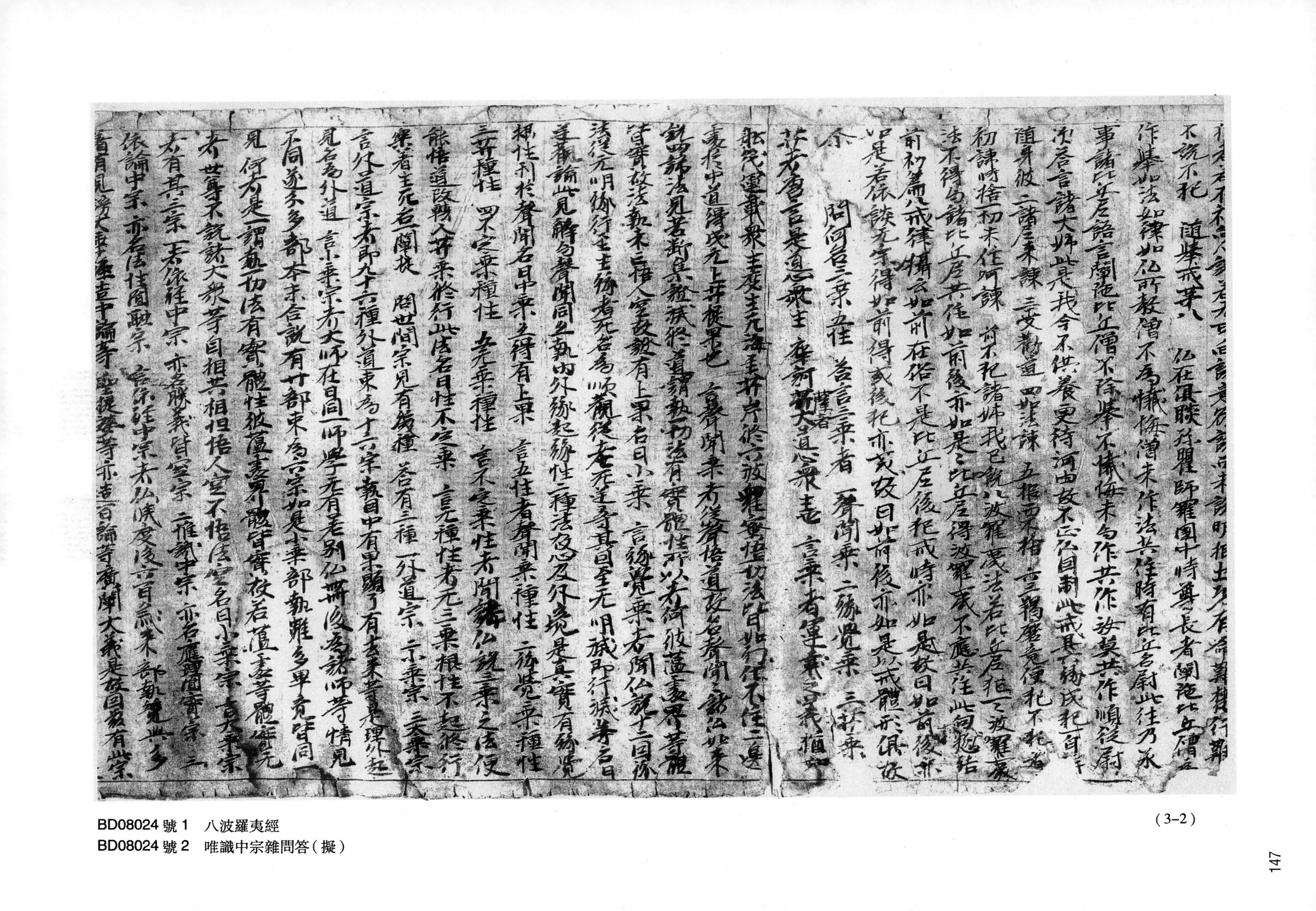

BD08024 號 1　八波羅夷經

BD08024 號 2　唯識中宗雜問答（擬）

（3–2）

能悟道故稱入菩乘，於行此法名曰住不定乘。言无種性者，无三乘根性，不起修行，
樂著生死，名一闡提。 問：世間宗見有幾種？ 答：有三種，一外道宗，二小乘宗，三大乘宗。
言外道宗者，即九十六種外道，束為十六宗，義目中有果、顯了有、去來等，是理外起
見，名為外道。 言小乘宗者，大師在日，同一師學，无有差別。佛滅後，為諸師等情見
不同，遂分多部，本末合說有廿部，束為六宗。如是小乘部執雖多，畢竟皆同
見。何者是一？謂執一切法有實體性，彼蘊處界等體皆實，故若蘊處界等體實无
者，世尊不說。諸大衆等自相共相，但悟人空，不悟法空，名曰小乘宗。言大乘宗
者，有其三宗：一者依經中宗，亦名勝義皆空宗；二唯識中宗，亦名應理圓實宗；三
依論中宗，亦名法性圓融宗。 言依經中宗者，佛滅度後六百餘年，部執競興，多
著有見。龍樹大士遂造中論等，聖提婆等亦造百論等，廣闡大義，是故因爲有此宗
起。此宗見云何？以三无性為真了義。說一切法世俗故有，勝義故空，謂一切法緣生有故，
故名世俗；即緣无性名勝義空。勝義世俗其體不異，故非空非有，是中道理。得中
道故，不住二邊，雖依世俗有所遣，終由觀勝義而无所得。正觀雙行，成无住道。
又依世俗說有三性，若勝義諦三性皆无。由執世俗故流沒死生，令出離故，說勝義
諦，故无三性，名真了義。 言唯識宗者，既有如是有宗起故，由是衆生復著空
見。佛滅後九百年，初无著菩薩有見無等，展轉世親、陀羅行，亦造世等論，以立
唯識，有此宗起。此宗見云何？謂色等內外之法非真實有，唯有識故，經云：
三界唯心，萬法唯識。言三自性為真了義。說一切法由二諦故，非空非有，於三性中遍計
所執其性都无，依他起性因緣假有，圓成實性離妄真實。所執无故空而非
有，依圓存故有而非空，非有是中道理。故說三性為真了義。言法性圓融宗
者，觸然性即是菩提，生死性即是菩提，性圓融不異。於行本理即事，事行
而不異於圓融，事即理，理即事，即理名為法性圓融宗也。

BD08025號　無量壽宗要經　（2–1）

BD08025號　無量壽宗要經　（2–2）

離一切相
心不應住色生心不應住聲
應生无所住心若心有住則為非住是
說菩薩心不應住色布施須菩提菩薩為利
益一切衆生應如是布施如來說一切諸相
即是非相又說一切衆生則非衆生須菩提
如來是真語者實語者如語者不誑語者不
異語者須菩提如來所得法此法无實无虛
須菩提若菩薩心住於法而行布施如人入
闇則无所見若菩薩心不住法而行布施如
人有目日光明照見種種色須菩提當來之
世若有善男子善女人能於此經受持讀誦
則為如來以佛智慧悉知是人悉見是人皆
得成就无量无邊功德
須菩提若有善男子善女人初日分以恒河
沙等身布施中日分復以恒河沙等身布施

BD08026號　金剛般若波羅蜜經　（2–1）

異語者須菩提如來所得法此法无實无虛
須菩提若菩薩心住於法而行布施如人入
闇則无所見若菩薩心不住法而行布施如
人有目日光明照見種種色須菩提當來之
世若有善男子善女人能於此經受持讀誦
則為如來以佛智慧悉知是人悉見是人皆
得成就无量无邊功德
須菩提若有善男子善女人初日分以恒河
沙等身布施中日分復以恒河沙等身布施
後日分亦以恒河沙等身布施如是无量百
千万億劫以身布施若復有人聞此經典信
心不逆其福勝彼何況書寫受持讀誦為人
解說須菩提以要言之是經有不可思議不
可稱量无邊功德如來為發大乘者說為發
最上乘者說若有人能受持讀誦廣為人說
如來悉知是人悉見是人皆成就不可量不
可稱无有邊不可思議功德如是人等則為
荷擔如來阿耨多羅三藐三菩提何以故須
菩提若樂小法者著我見人見衆生見壽者
見則於此經不能聽受讀誦為人解說須菩
提在在處處若有此經一切世間天人阿脩
羅所應供養當知此處則為是塔皆應恭敬
作禮圍繞以諸華香而散其處

BD08026號　金剛般若波羅蜜經　（2–2）

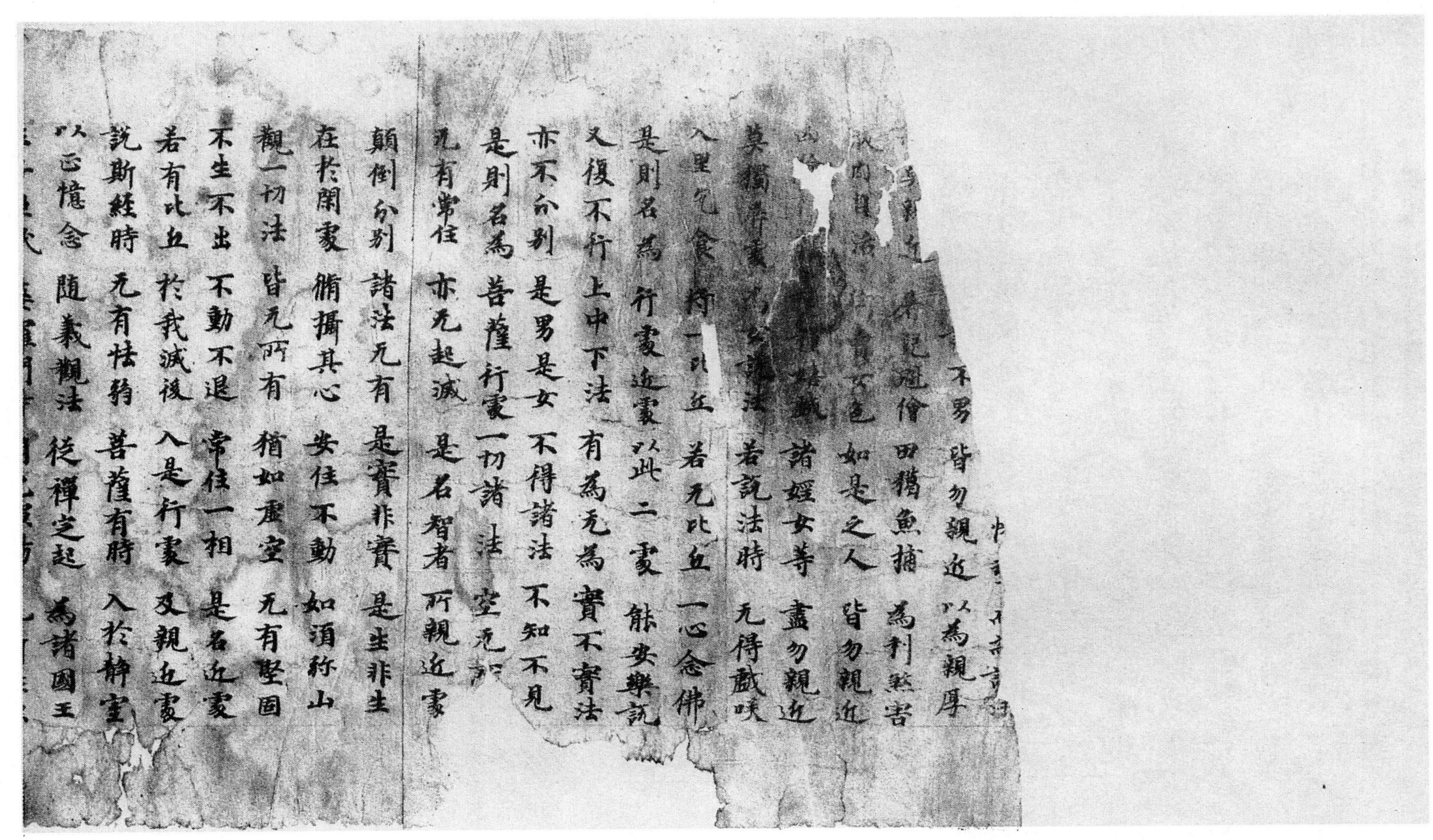

不男 皆勿親近 以為親厚
兒魁膾 田獵魚捕 為利煞害
販肉自活 衒賣女色 如是之人 皆勿親近
凶險相撲 種種嬉戲 諸婬女等 盡勿親近
莫獨屏處 為女說法 若說法時 无得戲咲
入里乞食 將一比丘 若无比丘 一心念佛
是則名為 行處近處 以此二處 能安樂說
又復不行 上中下法 有為无為 實不實法
亦不分別 是男是女 不得諸法 不知不見
是則名為 菩薩行處 一切諸法 空无所有
无有常住 亦无起滅 是名智者 所親近處
顛倒分別 諸法有无 是實非實 是生非生
在於閑處 脩攝其心 安住不動 如須彌山
觀一切法 皆无所有 猶如虛空 无有堅固
不生不出 不動不退 常住一相 是名近處
若有比丘 於我滅後 入是行處 及親近處
說斯經時 无有怯弱 菩薩有時 入於靜室
以正憶念 隨義觀法 從禪定起 為諸國王

BD08027 號　妙法蓮華經卷五　（2–1）

不生不出 不動不退 常住一相 是名近處
若有比丘 於我滅後 入是行處 及親近處
說斯經時 无有怯弱 菩薩有時 入於靜室
以正憶念 隨義觀法 從禪定起 為諸國王
王子臣民 婆羅門等 開化演暢 說斯經典
其心安隱 无有怯弱 文殊師利 是名菩薩
安住初法 能於後世 說法華經
又文殊師利 如來滅後 於末法中 欲說是經
應住安樂行 若口宣說 若讀經時 不樂說人
及經典過 亦不輕慢 諸餘法師 不說他人好
惡長短 於聲聞人 亦不稱名說其過惡 亦不
稱名讚歎其美 又亦不生怨嫌之心 善脩如
是安樂心故 諸有聽者 不逆其意 有所難問
不以小乘法答 但以大乘而為解說 令得一
切種智 尒時世尊 欲重宣此義 而說偈言
菩薩常樂 安隱說法 於清淨地 而施床座
以油塗身 澡浴塵穢 著新淨衣 內外俱淨
安處法座 隨問為說 若有比丘 及比丘尼
諸優婆塞 及優婆夷 國王王子 群臣士民
以微妙義 和顏為說 若有難問 隨義而
因緣譬喻 敷演分別 以是方便 皆使發
漸漸增益 入於佛道 除嬾墮意 及懈
離諸憂惱 慈心說法 晝夜常說
以諸因緣
衣服

BD08027 號　妙法蓮華經卷五　（2–2）

非法界乃至意觸爲緣所生諸受法性中如
來法性可得非如來法性中法界乃至意觸
爲緣所生諸受法性可得
憍尸迦非離地界如來可得非離水火風空
識界如來可得非離地界真如如來可得非
離水火風空識界真如如來可得非離地界
法性如來可得非離水火風空識界法性如
來可得非離地界如來真如可得非離水火
風空識界如來真如可得非離地界如來法
性可得非離水火風空識界如來法性可得
非離地界真如如來真如可得非離水火風
空識界真如如來真如可得非離地界法性
如來法性可得非離水火風空識界法性如
來法性可得憍尸迦非地界中如來可得非
如來中地界可得非水火風空識界中如來
可得非如來中水火風空識界可得非地界
真如中如來可得非如來中地界真如可得
非水火風空識界真如中如來可得非如來
中水火風空識界真如可得非地界法性中

BD08028 號 1　大般若波羅蜜多經（兌廢稿）卷九〇　（3–1）

來法性可得憍尸迦非地界中如來可得非
如來中地界可得非水火風空識界中如來
可得非如來中水火風空識界可得非地界
真如中如來可得非如來中地界真如可得
非水火風空識界真如中如來可得非如來
中水火風空識界真如可得非地界法性中
如來可得非如來中地界法性可得非水火
風空識界法性中如來可得非如來中水火
得非如來真如中地界可得非水火風空識
界中如來真如可得非如來真如中水火風
空識界可得非地界中如來法性可得非如
來法性中地界可得非水火風空識界中如

真如中地界真如可得非水火風空識界真如
如中如來真如可得非如來真如中水火風
空識界真如可得非地界法性中如來法性
可得非如來法性中地界法性可得非水火
風空識界法性中如來法性可得非如來法
性中水火風空識界法性可得
憍尸迦非離苦聖諦如來可得非離集滅道
聖諦如來可得非離苦聖諦真如如來可得
非離集滅道聖諦真如如來可得非離苦聖
諦法性如來可得非離集滅道聖諦法性如
來可得非離苦聖諦如來真如可得非離集
滅道聖諦如來真如可得非離苦聖諦如來

BD08028 號 1　大般若波羅蜜多經（兌廢稿）卷九〇　（3–2）
BD08028 號 2　大般若波羅蜜多經（兌廢稿）卷九〇

性中水火風空識界法性可得
憍尸迦非離苦聖諦如來可得非離集滅道
聖諦如來可得非離苦聖諦真如如來可得
非離集滅道聖諦真如如來可得非離苦聖
諦法性如來可得非離集滅道聖諦法性如
來可得非離苦聖諦如來真如可得非離集
滅道聖諦如來真如可得非離苦聖諦如來
法性可得非離集滅道聖諦如來法性可得
非離苦聖諦真如如來真如可得非離集
滅道聖諦真如如來真如可得非離苦聖諦法
性如來法性可得非離集滅道聖諦法性如
如來法性可得憍尸迦非苦聖諦中如來可得
非離苦聖諦真如如來真如可得非離集滅
道聖諦真如如來真如可得非離苦聖諦法
性如來法性可得非離集滅道聖諦法性如
來法性可得憍尸迦非苦聖諦中如來可得
非如來中苦聖諦可得非集滅道聖諦中如
來可得非如來中集滅道聖諦可得非苦聖
諦真如中如來可得非如來中苦聖諦真如
可得非集滅道聖諦真如中如來可得非如

BD08028號2　大般若波羅蜜多經（兌廢稿）卷九〇　（3–3）

相智非堅法故一切菩薩摩訶薩行以
故諸佛無上正等菩提非堅法故一切
非堅法故所以者何諸菩薩摩訶薩
若波羅蜜多時於深般若波羅蜜
見有非堅可得况見有堅可得如是乃
切智智時於一切智智尚不見有非堅可
况見有堅可得時有無量欲色界天咸作是
念住菩薩乘諸善男子善女人等能發無上
正等覺心如深般若波羅蜜多所說義行不
證實際平等法性不墮聲聞及獨覺地由此
因緣是善男子善女人等甚為希有能為難
事應當敬禮尒時善現知彼諸天心之所念
便告彼曰是善男子善女人等不證實際平
等法性不墮聲聞及獨覺地非甚希有亦未
為難若菩薩摩訶薩知一切法及諸有情皆
不可得而發無上正等覺心被精進甲擐度
無量無邊有情令入無餘般涅槃界是菩薩
摩訶薩乃甚希有能為難事諸天當知若菩
薩摩訶薩雖知有情都無所有而發無上正
等覺心被精進甲為欲調伏諸有情類如有

BD08029號　大般若波羅蜜多經（兌廢稿）卷四五六　（2–1）

况見有堅可得時有無量欲色界天咸作是
念住菩薩乘諸善男子善女人等能發無上
正等覺心如說般若波羅蜜多所說義行不
證實際平等法性不墮聲聞及獨覺地由此
因緣是善男子善女人等甚為希有能為難
事應當敬礼爾時善現知彼諸天心之所念
便告彼曰是善男子善女人等不證實際平
等法性不墮聲聞及獨覺地非甚希有亦未
為難若菩薩摩訶薩知一切法及諸有情皆
不可得而發無上正等覺心被精進甲誓度
無量無邊有情令入無餘般涅槃界是菩薩
摩訶薩乃甚希有能為難事諸天當知菩
薩摩訶薩雖知有情都無所有而發無上正
等覺心被精進甲為欲調伏諸有情類如有
為欲調伏虛空所以者何虛空離故當知一
切有情亦離虛空空故當知一切有情亦空
虛空非堅實故當知一切有情亦非堅實虛

BD08029號　大般若波羅蜜多經（兌廢稿）卷四五六　（2–2）

燈佛與我受記作是言汝於來世當得作佛
号釋迦牟尼何以故如來者即諸法如義若
有人言如來得阿耨多羅三藐三菩提須菩
提實无有法佛得阿耨多羅三藐三菩提須
菩提如來所得阿耨多羅三藐三菩提於是
中无實无虛是故如來說一切法皆是佛法
須菩提所言一切法者即非一切法是故名
一切法須菩提譬如人身長大須菩提言世
尊如來說人身長大則為非大身是名大身
須菩提菩薩亦如是若作是言我當滅度无
量衆生則不名菩薩何以故須菩提實无有
法名為菩薩是故佛說一切法无我无人无
衆生无壽者須菩提若菩薩作是言我當莊
嚴佛土是不名菩薩何以故如來說莊嚴佛
土者即非莊嚴是名莊嚴須菩提若菩薩通
達无我法者如來說名真是菩薩
須菩提於意云何如來有肉眼不如是世尊
如來有肉眼須菩提於意云何如來有天眼
不如是世尊如來有天眼須菩提於意云何
如來有慧眼不如是世尊如來有慧眼須菩
提於意云何如來有法眼不如是世尊如來
有法眼須菩[illegible]何如來

BD08030號　金剛般若波羅蜜經　（1–1）

敬心復作
如是其誰不發
從是來不復勸人以聲
任詣彼問疾
佛告須菩提汝行詣維摩詰問疾須菩提
白佛言世尊我不堪任詣彼問疾所以者何
憶念昔者入其舍從乞食時維摩詰取我鉢
盛滿飯謂我言唯須菩提若能於食等者
諸法亦等諸法等者於食亦等如是行乞乃可
取食若須菩提不斷婬怒癡亦不與俱不壞
於身而隨一相不滅癡愛起於明脫以五逆相
而得解脫亦不解不縛不見四諦非不見諦
非得果非凡夫非離凡夫法非聖人非不聖
人雖成就一切法而離諸法相乃可取食若
須菩提不見佛不聞法彼外道六師富蘭
那迦葉末伽梨拘賒梨子刪闍夜毗羅胝子
阿耆多翅舍欽婆羅迦羅鳩馱迦旃延尼揵
陀若提子等是汝之師因其出家彼師所墮
汝亦隨墮乃可取食若須菩提入諸邪見不
到彼岸住於八難不得无難同於煩惱離清
淨法汝得无諍三昧一切衆生亦得是定其施汝
者不名福田供養汝者墮三惡道為與衆魔

BD08031號　維摩詰所說經卷上　（2–1）

憶念昔者入其舍從乞食時維摩詰取我鉢
盛滿飯謂我言唯須菩提若能於食等者
諸法亦等諸法等者於食亦等如是行乞乃可
取食若須菩提不斷婬怒癡亦不與俱不壞
於身而隨一相不滅癡愛起於明脫以五逆相
而得解脫亦不解不縛不見四諦非不見諦
非得果非凡夫非離凡夫法非聖人非不聖
人雖成就一切法而離諸法相乃可取食若
須菩提不見佛不聞法彼外道六師富蘭
那迦葉末伽梨拘賒梨子刪闍夜毗羅胝子
阿耆多翅舍欽婆羅迦羅鳩馱迦旃延尼揵
陀若提子等是汝之師因其出家彼師所墮
汝亦隨墮乃可取食若須菩提入諸邪見不
到彼岸住於八難不得无難同於煩惱離清
淨法汝得无諍三昧一切衆生亦得是定其施汝
者不名福田供養汝者墮三惡道為與衆魔
共一手作諸勞侶汝與衆魔及諸塵勞等无
有異於一切衆生而有怨心謗諸佛毀於法
不入衆數終不得滅度汝若如是乃可取食
時我世尊聞此語茫然不識是何言不知以何

BD08031號　維摩詰所說經卷上　（2–2）

將釋此論略作十門分別
論題目 第三弁論宗體
所被機 第六陳造論年主 第十
論意者夫昇三界有情五趣輪溺墮
無替者莫不以斷常空有紛糺於
執利物為除空有兩執故開空有二門 前明百法有
體為遣執空後明人法二空為斷有見所以有體世济
非无所以言空真諦隨何說有隨病說藥病息藥
亡執藥成病悟病成藥非空非有即有即空既絕
百非又亡四句然因詮顯旨故假說以明既不說而說之聽
无所聽論之異也其在茲乎此即第一明造論意
第二釋論題目者言大乘百法明門論本事分中略錄
名數者大是遮小得名乘者運載為義此言大乘
者遮詮立號非是表詮言遮詮者問小乘故名曰遮
遮詮十十相茲名百廣如後釋然持自性故名為法
明者是惠與明為門故曰明門問答往還稱之為論
言本事分中者即百法明門論本事分中出也良為本
事分中文繁浩博此論文略故言略錄文略故略非義
略也且如諸法稱之曰名一十百千名之為數故言大

BD08032 號　大乘百法明門論釋（擬）　（4–1）

遮詮十十相茲名百廣如後釋然持自性故名為法
明者是惠與明為門故曰明門問答往還稱之為論
言本事分中者即百法明門論本事分中出也良為本
事分中文繁浩博此論文略故言略錄文略故略非義
略也且如諸法稱之曰名一十百千名之為數故言大
乘百法明門論本事分中略錄名數此即第二釋其
題目第三弁論宗體者體即揔明能詮教體宗者別
顯諸教所詮然佛教體大唐三藏五門出體一攝妄歸
真體謂諸聖教名句文身及以音聲用真如為體故
維摩經云一切眾生皆如也一切法亦如也二攝相歸識門唯
識為體故花嚴云佛子三界虛妄唯一心作又解深密經
云我說識所緣唯識所現故又云識所變相雖无量種
而能變識類別唯三又云或說內識轉似外境揔說意
云名句文身及以音聲識之相分故名為識也 三以假
從實門瑜伽等名等是假聲即是實離聲之外無
別名等 四三法空體門三法即是蘊處界三科門故
雜集論名三法品廿婆多宗評家正義用聲為體
故三科門中色蘊聲處聲界所攝依經部宗假實
二聲以為教體五蘊門中所攝處界門中聲處法
處聲界法界今依大乘聲及名等四法為性前五蘊
中色行二蘊處門中聲處法處聲界法界名等三法
意識境故 五法數出體門三門分別一法數出體 二本
影有無三聚集顯現歷心差別言法數出體者依小乘宗
有七十五法廣如俱舍然彼教體離心俱舍皆有二說一云用
聲為體以聲是善名句文身是無記故二云名等此為正
義以然詮表所說義故所以者何令物生善音聲為緣故
若約詮表義名等即強故知所對不同各有准據由斯
兩說皆是正義若依彼宗聲為體者法數門中唯用音
聲一法為體名等為體者即用名等三法為體今依大乘

BD08032 號　大乘百法明門論釋（擬）　（4–2）

[illegible]
義以能詮表所說義故所以者何令物生善音聲為勝故
若約詮表義名等即強故知所對不同各有准據由斯
兩說皆是正義若依被宗聲為體者法數門中唯用音
聲一法為體名等為體者即用名等三法為體今依大乘
總有百法自下當釋然出教體諸教不同有處唯聲為
體　如維摩等仏以一音演說法眾生隨類各得解
又依經此土眾生剛強難化故仏為說剛強之語以調伏之有
處但用名等為體　如仁王經云此經名句百千仏說有處
全說聲及名等以為自性　无垢稱云或以音聲語言文
字而作仏事有處文義合說為體　如瑜伽論八十一云謂契
經體略有二種一文二義文是所依義是能依如是二種總
名一切所知境界所以如是諸教異者三藏解云據實總用
名句文身聲及文義合說為體而諸聖教各據一義故不
相違所以者何以假從實用聲為體離聲之外無別名
句文身故以體從用名等為體能詮諸法自性差別二所
依故　假實相藉合說為體隨闕一種說不成故生解究
竟必由文義是故諸說不同皆不相違若依此說用聲為
體者百法之中取聲一法為體名等為體者即用名等三
法為體若合說者用四法為體謂聲名句文　第二本
影有無者如來聖教四法為體所謂音聲名句文身如
是四法如來自說名為本質聞者識變名之為影如是本
影有無總約諸宗有其四句一有本無影且依諸部有
其三說　一薩婆多宗一切仏聲唯是有漏亦說名等定唯
無記　二大眾部等皆作是說諸仏世尊皆是出世無有
漏法諸如來語皆轉法輪仏以一音說一切法　三多聞部說
仏五音是出世間所謂苦空無常無我寂靜引聖
道故所餘諸教皆是世間　敘此三宗仏說法唯本　如是等宗皆作是說
唯本非影彼宗不明唯識義故　二有影无本者謂龍軍師
彼說仏果唯有真如及真如智无色聲等麁相功德比印度

BD08032號　大乘百法明門論釋(擬)　(4–3)

漏法諸如來語皆轉法輪仏以一音說一切法　三多聞部說
仏五音是出世間所謂苦空無常無我寂靜引聖
道故所餘諸教皆是世間　敘此三宗仏說法唯本　如是等宗皆作是說
唯本非影彼宗不明唯識義故　二有影无本者謂龍軍師
彼說仏果唯有真如及真如智无色聲等麁相功德比印度
人也　第三本影俱有者謂親光等皆作是說一切如來具有
三身(色身)等相金光明云如來能轉三種法輪謂轉照持如是等
教成證非一或能聞者識變似仏彼故知俱有本質影
像四本影俱無者清弁菩薩依勝義諦立一切法其性
皆空或可讓法本影俱無勝義諦中無言等故
(此即立无)雖有如是四句差別大唐三藏讓法宗有其二義
一就實正教唯本非影本即如來自識變故二就正俱
說通於本影名由如來說力起故　問聞者識上所變
教體為是有漏為无漏耶讓法菩薩解云有漏心所變
者定是有漏若无漏心所變者定唯无漏若是如來
後得智說法聲名句文真善无漏　若十地菩薩二乘
說法聲名句文唯是有漏以攝假從實名等即聲
十地菩薩此聲是第八識之相分見分既是有漏是故
聲名有漏也若依小乘宗仏說法聲唯是有漏名句
文身定唯无記　第三聚集顯現歷心差別者如
攝大乘无性釋云貫穿縫綴故名為經此中隨八
時有其兩釋一云八時即八轉聲也謂仏說法於八轉聲中
隨用一聲故云隨八時二云依聲明論晝夜各有四時
合有八時如來說法於八時中隨用一時故云隨八時瑜
伽亦同直非直說者詮自性故名為直說詮差別故
名非直說又釋長行名為直說偈頌名非直說此中

BD08032號　大乘百法明門論釋(擬)　(4–4)

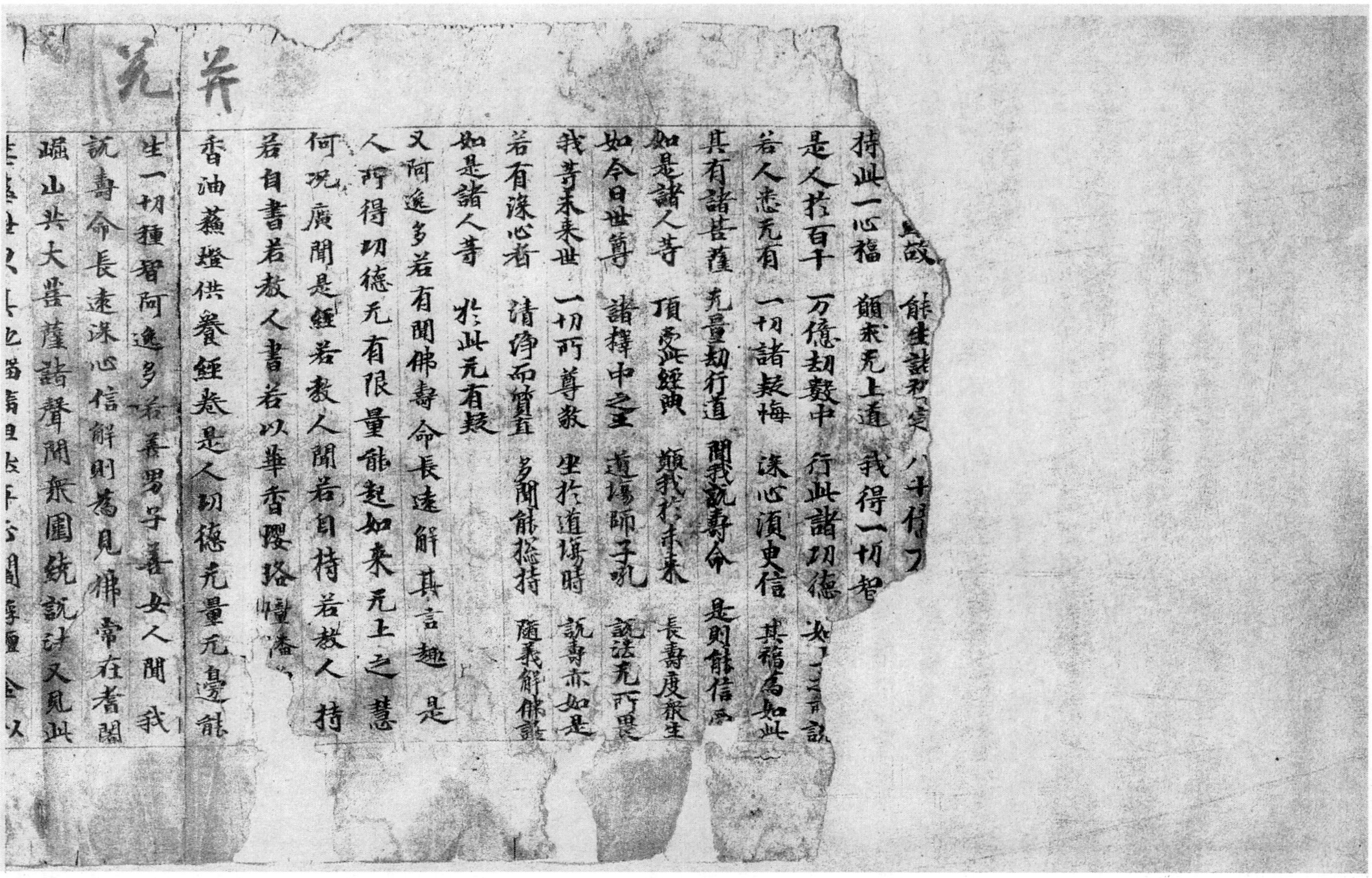

□故　能生諸禪定　八十億□
持此一心福　願求无上道　我得一切智
是人於百千　万億劫數中　行此諸功德　如上之所說
若人悉无有　一切諸疑悔　深心須臾信　其福為如此
其有諸菩薩　无量劫行道　聞我說壽命　是則能信受
如是諸人等　頂受此經典　願我於未來　長壽度衆生
如今日世尊　諸釋中之王　道場師子吼　說法无所畏
我等未來世　一切所尊敬　坐於道場時　說壽亦如是
若有深心者　清淨而質直　多聞能摠持　隨義解佛語
如是諸人等　於此无有疑
又阿逸多若有聞佛壽命長遠解其言趣是
人所得功德无有限量能起如來无上之慧
何況廣聞是經若教人聞若自持若教人持
若自書若教人書若以華香瓔珞幢幡繒
香油蘇燈供養經卷是人功德无量无邊能
生一切種智阿逸多若善男子善女人聞我
說壽命長遠深心信解則為見佛常在耆闍
崛山共大菩薩諸聲聞衆圍繞說法又見此
娑婆世界其地瑠璃坦然平正閻浮檀金以

BD08033號　妙法蓮華經（兌廢稿）卷五　（2-1）

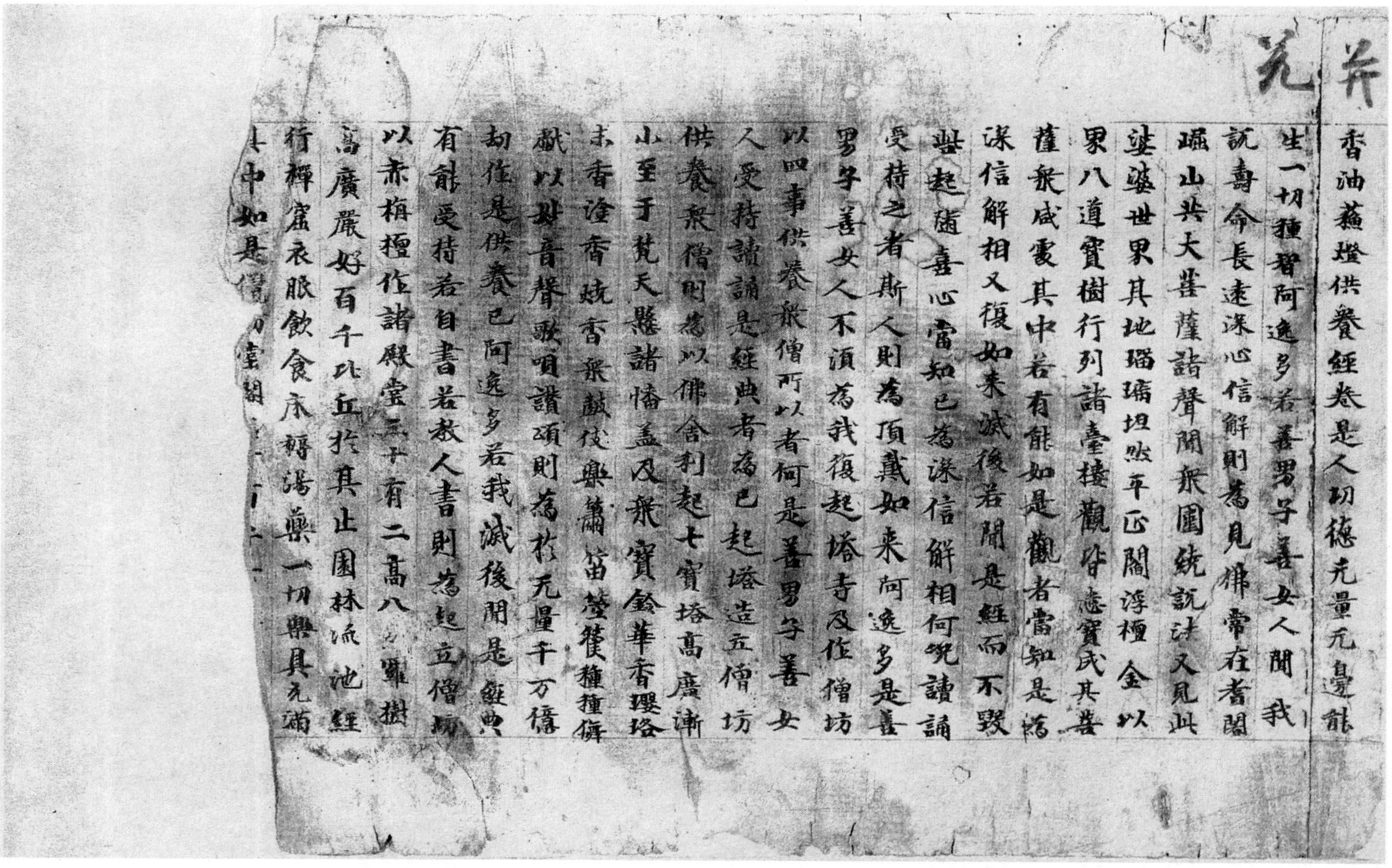

香油蘇燈供養經卷是人功德无量无邊能
生一切種智阿逸多若善男子善女人聞我
說壽命長遠深心信解則為見佛常在耆闍
崛山共大菩薩諸聲聞衆圍繞說法又見此
娑婆世界其地瑠璃坦然平正閻浮檀金以
界八道寶樹行列諸臺樓觀皆悉寶成其菩
薩衆咸處其中若有能如是觀者當知是為
深信解相又復如來滅後若聞是經而不毀
呰起隨喜心當知已為深信解相何況讀誦
受持之者斯人則為頂戴如來阿逸多是善
男子善女人不須為我復起塔寺及作僧坊
以四事供養衆僧所以者何是善男子善女
人受持讀誦是經典者為已起塔造立僧坊
供養衆僧則為以佛舍利起七寶塔高廣漸
小至于梵天懸諸幡蓋及衆寶鈴華香瓔珞
末香塗香燒香衆鼓伎樂簫笛箜篌種種舞
戲以妙音聲歌唄讚頌則為於无量千万億
劫作是供養已阿逸多若我滅後聞是經典
有能受持若自書若教人書則為起立僧坊
以赤栴檀作諸殿堂三十有二高八多羅樹
高廣嚴好百千比丘於其中止園林浴池經
行禪窟衣服飲食床褥湯藥一切樂具充滿
其中如是僧坊堂閣□□

BD08033號　妙法蓮華經（兌廢稿）卷五　（2-2）

BD08034 號 1　般若波羅蜜多心經

BD08034 號 2　佛頂尊勝陀羅尼神咒

（2–1）

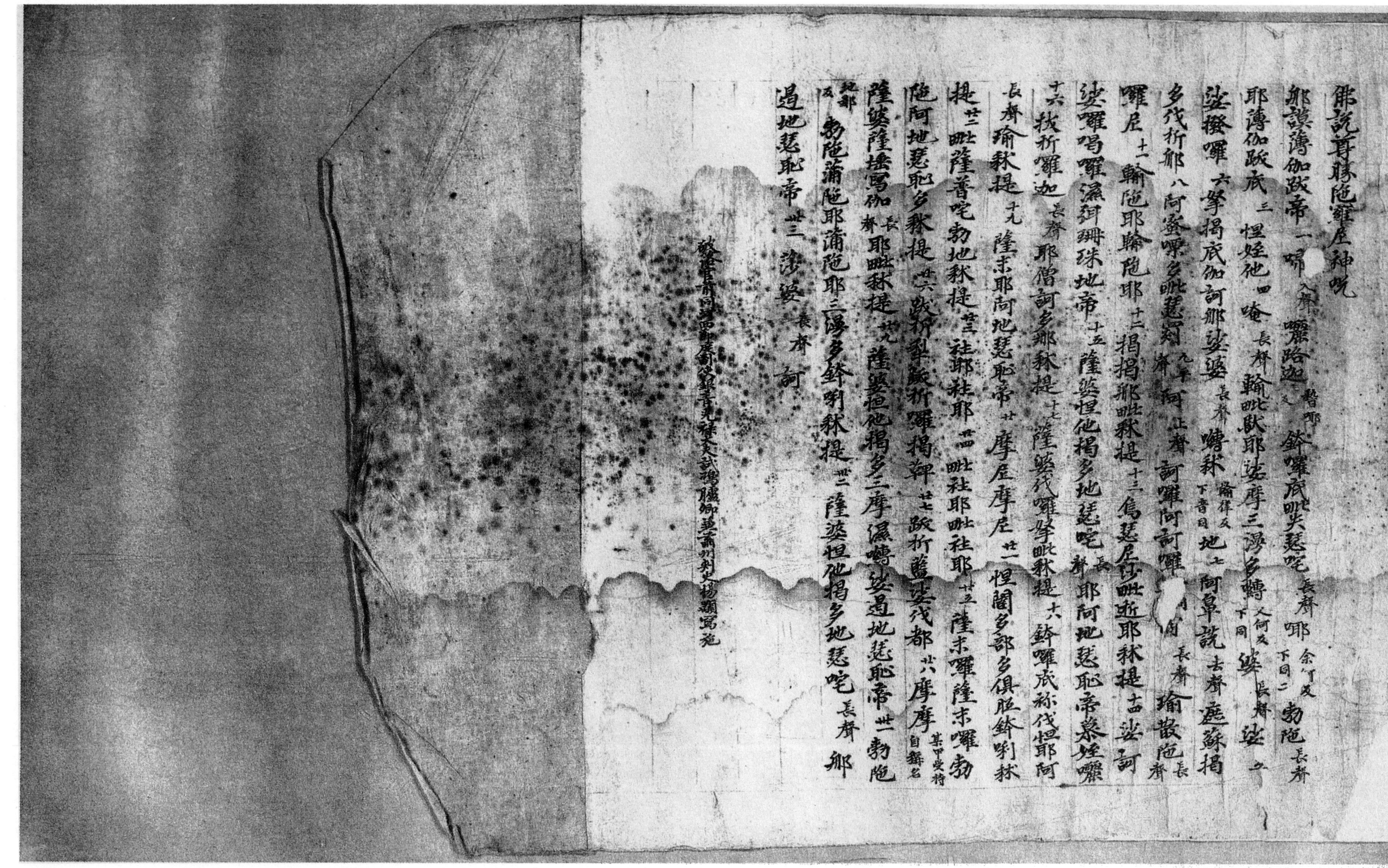

BD08034號2　佛頂尊勝陀羅尼神咒

（2–2）

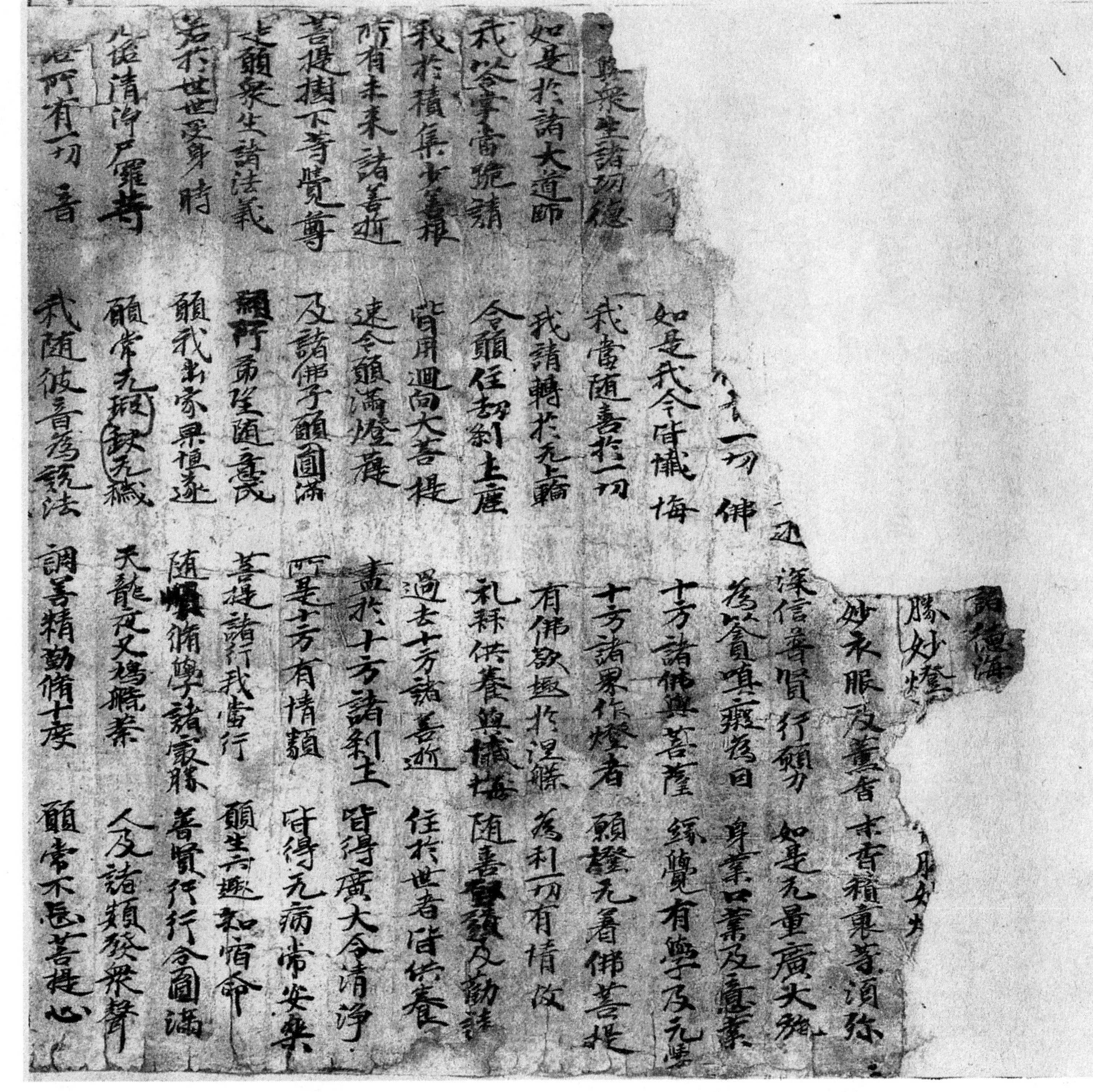

BD08035號　普賢菩薩行願王經　　（4–1）

菩提樹下等覺尊　及諸佛子願圓滿　所是十方有情類　得得无病常安樂
上願眾生諸法義　願所希望隨意成　菩提諸行我當行　願生六趣知宿命
若於世世受身時　願我出家果恒遂　隨喜修學諸最勝　普賢行行令圓滿
无垢清淨尸羅普　願常无瑕缺无穢　天龍及又鳩槃荼　人及諸類發眾聲
此所有一切音　我隨彼音為說法　調善精勤修十度　願常不忘菩提心
所有諸惡及障者　如是皆願盡消滅　業與煩惱諸魔道　行於世間得解脫
不著於水蓮華　經空无㝵如日月　所有十方剎土中　惡趣眾苦盡消滅
令至有情安樂處　饒益諸行利群品　我令圓滿菩提行　隨順眾生轉彼行
未普賢菩薩行　盡未來劫行此行　與我同行行　願得與之常相隨
口業及意業　與彼行行願應一　欲剎於我諸善友　開演普賢諸行者
得常相遇　我終不違於彼意　佛子圍遶大導師　願我常得親覲見
行大供養　盡未來劫无厭惓　恒持諸佛最勝法　菩薩諸行令普示
方便及解脫　願成諸德无盡藏　於三有中輪轉時　證得无盡福德智
普賢菩薩行　於未來劫我願行　一塵塵上塵剎　於一剎中无量佛
圍遶居中尊　菩薩行行我瞻仰　如是无邊眾方所　一毫毛上載三世

其余土量如海　行行如海眾多劫　一音言族方大海　皆是佛子清淨音
其眾意而數演　願我常聽諸佛教　於於三世諸最勝　當轉无上法輪時
令諸佛无盡教　我以慧力令善入　所有未來眾多劫　於一剎那我當證
諸劫唐三世　剎那分中我當行　雖於三世人師子　我於剎那盡瞻仰
諸佛之境界　一塵剎土莊嚴　盡一塵上　如是无量諸方所
願佛剎遍莊嚴　所有未來諸世燈　盡證等覺轉法輪　亦入涅槃證真際
我行諸佛前　令諸神力速普往　以大神力趣普門　以行行力普功德
說大慈力普遍滿　普於眾善諸福力　无有染著諸智力　智慧方便諸定力
正修行菩提力　常以清淨諸業力　永除一切煩惱力　諸作魔力令无力
圓普賢行行力　諸剎如海令清淨　有情諸海令解脫　諸法如海令了見
忍如海令善證　行行如海令清淨　普願如海令圓滿　諸佛如海令供養
如海行无倦　所遊三世最勝尊　菩提行願眾多　用普賢行等覺已
如是我當盡圓滿　諸佛子中最為尊　是故號之為普賢　與此大智同行故

BD08035 號　普賢菩薩行願王經　（4–2）

正修行菩提力　常以清淨諸業力　永除一切煩惱力　諸作魔力令无力
圓滿普賢行行力　諸剎如海令清淨　有情諸海令解脫　諸法如海令了見
悉如海令善證　行行如海令清淨　普願如海令圓滿　諸佛如海令供養
如海行无倦　所遊三世最勝尊　菩提行願眾多　用普賢行等覺已
如是我當盡圓滿　諸佛子中最為尊　是故号之為普賢　與此大智同行故
如是諸善悉迴向　身口意業清淨　行淨眾剎亦清淨　普賢如何善迴向　願我亦同於此行
為行殊善普賢行　文殊大願亦當行　未來諸劫勿厭疲　菩薩此行皆圓滿
如是等行勿有量　亦願諸福勿有量　處於无量如是行　一切變化願我知
若有盡於虛空際　眾生无盡亦如是　盡於業與煩惱際　我之願際量亦然
所有十方无量剎　眾寶莊嚴獻諸佛　人及諸天最勝樂　如剎塵劫最供養
若聞此迴向經　隨順深信大菩提　唯於此中生一信　即成最勝功德聚
若人發此普賢願　此乃遠離諸惡趣　又以業[illegible]　是人速見阿弥陀
此皆獲證最勝壽　善來於此人身　有如普賢大菩薩　皆能不久速成就
誰以无明力所作　五无間等諸罪　其人誦此普賢願　應時速得永盡除
於諸相及智慧　種族容貌皆圓備　眾魔外道不能壞　通於三界為供養
為利一切有情故　菩提樹下速安住　成菩正覺轉法輪　降伏一切魔軍眾
得普賢行行願　受持讀誦解說者　此之果報唯佛知　无上菩提勿疑惑
如文殊威德智　普賢菩薩亦如是　我隨修學如彼行　是善諸善悉迴向
遊於三世諸勝　所可稱讚勝迴向　我之如是眾善根　為於普賢行迴向
若我當於命終時　獨除一切諸鄣礙　目所覩親弥陀也　往彼極樂剎土中
既到彼已此是願　悉得一切皆現前　今我此時極圓滿　盡於世界利群生
香嚴極樂佛前　生於上妙蓮花上　親同弥陀世尊所　願我於此得授記
我得勝授記已　变化眾多百俱胝　今已惠力於十方　於諸有情作饒益
普賢菩薩行願王經一卷

若聞此迴向經 隨順深信大菩提 唯於此中生一信 即成最勝功德聚
若人發此普賢願 此乃速離諸惡趣 又以業遠諸惡友 是人速見阿彌陀
此皆獲證最勝壽 善來於此善人身 有如普賢大菩薩 皆能不久速成就
誰以無明力所作 五無間等諸惡罪 其人誦此普賢願 應時速得永盡除
於諸相及智慧 種族容貌皆圓備 衆魔外道不能屈 遍於三界咸供養
為利一切有情故 菩提樹下速安住 成等正覺轉法輪 除伏一切魔軍衆
但普賢行行願 受持讀誦解說者 此之果報唯佛知 無上菩提勿疑惑
如文殊威德智 普賢菩薩亦如是 我隨彼學如彼行 是等諸善悉迴向
於三世諸勝 所可稱讚勝迴向 我今此是衆善根 為於普賢行迴向
若我當於命終時 蠲除一切諸鄣導 目所親覩阿彌陀 往彼極樂剎土中
既到彼已是願 皆得一切現前 今我此皆極圓滿 在於世界利群生
於彼極樂佛道場 生於上妙蓮花上 親向彌陀世尊所 親於此得授記
我得蒙勝授記已 變化最多百俱胝 令已遍方於十方 於諸有情作饒益

普賢菩薩行願王經一卷

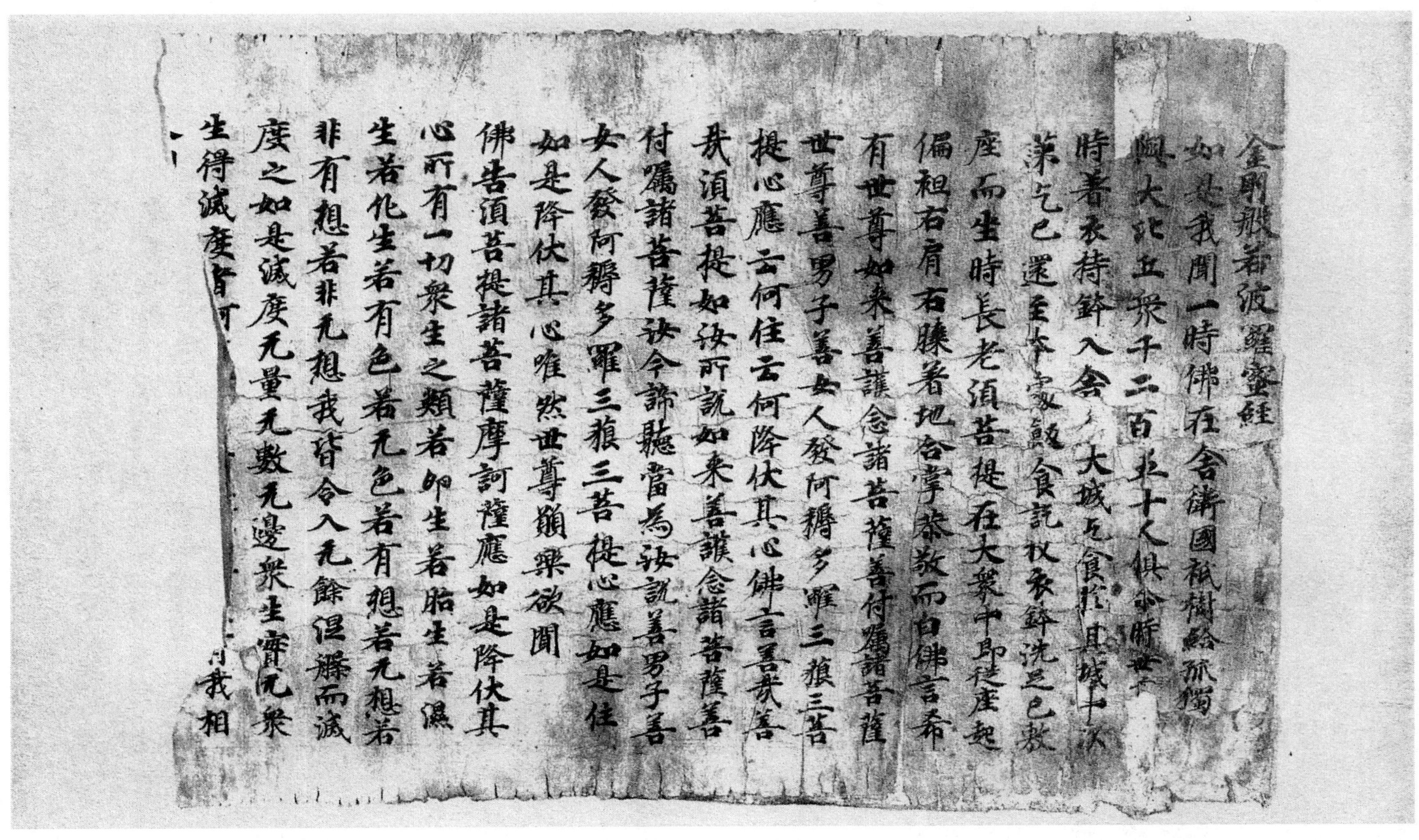

金剛般若波羅蜜經
如是我聞一時佛在舍衛國祇樹給孤獨
與大比丘眾千二百五十人俱爾時世尊
時著衣持鉢入舍衛大城乞食於其城中次
第乞已還至本處飯食訖收衣鉢洗足已敷
座而坐時長老須菩提在大眾中即從座起
偏袒右肩右膝著地合掌恭敬而白佛言希
有世尊如來善護念諸菩薩善付囑諸菩薩
世尊善男子善女人發阿耨多羅三藐三菩
提心應云何住云何降伏其心佛言善哉善
哉須菩提如汝所說如來善護念諸菩薩善
付囑諸菩薩汝今諦聽當為汝說善男子善
女人發阿耨多羅三藐三菩提心應如是住
如是降伏其心唯然世尊願樂欲聞
佛告須菩提諸菩薩摩訶薩應如是降伏其
心所有一切眾生之類若卵生若胎生若濕
生若化生若有色若无色若有想若无想若
非有想若非无想我皆令入无餘涅槃而滅
度之如是滅度无量无數无邊眾生實无眾
生得滅度者何[illegible]我相

BD08036號　金剛般若波羅蜜經　（1–1）

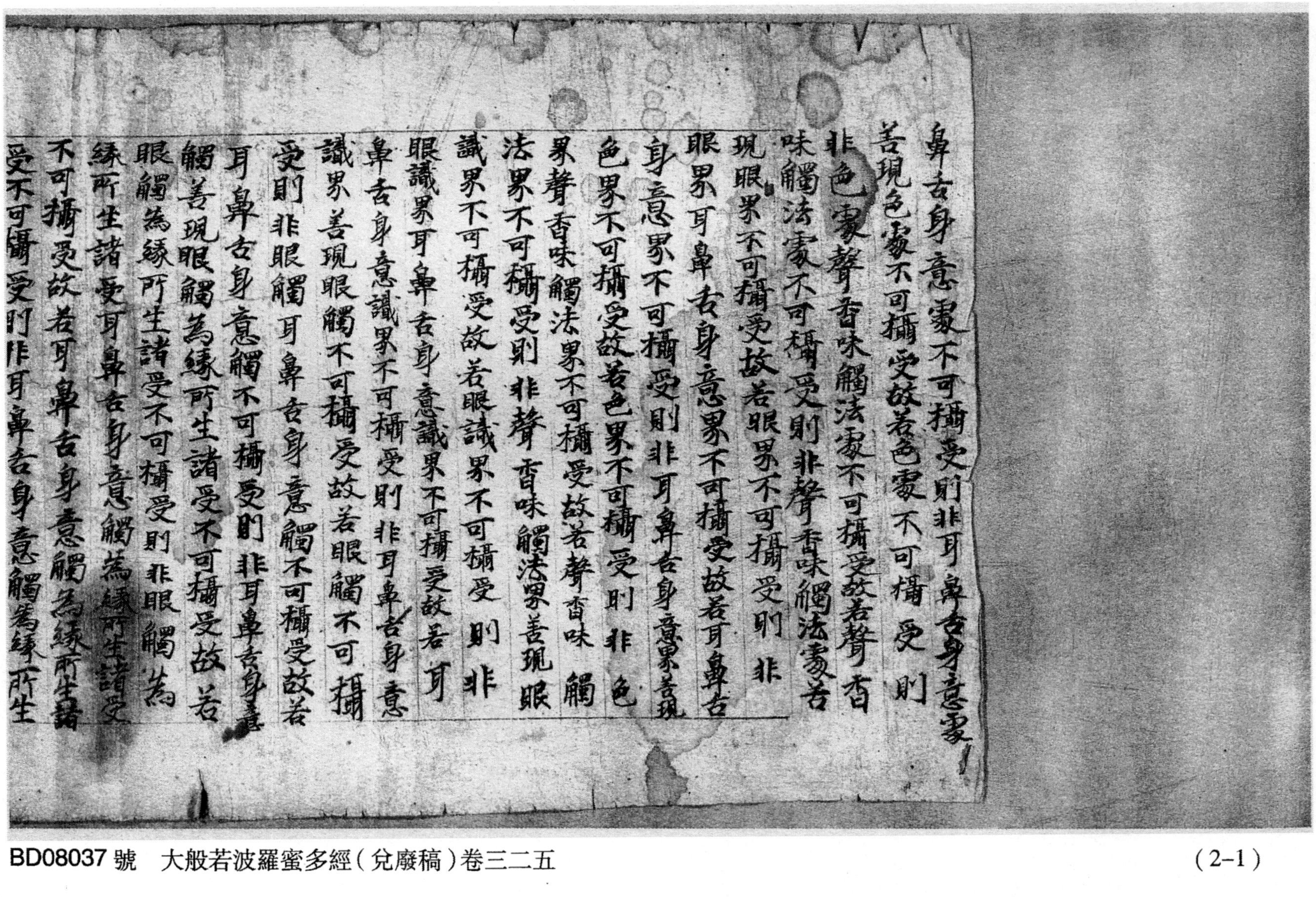

鼻舌身意處不可攝受則非耳鼻舌身意處
善現色處不可攝受故若色處不可攝受則
非色處聲香味觸法處不可攝受故若聲香
味觸法處不可攝受則非聲香味觸法處善
現眼界不可攝受故若眼界不可攝受則非
眼界耳鼻舌身意界不可攝受故若耳鼻舌
身意界不可攝受則非耳鼻舌身意界善現
色界不可攝受故若色界不可攝受則非色
界聲香味觸法界不可攝受故若聲香味觸
法界不可攝受則非聲香味觸法界善現眼
識界不可攝受故若眼識界不可攝受則非
眼識界耳鼻舌身意識界不可攝受故若耳
鼻舌身意識界不可攝受則非耳鼻舌身意
識界善現眼觸不可攝受故若眼觸不可攝
受則非眼觸耳鼻舌身意觸不可攝受故若
耳鼻舌身意觸不可攝受則非耳鼻舌身意
觸善現眼觸為緣所生諸受不可攝受故若
眼觸為緣所生諸受不可攝受則非眼觸為
緣所生諸受耳鼻舌身意觸為緣所生諸受
不可攝受故若耳鼻舌身意觸為緣所生諸
受不可攝受則非耳鼻舌身意觸為緣所生

BD08037號　大般若波羅蜜多經（兌廢稿）卷三二五　（2–1）

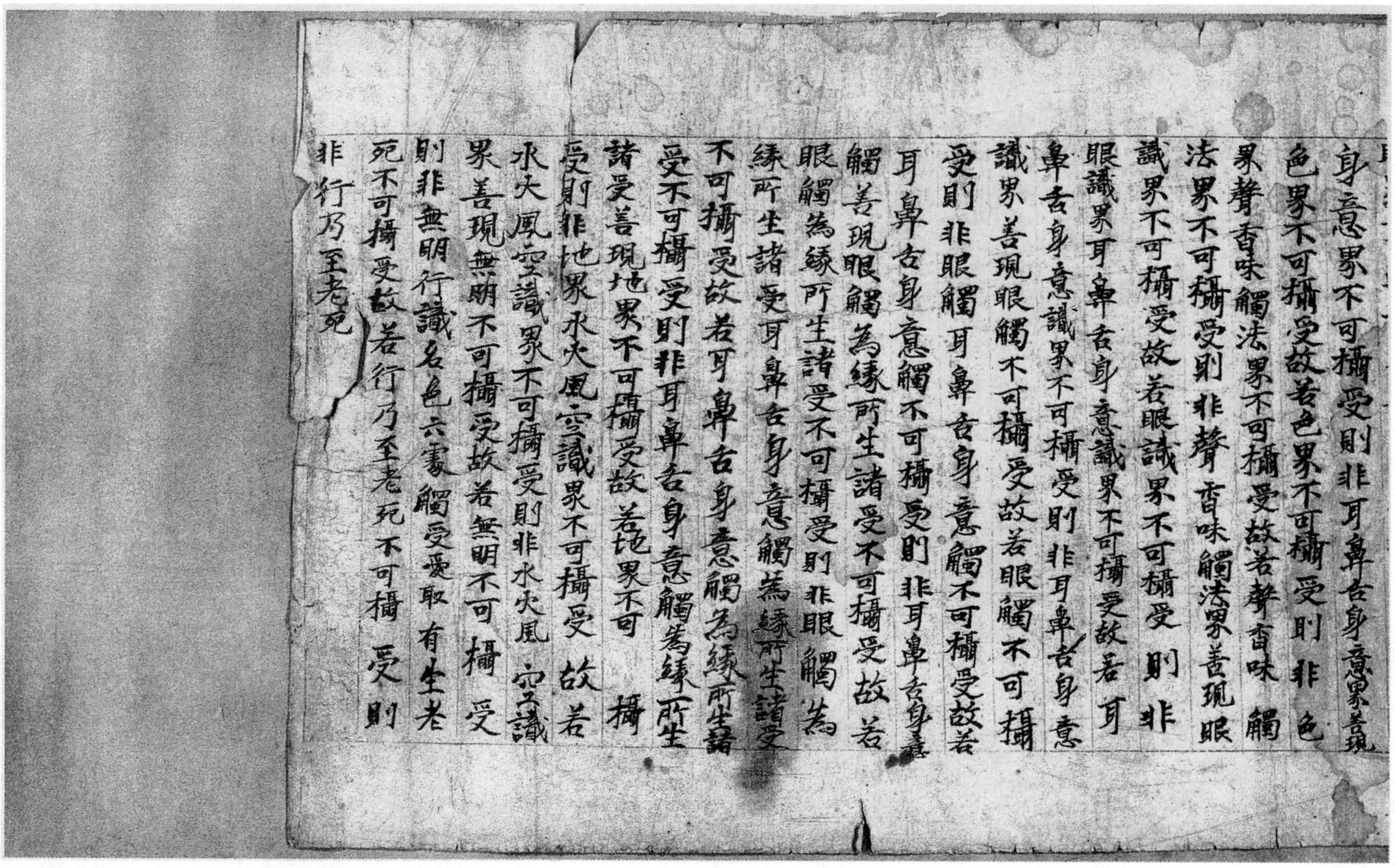

身意界不可攝受則非耳鼻舌身意界善現
色界不可攝受故若色界不可攝受則非色
界聲香味觸法界不可攝受故若聲香味觸
法界不可攝受則非聲香味觸法界善現眼
識界不可攝受故若眼識界不可攝受則非
眼識界耳鼻舌身意識界不可攝受故若耳
鼻舌身意識界不可攝受則非耳鼻舌身意
識界善現眼觸不可攝受故若眼觸不可攝
受則非眼觸耳鼻舌身意觸不可攝受故若
耳鼻舌身意觸不可攝受則非耳鼻舌身意
觸善現眼觸為緣所生諸受不可攝受故若
眼觸為緣所生諸受不可攝受則非眼觸為
緣所生諸受耳鼻舌身意觸為緣所生諸受
不可攝受故若耳鼻舌身意觸為緣所生諸
受不可攝受則非耳鼻舌身意觸為緣所生
諸受善現地界不可攝受故若地界不可攝
受則非地界水火風空識界不可攝受故若
水火風空識界不可攝受則非水火風空識
界善現無明不可攝受故若無明不可攝受
則非無明行識名色六處觸受愛取有生老
死不可攝受故若行乃至老死不可攝受則
非行乃至老死

BD08037號　大般若波羅蜜多經（兌廢稿）卷三二五　　（2–2）

仁王般若行首般若
及金剛般若剛經
共一帙

BD08037號背　袟內收經錄（擬）　　（2–1）

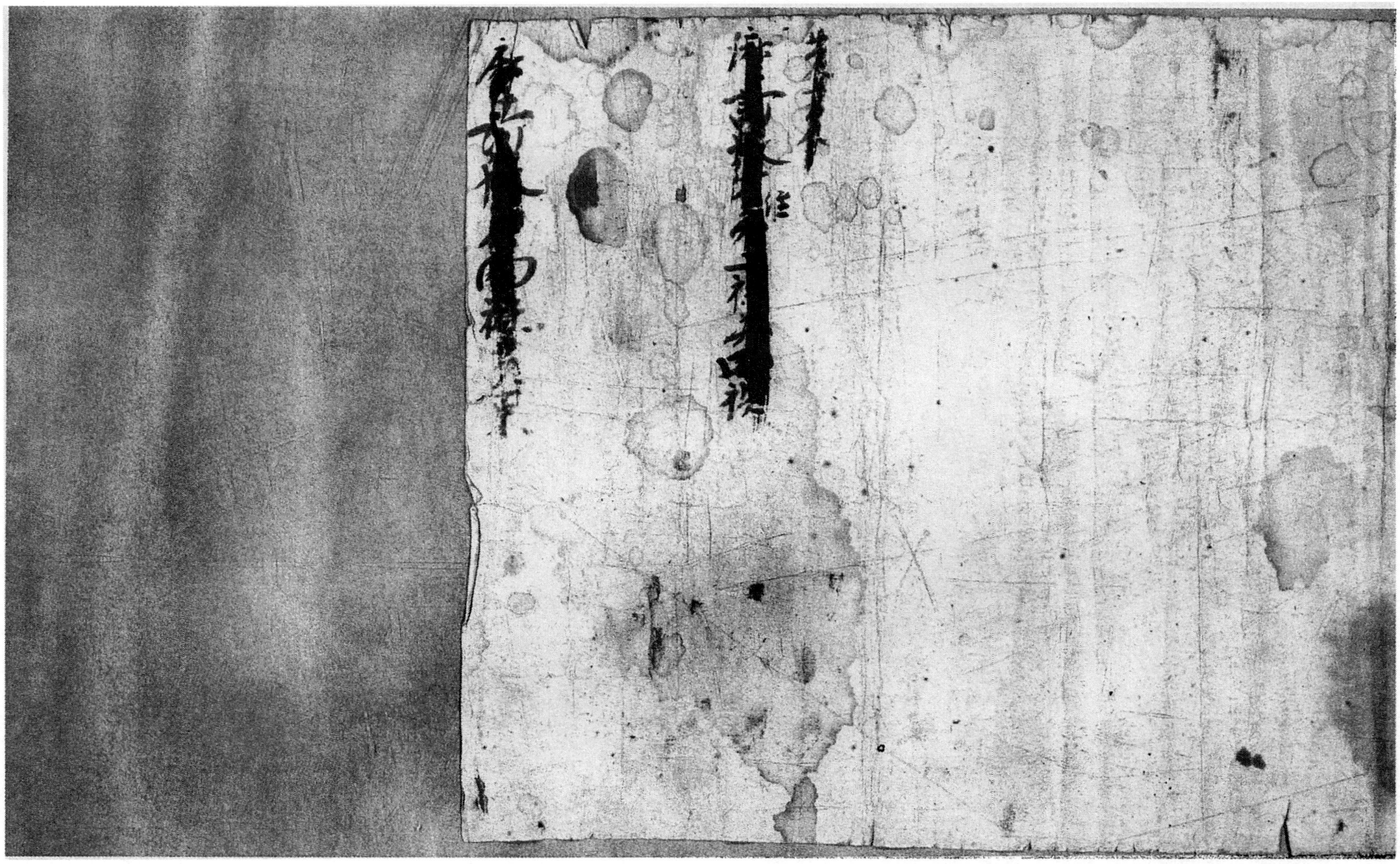

BD08037 號背　勘記　（2–2）

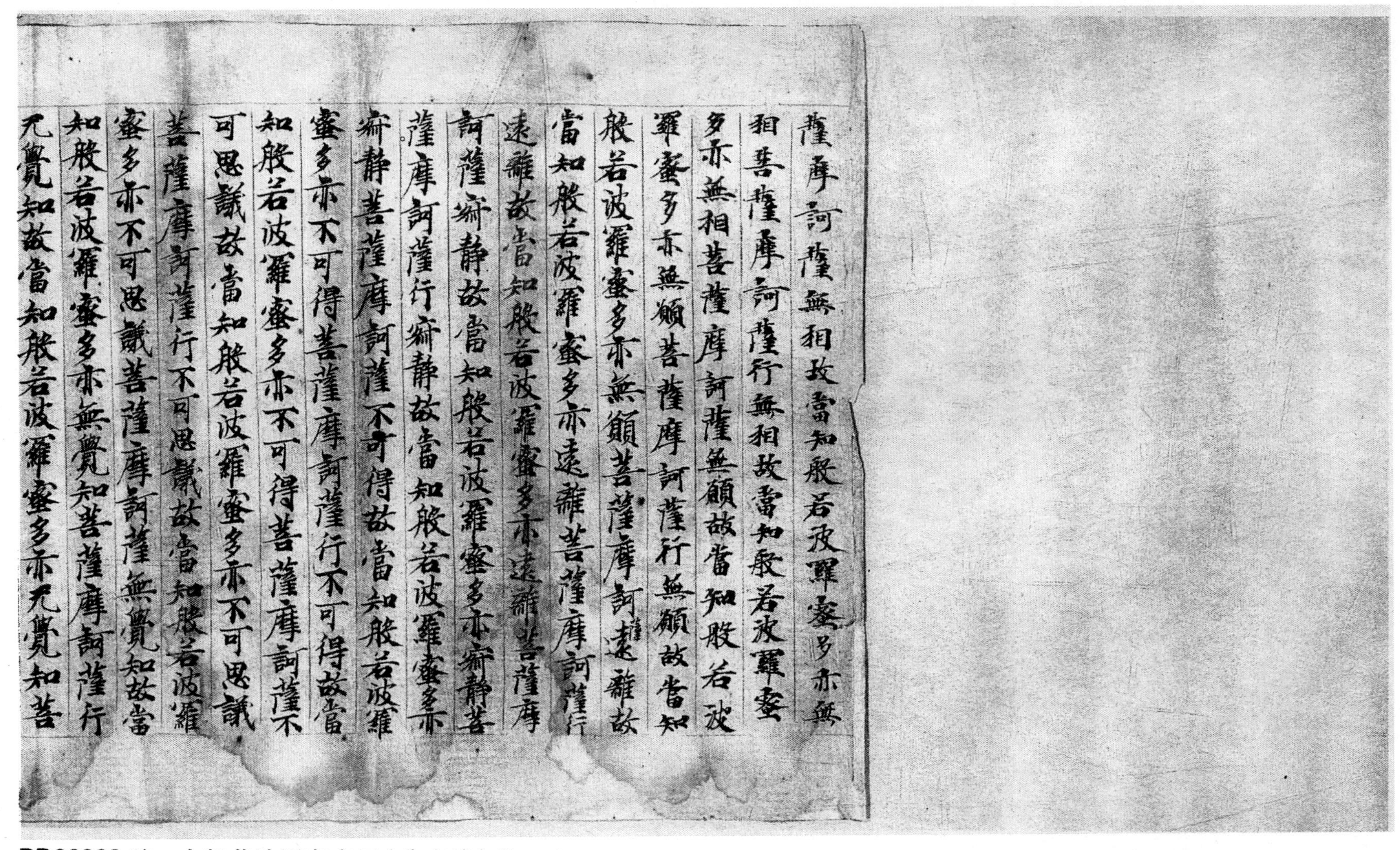
薩摩訶薩無相故當知般若波羅蜜多亦無
相菩薩摩訶薩行無相故當知般若波羅蜜
多亦無相菩薩摩訶薩無願故當知般若波
羅蜜多亦無願菩薩摩訶薩行無願故當知
般若波羅蜜多亦無願菩薩摩訶薩遠離故
當知般若波羅蜜多亦遠離菩薩摩訶薩行
遠離故當知般若波羅蜜多亦遠離菩薩摩
訶薩寂靜故當知般若波羅蜜多亦寂靜菩
薩摩訶薩行寂靜故當知般若波羅蜜多亦
寂靜菩薩摩訶薩不可得故當知般若波羅
蜜多亦不可得菩薩摩訶薩行不可得故當
知般若波羅蜜多亦不可得菩薩摩訶薩不
可思議故當知般若波羅蜜多亦不可思議
菩薩摩訶薩行不可思議故當知般若波羅
蜜多亦不可思議菩薩摩訶薩無覺知故當
知般若波羅蜜多亦無覺知菩薩摩訶薩行
无覺知故當知般若波羅蜜多亦无覺知菩

BD08038 號　大般若波羅蜜多經（兌廢稿）卷一八一　（2–1）

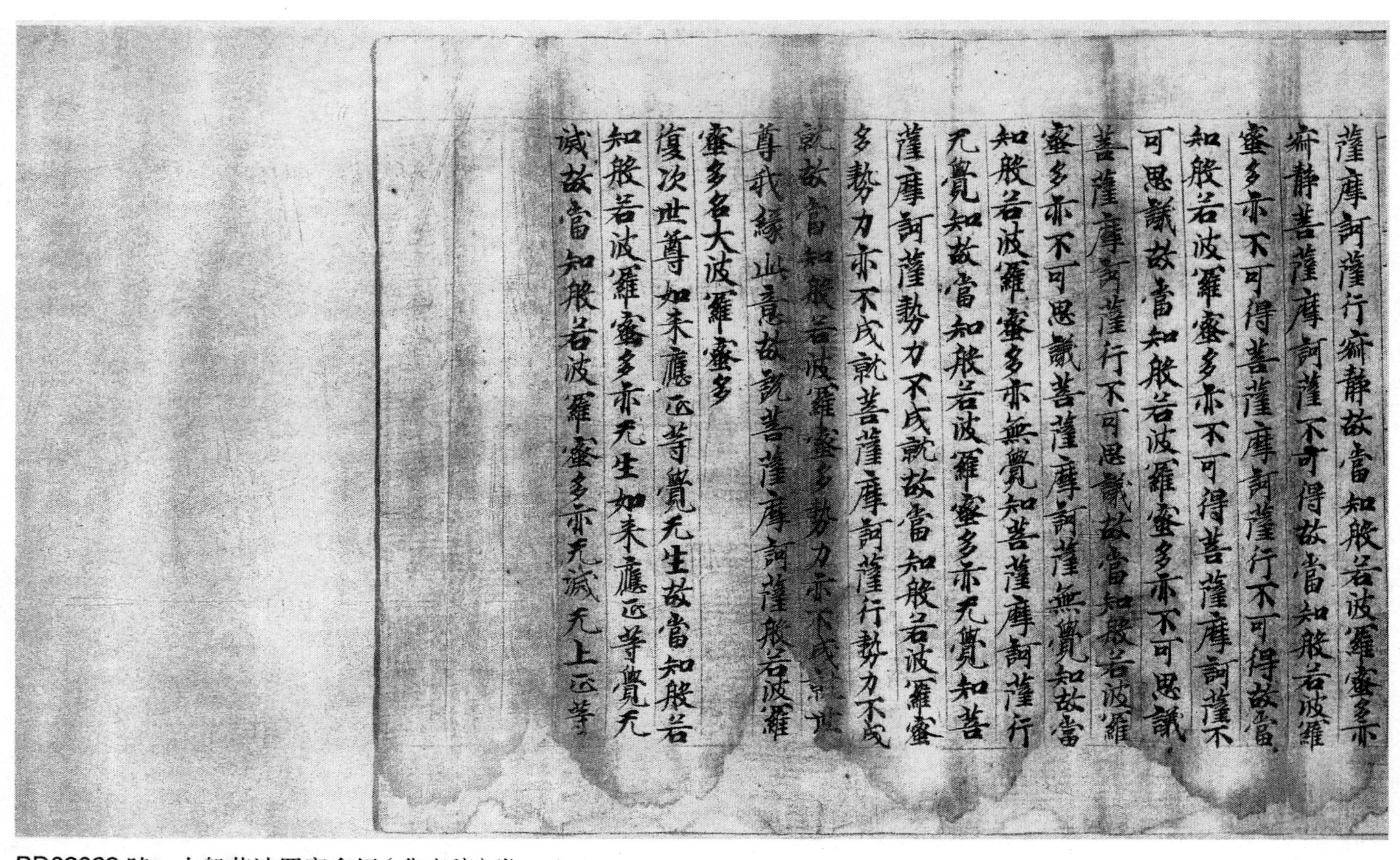

薩摩訶薩行寂靜故當知般若波羅蜜多亦
寂靜菩薩摩訶薩不可得故當知般若波羅
蜜多亦不可得菩薩摩訶薩行不可得故當
知般若波羅蜜多亦不可得菩薩摩訶薩不
可思議故當知般若波羅蜜多亦不可思議
菩薩摩訶薩行不可思議故當知般若波羅
蜜多亦不可思議菩薩摩訶薩無覺知故當
知般若波羅蜜多亦無覺知菩薩摩訶薩行
无覺知故當知般若波羅蜜多亦无覺知菩
薩摩訶薩勢力不成就故當知般若波羅蜜
多勢力亦不成就菩薩摩訶薩行勢力不成
就故當知般若波羅蜜多勢力亦不成就世
尊我緣此意故說菩薩摩訶薩般若波羅
蜜多名大波羅蜜多
復次世尊如來應正等覺无生故當知般若
知般若波羅蜜多亦无生如來應正等覺无
滅故當知般若波羅蜜多亦无滅无上正等

BD08038 號　大般若波羅蜜多經（兌廢稿）卷一八一　（2–2）

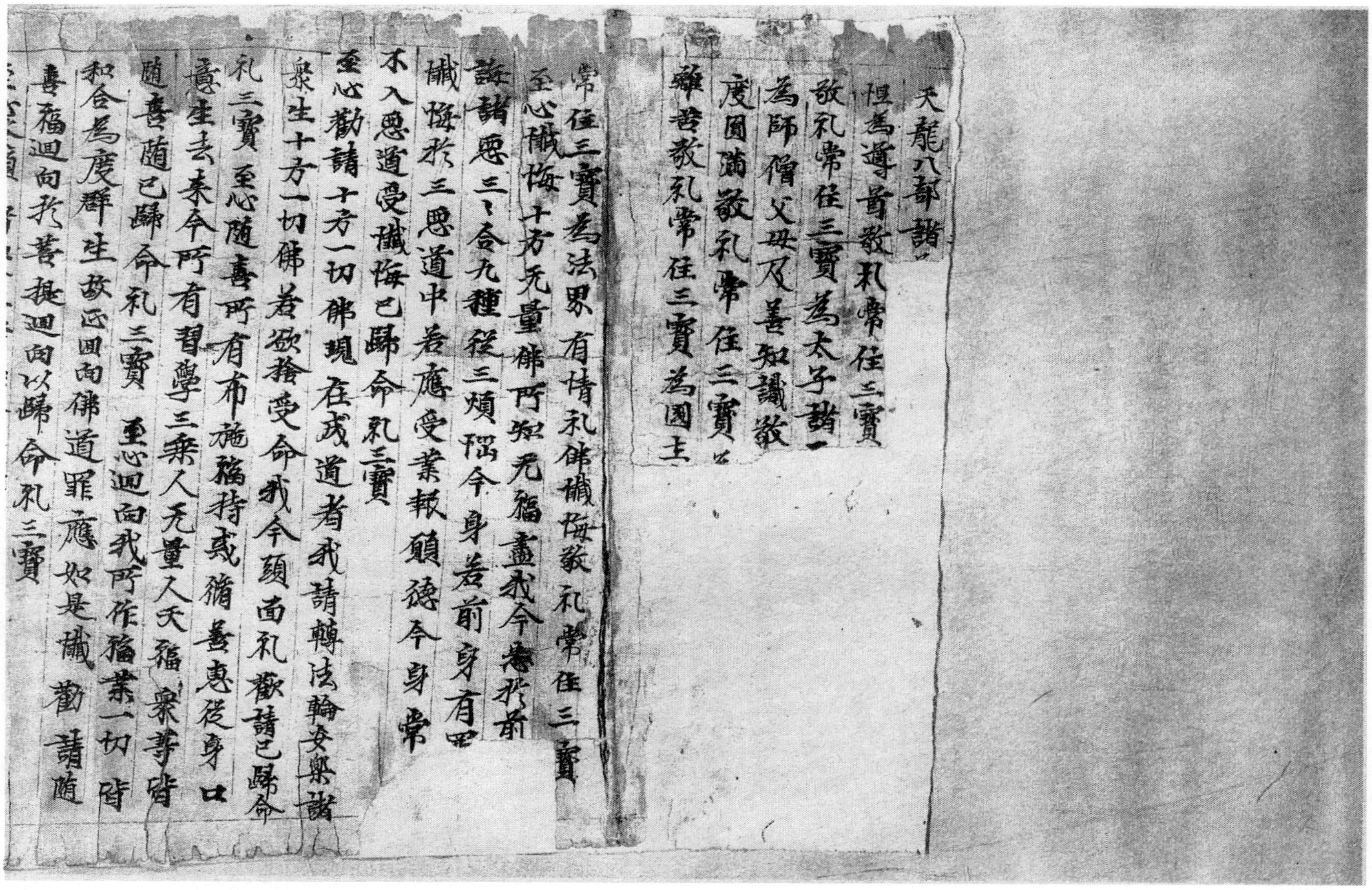

天龍八部諸
恒為導首敬礼常住三寶
敬礼常住三寶為太子諸王
為師僧父母及善知識敬
度圓滿敬礼常住三寶為
雜善敬礼常住三寶為國主

常住三寶為法界有情礼佛懺悔敬礼常住三寶
至心懺悔十方无量佛所知无不盡我今悉於前
發露諸惡三三合九種從三煩惱今身若前身有四
懺悔於三惡道中若應受業報願於今身償
不入惡道受懺悔已歸命礼三寶
至心勸請十方一切佛現在成道者我請轉法輪安樂諸
衆生十方一切佛若欲捨受命我今頭面礼勸請已歸命
礼三寶　至心隨喜所有布施福持戒修善惠從身口
意生去來今所有習學三乘人无量人天福衆善皆
隨喜隨已歸命礼三寶　至心迴向我所作福業一切皆
和合為度群生故正迴向佛道罪應如是懺勸請隨
喜福迴向於菩提迴向以歸命礼三寶

BD08039 號　七階佛名經　（4–1）

……受命我今頭面礼歡請已歸命
礼三寶 至心隨喜所有布施福持戒循善惠從身口
意生去來今所有習學三乘人无量人天福 衆等皆
隨喜隨已歸命礼三寶 至心迴向我所作福業一切皆
和合為度群生故迴向佛道罪應如是懺 勸請隨
喜福迴向於菩提迴向以歸命礼三寶
至心發願了諸衆生等悉發菩提心繫心常思念十
方一切佛復願諸衆生永破諸煩惱了了見佛性
猶如妙德等發願已歸命礼三寶 自衆聽說
演朝清淨偈欲求寂滅樂當學沙門法衣食支身
命精進隨衆等諸衆等今日寅朝清淨上中下坐各
說六念
苐一念佛佛是衆生无上慈父苐二念法法是衆生煩惱良藥
苐三念僧僧是衆生良友福田 苐四念戒戒是衆生防非至惡
苐五念施施是衆生隆離着 苐六念天天能養衆生淨果報
一切恭敬 自歸依佛 當願衆生躰觧大道發无上意
自歸依法 當願衆生深入經藏智惠如海 自歸依僧
當願衆生統理大衆一切无㝵 向來礼懺功德无限
勝因迴施六道衆生和南一切賢聖
迴向發願 向來礼懺功德奉福莊嚴釋梵四王龍天
八部唯願威光熾盛神變无窮育利護家國即便
千災除風雨順聖神贊普聖化无窮太子諸王福延万葉
朝庭宰執福禄恒昌文武百官恒君禄從十方施主報願平
安法界衆生同霑此福摩訶般若除菩濟危大衆虔誠
奉為當今聖神贊普念摩訶般若波羅蜜多一切普誦
七階佛名一卷 歎佛文 容顔甚奇妙光明照十方我適
增供養今復還親近佛有如是功德恒沙劫中讚陽
難盡然今衆等故能於時礼懺所循功德上報四恩下
霑三有法界衆生同出苦源齊成佛道

BD08039號 七階佛名經 （4–2）

七階佛名一卷 歎佛文 容顔甚奇妙光明照十方我適
增供養今復還親近佛有如是功德恒沙劫中讚陽
難盡然今衆等故能於時礼懺所循功德上報四恩下
霑三有法界衆生同出苦源齊成佛道
南无東方須弥燈光明如來十方佛
等一切諸佛 南无毗婆尸如來過去七佛等一
切諸佛 南无普光如來三五十佛等一切諸佛
南无普光佛 南无普明佛 南无普淨佛
南无多摩羅跋栴香佛 南无栴檀光佛
南无摩尼幢佛 南无歡喜藏摩尼寶積佛
南无一切世間樂見上大精進佛 南无摩尼幢燈光佛
南无惠炬照佛 南无海德光明佛 南无金剛牢強
普散金光佛 南无大強精進勇猛佛
南无大悲光佛 南无慈力王佛 南无慈藏佛
南无栴檀窟莊嚴勝佛 南无賢善首佛 南无善意佛
南无廣莊嚴王佛 南无金華光佛 南无寶蓋照空
自在王佛 南无虛空寶華光佛 南无瑠璃莊嚴王佛
南无普現色身光佛 南无不動智光佛 南无降伏諸魔王
佛 南无財光明佛 南无智惠勝佛 南无弥勒仙光佛
南无世靜光佛 南无善寂月音妙尊智王佛 南无龍種上
尊王佛 南无日月光佛 南无日月珠光佛 南无慧幢勝
王佛 南无師子吼自在力王佛 南无妙音勝佛 南无常光
幢佛 南无觀世燈佛 南无慧威燈王佛
南无法勝王佛 南无須弥光佛 南无須曼那華光佛
南无優曇鉢羅華殊勝王佛 南无大慧力王佛
南无阿閦毗歡喜光佛 南无无量音聲王佛 南无財光佛
南无金海光佛 南无山海慧自在通王佛
南无大通光佛 南无一切法常滿王佛

BD08039號 七階佛名經 （4–3）

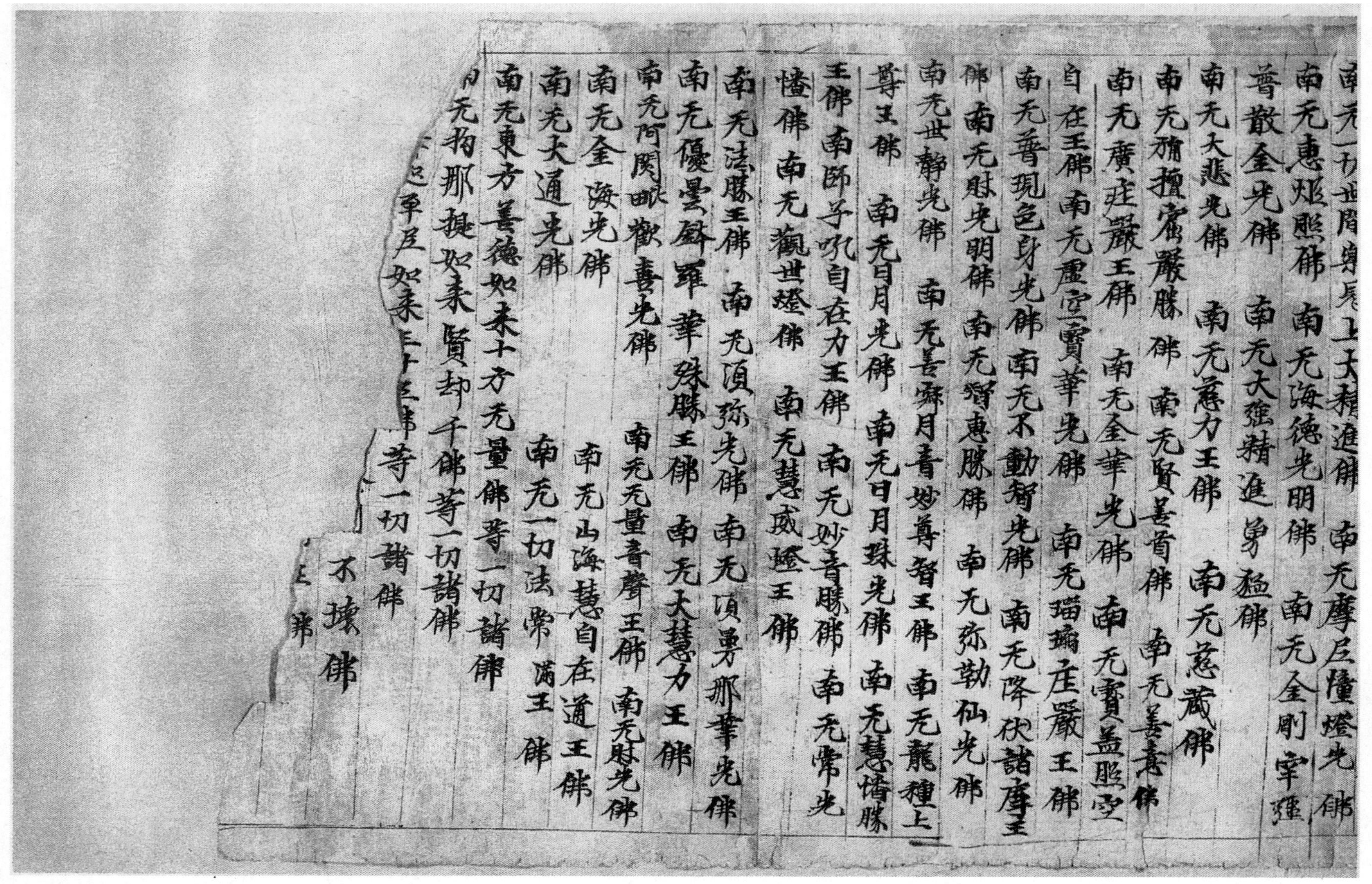

南无一切世間㝡尊上大精進佛　南无摩尼幢燈光佛
南无惠炬照佛　南无海德光明佛　南无金剛牢强
普散金光佛　南无大强精進勇猛佛
南无大悲光佛　南无慈力王佛　南无慈藏佛
南无旃檀窟莊嚴勝佛　南无賢善首佛　南无善意佛
南无廣莊嚴王佛　南无金華光佛　南无寶蓋照空
自在王佛　南无虛空寶華光佛　南无瑠璃莊嚴王佛
南无普現色身光佛　南无不動智光佛　南无降伏諸魔王
佛　南无財光明佛　南无智惠勝佛　南无弥勒仙光佛
南无世靜光佛　南无善寂月音妙尊智王佛　南无龍種上
尊王佛　南无日月光佛　南无日月珠光佛　南无慧幢勝
王佛　南无師子吼自在力王佛　南无妙音勝佛　南无常光
幢佛　南无觀世燈佛　南无慧威燈王佛
南无法勝王佛　南无須弥光佛　南无須曼那華光佛
南无優曇鉢羅華殊勝王佛　南无大慧力王佛
南无阿閦毗歡喜光佛　南无无量音聲王佛　南无財光佛
南无金海光佛　南无山海慧自在通王佛
南无大通光佛　南无一切法常滿王佛
南无東方善德如來十方无量佛等一切諸佛
南无拘那提如來賢劫千佛等一切諸佛
[illegible]迦牟尼如來三十五佛等一切諸佛
[illegible]不壞佛
[illegible]王佛

BD08039 號　七階佛名經　（4–4）

一切三摩地門清淨故一切智智清淨何以故
若實際清淨若一切三摩地門清淨若一
切智智清淨無二無二分無別無斷故
善現實際清淨故預流果清淨預流果清淨
故一切智智清淨何以故若實際清淨若預
流果清淨若一切智智清淨無二無二分無
別無斷故實際清淨故一來不還阿羅漢果
清淨一來不還阿羅漢果清淨故一切智智
清淨何以故若實際清淨若一來不還阿羅
漢果清淨若一切智智清淨無二無二分無
別無斷故善現實際清淨故獨覺菩提清淨
獨覺菩提清淨故一切智智清淨何以故若
實際清淨若獨覺菩提清淨若一切智智清
淨無二無二分無別無斷故善現實際清淨
故一切菩薩摩訶薩行清淨一切菩薩摩訶
薩行清淨故一切智智清淨何以故若實際
清淨若一切菩薩摩訶薩行清淨若一切智
智清淨無二無二分無別無斷故善現實際

BD08040 號　大般若波羅蜜多經卷二二一　（2–1）

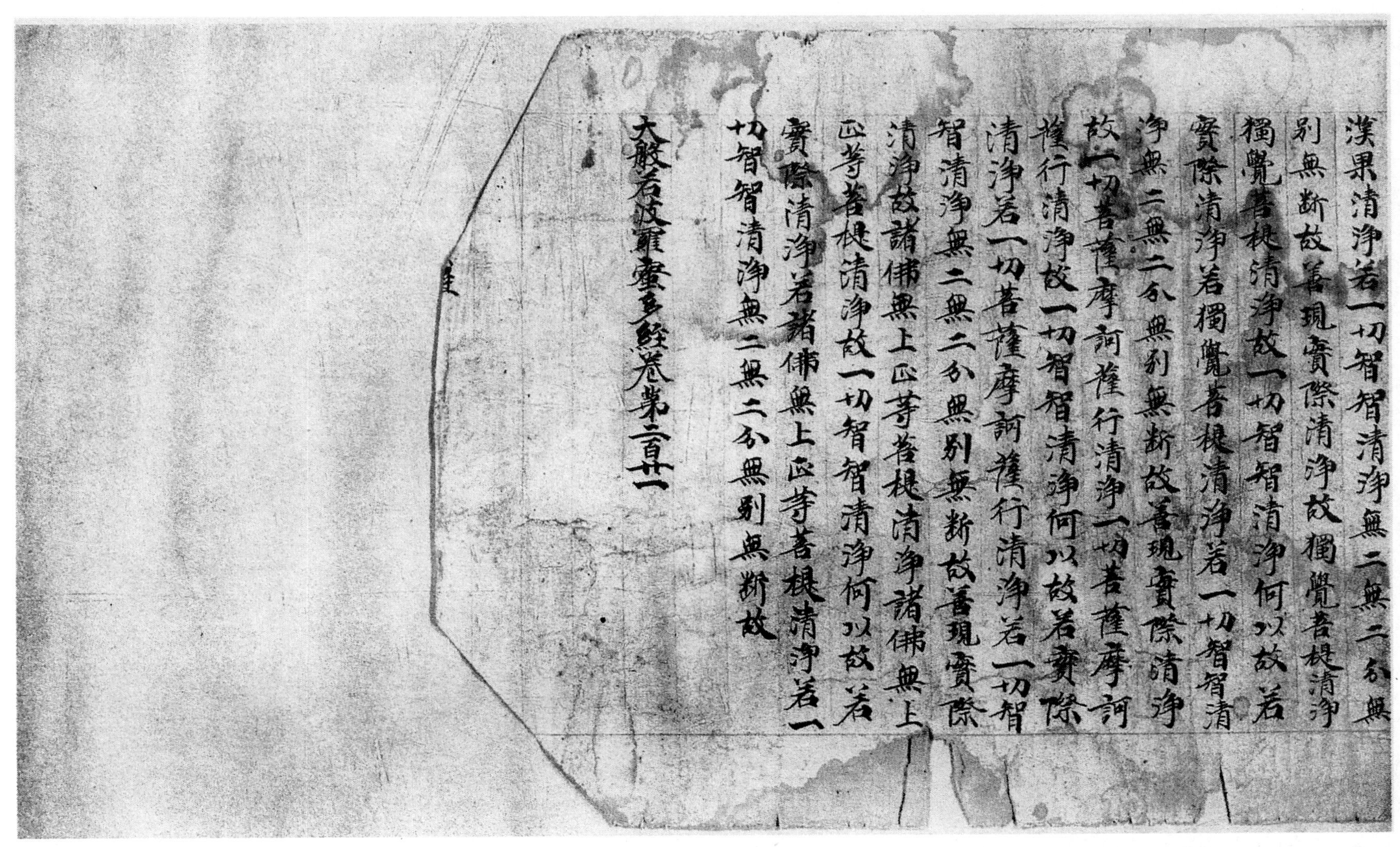

BD08040號　大般若波羅蜜多經卷二二一　（2–2）

BD08041號　大般涅槃經（北本）卷七　（4–1）

所說我亦不聽常翹一脚若為法故默然住
坐臥又亦不聽服乘斷食五熱炙身繫縛手
足煞害衆生方道呪術軻貝角牙以為革屣
儲畜種子草木有命著麝封撈伽若言世尊
作如是說當知是為外道眷屬非我弟子我
唯聽食五種牛味及油蜜等聽著革屣憍奢
耶衣我說四大无有壽命若有經律作是說
者是名佛說若有隨順佛所說者當知是等
眞我弟子若有不隨佛所說者是魔眷屬若
有隨順佛經律者當知是人是大菩薩善男
子魔說佛說差別之相今已為汝廣宣分別
迦葉白佛言世尊我今始知魔說佛說差別
之相因是得入佛法深義佛讚迦葉善哉善哉
善男子汝能如是曉了分別是名黠慧善
男子所言苦者不名聖諦何以故若言苦是
苦聖諦者一切牛羊驢馬及地獄衆生應有
聖諦善男子若復有人不知如來甚深境界
常住不變微密法身謂是食身非是法身不
知如來道德威力是名為苦何以故以不知
故法見非法非法見法當知是人必墮惡趣
輪轉生死增長諸結多受苦惱若有能知如
來常住无有變異或聞常住二字音聲若一
逕耳即生天上後解脫時乃能證知如來常
住无有變易既證知已而作是言我於往昔
曾聞是義今得解脫方乃證知我於本際以
不知故輪轉生死周迴无窮始於今日乃得
眞智若如是知眞是脩苦多所利益若不知
者雖復懃脩无所利益是名知苦名苦聖諦

BD08041號　大般涅槃經（北本）卷七　（4–2）

住无有變易既證知已而作是言我於往昔
曾聞是義今得解脫方乃證知我於本際以
不知故輪轉生死周迴无窮始於今日乃得
眞智若如是知眞是脩苦多所利益若不知
者雖復懃脩无所利益是名知苦名苦聖諦
若人不能如是脩習是名為苦非苦聖諦苦
集諦者於眞法中不生眞智受不淨物所謂
奴婢能以非法言是正法斷滅正法不令久
住以是因緣不知法性以不知故輪轉生死
多受苦惱不得生天及正解脫若有深智不
壞正法以是因緣得生天上及正解脫若有
不知苦集諦處而言正法无有常住悉是滅
法以是因緣於无量劫流轉生死受諸苦惱
若能知法常住不異是名知集名集聖諦若人
不能如是脩習是名為習非習聖諦苦滅
諦者若有多脩習學空法是為不善何以故
滅一切法故壞於如來眞法藏故作是脩學
是名脩空脩苦滅者逆於一切諸外道等若
言脩空是滅諦者一切外道亦脩空法應有
滅諦若有說言有如來藏雖不可見若能滅
除一切煩惱介乃得入若發此心一念因緣
於諸法中而得自在若有脩習如來祕藏无
我空寂如是之人於无量世在生死中流轉
受苦若有不作如是脩者雖有煩惱疾能滅
除何以故因知如來祕密藏故是名苦滅聖
諦若能如是脩習滅者是我弟子若有不能
作如是脩是名空脩非滅聖諦道聖諦者所
謂佛法僧寶及正解脫有諸衆生顛倒心言

BD08041號　大般涅槃經（北本）卷七　（4–3）

是名脩空脩苦滅者遠於一切諸外道等若
言脩空是滅諦者一切外道亦脩空法應有
滅諦若有說言有如來藏雖不可見若能滅
除一切煩惱介乃得入若發此心一念因緣
於諸法中而得自在若有脩習如來祕藏无
我空寂如是之人於无量世在生死中流轉
受苦若有不作如是脩者雖有煩惱疾能滅
除何以故因知如來秘密藏故是名苦滅聖
諦若能如是脩習滅者是我弟子若有不能
作如是脩是名空脩非滅聖諦道聖諦者所
謂佛法僧寶及正解脫有諸衆生顛倒心言
无佛法僧及正解脫生死流轉猶如幻化脩
習是見以此因緣輪轉三有久受大苦若能
發心見於如來常住不變法僧解脫亦復如
是乘此一念於无量世自在果報隨意而得
何以故我於往昔以四倒故
无量惡々
覺是

BD08041 號　大般涅槃經（北本）卷七　　（4–4）

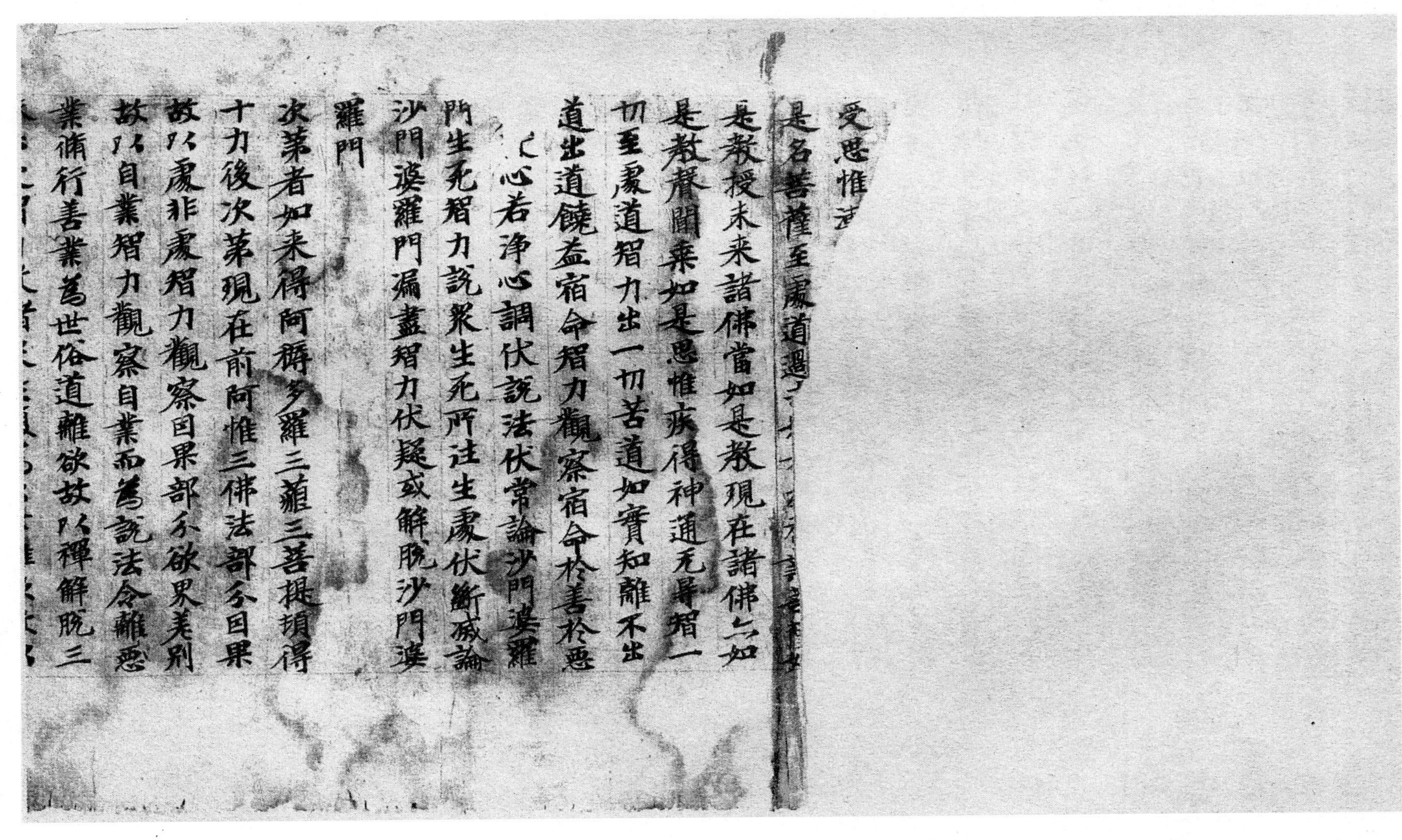
受思惟法
是名菩薩至處道
是教授未來諸佛當如是教現在諸佛亦如
是教聲聞乘如是思惟疾得神通无导智一
切至處道智力出一切苦道如實知離不出
道出道饒益宿命智力觀察宿命於善於惡
々心若淨心調伏說法伏常論沙門婆羅
門生死智力說衆生死所往生處伏斷滅論
沙門婆羅門漏盡智力伏疑惑解脫沙門婆
羅門
次第者如來得阿耨多羅三藐三菩提頓得
十力後次第現在前阿惟三佛法部分因果
故以處非處智力觀察因果部分欲界差別
故以自業智力觀察自業而為說法令離惡
業脩行善業為世俗道離欲故以禪解脫三

BD08042 號　菩薩地持經卷一〇　　（7–1）

十力後次第現在前阿惟三佛法部分因果
故以處非處智力觀察因果部分欲界差別
故以自業智力觀察自業而為說法令離惡
業脩行善業為世俗道離欲故以禪解脫三
昧正受智力教諸衆生復為出世離欲故以
禪解脫三昧正受智力先教衆生以世俗道
離欲後得出世間道離欲欲令衆生得出世
間離欲故以諸根利鈍智力觀察諸根知諸
根已欲知悕望故以種種解智力觀其悕望
觀悕望已以種種界智力觀察根使隨其方
便境界度門而度脫之以一切至處道智力
於境界度門方便心住攝受心住行清淨已
離身見斷常等見為說中道離一切煩惱故
入宿命智力及生死智力為正所縛不斷煩
惱起增上慢教令離故入漏盡智力
又次第者阿惟三佛法得阿耨多羅三藐三
菩提已先以處非處智力觀察緣起第一義
法住依第一義法住智已以自業智力觀在
家分種種業觀在家分種種業已以禪解脫
三昧正受智力觀出家分云何令此出家分
於苦解脫當為說道起大悲心佛眼觀察以
諸根利鈍智力觀察軟中上根而為說法餘
種種解智力等次第如前說
又次第者阿惟三佛法以處非處智力觀緣
起法果以自業智力觀衆生果如此衆生作

BD08042號　菩薩地持經卷一〇　（7–2）

於苦解脫當為說道起大悲心佛眼觀察以
諸根利鈍智力觀察軟中上根而為說法餘
種種解智力等次第如前說
又次第者阿惟三佛法以處非處智力觀緣
起法果以自業智力觀衆生果如此衆生作
如是業受如是果觀法果衆生果已以禪解
脫三昧正受智力為苦衆生三種示現而教
授之餘根利鈍智力等以道度脫一切衆
生令脫衆苦
差別者知善不善業得愛不愛果是名處非
處智力知善不善業得愛不愛果不作不受
乃至禪解脫等此業非彼業是名自業智力
知禪解脫等三種示現教授乃至知淨等俱
生相應心是名禪解脫三昧正受智力知軟
中上根是名諸根利鈍智力乃至知諸根方
便生彼悕望亦名諸根利鈍智力知種種悕
望是名種種解智力解有六種一者不出解
謂悕望摩醯首羅那羅延梵世等解二者出
解謂悕望三乘解三者遠淨解謂悕望軟中
成熟解四者近淨解謂悕望上成熟解五者
現法得涅槃解謂悕望聲聞乘得涅槃解六
者將來得涅槃解謂悕望大乘得涅槃解乃
至知解所起作種子喻亦名種種解智力界
分別有四種如性種子是名種種解智力知
種種分別種子是名種種界智力乃至知涅

BD08042號　菩薩地持經卷一〇　（7–3）

[illegible]
者将来得涅槃解謂悕望大乘得涅槃解乃
至知解所起作種子喻六名種種解智力界
分別有四種如性種子是名種種解智力知
種種分別種子是名種種界智力乃至知涅
槃法及順果道迹六名種種界智力知一切
種道迹種種煩惱種種清淨是名至處道智
乃至知宿命一切趣因六名至處道智力
知過去六種言說是名宿命智力乃至知過
去衆生生死六名宿命智力知未来生死是
名生死智力乃至知未究竟自義衆生未来
生死六名生死智力知究竟自義現法得涅
槃是名漏盡智力如是十種智力各各差別
四无畏如脩多羅說如来以此四事於大衆
中自說而无所畏智斷解脫一切法平等覺
不共聲聞是第一无畏煩惱斷解脫共聲聞
是第二无畏出苦道是第三无畏斷道法是
第四无畏如来於此四義自如實知若有誹
謗言不知者无有是處无是處故得无所畏
无怯弱不疑惑決定自知堪為大師自安安
彼前二處滿是自安道後二處滿是安彼道
一切法平等覺為向大乘諸菩薩故煩惱斷
解脫為向聲聞緣覺乘故出苦道及斷道法
二俱為故如来為諸菩薩聲聞緣覺行出苦
道說脩多羅結集經藏者以說菩薩行立菩

BD08042號　菩薩地持經卷一〇　（7–4）

彼前二處滿是自安道後二處滿是安彼道
一切法平等覺為向大乘諸菩薩故煩惱斷
解脫為向聲聞緣覺乘故出苦道及斷道法
二俱為故如来為諸菩薩聲聞緣覺行出苦
道說脩多羅結集經藏者以說菩薩行立菩
薩藏說聲聞緣覺行立聲聞藏
三念處如脩多羅說如来長夜作如是念我
善法律為大法主於受不受不起惱心略說
三種衆一者正趣二者耶趣三者非正非耶
於此三衆以正念心而无增減
三不護如脩多羅說略說一切所作覆藏悉
斷是故如来顯示三不護阿羅漢猶有无記
突吉羅或時忘誤唯有如来一切悉无一切
真實阿羅漢或時論議畏墮負處或時不悅
或時急性是故自護不令習氣不淨身口意
業如是一切如来悉无
大悲如前供養習近无量品說
不忘法者謂如来所可作事常隨憶念一切
作一切說一切巧方便一切時於此諸事常
念不忘
斷除諸習者謂如来動止視瞻言說行住離
煩惱所起相似餘習諸阿羅漢動止視瞻言
說行住有煩惱所起相似餘習如来永斷是
故名為斷除諸習
一切種妙智者如来知三種法義饒益非義

BD08042號　菩薩地持經卷一〇　（7–5）

煩惱所起相似餘習諸阿羅漢動心視瞻言
說行住有煩惱所起相似餘習如来永斷是
故名為斷除諸習
一切種妙智者如来知三種法義饒益非義
饒益非義非非義饒益知非義饒益非義
非非義饒益一切法智是名一切種智知義
饒益一切法智是名妙智一切種智及妙智揔
說名一切種妙智是名略說百四十不共法一
切相好菩薩最後身得快淨菩提分法菩提
樹下乃得滿足菩薩最後身備三十七菩提
分法得衆相離鄣三昧金剛三昧所攝次第
二心頓得十力乃至一切種妙智快淨无上
一切所知无㝵无鄣快淨離垢平等開覺遍
一切菩薩行行如来行得无上身
究竟地菩薩智如来智有何差別究竟地菩
薩智如羅縠中視如来智如去羅縠菩薩智
如遠見色如来智如近見色菩薩智如微翳
視如来智如淨眼見菩薩智如處胎視如来
智如出生見菩薩智如夢中視如来智如覺
時見是為如来究竟地菩薩智慧差別
諸佛如来於十方世界施作佛事利益衆生
略說有九種云何為九一者欲令衆生信心
清淨故受丈夫身起諸相好二者為欲利益
一切衆生斷一切疑故起如来十力三者以

BD08042號　菩薩地持經卷一〇

（7–6）

諸佛如来於十方世界施作佛事利益衆生
略說有九種云何為九一者欲令衆生信心
清淨故受丈夫身起諸相好二者為欲利益
一切衆生斷一切疑故起如来十力三者以
佛十力起一切義開發如来一切知見答一
切問伏諸邪論建立正論故起如来四无所
畏四者如来智慧若住不住隨彼調伏離諸
煩惱故起三念處五者如前說如是作故起
三不護六者常以佛眼晝夜觀察一切世間
故起大悲心七者於一切衆生一切所作已
作故起不忘法八者如来所行隨順於如无
有餘故起斷除諸習九者非義饒益非義非
非義饒益法一切遠離義饒益法分別顯示
故起一切種妙智如来於此百四十共法作九
種佛事廣說則有无量是名如来住是名建
立何以故依菩薩學所學建立一切利衆
生事是故名為建立自利利他非如聲聞緣
覺故名不共一切佛法大悲不忘斷除諸習
一切種妙智聲聞緣覺所不能得餘一切種
亦不滿足故名不共
於此顯示滿足菩薩學道及學道果

BD08042號　菩薩地持經卷一〇

（7–7）

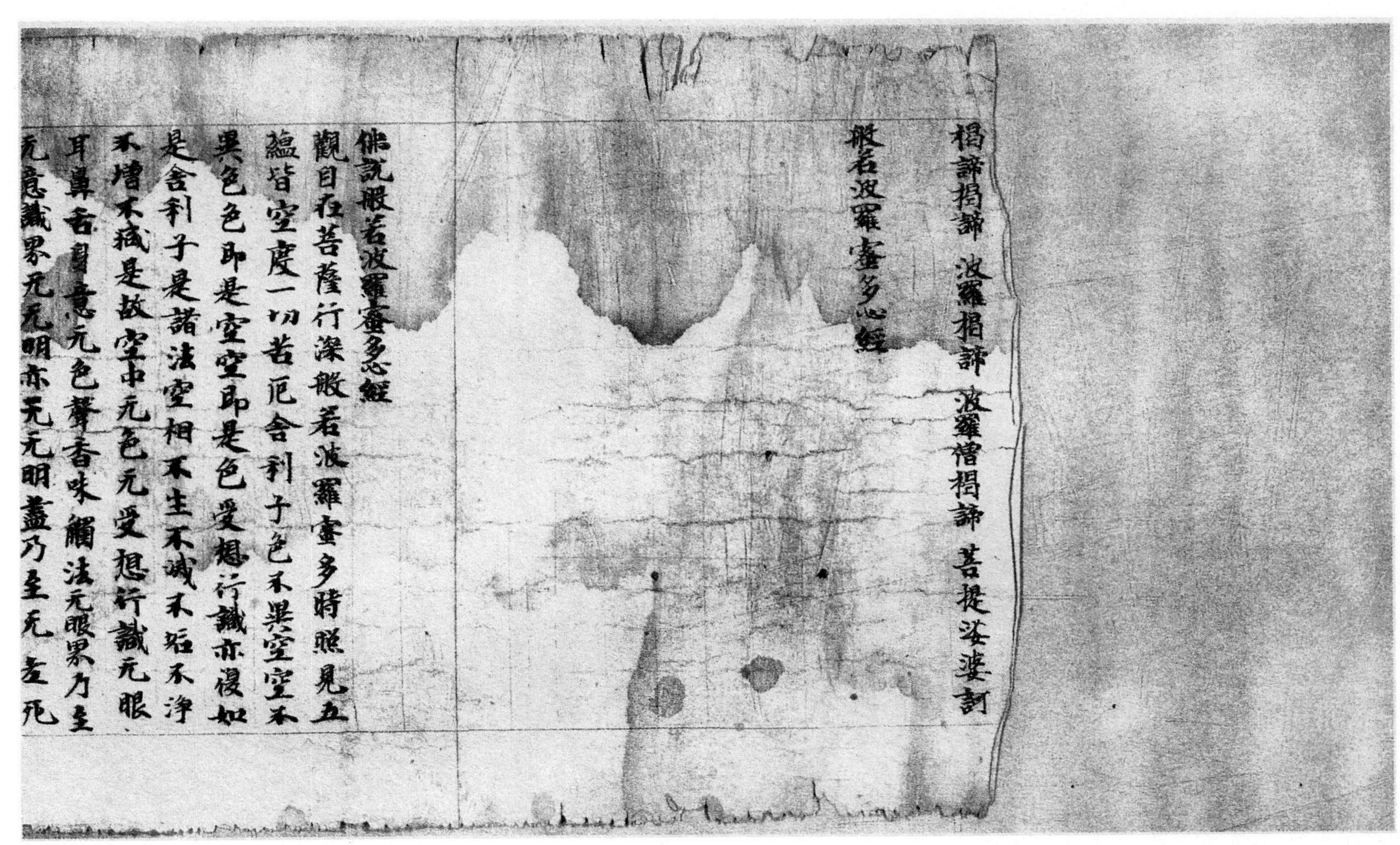
揭諦揭諦 波羅揭諦 波羅僧揭諦 菩提娑婆訶
般若波羅蜜多心經

佛說般若波羅蜜多心經
觀自在菩薩行深般若波羅蜜多時照見五
蘊皆空度一切苦厄舍利子色不異空空不
異色色即是空空即是色受想行識亦復如
是舍利子是諸法空相不生不滅不垢不淨
不增不減是故空中无色无受想行識无眼
耳鼻舌身意无色聲香味觸法无眼界乃至
无意識界无无明亦无无明盡乃至无老死

BD08043 號 1　般若波羅蜜多心經　（2–1）

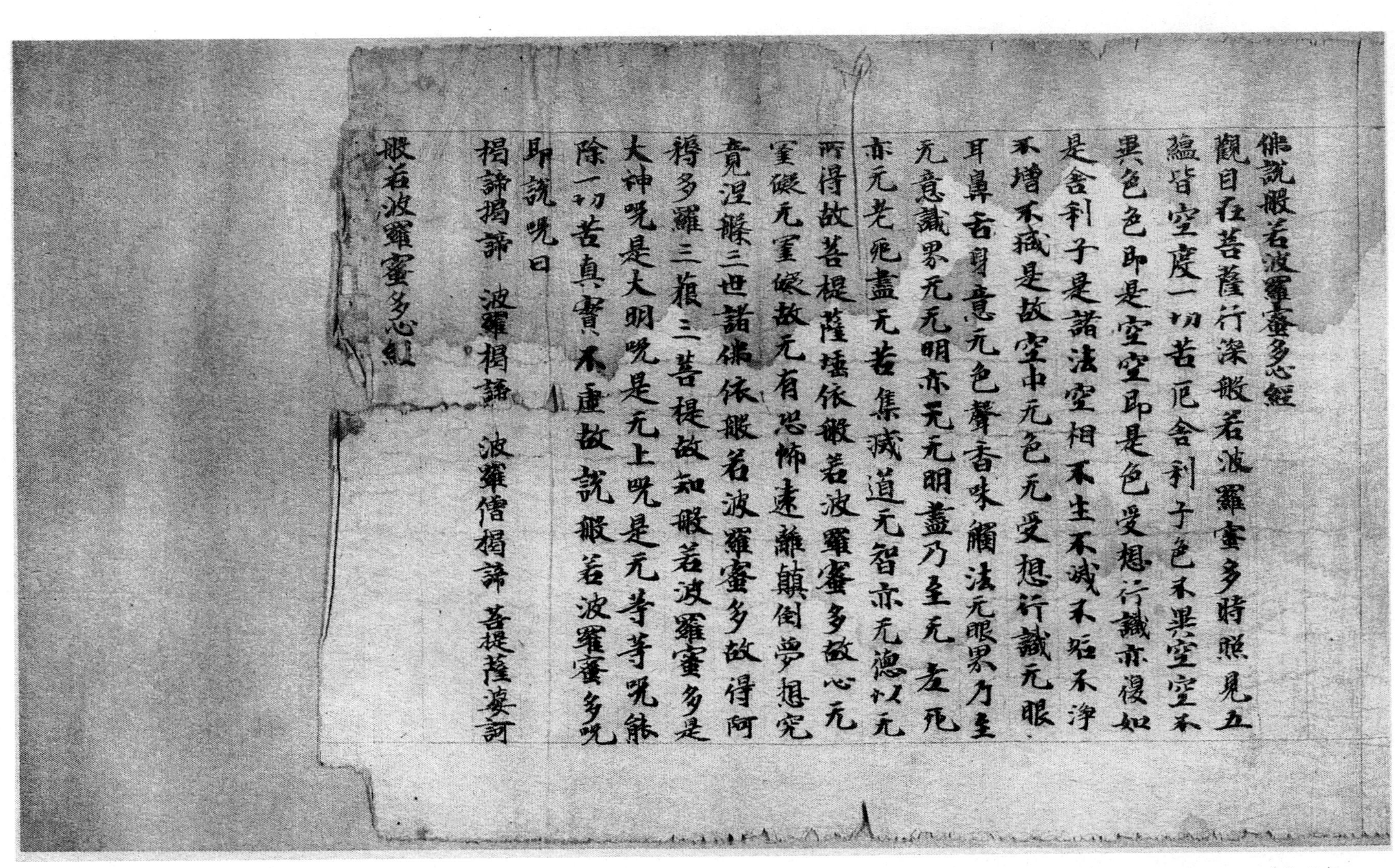
佛說般若波羅蜜多心經
觀自在菩薩行深般若波羅蜜多時照見五
蘊皆空度一切苦厄舍利子色不異空空不
異色色即是空空即是色受想行識亦復如
是舍利子是諸法空相不生不滅不垢不淨
不增不減是故空中无色无受想行識无眼
耳鼻舌身意无色聲香味觸法无眼界乃至
无意識界无无明亦无无明盡乃至无老死
亦无老死盡无苦集滅道无智亦无德以无
所得故菩提薩埵依般若波羅蜜多故心无
罣礙无罣礙故无有恐怖遠離顛倒夢想究
竟涅槃三世諸佛依般若波羅蜜多故得阿
耨多羅三藐三菩提故知般若波羅蜜多是
大神呪是大明呪是无上呪是无等等呪能
除一切苦真實不虛故說般若波羅蜜多呪
即說呪曰
揭諦揭諦 波羅揭諦 波羅僧揭諦 菩提薩婆訶
般若波羅蜜多心經

BD08043 號 2　般若波羅蜜多心經　（2–2）

宮復有國土如頗梨鏡十方國土皆於中現有
如是等无量諸佛國土嚴顯可觀令韋提
希見時韋提希白佛言世尊是諸佛土雖
復清淨皆有光明我今樂生極樂世界阿弥
陁佛所唯願世尊教我思惟教我正受
尒時世尊即便微笑有五色光從佛口出一
一光照頻婆娑羅頂尒時大王雖在幽閉心
眼无鄣遥見世尊頭面作礼自然增進成阿
那含
尒時世尊告韋提希汝今知不阿弥陁佛去
此不遠汝當繫念諦觀彼國淨業成者我今
為汝廣說衆譬亦令未來世一切凡夫欲脩
淨業者得生西方極樂國土欲生彼國者當
脩三福一者孝養父母奉事師長慈心不煞
脩十善業二者受持三歸具足衆戒不犯威
儀三者發菩提心深信因果讀誦大乘勸進
行者如此三事名為淨業佛告韋提希汝今

BD08044號　觀無量壽佛經

（2–1）

淨業者得生西方極樂國土欲生彼國者當
脩三福一者孝養父母奉事師長慈心不煞
脩十善業二者受持三歸具足衆戒不犯威
儀三者發菩提心深信因果讀誦大乘勸進
行者如此三事名為淨業佛告韋提希汝今
知不此三種業過去未來現在三世諸佛淨
業正因
佛告阿難及韋提希諦聽諦聽善思念之如
來今者為未來世一切衆生為煩惱賊之所害
者說清淨業善哉韋提希快問此事阿難
汝當受持廣為多衆宣說佛語如來今者教
韋提希及未來世一切衆生觀於西方極樂
世界以佛力故當得見彼清淨國土如執明
鏡自見面像見彼國土極妙樂事心歡喜故
應時即得无生法忍
佛告韋提希汝是凡夫心想羸劣未得天眼
能遠觀諸佛如來有異方便令汝得見時
韋提希白佛言世尊如我今者以佛力故見
彼國土若佛滅後諸衆生等濁惡不善五苦
所逼云何當見阿弥陁佛極樂世界佛告韋
……應當專心繫念一處想於西
……衆生自非生盲

BD08044號　觀無量壽佛經

（2–2）

合掌而立
佛告諸大衆閻羅天子於未來世當得作佛名曰普
賢王如來國土嚴淨百寶莊嚴國名花嚴菩薩充
滿其國多生習善為犯戒故退落琰魔天中作大魔
王管攝諸鬼科斷閻浮提內十惡五逆一切罪人繫閉
六牢日夜受苦輪轉其中隨業報身定生注死若
復有人造此經受持讀誦捨命之後必出三塗
不入地獄在生之日煞父害母破戒煞諸牛羊雞
狗毒蛇一切重罪應入地獄十劫五劫若造此經及諸
尊像記在業鏡閻王歡喜判放其人生富貴
家免其罪過若有善男子善女人比丘比丘尼優
婆塞優婆夷預修生七齋者每月二時供養
三寶祈設十王齋修名進狀上六曹官善業
童子奏上天曹地府官等記在名案身到之日當
配生快樂之處不住中陰四十九日待男女追救
命過十王若闕一齋乖在一王留連受苦
不得出生遲滯一年是故勸汝作此要事祈往生報
尒時地藏菩薩陀羅尼菩薩金剛藏菩薩讚歎世
尊哀愍凡夫說此妙經拔生救苦頂礼佛足尒時
二十八重一切獄主與閻天子六道冥官礼拜發願
若有衆生比丘比丘尼優婆塞優婆夷若造此經
讀誦一偈當免其罪過送出地獄往生天道不令
繫滯宿夜受苦尒時閻羅天子說偈白佛

BD08045號　十王經

（4–1）

婆塞優婆夷預修生七齋者每月二時供養
三寶祈設十王齋修名進狀上六曹官善業
童子奏上天曹地府等記在名案身到之日當
配生快樂之處不住中陰四十九日待男女追救
命過十王若闕一齋乖在一王留連受苦
不得出生遲滯一年是故勸汝作此要事祈往生報
尒時地藏菩薩陁羅尼菩薩金剛藏菩薩讚歎世
尊哀愍凡夫說此妙經拔生救苦頂礼佛足尒時
二十八重一切獄主與閻羅天子六道冥官礼拜發願
若有衆生比丘比丘尼優婆塞優婆夷若造此經
讀誦一偈當免其罪遣出地獄往生天道不令
繫滯宿夜受苦尒時閻羅天子說偈白佛
南无阿婆羅　日度數千河　衆生無定相　猶如水上波
願得智慧風　漂與法輪河　光明照世界　巡歷悉經過
普拔衆生苦　降鬼攝諸魔　四王行國界　傳佛修多羅
凡夫修善少　顛到信邪多　持經免地獄　書寫過灾痾
超度三界難　永不見夜叉　生處登高位　富貴壽延長
至心誦此經　天王恒記錄　欲得無罪苦　莫信邪師卜
祭鬼煞衆生　為此入地獄　念佛把真經　應當自戒勗
手把金剛刀　斷除魔種族　佛行平等心　衆生不具足
修福似微塵　造罪如山岳　欲得命延長　當修造此經
能除地獄苦　往生毫族家　善神恒守護　造經讀誦人
忽尒无常至　善使自來迎　天王相接引　携手入金城
尒時佛告阿難一切龍神八部大神閻羅天子太山

□□□利方便行平等心衆生不具足
修福似微塵 造罪如山岳 欲得命延長 當修造此經
能除地獄苦 往生豪族家 善神恒守護 造經讀誦人
忽尒无常至 善使自來迎 天王相接引 携手入金城
尒時佛告阿難一切龍神八部六神閻羅天子太山
府君司命司錄五道大神地獄官典行道天王
當起慈悲法有寬縱可容一切罪人慈孝男女修
福追齋廌拔亡人報育養之恩七七修齋造經
造像報父母恩得生天上閻羅法王白佛言世尊
我發使乘黑馬把黑幡著黑衣檢亡人家造何功
德准名放牒抽出罪人不違誓願伏願世尊聽說
檢十王名字
七一秦廣王　二七宋帝王　三七初江王　四七五官王
五七閻羅王　六七變成王　七七太山王　百日平等王
一年都市王　三年五道轉輪王
十齋具足免十惡罪放其生天我當令四大夜叉
王守護此經不令陷沒稽首世尊獄中罪人多
是用三寶財喧鬧受罪報識信之人可自誡勗
勿犯三寶業報難容見此經者應當修學出地
獄因尒時淡魔法王歡喜頂礼退坐一面佛言
此經名閻羅王授記四衆逆修生七往淨土經汝
當奉持流傳國界依教奉行
閻羅王經一卷
安國寺患尼弟子妙福發心敬寫此經一七卷盡心供養

德准名放牒抽出罪人，不違誓願伏顯世尊聽說
檢十王名字
一七秦廣王　二七宋帝王　三七初江王　四七五官王
五七閻羅王　六七變成王　七七太山王　百日平等王
一年都市王　三年五道轉輪王
十齋具足免十惡罪放其生天我當令四大夜叉
王守護此經不令陷沒稽首世尊獄中罪人多
是用三寶財喧鬧受罪報識信之人可自誡勗
勿犯三寶業報難容見此經者應當修學出地
獄因爾時琰魔法王歡喜頂禮退坐一面佛言
此經名閻羅王授記四衆逆修生七往淨土經汝
當奉持流傳國界依教奉行

閻羅王經一卷

安國寺患尼弟子妙福發心敬寫此經一七卷盡心供養

先說十二部經世尊辟如四河從阿耨達多
池出若有天人諸佛世尊說言是河不入大
海當還本源无有是處菩提之心亦復如是
有佛性者若聞不聞若戒非戒若施非施若
非知 得阿耨多羅三藐
三菩提世尊如優陀延山日從中出至于正南日
若念言我不至西還東方者无有是處佛性
亦尒若不聞不戒不施不[illegible]不智不得阿耨
多羅三藐三菩提者无有是處世尊諸佛如
來說因果性非有非无如是之義是亦不然
何以故如其乳中无酪性者則无有酪尼拘陀
子无五丈性則不能生五丈之質若佛性
中无阿耨多羅三藐三菩提樹者云何能生
阿耨多羅三藐三菩提樹以是義故所說因
果非有非无如是之義云何相應
尒時世尊讚言善哉善哉善男子世有二人
甚為希有如優曇華一者不行惡法二者有

BD08046號　大般涅槃經（北本）卷二六　（3–1）

中无阿耨多羅三藐三菩提樹者云何能生
阿耨多羅三藐三菩提樹以是義故所說因
果非有非无如是之義云何相應
尒時世尊讚言善哉善哉善男子世有二人
甚為希有如優曇華一者不行惡法二者有
罪能悔如是之人甚為希有復有二人一者作
恩二者念恩復有二人一者諮受新法二
者溫故不忘復有二人一者造新二者脩故
[illegible]有二人一樂聞法二[illegible]法復有二人一善
問難二善能答善問難者汝身是也善能
答者謂如來也善男子因是善問即得轉于
无上法輪能枯十二因緣大樹能度无邊生
死大海能與魔王波旬共戰能摧波旬所立
勝幢善男子如我先說三種病人值遇良醫
瞻病好藥及以不遇[illegible]得差是義云何若
得不得謂定壽命所以者何是人已於无量
世中脩三種善謂上中下以脩如是三種善故
得定壽命如欝單曰人壽命千年有遇病
者若得良醫好藥瞻病及以不得悉皆得差
何以故得定命故善男子如我所說若有病
人得遇良醫好藥瞻病病得除差若不遇者
則不得差是義云何善男子如是之人壽命
不定命雖不盡有九因緣能夭其壽何等為
九一者知食不安而反食之二者多食三者
宿食未消而復更食四者大小便利不隨時
節五者病時不隨醫教六者不隨瞻病教勅

BD08046號　大般涅槃經（北本）卷二六　（3–2）

則不得差是義云何善男子如是之人壽命
不定命雖不盡有九因緣能夭其壽何等爲
九一者知食不安而反食之二者多食三者
宿食未消而復更食四者大小便利不隨時
節五者病時不隨醫教六者不隨瞻病教勅
七者強耐不吐八者夜行以夜行故惡鬼打
之九者房室過差以是緣故我說病者若遇
良醫好藥病則可差若不遇者則不可愈善
男子如我先說若遇不遇俱不差者是義云
何有人命盡若遇不遇悉不可差何以故以命
盡故以是義故我說病人若遇醫藥及以不
遇悉不得差衆生亦尒發菩提心者若遇善友
諸佛菩薩諮受深法若不遇之皆悉當成何
以故以其能發菩提心故如鬱單曰人得定
壽命如我所說從須陁洹至辟支佛若聞善
友諸佛菩薩所說深法則發阿耨多羅三
藐三菩提心若不值遇諸佛菩薩聞說深法則
不能發阿耨多羅三藐三菩提如不定命以
九因緣命則中夭如彼病人值遇醫藥病則得
差若不遇者病則不差是故我說遇佛菩
薩聞說深法則能發心若不值遇則不能發
如我先說若遇善友諸佛菩薩聞說深法若
不值遇俱不能發是義云何善男子一闡提

BD08046號　大般涅槃經（北本）卷二六　　（3–3）

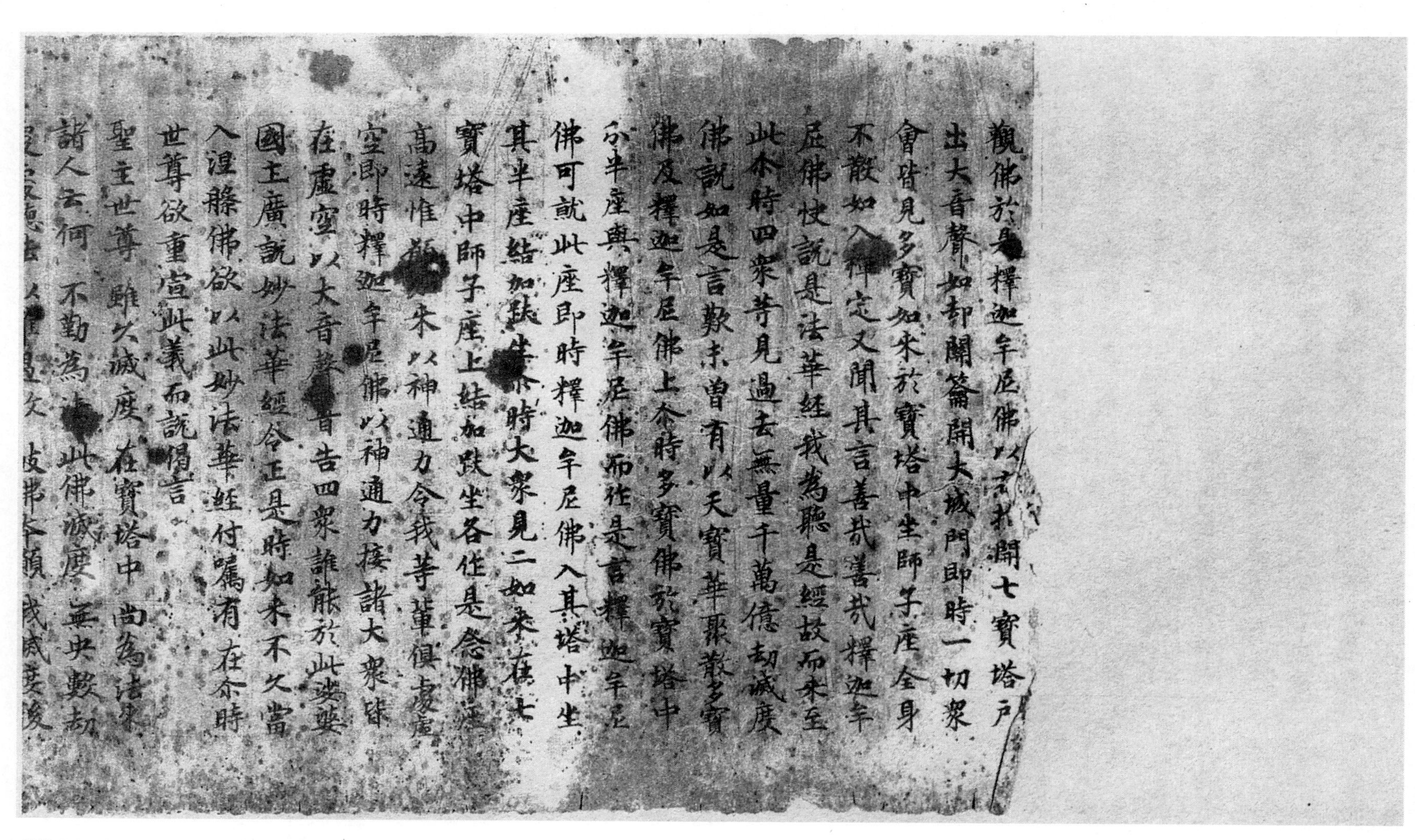
覩佛於是釋迦牟尼佛以右指開七寶塔戶
出大音聲如却關鑰開大城門即時一切衆
會皆見多寶如來於寶塔中坐師子座全身
不散如入禪定又聞其言善哉善哉釋迦牟
尼佛快說是法華經我爲聽是經故而來至
此尒時四衆等見過去無量千萬億劫滅度
佛說如是言歎未曾有以天寶華聚散多寶
佛及釋迦牟尼佛上尒時多寶佛於寶塔中
分半座與釋迦牟尼佛而作是言釋迦牟尼
佛可就此座即時釋迦牟尼佛入其塔中坐
其半座結加趺坐尒時大衆見二如來在七
寶塔中師子座上結加趺坐各作是念佛座
高遠惟願如來以神通力令我等輩俱處虛
空即時釋迦牟尼佛以神通力接諸大衆皆
在虛空以大音聲普告四衆誰能於此娑婆
國土廣說妙法華經今正是時如來不久當
入涅槃佛欲以此妙法華經付囑有在尒時
世尊欲重宣此義而說偈言
聖主世尊　雖久滅度　在寶塔中　尚爲法來
諸人云何　不勤爲法　此佛滅度　無央數劫

BD08047號　妙法蓮華經卷四　　（2–1）

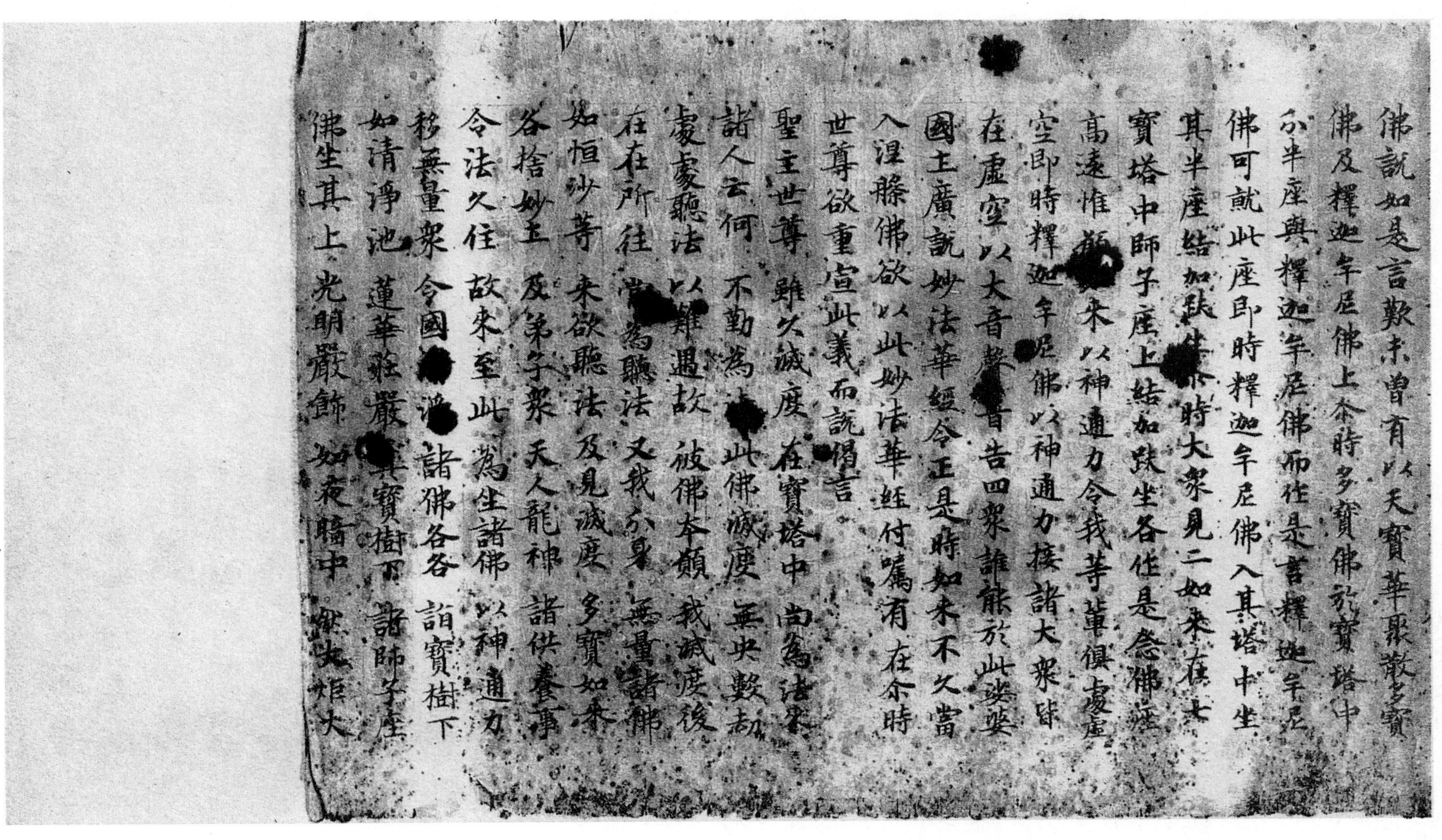
佛說如是言歎未曾有以天寶華聚散多寶
佛及釋迦牟尼佛上尒時多寶佛於寶塔中
分半座與釋迦牟尼佛而作是言釋迦牟尼
佛可就此座即時釋迦牟尼佛入其塔中坐
其半座結加趺坐尒時大衆見二如來在七
寶塔中師子座上結加趺坐各作是念佛座
高遠唯願如來以神通力令我等輩俱處虛
空即時釋迦牟尼佛以神通力接諸大衆皆
在虛空以大音聲普告四衆誰能於此娑婆
國土廣說妙法華經今正是時如來不久當
入涅槃佛欲以此妙法華經付囑有在尒時
世尊欲重宣此義而說偈言
聖主世尊　雖久滅度　在寶塔中　尚為法來
諸人云何　不勤為法　此佛滅度　無央數劫
處處聽法　以難遇故　彼佛本願　我滅度後
在在所往　常為聽法　又我分身　無量諸佛
如恒沙等　來欲聽法　及見滅度　多寶如來
各捨妙土　及弟子衆　天人龍神　諸供養事
令法久住　故來至此　為坐諸佛　以神通力
移無量衆　令國清淨　諸佛各各　詣寶樹下
如清淨池　蓮華莊嚴　其寶樹下　諸師子座
佛坐其上　光明嚴飾　如夜闇中　然大炬火

BD08047號　妙法蓮華經卷四　　（2–2）

生日一處擣篩取其香末當
□呪曰
他蘇訖栗帝　訖栗帝訖
□怛里　結怒羯嚼
郝羯喇滯　因達囉闍利膩
鑠羯嚼滯　鉢設姪嚟
阿伐底羯細　計娜矩覩矩覩
脚迦鼻麗　劫鼻麗劫鼻麗
劫毗羅末底　尸羅末底
那底度囉末底里　波伐雜畔稚嚟麗
室嚟室嚟　薩底悉體羝莎訶
若樂如法洗浴時　應作壇場方八肘
可於寂靜安隱處　念所求事不離心
應塗牛糞作其壇　於上普散諸花彩
當以淨潔金銀器　盛滿美味并乳蜜
於彼壇場四門所　四人守護法如常
令四童子好嚴身　各於一角持瓶水
於此常燒安息香　五音之樂聲不絕

BD08048號　金光明最勝王經卷七　　（2–1）

鉢鞮 喃濘　鉢 諦 姪 囇
阿代底羯細　計娜矩覩矩覩
脚迦鼻䰱　劫鼻䰱劫鼻䰱
劫毗羅末底丁里　尸羅末底
鄢底度囉末底里　波代雉畔稚囇䰱
室囇䰱室囇䰱　薩底悉體莎訶
若樂如法洗浴時　應作壇場方八肘
可於寂靜安隱處　念所求事不離心
應塗牛糞作其壇　於上普散諸花彩
當以淨潔金銀器　盛滿美味并乳蜜
於彼壇場四門所　四人守護法如常
令四童子好嚴身　各於一角持瓶水
於此常燒安息香　五音之樂聲不絕
幡蓋莊嚴懸繒綵　安在壇場之四邊
復於場內置明鏡　利刀兼箭各四枚
於壇中心埋大盆　應以漏版安其上
用前香末以和湯　亦復安在於壇內
既作如斯布置已　然後誦呪結其壇
結界呪曰
怛姪他頞喇計　娜也泥去　四䰱

BD08048 號　金光明最勝王經卷七　(2–2)

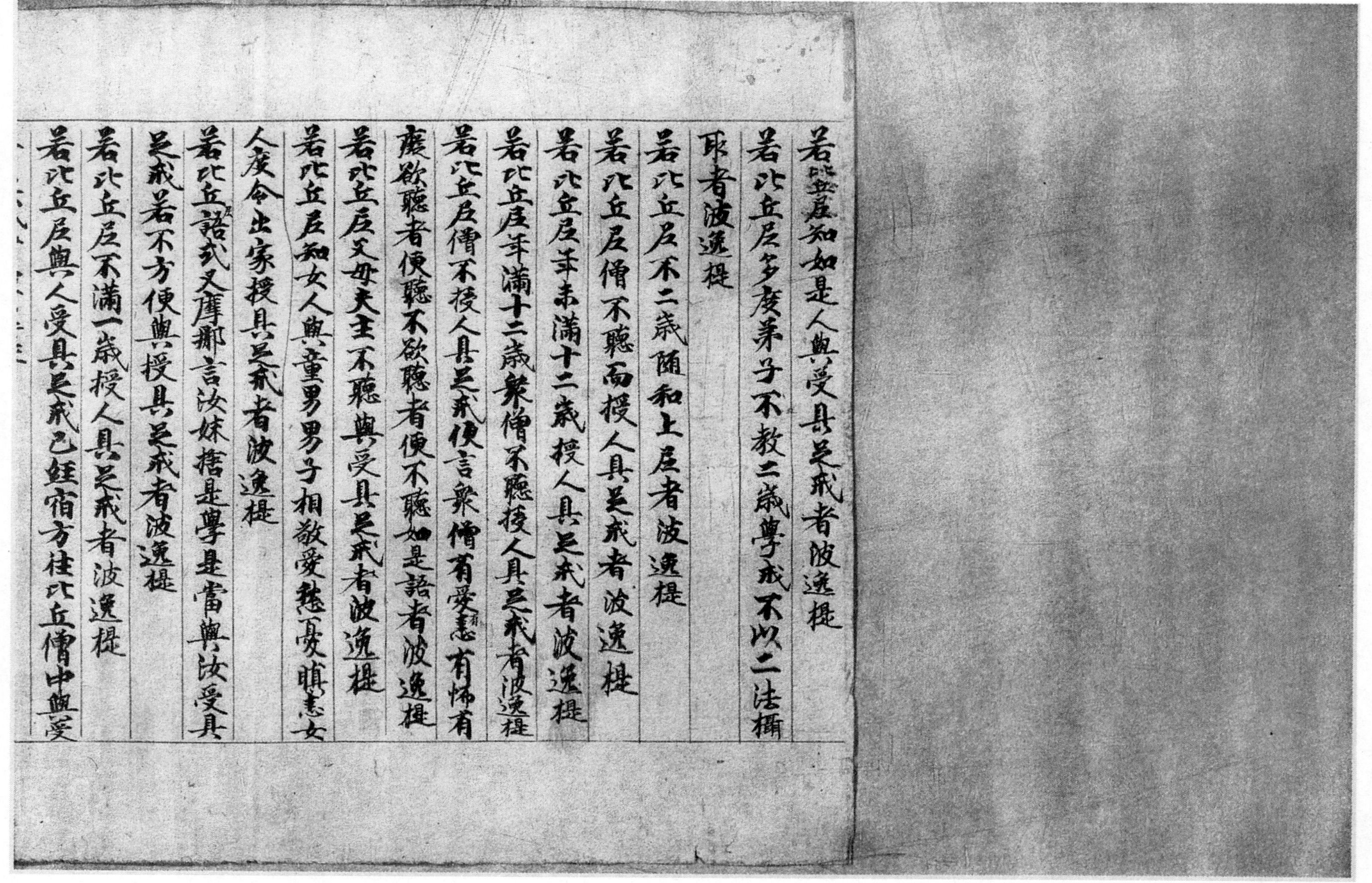
若比丘尼知如是人與受具足戒者波逸提
若比丘尼多度弟子不教二歲學戒不以二法攝
取者波逸提
若比丘尼不二歲隨和上尼者波逸提
若比丘尼僧不聽而授人具足戒者波逸提
若比丘尼年未滿十二歲授人具足戒者波逸提
若比丘尼年滿十二歲衆僧不聽授人具足戒者波逸提
若比丘尼僧不授人具足戒便言衆僧有愛恚有怖有
癡欲聽者便聽不欲聽者便不聽如是語者波逸提
若比丘尼父母夫主不聽與受具足戒者波逸提
若比丘尼知女人與童男男子相敬愛愁憂瞋恚女
人度令出家授具足戒者波逸提
若比丘尼語式叉摩那言汝妹捨是學是當與汝受具
足戒若不方便與授具足戒者波逸提
若比丘尼不滿一歲授人具足戒者波逸提
若比丘尼與人受具足戒已經宿方往比丘僧中與受

BD08049 號　四分比丘尼戒本　(2–1)

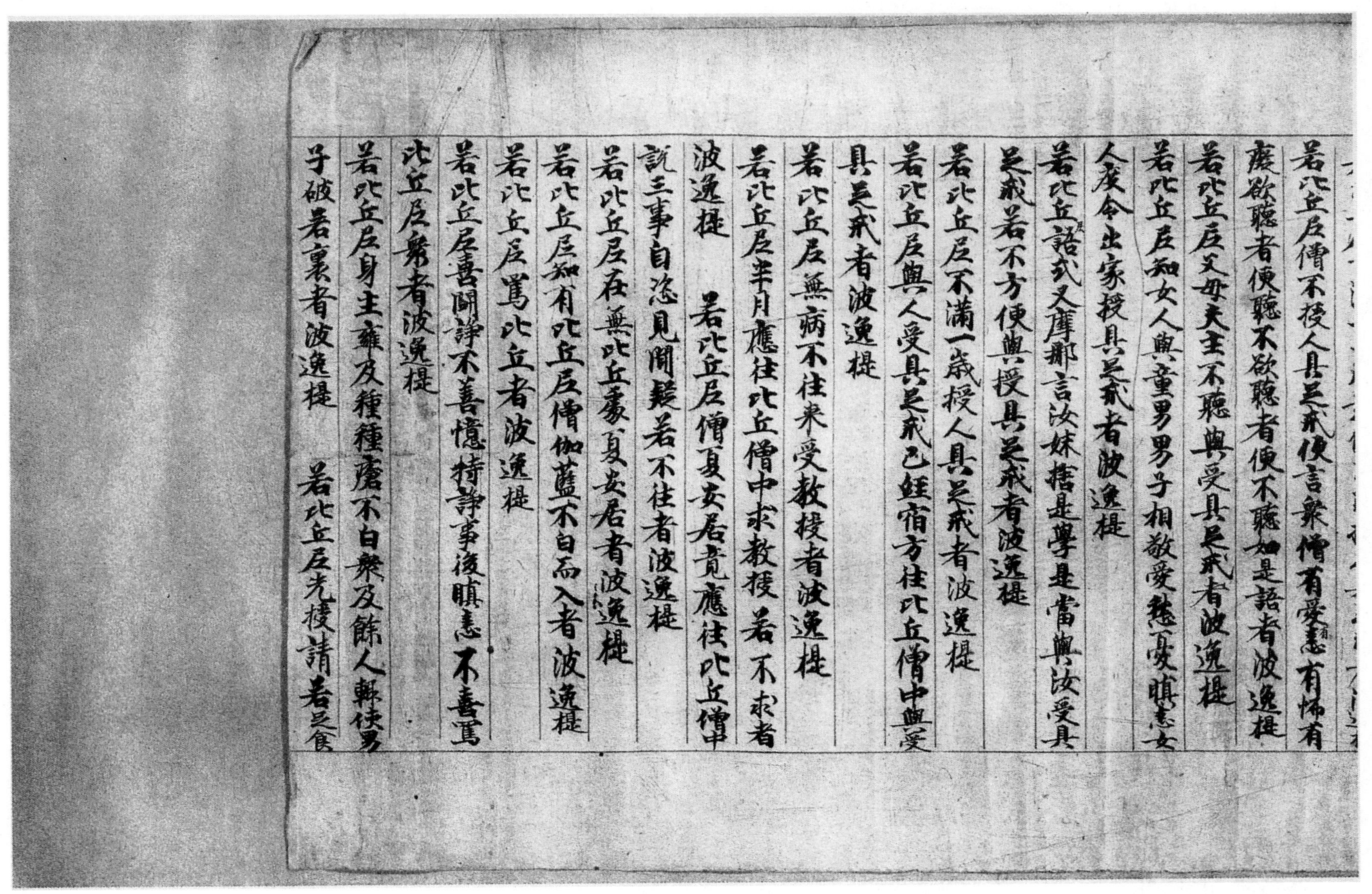
若比丘尼僧不授人具足戒便言衆僧有愛恚有怖有
癡欲聽者便聽不欲聽者便不聽如是語者波逸提
若比丘尼父母夫主不聽與受具足戒者波逸提
若比丘尼知女人與童男男子相敬愛愁憂瞋恚女
人度令出家授具足戒者波逸提
若比丘尼語式叉摩那言汝妹捨是學是當與汝受具
足戒若不方便與授具足戒者波逸提
若比丘尼不滿一歲授人具足戒者波逸提
若比丘尼與人受具足戒已經宿方往比丘僧中與受
具足戒者波逸提
若比丘尼無病不往受教授者波逸提
若比丘尼半月應往比丘僧中求教授若不求者
波逸提　若比丘尼僧夏安居竟應往比丘僧中
說三事自恣見聞疑若不往者波逸提
若比丘尼在無比丘處夏安居者波逸提
若比丘尼知有比丘尼僧伽藍不白而入者波逸提
若比丘尼罵比丘者波逸提
若比丘尼喜闘諍不善憶持諍事後瞋恚不喜罵
比丘尼衆者波逸提
若比丘尼身生癰及種種瘡不白衆及餘人輒使男
子破若裹者波逸提　若比丘尼先受請若足食

BD08049號　四分比丘尼戒本　（2–2）

得離欲若多瞋恚常念恭敬
離瞋若多愚癡常念恭敬觀世
離癡无盡意觀世音菩薩有
神力多所饒益是故衆生常
若有女人設欲求男禮拜供養觀
福德智慧之男設欲求女便生端正有相
女宿殖德本衆人愛敬无盡意觀世音菩薩有
如是力若有衆生恭敬禮拜觀世音菩薩
指是故衆生皆應受持觀世音菩薩名号
无盡意若有人受持六十二億恒河沙菩薩名
字復盡形供養飲食衣服卧具醫藥於汝意
云何是善男子善女人功德多不无盡意言甚多
世尊佛言若復有人受持觀世音菩薩名号乃
至一時礼拜供養是二人福正等无異於百千
万億劫不可窮盡无盡意受持觀世音菩薩
名号得如是无量无邊福德之利无盡意菩薩

BD08050號A　觀世音經　（6–1）

云何是善男子善女人功德多不无盡意言甚多
世尊佛言若復有人受持觀世音菩薩名号乃
至一時礼拜供養是二人福正等无異於百千
万億劫不可窮盡无盡意受持觀世音菩薩
名号得如是无量无邊福德之利无盡意菩薩
白佛言世尊觀世音菩薩云何遊此娑婆世界
云何而為衆生說法方便之力其事云何佛告无
盡意菩薩善男子若有國土衆生應以佛身
得度者觀世音菩薩即現佛身而為說法
應以辟支佛身得度者即現辟支佛身而
為說法應以聲聞身得度者即現聲聞身
而為說法應以梵王身得度者即現梵王身
而為說法應以帝釋身得度者即現帝釋身
而為說法應以自在天身得度者即現自在天
身而為說法應以大自在天身得度者即現大
自在天身而為說法應以天大將軍身得度者
即現天大將軍身而為說法應以毗沙門身得度
者即現毗沙門身而為說法應以小王身得度
者即現小王身而為說法應以長者身得度
者即現長者身而為說法應以居士身得度
者即現居士身而為說法應以宰官身得度
者即現宰官身而為說法應以婆羅門身得
度者即現婆羅門身而為說法應以比丘比丘
尼優婆塞優婆夷身得度者即現比丘比丘尼
優婆塞優婆夷身而為說法應以長者居士

BD08050 號 A　觀世音經

（6–2）

者即現宰官身而為說法應以婆羅門身得
度者即現婆羅門身而為說法應以比丘比丘
尼優婆塞優婆夷身得度者即現比丘比丘尼
優婆塞優婆夷身而為說法應以長者居士
宰官婆羅門婦女身得度者即現婦女身而
而為說法應以童男童女身得度者即現童
男童女身而為說法應以天龍夜叉乾闥婆阿脩
羅迦樓羅緊那羅摩睺羅伽人非人等身得度
者即皆現之而為說法應以執金剛神得度者
即現執金剛神而為說法无盡意是觀世音菩
薩成就如是功德以種種形遊諸國土度脫衆生
是故汝等應當一心供養觀世音菩薩是觀世
音菩薩摩訶薩於怖畏急難之中能施无畏
是故此娑婆世界皆号之為施无畏者
无盡意菩薩白佛言世尊我今當供養觀世
音菩薩即解頸衆寶珠瓔珞價直百千兩金
而以與之作是言仁者受此法施珎寶瓔珞時
觀世音菩薩不肯受之无盡意復白觀世音
菩薩言仁者愍我等故受此瓔珞尓時佛告觀
世音菩薩當愍此无盡意菩薩及諸四衆天龍夜
叉乾闥婆阿脩羅迦樓羅緊那羅摩睺羅伽
人非人等故受是瓔珞即時觀世音菩薩愍諸四
衆及天龍人非人等受其瓔珞分作二分一分奉釋
迦牟尼佛一分奉多寶佛塔无盡意觀世音菩
薩有如是自在神力遊於娑婆世界

BD08050 號 A　觀世音經

（6–3）

世音菩薩當愍此无盡意菩薩及四衆天龍夜
又乾闥婆阿脩羅迦樓羅緊那羅摩睺羅伽
人非人等故受是瓔珞即時觀世音菩薩愍諸四
衆及天龍人非人等受其瓔珞分作二分一分奉釋
迦牟尼佛一分奉多寶佛塔无盡意觀世音菩
薩有如是自在神力遊於娑婆世界
尒時无盡意菩薩以偈問曰
世尊妙相具　我今重問彼　佛子何因緣　名為觀世音
具足妙相尊　偈荅无盡意　汝聽觀音行　善應諸方所
弘誓深如海　歷劫不思議　侍多千億佛　發大清淨願
我為汝略說　聞名及見身　心念不空過　能滅諸有苦
假使興害意　推落大火坑　念彼觀音力　火坑變成池
或漂流巨海　龍魚諸鬼難　念彼觀音力　波浪不能沒
或在須弥峯　為人所推墮　念彼觀音力　如日虛空住
或被惡人逐　墮落金剛山　念彼觀音力　不能損一毛
或值怨賊遶　各執刀加害　念彼觀音力　咸即起慈心
或遭王難苦　臨刑欲壽終　念彼觀音力　刀尋段段壞
或囚禁枷鎖　手足被杻械　念彼觀音力　釋然得解脫
呪咀諸毒藥　所欲害身者　念彼觀音力　還著於本人
或遇惡羅剎　毒龍諸鬼等　念彼觀音力　時悉不敢害
若惡獸圍遶　利牙爪可怖　念彼觀音力　疾走无邊方
蚖蛇及蝮蝎　氣毒烟火然　念彼觀音力　尋聲自迴去
雲雷鼓掣電　降雹澍大雨　念彼觀音力　應時得消散
衆生被困厄　无量苦逼身　觀音妙智力　能救世間苦
具足神通力　廣脩智方便　十方諸國土　无剎不現身

BD08050號A　觀世音經　（6–4）

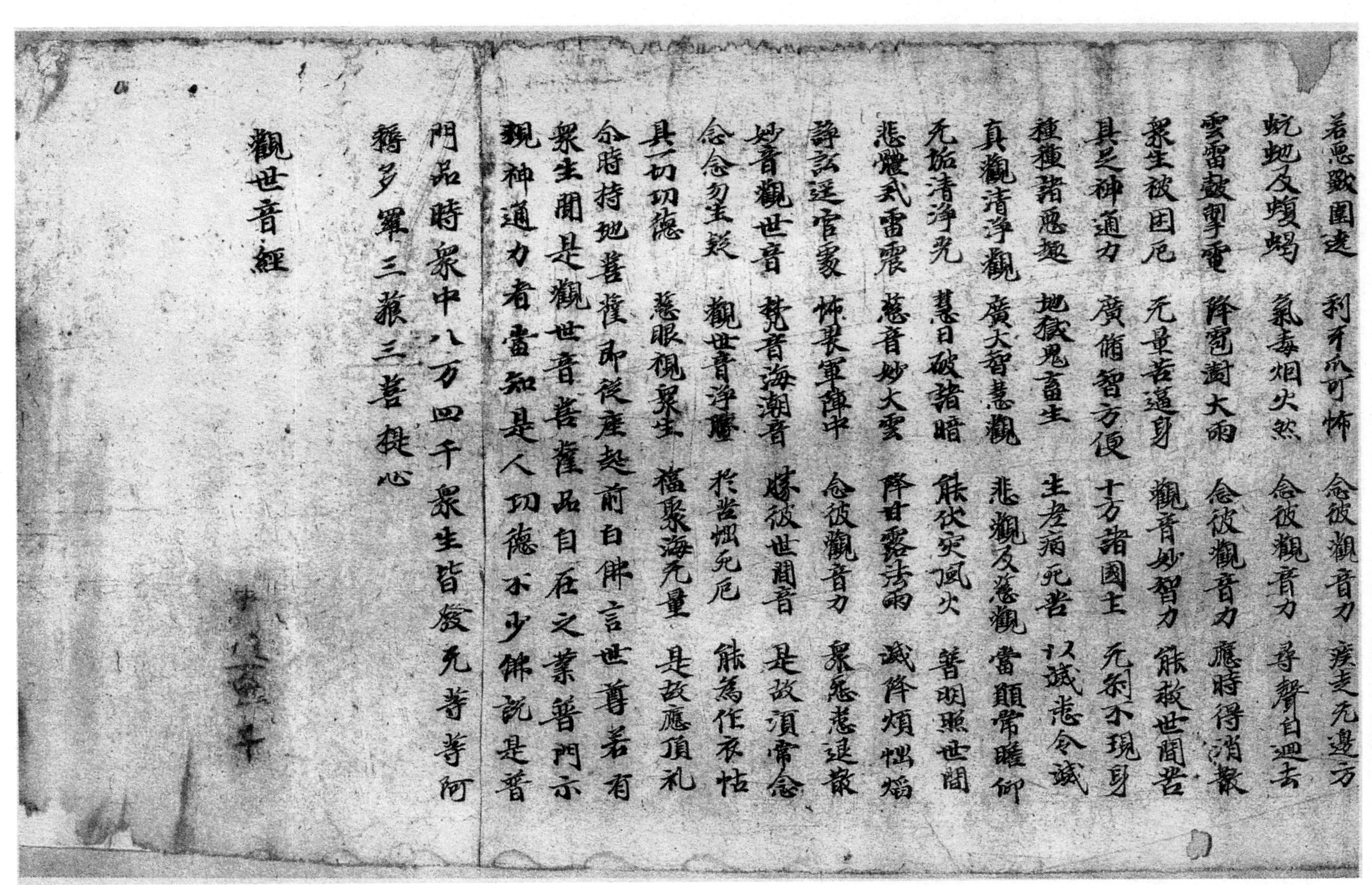

若惡獸圍遶　利牙爪可怖　念彼觀音力　疾走无邊方
蚖蛇及蝮蝎　氣毒烟火然　念彼觀音力　尋聲自迴去
雲雷鼓掣電　降雹澍大雨　念彼觀音力　應時得消散
衆生被困厄　无量苦逼身　觀音妙智力　能救世間苦
具足神通力　廣脩智方便　十方諸國土　无剎不現身
種種諸惡趣　地獄鬼畜生　生老病死苦　以漸悉令滅
真觀清淨觀　廣大智慧觀　悲觀及慈觀　常願常瞻仰
无垢清淨光　慧日破諸闇　能伏災風火　普明照世間
悲體戒雷震　慈意妙大雲　澍甘露法雨　滅除煩惱焰
諍訟經官處　怖畏軍陣中　念彼觀音力　衆怨悉退散
妙音觀世音　梵音海潮音　勝彼世間音　是故須常念
念念勿生疑　觀世音淨聖　於苦惱死厄　能為作依怙
具一切功德　慈眼視衆生　福聚海无量　是故應頂禮
尒時持地菩薩即從座起前白佛言世尊若有
衆生聞是觀世音菩薩品自在之業普門示
現神通力者當知是人功德不少佛說是普
門品時衆中八万四千衆生皆發无等等阿
耨多羅三藐三菩提心

觀世音經

BD08050號A　觀世音經　（6–5）

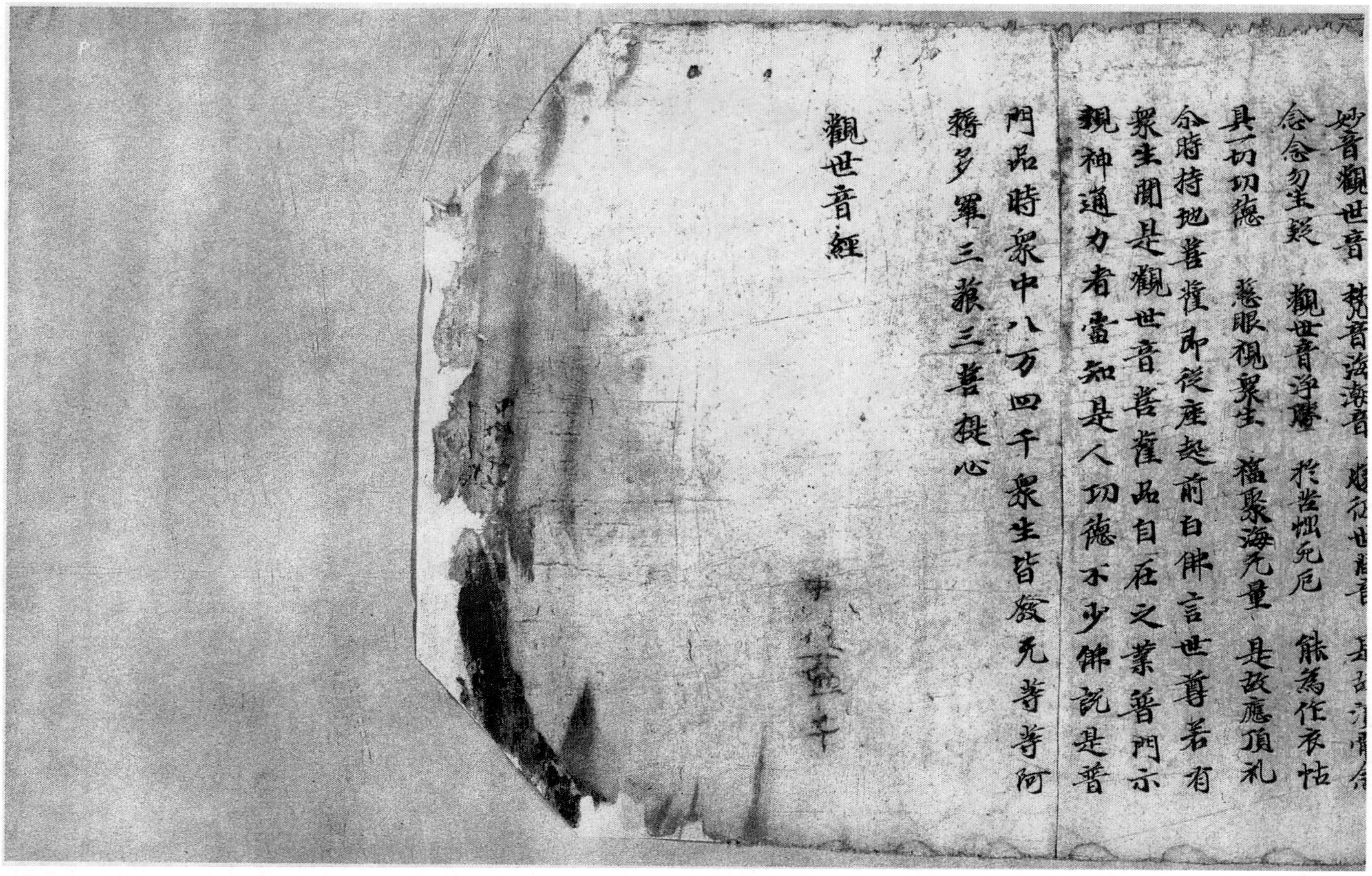

妙音觀世音　梵音海潮音　勝彼世間音　是故須常念
念念勿生疑　觀世音淨聖　於苦惱死厄　能為作依怙
具一切功德　慈眼視眾生　福聚海无量　是故應頂礼
尒時持地菩薩即從座起前白佛言世尊若有
眾生聞是觀世音菩薩品自在之業普門示
現神通力者當知是人功德不少佛說是普
門品時眾中八万四千眾生皆發无等等阿
耨多羅三藐三菩提心

觀世音經

BD08050號A　觀世音經

（6–6）

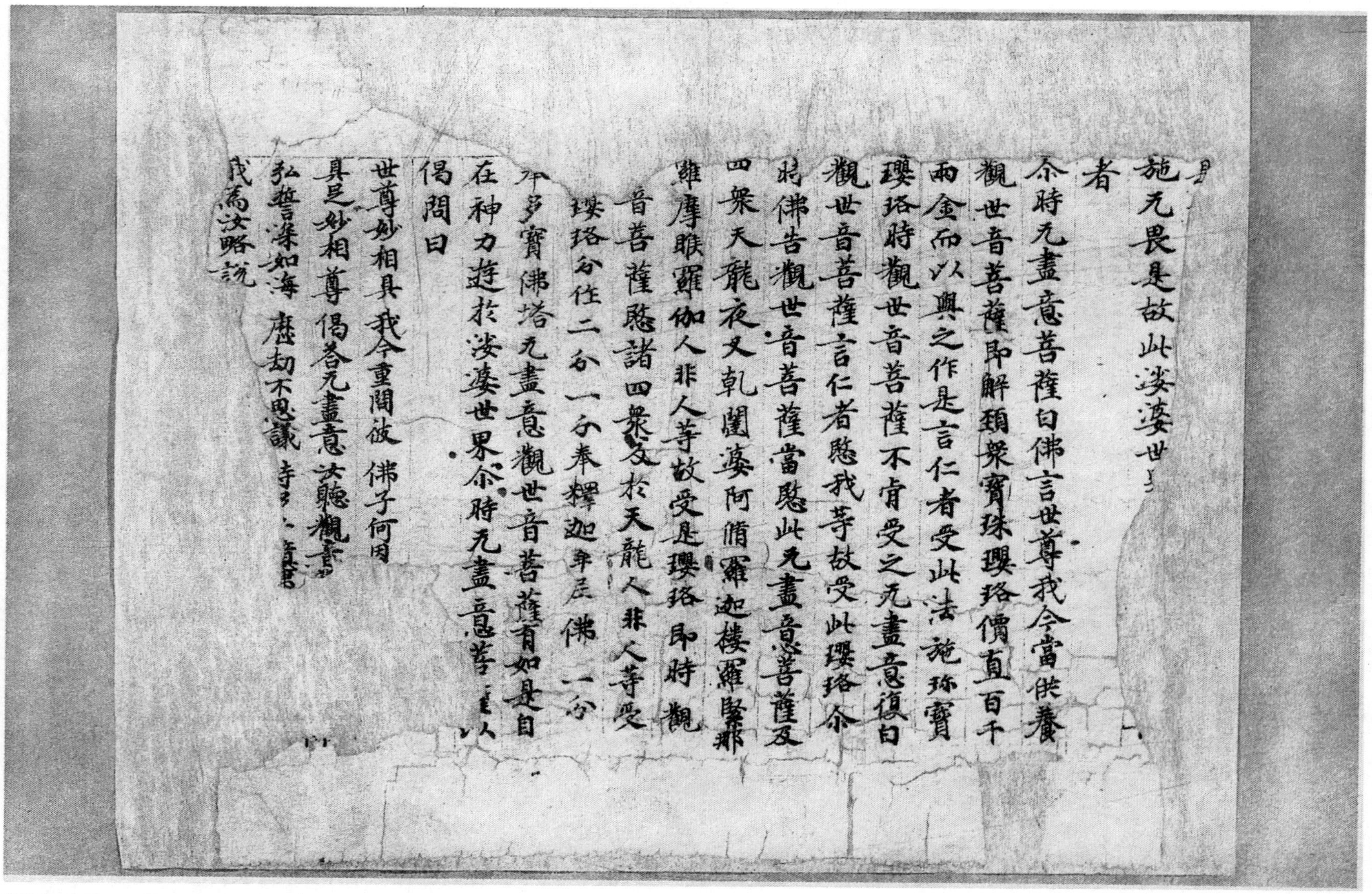

施无畏是故此娑婆世界
者
尒時无盡意菩薩白佛言世尊我今當供養
觀世音菩薩即解頸眾寶珠瓔珞價直百千
兩金而以與之作是言仁者受此法施珎寶
瓔珞時觀世音菩薩不肯受之无盡意復白
觀世音菩薩言仁者愍我等故受此瓔珞尒
時佛告觀世音菩薩當愍此无盡意菩薩及
四眾天龍夜叉乾闥婆阿脩羅迦樓羅緊那
羅摩睺羅伽人非人等故受是瓔珞即時觀
音菩薩愍諸四眾及於天龍人非人等受
瓔珞分作二分一分奉釋迦牟尼佛一分
奉多寶佛塔无盡意觀世音菩薩有如是自
在神力遊於娑婆世界尒時无盡意菩薩以
偈問曰
世尊妙相具　我今重問彼　佛子何因
具足妙相尊　偈荅无盡意　汝聽觀音
弘誓深如海　歷劫不思議　侍多千億
我為汝略說

BD08050號B　觀世音經

（1–1）

知見[illegible]
[illegible]獄長
[illegible]報亦不
[illegible]提白佛言世尊善男子善女人發
阿耨多羅三藐三菩提心云何應住云何降伏
其心佛告須菩提善男子善女人發阿耨
多羅三藐三菩提者當生如是心我應滅度
一切衆生滅度一切衆生已而无有一衆生實
滅度者何以故若菩薩有我相人相衆生
相壽者相則非菩薩所以者何須菩提實无
有法發阿耨多羅三藐三菩提者須菩提於
意云何如來於然燈佛所有法得阿耨多
三藐三菩提不不也世尊如我解佛所
佛於然燈佛所无有法得阿耨多羅三
菩提佛言如是如是須菩提實无有法如來
得阿耨多羅三藐三菩提須菩提若有法如
來得阿耨多羅三藐三菩提者然燈佛則不
[illegible]

BD08051號　金剛般若波羅蜜經　（7–1）

三藐三菩提不不也世尊如我解佛所
佛於然燈佛所无有法得阿耨多羅三
菩提佛言如是如是須菩提實无有法如來
得阿耨多羅三藐三菩提須菩提若有法如
來得阿耨多羅三藐三菩提者然燈佛則不
與我受記汝於來世當得作佛號釋迦牟尼
以實无有法得阿耨多羅三藐三菩提是故
然燈佛與我受記作是言汝於來世當得作
佛號釋迦牟尼何以故如來者即諸法如義
若有人言如來得阿耨多羅三藐三菩提須
菩提實无有法佛得阿耨多羅三藐三菩提
須菩提如來所得阿耨多羅三藐三菩提於
是中无實无虛是故如來說一切法皆是佛
法須菩提所言一切法者即非一切法是故名
一切法須菩提譬如人身長大須菩提言
世尊如來說人身長大則為非大身是名大
身須菩提菩薩亦如是若作是言我當滅度
无量衆生則不名菩薩何以故須菩提實无
有法名為菩薩是故佛說一切法无我无人
无衆生无壽者須菩提若菩薩作是言我
當莊嚴佛土是不名菩薩何以故如來說莊嚴
佛土者即非莊嚴是名莊嚴須菩提若菩薩
通達无我法者如來說名真是菩薩
須菩提於意云何如來有肉眼不如是世尊
如來有肉眼須菩提於意云何如來有天眼不
如是世尊如來有天眼須菩提於意云何如
來有慧眼不如是世尊如來有慧眼須菩

BD08051號　金剛般若波羅蜜經　（7–2）

通達无我法者如來說名真是菩薩
須菩提於意云何如來有肉眼不如是世尊
如來有肉眼須菩提於意云何如來有天眼不
如是世尊如來有天眼須菩提於意云何如
來有慧眼不如是世尊如來有慧眼須菩
提於意云何如來有法眼不如是世尊如來
有法眼須菩提於意云何如來有佛眼不如
是世尊如來有佛眼須菩提於意云何恒河
中所有沙佛說是沙不如是世尊如來說是
沙須菩提於意云何如一恒河中所有沙有
如是等恒河是諸恒河所有沙數佛世界如
是寧為多不甚多世尊佛告須菩提尒所國
土中所有衆生若干種心如來悉知何以故如
來說諸心皆為非心是名為心所以者何
須菩提過去心不可得現在心不可得未來
心不可得須菩提於意云何若有人滿三千
大千世界七寶以用布施是人以是因緣得
福多不如是世尊此人以是因緣得福甚多
須菩提若福德有實如來不說得福德多以
福德无故如來說得福德多
須菩提於意云何佛可以具足色身見不不也
世尊如來不應以具足色身見何以故如來
說具足色身即非具足色身是名具足色身
須菩提於意云何如來可以具足諸相見不不
也世尊如來不應以具足諸相見何以故如來
說諸相具足即非具足是名諸相具足須

BD08051號　金剛般若波羅蜜經　（7–3）

世尊如來不應以具足色身見何以故如來
說具足色身即非具足色身是名具足色身
須菩提於意云何如來可以具足諸相見不不
也世尊如來不應以具足諸相見何以故如來
說諸相具足即非具足是名諸相具足須
菩提汝勿謂如來作是念我當有所說法莫
作是念何以故若人言如來有所說法即為謗
佛不能解我所說故須菩提說法者无法
可說是名說法須菩提白佛言世尊佛得
阿耨多羅三藐三菩提為无所得耶如是如是
須菩提我於阿耨多羅三藐三菩提乃至无
有少法可得是名阿耨多羅三藐三菩提復
次須菩提是法平等无有高下是名阿耨多
羅三藐三菩提以无我无人无衆生无壽者
修一切善法即得阿耨多羅三藐三菩提須
菩提所言善法者如來說非善法是名善法
須菩提若三千大千世界中所有諸須弥山
王如是等七寶聚有人持用布施若人以此
般若波羅蜜經乃至四句偈等受持讀誦為
他人說於前福德百分不及一百千萬億分
乃至筭數譬喻所不能及
須菩提於意云何汝等勿謂如來作是念我
當度衆生須菩提莫作是念何以故實无有
衆生如來度者若有衆生如來度者如來則
有我人衆生壽者須菩提如來說有我者則
非有我而凡夫之人以為有我須菩提凡夫

BD08051號　金剛般若波羅蜜經　（7–4）

須菩提於意云何汝等勿謂如來作是念我
當度衆生須菩提莫作是念何以故實无有
衆生如來度者若有衆生如來度者如來則
有我人衆生壽者須菩提如來說有我者則
非有我而凡夫之人以為有我須菩提凡夫
者如來說則非凡夫須菩提於意云何可以
三十二相觀如來不須菩提言如是如是以三
十二相觀如來佛言須菩提若以三十二相
觀如來者轉輪聖王則是如來須菩提白
佛言世尊如我解佛所說義不應以三十二
相觀如來尒時世尊而說偈言
若以色見我　以音聲求我　是人行邪道　不能見如來
須菩提汝若作是念如來不以具足相故得阿
耨多羅三藐三菩提須菩提莫作是念如來
不以具足相故得阿耨多羅三藐三菩提
須菩提汝若作是念發阿耨多羅三藐三菩
提者說諸法斷滅相莫作是念何以故發阿
耨多羅三藐三菩提者於法不說斷滅相須菩
提若菩薩以滿恒河沙等世界七寶布施
若復有人知一切法无我得成於忍此菩薩
勝前菩薩所得功德須菩提以諸菩薩不受
福德故須菩提白佛言世尊云何菩薩不受
福德須菩提菩薩所作福德不應貪著是故
說不受福德須菩提若有人言如來若來若
去若坐若卧是人不解我所說義何以故如來
者无所從來亦无所去故名如來

BD08051號　金剛般若波羅蜜經　（7-5）

福德須菩提菩薩所作福德不應貪著是故
說不受福德須菩提若有人言如來若來若
去若坐若卧是人不解我所說義何以故如來
者无所從來亦无所去故名如來
須菩提若善男子善女人以三千大千世界
碎為微塵於意云何是微塵衆寧為多不甚
多世尊何以故若是微塵衆實有者佛則不
說是微塵衆所以者何佛說微塵衆則非微
塵衆是名微塵衆世尊如來所說三千大千
世界則非世界是名世界何以故若世界實
有者則是一合相如來說一合相則非一合相
是名一合相須菩提一合相者則是不可說
但凡夫之人貪著其事須菩提若人言佛
說我見人見衆生見壽者見須菩提於意云
何是人解我所說義不世尊是人不解如來
所說義何以故世尊說我見人見衆生見壽
者見則非我見人見衆生見壽者見是名我
見人見衆生見壽者見須菩提發阿耨多羅
三藐三菩提心者於一切法應如是知如是見
如是信解不生法相須菩提所言法相者如
來說則非法相是名法相須菩提若有人
以滿无量阿僧祇世界七寶持用布施若有
善男子善女人發菩薩心者持於此經乃至
四句偈等受持讀誦為人演說其福勝彼云
何為人演說不取於相如如不動何以故
一切有為法　如夢幻泡影　如露亦如電　應作如是觀

BD08051號　金剛般若波羅蜜經　（7-6）

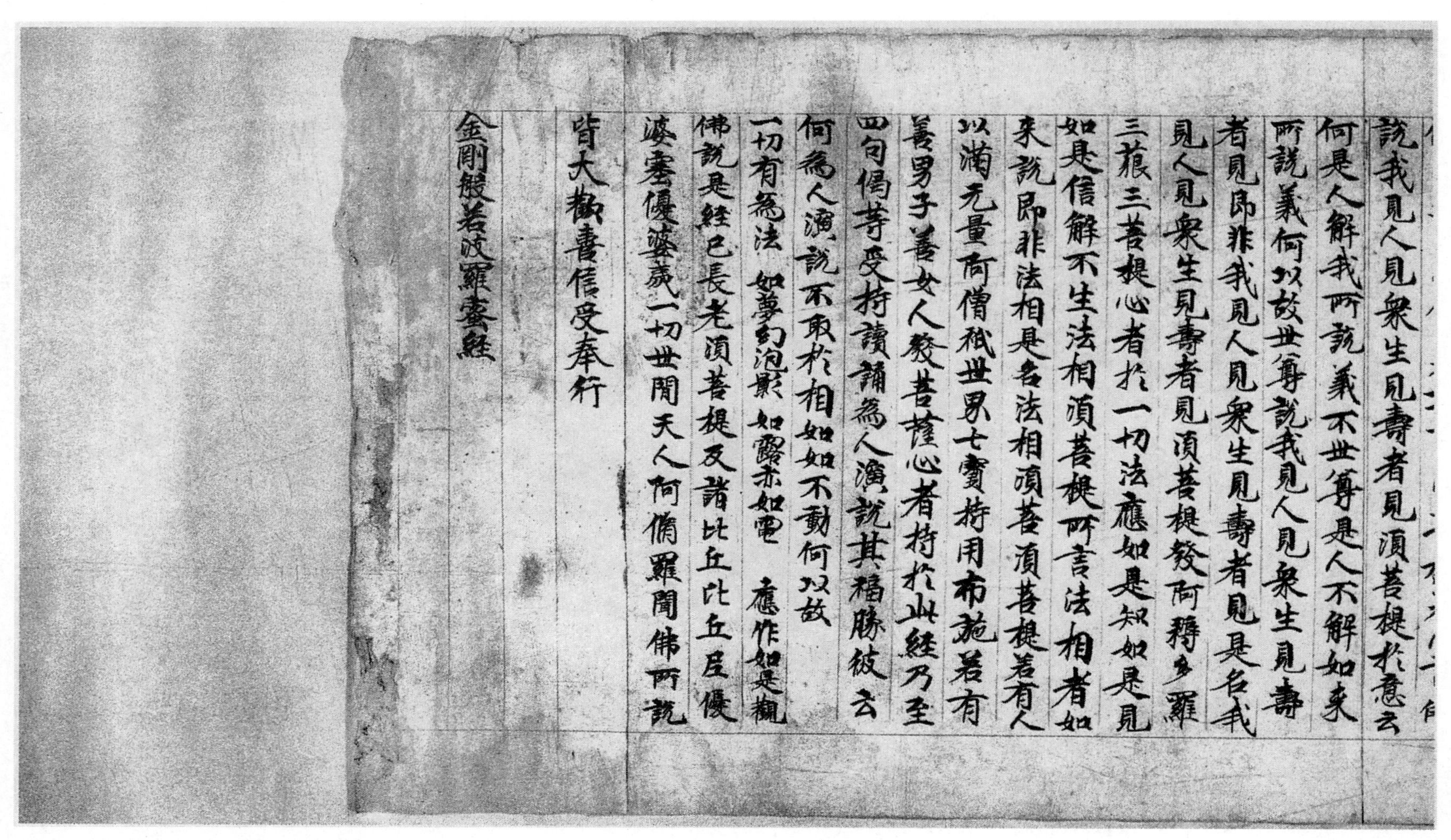
說我見人見衆生見壽者見須菩提於意云
何是人解我所說義不世尊是人不解如來
所說義何以故世尊說我見人見衆生見壽
者見即非我見人見衆生見壽者見是名我
見人見衆生見壽者見須菩提發阿耨多羅
三藐三菩提心者於一切法應如是知如是見
如是信解不生法相須菩提所言法相者如
來說即非法相是名法相須菩提若有人
以滿无量阿僧祇世界七寶持用布施若有
善男子善女人發菩薩心者持於此經乃至
四句偈等受持讀誦為人演說其福勝彼云
何為人演說不取於相如如不動何以故
一切有為法　如夢幻泡影　如露亦如電　應作如是觀
佛說是經已長老須菩提及諸比丘比丘尼優
婆塞優婆夷一切世間天人阿脩羅聞佛所說
皆大歡喜信受奉行
金剛般若波羅蜜經

BD08051 號　金剛般若波羅蜜經　（7–7）

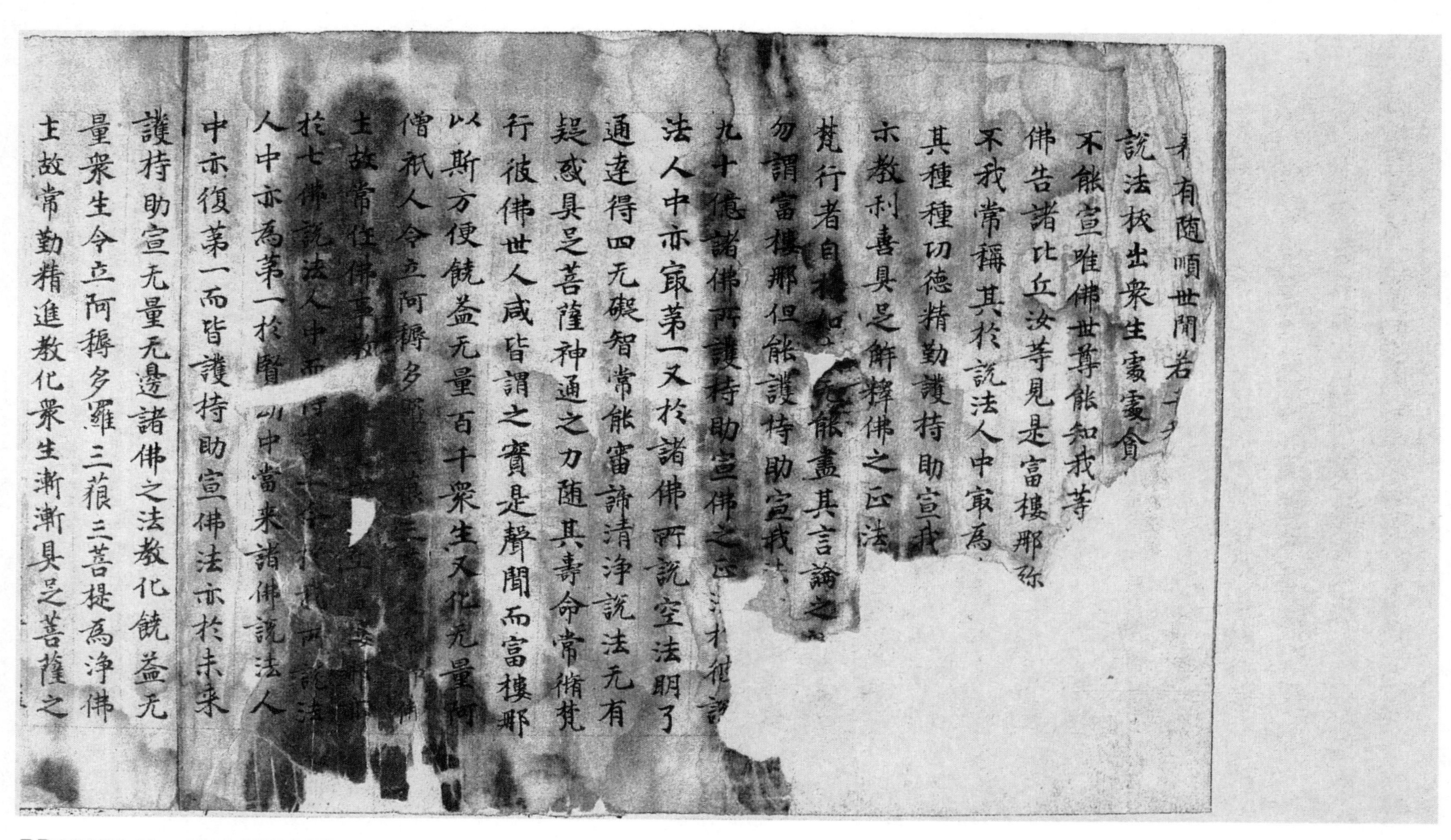
[illegible]有隨順世間若[illegible]
說法拔出衆生處處貪
不能宣唯佛世尊能知我等
佛告諸比丘汝等見是富樓那彌
不我常稱其於說法人中最為
其種種功德精勤護持助宣我
示教利喜具足解釋佛之正法
梵行者自[illegible]能盡其言論之[illegible]
勿謂富樓那但能護持助宣我[illegible]
九十億諸佛所護持助宣佛之正[illegible]
法人中亦最第一又於諸佛所說空法明了
通達得四无礙智常能審諦清淨說法无有
疑惑具足菩薩神通之力隨其壽命常脩梵
行彼佛世人咸皆謂之實是聲聞而富樓那
以斯方便饒益无量百千衆生又化无量阿
僧祇人令立阿耨多[illegible]
土故常作佛事教[illegible]
於七佛說法人中[illegible]
人中亦為第一於賢劫中當來諸佛說法人
中亦復第一而皆護持助宣佛法亦於未來
護持助宣无量无邊諸佛之法教化饒益无
量衆生令立阿耨多羅三藐三菩提為淨佛
土故常勤精進教化衆生漸漸具足菩薩之

BD08052 號　妙法蓮華經卷四　（4–1）

主故常作佛事教化衆生諸比丘富樓那亦
於七佛說法人中而得第一今於我所說法
人中亦爲第一於賢劫中當來諸佛說法人
中亦復第一而皆護持助宣佛法亦於未來
護持助宣无量无邊諸佛之法教化饒益无
量衆生令立阿耨多羅三藐三菩提爲淨佛
主故常勤精進教化衆生漸漸具足菩薩之
道過无量阿僧祇劫當於此土得阿耨多羅
三藐三菩提號曰法明如來應供正遍知明
行足善逝世間解无上士調御丈夫天人師
佛世尊其佛以恒河沙等三千大千世界爲
一佛土七寶爲地地平如掌无有山陵谿澗
溝壑七寶臺觀充滿其中諸天宮殿近處虛
空人天交接兩得相見无諸惡道亦无女人
一切衆生皆以化生无有婬欲得大神通身
出光明飛行自在志念堅固精進智慧普皆
金色三十二相而自莊嚴其國衆生常以二
食一者法喜食二者禪悅食有无量阿僧祇
千万億那由他諸菩薩衆得大神通四无礙
智善能教化衆生之類其聲聞衆筭數校計
所不能知皆得具足六通三明及八解脫其
佛國土有如是等无量功德莊嚴成就劫名
寶明國名善淨其佛壽命无量阿僧祇劫法
住甚久佛滅度後起七寶塔遍滿其國尒時
世尊欲重宣此義而說偈言
諸比丘諦聽　佛子所行道　善學方便故　不可得思議
知衆生樂小法　而畏於大智　是故諸菩薩　作聲聞緣覺
以无數方便　化諸衆生類　自說是聲聞　去佛道甚遠

BD08052號　妙法蓮華經卷四　（4–2）

住甚久佛滅度後起七寶塔遍滿其國尒時
世尊欲重宣此義而說偈言
諸比丘諦聽　佛子所行道　善學方便故　不可得思議
知衆生樂小法　而畏於大智　是故諸菩薩　作聲聞緣覺
以无數方便　化諸衆生類　自說是聲聞　去佛道甚遠
度脫无量衆　皆悉得成就　雖小欲懈怠　漸當令作佛
內秘菩薩行　外現是聲聞　少欲厭生死　實自淨佛土
亦衆有三毒　又現耶見相　我弟子如是　方便度衆生
若我具足說　種種現化事　衆生聞是法　心則懷疑惑
今此富樓那　於昔千億佛　勤脩所行道　宣護諸佛法
爲求无上慧　而於諸佛所　現居弟子上　多聞有智慧
所說无所畏　能令衆歡喜　未曾有疲惓　而以助佛事
已度大神通　具四无礙智　知諸根利鈍　常說清淨法
演暢如是義　教諸千億衆　令住大乘法　而自淨佛土
未來亦供養　无量无數佛　護助宣正法　亦自淨佛土
常以諸方便　說法无所畏　度不可計衆　成就一切智
供養諸如來　護持法寶藏　其後當作佛　号名曰法明
其國名善淨　七寶所合成　劫名爲寶明　菩薩衆甚多
其數无量億　皆度大神通　威德力具足　充滿其國土
聲聞亦无數　三明八解脫　得四无礙智　以是等爲僧
其國諸衆生　婬欲皆已斷　純一變化生　具相莊嚴身
法喜禪悅食　更无餘食想　无有諸女人　亦无諸惡道
富樓那比丘　功德悉成滿　當得斯淨土　賢聖衆甚多
如是无量事　我今但略說
尒時千二百阿羅漢心自在者作是念我等
歡喜得未曾有若世尊各見授記如餘大弟
子者不亦快乎佛知此等心之所念告摩訶
迦葉是千二百阿羅漢我今當現前次第與

BD08052號　妙法蓮華經卷四　（4–3）

其國名善淨　七寶所合成　劫名為寶明　菩薩衆甚多
其數无量億　皆度大神通　威德力具足　充滿其國土
聲聞亦无數　三明八解脫　得四无礙智　以是等為僧
其國諸衆生　婬欲皆已斷　純一變化生　具相莊嚴身
法喜禪悅食　更无餘食相　无有諸女人　亦无諸惡道
富樓那比丘　功德悉成滿　當得斯淨土　賢聖衆甚多
如是无量事　我今但略說
尒時千二百阿羅漢心自在者作是念我等
歡喜得未曾有若世尊各見授記如餘大弟
子者不亦快乎佛知此等心之所念告摩訶
迦葉是千二百阿羅漢我今當現前次第與
受阿耨多羅三藐三菩提記於此衆中我大
弟子憍陳如比丘當供養六万二千億佛然
後得成為佛号曰普明如來應供正遍知明
行足善逝世間解无上士調御丈夫天人師
佛世尊其五百阿羅漢優樓頻螺迦葉伽耶迦
葉那提迦葉迦留陁夷優陁夷阿㝹樓馱離
婆多劫賓那薄拘羅周陁莎伽陁等皆當得
阿耨多羅三藐三菩提盡同一号名曰普明
尒時世尊欲重宣此義而說偈言

BD08052 號　妙法蓮華經卷四　　（4–4）

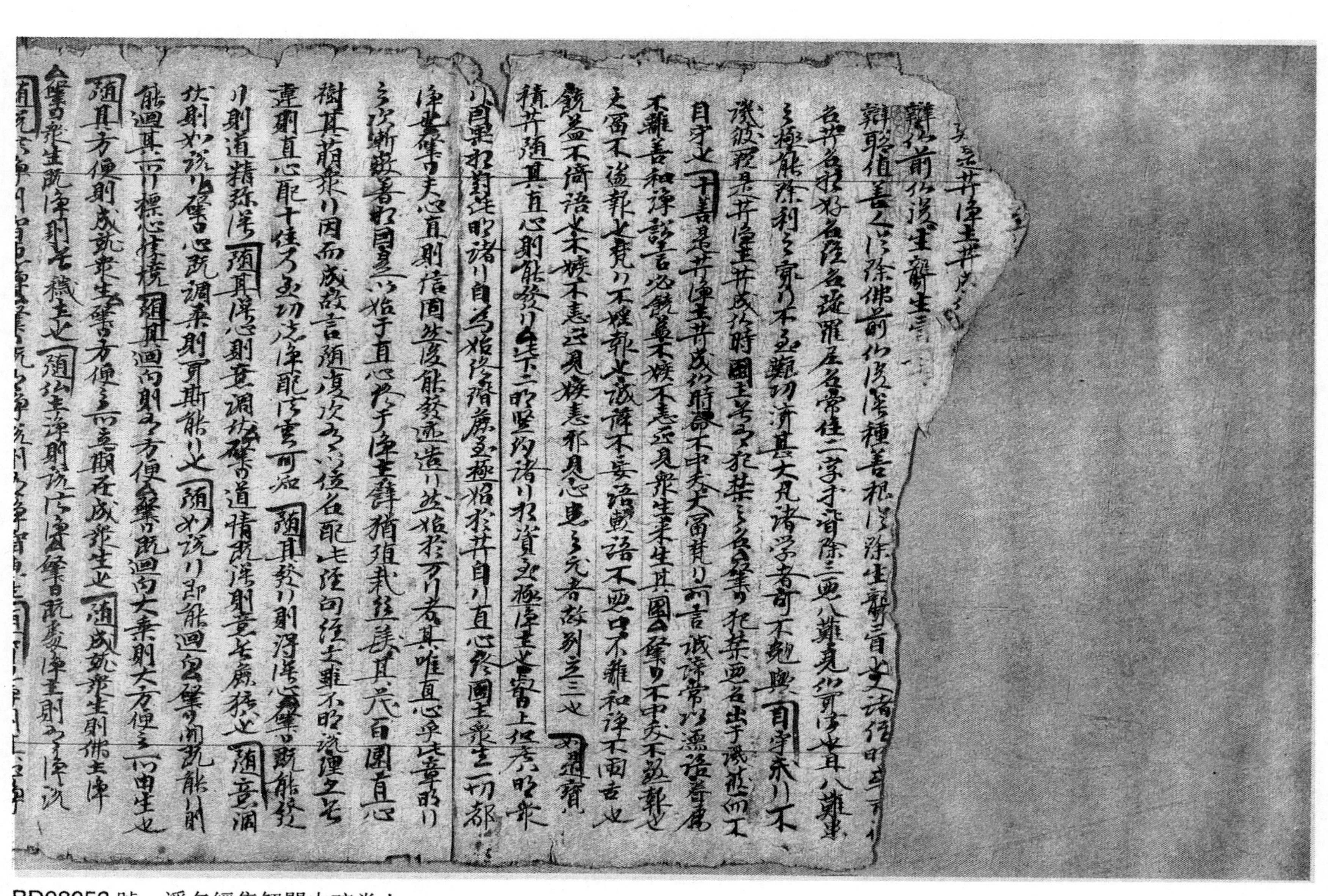

BD08053 號　淨名經集解關中疏卷上　　（2–1）

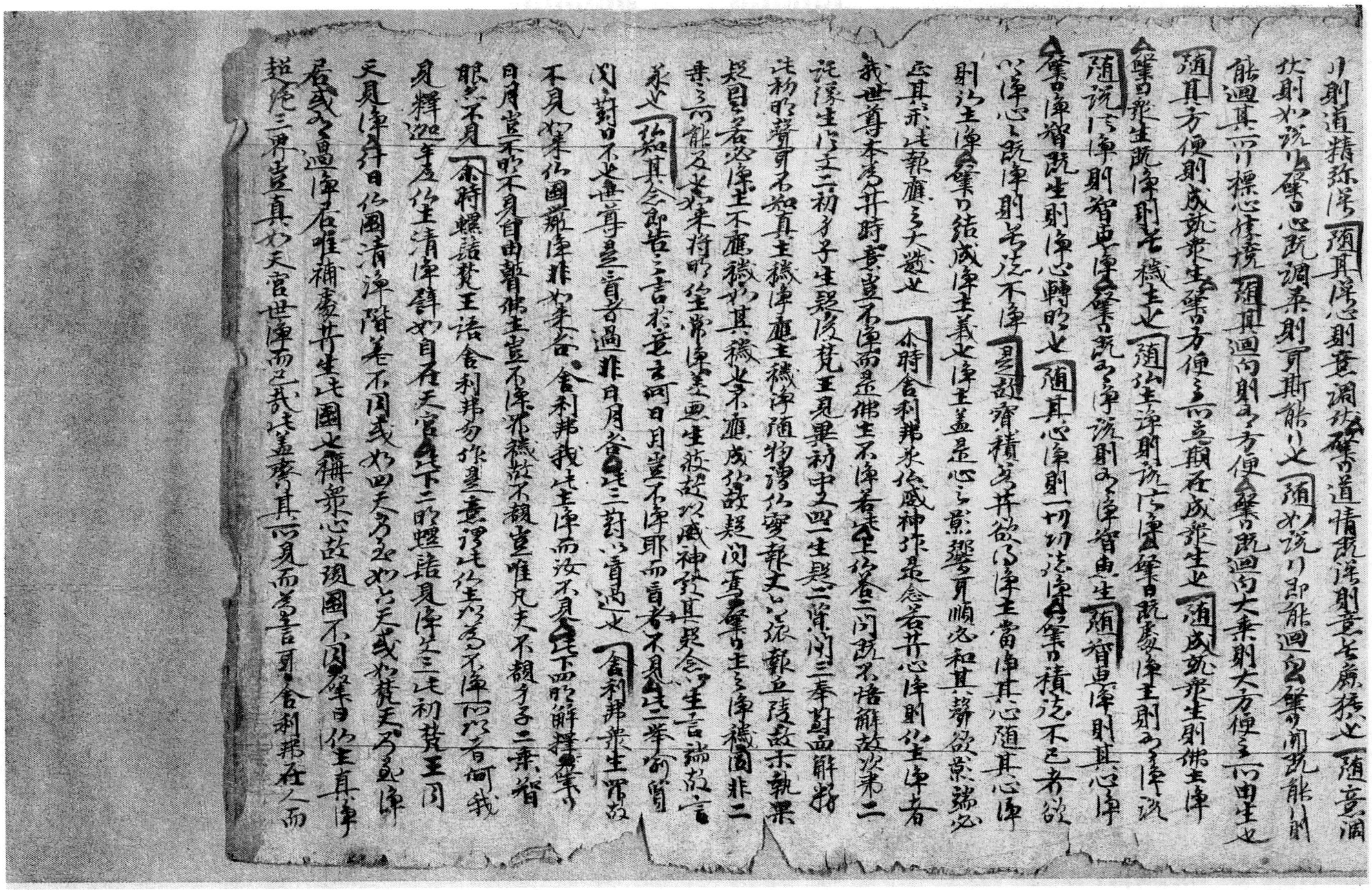

行則道精殊深隨其深心則意調伏肇曰道情既深則意無麤穢也隨意調
伏則如說行肇曰心既調柔則可斯能行也隨如說行則能迴向肇曰聞既能行則
能迴其所行標心佳境隨其迴向則有方便肇曰既迴向大乘則大方便之所由生也
隨其方便則成就衆生肇曰方便之所立頌在成衆生也隨成就衆生則佛土淨
肇曰衆生既淨則土無穢也隨佛土淨則說法淨肇曰既處淨土則有淨說
隨說法淨則智慧淨肇曰既有淨說則有淨智由生隨智慧淨則其心淨
肇曰淨智既生則淨心轉明也隨其心淨則一切功德淨肇曰積德不已者欲
以淨心心既淨則無德不淨是故寶積菩薩欲得淨土當淨其心隨其心淨
則佛土淨肇曰結成淨土義也淨土蓋是心之影響耳順心和其形影端必
正其形此報應之大數也爾時舍利弗承佛威神作是念若菩薩心淨則佛土淨者
我世尊本為菩薩時意豈不淨而是佛土不淨若此生公二問既不悟解故次第二
說淨土三初弟子生疑次梵王見異後佛現中文四一生疑二質問三舉對而解釋
此初明聲聞不如真土穢淨應土穢淨隨物淨佛實報土以依報立疑故示執果
疑因若必淨土不應穢而其穢也果不應成佛因聞肇曰土之淨穢國非二
乘之所能及以來將明佛土常淨無生疑起以威神發其疑念生言端故言
承也佛知其念即告之言於意云何日月豈不淨耶而盲者不見生公此二舉以質
問對曰不也世尊是盲者過非日月咎生公此三對以盲過也舍利弗衆生罪故
不見如來佛國嚴淨非如來咎舍利弗我此土淨而汝不見生公此下四明解釋肇曰
日月豈不明不見自由瞽佛土豈不淨罪穢故不覩豈唯凡夫不覩弟子二乘皆
然也爾時螺髻梵王語舍利弗勿作是意謂此佛土以為不淨所以者何我
見釋迦牟尼佛土清淨譬如自在天宮生公此下二明螺髻見淨文三此初梵王同
天見淨以淨日佛國清淨階差不同或如四天王宮或如六天或如梵天乃至淨
居或如一邊淨居唯補處菩薩土此國之稱衆心故現國不同肇曰佛土真淨
超絕三界豈直如天宮世淨而已哉此蓋齊其所見而為言耳舍利弗在人而

BD08053號　淨名經集解關中疏卷上　（2–2）

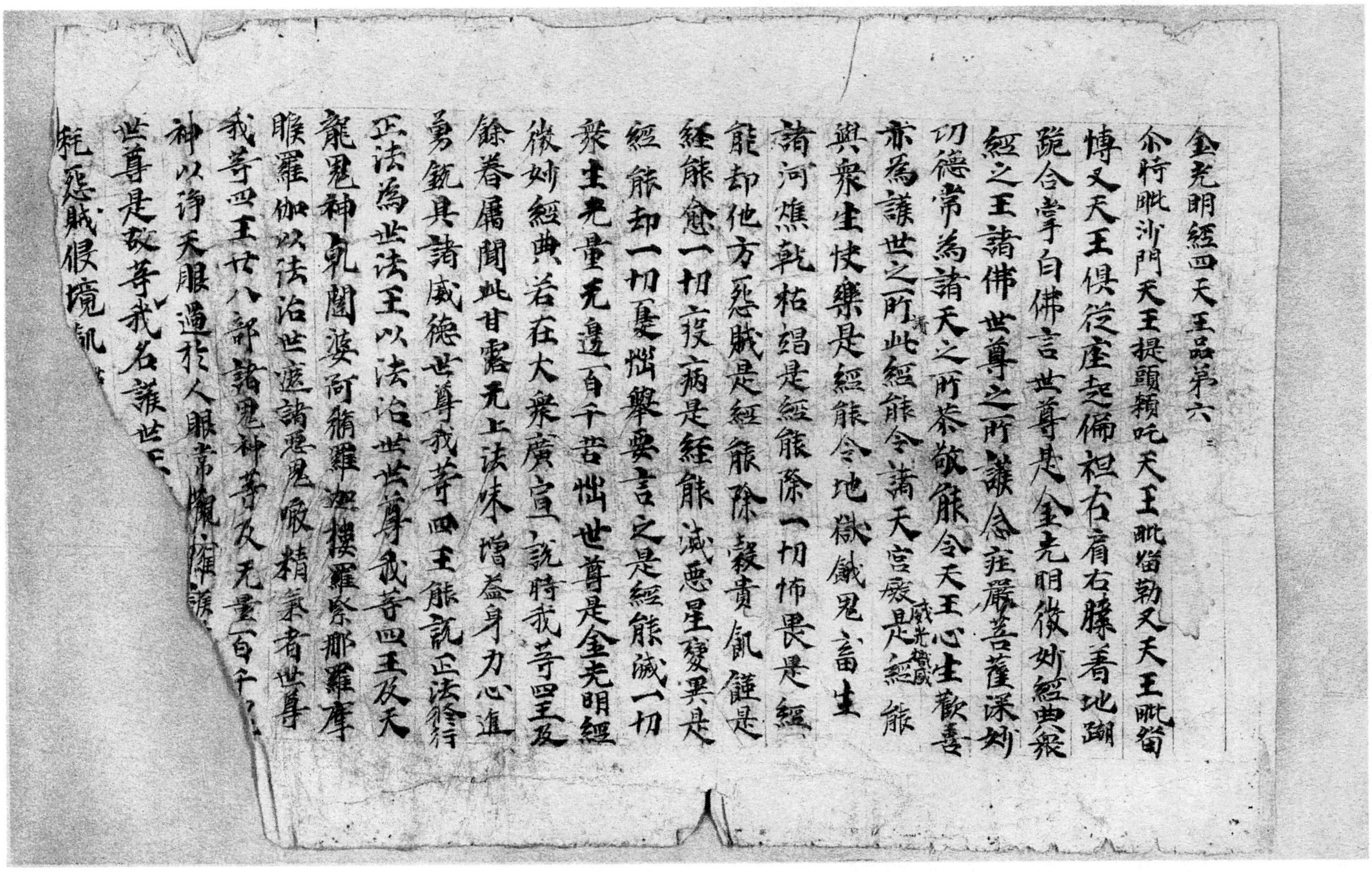

金光明經四天王品第六
爾時毗沙門天王提頭賴吒天王毗留勒叉天王毗留
博叉天王俱從座起偏袒右肩右膝著地胡
跪合掌白佛言世尊是金光明微妙經典衆
經之王諸佛世尊之所護念莊嚴菩薩深妙
功德常為諸天之所恭敬能令天王心生歡喜
亦為護世之所讚此經能令諸天宮殿威光增盛是經能
與衆生快樂是經能令地獄餓鬼畜生
諸河焦乾枯竭是經能除一切怖畏是經
能却他方怨賊是經能除穀貴飢饉是
經能愈一切疫病是經能滅惡星變異是
經能却一切憂惱舉要言之是經能滅一切
衆生無量百千苦惱世尊是金光明經
微妙經典若在大衆廣宣說時我等四王及
餘眷屬聞此甘露無上法味增益身力心進
勇銳具諸威德世尊我等四王能說正法修行
正法為世法王以法治世世尊我等四王及天
龍鬼神乾闥婆阿脩羅迦樓羅緊那羅摩
睺羅伽以法治世遮諸惡鬼噉精氣者世尊
我等四王廿八部諸鬼神等及无量百千
神以淨天眼過於人眼常觀擁護
世尊是故我等名護世王
耗怨賊侵境飢

BD08054號　金光明經卷二　（1–1）

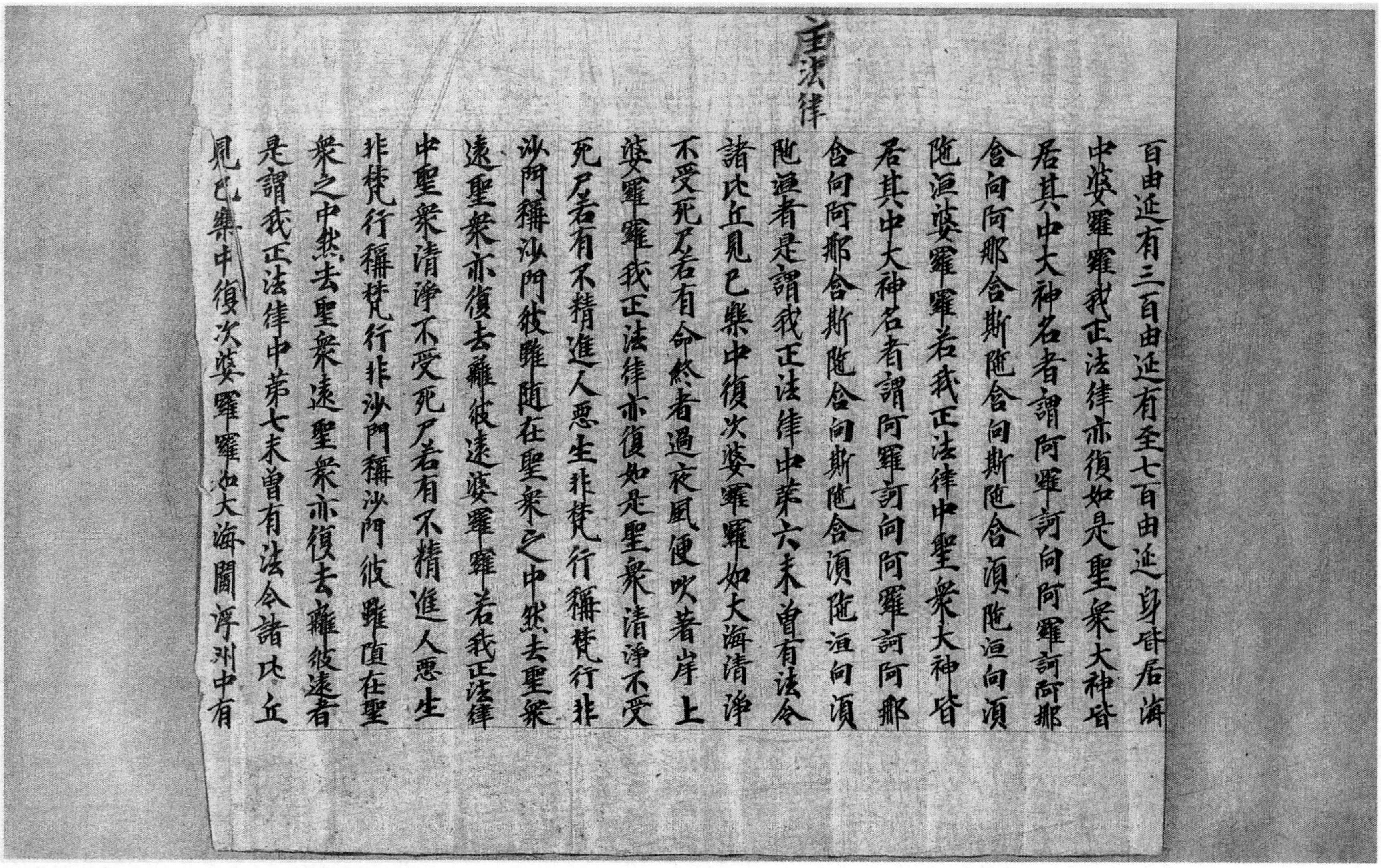

法律

百由延有三百由延有至七百由延身皆居海
中娑羅羅我正法律亦復如是聖衆大神皆
居其中大神名者謂阿羅訶向阿羅訶阿那
含向阿那含斯陀含向斯陀含須陀洹向須
陀洹娑羅羅若我正法律中聖衆大神皆
居其中大神名者謂阿羅訶向阿羅訶阿那
含向阿那含斯陀含向斯陀含須陀洹向須
陀洹者是謂我正法律中第六未曾有法令
諸比丘見已樂中復次娑羅羅如大海清淨
不受死尸若有命終者過夜風便吹著岸上
娑羅羅我正法律亦復如是聖衆清淨不受
死尸若有不精進人惡生非梵行稱梵行非
沙門稱沙門彼雖隨在聖衆之中然去聖衆
遠聖衆亦復去離彼遠娑羅羅若我正法律
中聖衆清淨不受死尸若有不精進人惡生
非梵行稱梵行非沙門稱沙門彼雖直在聖
衆之中然去聖衆遠聖衆亦復去離彼遠者
是謂我正法律中第七未曾有法令諸比丘
見已樂中復次娑羅羅如大海閻浮洲中有

BD08055 號　中阿含經（兑廢稿）卷八　（1–1）

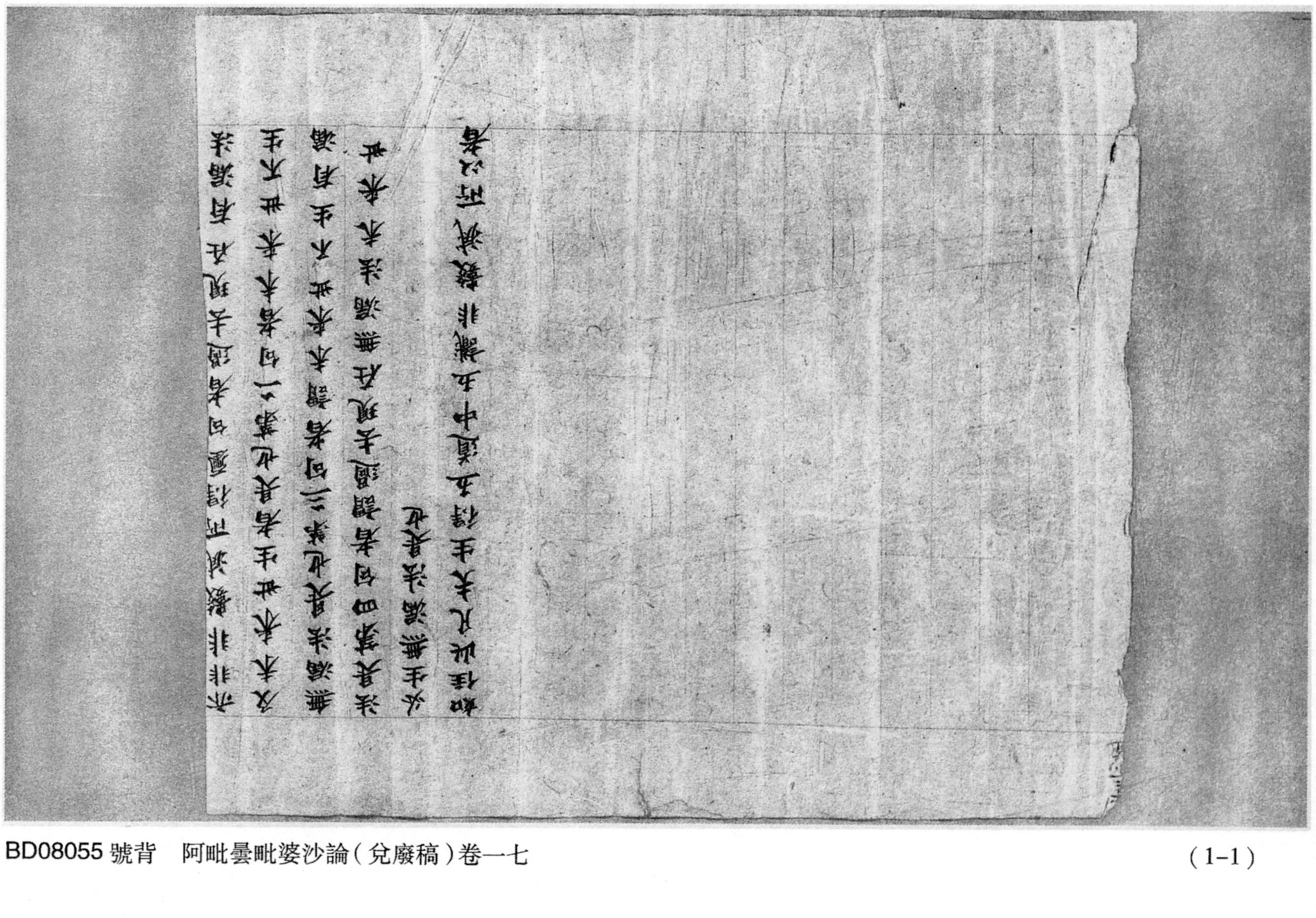

BD08055 號背　阿毗曇毗婆沙論（兑廢稿）卷一七　（1–1）

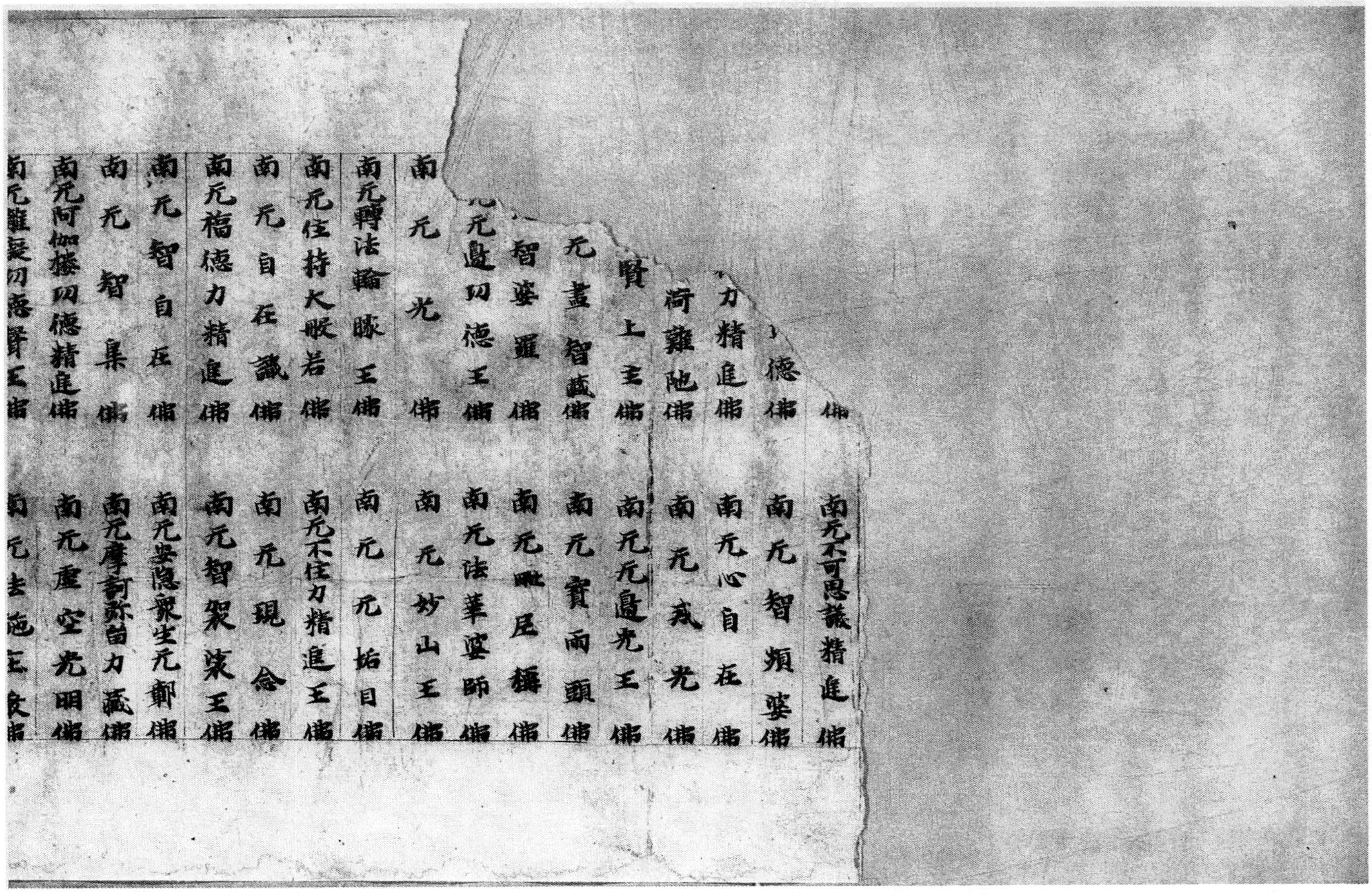

佛　南无不可思議精進佛
德佛　南无智頻婆佛
力精進佛　南无心自在佛
訶難陁佛　南无戒光佛
賢上王佛　南无无邊光王佛
无盡智藏佛　南无寶雨頸佛
智婆羅佛　南无毗尼稱佛
无无邊功德王佛　南无法華婆師佛
南无光佛　南无妙山王佛
南无轉法輪勝王佛　南无无始目佛
南无住持大般若佛　南无不住力精進王佛
南无自在識佛　南无現念佛
南无福德力精進佛　南无智聚衆王佛
南无智自在佛　南无安隱衆生无鄣佛
南无智集佛　南无摩訶弥留力藏佛
南无阿伽掁功德精進佛　南无虚空光明佛
南无離癡功德聲王佛　南无法施莊嚴佛

BD08056號　佛名經（十二卷本）卷九　（2–1）

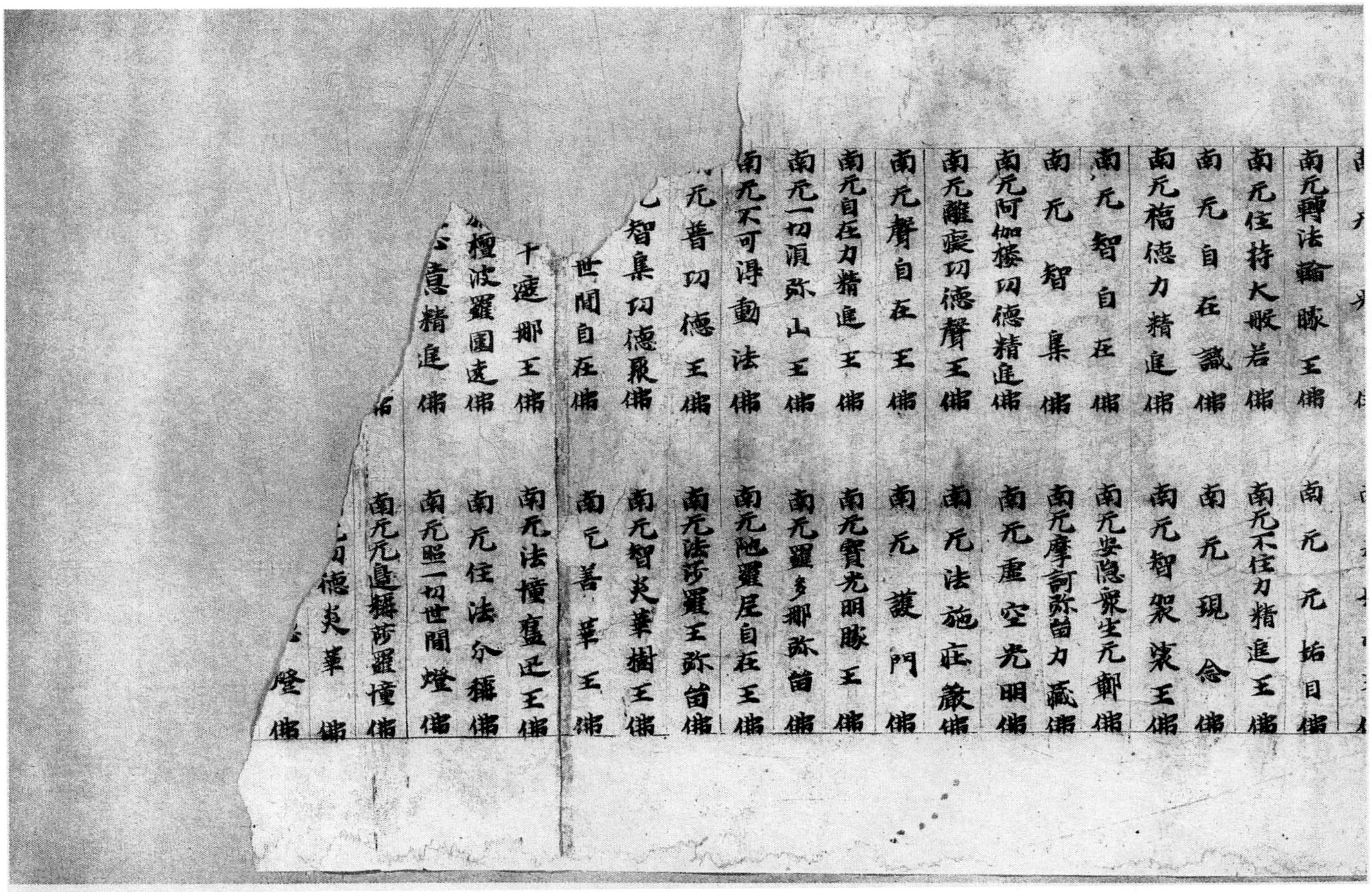

南无轉法輪勝王佛　南无无始目佛
南无住持大般若佛　南无不住力精進王佛
南无自在識佛　南无現念佛
南无福德力精進佛　南无智聚衆王佛
南无智自在佛　南无安隱衆生无鄣佛
南无智集佛　南无摩訶弥留力藏佛
南无阿伽掁功德精進佛　南无虚空光明佛
南无離癡功德聲王佛　南无法施莊嚴佛
南无聲自在王佛　南无護門佛
南无自在力精進王佛　南无寶光明勝王佛
南无一切須弥山王佛　南无羅多那弥留佛
南无不可得動法佛　南无陁羅尼自在王佛
南无普功德王佛　南无法莎羅王弥留佛
智集功德聚佛　南无智炎華樹王佛
世間自在佛　南无善華王佛
十遮那王佛　南无法幢寶迅王佛
檀波羅園遠佛　南无住法分稱佛
意精進佛　南无照一切世間燈佛
佛　南无无邊稱莎羅幢佛
德炎華佛
燈佛

BD08056號　佛名經（十二卷本）卷九　（2–2）

也世尊須菩提菩薩无住相布施福德亦復
如是不可思量須菩提菩薩但應如所教住
須菩提於意云何可以身相見如來不不也
世尊不可以身相得見如來何以故如來所
說身相即非身相佛告須菩提凡所有相皆
是虛妄若見諸相非相則見如來
須菩提白佛言世尊頗有眾生得聞如是言
說章句生實信不佛告須菩提莫作是說如
來滅後後五百歲有持戒脩福者於此章句
能生信心以此為實當知是人不於一佛二
佛三四五佛而種善根已於无量千万佛所
種諸善根聞是章句乃至一念生淨信者須
菩提如來悉知悉見是諸眾生得如是无量
福德何以故是諸眾生无復我相人相眾生
相壽者相无法相亦无非法相何以故是諸
眾生若心取相則為著我人眾生壽者若取
法相即著我人眾生壽者何以故若取非法
相即著我人眾生壽者是故不應取法不應
取非法以是義故如來常說汝等比丘知我
說法如筏喻者法尚應捨何況非法
須菩提於意云何如來得阿耨多羅三藐三

BD08057號　金剛般若波羅蜜經　（2–1）

須菩提白佛言世尊頗有眾生得聞如是言
說章句生實信不佛告須菩提莫作是說如
來滅後後五百歲有持戒脩福者於此章句
能生信心以此為實當知是人不於一佛二
佛三四五佛而種善根已於无量千万佛所
種諸善根聞是章句乃至一念生淨信者須
菩提如來悉知悉見是諸眾生得如是无量
福德何以故是諸眾生无復我相人相眾生
相壽者相无法相亦无非法相何以故是諸
眾生若心取相則為著我人眾生壽者若取
法相即著我人眾生壽者何以故若取非法
相即著我人眾生壽者是故不應取法不應
取非法以是義故如來常說汝等比丘知我
說法如筏喻者法尚應捨何況非法
須菩提於意云何如來得阿耨多羅三藐三
菩提耶如來有所說法耶須菩提言如我解
佛所說義无有定法名阿耨多羅三藐三菩
提亦无有定法如來可說何以故如來所說
法皆不可取不可說非法非非法所以者何
一切賢聖皆以无為法而有差別
須菩提於意云何若人滿三千大千世界七
寶以用布施是人所得福德寧為

BD08057號　金剛般若波羅蜜經　（2–2）

涅槃經所行聖行迦葉
菩薩白佛言世尊復以何義名為聖行善男
子聖名諸佛世尊以是義故名為聖行世尊
若是諸佛之所行者則非聲聞緣覺菩薩所
能修行善男子是諸世尊安住於此大般涅
槃而作如是開示分別演說其義以是義故
名曰聖行聲聞緣覺及諸菩薩如是聞已則
能奉行故名聖行善男子是菩薩摩訶薩得
是行已則得住於无所畏地善男子若有菩
薩得住如是无所畏地則不復畏貪恚愚癡
生老病死亦不復畏惡道地獄畜生餓鬼善
男子惡有二種一者阿脩羅二者人〻中〻
有三種惡一者一闡提二者誹謗方等經典
三者犯四重禁善男子住是地中諸菩薩等
終不畏墮如是惡中亦復不畏沙門婆羅門
外道邪見天魔波旬亦不畏受廿五有是故
此地名无所畏善男子菩薩摩訶薩住无畏
地得廿五三昧壞廿五有善男子得无垢三

BD08058號　大般涅槃經（北本）卷一四　（3–1）

有三種惡一者一闡提二者誹謗方等經典
三者犯四重禁善男子住是地中諸菩薩等
終不畏墮如是惡中亦復不畏沙門婆羅門
外道邪見天魔波旬亦不畏受廿五有是故
此地名无所畏善男子菩薩摩訶薩住无畏
地得廿五三昧壞廿五有善男子得无垢三
昧能壞地獄有得无退三昧能壞畜生有得
心樂三昧能壞餓鬼有得歡喜三昧能壞阿
脩羅有得日光三昧能斷弗婆提有得月光
三昧能斷瞿耶尼有得熱炎三昧能斷欝單
曰有得如幻三昧能斷閻浮提有得一切法
不動三昧能斷四天王處有得難伏三昧能
斷三十三天處有得悅意三昧能斷炎摩天
有得青色三昧能斷兜術天有得黃色三昧
能斷化樂天有得赤色三昧能斷他化自在
天有得白色三昧能斷初禪有得種〻三昧能
斷大梵王有得雙三昧能斷二禪有得雷音三
昧能斷三禪有得注雨三昧能斷四禪有得
如虛空三昧能斷无想有得照鏡三昧能斷
淨居阿那含有得无礙三昧能斷空處有得
常三昧能斷識處有得樂三昧能斷不用處
有得我三昧能斷非想非〻想處有善男子
是名菩薩得廿五三昧斷廿五有善男子如
是廿五三昧名諸三昧王善男子諸菩薩摩
訶薩入如是等諸三昧王若欲吹壞須弥山
王隨意即能欲知三千大千世界所有衆生
心之所念亦悉能知欲以三千大千世界所
有衆生內於己身一毛孔中隨意即能亦令
〻〻无迫迮想若欲化作无量衆生悉令充

BD08058號　大般涅槃經（北本）卷一四　（3–2）

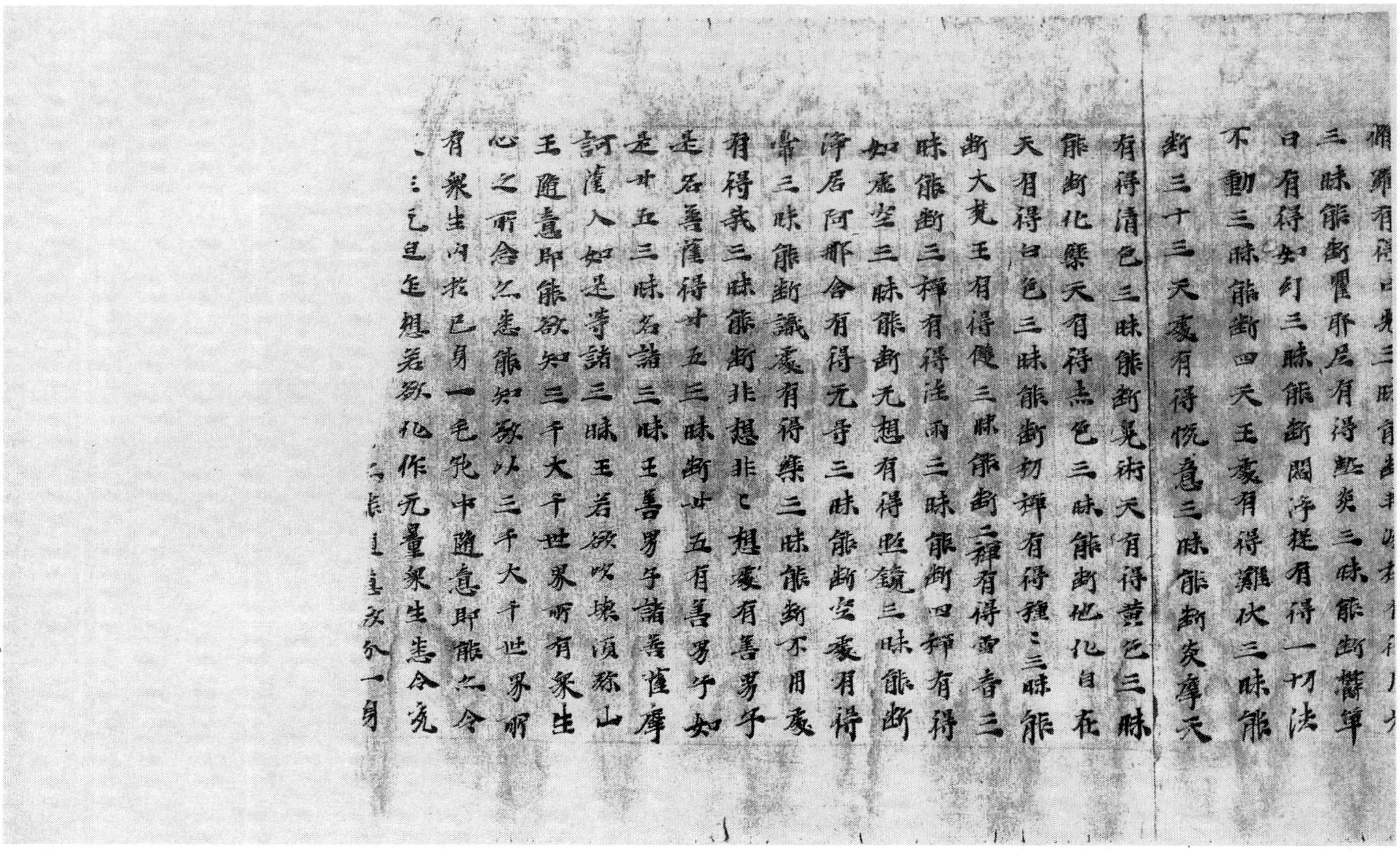
彌羅有得[illegible]三昧能斷[illegible]
三昧能斷瞿耶尼有得熱炎三昧能斷鬱單
曰有得如幻三昧能斷閻浮提有得一切法
不動三昧能斷四天王處有得難伏三昧能
斷三十三天處有得悅意三昧能斷炎摩天
有得清色三昧能斷兜術天有得黃色三昧
能斷化樂天有得赤色三昧能斷他化自在
天有得白色三昧能斷初禪有得種種三昧能
斷大梵王有得雙三昧能斷二禪有得雷音三
昧能斷三禪有得注雨三昧能斷四禪有得
如虛空三昧能斷无想有得照鏡三昧能斷
淨居阿那含有得无㝵三昧能斷空處有得
常三昧能斷識處有得樂三昧能斷不用處
有得我三昧能斷非想非非想處有善男子
是名菩薩得廿五三昧斷廿五有善男子如
是廿五三昧名諸三昧王善男子諸菩薩摩
訶薩入如是等諸三昧王若欲吹壞須彌山
王隨意即能欲知三千大千世界所有衆生
心之所念亦悉能知欲以三千大千世界所
有衆生內於己身一毛孔中隨意即能亦令
[illegible]衆生无迮想若欲化作无量衆生悉令充
[illegible]

BD08058號　大般涅槃經（北本）卷一四　　（3–3）

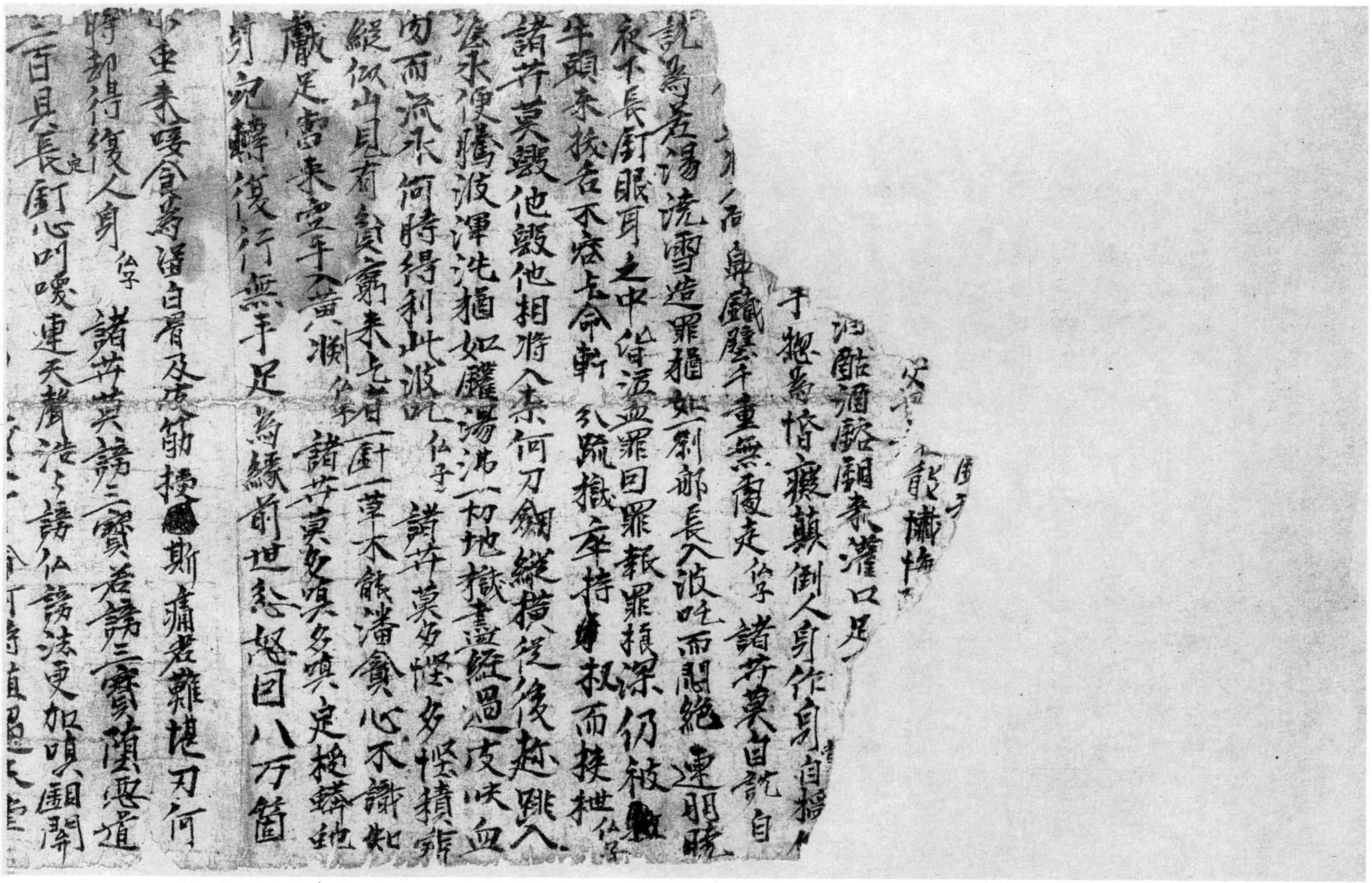
[illegible]能懺悔
沽酤酒醉亂來灌口足
手抱為惛癡顛倒人身作身自撥
[illegible]鼻鐵壁千重無處走 仏子 諸菩薩莫自說自
[illegible]
說為若湯澆雪造罪猶如一剎那長入波吒而悶絕
衣不長餅眼耳之中常流血罪因罪報罪根深仍被
牛頭來拔舌不容去命斷 獄卒持刃杈而捺拄 仏子
諸菩薩莫毀他毀他相將入來何刀劍縱橫從後趁
後來便騰波渾泥猶如鑊湯沸一切地獄盡經過皮吠血
肉而流不何時得利此波吒 仏子 諸菩薩莫多慳 多慳積
縱似山見有貧窮來乞一斛一草不能捨貪心不識知
厭足當來空手入黃泉 仏子 諸菩薩莫多嗔 多嗔定墮
身宛轉復行無手足為緣前世怨因八万箇
[illegible]垂來嗄食為蛆白骨及皮筋接[illegible]斯痛苦難堪刀何
時卻得復人身 仏子 諸菩薩莫謗三寶 若謗三寶墮惡道
二百具長餅心叫嚷連天聲 法法謗仏謗法更加嗔 餬鬧
[illegible]

BD08059號　和菩薩戒文　　（3–1）

BD08059號　和菩薩戒文　（3–2）

BD08059號　和菩薩戒文　（3–3）

BD08059號背　雜寫　（1–1）

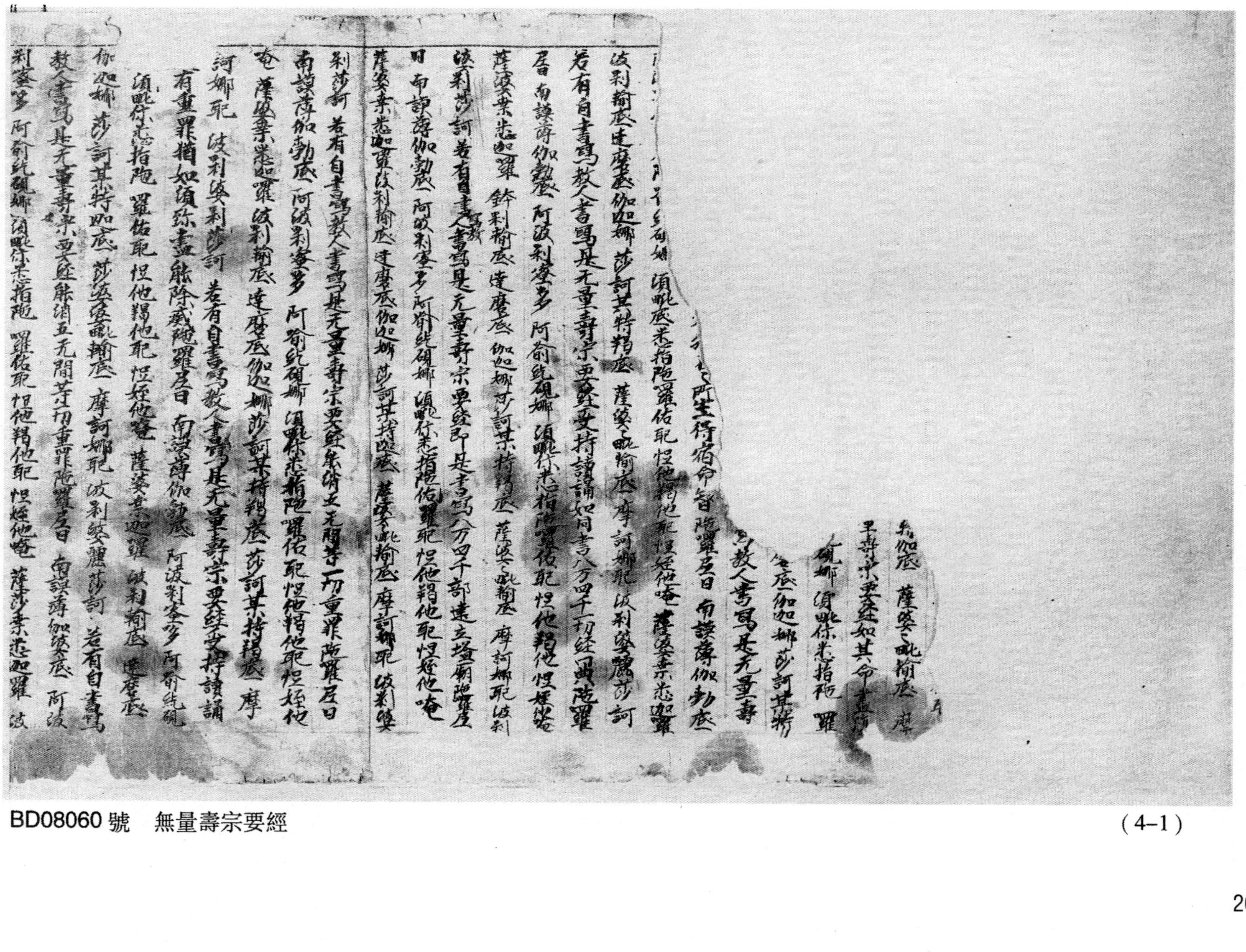

BD08060號　無量壽宗要經　（4–1）

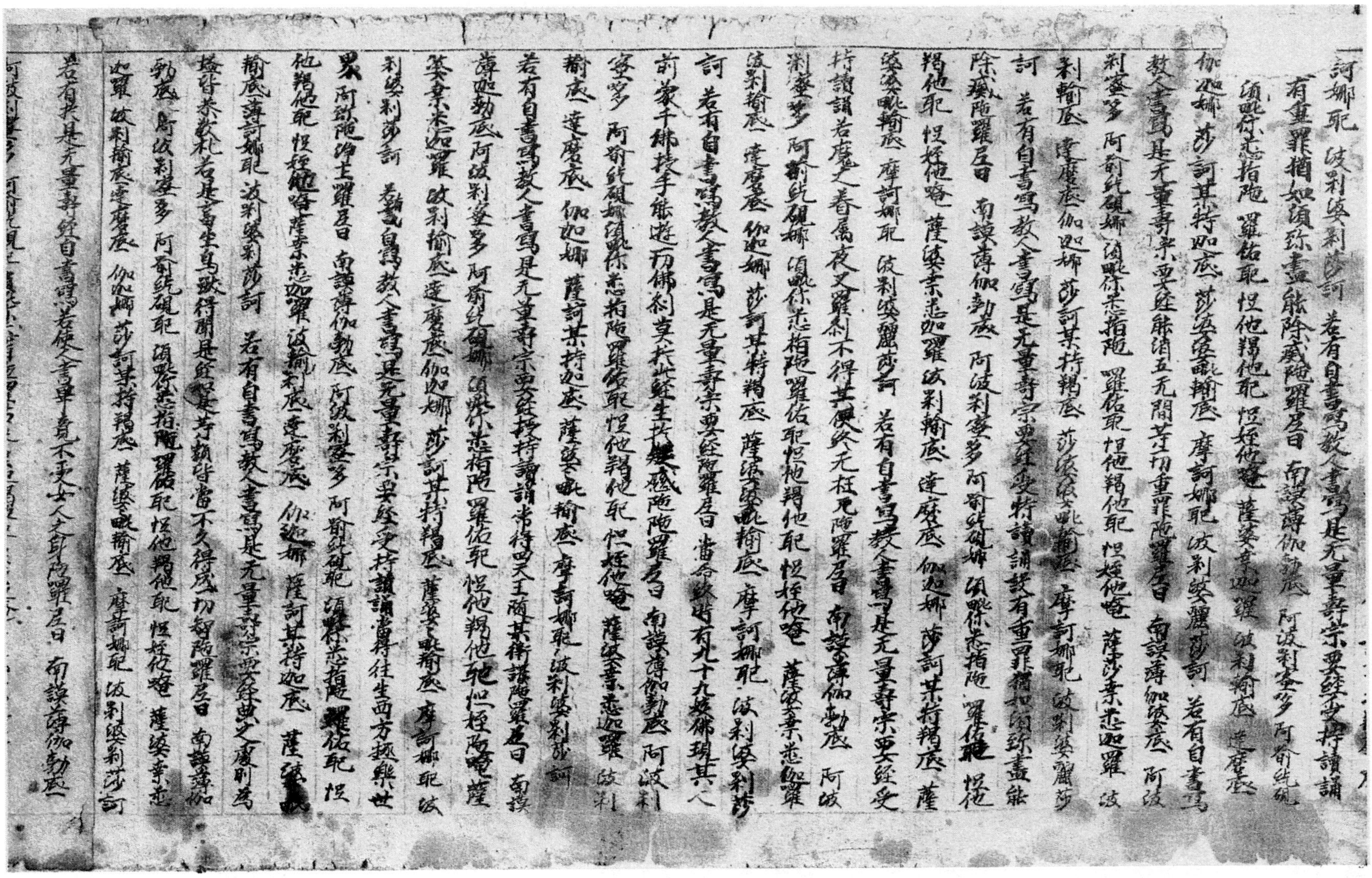

BD08060號　無量壽宗要經　（4–2）

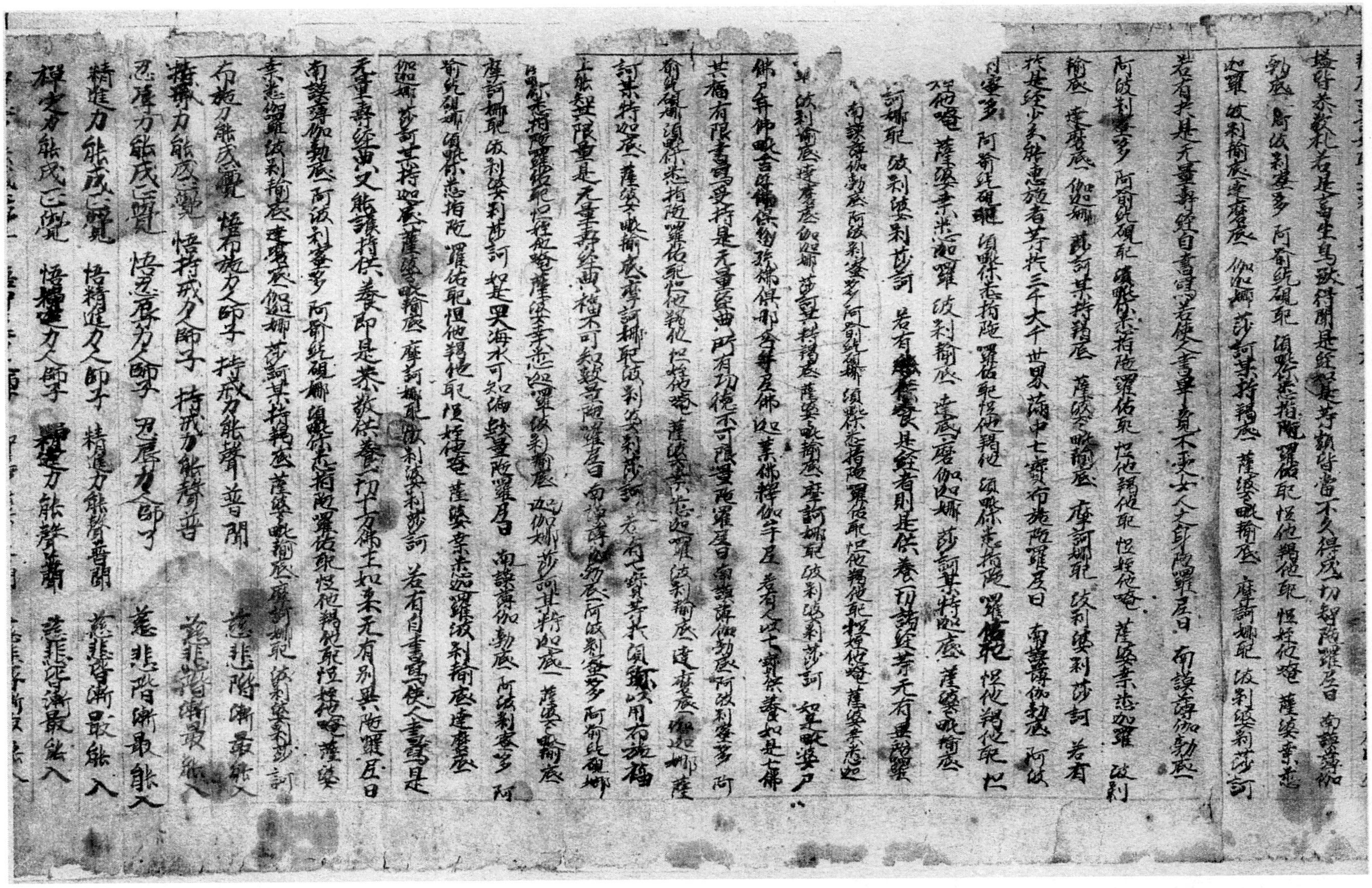

BD08060號　無量壽宗要經　（4–3）

南謨薄伽勃底阿波唎蜜多阿喻紇硯娜須毗你悉指陀囉佐耶怛他羯他耶怛姪他唵薩婆桑悉迦
囉波唎輸底達摩底伽伽娜莎訶摩訶娜耶波唎婆唎莎訶 如是毗婆尸
佛尸棄佛毗舍浮佛拘留孫佛拘那含牟尼佛迦葉佛釋迦牟尼佛 若有人以七寶供養如是七佛
其福有限書寫受持是无量壽宗要經所有功德不可限量陁羅尼曰 南謨薄伽勃底阿波唎蜜多 阿
喻紇硯娜須毗你悉指陀囉佐耶怛他羯他耶怛姪他唵薩婆桑悉迦囉波唎輸底達摩底伽伽娜 莎
訶摩訶娜耶波唎婆唎莎訶 若有七寶等於須彌山用布施福
其福猶可限量是无量壽宗要經福不可數量陁羅尼曰 南謨薄伽勃底阿波唎蜜多阿喻紇硯娜
須毗你悉指陀囉佐耶怛他羯他耶怛姪他唵薩婆桑悉迦囉波唎輸底達摩底伽伽娜 莎訶其持如底 薩婆桑悉輸底
摩訶娜耶波唎婆唎莎訶 如是四大海水可知滴數量陁羅尼曰 南謨薄伽勃底阿波唎蜜多 阿
喻紇硯娜須毗你悉指陀囉佐耶怛他羯他耶怛姪他唵薩婆桑悉迦囉波唎輸底達摩底
伽伽娜莎訶其持如底薩婆桑悉輸底摩訶娜耶波唎婆唎莎訶 若有自書寫使人書寫是
无量壽經典又能讀持供養即是恭敬供養一切十方佛土如來无有別異陁羅尼曰
南謨薄伽勃底阿波唎蜜多阿喻紇硯娜須毗你悉指陀囉佐耶怛他羯他耶怛姪他唵薩婆
桑悉迦囉波唎輸底達摩底伽伽娜莎訶其持輸底薩婆桑悉輸底摩訶娜耶波唎婆唎莎訶
布施力能成正覺 悟布施力人師子 布施力能聲普聞 慈悲階衛最能入
持戒力能成正覺 悟持戒力人師子 持戒力能聲普聞 慈悲階衛最能入
忍辱力能成正覺 悟忍辱力人師子 忍辱力人師子 慈悲階衛最能入
精進力能成正覺 悟精進力人師子 精進力能聲普聞 慈悲階衛最能入
禪定力能成正覺 悟禪定力人師子 禪定力能聲普聞 慈悲階衛最能入
智慧力能成正覺 悟智慧力人師子 智慧力能聲普聞 慈悲階衛最能入
尒時如來說是經已一切世間天人阿脩羅揵闥婆等聞佛所說皆大歡喜
信受奉行
佛說无量壽宗要經

BD08060號 無量壽宗要經 （4–4）

正法住世二十小劫像法亦住二十小劫
尒時世尊復告諸比丘衆我今語汝是大迦
旃延於當来世以諸供具供養奉事八千億
佛恭敬尊重諸佛滅後各起塔廟高千由旬
縱廣正等五百由旬皆以金銀琉璃車磲馬
瑙真珠玫瑰七寶合成衆華瓔珞塗香末香
燒香繒蓋幢幡供養塔廟過是已後當復供
養二万億佛亦復如是供養是諸佛已具菩
薩道當得作佛号曰閻浮那提金光如来應
供正遍知明行足善逝世間解无上士
丈夫天人師佛世尊其土平正頗梨
樹莊嚴黃金為繩以界道側妙華覆地
清淨見者歡喜无四惡道地獄餓鬼畜生阿
脩羅道多有天人諸聲聞衆及諸菩薩无量
万億莊嚴其國佛壽十二小劫正法住世二十
小劫像法亦住二十小劫尒時世尊欲重宣
此義而說偈言
諸比丘衆 皆一心聽 如我所說 真實无異

BD08061號 妙法蓮華經卷三 （2–1）

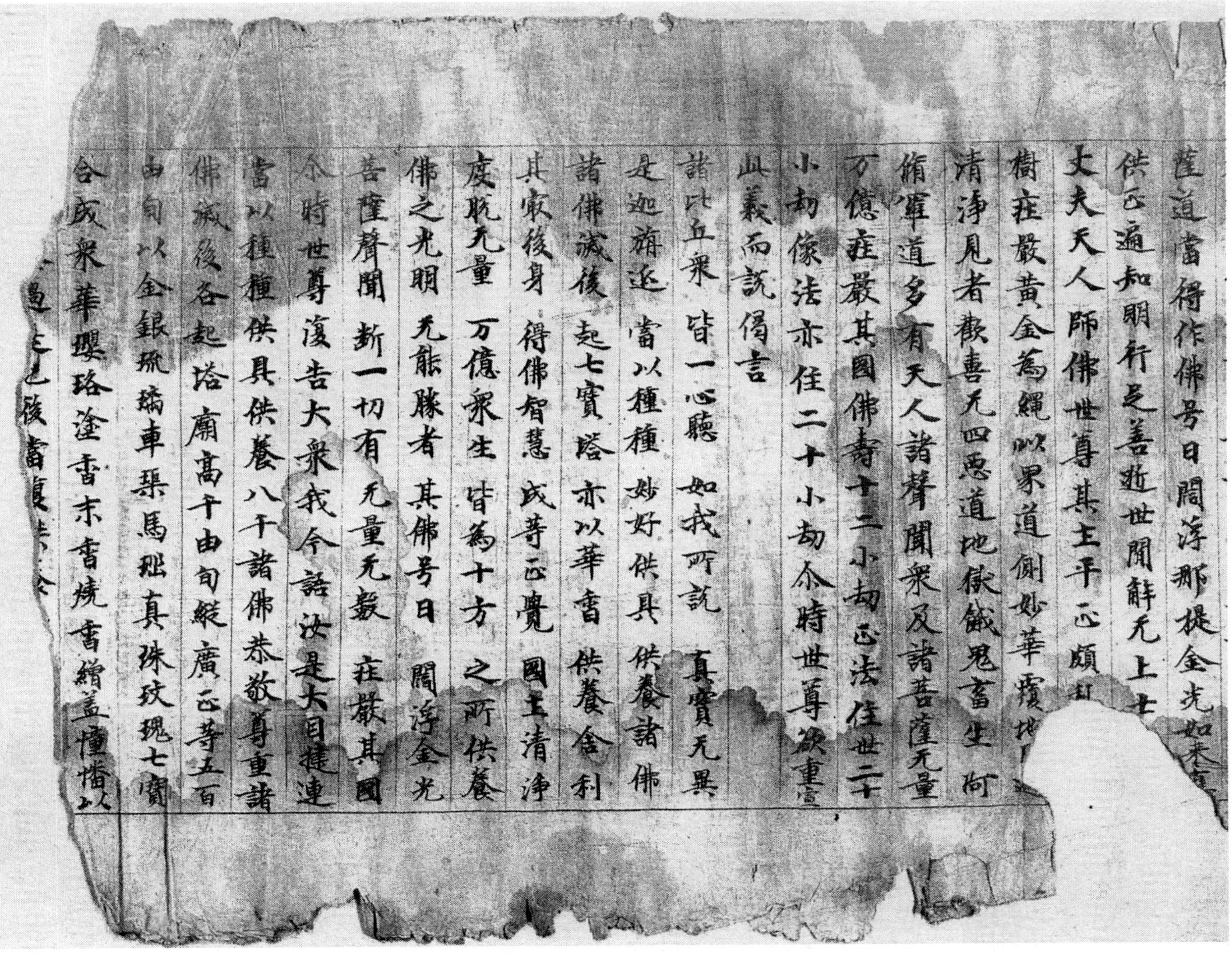

薩道當得作佛号曰閻浮那提金光如來應
供正遍知明行足善逝世間解无上士
丈夫天人師佛世尊其土平正頗梨
樹莊嚴黃金為繩以界道側妙華覆地
清淨見者歡喜无四惡道地獄餓鬼畜生阿
脩羅道多有天人諸聲聞衆及諸菩薩无量
万億莊嚴其國佛壽十二小劫正法住世二十
小劫像法亦住二十小劫尒時世尊欲重宣
此義而說偈言
諸比丘衆　皆一心聽　如我所說　真實无異
是迦旃延　當以種種　妙好供具　供養諸佛
諸佛滅後　起七寶塔　亦以華香　供養舍利
其最後身　得佛智慧　成等正覺　國土清淨
度脫无量　万億衆生　皆為十方　之所供養
佛之光明　无能勝者　其佛号曰　閻浮金光
菩薩聲聞　斷一切有　无量无數　莊嚴其國
尒時世尊復告大衆我今語汝是大目揵連
當以種種供具供養八千諸佛恭敬尊重諸
佛滅後各起塔廟高千由旬縱廣正等五百
由旬以金銀琉璃車渠馬瑙真珠玫瑰七寶
合成衆華瓔珞塗香末香燒香繒蓋幢幡以
過是已後當復供

BD08061 號　妙法蓮華經卷三　（2–2）

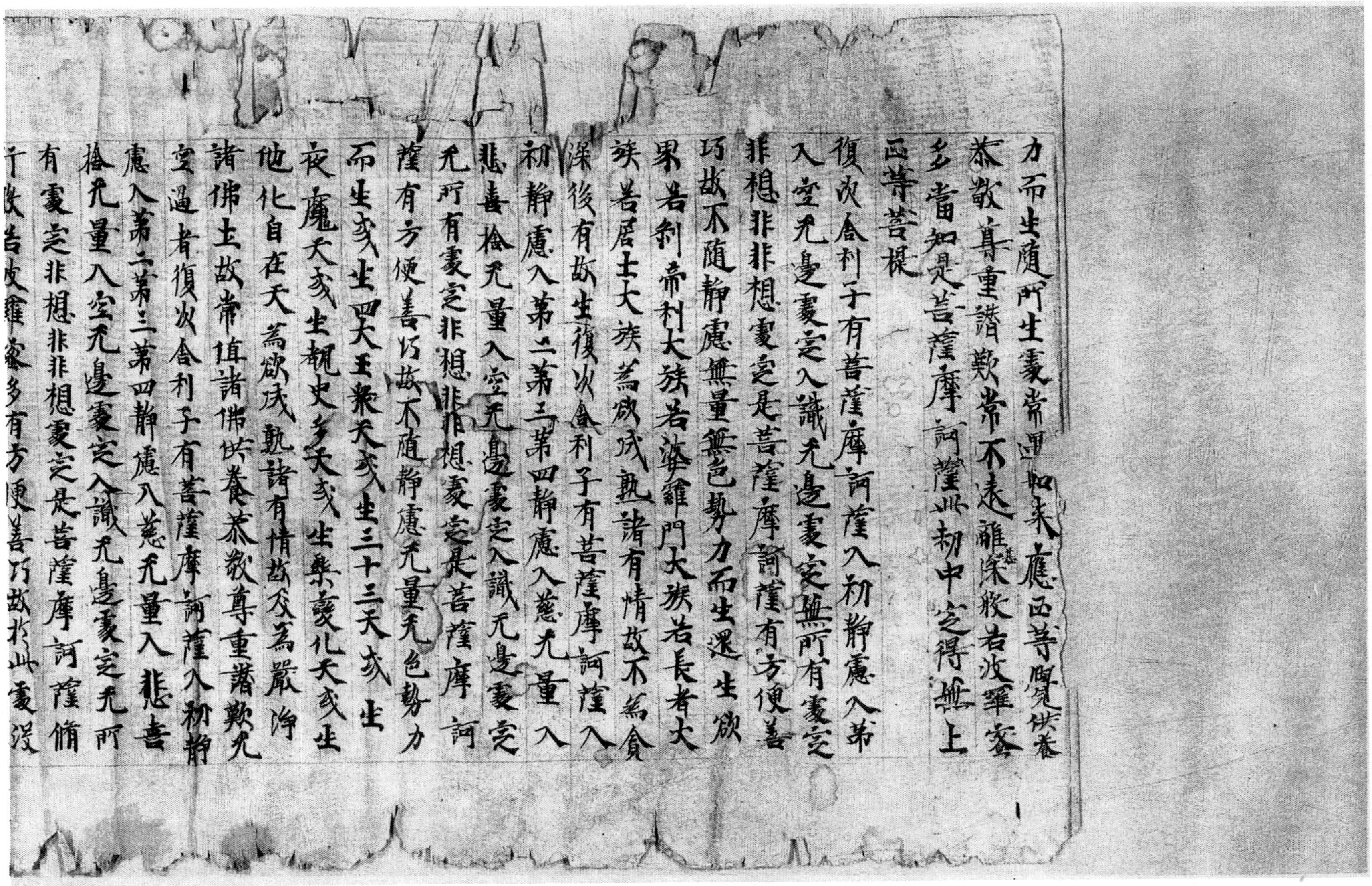

力而生隨所生處常遇如來應正等覺供養
恭敬尊重讚歎常不遠離深般若波羅蜜
多當知是菩薩摩訶薩此劫中定得無上
正等菩提
復次舍利子有菩薩摩訶薩入初靜慮入第
入空无邊處定入識无邊處定無所有處定
非想非非想處定是菩薩摩訶薩有方便善
巧故不隨靜慮無量無色勢力而生還生欲
界若剎帝利大族若婆羅門大族若長者大
族若居士大族為欲成熟諸有情故不為貪
深後有故生復次舍利子有菩薩摩訶薩入
初靜慮入第二第三第四靜慮入慈无量入
悲喜捨无量入空无邊處定入識无邊處定
无所有處定非想非非想處定是菩薩摩訶
薩有方便善巧故不隨靜慮无量无色勢力
而生或生四大王衆天或生三十三天或生
夜摩天或生覩史多天或生樂變化天或生
他化自在天為欲成熟諸有情故及為嚴淨
諸佛土故常值諸佛供養恭敬尊重讚歎无
空過者復次舍利子有菩薩摩訶薩入初靜
慮入第二第三第四靜慮入慈无量入悲喜
捨无量入空无邊處定入識无邊處定无所
有處定非想非非想處定是菩薩摩訶薩脩
行般若波羅蜜多有方便善巧故於此處沒

BD08062 號　大般若波羅蜜多經（兌廢稿）卷七　（2–1）

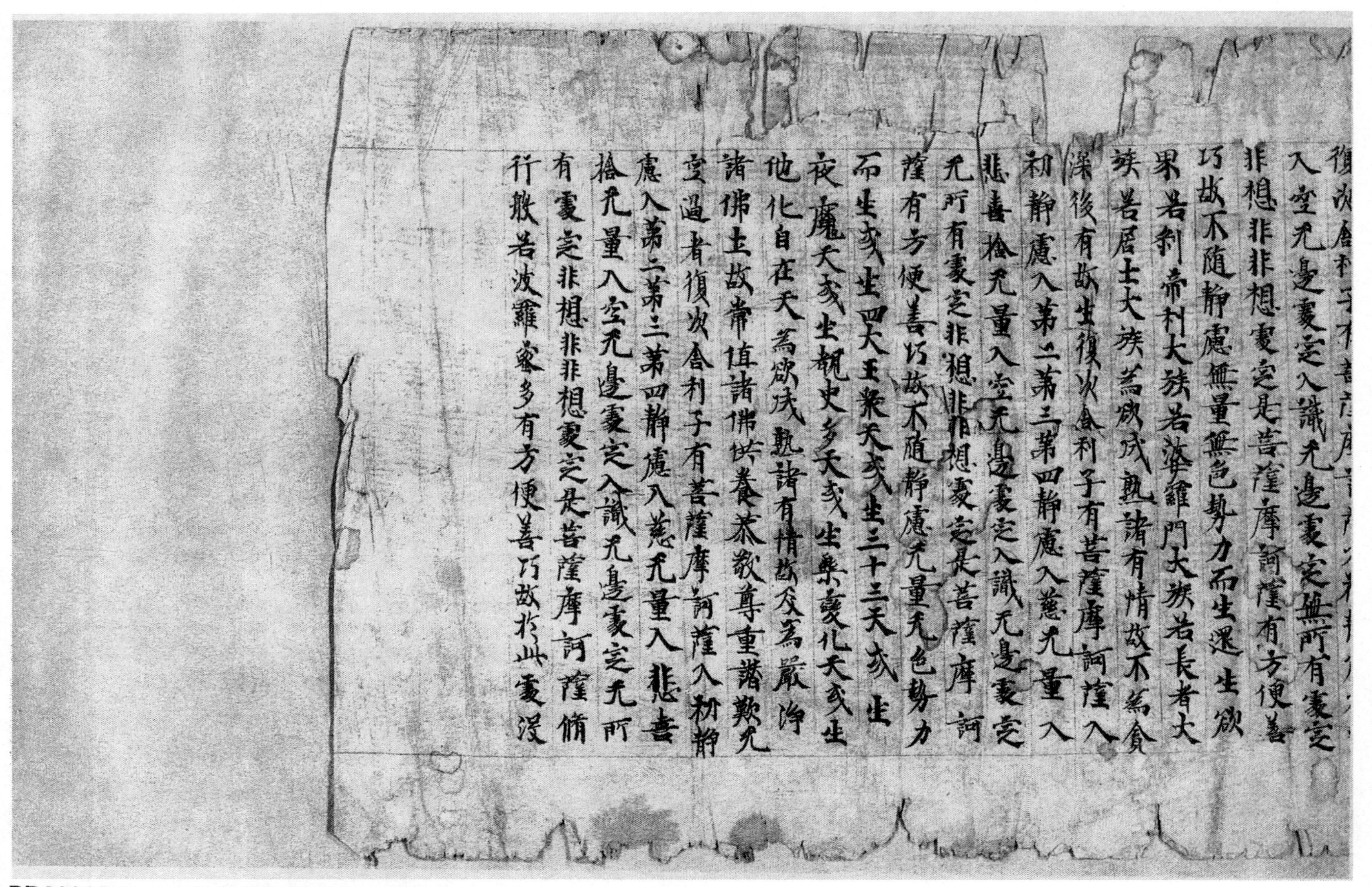

BD08062號　大般若波羅蜜多經(兌廢稿)卷七　(2–2)

救諸衆生苦難經
天台山中有一老師年可九百歲正月二日天神悲以哭
眼中泣無唱言苦哉苦哉衆生死盡弟子惠通
合掌頂礼眼中泣淚啓言有此災難如何得免
師報言惠通我見閻浮提衆生亡沒並合飢渴佛
救諸蒼生中國黃河北魏之地正在其中愚癡
之子不覺不知三月四月鬼兵亂起無邊無際
八月九月已來大末劫衆生行善鬼兵自滅
天地黑闇災難寫一本免一門寫兩本免
六親寫三本免一村流傳者是弟子謗此經
者入阿鼻地獄无有出期見此經不寫者滅
門至心讀誦者得成佛道　黑風西北起
東南鎮鬼兵　永常天地闇　何得心不驚
先須斷酒肉　貪嗔更莫生　人能慎此事
佛道一時行

BD08063 號 1　救諸衆生苦難經
BD08063 號 2　新菩薩經

（2–2）

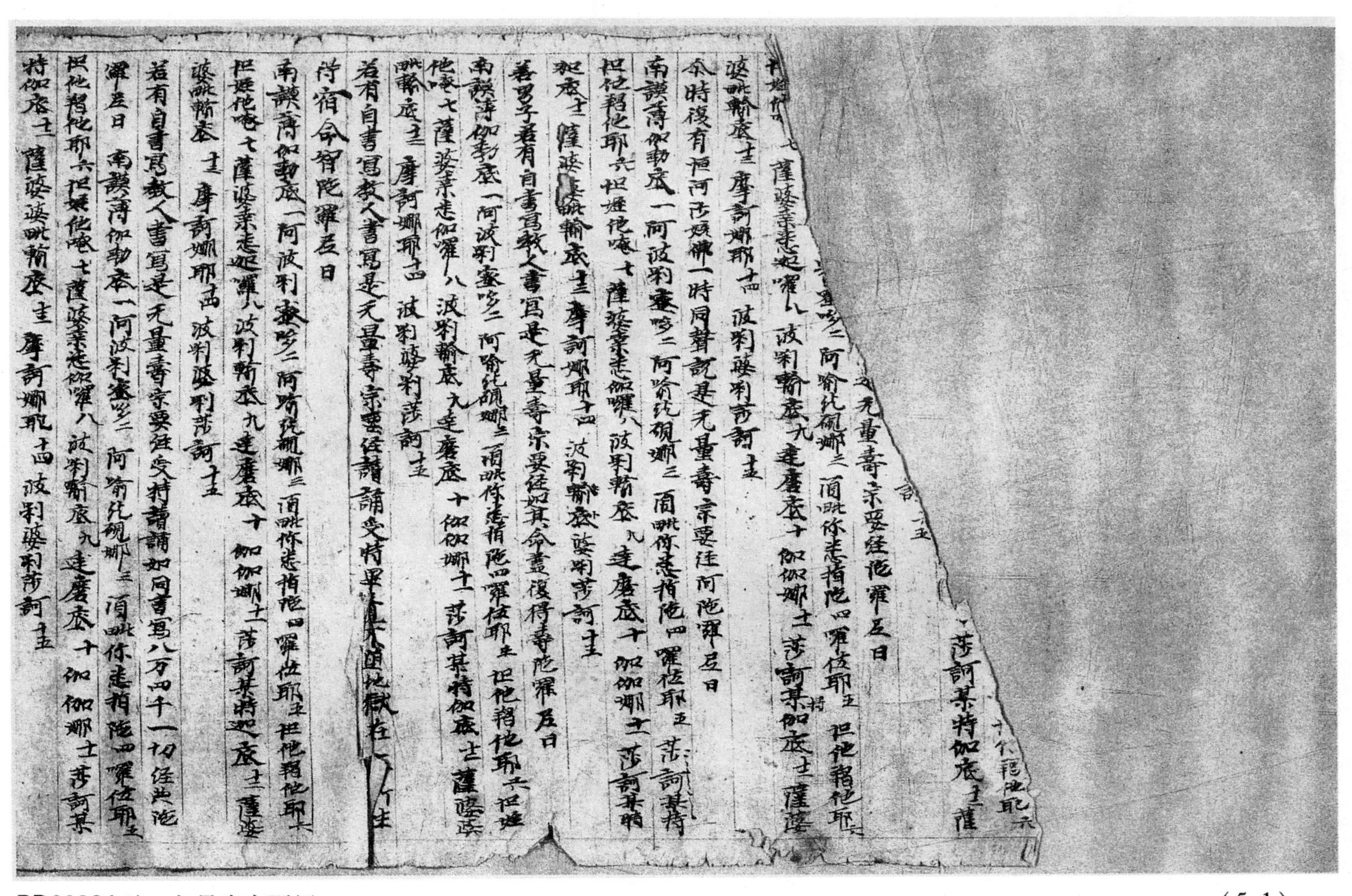

怛他羯他耶六

莎訶某特伽底十二薩

……訶十五

……无量壽宗要經陀羅尼曰

……蜜哆二阿喻紇硯娜三須毗你悉指陀四囉佐耶五怛他羯他耶六

怛姪他唵七薩婆桑悉迦囉八波唎輸底九達磨底十伽伽娜十一莎訶某特伽底十二薩婆

婆毗輸底十三摩訶娜耶十四波唎婆唎莎訶十五

尒時復有恒河沙殑佛一時同聲說是无量壽宗要經陀羅尼曰

南謨薄伽勃底一阿波唎蜜哆二阿喻紇硯娜三須毗你悉指陀四囉佐耶五莎訶某特

怛他羯他耶六怛姪他唵七薩婆桑悉伽囉八波唎輸底九達磨底十伽伽娜十一莎訶某特

伽底十二薩婆婆毗輸底十三摩訶娜耶十四波唎婆唎莎訶十五

善男子若有自書寫教人書寫是无量壽宗要經如其命盡復得壽陀羅尼曰

南謨薄伽勃底一阿波唎蜜哆二阿喻紇硯娜三須毗你悉指陀四囉佐耶五怛他羯他耶六怛姪

他唵七薩婆桑悉迦囉八波唎輸底九達磨底十伽伽娜十一莎訶某特伽底十二薩婆

婆毗輸底十三摩訶娜耶十四波唎婆唎莎訶十五

若有自書寫教人書寫是无量壽宗要經讀誦受持畢定不墮地獄在

得宿命智陀羅尼曰

南謨薄伽勃底一阿波唎蜜哆二阿喻紇硯娜三須毗你悉指陀四囉佐耶五怛他羯他耶六

怛姪他唵七薩婆桑悉迦囉八波唎輸底九達磨底十伽伽娜十一莎訶某特伽底十二薩婆

婆毗輸底十三摩訶娜耶十四波唎婆唎莎訶十五

若有自書寫教人書寫是无量壽宗要經受持讀誦如同書寫八万四千一切經典陀

羅尼曰南謨薄伽勃底一阿波唎蜜哆二阿喻紇硯娜三須毗你悉指陀四囉佐耶五

怛他羯他耶六怛姪他唵七薩婆桑悉伽囉八波唎輸底九達磨底十伽伽娜十一莎訶某

特伽底十二薩婆婆毗輸底十三摩訶娜耶十四波唎婆唎莎訶十五

BD08064 號　無量壽宗要經　（5–1）

若有自書寫教人書寫是无量壽宗要經讀誦受持畢定不墮地獄在

得宿命智陀羅尼曰

南謨薄伽勃底一阿波唎蜜哆二阿喻紇硯娜三須毗你悉指陀四囉佐耶五怛他羯他耶六

怛姪他唵七薩婆桑悉迦囉八波唎輸底九達磨底十伽伽娜十一莎訶某特伽底十二薩婆

婆毗輸底十三摩訶娜耶十四波唎婆唎莎訶十五

若有自書寫教人書寫是无量壽宗要經受持讀誦如同書寫八万四千一切經典陀

羅尼曰南謨薄伽勃底一阿波唎蜜哆二阿喻紇硯娜三須毗你悉指陀四囉佐耶五

怛他羯他耶六怛姪他唵七薩婆桑悉伽囉八波唎輸底九達磨底十伽伽娜十一莎訶某

特伽底十二薩婆婆毗輸底十三摩訶娜耶十四波唎婆唎莎訶十五

若有自書寫教人書寫是无量壽宗要經即是書寫八万四千部建立塔廟陀羅

尼曰南謨薄伽勃底一阿波唎蜜哆二阿喻紇硯娜三須毗你悉指陀四囉佐耶五怛他羯

他耶六怛姪他唵七薩婆桑悉迦囉八波唎輸底九達磨底十伽伽娜十一莎訶某特伽底

薩婆婆毗輸底十三摩訶娜耶十四波唎婆唎莎訶十五

若有自書寫教人書寫是无量壽宗要經能消五无間等一切重罪陀羅尼曰

南謨薄伽勃底一阿波唎蜜哆二阿喻紇硯娜三須毗你悉指陀四囉佐耶五怛他羯他耶

怛姪他唵七薩婆桑悉迦囉八波唎輸底九達磨底十伽伽娜十一莎訶某特伽底十二

薩婆婆毗輸底十三摩訶娜耶十四波唎婆唎莎訶十五

若有自書寫教人書寫是无量壽宗要經受持讀誦設有重罪猶如須弥盡

能除滅陀羅尼曰南謨薄伽勃底一阿波唎蜜哆二阿喻紇硯娜三須毗你悉指陀

囉佐耶五怛他羯他耶六怛姪他唵七薩婆桑悉伽囉八波唎輸底九達磨底十伽伽娜

莎訶某特伽底十二薩婆婆毗輸底十三摩訶娜耶十四波唎婆唎莎訶十五

若有自書寫教人書寫是无量壽宗要經受持讀誦者魔魔之眷屬夜叉羅

剎不得其便終无枉死陀羅尼曰

南謨薄伽勃底一阿波唎蜜哆二阿喻紇硯娜三須毗你悉指陀四囉佐耶五怛他羯他耶六

怛姪他唵七薩婆桑悉迦囉八波唎輸底九達磨底十伽伽娜十一莎訶某特伽底十二莎

婆婆毗輸底十三摩訶娜耶十四波唎婆唎莎訶十五

若有自書寫教人書寫是无量壽宗要經受持讀誦者知命終時有九十九殑佛現其

人前象手伴授手能遊一切佛剎莫於此經生於疑惑陀羅尼曰

南謨薄伽勃底一阿波唎蜜哆二阿喻紇硯娜三須毗你悉指陀四囉佐耶五怛他羯他耶六怛

姪他唵七薩婆桑悉伽囉八波唎輸底九達磨底十伽伽娜十一莎訶某特伽底十二

薩婆婆毗輸底十三摩訶娜耶十四波唎婆唎莎訶十五

若有自書寫教人書寫是无量壽宗要經受持讀誦常得四天大王隨其衛

BD08064 號　無量壽宗要經　（5–2）

若有自書教人書寫是无量壽宗要經……
人前叉手供授手能遊一切佛刹莫於此經生於疑惑陀羅尼曰
南謨薄伽勃底一阿波唎蜜哆二阿喻紇硯娜三須毗你悉指陀四囉佐耶五怛他羯他耶六怛
姪他唵七薩婆桑悉伽囉八波唎輸底九達磨底十伽伽娜十一莎訶某特迦底十二
薩婆婆毗輸底十三摩訶娜耶十四波唎婆唎莎訶十五
若有自書寫教人書寫是无量壽宗要經受持讀誦當得四天大王隨其衛
護陀羅尼曰　南謨薄伽底一阿波唎蜜哆二阿喻紇硯娜三須毗你悉指陀四囉
佐耶五怛他羯他耶六怛姪他唵七薩婆桑悉伽囉八波唎輸底九達磨底十伽伽娜
莎訶某特伽底十二薩婆婆毗輸底十三摩訶娜耶十四波唎婆唎莎訶十五
若有自書寫教人書寫是无量壽宗要經受持讀誦當得往生西方極樂世界阿
弥陀淨土陀羅尼曰　南謨薄伽勃底一阿波唎蜜哆二阿喻紇硯娜三須毗你悉
指陀四囉佐耶五怛他羯他耶六怛姪他唵七薩婆桑悉迦囉八波唎輸底九達磨底十
伽伽娜十一莎訶某特伽底十二薩婆婆毗輸底十三摩訶娜耶十四波唎婆唎莎訶十五
若有方所自書寫使人書寫是无量壽經典之處則為是塔皆應恭敬作禮若
是畜生或為鳥獸得聞是經如是等類皆當不久得成一切智種陀羅尼曰
南謨薄伽勃底一阿波唎蜜哆二阿喻紇硯娜三須毗你悉指陀四囉佐耶五怛他羯他
耶六怛姪他唵七薩婆桑悉伽囉八波唎輸底九達磨底十伽伽娜十一莎訶某特伽底十二
薩婆婆毗輸底十三摩訶娜耶十四波唎婆唎莎訶十五
若有於是无量壽經自書寫使人書畢竟不受女人之身陀羅尼曰
南謨薄伽勃底一阿波唎蜜哆二阿喻紇硯娜三須毗你悉指陀四囉佐耶五怛他羯他耶六
怛姪他唵七薩婆桑悉伽囉八波唎輸底九達磨底十伽伽娜十一莎訶某特迦底十二薩婆
婆毗輸底十三摩訶娜耶十四波唎婆唎莎訶十五
若有能於是經少分能惠施者等於三千大千世界滿中七寶布施陀羅尼曰
南謨薄伽勃底一阿波唎蜜哆二阿喻紇硯娜三須毗你悉指陀四囉佐耶五怛他羯
他耶六怛姪他唵七薩婆桑悉迦囉八波唎輸底九達磨底十伽伽娜十一莎訶某特
伽底十二薩婆婆毗輸底十三摩訶娜耶十四波唎婆唎莎訶十五
若有能供養是經者則是供養一切諸經等无有異陀羅尼曰
南謨薄伽勃底一阿波唎蜜哆二阿喻紇硯娜三須毗你悉指陀四囉佐耶五怛他羯他耶六
怛姪他唵七薩婆桑悉伽囉八波唎輸底九達磨底十伽伽娜十一薩訶某特伽底十二
薩婆婆毗輸底十三摩訶娜耶十四波唎婆唎莎訶十五
如是毗婆尸佛尸棄佛毗舍浮佛俱留孫佛俱那含牟尼佛迦葉佛釋迦牟尼佛若有
人以七寶供養如是七佛其福有限書寫受持是无量壽經典所有功得不可限量陀羅

BD08064號　無量壽宗要經　（5-3）

南謨薄伽勃底一阿波唎蜜哆二阿喻紇硯娜三須毗你悉指陀四囉佐耶五怛他羯他耶六
怛姪他唵七薩婆桑悉伽囉八波唎輸底九達磨底十伽伽娜十一薩訶某特伽底十二
薩婆婆毗輸底十三摩訶娜耶十四波唎婆唎莎訶十五
如是毗婆尸佛尸棄佛毗舍浮佛俱留孫佛俱那含牟尼佛迦葉佛釋迦牟尼佛若有
人以七寶供養如是七佛其福有限書寫受持是无量壽經典所有功得不可限量陀羅
尼曰　南謨薄伽勃底一阿波唎蜜哆二阿喻紇硯娜三須毗你悉指陀四囉佐耶五怛他羯他耶
怛姪他耶六唵七薩婆桑悉伽囉八波唎輸底九達磨底十伽伽娜十一莎訶某特伽底十二
薩婆婆毗輸底十三摩訶娜耶十四波唎婆唎莎訶十五
若有七寶等於須弥以用布施其福亦能知其限量是无量壽經典其福不可
知數陀羅尼曰　南謨薄伽勃底一阿波唎蜜哆二阿喻紇硯娜三須毗你悉指陀四
囉佐耶五怛他羯他耶六怛姪他唵七薩婆桑悉伽囉八波唎輸底九達磨底十
伽伽娜十一莎訶某特伽底十二薩婆婆毗輸底十三摩訶娜耶十四波唎婆唎莎訶十五
如是四大海水可知滴數是无量无壽經典所生果報不可數量陀羅尼曰
南謨薄伽勃底一阿波唎蜜哆二阿喻紇硯娜三須毗你悉指陀四囉佐耶五怛他羯他耶六
怛姪他唵七薩婆桑悉伽囉八波唎輸底九達磨底十伽伽娜十一莎訶某特伽底十二
薩婆婆毗輸底十三摩訶娜耶十四波唎婆唎莎訶十五
若有自書使人書寫是无量壽經典又能護持供養所如禮敬供養一切十方佛土如
來无有別異陀羅尼曰
南謨薄伽勃底一阿波唎蜜哆二阿喻紇硯娜三須毗你悉指陀四囉佐耶五怛他羯他
怛姪他唵七薩婆桑悉伽囉八波唎輸底九達磨底十伽伽娜十一莎訶某特伽底十二　薩
婆婆毗輸底十三摩訶娜耶十四波唎婆唎莎訶十五
布施力能成正覺　悟布施力人師子　布施力能聲普聞　慈悲階漸最能入
持戒力能成正覺　悟持戒力人師子　持戒力能聲普聞　慈悲階漸最能入
忍辱能成正覺　悟忍辱力人師子　忍辱力能聲普聞　慈悲階漸最能入
精進力能成正覺　悟精進力人師子　精進力能聲普聞　慈悲階漸最能入
禪定力能成正覺　悟禪定力人師子　禪定力能聲普聞　慈悲階漸最能入
智慧力能成正覺　悟智慧力人師子　智慧力能聲普聞　慈悲階漸最能入
尒時如來說是經已一切世間天人阿修羅揵闥婆等聞佛所說皆
大歡喜信受奉行
佛說无量壽宗要經

BD08064號　無量壽宗要經　（5-4）

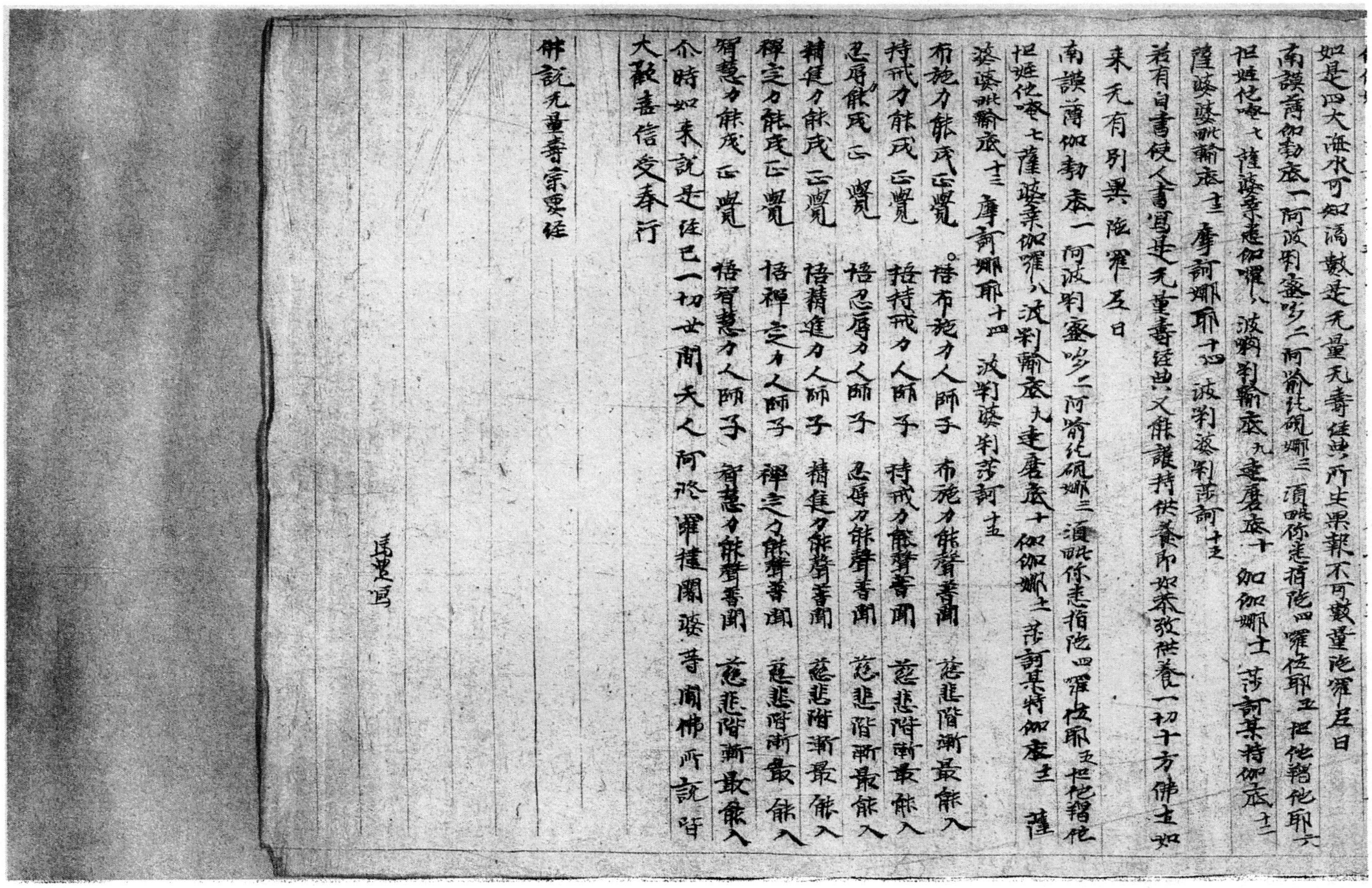

如是四大海水可知滴數是无量壽經典所生果報不可數量陁羅尼曰
南謨薄伽勃底一阿波唎蜜哆二阿喻紇硯娜三 須毗你悉指陁四囉佐耶五 怛他羯他耶六
怛姪他唵七 薩婆桑悉伽囉八 波唎秫馱九 達磨底十 伽伽娜十一 莎訶某持伽底十二
薩婆婆毗輸底十三 摩訶娜耶十四 波唎婆唎莎訶十五
若有自書使人書寫是无量壽經典又能護持供養即如恭敬供養一切十方佛土如
來无有別異陁羅尼曰
南謨薄伽勃底一阿波唎蜜哆二阿喻紇硯娜三 須毗你悉指陁四囉佐耶五怛他羯他
怛姪他唵七薩婆桑伽囉八波唎輸底九達磨底十伽伽娜十一莎訶某持伽底十二 薩
婆婆毗輸底十三 摩訶娜耶十四 波唎婆唎莎訶十五
布施力能成正覺 悟布施力人師子 布施力能聲香聞 慈悲階漸最能入
持戒力能成正覺 悟持戒力人師子 持戒力能聲香聞 慈悲階漸最能入
忍辱能成正覺 悟忍辱力人師子 忍辱力能聲香聞 慈悲階漸最能入
精進力能成正覺 悟精進力人師子 精進力能聲香聞 慈悲階漸最能入
禪定力能成正覺 悟禪定力人師子 禪定力能聲香聞 慈悲階漸最能入
智慧力能成正覺 悟智慧力人師子 智慧力能聲香聞 慈悲階漸最能入
尒時如來說是經已一切世間天人阿修羅揵闥婆等聞佛所說皆
大歡喜信受奉行
佛說无量壽宗要經
張寫

BD08064號　無量壽宗要經　（5–5）

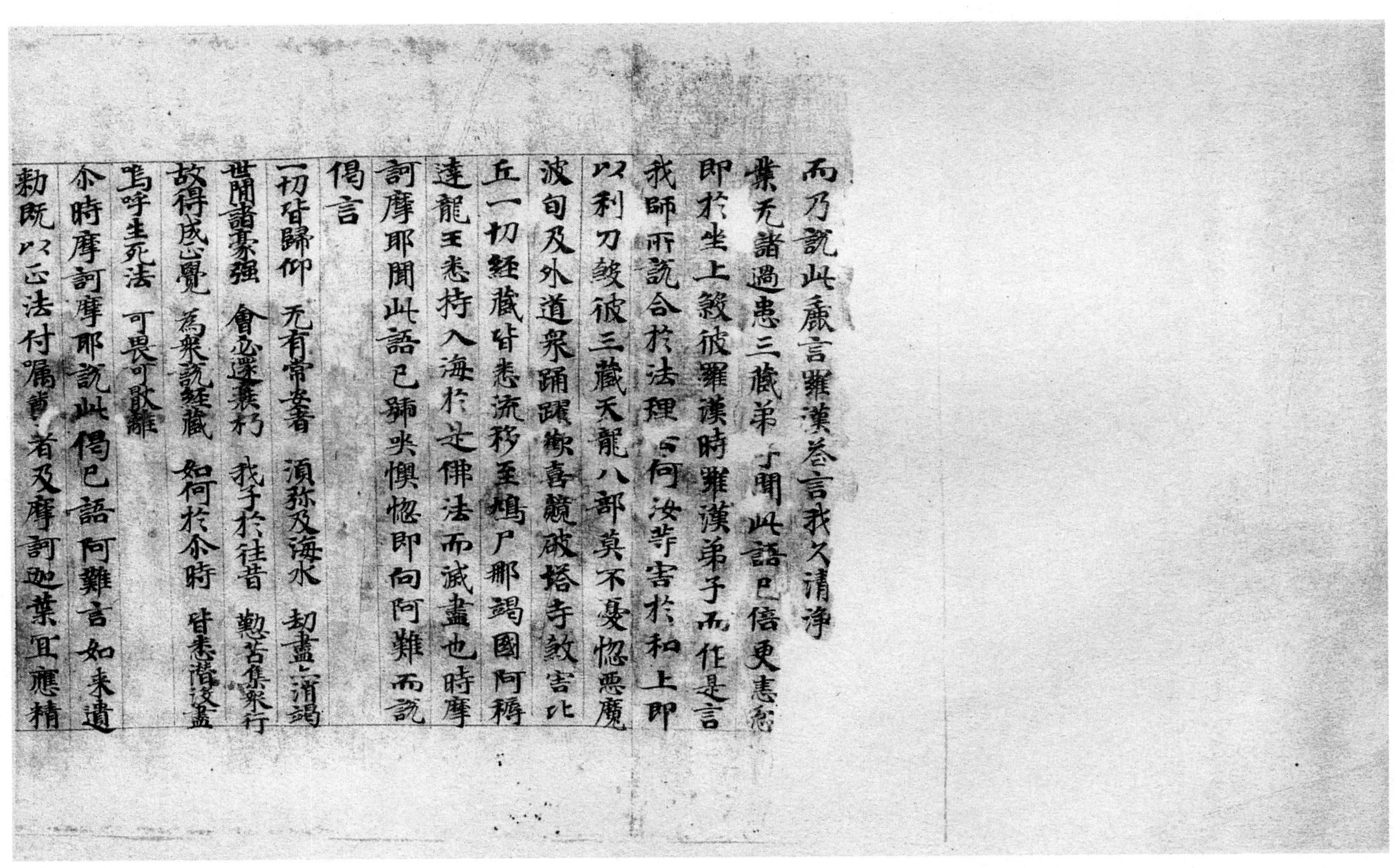
而乃說此麁言羅漢答言我久清淨
業无諸過患三藏弟子聞此語已倍更恚忿
即於坐上煞彼羅漢時羅漢弟子而作是言
我師所說合於法理汝何汝等害於和上即
以利刀煞彼三藏天龍八部莫不憂惱惡魔
波旬及外道衆踊躍歡喜競破塔寺煞害比
丘一切經藏皆悉流移至鳩尸那竭國阿耨
達龍王悉持入海於是佛法而滅盡也時摩
訶摩耶聞此語已歸來懊惱即向阿難而說
偈言
一切皆歸仰 无有常安者 須弥及海水 劫盡亦消竭
世間諸豪強 會必還衰朽 我子於往昔 懃苦集衆行
故得成正覺 爲衆說經藏 如何於尒時 皆悉瀋沒盡
嗚呼生死法 可畏可厭離
尒時摩訶摩耶說此偈已語阿難言如來遺
勅既以正法付屬曾者及摩訶迦葉宜應精

BD08065號　摩耶經　（2–1）

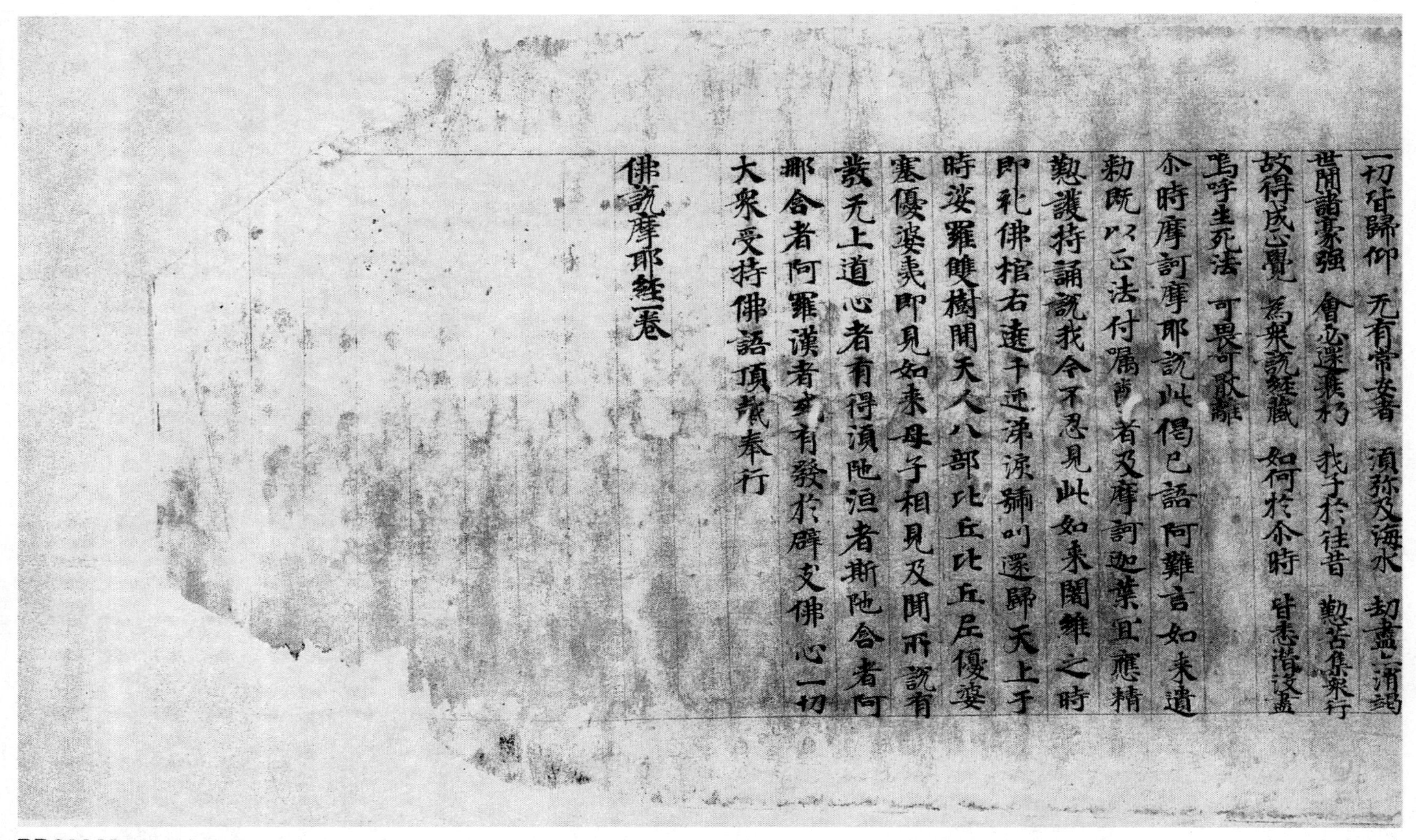

一切皆歸仰　无有常安者　須弥及海水　劫盡皆消竭
世間諸豪強　會必還衰朽　我于於往昔　懃苦集衆行
故得成正覺　爲衆說經藏　如何於尒時　皆悉消沒盡
嗚呼生死法　可畏可猒離
尒時摩訶摩耶說此偈已語阿難言如來遺
勅既以正法付囑[illegible]者及摩訶迦葉宜應精
懃護持誦說我今不忍見此如來闍維之時
即礼佛棺右遶千匝涕淚歔欷還歸天上于
時娑羅雙樹間天人八部比丘比丘尼優婆
塞優婆夷即見如來母子相見及聞所說有
發无上道心者有得須陁洹者斯陁含者阿
那含者阿羅漢者亦有發於辟支佛心一切
大衆受持佛語頂戴奉行

佛說摩耶經一卷

BD08065號　摩耶經　（2-2）

BD08066號　十王經

（3–1）

業報身，疑生注死。若復有人修造此經，受持讀
誦，捨命之後，不生三塗，不入地獄。在生之日，煞父
害母，破齋破戒，煞諸牛羊鷄狗毒蛇，一切重罪，應
入地獄十劫五劫。若造此經及諸尊像，記在
業鏡，閻羅歡喜，判放其人生富
貴家，免其罪過。若有善男子善女人、比丘比丘尼、
優婆塞優婆夷，預修生七齋者，每月二時，
十五日三十日。若是新死，依一七計至七七百
日一年三年，並須請此十王名字，每七有一
王下檢察，必須作齋，功德有無，即報天曹地
府，供養三寶，祈設十王，唱名納狀，狀上六曹
官，善惡童子奏上天曹地府官等，記在
名案，身到日時，當便配生快樂之處，不住
中陰四十九日，身死已後，若待男女六道
追救，命過十王，若闕一齋，乖在一王，并新
死亡人，留連受苦，不得出生，遲滯一劫。是故
勸汝，作此齋事，如至齋日到，無財物及有
事忙，不得作齋，請佛延僧建福，應其
齋日，下食兩盤，紙錢餵飼，新亡之人，並
歸在一王，得免冥間業報飢餓之苦。若是
生在之日作此齋者，名為預修生七齋，七分
功德盡皆得之。若亡沒已後，男女六親眷
屬作齋，七分功德亡人唯得一分，六分
生人將去，自種自得，非關他人與之。
爾時普廣菩薩言：若有善男子善女人等，
能修此十王逆修生七及亡人齋，得善神

BD08066號　十王經　（3–2）

中陰四十九日身死已後男女六
追救命過十王若闕一齋乖在一王并新
死亡人留連受苦不得出生遲滯一劫是故
勸汝作此齋事如至齋日到无財物及有
事忙不得作齋請佛延僧建福應其
齋日下食兩盤紙錢餵飼新亡之人并
歸在一王得免冥間業報飢餓之苦若是
生在之日作此齋名預修生七齋七分
功德盡皆得之若亡沒已後男女六親眷
屬作齋之七分功德亡人唯得一分六分
生人將去自種自得非關他人與之
爾時普廣菩薩言若有善男子善女人等
能修此十王逆修生七及亡人齋得善神
下來礼敬凡夫云何得賢聖善神礼我凡夫
一切善神并閻羅天子及諸菩薩欽敬皆
生歡喜
爾時地藏菩薩
古觀世音菩
常悲菩薩陁
達

BD08066號　十王經　（3–3）

不以破戒之身受信心擅越百種牀坐復作是
願寧以此身受三百鉾刺經一劫二劫終不以
戒之身受信心擅越百味醫藥復作是願
寧以此身投熱鐵鑊經百千劫終不以破戒
之身受信心擅越千種房舍屋宅園林田地
復作是願寧以鐵槌打碎此身從頭至足令
如微塵終不以此破戒之身受信心擅越恭
敬礼拜復作是願寧以百千熱鐵刀鉾挑其
兩目終不以此破戒之心視他好色復作是
願寧以百千鐵錐遍身撓刺耳根經一劫二
劫終不以破戒之心聽好音聲復作是願寧
以百千刃刀割去其鼻終不以破戒之心貪
嗅諸香復作是願寧以百千刃刀割斷其舌
終不以破戒之心食人百味淨食復作是願
寧以利斧斬斫其身終不以破戒之心貪著
好觸復作是願願一切衆生悉得成佛而菩
薩若不發是願者犯輕垢罪
若佛子常應二時頭陀冬春夏坐禪結夏安居
用楊枝澡豆三衣缾鉢坐具錫杖香爐漉

BD08067 號 1　梵網經盧舍那佛說菩薩心地戒品第十卷下　（8–1）

終不以破戒之心食人百味淨食復作是願
寧以利斧斬斫其身終不以破戒之心貪著
好觸復作是願願一切衆生悉得成佛而菩
薩若不發是願者犯輕垢罪
若佛子常應二時頭陀冬春夏坐禪結夏安居
用楊枝澡豆三衣缾鉢坐具錫杖香爐漉
水囊手巾刀子火燧鑷子繩牀經律佛像菩
薩形像而菩薩行頭陀時及遊方時行來時
百里千里此十八種物常隨其身頭陀者從
正月十五日至三月十五日八月十五日至十
月十五日是二時中十八種物常隨其身如
鳥二翼若布薩日新學菩薩半月半月布
誦十重四十八輕戒時於諸佛菩薩形像前
人布薩即一人誦若二若三乃至百千人亦
人誦誦者高座聽者下坐各各被九條七
條五條袈裟結夏安居一一如法若頭陀時
莫入難處若國難惡王土地高下草木深邃
師子虎狼水火惡風難及以劫賊道路毒蛇
一切難處悉不得入若頭陀行道乃至夏坐安
居是諸難處皆不得入若故入者犯輕垢罪
若佛子應如法次第坐先受戒者在前坐後
受戒者在後坐不問老少比丘比丘尼貴人
國王王子乃至黃門奴婢皆應先受戒者在
前坐後受戒者隨次第坐莫如外道癡人若
老若少无前无後坐无次第兵奴之法我佛

BD08067 號 1　梵網經盧舍那佛說菩薩心地戒品第十卷下　（8–2）

佛子應如法次第坐先受戒者在前坐後
戒者在後坐不問老少比丘比丘尼貴人
國王王子乃至黃門奴婢皆應先受戒者在
前坐後受戒者隨次第坐莫如外道癡人若
老若少无前无後坐无次第兵奴之法我佛
法中先者先坐後者後坐而菩薩不次第坐
者犯輕垢罪
若佛子常應教化一切衆生建立僧房山林
園田立作佛塔冬夏安居坐禪處所一切行
道處皆應立之而菩薩應為一切衆生講說
大乘經律若疾病國難賊難父母兄弟和上
阿闍梨亡滅之日及三七日四五七日乃至七
七日亦應講說大乘經律齋會求福行來治
生大火所燒大水所漂黑風所吹船舫江河大
海羅刹之難亦讀誦講說此經律乃至一切罪
報三惡七逆八難杻械枷鎖繫縛其身多婬多
瞋多愚癡多疾病皆應讀誦講說大乘經律而
新學菩薩若不尒者犯輕垢罪如是九戒應當
學敬心奉持如梵壇品中廣說
若佛子與人受戒時不得簡擇一切國王
王子大臣百官比丘比丘尼信男信女婬男
婬女十八梵六欲天无根二根黃門奴婢一切
鬼神盡得受戒應教身所著袈裟皆使壞色
與道相應皆染使青黃赤黑紫色一切染衣

BD08067號1　梵網經盧舍那佛說菩薩心地戒品第十卷下　（8–3）

王子大臣百官比丘比丘尼信男信女婬男
婬女十八梵六欲天无根二根黃門奴婢一切
鬼神盡得受戒應教身所著袈裟皆使壞色
與道相應皆染使青黃赤黑紫色一切染衣
乃至卧具盡以壞色身所著衣一切染色若
一切國土中人所著服比丘皆應與其俗服
有異若欲受戒時師應問言汝現身不作七
逆罪不而菩薩法師不得與七逆人現身受
戒七逆者出佛身血煞父母和上阿闍梨破
羯磨轉法輪僧煞聖人若具七遮即身不得
戒餘一切人得受戒出家人法不向國王礼
拜不向父母礼拜六親不敬鬼神不礼拜但解
法師語有百里千里来求戒者而菩薩法師以
惡心瞋心而不即與授一切衆生戒者犯輕
垢罪
若佛子教化人起信心時菩薩與他人作教
誡法師者見欲受戒人應教請二師和上阿
闍梨二師應問言汝有七遮罪不若現身有
七遮師不應與受无七遮者得受若有犯十
戒者應教懺悔在佛菩薩形像前日日六時
誦十重四十八輕戒若到礼三世千佛須見
好相若一七日二三七日乃至一年要見好
相好相者佛来摩頂若見光花種種異相便
得罪滅若无好相雖懺无益是現身亦不得戒

BD08067號1　梵網經盧舍那佛說菩薩心地戒品第十卷下　（8–4）

誦十重四十八輕戒苦到礼三世千佛須見
好相若一七日二三七日乃至一年要見好
相好相者佛来摩頂若見光花種種異相便
罪滅若无好相雖懺无益是現身亦不得戒
得增受戒若犯四十八輕戒者對手懺罪滅
不同七遮而教戒師於是法中一一好解若不
解大乘經律若輕若重是非之相不解第一義
諦習種性長養性不可壞性道性正性其中
少觀行出入十禪支於一切行法一一不得
法中意而菩薩為利養故為名聞故悪求
貪利弟子而詐現解一切經律為供養故是
自欺詐欺詐他人故與人受戒者犯輕垢罪
若佛子不得為利養於未受菩薩戒者前外
道悪人前説此千佛大戒邪見人前亦不得
除國王餘一切人不得説是悪人輩不受佛
名為畜生生生不見三寶如木石无心名
為外道邪見人輩木頭无異而菩薩於是悪
人前説七佛教戒者犯輕垢罪
若佛子信心出家受佛正戒故起心毀犯聖
者不得受一切檀越供養亦不得國王地
行不得飲國王水五千大鬼常遮其前鬼
大賊入房舍城邑宅中鬼復常掃其脚跡
一切世人罵言佛法中賊一切衆生眼不欲
見犯戒之人畜生无異木頭无異若毀正戒

BD08067 號 1　梵網經盧舍那佛說菩薩心地戒品第十卷下　（8–5）

行不得飲國王水五千大鬼常遮其前鬼
大賊入房舍城邑宅中鬼復常掃其脚跡
一切世人罵言佛法中賊一切衆生眼不欲
見犯戒之人畜生无異木頭无異若毀正戒
犯輕垢罪
佛子常應一心受持讀誦剥皮為紙刺血
墨以髓為水析骨為筆書寫佛戒木皮角
紙絹素亦應悉書持常以七寶无價香花一切
雜寶為箱函盛經律卷若不如法供養者犯輕
垢罪
佛子常起大悲心若入一切城邑舍宅見
切衆生唱言汝等衆生盡應受三歸十戒
若見牛馬猪羊一切畜生應心念口言汝是
畜生發菩提心而菩薩入一切處山林川野
皆使一切衆生發菩提心是菩薩若不教化
生者犯輕垢罪
若佛子常行教化起大悲心入檀越貴人家
一切衆中不得立為白衣説法應白衣衆前
高座上坐法師比丘不得地立為四衆白衣
法若説法時法師高坐香花供養四衆聽
下坐如孝順父母敬順師教如事火婆羅
門其説法者若不如法説者犯輕垢罪
若佛子皆以信心受戒者若國王太子百官
部弟子自恃高貴破滅佛法戒律明作制法

BD08067 號 1　梵網經盧舍那佛說菩薩心地戒品第十卷下　（8–6）

□下坐如孝順父母敬順師教如事火婆羅
門其說法者若不如法說者犯輕垢罪
若佛子皆以信心受戒者若國王太子百官四
部弟子自恃高貴破滅佛法戒律明作制法
制我四部弟子不聽出家行道亦復不聽造
立形像佛塔經律破三寶之罪而故作破法
者犯輕垢罪
若佛子以好心出家而爲名聞利養於國王
百官前說七佛戒橫與比丘比丘尼菩薩弟
子繫縛如師子身中虫自食師子非外道天
魔能破佛戒若受佛戒者應護佛戒如念一
子如事父母而聞外道惡人以惡言謗佛戒
如三百鉾刺心千刀万杖打拍其身等无
異寧自入地獄百劫而不用聞一惡言破佛
之聲而況自破佛戒教人破法因緣无孝順
若故作者犯輕垢罪是九戒應當學敬心
持
佛子是四十八輕戒汝等受持過去諸佛菩
已誦現在諸佛菩薩今誦未來諸佛菩薩
當誦佛子聽十重四十八輕戒三世諸佛已誦
今誦我今亦如是誦汝等一切大衆若
王子百官比丘比丘尼信男信女受持
住戒者應受持讀誦解說書寫佛性常住
流通三世一切衆生化化不絕得見千
佛授手世世不墮惡道八難常生人道

BD08067號1　梵網經盧舍那佛說菩薩心地戒品第十卷下　（8-7）

今誦我今亦如是誦汝等一切大衆若
王子百官比丘比丘尼信男信女受持
住戒者應受持讀誦解說書寫佛性常住
流通三世一切衆生化化不絕得見千
佛授手世世不墮惡道八難常生人道
我今在此菩提樹下略開七佛法戒汝
等一心學波羅提木叉歡喜奉行如无相
品勸學中一一廣明三千學士時坐聽
佛自誦心心頂戴喜踊受持
盧舍那佛說菩薩十重四十八輕戒
安居及解夏自恣法出寶積經菩薩大士
今我佛子菩薩僧厶甲今依釋迦牟
尼法界僧伽藍前三月夏安居房舍
□去依无相无爲住身心樂恒清淨三說解
法菩薩大士心念今日十方菩薩僧
今我佛子菩薩厶甲亦解夏自恣迷
解脫三說

BD08067號1　梵網經盧舍那佛說菩薩心地戒品第十卷下　（8-8）
BD08067號2　菩薩安居及解夏自恣法

般若波羅蜜多心經
觀自在菩薩行深般若波羅蜜多時照見
五蘊皆空度一切苦厄舍利子色不異空空
不異色色即是空空即是色受想行識亦復
如是舍利子是諸法空相不生不滅不垢不淨
不增不減是故空中無色無受想行識無眼
耳鼻舌身意無色聲香味觸法無眼界乃至
無意識界無無明亦無無明盡乃至無老死
亦無老死盡無苦集滅道無智亦無得以無
所得故菩提薩埵依般若波羅蜜多故心無
罣礙無罣礙故無有恐怖遠離顛倒夢想究
竟涅槃三世諸佛依般若波羅蜜多故得阿
耨多羅三藐三菩提故知般若波羅蜜多是
大神呪是大明呪是無上呪是無等等呪能
除一切苦真實不虛故說般若波羅蜜多呪
即說呪曰

BD08068號　般若波羅蜜多心經　（2–1）

耳鼻舌身意無色聲香味觸法無眼界乃至
無意識界無無明亦無無明盡乃至無老死
亦無老死盡無苦集滅道無智亦無得以無
所得故菩提薩埵依般若波羅蜜多故心無
罣礙無罣礙故無有恐怖遠離顛倒夢想究
竟涅槃三世諸佛依般若波羅蜜多故得阿
耨多羅三藐三菩提故知般若波羅蜜多是
大神呪是大明呪是無上呪是無等等呪能
除一切苦真實不虛故說般若波羅蜜多呪
即說呪曰
揭帝揭帝　般羅揭帝　般羅僧揭帝　菩提莎婆訶
般若波羅蜜多心經

BD08068號　般若波羅蜜多心經　（2–2）

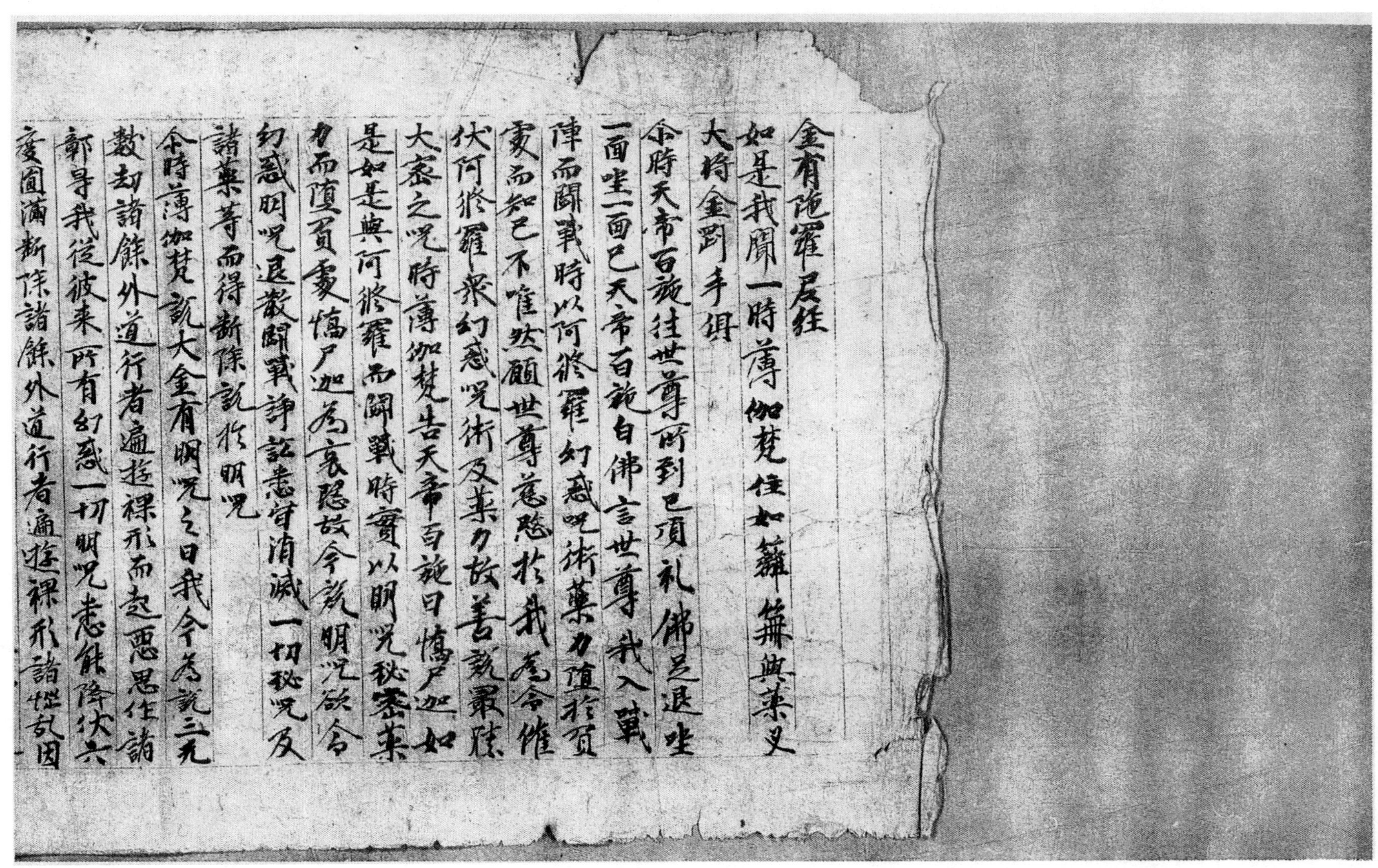
金有陀羅尼經
如是我聞一時薄伽梵住如蘇篩與藥叉
大將金剛手俱
尒時天帝百施往世尊所到已頂礼佛足退坐
一面坐一面已天帝百施白佛言世尊我入戰
陣而鬪戰時以阿修羅幻惑呪術藥力墮於負
處而知已不唯然願世尊慈愍於我為令惟
伏阿修羅衆幻惑呪術及藥力故善說冣勝
大丞之呪時薄伽梵告天帝百施曰憍尸迦如
是如是與阿修羅而鬪戰時實以明呪秘密藥
力而墮負處憍尸迦為哀愍故今說明呪欲令
幻惑明呪退散鬪戰諍訟悉皆消滅一切秘呪及
諸藥等而得斷除說於明呪
尒時薄伽梵說大金有明呪之曰我今為說三九
數劫諸餘外道行者遍遊裸形而起惡思任諸
郭身我從彼來所有幻惑一切明呪悉能降伏六
處圓滿斷除諸餘外道行者遍遊裸形諸惱亂因

BD08069號　金有陀羅尼經　（4–1）

幻惑明呪退散鬪戰諍訟悉皆消滅一切秘呪及
諸藥等而得斷除說於明呪
尒時薄伽梵說大金有明呪之曰我今為說三九
數劫諸餘外道行者遍遊裸形而起惡思任諸
郭身我從彼來所有幻惑一切明呪悉能降伏六
處圓滿斷除諸餘外道行者遍遊裸形諸惱亂因
明呪秘呪藥及一切諸魔朋黨大明之呪憍尸迦
汝當攝受諸有情故受持冣勝大秘呪天帝白
言如是世尊唯然受教尒時世尊即說金有大明呪曰
怛夜他唵 希你希你 希薩希薩 命薩命薩 希命
薩 你希你希 你希囉秘你 軌佉那波羧 哺羧枹步滿
怛囉 阿地訖梨羧 閉羧閉羧 閉步滿怛囉 阿地迦羅
羧 訶那訶那 訶婆訶婆 親馱親馱 頻那頻那 薄伽
跋帝 佉吒秘佉吒 攢婆你 悉婆你 畔馱你 牟訶你 阿
牟伽墺羧 馱羅你 訖梨那訖梨那 迦步榛魔那娑
攢娑也 讚娑夜 畔佉夜畔佉夜 悉謀娑夜 悉謀娑夜
畔馱夜畔馱夜 牟訶夜牟訶夜 所有一切若天幻
惑若龍幻惑若藥叉惑幻若羅刹幻惑若緊那
羅幻惑若乾闥婆幻惑若阿修羅幻惑若莫呼洛
迦幻惑若大腹行幻惑若持明呪幻惑若成就王幻
惑若仙幻惑若持一切明呪幻惑 囉囉 囉囉 囉
佉耶羅佉耶 始磨觀磨 始始磨 羅娑羅娑 羅娑
耶 住剃蘭單 伽蘭他你 訶那訶那 薩婆鞞步
奢咄盧雞 悉謀娑夜 娑尹悉謀夜 奢迷悉娑謀
耶 蘇南悉謀娑夜 娑盧雞悉謀夜 惡你當悉謀娑也
擀乾步 梨步梨馱 羅羧惟馱囉寧 波奢 訶悉羧 斡
奢他夜娑世耶 若有於我能為惡敵諸賊瞋恚
具極惡心鬪諍極諍欲住一切無利益者

BD08069號　金有陀羅尼經　（4–2）

奢咄盧難　悉談婆夜　婆尸悉談夜　秀辶悉婆談
耶　蘊南悉談婆夜　婆盧難悉談夜　悉絲霝悉談婆
贊乾哆　梨哆梨馱　羅敍惟馱羅寧　波奢訶悉殺　斡
奢他夜婆世耶　若有於我能為惡敵諸賊瞋恚
具極惡心鬪諍捶諍欲作一切無利益者
訶耶訶耶　哆訶哆訶　波佉波佉　半佉夜半佉夜
横婆夜横婆夜　悉談婆夜　悉談婆夜　半馱夜半馱也
半訶夜半訶夜　摩訶半訶你　薄伽馱夜　莎訶
於一切怖畏嬈惱疫瘦頑守護我叭馱　莎訶
憍尸迦若善男子若善女人若王若王大臣能憶念
此金有明咒者彼无他怖畏於彼部黨他所敵軍
不能侵惱亦非天亦非龍亦非藥叉亦非乾闥婆
亦阿修羅亦非莫呼洛迦亦非持明咒者亦非空母等
亦不非時而捨壽命明咒秘咒一切諸藥不能為害
他所敵軍不能侵繞他所敵軍而不傷命力不能
害水火毒藥明咒秘咒一切諸藥而不能侵還著
於彼自作教他隨喜造罪彼之處所憍尸迦是故
淨信苾芻苾芻尼烏波索迦烏波斯迦善男子善女
人等以此明咒咒水七遍自洗其身能護於身若
欲命於一切怖畏一切嬈惱一切疾疫一切明咒一切
秘咒一切諸藥一切獸蠱而超過者當念此金有
明咒若王若王大臣若欲催他軍衆伏他軍衆
亦當念此金有明咒若咒線七遍作七結已繫於
身上若咒水七遍能護自身若有書寫於一切怖
畏无鄣㝵陀羅尼或能受持或繫脛下若置
高幢入軍陣者善安得勝以此明咒威神之力内
族眷屬善安超過未戌能戌若欲催伏諸明咒者
於白線上咒七遍已作七結者能繫催伏若欲催伏

BD08069 號　金有陀羅尼經　（4–3）

身上若咒水七遍能護自身若有書寫於一切怖
畏无鄣㝵陀羅尼或能受持或繫脛下若置
高幢入軍陣者善安得勝以此明咒威神之力内
族眷屬善安超過未戌能戌若欲催伏諸明咒者
於白線上咒七遍已作七結者能繫催伏若欲催伏
諸幻惑者取冢間土咒七遍已而散擲者能催幻惑
論覺之時欲禁其口取秦获蘿咒七遍已而齒嚼
者一切言論悉能答對受持讀誦而稱讚者一切
諸罪悉皆消滅却往於彼造作之者及思惟所
或繫於繩及水自護者於彼身上一切明咒秘咒
諸藥不能為害未戌辦者悉能戌辦彼所求事
一切順從時薄伽梵說是語已天帝百施聞佛
所說信受奉行

金有陁羅尼經一卷

BD08069 號　金有陀羅尼經　（4–4）

BD08069 號背　題記　　（1–1）

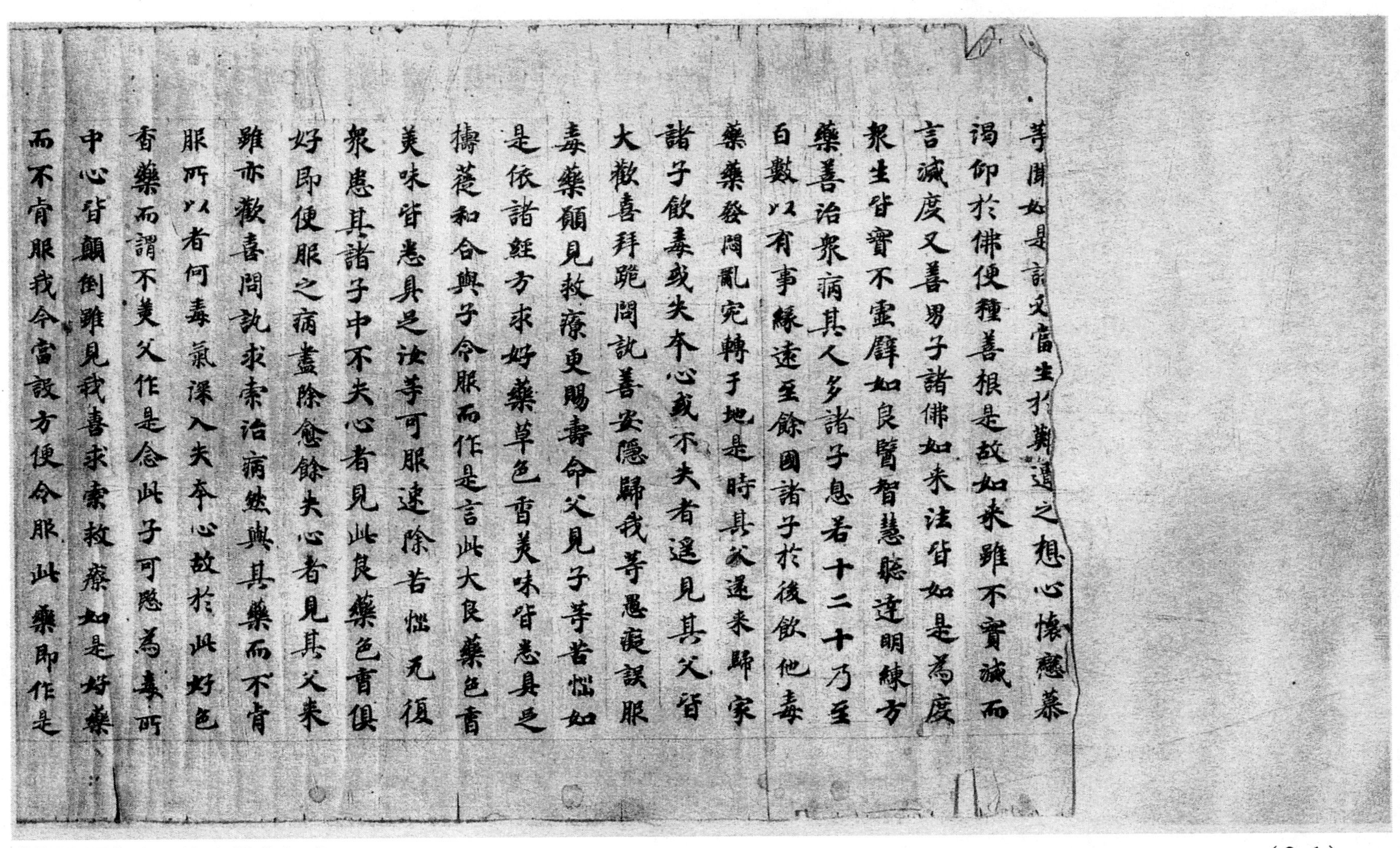

等聞如是語又當生於難遭之想心懷戀慕
渴仰於佛便種善根是故如來雖不實滅而
言滅度又善男子諸佛如來法皆如是為度
眾生皆實不虛譬如良醫智慧聰達明練方
藥善治眾病其人多諸子息若十二十乃至
百數以有事緣遠至餘國諸子於後飲他毒
藥藥發悶亂宛轉于地是時其父還來歸家
諸子飲毒或失本心或不失者遙見其父皆
大歡喜拜跪問訊善安隱歸我等愚癡誤服
毒藥願見救療更賜壽命父見子等苦惱如
是依諸經方求好藥草色香美味皆悉具足
擣篩和合與子令服而作是言此大良藥色香
美味皆悉具足汝等可服速除苦惱无復
眾患其諸子中不失心者見此良藥色香俱
好即便服之病盡除愈餘失心者見其父來
雖亦歡喜問訊求索治病然與其藥而不肯
服所以者何毒氣深入失本心故於此好色
香藥而謂不美父作是念此子可愍為毒所
中心皆顛倒雖見我喜求索救療如是好藥
而不肯服我今當設方便令服此藥即作是

BD08070 號　妙法蓮華經卷一　　（2–1）

大歡喜拜跪問訊善安隱歸我等愚癡誤服
毒藥願見救療更賜壽命父見子等苦惱如
是依諸經方求好藥草色香美味皆悉具足
擣蓰和合與子令服而作是言此大良藥色香
美味皆悉具足汝等可服速除苦惱无復
衆患其諸子中不失心者見此良藥色香俱
好即便服之病盡除愈餘失心者見其父來
雖亦歡喜問訊求索治病然與其藥而不肯
服所以者何毒氣深入失本心故於此好色
香藥而謂不美父作是念此子可愍為毒所
中心皆顛倒雖見我喜求索救療如是好藥
而不肯服我今當設方便令服此藥即作是
言汝等當知我今衰老死時已至是好良藥
今留在此汝可取服勿憂不差作是教已復
至他國遣使還告汝父已死是時諸子聞父
背喪心大憂惱而作是念若父在者慈愍我
等能見救護今者捨我遠喪他國自惟孤露
无復恃怙常懷悲感心遂醒悟乃知此藥色
味香美即取服之毒病皆愈

BD08070 號　妙法蓮華經卷一　（2–2）

念我能變於種子種子亦不作是念我能生芽
芽亦不作是念我今從此衆緣而生雖然有此
衆緣而種滅時芽即得生如是有花之時實
即得生彼芽亦非自作亦非他作非自他俱作非自在作
亦非時變非自性生亦非无因而生雖然地水火風空
時界等和合種滅之時而芽得生是故應如是
觀外因緣法緣相應義
應以五種觀彼外因緣法何等為五不常不斷不
移從於小因而生大果與彼相似云何不常為芽
與種各別異故彼芽非種非種壞時而芽得生亦非
不滅而得生起種壞之時而芽得生是故不常云何
不斷非過去種壞而生於芽亦非不滅而得生起種
子亦壞當尒之時如秤高下而芽得生是故不斷
云何不移芽與種別芽非種故是故不移云何以
而生大果從小種子而生大果是故從於小因而生大
果云何與彼相似如所殖種生彼果故是故與彼相
似是以五種觀外因緣之法
如是內因緣法亦以二種而得生起云何為二所謂
因相應緣相應何者是內因緣法因相應義
所謂始從无明緣行乃至生緣老死若无明不生行亦

BD08071 號　大乘稻芉經　（2–1）

移從於小因而生大果與彼相似云何不常爲芽
與種各別異故彼芽非種非種壞時而芽得生亦非
不滅而得生起種壞之時而芽得生是故不常云何
不斷非過去種壞而生於芽亦非不滅而得生起種
子亦壞當尒之時如秤高下而芽得生是故不斷
云何不移芽與種別芽非種故是故不移云何小因
而生大果從小種子而生大果是故從於小因而生大
果云何與彼相似如所植種生彼果故是故與彼相
似是以五種觀外因緣之法
如是內因緣法亦以二種而得生起云何爲二所謂
因相應緣相應何者是內因緣法因相應義
所謂始從无明緣行乃至生緣老死若无明不生行亦
不有乃至若无有生老死非有如是有无明故行
乃得生乃至有生故老死得有无明亦不作是念我
能生行行亦不作念我從无无而生乃至生亦不作
是念我能生於老死老死亦不作念我從生有雖
然有无明故行乃得生如是有生故老死得有是故
應如是觀內因緣法因相應義
應云何觀內因緣法緣相應事爲六界和合故以
六界和合所謂地水火風空識界等和合故應如
是觀內因緣法緣相應事
何者是內因緣法地界之相爲此身中作堅硬者
名爲地界爲令此身而聚集者名爲水界能
消身所食飲嚼噉者名爲火界爲此身中作內

BD08071號　大乘稻芉經　（2–2）

東方万八千世界靡不周遍下至阿鼻地獄
上至阿迦尼吒天於此世界盡見彼土六趣
衆生又見彼土現在諸佛及聞諸佛所說經
法并見彼諸比丘比丘尼優婆塞優婆夷諸
脩行得道者復見諸菩薩摩訶薩種種因緣
種種信解種種相貌行菩薩道復見諸佛般
涅槃者復見諸佛般涅槃後以佛舍利起七
寶塔
尒時弥勒菩薩作是念今者世尊現神變相以
何因緣而有此瑞今佛世尊入于三昧是不
可思議現希有事當以問誰誰能答者復
作此念是文殊師利法王之子已曾親近供
養過去无量諸佛必應見此希有之相我今
當問尒時比丘比丘尼優婆塞優婆夷及諸
天龍鬼神等咸作此念是佛光明神通之相
今當問誰尒時弥勒菩薩欲自決疑又觀四
衆比丘比丘尼優婆塞優婆夷及諸天龍鬼
神等衆會之心而問文殊師利言以何因緣而
有此瑞神通之相放大光明照于東方万

BD08072號　妙法蓮華經卷五　（2–1）

[illegible]今佛世尊入于三昧是不
可思議現希有事當以問誰誰能荅者復
作此念是文殊師利法王之子已曾親近供
養過去无量諸佛必應見此希有之相我今
當問尒時比丘比丘尼優婆塞優婆夷及諸
天龍鬼神等咸作此念是佛光明神通之相
今當問誰尒時弥勒菩薩欲自決疑又觀四
衆比丘比丘尼優婆塞優婆夷及諸天龍鬼
神等衆會之心而問文殊師利言以何因緣而
有此瑞神通之相放大光明照于東方万
八千土悉見彼佛國界莊嚴於是弥勒菩薩
欲重宣此義以偈問曰
文殊師利　導師何故　眉間白豪　大光普照
雨曼陁羅　曼殊沙華　栴檀香風　悅可衆心
以是因緣　地皆嚴淨　而此世界　六種震動
時四部衆　咸皆歡喜　身意快然　得未曾有
眉間光明　照于東方　万八千土　皆如金色
從阿鼻獄　上至有頂　諸世界中　六道衆生

BD08072 號　妙法蓮華經卷五

（2–2）

[illegible]須菩提[illegible]善女人受持讀誦此
經若為人輕賤是人先世罪業應墮惡道以
今世人輕賤故先世罪業則為消滅當得阿
耨多羅三藐三菩提須菩提我念過去无量
阿僧祇劫於然燈佛前得值八百四千万億
那由他諸佛悉皆供養承事无空過者若復
有人於後末世能受持讀誦此經所得功德
於我所供養諸佛功德百分不及一千万億
分乃至筭數譬喻所不能及須菩提若善男
子善女人於後末世有受持讀誦此經所得
功德我若具說者或有人聞心則狂亂狐疑
不信須菩提當知是經義不可思議果報亦
不可思議
尒時須菩提白佛言世尊善男子善女人發
阿耨多羅三藐三菩提心云何應住云何降伏
其心佛告須菩提善男子善女人發阿耨多
羅三藐三菩提者當生如是心我應滅度一
切衆生滅度一切衆生已而无有一衆生實滅
度者何以故若菩薩有我相人相衆生相壽
者相則非菩薩所以者何須菩提實无有法

BD08073 號　金剛般若波羅蜜經

（6–1）

阿耨多羅三藐三菩提心云何應住云何降伏
其心佛告須菩提善男子善女人發阿耨多
羅三藐三菩提者當生如是心我應滅度一
切衆生滅度一切衆生已而无有一衆生實滅
度者何以故若菩薩有我相人相衆生相壽
者相則非菩薩所以者何須菩提實无有法
發阿耨多羅三藐三菩提者須菩提於意云
何如來於然燈佛所有法得阿耨多羅三藐
三菩提不不也世尊如我解佛所說義佛於
然燈佛所无有法得阿耨多羅三藐三菩提
佛言如是如是須菩提實无有法如來得阿
耨多羅三藐三菩提
須菩提若有法如來得阿耨多羅三藐三菩
提者然燈佛則不應與我受記汝於來世當
得作佛号釋迦牟尼以實无有法得阿耨多
羅三藐三菩提是故然燈佛與我受記作是
言汝於來世當得作佛号釋迦牟尼何以故
如來者即諸法如義若有人言如來得阿耨
多羅三藐三菩提須菩提實无有法佛得阿
耨多羅三藐三菩提須菩提如來所得阿耨
多羅三藐三菩提於是中无實无虛是故如
來說一切法皆是佛法須菩提所言一切法
者即非一切法是故名一切法須菩提譬如人
身長大須菩提言世尊如來說人身長大
則為非大身是名大身須菩提菩薩亦如是
若作是言我當滅度无量衆生則不名菩薩
何以故須菩提實无有法名為菩薩是故佛說
一切法无我无人无衆生无壽者須菩提

BD08073 號　金剛般若波羅蜜經　（6–2）

者即非一切法是故名一切法須菩提譬如人
身長大須菩提言世尊如來說人身長大
則為非大身是名大身須菩提菩薩亦如是
若作是言我當滅度无量衆生則不名菩薩
何以故須菩提實无有法名為菩薩是故佛說
一切法无我无人无衆生无壽者須菩提若
菩薩作是言我當莊嚴佛土是不名菩薩何
以故如來說莊嚴佛土者即非莊嚴是名莊
嚴須菩提若菩薩通達无我法者如來說名
真是菩薩
須菩提於意云何如來有肉眼不如是世尊如
來有肉眼須菩提於意云何如來有天眼不
如是世尊如來有天眼須菩提於意云何如
來有慧眼不如是世尊如來有慧眼須菩提
於意云何如來有法眼不如是世尊如來有
法眼須菩提於意云何如來有佛眼不如是
世尊如來有佛眼須菩提於意云何恒河中
所有沙佛說是沙不如是世尊如來說是沙
須菩提於意云何如一恒河中所有沙有如
是等恒河是諸恒河所有沙數佛世界如是
寧為多不甚多世尊佛告須菩提尒所國土
中所有衆生若干種心如來悉知何以故如
來說諸心皆為非心是名為心所以者何須
菩提過去心不可得現在心不可得未來心
不可得須菩提於意云何若有人滿三千大
千世界七寶以用布施是人以是因緣得福
多不如是世尊此人以是因緣得福甚多須
菩提若福德有實如來不說得福德多以福
德无故如來說得福德多

BD08073 號　金剛般若波羅蜜經　（6–3）

菩提過去心不可得現在心不可得未來心
不可得須菩提於意云何若有人滿三千大
千世界七寶以用布施是人以是因緣得福
多不如是世尊此人以是因緣得福甚多須
菩提若福德有實如來不說得福德多以福
德无故如來說得福德多
須菩提於意云何佛可以具足色身見不不
也世尊如來不應以色身見何以故如來說
具足色身即非具足色身是名具足色身須
菩提於意云何如來可以具足諸相見不不
也世尊如來不應以具足諸相見何以故如來
說諸相具足即非具足是名諸相具足須菩
提汝等勿謂如來作是念我當有所說法莫
作是念何以故若人言如來有所說法即為
謗佛不能解我所說故須菩提說法者无法
可說是名說法須菩提白佛言世尊佛得阿
耨多羅三藐三菩提為無所得耶如是如是
須菩提我於阿耨多羅三藐三菩提乃至无
有少法可得是名阿耨多羅三藐三菩提復
次須菩提是法平等无有高下是名阿耨多
羅三藐三菩提以无我无人无衆生无壽者
脩一切善法則得阿耨多羅三藐三菩提須
菩提所言善法者如來說非善法是名善法
須菩提若三千大千世界中所有諸須弥山
王如是等七寶聚有人持用布施若人以此
般若波羅蜜經乃至四句偈等受持讀誦為
他人說於前福德百分不及一百千万億分
乃至筭數譬喻所不能及

BD08073號　金剛般若波羅蜜經　（6–4）

須菩提若三千大千世界中所有諸須弥山
王如是等七寶聚有人持用布施若人以此
般若波羅蜜經乃至四句偈等受持讀誦為
他人說於前福德百分不及一百千万億分
乃至筭數譬喻所不能及
須菩提於意云何汝等勿謂如來作是念我當
度衆生須菩提莫作是念何以故實无有衆
生如來度者若有衆生如來度者如來則有
我人衆生壽者須菩提如來說有我者則非
有我而凡夫之人以為有我須菩提凡夫者如
來說則非凡夫須菩提於意云何可以三十
二相觀如來不須菩提言如是如是以三十
二相觀如來佛言須菩提若以三十二相觀
如來者轉輪聖王則是如來須菩提白佛言
世尊如我解佛所說義不應以三十二相觀
如來爾時世尊而說偈言
若以色見我以音聲求我是人行邪道不能見如來
須菩提汝若作是念如來不以具足相故得阿
耨多羅三藐三菩提須菩提莫作是念如來
不以具足相故得阿耨多羅三藐三菩提
須菩提汝若作是念發阿耨多羅三藐三菩提
者說諸法斷滅相莫作是念何以故發阿耨
多羅三藐三菩提者於法不說斷滅相
若菩薩以滿恒河沙等世界七寶布施
有人知一切法无我得成於忍此菩
薩前菩薩所得功德須菩提以諸菩薩不
受福德故須菩提白佛言世尊云何菩薩不
受福德須菩提菩薩所作福德不應貪著

BD08073號　金剛般若波羅蜜經　（6–5）

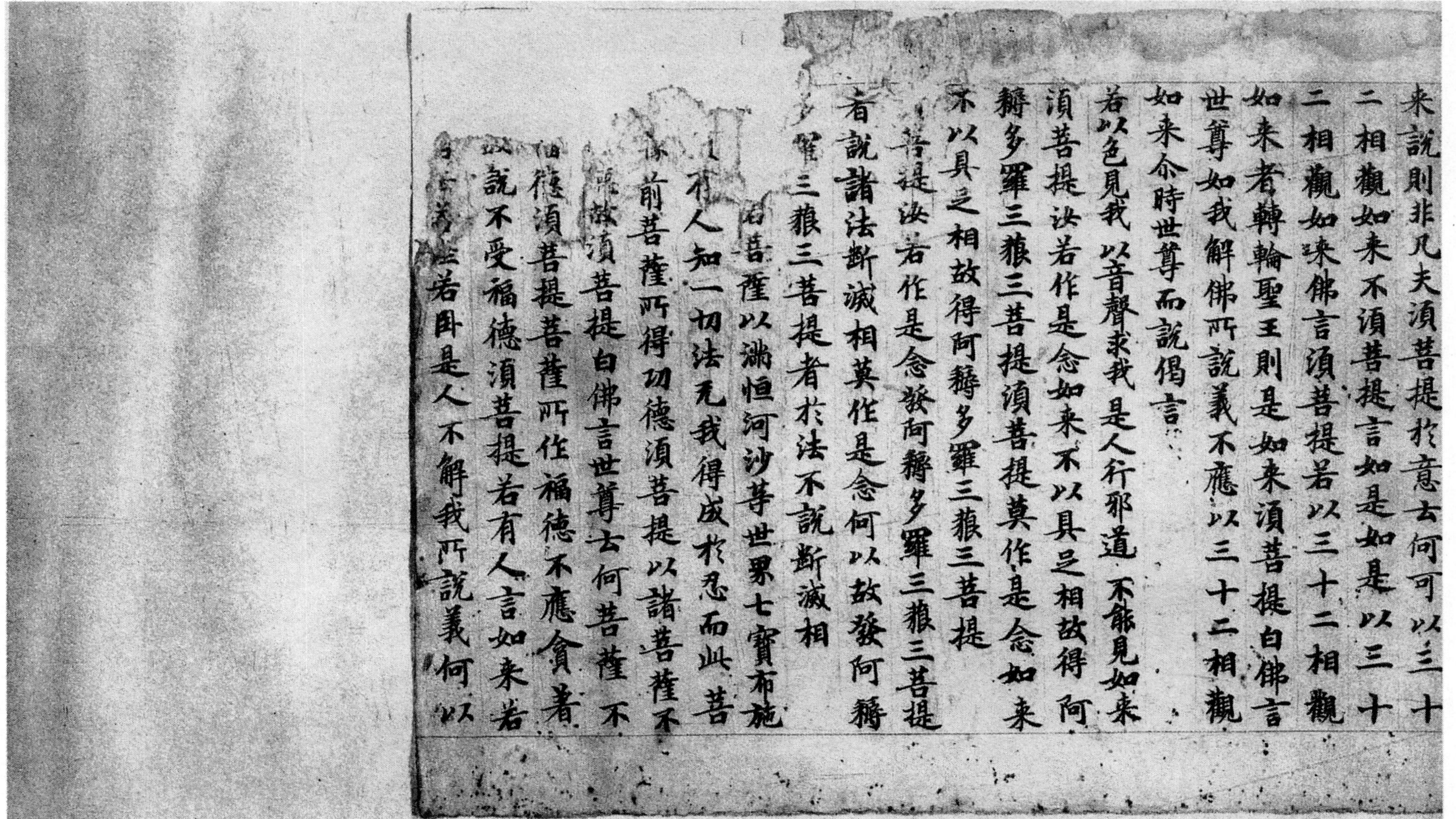
来說則非凡夫須菩提於意云何可以三十
二相觀如来不須菩提言如是如是以三十
二相觀如来佛言須菩提若以三十二相觀
如来者轉輪聖王則是如来須菩提白佛言
世尊如我解佛所說義不應以三十二相觀
如来尒時世尊而說偈言
若以色見我 以音聲求我 是人行邪道 不能見如来
須菩提汝若作是念如来不以具足相故得阿
耨多羅三藐三菩提須菩提莫作是念如来
不以具足相故得阿耨多羅三藐三菩提
菩提汝若作是念發阿耨多羅三藐三菩提
者說諸法斷滅相莫作是念何以故發阿耨
多羅三藐三菩提者於法不說斷滅相
若菩薩以滿恒河沙等世界七寶布施
有人知一切法无我得成於忍此菩
勝前菩薩所得功德須菩提以諸菩薩不
故須菩提白佛言世尊云何菩薩不
德須菩提菩薩所作福德不應貪著
說不受福德須菩提若有人言如来若
若坐若卧是人不解我所說義何以

BD08073 號　金剛般若波羅蜜經　（6–6）

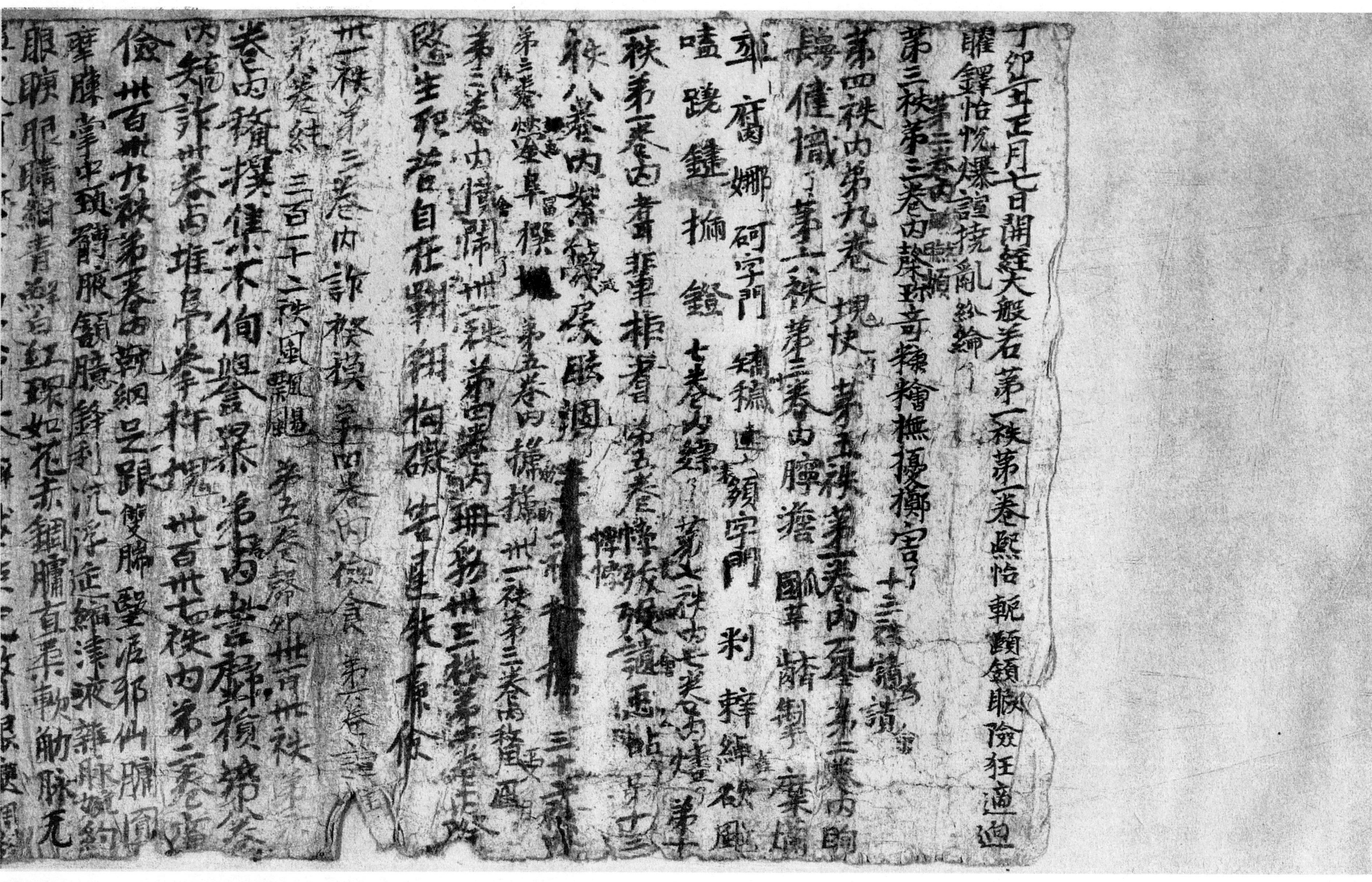

BD08074號　丁卯年正月開大般若經第一會難雜字（擬）　（2–1）

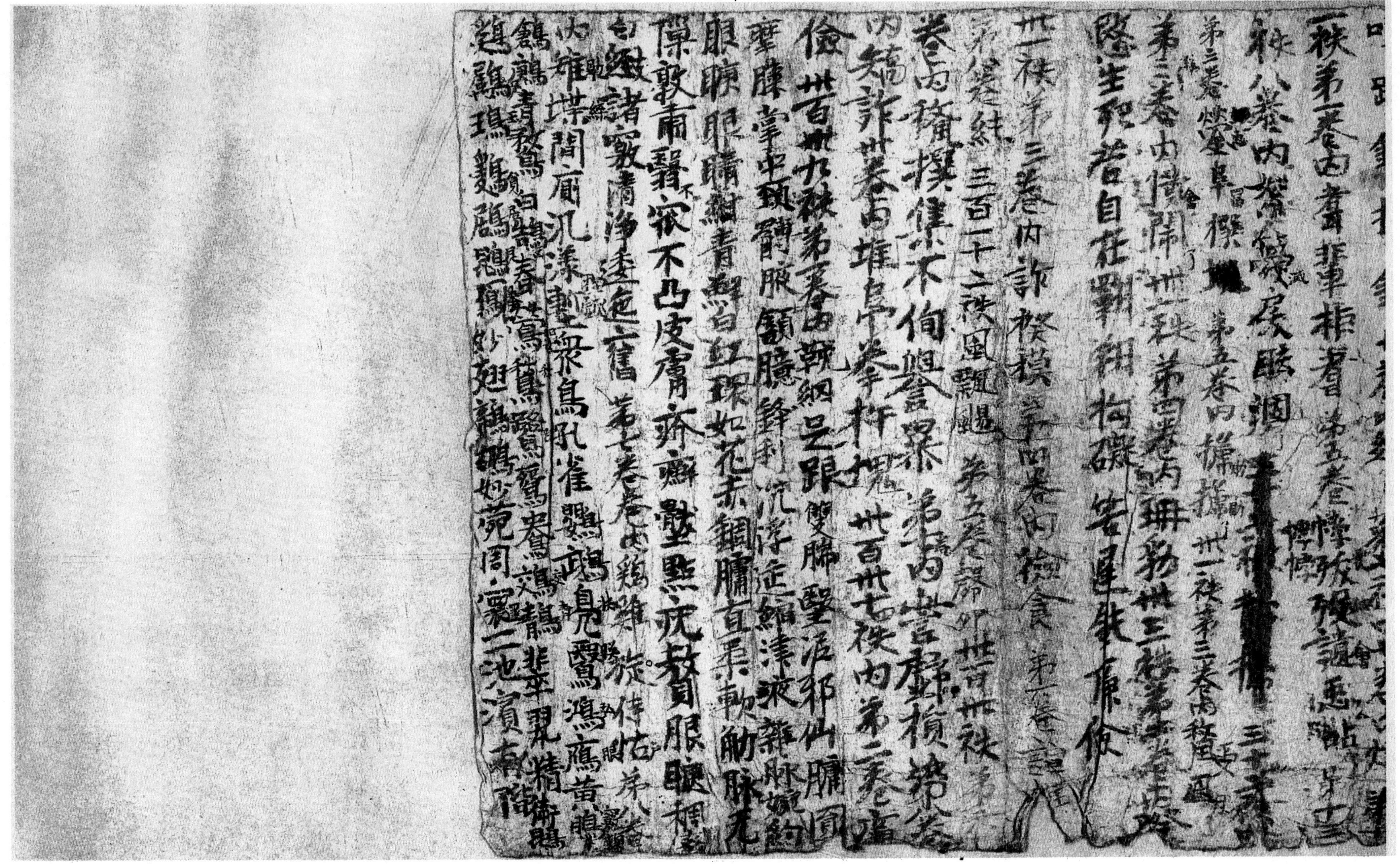

BD08074號　丁卯年正月開大般若經第一會難雜字（擬）　（2-2）

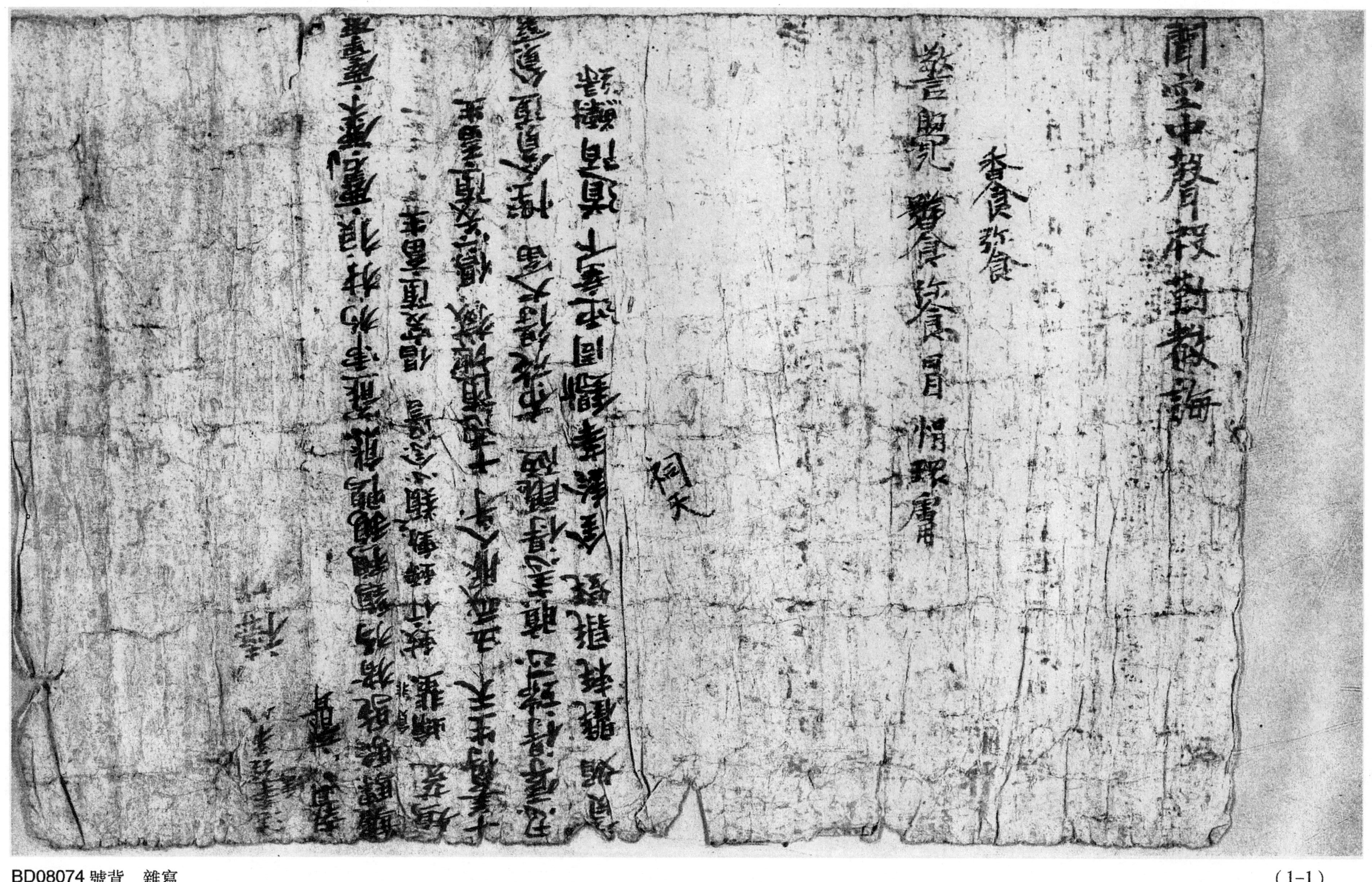

BD08074號背　雜寫　（1-1）

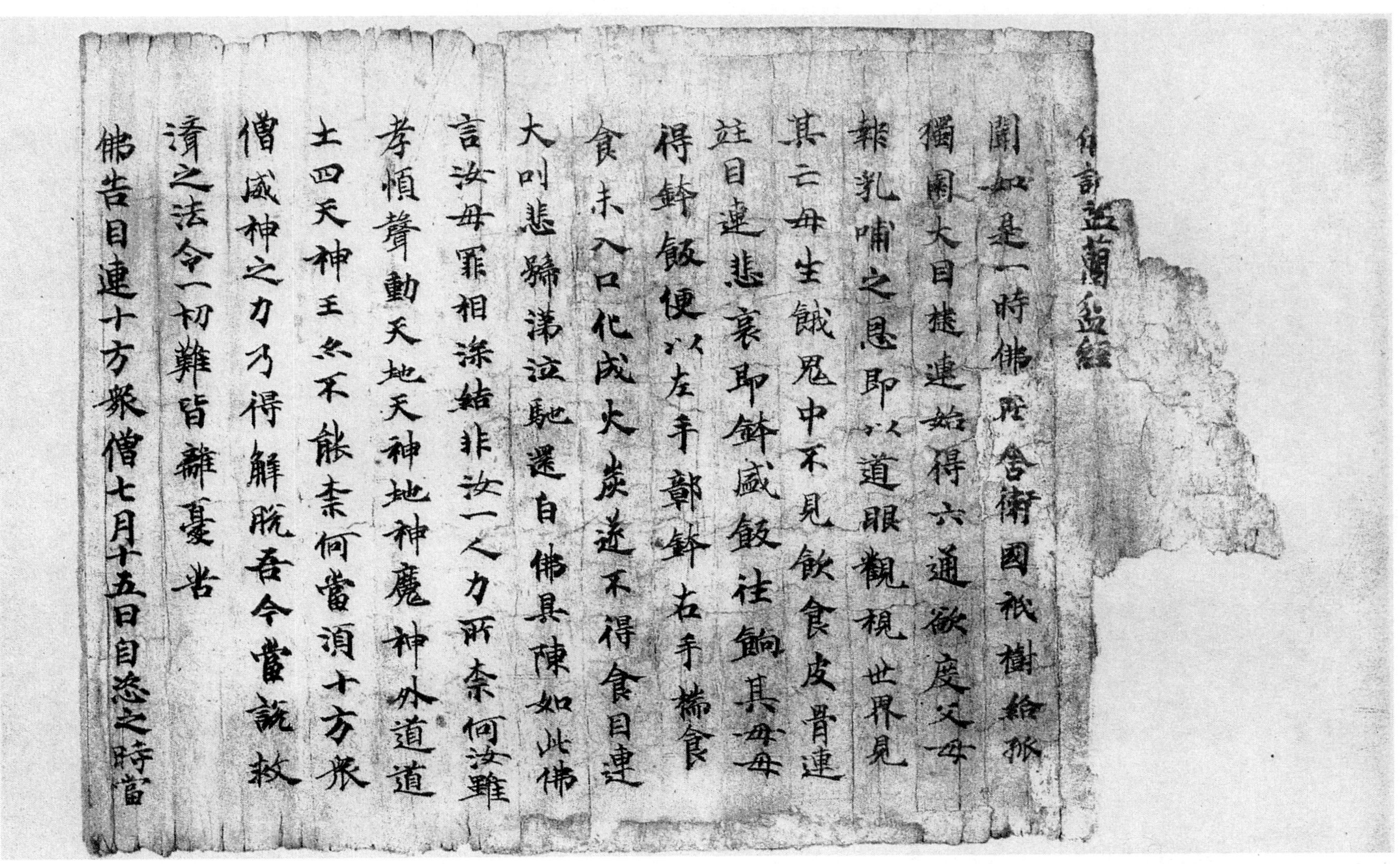
佛說盂蘭盆經
聞如是一時佛在舍衛國祇樹給孤
獨園大目揵連始得六通欲度父母
報乳哺之恩即以道眼觀視世界見
其亡母生餓鬼中不見飲食皮骨連
拄目連悲哀即鉢盛飯往餉其母母
得鉢飯便以左手鄣鉢右手摶食
食未入口化成火炭遂不得食目連
大叫悲號涕泣馳還白佛具陳如此佛
言汝母罪根深結非汝一人力所柰何汝雖
孝順聲動天地天神地神魔神外道道
士四天神王亦不能柰何當須十方衆
僧威神之力乃得解脫吾今當說救
濟之法令一切難皆離憂苦
佛告目連十方衆僧七月十五日自恣之時當

BD08075 號　盂蘭盆經　　（1–1）

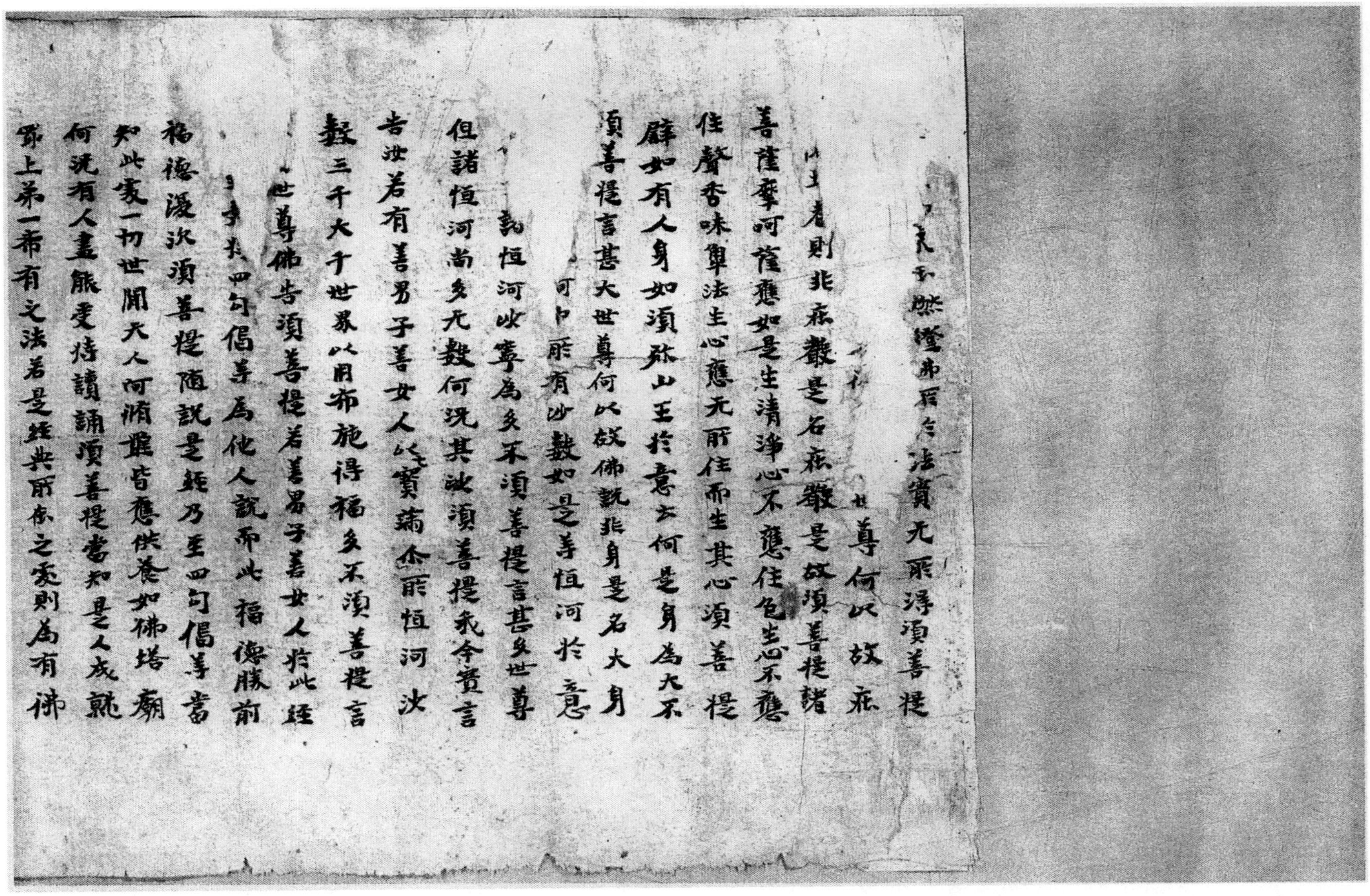

來在然燈佛所於法實無所得須菩提
不也世尊何以故莊
嚴佛土者則非莊嚴是名莊嚴是故須菩提諸
菩薩摩訶薩應如是生清淨心不應住色生心不應
住聲香味觸法生心應無所住而生其心須菩提
譬如有人身如須彌山王於意云何是身為大不
須菩提言甚大世尊何以故佛說非身是名大身
河中所有沙數如是等恒河於意
諸恒河沙寧為多不須菩提言甚多世尊
但諸恒河尚多無數何況其沙須菩提我今實言
告汝若有善男子善女人以七寶滿爾所恒河沙
數三千大千世界以用布施得福多不須菩提言
世尊佛告須菩提若善男子善女人於此經
受持四句偈等為他人說而此福德勝前
福德復次須菩提隨說是經乃至四句偈等當
知此處一切世間天人阿修羅皆應供養如佛塔廟
何況有人盡能受持讀誦須菩提當知是人成就
最上第一希有之法若是經典所在之處則為有佛

BD08076 號　金剛般若波羅蜜經　　（10–1）

[illegible]四句偈等為他人說而此福德勝前
福德復次須菩提隨說是經乃至四句偈等當
知此處一切世間天人阿脩羅皆應供養如佛塔廟
何況有人盡能受持讀誦須菩提當知是人成就
最上弟一希有之法若是經典所在之處則為有佛
若尊重弟子尒時須菩提白佛言世尊當何名此經
我等云何奉持佛告須菩提是經名為金剛般若
波羅蜜以是名字汝當奉持所以者何須菩提佛說
般若波羅蜜則非般若波羅蜜須菩提於意云何如來
有所說法不須菩提白佛言世尊如來无所說須
於意云何三千大千世界所有微塵是為多不須
菩提言甚多世尊須菩提諸微塵如來說非微塵是名
微塵如來說世界是名世界須菩提於意云何可以
卅二相見如來不不也世尊何以故如來說卅二相即
是非相是名卅二相須菩提若有善男子善女人以恒
沙等身命布施若復有人於此經中乃至受持四句偈
他人說其福甚多尒時須菩提聞說是經深
解義趣涕淚悲泣而白佛言希有世尊佛說如是
甚深經典我從昔來所得慧眼未曾得聞如是之經
世尊若復有人得聞是經信心清淨則生實相當知是
人成就弟一希有功德世尊是實相者是為非相是故如
名實相世尊我得如是經典信解受持不足為
難若當來世後五百歲其有眾生得聞是經信解
受持是人則為弟一希有何以故此人无我相人
相眾生相壽者相所以者何我相即是非相人相
[illegible]

名實相世尊我得如是經典信解受持不足為
難若當來世後五百歲其有眾生得聞是經信解
受持是人則為弟一希有何以故此人无我相人
相眾生相壽者相所以者何我相即是非相人相
眾生相壽者相即是非相何以故離一切諸相則
名諸佛佛告須菩提如是如是若復有人得聞
不驚不怖不畏當知是人甚為希有何以故
須菩提如來說弟一波羅蜜非弟一波羅蜜是名弟
一波羅蜜須菩提忍辱波羅蜜如來說非忍辱波羅
蜜何以故須菩提如我昔為歌利王割截身體我
於尒時无我相无人相无眾生相无壽者相何以故我於往
節節支解時若有我相人相眾生相壽者相應生
瞋恨須菩提又念過去於五百世作忍辱仙人於尒
所世无我相无人相无眾生相无壽者相是故須菩
提菩薩應離一切相發阿耨多羅三藐三菩提心
不應住色生心不應住聲香味觸法生心應生无所
住若心有住則為非住是故佛說菩薩心不住色布
施須菩提菩薩為利益眾生應如是布施如
來說一切諸相即是非相又說一切眾生則非眾生須
菩提如來是真語者實語者如語者不誑語者不異語
者須菩提如來所得法此法无實无虛須菩提若
菩薩心住於法而行布施如人入闇則无所見若菩薩
心不住法而行布施如人有目光明照見種種色須菩
提當來之世若有善男子善女人能於此經受持讀
誦則為如來以佛智慧悉知是人悉見是人皆得成
就无量无邊功德須菩提若有善男子善女人初日分以

善薩心住於法而行布施如人
心不住法而行布施如人有目光明照見種種色須善
提當來之世若有善男子善女人能於此經受持讀
誦則為如來以佛智慧悉知是人悉見是人皆得成
就无量无邊功德須善提若有善男子善女人初日分以
恒河沙等身布施中日分復以恒河沙等身布施後日
分亦以恒河沙等身布施如是无量百千万億劫以身
布施若復有人聞此經典信心不逆其福勝彼何況
書寫受持讀誦為人解說須善提以要言之是經
有不可思議不可稱量无邊功德如來為發大乘者
說為發最上乘者說若有人能受持讀誦廣為人說
如來悉知是人悉見是人皆成就不可思量不可稱
无有邊不可思議功德如是人等則為荷擔如來阿
耨多羅三藐三善提何以故須善提若樂說法者著我
見人衆生見壽者見則於此經不能聽受讀誦為人
解說須善提在在處處若有此經一切世間天人阿脩
羅所應供養當知此處則為是塔皆應恭敬作禮圍
遶以諸華香而散其處復次須善提善男子善女人
受持讀誦此經若為人輕賤是人先世罪業應墮惡
道以今世人輕賤故先世罪業則為消滅當得阿耨多羅
三藐三善提須善提我念過去无量阿僧祇劫於燃燈
佛前得值八百四千万億那由他諸佛悉皆供養承事
无空過者若復有人於後末世能受持讀誦此經所得
功德於我所供養諸佛功悳於彼百分不及一千万億分
乃至筭數譬喻所不能及須善提善男子善女人
於後末世有受持讀誦此經所得功德我若具說者

无空過者若復有人於後末世能受持讀誦此經所得
功德於我所供養諸佛功悳於彼百分不及一千万億分
乃至筭數譬喻所不能及須善提善男子善女人
於後末世有受持讀誦此經所得功德我若具說者
或有人聞心則狂亂狐疑不信須善提當知此經義
不可思議果報亦不可思議須善提白佛言世尊善
男子善女人發阿耨多羅三藐三善提心云何應住
云何降伏其心佛告須善提善男子善女人發阿
耨多羅三藐三善提者當生如是心我應滅度一切衆
生滅度一切衆生已而无有一衆生實滅度者何以故若
善薩有我相人相衆生相壽者相則非善薩所以者何
須善提實无有法發阿耨多羅三藐三善提者須善
提於意云何如來於燃燈佛所有法得阿耨多羅三藐
三善提不不也世尊如我解佛所說義者佛於燃燈佛所
无有法得阿耨多羅三藐三善提佛言如是如是須善
提實无有法如來得阿耨多羅三藐三善提須
善提若有法如來得阿耨多羅三藐三善提燃燈
佛則不與我受記汝於來世當得作佛号釋迦牟
尼以實无有法得阿耨多羅三藐三善提是故燃
燈佛與我受記作是言汝於來世當得作佛号
釋迦牟尼何以故如來者即諸法如義若有人言
如來得阿耨多羅三藐三善提須善提實无有法
佛得阿耨多羅三藐三善提須善提如來所得阿耨多羅
三藐三善提於是中无實无虛是故如來說一切法
皆是佛法須善提所言一切法者即非一切法是故
名一切法須善提譬如人身長大須善提言世尊

如來得阿耨多羅三藐三菩
佛得阿耨多羅三藐三菩提如來所得阿耨多羅
三藐三菩提於是中无實无虛是故如來說一切法
皆是佛法須菩提所言一切法者即非一切法是故
名一切法須菩提譬如人身長大須菩提言世尊
如來說人身長大則為非大身是名大身須菩
提菩薩亦如是若作是言我當滅度无量衆生
則不名菩薩何以故須菩提无有法名為菩薩
是故佛說一切法无我无人无衆生无壽者須菩
提若菩薩作是言我當莊嚴佛土是不名菩
薩何以故如來說莊嚴佛土者即非莊嚴是名莊
嚴須菩提若菩薩通達无我法者如來說名真是
菩薩須菩提於意云何如來有肉眼不如是世尊
如來有肉眼須菩提於意云何如來有天眼不如
是世尊如來有天眼須菩提於意云何如來有慧眼
不如是世尊如來有慧眼須菩提於意云何如來有
法眼不如是世尊如來有法眼須菩提於意云何如來
有佛眼不如是世尊如來有佛眼須菩提於意云何
恒河中所有沙佛說是沙不如是世尊如來說是沙須
菩提於意云何如一恒河中所有沙有如是等恒河
是諸恒河所有沙數佛世界如是寧為多不甚多世尊
佛告須菩提尒所國土中所有衆生若干種心如來
悉知何以故如來說諸心皆為非心是名為心所以者
何須菩提過去心不可得現在心不可得未來心
不可得須菩提於意云何若有人滿三千大千世界
七寶以用布施是人以是因緣得福多不如是世尊

BD08076號　金剛般若波羅蜜經　（10–6）

佛告須菩提尒所國土中所有衆生若干種心如來
悉知何以故如來說諸心皆為非心是名為心所以者
何須菩提過去心不可得現在心不可得未來心
不可得須菩提於意云何若有人滿三千大千世界
七寶以用布施是人以是因緣得福多不如是世尊
此人以是因緣得福甚多須菩提若福德有實如來
不說得福德多以福德无故如來說得福德多須菩
提於意云何佛可以色具足色身見不不也世尊
如來不應以色身見何以故如來說具足色身即
非具足色身是名具足色身須菩提於意云
何如來可以具足諸相見不不也世尊如來不應以
具足相見何以故如來說諸相具足即非具足是名諸相
具足須菩提汝勿謂如來作是念我當有所說法
莫作是念何以故若人言如來有所說法即為謗佛
不能解我所說故須菩提說法者无法可說是名說
法須菩提白佛言世尊佛得阿耨多羅三藐三菩提為
无所得耶如是如是須菩提我於阿耨多羅三
藐三菩提乃至无有少法可得是名阿耨多羅三
藐三菩提復次須菩提是法平等无有高下是
名阿耨多羅三藐三菩提以无我无人无衆生无壽
者脩一切善法則得阿耨多羅三藐三菩提須菩提所言
善法者如來說非法是名善法須菩提若三千大千
世界所有諸須弥山王如是等七寶聚有人持用
布施若人以此般若波羅蜜經乃至四句偈等
受持為他人說於前福德百分不及一百千万億

BD08076號　金剛般若波羅蜜經　（10–7）

世界所有諸須弥山王如是等七寶聚有人持用
布施若人以此般若波羅蜜經乃至四句偈等
受持為他人說於前福德百分不及一百千万億
分乃至筭數譬喻所不能及須菩提於意云何
汝等勿謂如來作是念我當度衆生須菩提
莫作是念何以故實無有衆生如來度者若有
衆生如來度者如來則有我人衆生壽者須
菩提如來說有我者則非有我而凡夫之人以為
有我須菩提凡夫者如來說非凡夫須菩提於意
云何可以卅二相觀如來不須菩提言如是如是可
以卅二相觀如來佛言須菩提若以卅二相觀如來
者轉輪聖王則是如來須菩提白佛言世尊如我解
佛所說義不應以卅二相觀如來尒時世尊而說偈言
若以色見我　以音聲求我　是人行邪道　不能見如來
須菩提若汝作是念如來不以具足相故得阿耨多羅
三藐三菩提須菩提莫作是念如來不以具足相故
得阿耨多羅三藐三菩提須菩提汝若作是念發阿
耨多羅三藐三菩提者說諸法斷滅相莫作是念何
以故發阿耨多羅三藐三菩提者於法不說斷
滅相須菩提若菩薩以滿恒河沙世界七寶布施若
復有人知一切法無我得成於忍此菩薩勝前菩薩
所得功德須菩提以諸菩薩不受福德故須菩提白
佛言世尊云何菩薩不受福德須菩提菩薩所作
福德不應貪著是故說不受福德須菩提若有人言
如來若來若去若坐若臥是人不解我所說義何以故

BD08076 號　金剛般若波羅蜜經　（10–8）

所得功德須菩提以諸菩薩不受福德故須菩提白
佛言世尊云何菩薩不受福德須菩提菩薩所作
福德不應貪著是故說不受福德須菩提若有人言
如來若來若去若坐若臥是人不解我所說義何以故
如來者無所從來亦無所去故名如來須菩提善男
子善女人以三千大千世界碎為微塵於意云何是微
塵衆寧為多不甚多世尊何以故若是微塵衆
實有者佛則不說是微塵衆所以者何佛說微塵
衆則非微塵衆是名微塵衆世尊如來所說三千
大千世界則非世界是名世界何以故若世界實有則一
合相如來說一合相則非一合相是名一合相須菩
提一合相者則是不可說但凡夫之人貪著其事須
菩提若人言佛說我見人見衆生見壽者見須菩
提於意云何是人解我所說義不世尊是人不解如來
所說義何以故世尊說我見人見衆生見壽者見
即非我見人見衆生見壽者見是名我見人見衆生見
壽者見須菩提發阿耨多羅三藐三菩提心者於
一切法應如是見如是信解不生法相須菩提所言
法相者如來說即非法相是名法相須菩提若有
人以滿無量阿僧祇世界七寶持布施若有善男
子善女人發菩提心者持於此經乃至四句偈等受
持讀誦為人演說其福勝彼云何為人演說不
取於相如如不動何以故
一切有為法　如夢幻泡影　如露亦如電　應作如是觀
佛說是經已長老須菩提及諸比丘比丘尼優婆塞優
婆夷一切世間天人阿脩羅聞佛所說皆大歡喜信

BD08076 號　金剛般若波羅蜜經　（10–9）

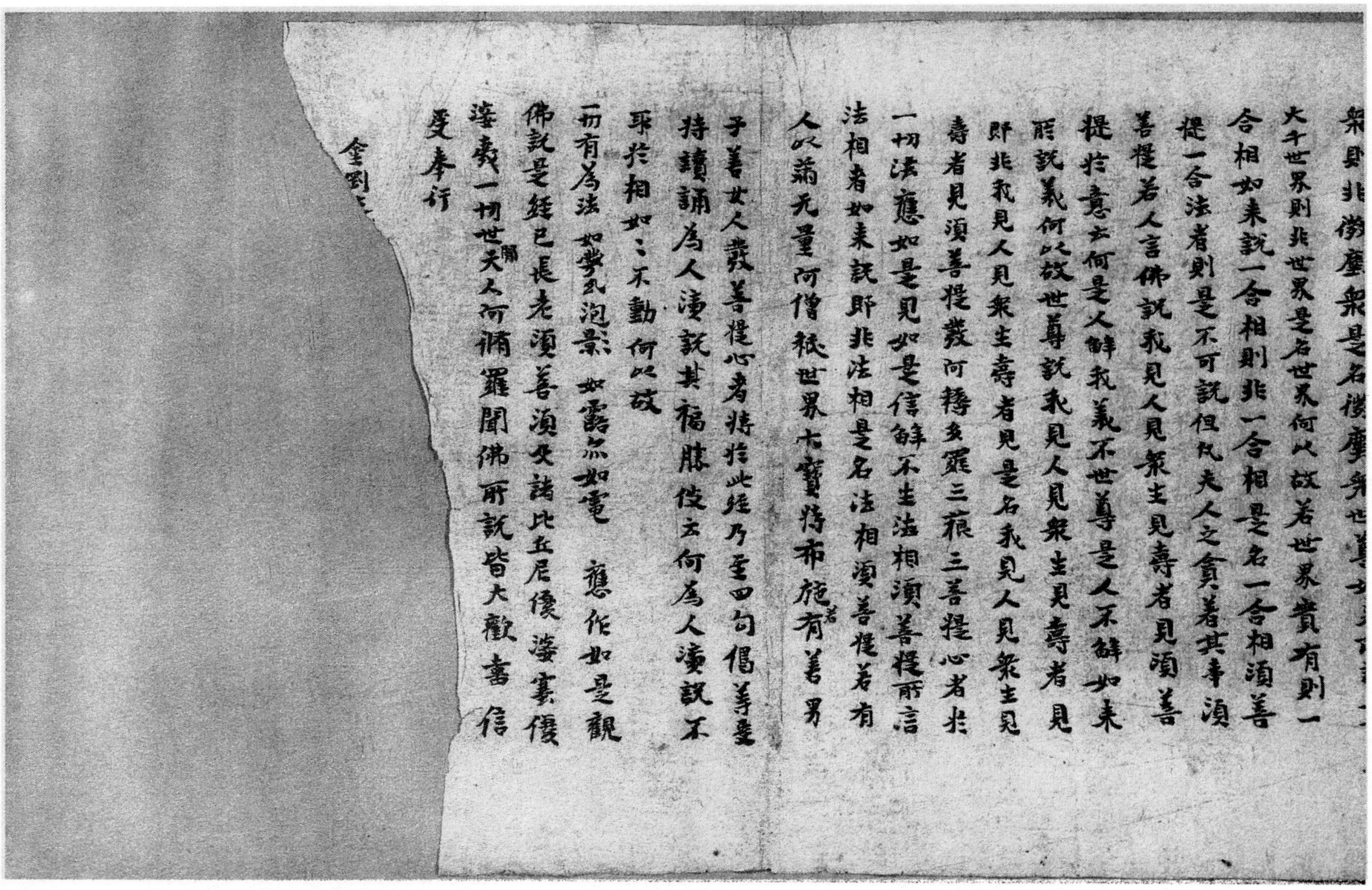

衆則非微塵衆是名微塵衆世尊如來所說三
大千世界則非世界是名世界何以故若世界實有則一
合相如來說一合相則非一合相是名一合相須菩
提一合法者則是不可說但凡夫人之貪著其事須
菩提若人言佛說我見人見衆生見壽者見須菩
提於意云何是人解我義不世尊是人不解如來
所說義何以故世尊說我見人見衆生見壽者見
即非我見人見衆生壽者見是名我見人見衆生見
壽者見須菩提發阿耨多羅三藐三菩提心者於
一切法應如是見如是信解不生法相須菩提所言
法相者如來說即非法相是名法相須菩提若有
人以滿无量阿僧祇世界七寶持布施若有善男
子善女人發菩提心者持於此經乃至四句偈等受
持讀誦為人演說其福勝彼云何為人演說不
取於相如如不動何以故
一切有為法 如夢幻泡影 如露亦如電 應作如是觀
佛說是經已長老須菩提及諸比丘尼優婆塞優
婆夷一切世間天人阿脩羅聞佛所說皆大歡喜信
受奉行
金剛

BD08076 號　金剛般若波羅蜜經　（10–10）

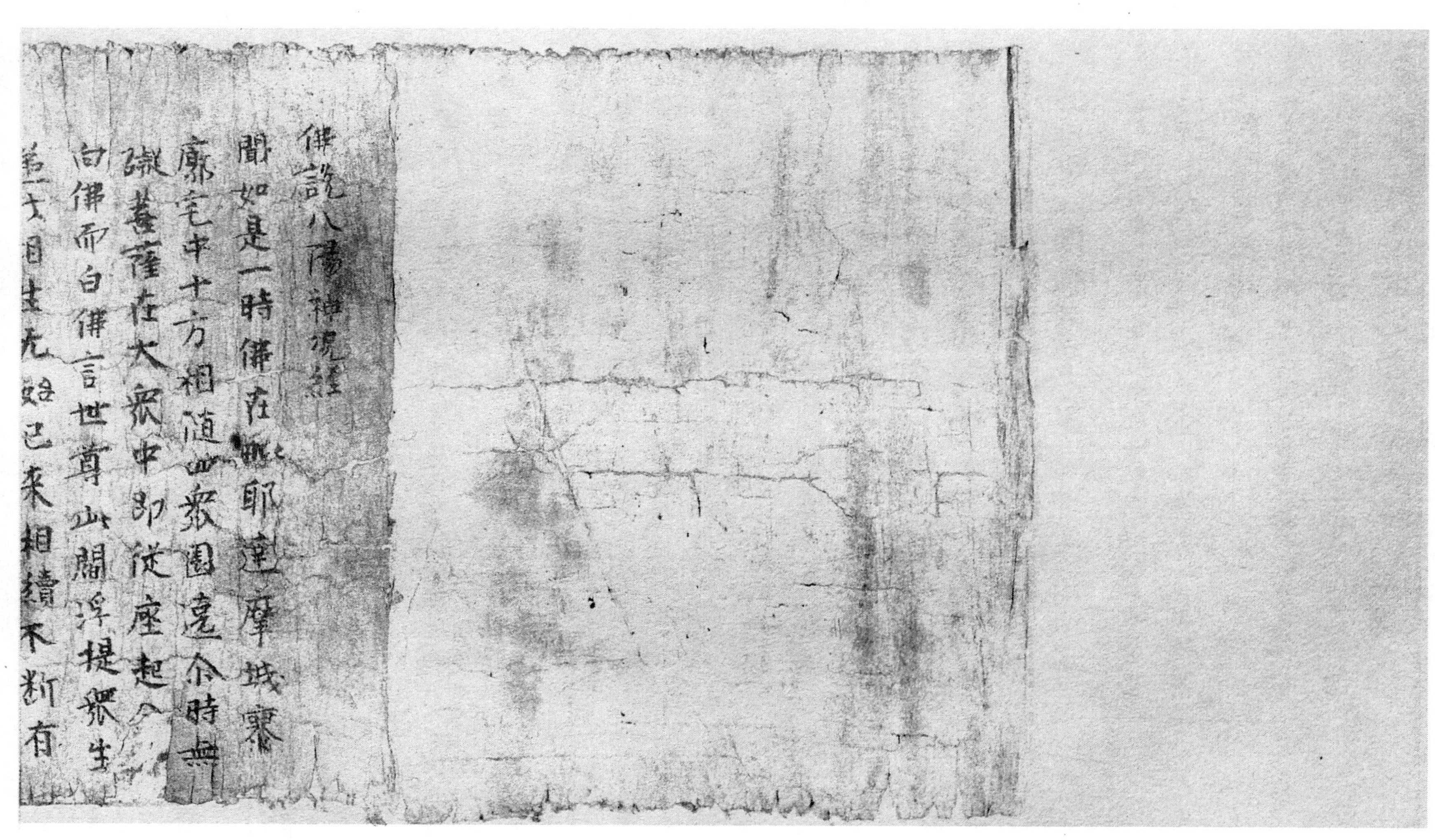
佛說八陽神呪經
聞如是一時佛在毗耶達摩城寬
廓宅中十方相隨四衆圍遶尒時無
礙菩薩在大衆中即從座起合
白佛而白佛言世尊此閻浮提衆生
遞相生无始已來相續不斷有

BD08077 號　天地八陽神咒經　（3–1）

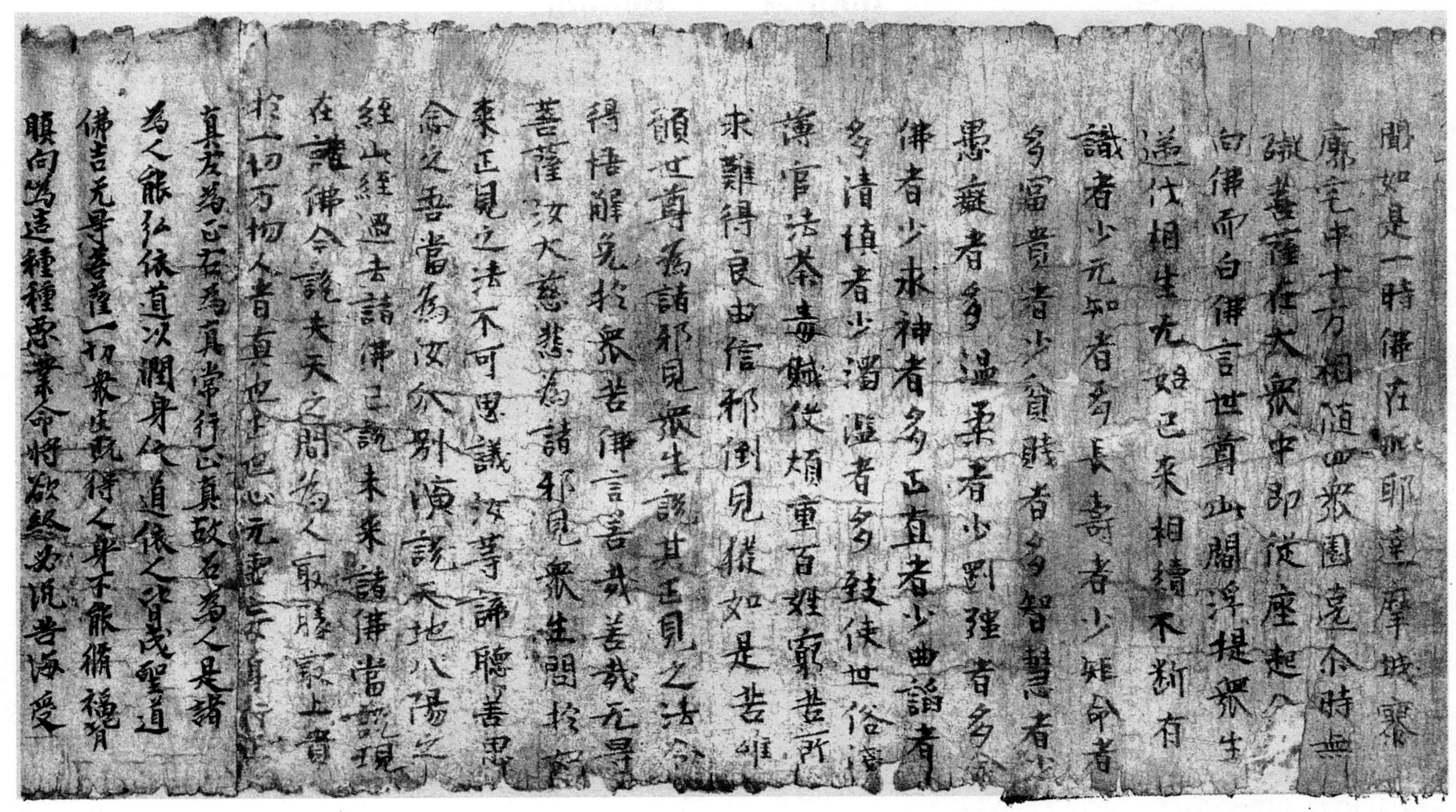

聞如是一時佛在毗耶達摩城寥
廓宅中十方相隨四衆圍遶尒時無
礙菩薩在大衆中即從座起合
掌白佛而白佛言世尊此閻浮提衆生
遞代相生无始已來相續不斷有
識者少无知者多長壽者少短命者
多富貴者少貧賤者多智慧者少
愚癡者多温柔者少剛強者多
信佛者少求神者多正直者少曲謟者
多清慎者少濁濫者多鼓侏世俗濁
漢官法荼毒賦役煩重百姓窮苦所
求難得良由信邪倒見獲如是苦唯
願世尊爲諸邪見衆生說其正見之法令
得悟解免於衆苦佛言善哉善哉无㝵
菩薩汝大慈悲爲諸邪見衆生問於如
來正見之法不可思議汝等諦聽善思
念之吾當爲汝分別演說天地八陽之
經此經過去諸佛已說未來諸佛當說現
在諸佛今說夫天之間爲人最勝最上貴
於一切万物人者真也正也心无虛妄身行
真正左丿爲正右乀爲真常行正真故名爲人是諸
爲人能弘依道以潤身依道依人皆成聖道
佛告无㝵菩薩一切衆生既得人身不能修福背
眞向僞造種種惡業命將欲終必沉苦海受

BD08077號　天地八陽神咒經　（3–2）

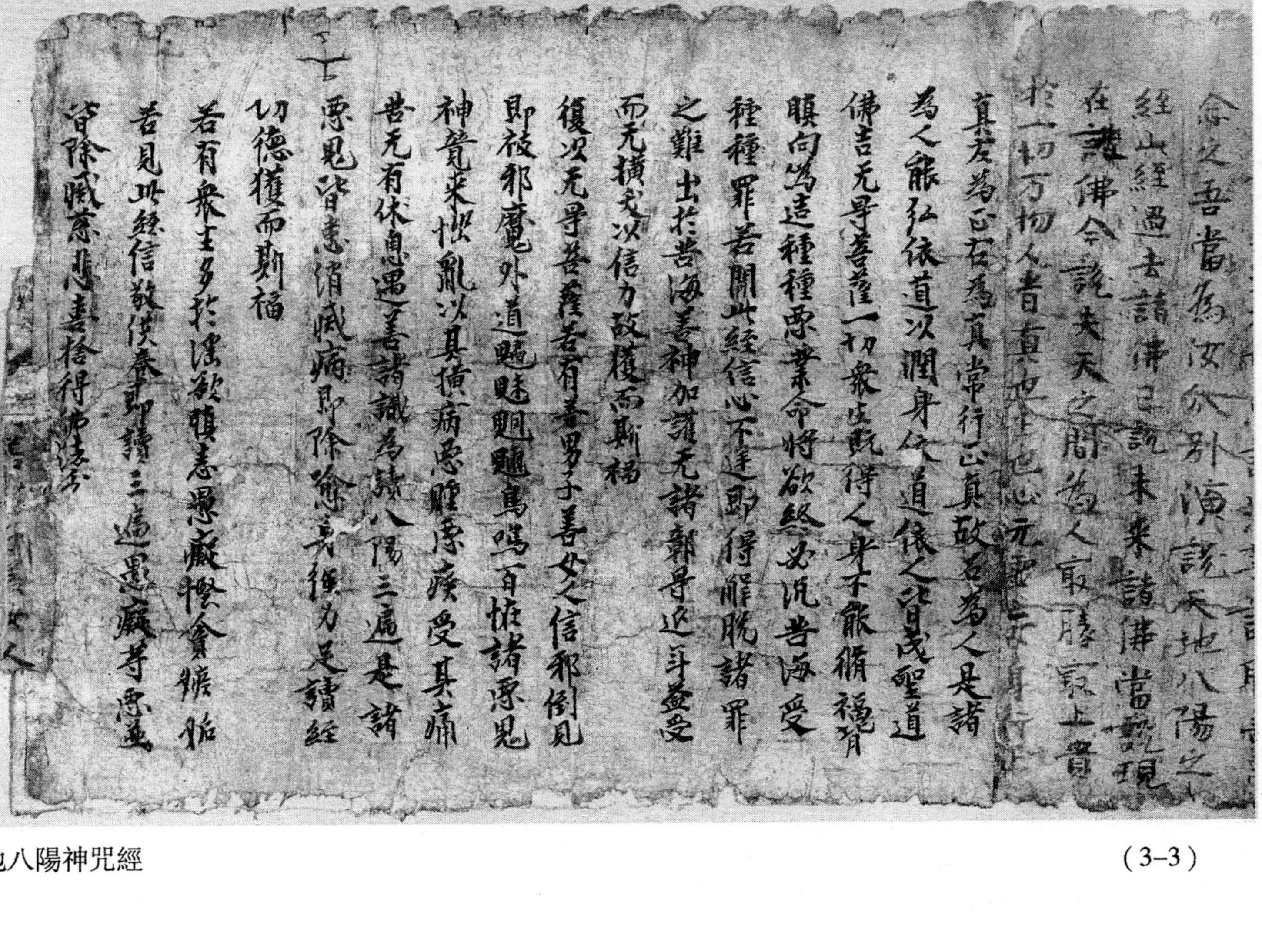

念之吾當爲汝分別演說天地八陽之
經此經過去諸佛已說未來諸佛當說現
在諸佛今說夫天之間爲人最勝最上貴
於一切万物人者真也正也心无虛妄身行
真正左丿爲正右乀爲真常行正真故名爲人是諸
爲人能弘依道以潤身依道依人皆成聖道
佛告无㝵菩薩一切衆生既得人身不能修福背
眞向僞造種種惡業命將欲終必沉苦海受
種種罪若聞此經信心不逆即得解脫諸罪
之難出於苦海善神加護无諸鄣㝵延年益受
而无横夭以信力故獲如斯福
復次无㝵菩薩若有善男子善女人信邪倒見
即被邪魔外道魑魅魍魎鳥鳴百怪諸惡鬼
神競來惱亂以其横病惡腫厲疰受其痛
苦无有休息遇善知識爲讀八陽三遍是諸
惡鬼皆悉消滅病即除愈身強力足讀經
功德獲如斯福
若有衆生多於淫欲瞋恚愚癡慳貪嫉妒
若見此經信敬供養即讀三遍愚癡等惡並
皆除滅慈悲喜捨得佛法分

BD08077號　天地八陽神咒經　（3–3）

BD08077 號背　雜寫　　（1–1）

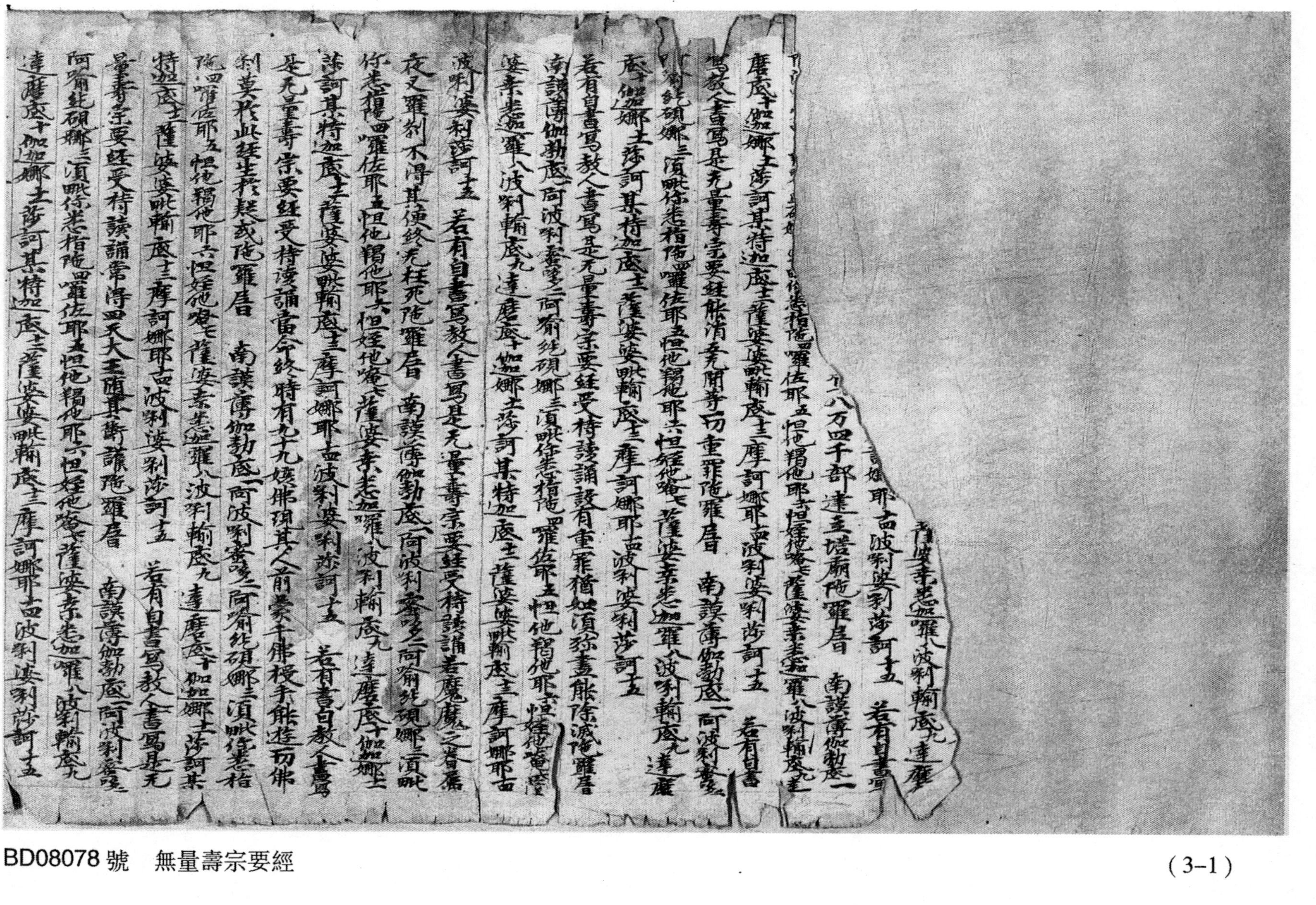

BD08078 號　無量壽宗要經　　（3–1）

是无量壽宗要經受持讀誦當命終時有九十九姟佛現其人前來千佛授手能遊一切佛
刹莫於此經生於疑惑陁羅尼　南謨薄伽勃底一阿波唎蜜哆二阿喻紇硯娜三須毗你悉指
陁四囉佐耶五怛他羯他耶六怛姪他唵七薩婆桑悉迦羅八波唎輸底九達磨底十伽迦娜十一莎訶莫
特迦底十二薩婆婆毗輸底十三摩訶娜耶十四波唎婆唎莎訶十五　若有自書寫教人書寫是无
量壽宗要經受持讀誦常得四天大王隨其衛護陁羅尼　南謨薄伽勃底一阿波唎蜜哆
二阿喻紇硯娜三須毗你悉指陁四囉佐耶五怛他羯他耶六怛姪他唵七薩婆桑悉迦囉八波唎輸底九
達磨底十伽迦娜十一莎訶莫特迦底十二薩婆婆毗輸底十三摩訶娜耶十四波唎婆唎莎訶十五
若有自書寫教人書寫是无量壽宗要經受持讀誦當得往生西方極樂世界阿彌陁淨土
陁羅尼　南謨薄伽勃底一阿波唎蜜哆二阿喻紇硯娜三須毗你悉指陁四囉佐耶五怛他羯他耶六
怛姪他唵七薩婆桑悉迦羅八波唎輸底九達磨底十伽迦娜十一莎訶莫特迦底十二薩婆婆毗輸底
十三摩訶娜耶十四波唎婆唎莎訶十五　若有方所自書寫使人書寫是无量壽經[illegible]之處則
為是塔皆應恭敬作禮若是畜生或為鳥獸得聞是經如是等類皆當不久得成一切
種智陁羅尼　南謨薄伽勃底一阿波唎蜜哆二阿喻紇硯娜三須毗你悉指陁四囉佐耶五怛他
羯他耶六怛姪他唵七薩婆桑悉迦羅八波唎輸底九達磨底十伽迦娜十一莎訶莫特迦底十二薩
婆婆毗輸底十三摩訶娜耶十四波唎婆唎莎訶十五　若有於是无量壽經自書寫若使人書
寫若使人書畢竟不受女人之身陁羅尼　南謨薄伽勃底一阿波唎蜜哆二阿喻紇硯娜三須
毗你悉指陁四囉佐耶五怛他羯他耶六怛姪他唵七薩婆桑悉迦羅八波唎輸底九達磨底十伽迦娜十一莎
訶莫特迦底十二薩婆婆毗輸底十三摩訶娜耶十四波唎婆唎莎訶十五　若有能於是經少分能
惠施者等於三千大千世界滿中七寶布施陁羅尼　南謨薄伽勃底一阿波唎蜜哆二
阿喻紇硯娜三須毗你悉指陁四囉佐耶五怛他羯他耶六怛姪他唵七薩婆桑悉迦囉八波唎輸底九達磨底十
伽迦娜十一莎訶莫特迦底十二薩婆婆毗輸底十三摩訶娜耶十四波唎婆唎莎訶十五
若有能供養是經者則是供養一切諸經等无有異陁羅尼　南謨薄伽勃底一阿波唎
蜜哆二阿喻紇硯娜三須毗你悉指陁四囉佐耶五怛他羯他耶六怛姪他唵七薩婆桑悉迦囉八
波唎輸底九達磨底十伽迦娜十一莎訶莫特迦底十二薩婆婆毗輸底十三摩訶娜耶十四波唎婆
唎莎訶十五　如是毗婆尸佛尸棄佛毗舍浮佛俱留孫佛俱那含牟尼佛迦葉佛釋迦牟尼佛
若有人以七寶供養如是七佛其福有限書寫受持是无量壽經典所有功德不可限量陁羅
尼　南謨薄伽勃底一阿波唎蜜哆二阿喻紇硯娜三須毗你悉指陁四囉佐耶五怛他羯他耶六怛姪
他唵七薩婆桑悉迦囉八波唎輸底九達磨底十伽迦娜十一莎訶莫特迦底十二薩婆婆毗輸底十三摩訶
娜耶十四波唎婆唎莎訶十五　若有七寶等於須彌以用布施其福上能知其限量是无量壽
經典其福不可知數陁羅尼　南謨薄伽勃底一阿波唎蜜哆二阿喻紇硯娜三須毗你悉指陁四

BD08078 號　無量壽宗要經　（3–2）

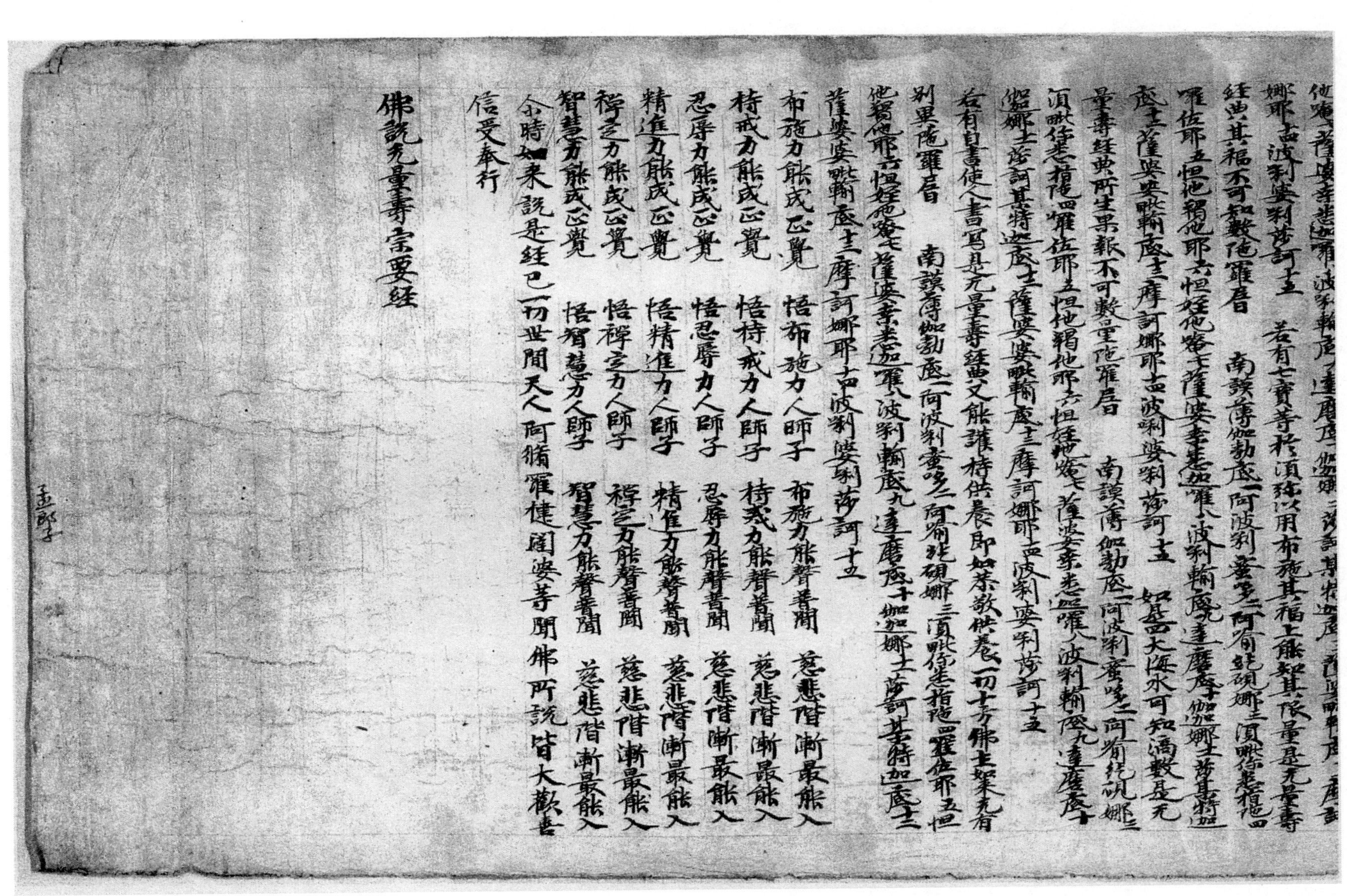
他唵七薩婆桑悉迦囉八波唎輸底九達磨底十伽迦娜十一莎訶莫特迦底十二薩婆婆毗輸底十三摩訶
娜耶十四波唎婆唎莎訶十五　若有七寶等於須彌以用布施其福上能知其限量是无量壽
經典其福不可知數陁羅尼　南謨薄伽勃底一阿波唎蜜哆二阿喻紇硯娜三須毗你悉指陁四
囉佐耶五怛他羯他耶六怛姪他唵七薩婆桑悉迦囉八波唎輸底九達磨底十伽迦娜十一莎訶莫特迦
底十二薩婆婆毗輸底十三摩訶娜耶十四波唎婆唎莎訶十五　如是四大海水可知滴數是无
量壽經典所生果報不可數量陁羅尼　南謨薄伽勃底一阿波唎蜜哆二阿喻紇硯娜三
須毗你悉指陁四囉佐耶五怛他羯他耶六怛姪他唵七薩婆桑悉迦囉八波唎輸底九達磨底十
伽迦娜十一莎訶莫特迦底十二薩婆婆毗輸底十三摩訶娜耶十四波唎婆唎莎訶十五
若有自書使人書寫是无量壽經典又能護持供養即如恭敬供養一切十方佛土如來无有
別異陁羅尼　南謨薄伽勃底一阿波唎蜜哆二阿喻紇硯娜三須毗你悉指陁四囉佐耶五怛
他羯他耶六怛姪他唵七薩婆桑悉迦囉八波唎輸底九達磨底十伽迦娜十一莎訶莫特迦底十二
薩婆婆毗輸底十三摩訶娜耶十四波唎婆唎莎訶十五
布施力能成正覺　悟布施力人師子　布施力能聲普聞　慈悲階漸最能入
持戒力能成正覺　悟持戒力人師子　持戒力能聲普聞　慈悲階漸最能入
忍辱力能成正覺　悟忍辱力人師子　忍辱力能聲普聞　慈悲階漸最能入
精進力能成正覺　悟精進力人師子　精進力能聲普聞　慈悲階漸最能入
禪定力能成正覺　悟禪定力人師子　禪定力能聲普聞　慈悲階漸最能入
智慧力能成正覺　悟智慧力人師子　智慧力能聲普聞　慈悲階漸最能入
尒時如來說是經已一切世間天人阿脩羅揵闥婆等聞佛所說皆大歡喜
信受奉行

佛說无量壽宗要經

BD08078 號　無量壽宗要經　（3–3）

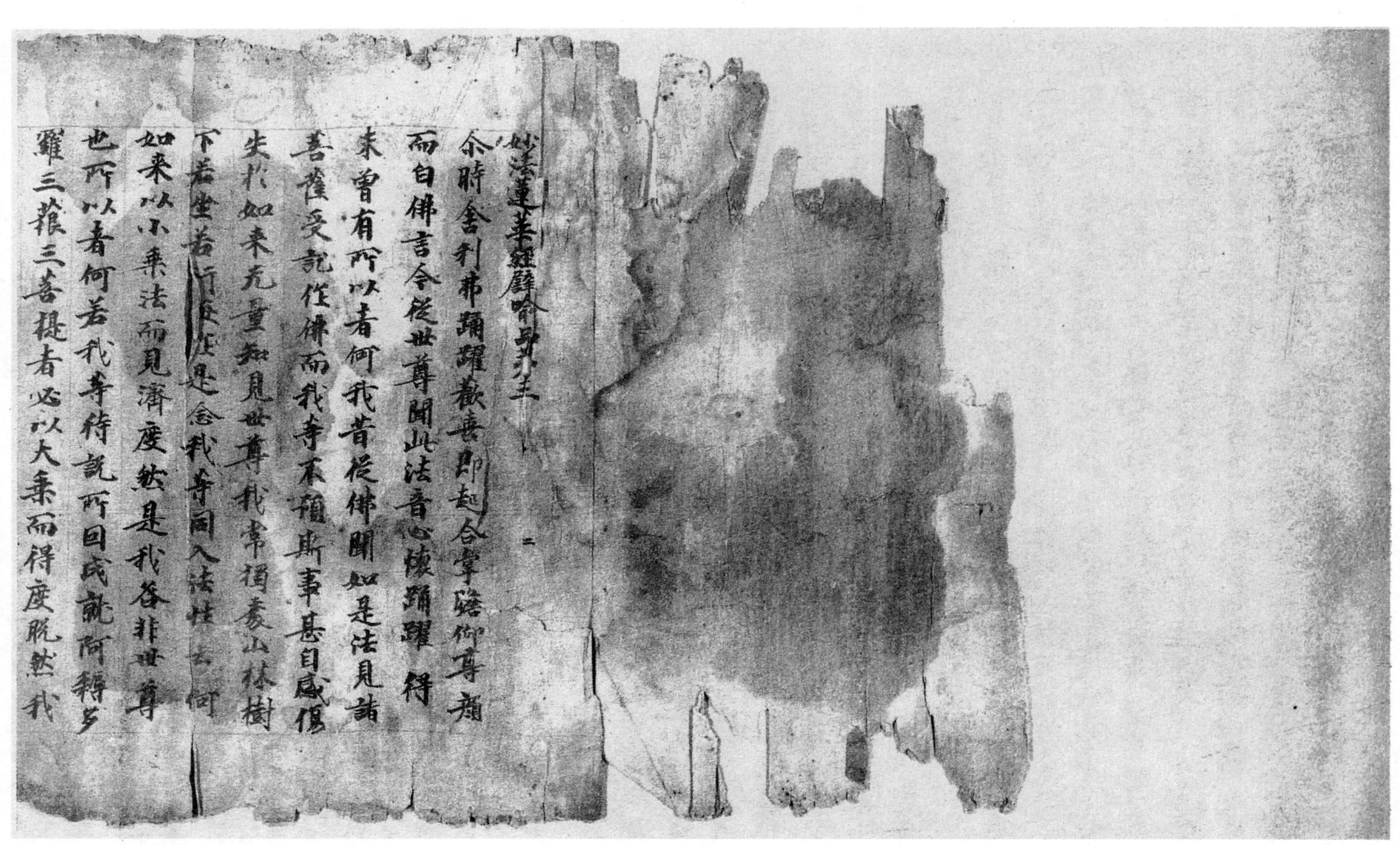

妙法蓮華經譬喻品第三

尒時舍利弗踊躍歡喜即起合掌瞻仰尊顔
而白佛言今從世尊聞此法音心懷踊躍得
未曾有所以者何我昔從佛聞如是法見諸
菩薩受記作佛而我等不預斯事甚自感傷
失於如來无量知見世尊我常獨處山林樹
下若坐若行每作是念我等同入法性云何
如來以小乘法而見濟度然是我等咎非世尊
也所以者何若我等待說所因成就阿耨多
羅三藐三菩提者必以大乘而得度脫然我

BD08079 號　妙法蓮華經卷二　（5-1）

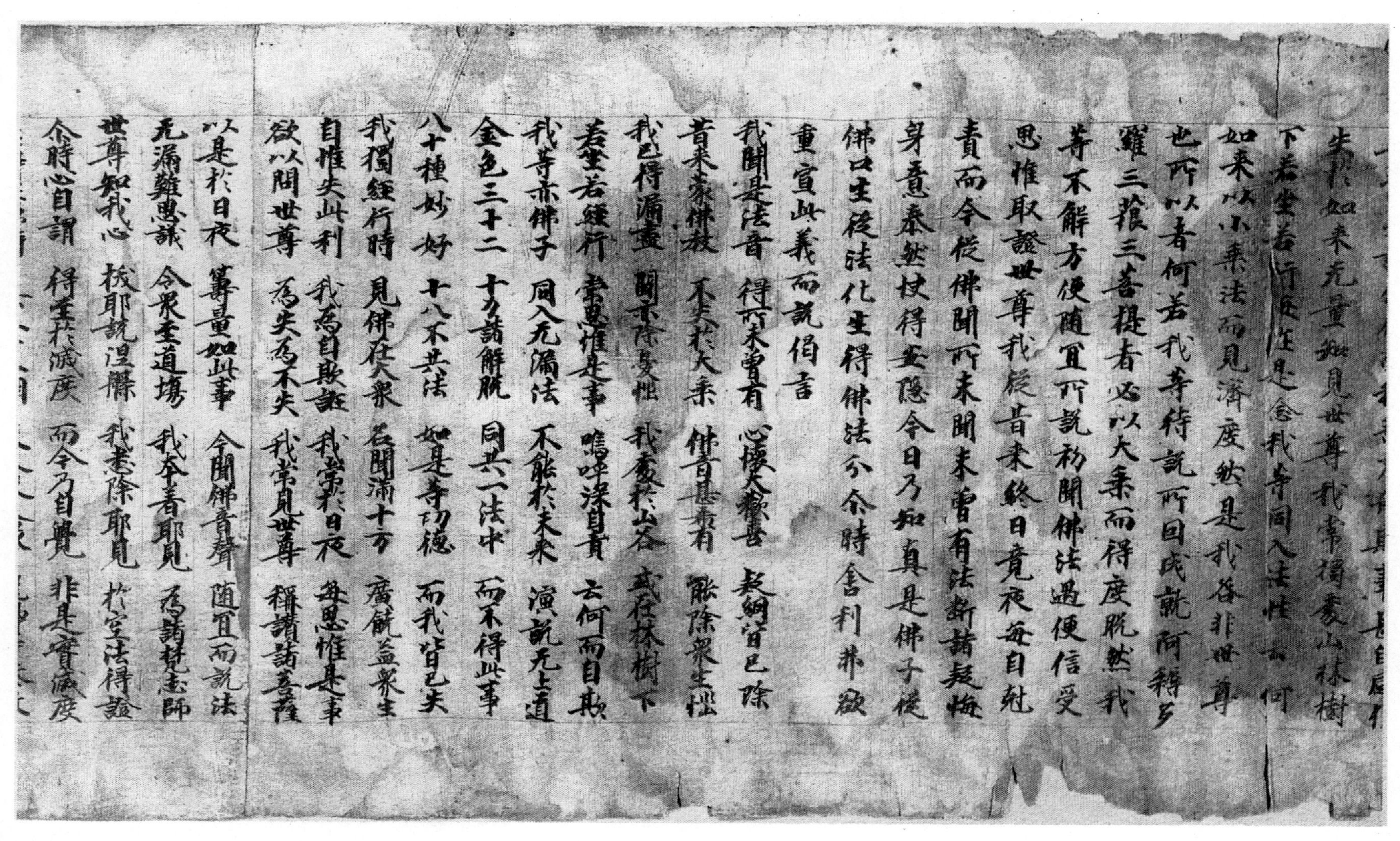

失於如來无量知見世尊我常獨處山林樹
下若坐若行每作是念我等同入法性云何
如來以小乘法而見濟度然是我等咎非世尊
也所以者何若我等待說所因成就阿耨多
羅三藐三菩提者必以大乘而得度脫然我
等不解方便隨宜所說初聞佛法遇便信受
思惟取證世尊我從昔來終日竟夜每自剋
責而今從佛聞所未聞未曾有法斷諸疑悔
身意泰然快得安隱今日乃知真是佛子從
佛口生從法化生得佛法分尒時舍利弗欲
重宣此義而說偈言

我聞是法音　得所未曾有　心懷大歡喜　疑網皆已除
昔來蒙佛教　不失於大乘　佛音甚希有　能除衆生惱
我已得漏盡　聞亦除憂惱　我處於山谷　或在林樹下
若坐若經行　常思惟是事　嗚呼深自責　云何而自欺
我等亦佛子　同入无漏法　不能於未來　演說无上道
金色三十二　十力諸解脫　同共一法中　而不得此事
八十種妙好　十八不共法　如是等功德　而我皆已失
我獨經行時　見佛在大衆　名聞滿十方　廣饒益衆生
自惟失此利　我為自欺誑　我常於日夜　每思惟是事
欲以問世尊　為失為不失　我常見世尊　稱讚諸菩薩
以是於日夜　籌量如此事　今聞佛音聲　隨宜而說法
无漏難思議　令衆至道場　我本著邪見　為諸梵志師
世尊知我心　拔邪說涅槃　我悉除邪見　於空法得證
尒時心自謂　得至於滅度　而今乃自覺　非是實滅度

BD08079 號　妙法蓮華經卷二　（5-2）

欲以問世尊 為失為不失 我常見世尊 稱讚諸菩薩
以是於日夜 籌量如此事 今聞佛音聲 隨宜而說法
无漏難思議 令衆至道場 我本著耶見 為諸梵志師
世尊知我心 拔耶說涅槃 我悉除耶見 於空法得證
尒時心自謂 得至於滅度 而今乃自覺 非是實滅度
若得作佛時 具三十二相 天人夜叉衆 龍神等恭敬
是時乃可謂 永盡滅无餘 佛於大衆中 說我當作佛
聞如是法音 疑悔悉已除 初聞佛所說 心中大驚疑
將非魔作佛 惱亂我心耶 佛以種種緣 譬喻巧言說
其心安如海 我聞疑網斷 佛說過去世 无量滅度佛
安住方便中 亦皆說是法 現在未來佛 其數无有量
亦以諸方便 演說如是法 如今者世尊 從生及出家
得道轉法輪 亦以方便說 世尊說實道 波旬无此事
以是我定知 非是魔作佛 我墮疑網故 謂是魔所為
聞佛柔軟音 深遠甚微妙 演暢清淨法 我心大歡喜
疑悔永已盡 安住實智中 我定當作佛 為天人所敬
轉无上法輪 教化諸菩薩
尒時佛告舍利弗 吾今於天人沙門婆羅門
等大衆中說 我昔曾於二万億佛所為无上
道故 常教化汝 汝亦長夜隨我受學 我以方
便引導汝故 生我法中 舍利弗 我昔教汝志
願佛道 汝今悉忘 而便自謂已得滅度 我今
還欲令汝憶念本願所行道故 為諸聲聞說
是大乘經 名妙法蓮華教菩薩法佛所護念
舍利弗 汝於未來世 過无量无邊不可思議劫
供養若干千万億佛 奉持正法 具足菩薩所

BD08079號　妙法蓮華經卷二　（5–3）

道故常教化汝 汝亦長夜隨我受學 我以方
便引導汝故 生我法中 舍利弗 我昔教汝志
願佛道 汝今悉忘 而便自謂已得滅度 我今
還欲令汝憶念本願所行道故 為諸聲聞說
是大乘經 名妙法蓮華教菩薩法佛所護念
舍利弗 汝於未來世 過无量无邊不可思議劫
供養若干千万億佛 奉持正法 具足菩薩所
行之道 當得作佛 号曰華光如來應供正
遍知明行足善逝世間解无上士調御丈夫
天人師佛世尊 國名離垢 其土平正 清淨嚴
飾 安隱豐樂 天人熾盛 琉璃為地 有八交道
黃金為繩 以界其側 其傍各有七寶行樹 常
有華菓 華光如來亦以三乘教化衆生 舍利
弗 彼佛出時 雖非惡世 以本願故 說三乘法
其劫名大寶莊嚴 何故名曰大寶莊嚴 其國
中以菩薩為大寶故 彼諸菩薩无量无邊 不
可思議 筭數譬喻所不能及 非佛智力无能
知者 若欲行時 寶華承足 此諸菩薩非初發
意 皆久殖德本 於无量百千万億佛所淨脩
梵行 恒為諸佛之所稱歎 常脩佛慧 具大神
通 善知一切諸法之門 質直无偽 志念堅固
如是菩薩充滿其國 舍利弗 華光佛壽十二
小劫 除為王子未作佛時 其國人民壽八小
劫 華光如來過十二小劫 授堅滿菩薩阿耨
多羅三藐三菩提記 告諸比丘 是堅滿菩薩
次當作佛 号曰華足安行多陁阿伽度阿羅

BD08079號　妙法蓮華經卷二　（5–4）

意皆久殖德本於无量百千万億佛所淨脩
梵行恒為諸佛之所稱歎常脩佛慧具大神
通善知一切諸法之門質直无偽志念堅固
如是菩薩充滿其國舍利弗華光佛壽十二
小劫除為王子未作佛時其國人民壽八小
劫華光如來過十二小劫授堅滿菩薩阿耨
多羅三藐三菩提記告諸比丘是堅滿菩薩
次當作佛号曰華足安行多陁阿伽度阿羅
訶三藐三佛陁其佛國土亦復如是舍利弗
是華光佛滅度之後正法住世三十二小劫
像法住世亦三十二小劫尒時世尊欲重宣此
義而說偈言
舍利弗來世　成佛普智尊　号名曰華光　當度无量眾
供養无數佛　具足菩薩行　十力等功德　證於无上道
過无量劫已　劫名大寶嚴　世界名離垢　清淨无瑕穢
以琉璃為地　金繩界其道　七寶雜色樹　常有華菓實
彼國諸菩薩　志念常堅固　神通波羅蜜　皆已悉具足
於无數佛所　善學菩薩道　如是等大士　華光佛所化
佛為王子時　棄國捨世榮　於最後身　出家成佛道
華光佛住世　壽十二小劫　其國人民眾　壽命八小劫

BD08079號　妙法蓮華經卷二　（5–5）

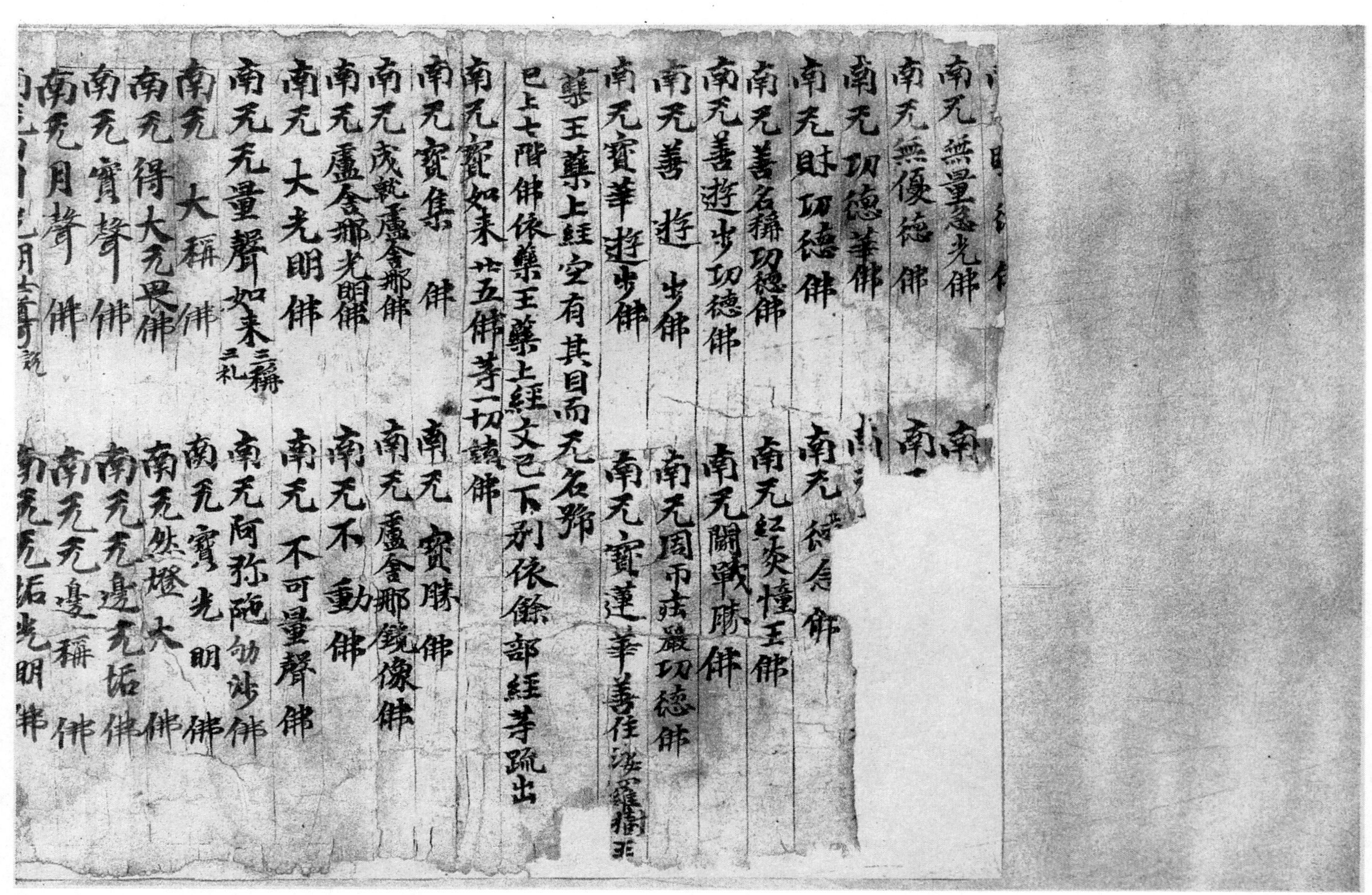

[illegible]佛
南无無量慈光佛　南[illegible]
南无無憂德佛　南[illegible]
南无功德華佛　南[illegible]
南无財功德佛　南无德念佛
南无善名稱功德佛　南无紅炎幢王佛
南无善遊步功德佛　南无鬪戰勝佛
南无善遊步佛　南无周帀莊嚴功德佛
南无寶華遊步佛　南无寶蓮華善住娑羅樹王
藥王藥上經空有其目而无名號
已上七階佛依藥王藥上經文已下別依餘部經等疏出
南无寶如來廿五佛等一切諸佛
南无寶集佛　南无寶勝佛
南无成就盧舍那佛　南无盧舍那鏡像佛
南无盧舍那光明佛　南无不動佛
南无大光明佛　南无不可量聲佛
南无无量聲如來 三稱三礼　南无阿弥陁劬沙佛
南无大稱佛　南无寶光明佛
南无得大无畏佛　南无然燈大佛
南无寶聲佛　南无无邊无垢佛
南无月聲佛　南无无邊稱佛
南[illegible]說　南无无垢光明佛

BD08080號　七階佛名經　（3–1）

南无大稱佛
南无得大无畏佛
南无寶聲佛
南无月聲佛
南无日月光明世尊 三說
南无清淨光明佛
南无无邊寶佛
南无妙身佛
南无寶光明佛
南无然燈大佛
南无无邊无垢佛
南无无邊稱佛
南无无垢光明佛
南无日光明佛
南无華勝佛
南无法光明清淨開敷蓮華
南无虛空功德清淨微塵等目端政功德相光明華波頭
摩瑠璃光寶體香最上香供養訖種種莊嚴頂髻无量无邊
日月光明願力莊嚴變化莊嚴法界出生无鄣礙王如來　若善男
子善女人犯四重五逆謗三寶及犯四波羅夷是人罪假使如閻浮提
地變為微塵一一微塵成於一劫是有人若干劫罪稱是一佛名号礼拜
者悉得滅除况復盡夜受持讀誦憶念不忘是人功德不可思議
南无豪相日月光明華寶蓮華堅如金剛身毗盧遮那无障礙
眼圓滿十方放光照一切佛剎相王如來
南无過現未來十方三世一切諸佛前歸命懺悔
如是等一切世界諸佛世尊常住在世是諸世尊當慈念我若我
此生若我前生從无始生死以來所作衆罪若自作若教他作
見作隨喜若塔若僧若四方僧物若自取若教他取見取隨
喜或作五逆无間重罪若自作若教他作見作隨喜十不善道
若自作若教他作見作隨喜所作罪障或有覆藏或不覆藏
應墮地獄餓鬼畜生諸餘惡趣邊地下賤及蔑車如是等處所
作罪鄣今皆懺悔
今諸佛世尊當證知我當憶念我 復於諸佛世尊前作是如言
若我此生若於餘生曾行布施或守淨戒乃至施與畜生
一摶之食或修淨行所有善根成就衆生所有善根修行
菩提所有善根求無上智所有善根一切合集校計籌量
皆悉迴向我阿耨多羅三藐三菩提如過去未來現在諸佛

BD08080 號　七階佛名經　（3–2）

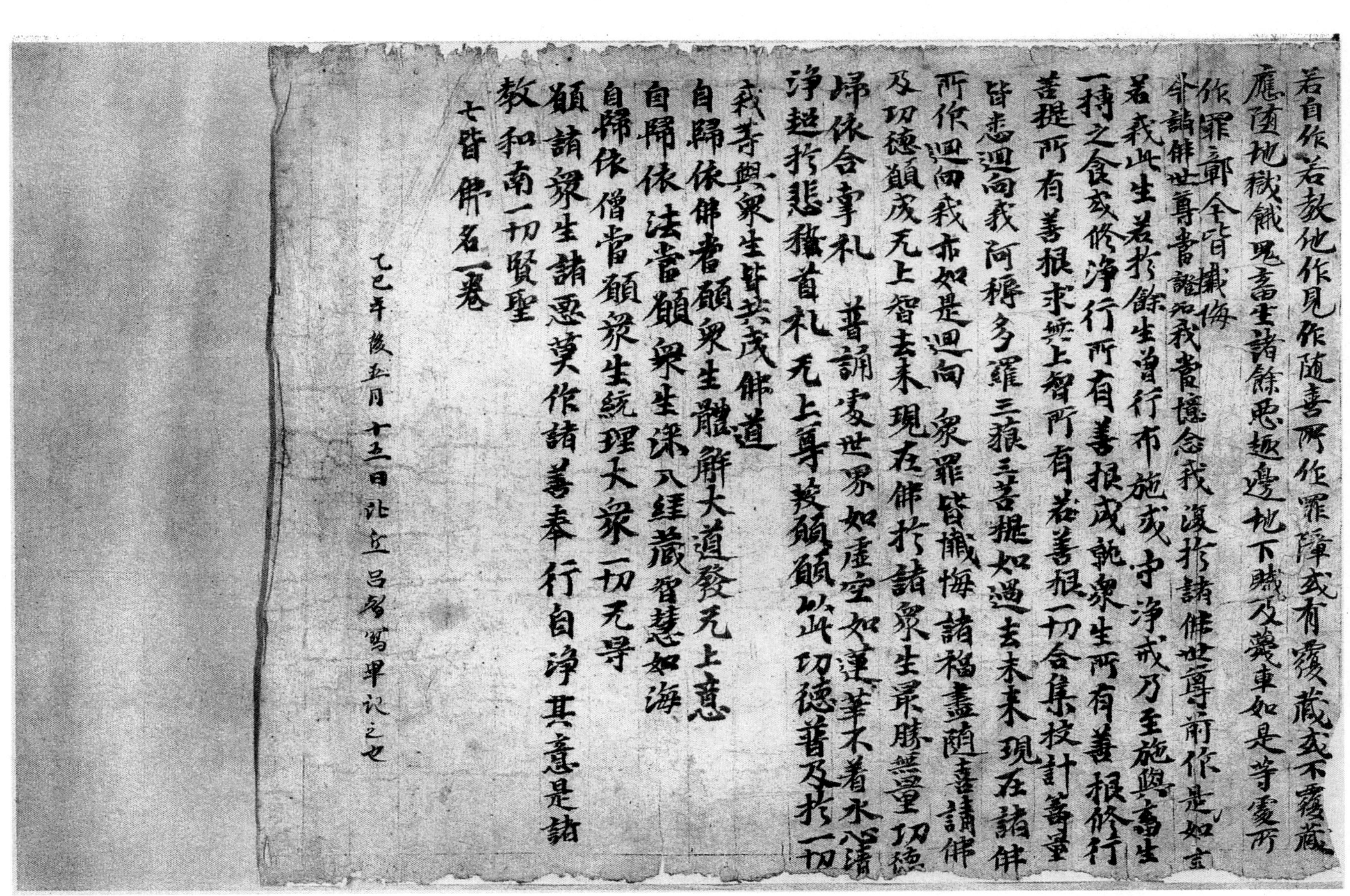
若自作若教他作見作隨喜所作罪障或有覆藏或不覆藏
應墮地獄餓鬼畜生諸餘惡趣邊地下賤及蔑車如是等處所
作罪鄣今皆懺悔
今諸佛世尊當證知我當憶念我 復於諸佛世尊前作是如言
若我此生若於餘生曾行布施或守淨戒乃至施與畜生
一摶之食或修淨行所有善根成就衆生所有善根修行
菩提所有善根求無上智所有善根一切合集校計籌量
皆悉迴向我阿耨多羅三藐三菩提如過去未來現在諸佛
所作迴向我亦如是迴向　衆罪皆懺悔諸福盡隨喜請佛
及功德願成无上智去未現在佛於諸衆生眾勝無量功德
歸依合掌礼　普誦處世界如虛空如蓮華不着水心清
淨超於彼　稽首礼无上尊　我願願此功德普及於一切
我等與衆生皆共成佛道
自歸依佛當願衆生體解大道發无上意
自歸依法當願衆生深入經藏智慧如海
自歸依僧當願衆生統理大衆一切无㝵
願諸衆生諸惡莫作諸善奉行自淨其意是諸
教和南一切賢聖
七階佛名一卷
乙巳年後五月十五日北立呂…寫畢記之也

BD08080 號　七階佛名經　（3–3）

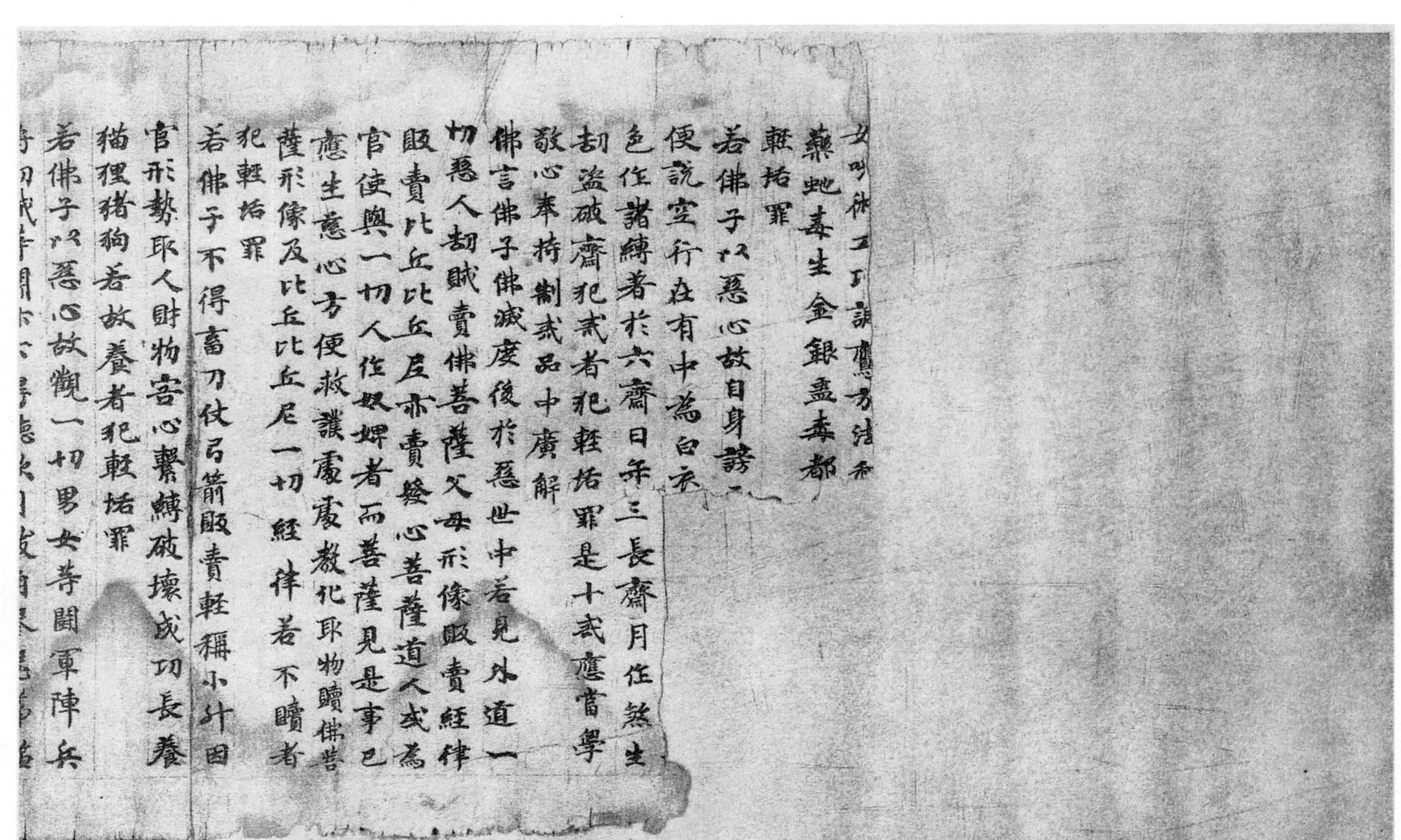
女咒術工巧調鷹方法和
藥蛇毒生金銀蠱毒都
犯輕垢罪
若佛子以惡心故自身謗
便說空行在有中為白衣
色作諸縛著於六齋日年三長齋月作煞生
劫盜破齋犯戒者犯輕垢罪是十戒應當學
敬心奉持制戒品中廣解
佛言佛子佛滅度後於惡世中若見外道一
切惡人劫賊賣佛菩薩父母形像販賣經律
販賣比丘比丘尼亦賣發心菩薩道人或為
官使與一切人作奴婢者而菩薩見是事已
應生慈心方便救護處處教化取物贖佛菩
薩形像及比丘比丘尼一切經律若不贖者
犯輕垢罪
若佛子不得畜刀杖弓箭販賣輕稱小斗因
官形勢取人財物害心繫縛破壞成功長養
猫狸猪狗若故養者犯輕垢罪
若佛子以惡心故觀一切男女等鬬軍陣兵

BD08081 號　梵網經盧舍那佛說菩薩心地戒品第十卷下　　（3–1）

犯輕垢罪
若佛子不得畜刀杖弓箭販賣輕稱小斗因
官形勢取人財物害心繫縛破壞成功長養
猫狸猪狗若故養者犯輕垢罪
若佛子以惡心故觀一切男女等鬬軍陣兵
將劫賊等鬬亦不得聽吹貝鼓角琴瑟箏笛
箜篌歌叫伎樂之聲不聽摴蒱圍碁波羅塞
戲彈碁六博拍毱擲石投壺八道行城爪鏡
芝草楊枝鉢盂髑髏而作卜筮不得盜賊
使命一一不得作若故作者犯輕垢罪
若佛子護持禁戒行住坐臥日夜六時讀誦
是戒猶如金剛如帶持浮囊欲度大海如草
繫比丘常生大乘信自知我是未成之佛諸
佛是已成之佛發菩提心念念不去心若起
一念二乘外道心者犯輕垢罪
若佛子常應發一切願孝順父母師僧三寶常願
得好師同學善友知識常教我大乘經律十發
趣十長養十金剛十地使我開解如法修
行堅持佛戒寧捨身命念念不去心若一切
菩薩不發是願者犯輕垢罪
若佛子發十大願已持佛禁戒作是願言寧
以此身投大熾燃猛火大坑刀山終不毀犯三
世諸佛經律與一切女人作不淨行復作
是願寧以熱鐵羅網千重周匝纏身終不以
破戒之身受信心檀越一切衣服復作是願寧
以此口吞熱鐵丸及大流猛火經百千劫終
不以破戒之口食信心檀越百味飲食復
作是願寧以此身臥大猛火羅網熱鐵地上
不以破戒之身受信心檀越百種牀坐復
作是願寧以此身受三百鉾刺身終不以破戒之

BD08081 號　梵網經盧舍那佛說菩薩心地戒品第十卷下　　（3–2）

以此口吞熱鐵丸及大流猛火經百千劫終
不以破戒之口食信心檀越百味飲食復
作是願寧以此身卧大猛火羅網熱鐵地上
不以破戒之身受信心檀越百種牀坐復
作是願寧以此身受三百鉾刺身終不以破戒之
身受信心檀越百味醫藥復作是願寧以此
身投熱鐵鑊千劫終不以破戒之身受信心
檀越千種房舍屋宅園林田地復作是願寧
以鐵槌打碎此身從頭至足令如微塵終不
以此破戒之身受信心檀越恭敬礼拜復作
是願寧以百千熱鐵刀鉾挑其兩目終不以
此破戒之心視他好色復作是願寧以百千
鐵錐遍身擿刺耳根逕一劫二劫終不以破
戒之心聽好音聲復作是願寧以百千刃刀
割去其鼻終不以破戒之心貪嗅諸香復作
是願寧以百千刃刀割斷其舌終不以破戒之
心食百味淨食復作是願寧以利斧斬
破其身終不以破戒之心貪着好衣復作是
願願一切衆生悉得成佛而菩薩若不發是
願者犯輕垢罪
若佛子常應二時頭陀冬夏坐禪結夏安居
常用楊枝澡豆三衣瓶鉢坐具錫杖香爐漉
水囊手巾刀子火燧鑷子繩床經律佛像菩薩
形像而菩薩行頭陀時及遊方時行來百
里千里此十八種物常隨其身頭陀者從正
月十五日至三月十五日八月十五日至十月
十五日是二時中十八種物常隨其身如鳥
二翼若布薩日新學菩薩半月半月布薩誦

BD08081號　梵網經盧舍那佛說菩薩心地戒品第十卷下　（3-3）

BD08082號 1　佛頂尊勝陀羅尼咒持誦功德（擬）　（3-1）

BD08082 號 1　佛頂尊勝陀羅尼咒持誦功德（擬）　　（3–2）

BD08082 號 2　千手千眼觀世音菩薩姥陀羅尼身咒

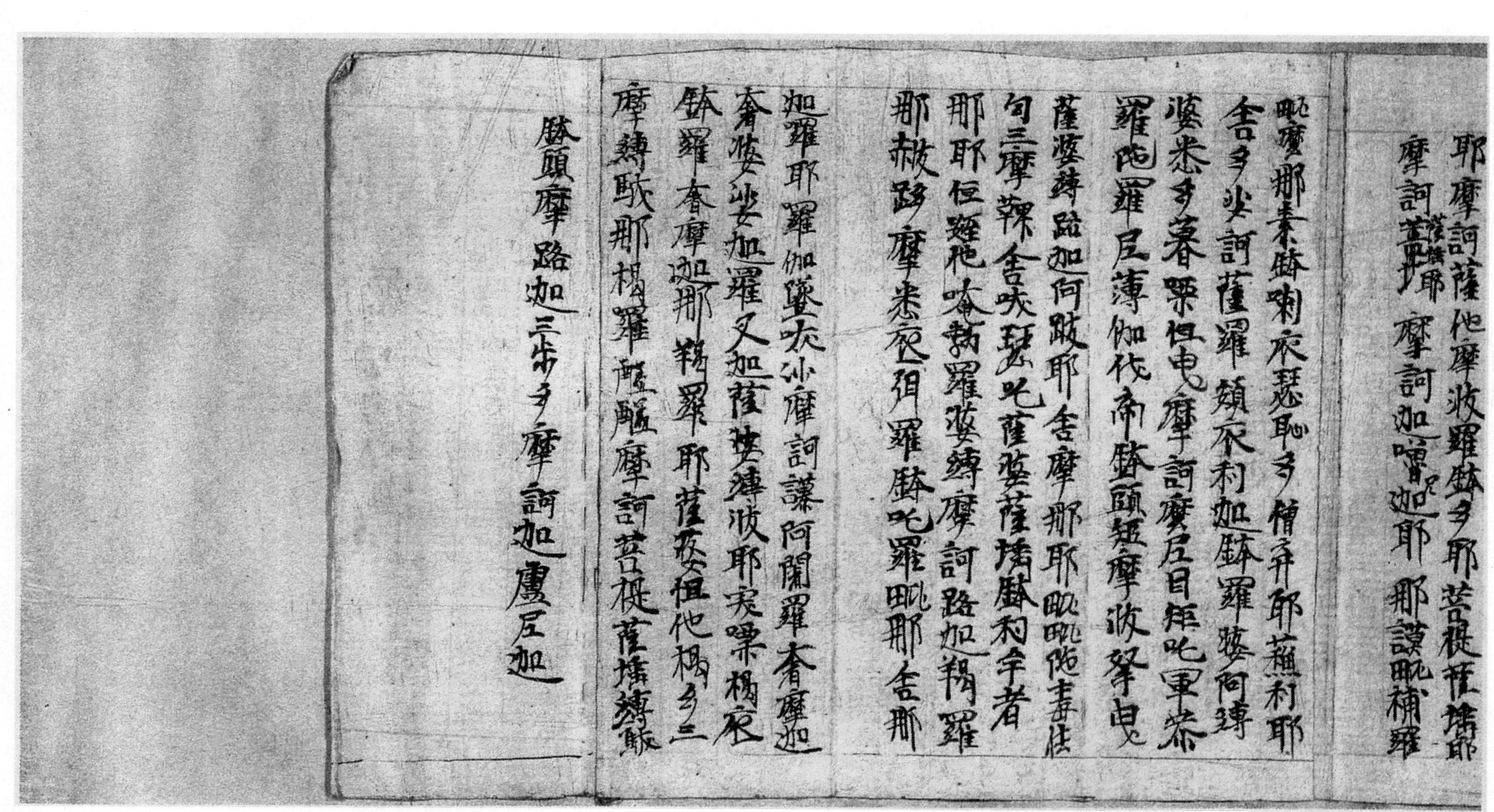

BD08082 號 2　千手千眼觀世音菩薩姥陀羅尼身咒　　（3–3）

BD08082 號背　烏絲欄　（3–1）

BD08082 號背　勘記、烏絲欄　（3–2）

BD08082 號背　勘記、烏絲欄

（3–3）

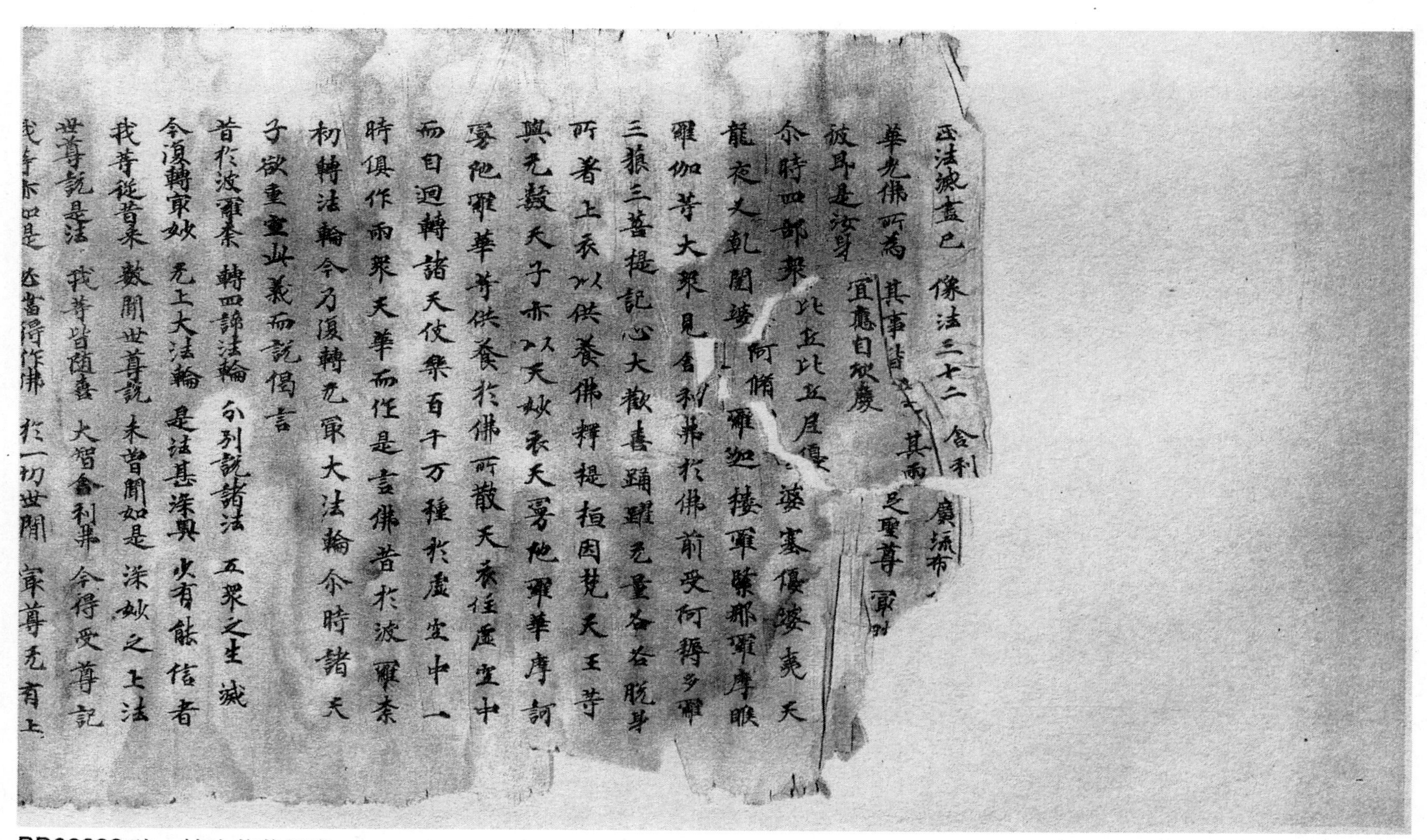

正法滅盡已　像法三十二　舍利廣流布
華光佛所為　其事皆☐☐　其兩足聖尊　最勝
彼即是汝身　宜應自欣慶
尒時四部衆比丘比丘尼優婆塞優婆夷天
龍夜叉乾闥婆阿脩羅迦樓羅緊那羅摩睺
羅伽等大衆見舍利弗於佛前受阿耨多羅
三藐三菩提記心大歡喜踊躍无量各各脱身
所著上衣以供養佛釋提桓因梵天王等
與无數天子亦以天妙衣天曼陀羅華摩訶
曼陀羅華等供養於佛所散天衣住虛空中
而自迴轉諸天伎樂百千万種於虛空中一
時俱作雨衆天華而作是言佛昔於波羅柰
初轉法輪今乃復轉无上大法輪尒時諸天
子欲重宣此義而說偈言
昔於波羅柰　轉四諦法輪　分別說諸法　五衆之生滅
今復轉最妙　无上大法輪　是法甚深奧　少有能信者
我等從昔來　數聞世尊說　未曾聞如是　深妙之上法
世尊說是法　我等皆隨喜　大智舍利弗　今得受尊記
我等亦如是　必當得作佛　於一切世間　最尊无有上

BD08083 號　妙法蓮華經卷二

（6–1）

時俱作而衆天華而作是言佛昔於波羅柰
初轉法輪今乃復轉无上大法輪尒時諸天
子欲重宣此義而說偈言
昔於波羅柰　轉四諦法輪　分別說諸法　五衆之生滅
今復轉最妙　无上大法輪　是法甚深奧　少有能信者
我等從昔來　數聞世尊說　未曾聞如是　深妙之上法
世尊說是法　我等皆隨喜　大智舍利弗　今得受尊記
我等亦如是　必當得作佛　於一切世間　最尊无有上
佛道叵思議　方便隨宜說　我所有福業　今世若過世
及見佛功德　盡迴向佛道
尒時舍利弗白佛言世尊我今无復疑悔親
於佛前得受阿耨多羅三藐三菩提記是諸
千二百心自在者昔住學地佛常教化言我
法能離生老病死究竟涅槃是學无學人亦
各自以離我見及有无見等謂得涅槃而今
於世尊前聞所未聞皆墮疑惑善哉世尊願
爲四衆說其因緣令離疑悔尒時佛告舍利弗
我先不言諸佛世尊以種種因緣譬喻言辭
方便說法皆爲阿耨多羅三藐三菩提耶是
諸所說皆爲化菩薩故然舍利弗今當復以譬
喻更明此義諸有智者以譬喻得解舍利弗
若國邑聚落有大長者其年衰邁財富无
量多有田宅及諸僮僕其家廣大唯有一門
多諸人衆一百二百乃至五百人止住其中、
堂閣朽故墻壁頹落柱根腐敗梁棟傾危周
下俱時欻然火起焚燒舍宅長者諸子若十二

BD08083號　妙法蓮華經卷二　（6–2）

量多有田宅及諸僮僕其家廣大唯有一門
多諸人衆一百二百乃至五百人止住其中、
堂閣朽故墻壁頹落柱根腐敗梁棟傾危周
下俱時欻然火起焚燒舍宅長者諸子若十二
十或至三十在此宅中長者見是大火從四
面起即大驚怖而作是念我雖能於此所
燒之門安隱得出而諸子等於火宅內樂著
嬉戲不覺不知不驚不怖火來逼身苦痛切
已心不猒患无求出意舍利弗是長者作是
思惟我身手有力當以衣裓若以几案從舍出
之復更思惟是舍唯有一門而復狹小諸子
幼稚未有所識戀著戲處或當墮落爲火
所燒我當爲說怖畏之事此舍已燒宜時疾出
无令爲火之所燒害作是念已如所思惟具
告諸子汝等速出父雖憐愍善言誘喻而
諸子等樂著嬉戲不肯信受不驚不畏了无
出心亦復不知何者是火何者爲舍云何爲、
失但東西走戲視父而已尒時長者即作是
念此舍已爲大火所燒我及諸子若不時出
必爲所焚我今當設方便令諸子等得免斯
害父知諸子先心各有所好種種珍玩奇異之
物情必樂著而告之言汝等所可玩好希有
難得汝若不取後必憂悔如此種種羊車鹿
車牛車今在門外可以遊戲汝等於此火宅
宜速出來隨汝所欲皆當與汝尒時諸子
聞父所說珍玩之物適其願故心各勇銳互

BD08083號　妙法蓮華經卷二　（6–3）

難得汝若不取後必憂悔如此種種羊車鹿
車牛車今在門外可以遊戲汝等於此火宅
宜速出來隨汝所欲皆當與汝尒時諸子
聞父所說珎玩之物適其願故心各勇鋭互
相推排競共馳走爭出火宅是時長者見諸
子等安隱得出皆於四衢道中露地而坐无
復障礙其心泰然歡喜踊躍時諸子等各白
父言父先所許玩好之具羊車鹿車牛車願
時賜與舍利弗尒時長者各賜諸子等一大
車其車高廣衆寶莊校周帀欄楯四面懸鈴
又於其上張設幰蓋亦以珎奇雜寶而嚴飾
之寶繩交絡垂諸華瓔重敷綩綖安置丹枕
駕以白牛膚色充潔形體姝好有大筋力行
步平正其疾如風又多僕從而侍衛之所以
者何是大長者財富无量種種諸藏悉皆充
溢而作是念我財物无極不應以下劣小車與
諸子等今此幼童皆是吾子愛无偏黨我有
如是七寶大車其數无量應當等心各各與
之不宜差別所以者何以我此物周給一國猶
尚不匱何況諸子是時諸子各乘大車得
未曾有非本所望舍利弗於汝意云何是長
者等與諸子珎寶大車寧有虛妄不舍利
弗言不也世尊是長者但令諸子得免火難全
其軀命非為虛妄何以故若全身命便為已得
玩好之具況復方便於彼火宅而拔濟之世尊
若是長者乃至不與最小一車猶不虛妄何
以故是長者先作是意我以方便令子得出

者等與諸子珎寶大車寧有虛妄不舍利
弗言不也世尊是長者但令諸子得免火難全
其軀命非為虛妄何以故若全身命便為已得
玩好之具況復方便於彼火宅而拔濟之世尊
若是長者乃至不與最小一車猶不虛妄何
以故是長者先作是意我以方便令子得出
以是因緣无虛妄也何況長者自知財富无量欲
饒益諸子等與大車佛告舍利弗善哉善哉
如汝所言舍利弗如來亦復如是則為一切
世間之父於諸怖畏衰惱憂患无明暗蔽
永盡无餘而悉成就无量知見力无所
畏有大神力及智慧力具足方便智慧波
羅蜜大慈大悲常无懈惓恒求善事利益
一切而生三界朽故火宅為度衆生生老病
死憂悲苦惱愚癡暗蔽三毒之火教化令得
阿耨多羅三藐三菩提見諸衆生為生老病
死憂悲苦惱之所燒煮亦以五欲財利故受種
種苦又以貪著追求故現受衆苦後受地獄
畜生餓鬼之苦若生天上及在人間貧窮困
苦愛別離苦怨憎會苦如是等種種諸苦
衆生沒在其中歡喜遊戲不覺不知不驚不
怖亦不生猒不求解脫於此三界火宅東西馳
走雖遭大苦不以為患舍利弗佛見此已便
作是念我為衆生之父應拔其苦難與无量
无邊佛智慧樂令其遊戲舍利弗如來復作
是念若我但以神力及智慧力捨於方便為
諸衆生讚如來知見力无所畏者衆生不能

種苦又以貪著追求故現受衆苦後受地獄
畜生餓鬼之苦若生天上及在人間貧窮困
苦愛別離苦怨憎會苦如是等種種諸苦
衆生沒在其中歡喜遊戲不覺不知不驚不
怖亦不生厭不求解脫於此三界火宅東西馳
走雖遭大苦不以為患舍利弗佛見此已便
作是念我為衆生之父應拔其苦難與无量
无邊佛智慧樂令其遊戲舍利弗如來復作
是念若我但以神力及智慧力捨於方便為
諸衆生讚如來知見力无所畏者衆生不能
以是得度所以者何是諸衆生未免生老病
死憂悲苦惱而為三界火宅所燒何由能解
佛之智慧舍利弗如彼長者雖復身手有力
而不用之但以慇懃方便勉濟諸子火宅
之難然後各與珎寶大車如來亦復如是雖
有力无所畏而不用之但以智慧方便於三
界火宅拔濟衆生為說三乘聲聞辟支佛
佛乘而作是言汝等莫得樂住三界火宅勿貪
麁弊色聲香味觸也若貪著生愛則為所

BD08083 號　妙法蓮華經卷二　（6–6）

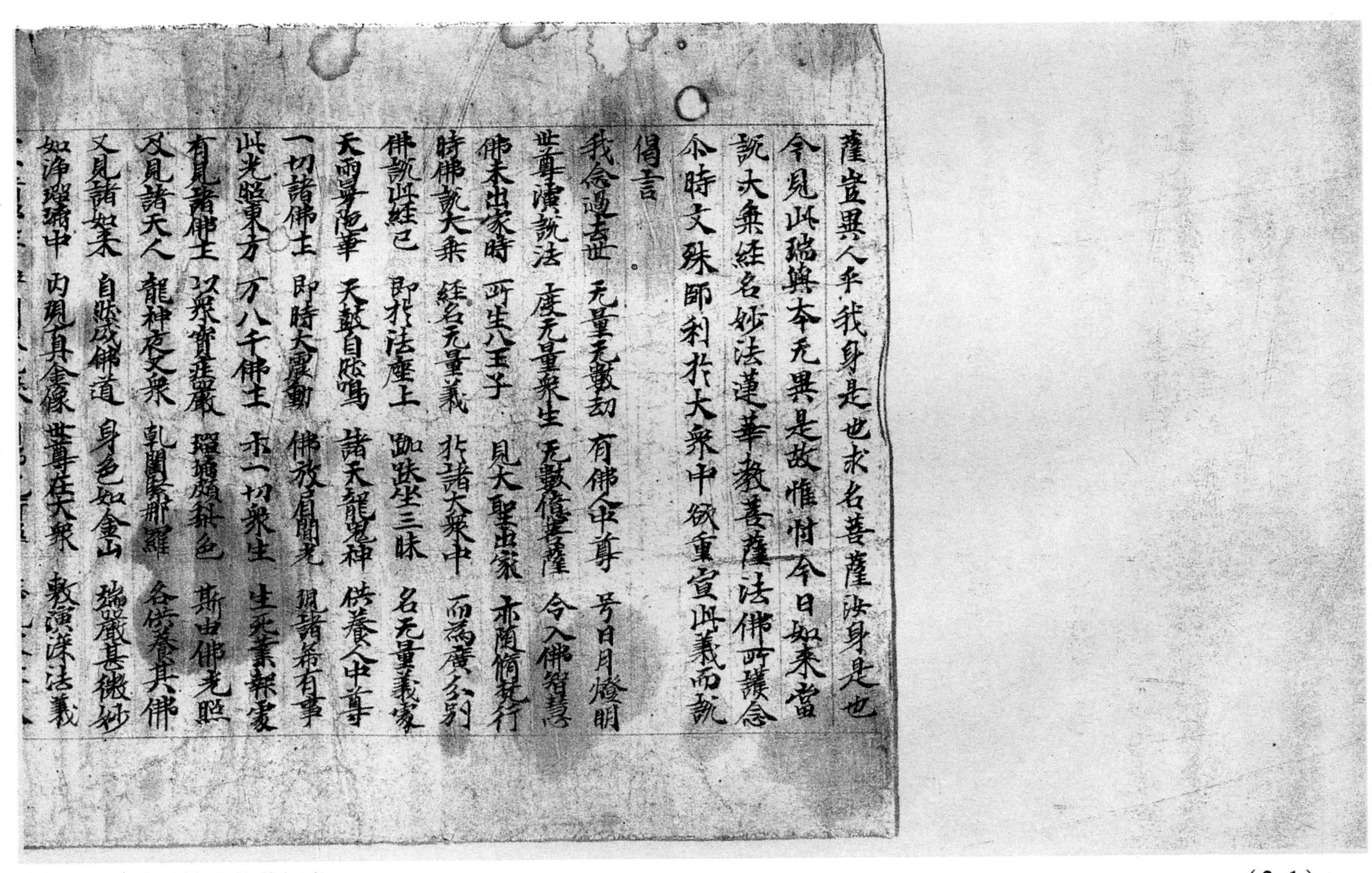
薩豈異人乎我身是也求名菩薩汝身是也
今見此瑞與本无異是故惟忖今日如來當
說大乘經名妙法蓮華教菩薩法佛所護念
尒時文殊師利於大衆中欲重宣此義而說
偈言
我念過去世　无量无數劫　有佛人中尊　号日月燈明
世尊演說法　度无量衆生　无數億菩薩　令入佛智慧
佛未出家時　所生八王子　見大聖出家　亦隨修梵行
時佛說大乘　經名无量義　於諸大衆中　而為廣分別
佛說此經已　即於法座上　跏趺坐三昧　名无量義處
天雨曼陀華　天鼓自然鳴　諸天龍鬼神　供養人中尊
一切諸佛土　即時大震動　佛放眉間光　現諸希有事
此光照東方　万八千佛土　示一切衆生　生死業報處
有見諸佛土　以衆寶莊嚴　瑠璃頗梨色　斯由佛光照
及見諸天人　龍神夜叉衆　乾闥緊那羅　各供養其佛
又見諸如來　自然成佛道　身色如金山　端嚴甚微妙
如淨瑠璃中　內現真金像　世尊在大衆　敷演深法義

BD08084 號　妙法蓮華經卷一　（2–1）

世尊演說法　度无量衆生　无數億菩薩　令入佛智慧
佛未出家時　所生八王子　見大聖出家　亦隨脩梵行
時佛說大乘　經名无量義　於諸大衆中　而為廣分別
佛說此經已　即於法座上　跏趺坐三昧　名无量義處
天雨曼陁華　天鼓自然鳴　諸天龍鬼神　供養人中尊
一切諸佛土　即時大震動　佛放眉間光　現諸希有事
此光照東方　万八千佛土　示一切衆生　生死業報處
有見諸佛土　以衆寶莊嚴　瑠璃頗梨色　斯由佛光照
及見諸天人　龍神夜叉衆　乾闥緊那羅　各供養其佛
又見諸如來　自然成佛道　身色如金山　端嚴甚微妙
如淨瑠璃中　內現真金像　世尊在大衆　敷演深法義
一一諸佛土　聲聞衆无數　因佛光所照　悉見彼大衆
或有諸比丘　在於山林中　精進持淨戒　猶如護明珠
又見諸菩薩　深入諸禪定　身心寂不動　以求无上道
又見諸菩薩　知法寂滅相　各於其國土　說法求佛道
尒時四部衆　見日月燈佛　現大神通力　其心皆歡喜
各各自相問　是事何因緣　天人所奉尊　適從三昧起
讚妙光菩薩　汝為世間眼　一切所歸信　能奉持法藏
如我所說法　唯汝能證知　世尊既讚歎　令妙光歡喜

BD08084號　妙法蓮華經卷一　(2–2)

妙法蓮華經譬喻品第三
尒時舍利弗踊躍歡喜即起合掌瞻仰尊顏
而白佛言今從世尊聞此法音心懷踊躍得
未曾有所以者何我昔從佛聞如是法見諸
菩薩受記作佛而我等不預斯事甚自感傷
失於如來无量知見世尊我常獨處山林樹
下若坐若行每作是念我等同入法性云何
如來以小乘法而見濟度是我等咎非世尊
也所以者何若我等待說所因成就阿耨多
羅三藐三菩提者必以大乘而得度脫然我
等不解方便隨宜所說初聞佛法遇便信受
思惟取證世尊我從昔來終日竟夜每自剋
責而今從佛聞所未聞未曾有法斷諸疑悔
身意泰然快得安隱今日乃知真是佛子從
佛口生從法化生得佛法分尒時舍利弗欲
重宣此義而說偈言
我聞是法音　得所未曾有　心懷大歡喜　疑網皆已除

BD08085號　妙法蓮華經卷二　(5–1)

思惟取證 世尊我從昔來 終日竟夜 每自剋
責 而今從佛聞所未聞未曾有法 斷諸疑悔
身意泰然 快得安隱 今日乃知真是佛子 從
佛口生 從法化生 得佛法分 尒時舍利弗 欲
重宣此義而說偈言
我聞是法音 得所未曾有 心懷大歡喜 疑網皆已除
昔來蒙佛教 不失於大乘 佛音甚希有 能除衆生惱
我已得漏盡 聞亦除憂惱 我處於山谷 或在林樹下
若坐若經行 常思惟是事 嗚呼深自責 云何而自欺
我等亦佛子 同入无漏法 不能於未來 演說无上道
金色三十二 十力諸解脫 同共一法中 而不得此事
八十種妙好 十八不共法 如是等功德 而我皆已失
我獨經行時 見佛在大衆 名聞滿十方 廣饒益衆生
自惟失此利 我為自欺誑 我常於日夜 每思惟是事
欲以問世尊 為失為不失 我常見世尊 稱讚諸菩薩
以是於日夜 籌量如此事 今聞佛音聲 隨宜而說法
无漏難思議 令衆至道場 我本著邪見 為諸梵志師
世尊知我心 拔邪說涅槃 我悉除邪見 於空法得證
尒時心自謂 得至於滅度 而今乃自覺 非是實滅度
若得作佛時 具三十二相 天人夜叉衆 龍神等恭敬
是時乃可謂 永盡滅无餘 佛於大衆中 說我當作佛
聞如是法音 疑悔悉已除 初聞佛所說 心中大驚疑
將非魔作佛 惱亂我心耶 佛以種種緣 譬喻巧言說
其心安如海 我聞疑網斷 佛說過去世 无量滅度佛
安住方便中 亦皆說是法 現在未來佛 其數无有量
亦以諸方便 演說如是法 如今者世尊 從生及出家

BD08085號 妙法蓮華經卷二 （5–2）

聞如是法音 疑悔悉已除 初聞佛所說 心中大驚疑
將非魔作佛 惱亂我心耶 佛以種種緣 譬喻巧言說
其心安如海 我聞疑網斷 佛說過去世 无量滅度佛
安住方便中 亦皆說是法 現在未來佛 其數无有量
亦以諸方便 演說如是法 如今者世尊 從生及出家
得道轉法輪 亦以方便說 世尊說實道 波旬无此事
以是我定知 非是魔作佛 我墮疑網故 謂是魔所為
聞佛柔軟音 深遠甚微妙 演暢清淨法 我心大歡喜
疑悔永已盡 安住實智中 我定當作佛 為天人所敬
轉无上法輪 教化諸菩薩
尒時佛告舍利弗 吾今於天人沙門婆羅門
等大衆中說 我昔曾於二万億佛所 為无上
道故 常教化汝 汝亦長夜隨我受學 我以方
便引導汝故 生我法中 舍利弗 我昔教汝志
願佛道 汝今悉忘 而便自謂已得滅度 我今
還欲令汝憶念本願所行道故 為諸聲聞說
是大乘經 名妙法蓮華 教菩薩法 佛所護念
舍利弗 汝於未來世 過无量无邊不可思議
劫 供養若干千万億佛 奉持正法 具足菩薩
所行之道 當得作佛 号曰華光如來 應供正
遍知 明行足 善逝 世間解 无上士 調御丈夫
天人師 佛世尊 國名離垢 其土平正 清淨嚴
飾 安隱豐樂 天人熾盛 琉璃為地 有八交道
黃金為繩 以界其側 其傍各有七寶行樹 常
有華菓 華光如來 亦以三乘教化衆生 舍利
弗 彼佛出時 雖非惡世 以本願故 說三乘法

BD08085號 妙法蓮華經卷二 （5–3）

飾安隱豐樂天人熾盛琉璃為地有八交道
黃金為繩以界其側其傍各有七寶行樹常
有華菓華光如來亦以三乘教化眾生舍利
弗彼佛出時雖非惡世以本願故說三乘法
其劫名大寶莊嚴何故名曰大寶莊嚴其國
中以菩薩為大寶故彼諸菩薩無量無邊不
可思議筭數譬喻所不能及非佛智力無能
知者若欲行時寶華承足此諸菩薩非初發
意皆久殖德本於無量百千万億佛所淨脩
梵行恒為諸佛之所稱歎常脩佛慧具大神
通善知一切諸法之門質直無偽志念堅固
如是菩薩充滿其國舍利弗華光佛壽二十
小劫除為王子未作佛時其國人民壽八小
劫華光如來過十二小劫授堅滿菩薩阿耨
多羅三藐三菩提記告諸比丘是堅滿菩薩
次當作佛号曰華足安行多陁阿伽度阿羅
訶三藐三佛陁其佛國土亦復如是舍利弗
是華光佛滅度之後正法住世三十二小劫像法住
亦三十二小劫尒時世尊欲重宣此義而說偈言
舍利弗來世　成佛普智尊　号名曰華光　當度無量眾
供養無數佛　具足菩薩行　十力等功德　證於無上道
過無量劫已　劫名大寶嚴　世界名離垢　清淨無瑕穢
以瑠璃為地　金繩界其道　七寶雜色樹　常有華菓實
彼國諸菩薩　志念常堅固　神通波羅蜜　皆已悉具足
於無數佛所　善學菩薩道　如是等大士　華光佛所化
佛為王子時　棄國捨世榮　於最末後身　出家成佛道

BD08085號　妙法蓮華經卷二　（5–4）

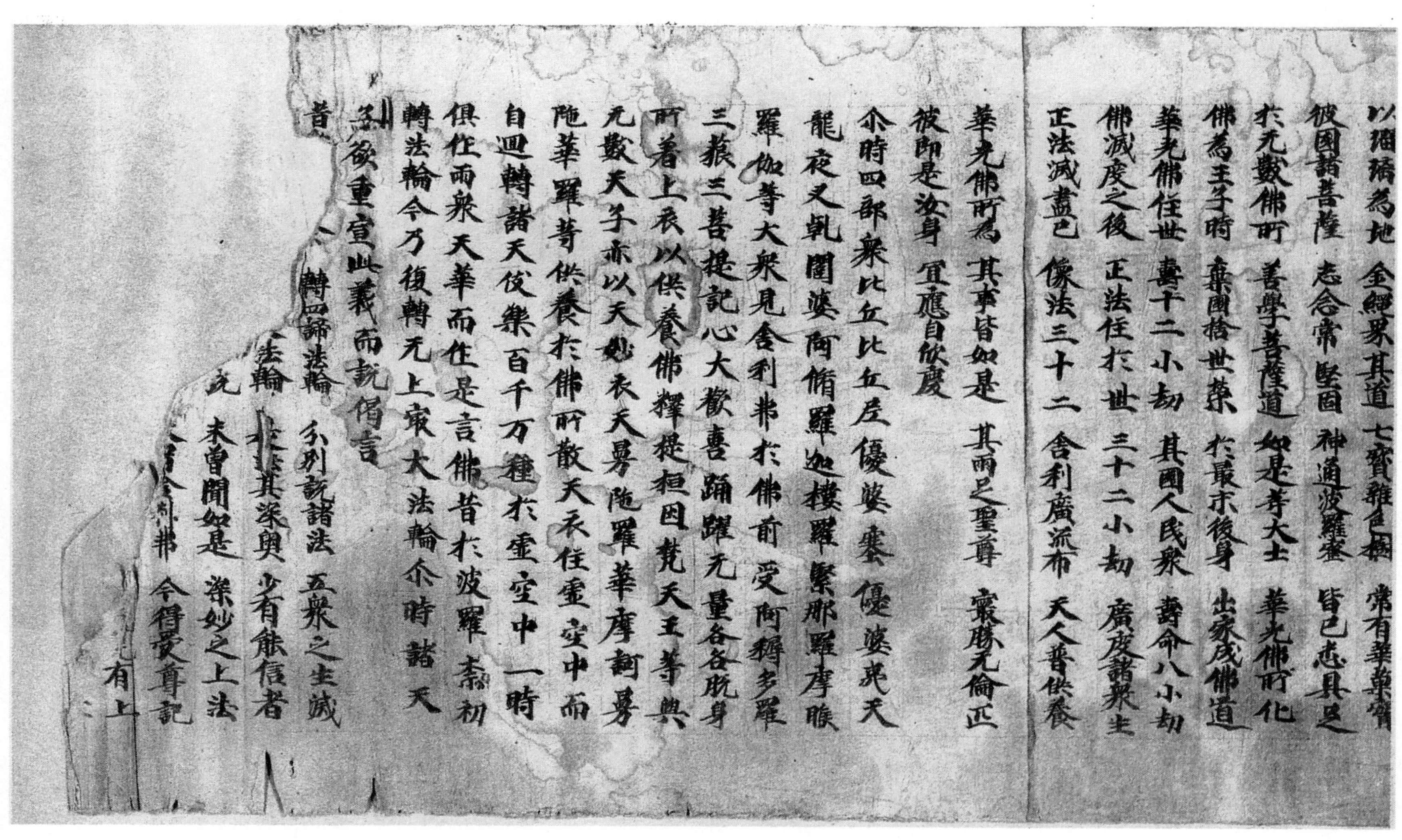
以瑠璃為地　金繩界其道　七寶雜色樹　常有華菓實
彼國諸菩薩　志念常堅固　神通波羅蜜　皆已悉具足
於無數佛所　善學菩薩道　如是等大士　華光佛所化
佛為王子時　棄國捨世榮　於最末後身　出家成佛道
華光佛住世　壽十二小劫　其國人民眾　壽命八小劫
佛滅度之後　正法住於世　三十二小劫　廣度諸眾生
正法滅盡已　像法三十二　舍利廣流布　天人普供養
華光佛所為　其事皆如是　其兩足聖尊　最勝無倫匹
彼即是汝身　宜應自欣慶
尒時四部眾比丘比丘尼優婆塞優婆夷天
龍夜叉乾闥婆阿脩羅迦樓羅緊那羅摩睺
羅伽等大眾見舍利弗於佛前受阿耨多羅
三藐三菩提記心大歡喜踊躍無量各各脫身
所著上衣以供養佛釋提桓因梵天王等與
無數天子亦以天妙衣天曼陁羅華摩訶曼
陁羅華等供養於佛所散天衣住虛空中而
自迴轉諸天伎樂百千万種於虛空中一時
俱作雨眾天華而作是言佛昔於波羅柰初
轉法輪今乃復轉無上最大法輪尒時諸天
子欲重宣此義而說偈言
昔　轉四諦法輪　分別說諸法　五眾之生滅
法輪　是法甚深奧　少有能信者
說　未曾聞如是　深妙之上法
大智舍利弗　今得受尊記
有上

BD08085號　妙法蓮華經卷二　（5–5）

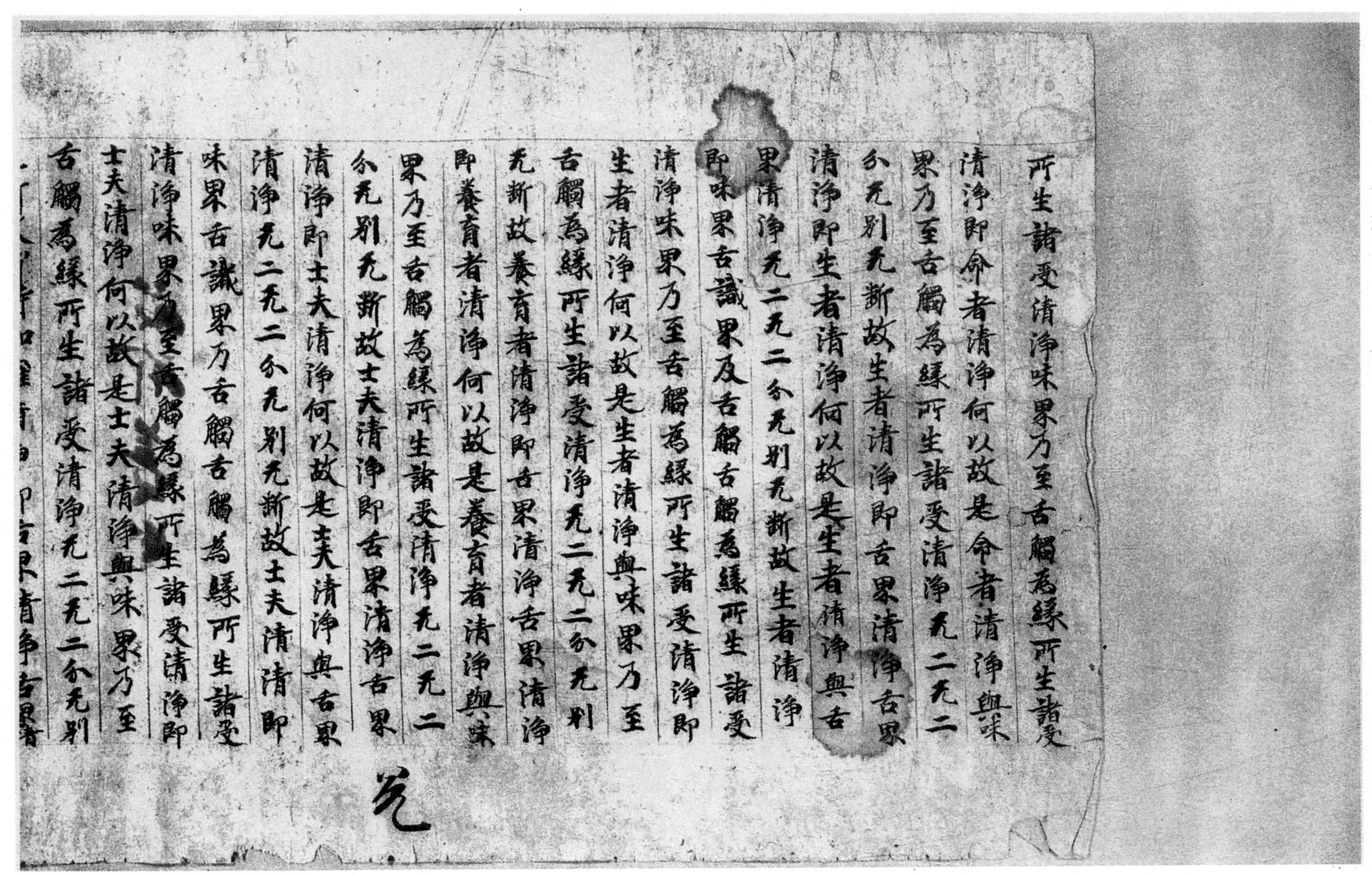

所生諸受清淨味果乃至舌觸為緣所生諸受
清淨即命者清淨何以故是命者清淨與味
果乃至舌觸為緣所生諸受清淨无二无二
分无別无斷故生者清淨即舌果清淨舌果
清淨即生者清淨何以故是生者清淨與舌
果清淨无二无二分无別无斷故生者清淨
即味果舌識果及舌觸舌觸為緣所生諸受
清淨味果乃至舌觸為緣所生諸受清淨即
生者清淨何以故是生者清淨與味果乃至
舌觸為緣所生諸受清淨无二无二分无別
无斷故養育者清淨即舌果清淨舌果清淨
即養育者清淨何以故是養育者清淨與味
果乃至舌觸為緣所生諸受清淨无二无二
分无別无斷故士夫清淨即舌果清淨舌果
清淨即士夫清淨何以故是士夫清淨與舌果
清淨无二无二分无別无斷故士夫清淨即
味果舌識果乃舌觸舌觸為緣所生諸受
清淨味果乃至舌觸為緣所生諸受清淨即
士夫清淨何以故是士夫清淨與味果乃至
舌觸為緣所生諸受清淨无二无二分无別

兑

BD08086號　大般若波羅蜜多經（兑廢稿）卷一八五　（3–1）

清淨即士夫清……
清淨无二无二分无別无斷故士夫清淨即
味果舌識果乃舌觸舌觸為緣所生諸受
清淨味果乃至舌觸為緣所生諸受清淨即
士夫清淨何以故是士夫清淨與味果乃至
舌觸為緣所生諸受清淨无二无二分无別
无斷故補特伽羅清淨即舌果清淨舌果清
淨即補特伽羅清淨何以故是補特伽羅清
淨與舌果清淨无二无二分无別无斷故補
特伽羅清淨即味果舌識果及舌觸舌觸為

比丘无滯寫

丘

緣所生諸受清淨味果乃至舌觸為緣所生
諸受清淨即補特伽羅清淨何以故是補特
伽羅清淨與味果乃至舌觸為緣所生諸受
清淨无二无二分无別无斷故意生清淨即
舌果清淨舌果清淨即意生清淨何以故是
意生清淨與舌果清淨无二无二分无別无
斷故意生清淨即味果舌識果及舌觸舌
觸為緣所生諸受清淨味果乃至舌觸為
緣所生諸受清淨即意生清淨何以故是意生
清淨與味果乃至舌觸為緣所生諸受清淨
无二无二分无別无斷故儒童清淨即舌果
清淨與舌果清淨无二无二分无別无斷故

BD08086號　大般若波羅蜜多經（兑廢稿）卷一八五　（3–2）

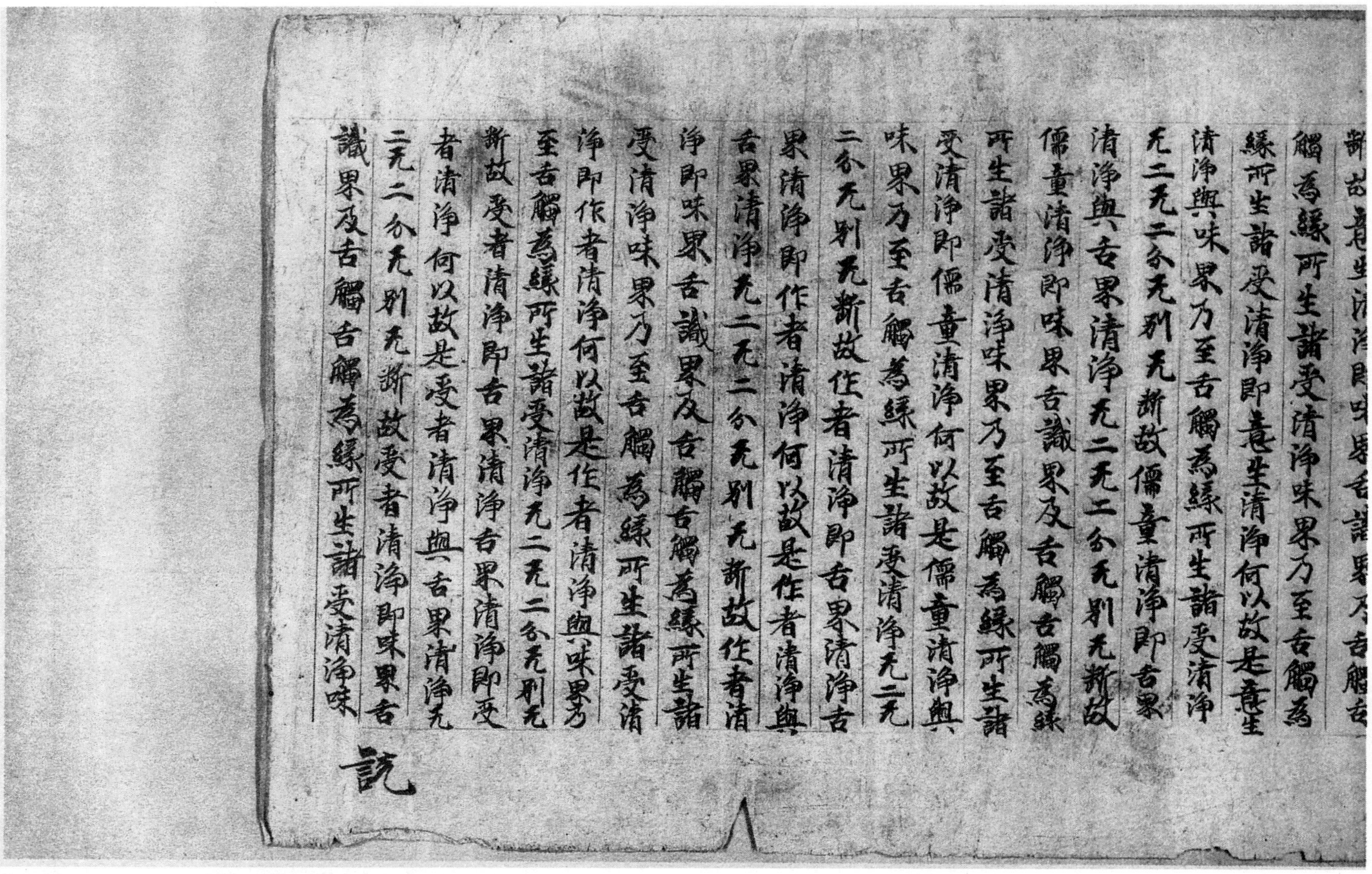

斷故意生清淨即味界舌識界乃至舌觸舌
觸為緣所生諸受清淨味界乃至舌觸為
緣所生諸受清淨即意生清淨何以故是意生
清淨與味界乃至舌觸為緣所生諸受清淨
无二无二分无別无斷故儒童清淨即舌界
清淨與舌界清淨无二无二分无別无斷故
儒童清淨即味界舌識界及舌觸舌觸為緣
所生諸受清淨即儒童清淨何以故是儒童清淨與
味界乃至舌觸為緣所生諸受清淨无二无
二分无別无斷故作者清淨即舌界清淨舌
界清淨即作者清淨何以故是作者清淨與
舌界清淨无二无二分无別无斷故作者清
淨即味界舌識界及舌觸舌觸為緣所生諸
受清淨味界乃至舌觸為緣所生諸受清
淨即作者清淨何以故是作者清淨與味界乃
至舌觸為緣所生諸受清淨无二无二分无別无
斷故受者清淨即舌界清淨舌界清淨即受
者清淨何以故是受者清淨與舌界清淨无
二无二分无別无斷故受者清淨即味界舌
識界及舌觸舌觸為緣所生諸受清淨味

訖

BD08086 號　大般若波羅蜜多經（兌廢稿）卷一八五　　（3–3）

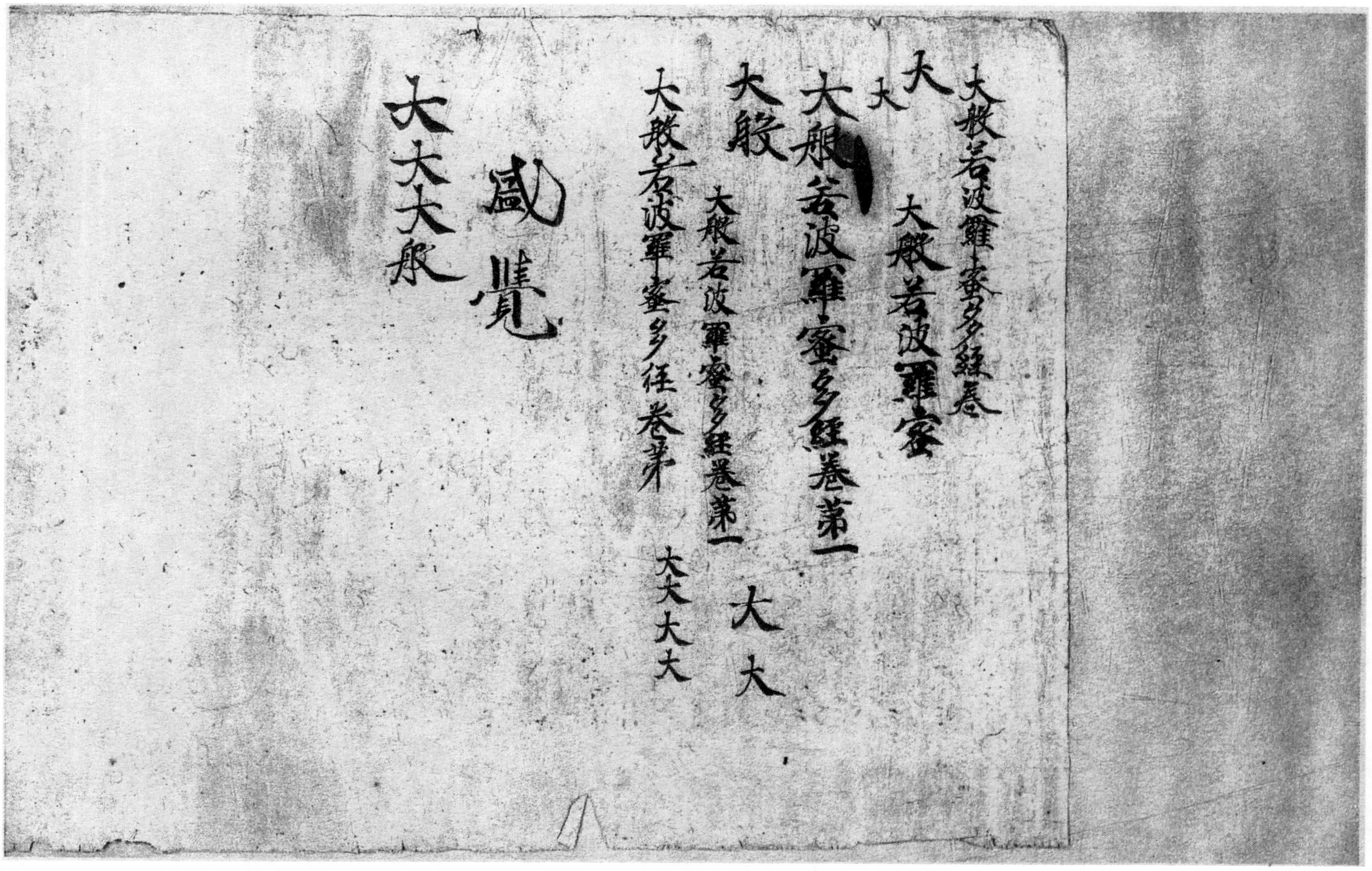

大般若波羅蜜多經卷
大 大
大般若波羅蜜
大般若波羅蜜多經卷第一
大般
大般若波羅蜜多經卷第一 大 大
大般若波羅蜜多經卷第 大大大大大
感覺
大大大般

BD08086 號背　雜寫　　（3–1）

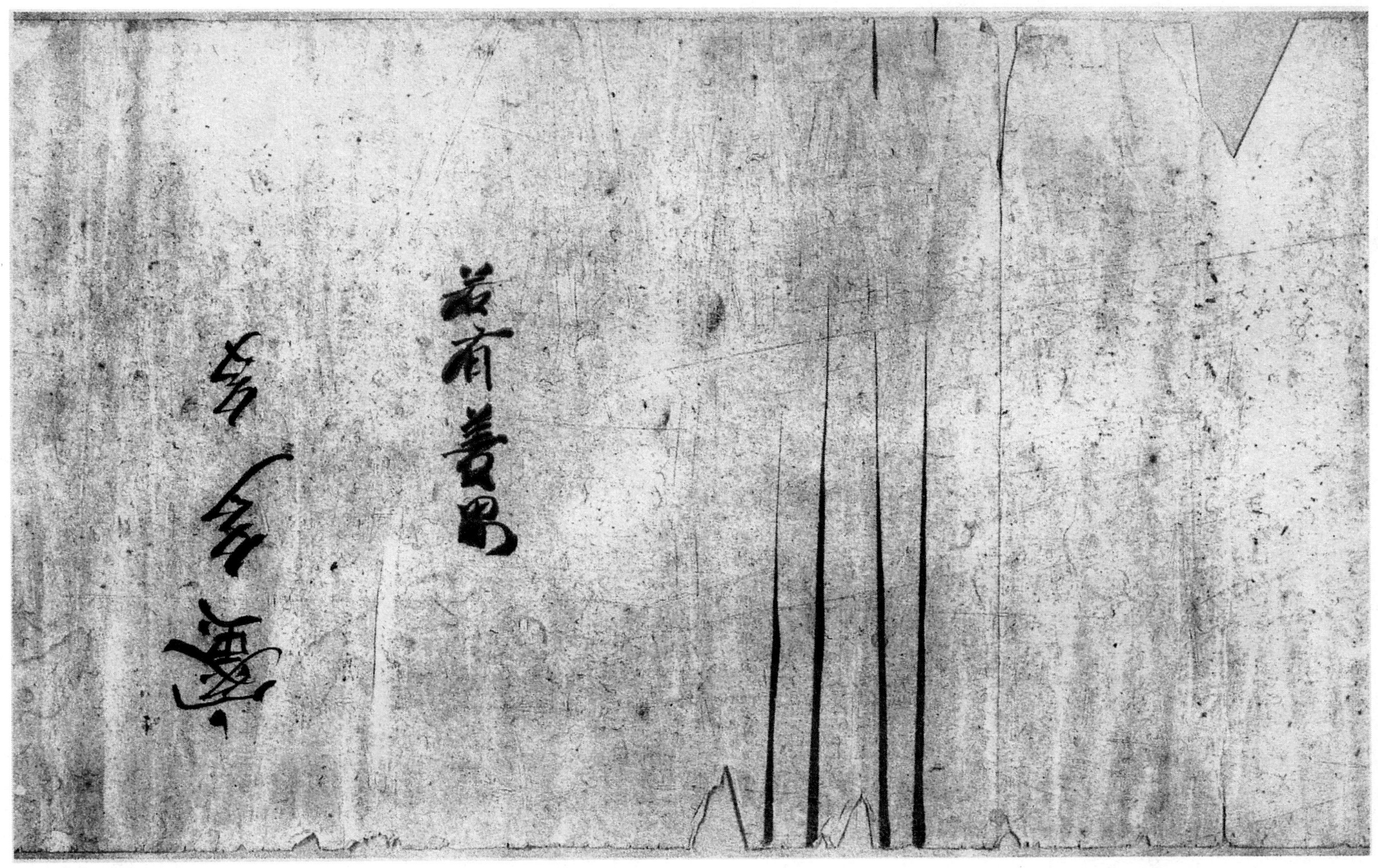

BD08086 號背　雜寫　（3–2）

BD08086 號背　雜寫　（3–3）

……寫教人書寫
誦受持畢竟不墮地獄若在所生得宿命智陁羅尼曰 南謨
阿喻紇硯娜須毗你悉指陁囉佐耶怛他羯他耶怛姪他唵薩婆桑悉迦羅波唎輸
底達磨底伽伽娜莎訶其持迦底薩婆婆毗輸底摩訶娜耶波唎婆唎莎訶
若有自書寫教人書寫是無量壽宗要經受持讀誦如同書寫八万四千一切經典
陁羅尼曰 南謨薄伽勃底阿波唎蜜多阿喻紇硯娜須毗你悉指陁囉佐耶怛他羯
他耶怛姪他唵薩婆桑悉迦羅波唎輸底達磨底伽伽娜莎訶其持迦底薩婆
婆毗輸底摩訶娜耶波唎婆唎莎訶 若有自書寫教人書寫是無量壽宗
要經即是書寫八万四千部建立塔廟陁羅尼曰 南謨薄伽勃底阿波唎蜜多阿
喻紇硯娜須毗你悉指陁囉佐耶怛他羯他耶怛姪他唵薩婆桑悉迦羅波唎輸
底達磨底伽伽娜莎訶其持迦底薩婆婆毗輸底……摩訶娜耶……
若有自書寫教人書寫是無量壽宗要經能消五……
南謨薄伽勃底阿波唎蜜多阿喻紇硯娜須毗你悉指陁囉佐……
唵薩婆桑悉迦羅波唎輸底達磨底伽伽娜莎訶其持迦底薩婆婆毗輸底
摩訶娜耶波唎婆唎莎訶 若有自書寫教人書寫是無量壽宗要經受
持讀誦設有重罪猶如須彌盡能除滅陁羅尼曰 南謨薄伽勃底阿波唎蜜多
阿喻紇硯娜須毗你悉指陁囉佐耶怛他羯他耶怛姪他唵薩婆桑悉迦羅波唎輸
底達磨底伽伽娜莎訶其持迦底薩婆婆毗輸底摩訶娜耶波唎婆唎莎訶
若有自書寫教人書寫是無量壽宗要經受持讀誦若魔魔之眷屬夜叉羅
剎不得其便終無枉死陁羅尼曰 南謨薄伽勃底阿波唎蜜多阿喻紇硯娜須毗

BD08087 號　無量壽宗要經　（4–1）

摩訶娜耶波唎婆唎莎訶 若有自書寫教人書寫是無量壽宗要經受
持讀誦設有重罪猶如須彌盡能除滅陁羅尼曰 南謨薄伽勃底阿波唎蜜多
阿喻紇硯娜須毗你悉指陁囉佐耶怛他羯他耶怛姪他唵薩婆桑悉迦羅波唎輸
底達磨底伽伽娜莎訶其持迦底薩婆婆毗輸底摩訶娜耶波唎婆唎莎訶
若有自書寫教人書寫是無量壽宗要經受持讀誦若魔魔之眷屬夜叉羅
剎不得其便終無枉死陁羅尼曰 南謨薄伽勃底阿波唎蜜多阿喻紇硯娜須毗
你悉指陁囉佐耶怛他羯他耶怛姪他唵薩婆桑悉迦羅波唎輸底達磨底伽
伽娜莎訶其持迦底薩婆婆毗輸底摩訶娜耶波唎婆唎莎訶
若有自書寫教人書寫是無量壽宗要經受持讀誦當命終時有九十九億佛現
其人前眾千佛授手能遊一切佛剎莫於此經生於疑惑陁羅尼曰 南謨薄伽勃
底阿波唎蜜多阿喻紇硯娜須毗你悉指陁囉佐耶怛他羯他耶怛姪他唵薩婆桑悉
迦羅波唎輸底達磨底伽伽娜莎訶其持迦底薩婆婆毗輸底摩訶娜耶波唎
婆唎莎訶 若有自書寫教人書寫是無量壽宗要經受持讀誦常得四天
大王隨其衛護陁羅尼曰 南謨薄伽勃底阿波唎蜜多阿喻紇硯娜須毗你悉指陁
囉佐耶怛他羯他耶怛姪他唵薩婆桑悉迦羅波唎輸底達磨底伽伽娜莎訶其
持迦底薩婆婆毗輸底摩訶娜耶波唎婆唎莎訶 若有自書寫教人書寫
是無量壽宗要經受持讀誦當得往生西方極樂世界阿彌陁淨土陁羅尼曰
南謨薄伽勃底阿波唎蜜多阿喻紇硯娜須毗你悉指陁囉佐耶怛他羯他耶怛
姪他唵薩婆桑悉迦羅波唎輸底達磨底伽伽娜莎訶其持迦底薩婆婆毗輸底
摩訶娜耶波唎婆唎莎訶 若有方所自書寫使人書寫是無量壽經典之處
則為是塔皆應恭敬作礼若是畜生或為鳥獸得聞是經如是等類皆當不久
得成一切種智陁羅尼曰 南謨薄伽勃底阿波唎蜜多阿喻紇硯娜須毗你悉指陁
囉佐耶怛他羯他耶怛姪他唵薩婆桑悉迦羅波唎輸底達磨底伽伽娜莎訶
其持迦底薩婆婆毗輸底摩訶娜耶波唎婆唎莎訶 若有於是無量壽經
自書寫若使人書畢竟不受女人之身陁羅尼曰 南謨薄伽勃底阿波唎蜜多
阿喻紇硯娜須毗你悉指陁囉佐耶怛他羯他耶怛姪他唵薩婆桑悉迦羅波唎輸底
達磨底伽伽娜莎訶其持迦底薩婆婆毗輸底摩訶娜耶波唎婆唎莎訶
若有能於是經少分能惠施者等於三千大千世界滿中七寶而施陁羅尼曰
南謨薄伽勃底阿波唎蜜多阿喻紇硯娜須毗你悉指陁囉佐耶怛他羯他耶怛姪他唵
薩婆桑悉迦羅波唎輸底達磨底伽伽娜莎訶其持迦底薩婆婆毗輸底摩

BD08087 號　無量壽宗要經　（4–2）

阿喻紇硯孃三 須毗你悉指陀四 囉佐耶五 怛他羯他耶六 怛姪他唵七 薩婆桑悉迦囉八 波唎輸底九
達磨底十 伽迦娜十一 莎訶某持迦底十二 薩婆娑婆毗輸底十三 摩訶娜耶十四 波唎婆唎莎訶十五
若有能於是経少分能惠施者 等於三千大千世界滿中七寶布施陀羅尼曰
南謨薄伽勃底一 阿波唎蜜多二 阿喻紇硯孃三 須毗你悉指陀四 囉佐耶五 怛他羯他耶六 怛姪他唵七
薩婆桑悉迦囉八 波唎輸底九 達磨底十 伽迦娜十一 莎訶某持迦底十二 薩婆娑婆毗輸底十三 摩
訶娜耶十四 波唎婆唎莎訶十五 若有能供養是経者 則是供養一切諸経等无有
異陀羅尼曰 南謨薄伽勃底一 阿波唎蜜多二 阿喻紇硯孃三 須毗你悉指陀四 囉佐耶五 怛他
羯他耶六 怛姪他唵七 薩婆桑悉迦囉八 波唎輸底九 達磨底十 伽迦娜十一 莎訶某持迦底
十二 薩婆娑婆毗輸底十三 摩訶娜耶十四 波唎婆唎莎訶十五 如是毗婆尸佛 尸棄佛 毗舍浮佛
俱留孫佛 俱那含牟尼佛 迦葉佛 釋迦牟尼佛 若有人以七寶供養如是七佛
其福有限 書寫受持是无量壽経典 所有功德不可限量 陀羅尼曰
南謨薄伽勃底一 阿波唎蜜多二 阿喻紇硯孃三 須毗你悉指陀四 囉佐耶五 怛他羯他耶六 怛姪他
唵七 薩婆桑悉迦囉八 波唎輸底九 達磨底十 伽迦娜十一 莎訶某持迦底十二 薩婆娑婆毗輸底十三
摩訶娜耶十四 波唎婆唎莎訶十五 若有七寶等於須彌 以用布施 其福上能知其
限量 是无量壽経典 其福不可知數 陀羅尼曰 南謨薄伽勃底一 阿波唎蜜多二
阿喻紇硯孃三 須毗你悉指陀四 囉佐耶五 怛他羯他耶六 怛姪他唵七 薩婆桑悉迦囉八 波唎輸
底九 達磨底十 伽迦娜十一 莎訶某持迦底十二 薩婆娑婆毗輸底十三 摩訶娜耶十四 波唎婆唎莎訶十五
如是四大海水可知滴數 是无量壽経典 所生果報不可數量 陀羅尼曰
南謨薄伽勃底一 阿波唎蜜多二 阿喻紇硯孃三 須毗你悉指陀四 囉佐耶五 怛他羯他耶六 怛
姪他唵七 薩婆桑悉迦囉八 波唎輸底九 達磨底十 伽迦娜十一 莎訶某持迦底十二 薩婆娑婆毗輸
底十三 摩訶娜耶十四 波唎婆唎莎訶十五 若有自書使人書寫是无量壽経典 又能
讀持供養 即如恭敬供養一切十方佛土如來 无有別異 陀羅尼曰 南謨薄伽
勃底一 阿波唎蜜多二 阿喻紇硯孃三 須毗你悉指陀四 囉佐耶五 怛他羯他耶六 怛姪他唵七 薩婆桑悉
迦囉八 波唎輸底九 達磨底十 伽迦娜十一 莎訶某持迦底十二 薩婆娑婆毗輸底十三 摩訶娜耶十四 波唎婆唎莎訶十五
布施力能成正覺 悟布施力人師子 布施力能響普聞 慈悲階漸最能入
持戒力能成正覺 悟持戒力人師子 持戒力能響普聞 慈悲階漸最能入
忍辱力能成正覺 悟忍辱力人師子 忍辱力能響普聞 慈悲階漸最能入
精進力能成正覺 悟精進力人師子 精進力能響普聞 慈悲階漸最能入
禪定力能成正覺 悟禪定力人師子 禪定力能響普聞 慈悲階漸最能入
智慧力能成正覺 悟智慧力人師子 智慧力能響普聞 慈悲階漸最能入
尒時如來說是経已 一切世間天人阿修羅乾闥婆等 聞佛所說 皆大歡喜 信受奉行

BD08087號　無量壽宗要經　（4–3）

其福有限 書寫受持是无量壽経典 所有功德不可限量 陀羅尼曰
南謨薄伽勃底一 阿波唎蜜多二 阿喻紇硯孃三 須毗你悉指陀四 囉佐耶五 怛他羯他耶六 怛姪他
唵七 薩婆桑悉迦囉八 波唎輸底九 達磨底十 伽迦娜十一 莎訶某持迦底十二 薩婆娑婆毗輸底十三
摩訶娜耶十四 波唎婆唎莎訶十五 若有七寶等於須彌 以用布施 其福上能知其
限量 是无量壽経典 其福不可知數 陀羅尼曰 南謨薄伽勃底一 阿波唎蜜多二
阿喻紇硯孃三 須毗你悉指陀四 囉佐耶五 怛他羯他耶六 怛姪他唵七 薩婆桑悉迦囉八 波唎輸
底九 達磨底十 伽迦娜十一 莎訶某持迦底十二 薩婆娑婆毗輸底十三 摩訶娜耶十四 波唎婆唎莎訶十五
如是四大海水可知滴數 是无量壽経典 所生果報不可數量 陀羅尼曰
南謨薄伽勃底一 阿波唎蜜多二 阿喻紇硯孃三 須毗你悉指陀四 囉佐耶五 怛他羯他耶六 怛
姪他唵七 薩婆桑悉迦囉八 波唎輸底九 達磨底十 伽迦娜十一 莎訶某持迦底十二 薩婆娑婆毗輸
底十三 摩訶娜耶十四 波唎婆唎莎訶十五 若有自書使人書寫是无量壽経典 又能
讀持供養 即如恭敬供養一切十方佛土如來 无有別異 陀羅尼曰 南謨薄伽
勃底一 阿波唎蜜多二 阿喻紇硯孃三 須毗你悉指陀四 囉佐耶五 怛他羯他耶六 怛姪他唵七 薩婆桑悉
迦囉八 波唎輸底九 達磨底十 伽迦娜十一 莎訶某持迦底十二 薩婆娑婆毗輸底十三 摩訶娜耶十四 波唎婆唎莎訶十五
布施力能成正覺 悟布施力人師子 布施力能響普聞 慈悲階漸最能入
持戒力能成正覺 悟持戒力人師子 持戒力能響普聞 慈悲階漸最能入
忍辱力能成正覺 悟忍辱力人師子 忍辱力能響普聞 慈悲階漸最能入
精進力能成正覺 悟精進力人師子 精進力能響普聞 慈悲階漸最能入
禪定力能成正覺 悟禪定力人師子 禪定力能響普聞 慈悲階漸最能入
智慧力能成正覺 悟智慧力人師子 智慧力能響普聞 慈悲階漸最能入
尒時如來說是経已 一切世間天人阿修羅乾闥婆等 聞佛所說 皆大歡喜 信受奉行

佛說无量壽宗要經
李加興

BD08087號　無量壽宗要經　（4–4）

蜜多清淨善提道是則名為出世般若若善薩
摩訶薩用微妙慧以無所得而為方便於我有
情及諸靜慮等持等至都無所得為趣無上
正等善提三輪清淨而脩靜慮波羅蜜多 淨
善提道是則名為出世般若若善薩摩訶薩
用微妙慧以無所得而為方便於一切法一切有情
都無所得為趣無上正等善提三輪清淨而脩
般若波羅蜜多淨善提道則（是）名為出世般若是
善薩摩訶薩持如是等一切善根與諸有情平
等共有迴向無上正等善提如是迴向當知即
是無上迴向無差別迴向無等等迴向不思議
迴向無對迴向無量迴向微妙迴向如是名為
出世般若波羅蜜多舍利子如是六種波羅蜜
多何因緣故名為世間復何因緣名為出世舍利
子世間者謂（彼）六種波羅蜜多是世間故名為世間

BD08088號　大般若波羅蜜多經卷四九八　（2–1）

善薩摩訶薩持如是等一切善根與諸有情平
等共有迴向無上正等善提如是迴向當知即
是無上迴向無差別迴向無等等迴向不思議
迴向無對迴向無量迴向微妙迴向如是名為
出世般若波羅蜜多舍利子如是六種波羅蜜
多何因緣故名為世間復何因緣名為出世舍利
子世間者謂（彼）六種波羅蜜多是世間故名為世間
造世間故名為世間由世間故名為世間為世
間故名為世間因世間故名為世間屬世間故名
為世間依世間故名為世間舍利子出世者謂
此六種波羅蜜多是出世間故名出世拔出世
間故名出世由世間出故名出世為世間出故名
出世世（從世間出故名出世）間之出故名出世依世間出故名出世舍
利子如是善薩摩訶薩脩行六種波羅波多
時淨善提道　大般若經卷第一百二
尒時舍利子問具壽善現言何等名為諸善薩
摩訶薩善提道善現答言舍利子布施波羅
蜜多乃至般若波羅蜜多是善薩摩訶薩
善提道內空乃至無性自性空是善薩摩訶
薩善提道真如乃至不思議界是善薩摩訶

BD08088號　大般若波羅蜜多經卷四九八　（2–2）

[illegible]於然燈佛前
由他諸佛悉皆供養承事无空過者若復
人於後末世能受持讀誦此經所得
我所供養諸佛功德百分不及
乃至筭數譬喻所不能及須菩[illegible]
女人於後末世有受持讀誦此經
具說者或有人聞心則狂亂狐
知是經義不可思議果報亦不可思議
尒時須菩提白佛言世尊善男子善
阿耨多羅三藐三菩提心云何應住云
其心佛告須菩提善男子善女人發阿
羅三藐三菩提者當生如是心我應
切衆生滅度一切衆生已而无有一衆生
度者何以故若菩薩有我相人相衆生相
相則非菩薩所以者何須菩提實无[illegible]
阿耨多羅三藐三菩提者
須菩提於意云何如來於然燈佛所有法得
阿耨多羅三藐三菩提不不也世尊如我解

BD08089號　金剛般若波羅蜜經　（3–1）

切衆生滅度一切衆生已而无有一衆生
度者何以故若菩薩有我相人相衆生相
相則非菩薩所以者何須菩提實无[illegible]
阿耨多羅三藐三菩提者
須菩提於意云何如來於然燈佛所有法得
阿耨多羅三藐三菩提不不也世尊如我解
佛所說義佛於然燈佛所无有法得阿耨多
羅三藐三菩提佛言如是如是須菩提實无
有法如來得阿耨多羅三藐三菩提須菩提
若有法如來得阿耨多羅三藐三菩提者然
燈佛則不與我受記汝於來世當得作佛号
釋迦牟尼以實无有法得阿耨多羅三藐三
菩提是故然燈佛與我受記作是言汝於來
世當得作佛号釋迦牟尼何以故如來者即
諸法如義若有人言如來得阿耨多羅三藐三
菩提須菩提實无有法佛得阿耨多羅三藐
三菩提須菩提如來所得阿耨多羅三藐三菩
提於是中无實无虛是故如來說一切法皆是佛法須
菩提所言一切法者即非一切法是故名一切法
須菩提譬如人身長大須菩提言世尊如來
說人身長大則爲非大身是名大身
須菩提菩薩亦如是若作是言我當滅度无
量衆生則不名菩薩何以故須菩提實无有
法名爲菩薩是故佛說一切法无我无人无
衆生无壽者須菩提若菩薩作是言我當莊
嚴佛土是不名菩薩何以故如來說莊嚴佛土者即
非莊嚴是名莊嚴須菩提若菩薩通達无我法者如來
說名真是菩薩

BD08089號　金剛般若波羅蜜經　（3–2）

須菩提菩薩亦如是若作是言我當滅度无
量衆生則不名菩薩何以故須菩提實无有
法名為菩薩是故佛說一切法无我无人无
衆生无壽者須菩提若菩薩作是言我當莊
嚴佛土是不名菩薩何以故如來說莊嚴佛土者即
非莊嚴是名莊嚴須菩提若菩薩通達无我法者如來
說名真是菩薩
須菩提於意云何如來有肉眼不如是世尊
如來有肉眼須菩提於意云何如來有天眼
不如是世尊如來有天眼須菩提於意云何
如來有慧眼不如是世尊如來有慧眼須菩
提於意云何如來有法眼不如是世尊如來
有法眼須菩提於意云何如來有佛眼不如
是世尊如來有佛眼須菩提於意云何恒河
中所有沙佛說是沙不如是世尊如來說是
沙須菩提於意云何如一恒河中所有沙有
如是等恒河是諸恒河所有沙數佛世界如
是寧為多不甚多世尊佛告須菩提尒所國
土中所有衆生若干種心如來悉知何以故
如來說諸心皆為非心是名為心所以者何須
菩提過去心不可得現在心不可得未來心
不可得須菩提於意云何若有人滿三千

BD08089號　金剛般若波羅蜜經　（3–3）

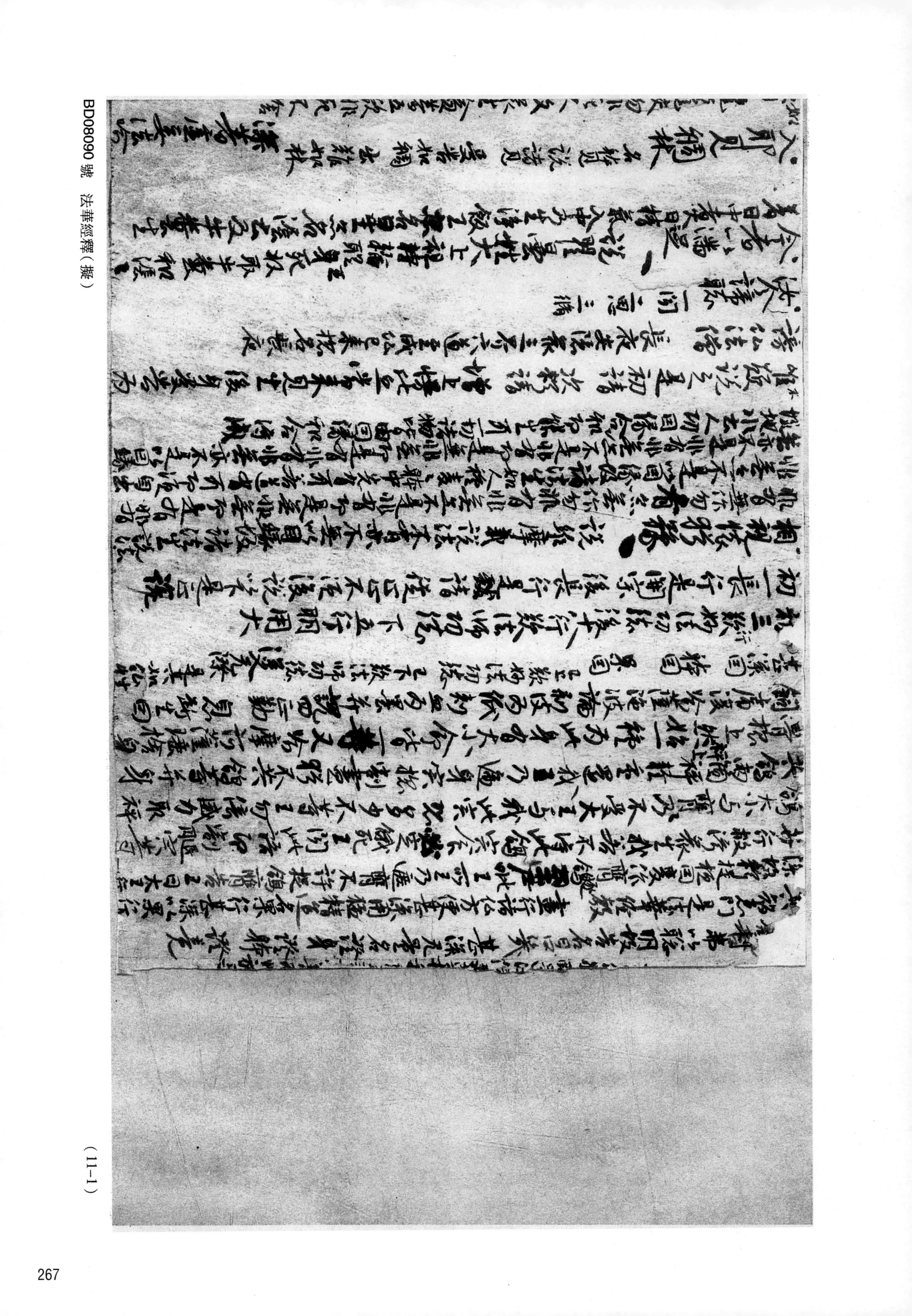

BD08090號　法華經釋（擬）

（11–1）

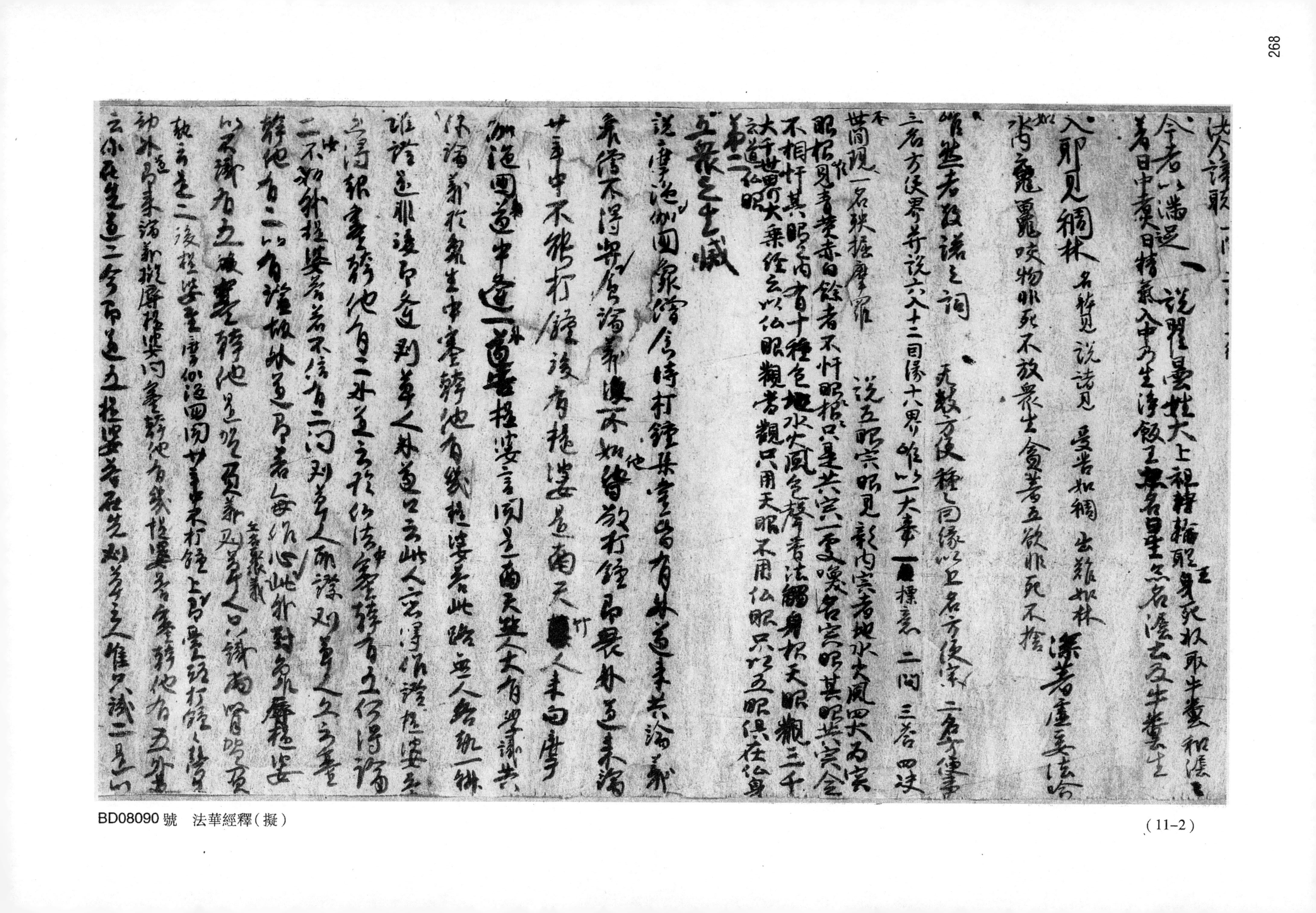

BD08090號　法華經釋（擬）

（11–2）

BD08090號　法華經釋（擬）

（11–3）

BD08090 號　法華經釋（擬）

（11–4）

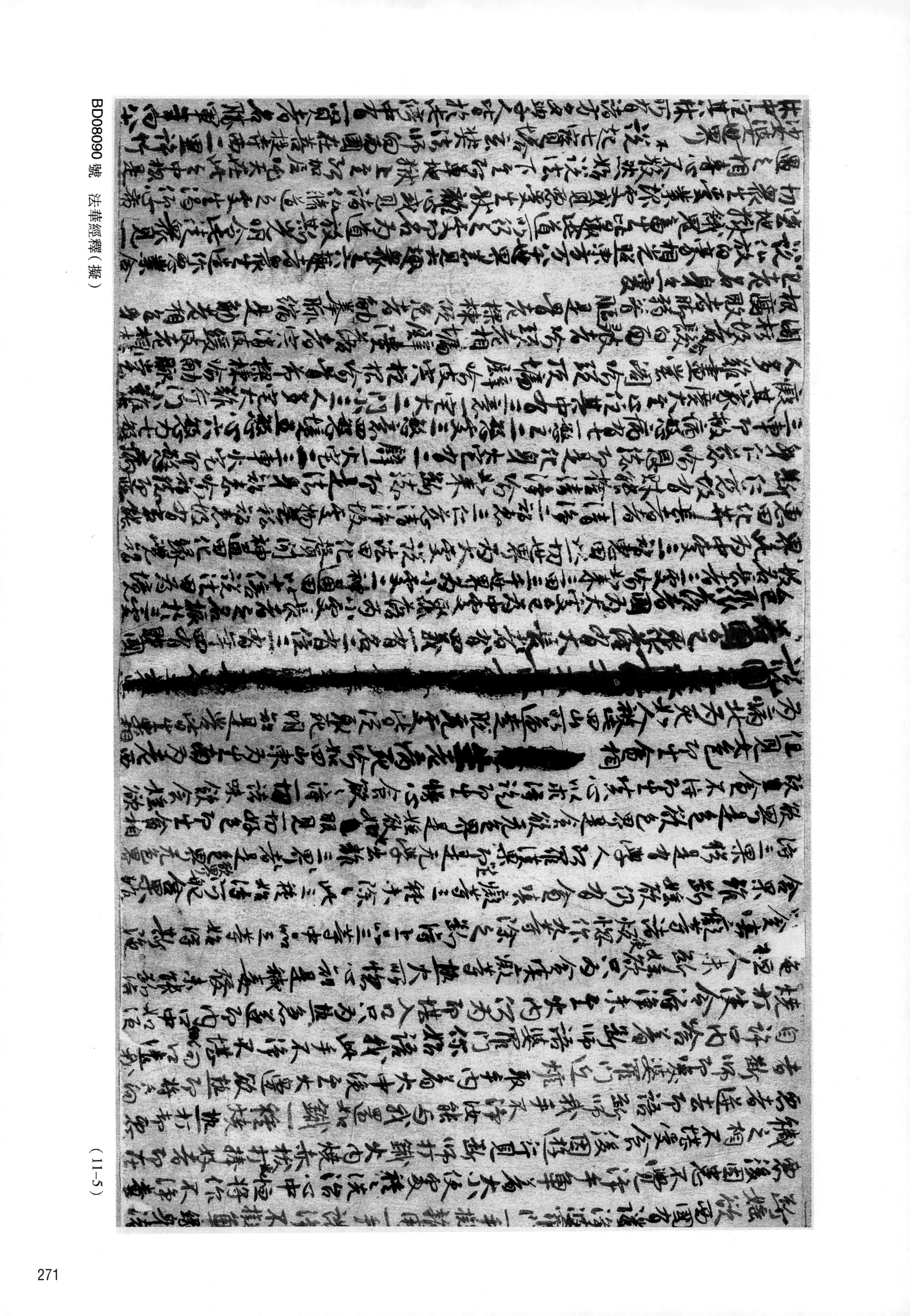

BD08090號　法華經釋（擬）

（11–5）

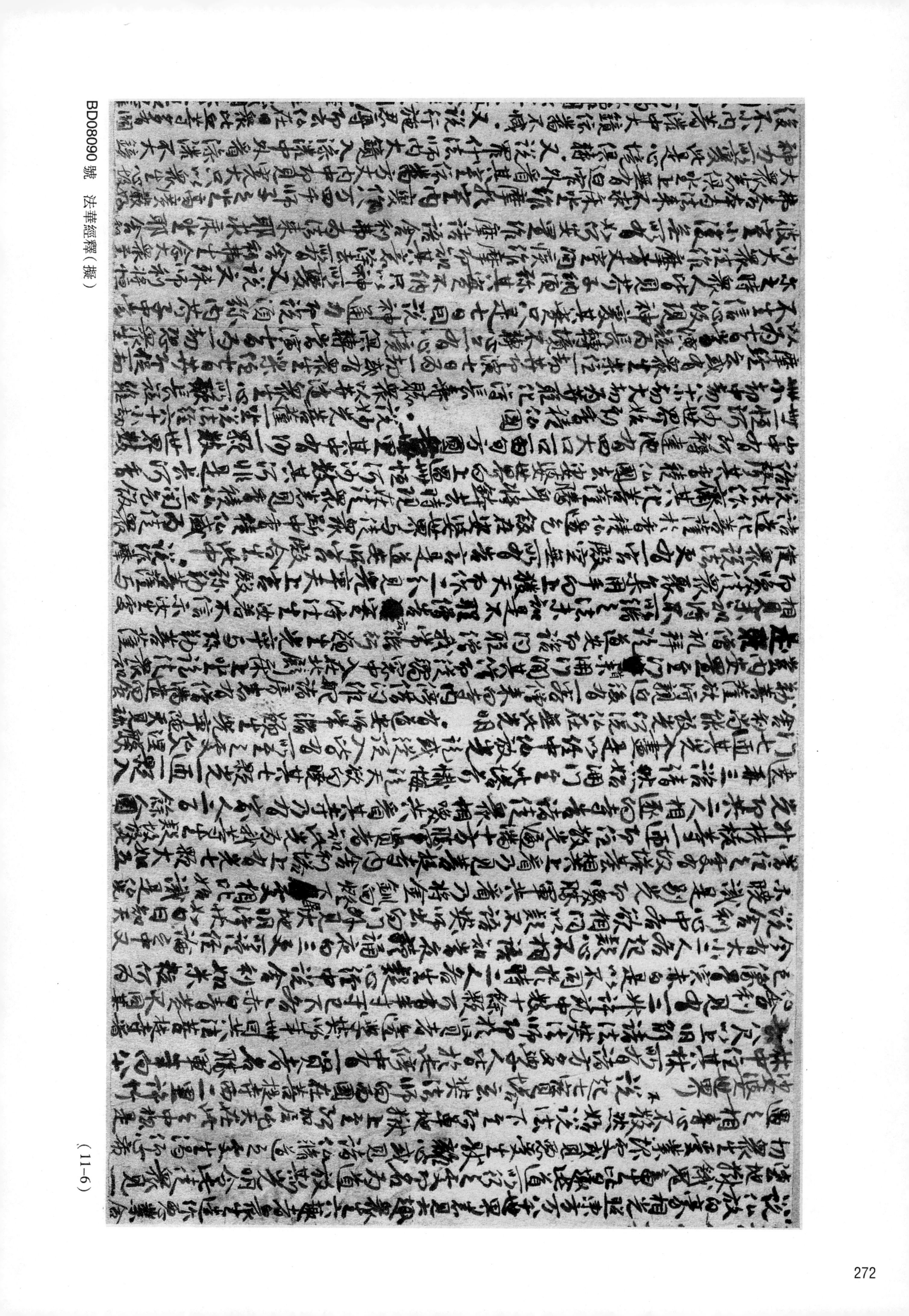

BD08090號　法華經釋（擬）

（11–6）

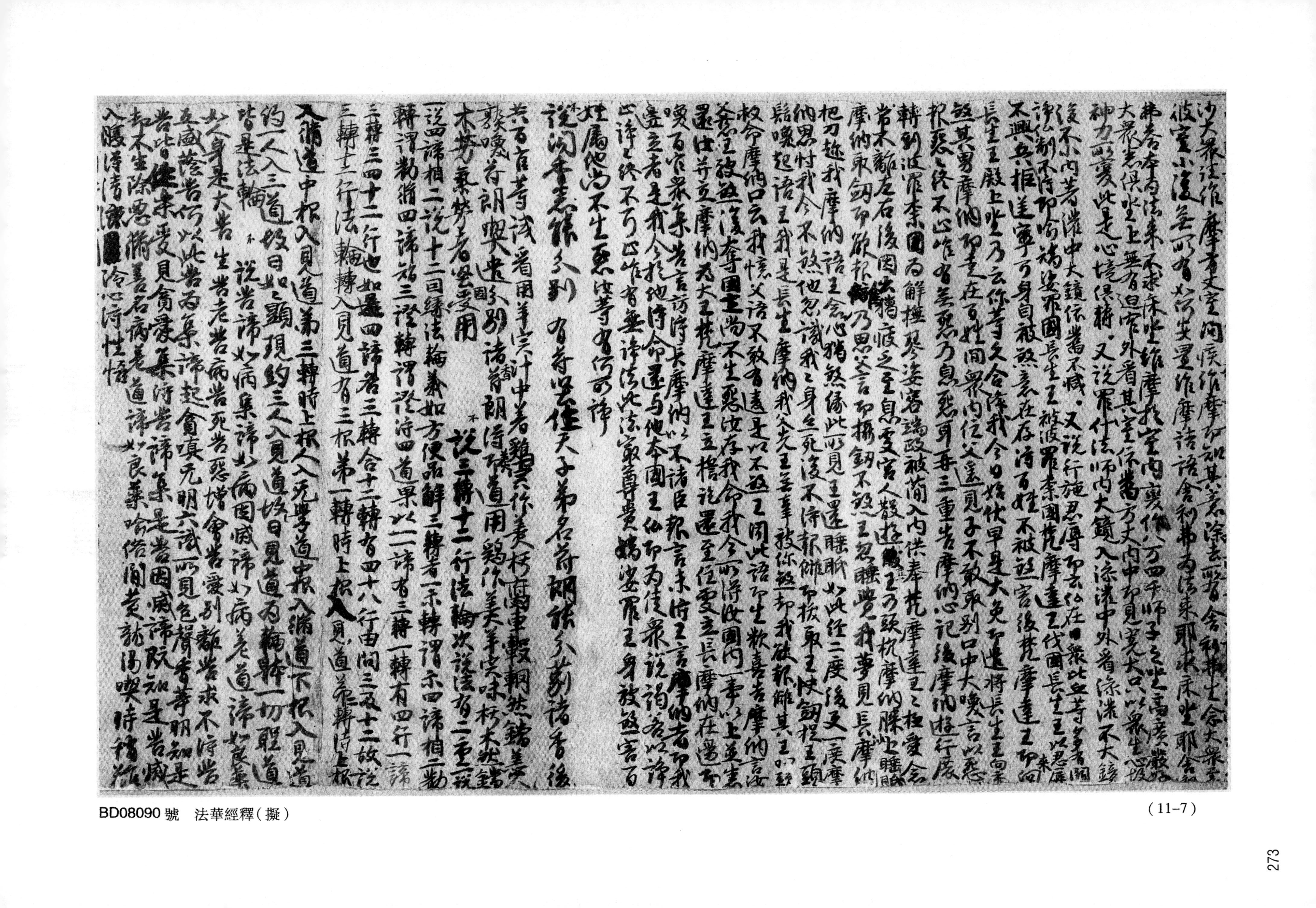

BD08090號　法華經釋（擬）

（11–7）

說須陀桓人七往來滿生人中更不滿道跡坐三得須陀桓果滿須陀
桓果說更欲求斯陀含果即不得在人中死生天他化自在天已下受果報
還生人中如是七往來始得斯陀含果斯陀含人更滿阿那含果三不
增進還在人中死生人受果報來生人中一來一往始得阿那含果阿那
含人更滿阿羅漢果三復不得在人中死得生天始得阿羅漢果須陀
桓人八万劫得阿耨多羅三藐三菩提　斯陀含人六万劫得阿耨多羅
三藐三菩提阿那含人二万劫得阿耨多羅三藐三菩提阿羅漢人
十千劫得阿耨多羅三藐三菩提人中滿得四果說即滿仏果三不
增進會須三代阿僧祇劫滿菩薩行始得成仏
說五百由巡險難惡道喻人身有一大王將四大毒蛇遣一臣養不令
嗔恨若不如法即殺臣其毒蛇張眼向人其人即死以氣噓人乃至
身單並皆死其臣思忖若養之死不養之死不如走逢王聞
臣去即遣五旃陀羅隨後趂逐者及即殺　王後思忖旃陀羅去遠
不如遣親知乘船逐取者言王以嗔故調伏汝心定不殺汝共[illegible]
迴去其臣思忖此多是王遣人詐來不是好心還即走去漸漸還行
一聚落即作此念我極疲頓去旃陀羅及詐親知已走且於此
聚落停息開門欲入宅內並是諸惡毒虫復作是念我本怕
死走來至此若於此住必被毒虫所煞還即走去至中路逢
六大賊即欲射殺更生怕懼隱身藏避還得還去欲至此界
逢一大水復過不得即傍水取木作栰手把脚踏得到彼岸[illegible]
嘆悲快樂如人滿道皆有[illegible]難去至滿道處忽生憙着婦
遣詐着養即放[illegible]退還復作是念此是因緣假合詐親我養
喻親詐友人大聚落中見諸毒虫喻身中貪嗔癡等惡煩惱
逢六大賊喻六根大河水喻禪定得道手把脚踏度得彼岸
五旃陀羅喻五蘊身 ·說如來神力品一切衆生現大神力出廣
長舌喻舍衛國西有一小城中有外道婆羅門論師國法論勝者
而王即給封戶一城百姓皆悉供養弘行化欲到此城其王自
思惟如來到此化我百姓皆悉隨他我交無人供養即說計校
瞿曇沙門幻惑呪術誑諸百姓多貪錢財·若入城乞食一不
與者與食者即罰金錢五百入官者勅百姓說仏即到來從東
[illegible]入身晃耳設門外頂

BD08090號　法華經釋（擬）

（11–10）

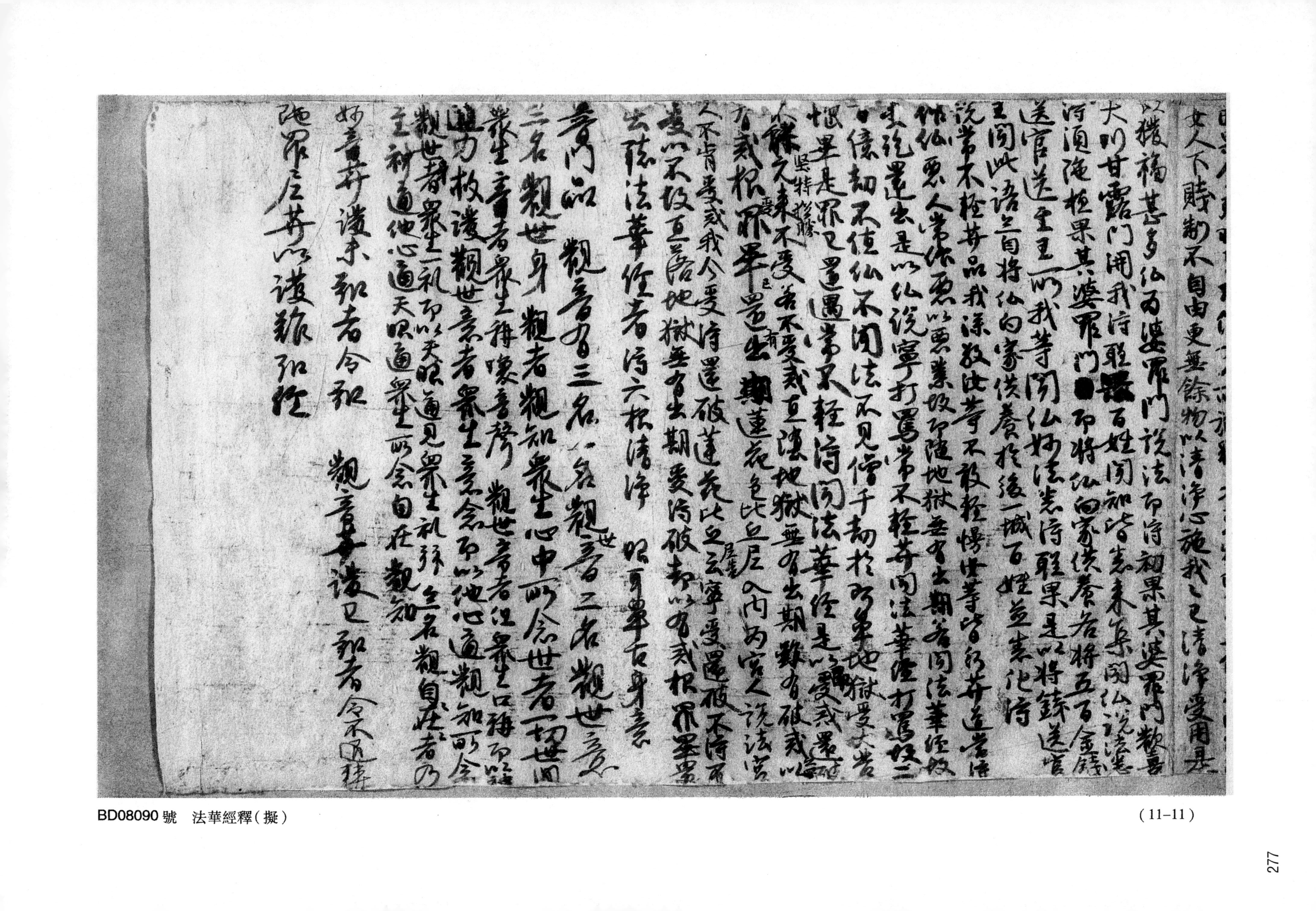

BD08090號　法華經釋（擬）

（11–11）

復次善見王　世間一切人　心无分別想　了知一乘道
過去并未來　十方及現在　唯見一佛乘　无二亦无三
若能發是意　心无分別相　如是諸人等　是名報佛恩
復次善見王　若能有一人　於我滅度後　心常生信解
皆言諸衆生　悉有如來性　如是諸人等　亦名報佛恩
若猶一念善　不求天果報　直向无上道　亦名報佛恩
復次善見王　於我滅度後　若能有一人　須臾讀是經
敬重佛法僧　孝順供養師　如是諸人等　亦名報佛恩
若人捨一財　飲食及衣服　普施諸大衆　亦名報佛恩
復次善見王　於我末法中　有能化一人　須臾聽是經
復勝別供養　百億諸菩薩　如是大乘經　諸佛菩薩母
令佛敬是經　并諸菩薩衆　等心无彼此　是名報佛恩
復次善見王　有能末法中　若欲報佛恩　一念在禪定
勝住三千界　滿中一切人　謗禪壞亂衆　如然三千界
滿中一切人　及諸衆生類　謗禪壞亂衆　其罪亦如是
若人見循善　誹謗不信受　壞斷三寶種　不名報佛恩
尒時善見王子　三千人蒙佛教已　歡喜頂受
重說偈言
我等今日　普前過去　未來見在　三世諸佛

滿中一切人　及諸衆生類　誹謗禪壞亂衆　其罪亦如是
若人見脩善　誹謗不信受　壞斷三寶種　不名報佛恩
尒時善見王子　三千人蒙佛教已　歡喜頂受
重說偈言
我等今日　稽首過去　未來現在　三世諸佛
亦復歸命　釋迦文佛　稽首八万　四千法藏
亦復歸命　諸餘經法　稽首過去　維摩文殊
亦復歸命　多聞大智　阿難舍利　稽首无學
五分法身　亦復歸命　始學初回　稽首已說
重說偈言
諸佛說何實　何者是不實　實之以不實　二事不可得
如是真實相　不毀於諸法　憐愍衆生故　方便現涅槃（轉法輪）
諸聖所從來　佛亦如是來　實相及所去　佛亦尒无異
諸聖如實語　佛亦如實說　以是故名佛　多陁阿伽度
忍鎧心堅固　精進弓力強　智慧箭勁利　破憍慢諸賊
應受天世人　一切諸供養　以是故名佛　以爲阿羅訶
正知苦實相　亦實知苦因　知苦盡實相　亦知苦盡道
真實解四諦　定實不可變　是故十方中　号三藐三佛
得淺妙三明　清淨行亦具　是故号世尊　鞞闍遮羅那
解知一切法　自得妙道去　或時方便說　慈念一切故
滅除老病死　令到安養國　以是故名佛　以爲脩伽陁
知世所從來　亦知世盡道　以是故名佛　爲路迦鞞陁
禪戒智慧眼　无及況出上　以是故名佛　爲阿耨多羅
大悲度衆生（知慧无煩惱）　示善教調御（說衆上解脫）　以是故名佛（提婆魔沉含）　富樓沙曇藐（三世動不動）
盡及不盡法　道樹下悉知　是故名爲佛
尒時十方諸佛入神通三昧而自舉身處於空
中異口同音唱如是言是善見大王及以

[illegible]

大悲度衆生　知慧无㝵惣　淨善教調御　訖畢上解脫　以是故名佛　提婆魔筏舍　富樓沙曇藐　三世動不動

盡及不盡法　道樹下悉知　是故名爲佛

尒時十方諸佛入神通三昧示自舉身處於空
中異口同音唱如是言是善見大王及以
三千人𢘥等罪性不在外不在内不在中間
心實故善力實心解故罪性解空慧故罪性
空信力故福力多若能如是懺悔者則爲已
見我亦見多寶佛及諸分身者懺悔滅罪以
常見我今日教化諸菩薩如是懺悔者令我
及分身滅度多寶佛一切皆歡喜十方現在
佛并過去未來亦見亦供養亦令得歡喜願
此大乘經得入菩提門

佛告諸弟子有罪欲懺悔當如善見王礼是
三世佛十二部尊經諸大菩薩僧一一心礼亦
如遣我想值我想見我相見一佛相二佛相
七佛相見百佛相千佛相万佛相亦如見无
量佛相如是一一心礼是人福德无量滅除
生死重罪阿僧祇劫中不墮三惡道安住
於佛道決定无有疑是故懺諸罪至心諦信
之定得滅重罪

尒時善見王子三千人俱俱發聲言以偈讚
佛

世尊大慈悲　釋種之大法王　處衆師子吼　普偏諸衆生
視衆如一子　无彼亦无此　以見无上尊　是故今敬礼

尒時佛告善見王子及以三千人等若能如
是發露懺悔不覆藏罪是真菩薩於未来世
必得作佛復次善男子於我滅後有能直心

及尒身滅度又寶佛一切皆衛畫十方現在
佛并過去未來亦見亦供養亦令得歡喜順
此大乘經得入菩提門
佛告諸弟子有罪欲懺悔當如善見王礼是
三世佛十二部尊經諸大菩薩僧一一心礼亦
如遣我想值我想見我相見一佛相二佛相
七佛相見百佛相千佛相万佛相亦如見无
量佛相如是一一心礼是人福德无量滅除
生死重罪阿僧祇劫中不墮三惡道安住
於佛道决定无有疑是故懺諸罪至心諦信
之定得滅重罪
尒時善見王子三千人俱俱發聲言以偈讚
佛
世尊大慈悲　釋種之大法王　處衆師子吼　普攝諸衆生
視衆如一子　无彼亦无此　以見无上尊　是故今敬礼
尒時佛告善見王子及以三千人等若能如
是發露懺悔不覆藏罪是真菩薩汝於來世
必得作佛復次善男子於我滅後有能直心
礼是十方諸佛十二部經諸菩薩僧者是名
歸三寶恩即滅十惡五逆及謗方等滅是罪
[illegible]授与須陁洹果應以
[illegible]果應以阿那含
[illegible]度者
辟

金有陀羅尼經

如是我聞一時薄伽梵住如蘿籬

金剛手俱

尒時天百施往世尊所到已頂礼

一面坐一面已天帝百施白佛言世

戰陣而闘戰時以阿修羅幻惑呪

於負處而知已不唯然願世尊

為令催伏阿修羅衆幻惑呪術

善說衆勝大靈之呪時薄伽梵告天帝百

施日憍尸迦如是如是與阿修羅而闘戰時實

以明秘呪靈藥力而值負處憍尸迦為哀

愍故今說明呪欲令幻惑明呪退散闘戰

諍訟悉皆消滅一切秘呪及諸藥等而得

斷除說於明呪

尒時薄伽梵說大金有明呪之日我今為說

三無數劫諸餘外道行者遍遊裸形而起惡

思作諸障㝵我從彼來所有幻惑一切明呪

悉能降伏六度圓滿斷除諸餘外道行者遍

遊衆及諸蠱七日明呪陀呪藥及一切諸魔

諍訟悉皆消滅一切蠱呪及諸藥等亦得

斷除說於明呪

尒時薄伽梵說大金有明呪之日我今為說

三無數劫諸餘外道行者遍遊禄形而起惡

思往諸障尋我從彼來所有幻惑一切明呪

悉能降伏六度圓滿斷除諸餘外道行者遍

遊禄形諸惱乱回明呪秘呪藥及一切諸魔

朋黨大明之呪憍尸迦汝當攝受諸有情故

受持冣勝大秘呪天帝白言如是世尊唯然

受教尒時世尊即說金有大明呪曰

怛也他唵 希你希你 希離希離 命離命離 希命離

你希你希 你希囉秘你 乾佐耶波羝 哺羝抱哆滿怛囉

阿地訖梨羝 閇羝閇羝 閇哆滿怛囉 阿地迦囉羝 訶耶

訶耶 訶婆訶婆 親馱親馱 頻耶頻耶 薄伽跋羝

佐曳秘佐曳 攢婆你 悉談婆你 畔馱你 牟訶你

阿牟伽爍羝 馱囉你 訖梨耶訖梨耶 迦多棕麼耶婆

攢婆也攢婆也 畔佐也畔佐也 悉聚婆也 悉聚婆也

畔馱也畔馱也 牟訶也牟訶也 所有一切若天幻

惑若龍幻惑若藥叉幻惑若羅刹幻惑若緊

那羅幻惑若乾闥婆幻惑若阿修羅幻惑若

莫呼洛伽幻惑若大腹行幻惑若持明呪幻

惑戌毘王幻惑若仙幻惑若持一切明呪幻

惑 囉羅囉羅 羅佐也囉佐也 茹磨靚磨 茹茹磨

囉婆囉婆 囉婆耶 作劉蘭罩 伽蘭他你 訶耶訶耶

薩婆猝哆 奢咄嚩難 悉談婆也 婆君悉談婆也

秀迖悉談婆也 播南悉談婆也 婆嚩難悉談婆也

惡你賞悉談婆也 薜乾哆 槃哆梨馱 囉羝惟 馱囉

寧波奢訶悉羝 弊奢他也婆世耶 若有於我

常為惡友者欲害身惡思惡心謂争競事

BD08092號　金有陀羅尼經　（4–2）

薩婆鞞哆　耆吡山嚕難　悉談婆也　婆男悉談婆也
秀泜悉談婆也　𦾔南悉談婆也　婆嚕叒難悉談婆也
悪你賓悉談婆也　替乾哆　棃哆棃馱　囉羅帷　馱囉
寧波耆訶悉羝　弊耆他也婆世耶　若有於我
能為惡敵諸賊嗔恚具極惡心鬪諍極諍
欲你一切無利益者　訶那訶那　哆訶哆訶
波佐波佐　半佐也半佐也　擯婆也擯婆也　悉談婆也
悉談婆也　半馱也馱也　牟訶也牟訶也　摩訶牟
訶你　薄伽跋羝莎訶
於一切怖畏嬈惱疾疫領守護我叭馱莎訶
憍尸迦若善男子善女人若王若王大臣能
憶念此金有明呪者彼无他怖畏於彼部黨
他所敵軍不能侵惱亦非天亦非龍亦非藥
叉亦非乾闥婆亦非阿修羅亦非莫呼洛伽
亦非持明呪者亦非飛空世等亦不非時而
捨壽命明呪祕呪一切諸藥不能為害他所
敵軍不能侵嬈他所敵軍而不傷命力不能
害水火毒藥明呪祕呪一切諸藥而不能侵
還著於彼自作教他隨喜造罪彼之處所憍
尸迦是故淨信苾蒭苾蒭尼烏波索迦烏波
斯迦善男子善女人等以此明呪呪水七遍自
洗其身能護於身若有欲令於一切怖
畏一切嬈惱一切疾疫一切明呪一切祕呪
一切諸藥一切厭蠱而超過者當念此金有
明呪若王若王大臣若欲摧他軍衆伏他
軍衆亦當念此金有明呪若呪線七遍往
七結已繫於身上若呪水七遍能護自身
若有書寫於一切怖畏无障导隨羅尼或

畏一切嬈惱一切疾疫一切明呪一切秘呪
一切諸藥一切厭蠱而超過者當念此金有
明呪若王若王大臣若欲催他軍衆伏他
軍衆亦當念此金有明呪若呪線七遍作
七結已繫於身上若呪水七遍能護自身
若有書寫於一切怖畏无障导陁羅尼或
能受持或繫脛下若登高幢入軍陣者善
安待既以此明呪或神之力內族眷屬善
安超過未或能若欲催伏諸明呪者於
白線上呪七遍已作七結者能繫催伏若
欲催伏諸幻惑者取冢間土呪七遍已而
散擲者能催幻惑論競之時欲禁其口取
秦荻藋呪七遍已而噬嚼者一切言論悉
能對答受持讀誦而稱讚者一切諸罪悉
皆消滅劫往於彼作造之者及思惟所或
繫於繩及水自護者於彼身上一切明呪
秘呪諸藥不能為害未或離者悉能或
離彼所求事一切順從時薄伽梵說是
語已天帝百施聞佛所說信受奉行

金有陁羅尼經一卷

燒香末香及塗香　衆妙雜華非一色
每日三時從樹墮　隨心受用生歡喜
普願衆生咸供養　十方一切最勝尊
三乘清淨妙法門　菩薩獨覺聲聞衆
常願勿處於卑賤　不墮无暇八難中
生在有暇人中尊　恒得親承十方佛
願得常生富貴家　財寶倉庫皆盈滿
顔貌名稱无與等　壽命延長經劫數
悉願女人變為男　勇健聰明多智慧
一切常行菩薩道　勤修六度到彼岸
常見十方无量佛　寶王樹下而安處
處妙瑠璃師子座　恒得親承轉法輪
若於過去及現在　輪迴三有造諸業
能招可猒不善趣　願得消滅永无餘
一切衆生於有海　生死羂網堅牢縛
願以智劒為斷除　離苦速證菩提處
衆生於此贍部內　或於他方世界中
所作種種勝福田　我今皆悉生隨喜
以此隨喜福德事　及身語意造衆善
願此勝業常增長　速證无上大菩提
所有礼讚佛功德　深心清淨无瑕穢

BD08093 號　金光明最勝王經卷二　（2–1）

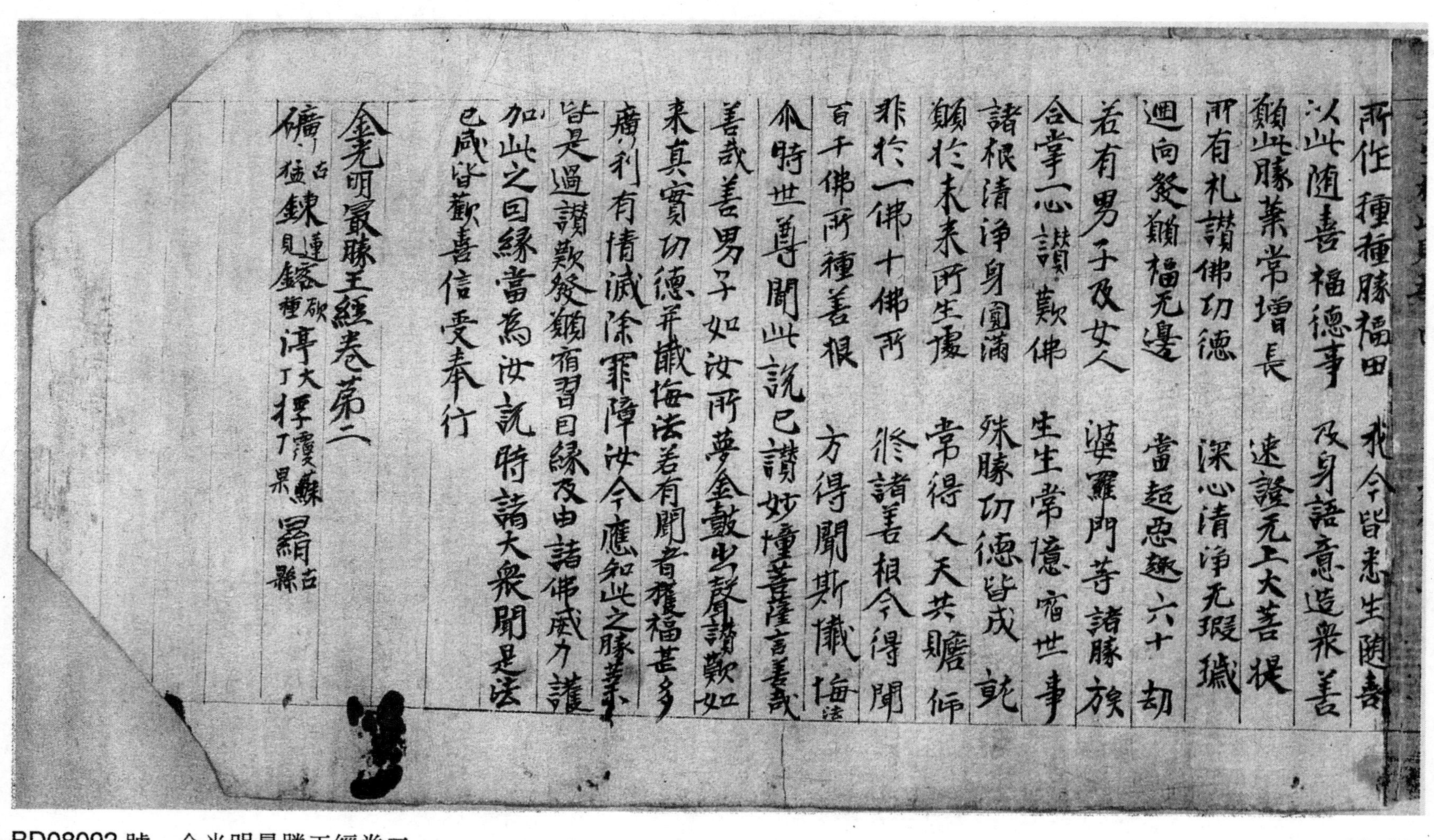

所作種種勝福田　我今皆悉生隨喜
以此隨喜福德事　及身語意造衆善
願此勝業常增長　速證无上大菩提
所有礼讚佛功德　深心清淨无瑕穢
迴向發願福无邊　當超惡趣六十劫
若有男子及女人　婆羅門等諸勝族
合掌一心讚歎佛　生生常憶宿世事
諸根清淨身圓滿　殊勝功德皆成就
願於未來所生處　常得人天共瞻仰
非於一佛十佛所　修諸善根今得聞
百千佛所種善根　方得聞斯懺悔法
尒時世尊聞此說已讚妙幢菩薩言善哉
善哉善男子如汝所夢金鼓出聲讚歎如
來真實功德并懺悔法若有聞者獲福甚多
廣利有情滅除罪障汝今應知此之勝業
皆是過讚歎發願宿習因緣及由諸佛威力護
加此之因緣當為汝說時諸大衆聞是法
已咸皆歡喜信受奉行

金光明最勝王經卷第二

礦古猛　鍊連見　鎔欲種　淳大丁　撑丁果　覆蘇　羂古縣

BD08093 號　金光明最勝王經卷二　（2–2）

至一念隨喜者我皆與
受記當得阿耨多羅三藐三菩提佛告藥王
又如來滅度之後若有人聞妙法華經乃至
一偈一句一念隨喜者我亦與受阿耨多羅
三藐三菩提記若復有人受持讀誦解說書
寫妙法華經乃至一偈於此經卷敬視如佛
種種供養華香瓔珞末香塗香燒香繒蓋幢
幡衣服伎樂乃至合掌恭敬藥王當知是諸
人等已曾供養十万億佛於諸佛所成就大
願愍衆生故生此人間藥王若有人問何等
衆生於未來世當得作佛應示是諸人等於
未來世必得作佛何以故若善男子善女人
於法華經乃至一句受持讀誦解說書寫種
種供養經卷華香瓔珞末香塗香燒香繒蓋
幢幡衣服伎樂合掌恭敬是人一切世間所
應瞻奉應以如來供養而供養之當知此人
是大菩薩成就阿耨多羅三藐三菩提哀愍
衆生願生此間廣演分別妙法華經何況盡
能受持種種供養者藥王當知是人自捨清
淨業報於我滅度後愍衆生故生於惡世廣
[illegible]善男子善女人我滅度後能竊[illegible]

BD08094 號　妙法蓮華經卷四　（1-1）

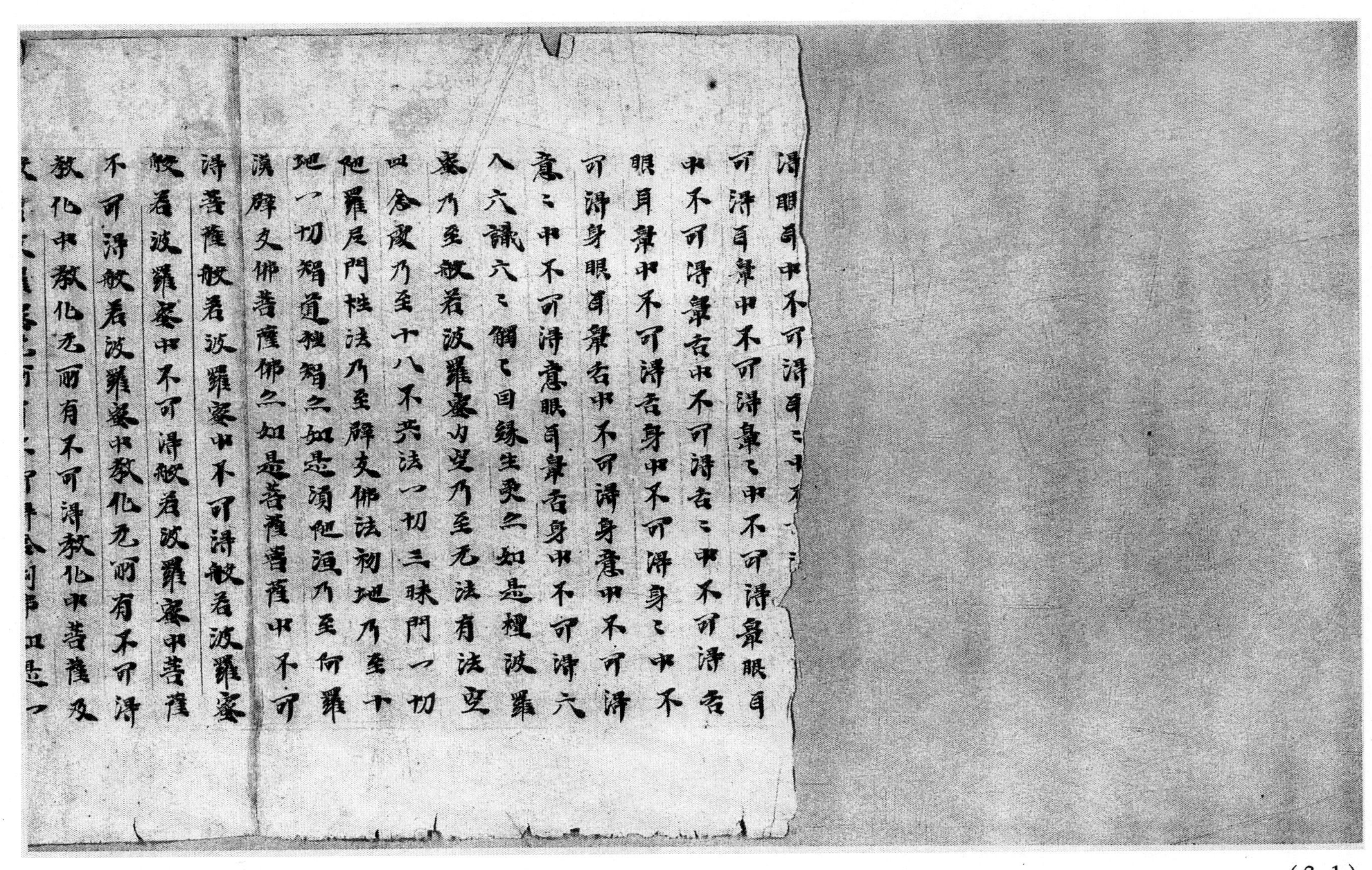
淨眼耳中不可得耳〻中不[illegible]
可得耳鼻中不可得鼻〻中不可得鼻眼耳
中不可得鼻舌中不可得舌〻中不可得舌
眼耳鼻中不可得舌身中不可得身〻中不
可得身眼耳鼻舌中不可得身意中不可得
意〻中不可得意眼耳鼻舌身中不可得六
入六識六〻觸〻因緣生受亦如是檀波羅
蜜乃至般若波羅蜜內空乃至無法有法空
四念處乃至十八不共法一切三昧門一切
陀羅尼門性法乃至辟支佛法初地乃至十
地一切智道種智亦如是須陀洹乃至阿羅
漢辟支佛菩薩佛亦如是菩薩菩薩中不可
得菩薩般若波羅蜜中不可得般若波羅蜜
般若波羅蜜中不可得般若波羅蜜中菩薩
不可得般若波羅蜜中教化无而有不可得
教化中教化无而有不可得教化中菩薩及

BD08095 號　大智度論卷五二　（3-1）

須辟支佛菩薩佛亦如是菩薩菩薩中不可
得菩薩般若波羅蜜中不可得般若波羅蜜
般若波羅蜜中不可得般若波羅蜜中菩薩
不可得般若波羅蜜中教化无所有不可得
教化中教化无所有不可得教化中菩薩及
般若波羅蜜无所有不可得舍利弗如是一
切法无所有不可得以是因緣故一切種一
切處菩薩不可得當教何等菩薩般若波羅
蜜如舍利弗所言何因緣故說菩薩摩訶薩
但有假名舍利弗色是假名受想行識是假
名色名非色受想行識名非識何以故名名相
空名空則非菩薩以是因緣故舍利弗菩薩
但有假名復次舍利弗檀波羅蜜但〻有〻
名〻字〻中非有檀〻波〻羅〻蜜中非有
名字以是故菩薩但有假名尸波羅蜜羼提
波羅蜜毗梨耶波羅蜜禪波羅蜜般若波羅
蜜但有名字〻中无有般若〻波〻羅〻蜜〻
中无有名字以是因緣故菩薩但有假名舍
利弗内空但有名字乃至无法有法空但有
名〻字〻中无内〻空〻中无名字何以故
名字内空俱不可得乃至无法有法空亦如
是以是因緣故舍利弗菩薩但有假名舍利
弗四念處但有名字乃至十八不共法但有
名字一切三昧門一切陀羅尼門乃至一切
種智亦如是以是因緣故舍利弗我說菩薩
但有假名如舍利弗言何因緣故說我名字
畢竟不生舍利弗我畢竟不可得云何當有

BD08095號　大智度論卷五二

（3–2）

是以是因緣故舍利弗菩薩但有假名舍利
弗四念處但有名字乃至十八不共法但有
名字一切三昧門一切陀羅尼門乃至一切
種智亦如是以是因緣故舍利弗我說菩薩
但有假名如舍利弗言何因緣故說我名字
畢竟不生舍利弗我畢竟不可得云何當有
生乃至知者見者畢竟不可得云何當有生
舍利弗色畢竟不可得云何當有生受想行
識畢竟不可得云何當有生眼畢竟不可得
乃至意觸因緣生受畢竟不可得云何當有
生檀波羅蜜畢竟不可得乃至般若波羅蜜
畢竟不可得云何當有生内空畢竟不可得
乃至无法有法空畢竟不可得云何當有生
四念處畢竟不可得乃至十八不共法畢竟
不可得云何當有生諸三昧門諸陀羅尼門
畢竟不可得云何當有生聲聞乃至佛畢竟
不可得云何當有生以是因緣故舍利弗如
我說如我名字義亦畢竟不生問曰心〻數
法无形故可无邊色是有形可見云何无邊
答曰无處不有色不可得籌量遠近輕重如
佛說四大无處不有故名為大不可以五情
得其限不可以斤稱量其多少輕重是故言
[illegible]色過去時初始不可得未來時
[illegible]盡是故无際

BD08095號　大智度論卷五二

（3–3）

皆一心合掌　欲聽受佛語　我等千二百　及餘求佛者
願為此衆故　唯垂分別說　是等聞此法　則生大歡喜
尒時世尊告舍利弗汝已慇懃三請豈得不
說汝今諦聽善思念之吾當為汝分別解說
說此語時會中有比丘比丘尼優婆塞優婆
夷五千人等即從座起禮佛而退所以者何
此輩罪根深重及增上慢未得謂得未證謂
證有如此失是以不住世尊默然而不制止
尒時佛告舍利弗我今此衆无復枝葉純有
貞實舍利弗如是增上慢人退亦佳矣汝今
善聽當為汝說舍利弗言唯然世尊願樂欲
聞佛告舍利弗如是妙法諸佛如來時乃說
之如優曇鉢華時一現耳舍利弗汝等當信佛
之所說言无虛妄舍利弗諸佛隨宜說法意
趣難解所以者何我以无數方便種種因緣譬
喻言辭演說諸法是法非思量分別之所能解

BD08096號　妙法蓮華經卷一　（3–1）

善聽當為汝說舍利弗言唯然世尊願樂欲
聞佛告舍利弗如是妙法諸佛如來時乃說
之如優曇鉢華時一現耳舍利弗汝等當信佛
之所說言无虛妄舍利弗諸佛隨宜說法意
趣難解所以者何我以无數方便種種因緣譬
喻言辭演說諸法是法非思量分別之所能解
唯有諸佛乃能知之所以者何諸佛世尊唯
以一大事因緣故出現於世舍利弗云何名
諸佛世尊唯以一大事因緣故出現於世諸
佛世尊欲令衆生開佛知見使得清淨故出
現於世欲示衆生佛知見故出現於世欲令
衆生悟佛知見故出現於世欲令衆生入佛
知見道故出現於世舍利弗是為諸佛以一
大事因緣故出現於世佛告舍利弗諸佛如
來但教化菩薩諸有所作常為一事唯以佛之
知見示悟衆生舍利弗如來但以一佛乘故
為衆生說法无有餘乘若二若三舍利弗一切
十方諸佛法亦如是舍利弗過去諸佛以无
量无數方便種種因緣譬喻言辭而為衆生
演說諸法是法皆為一佛乘故是諸衆生從
諸佛聞法究竟皆得一切種智舍利弗未來
諸佛當出於世亦以无量无數方便種種因緣
譬喻言辭而為衆生演說諸法是法皆為一佛
乘故是諸衆生從佛聞法究竟皆得一切種
智舍利弗現在十方无量百千万億佛土中
諸佛世尊多所饒益安樂衆生是諸佛亦以无
量无數方便種種因緣譬喻言辭而為衆生

BD08096號　妙法蓮華經卷一　（3–2）

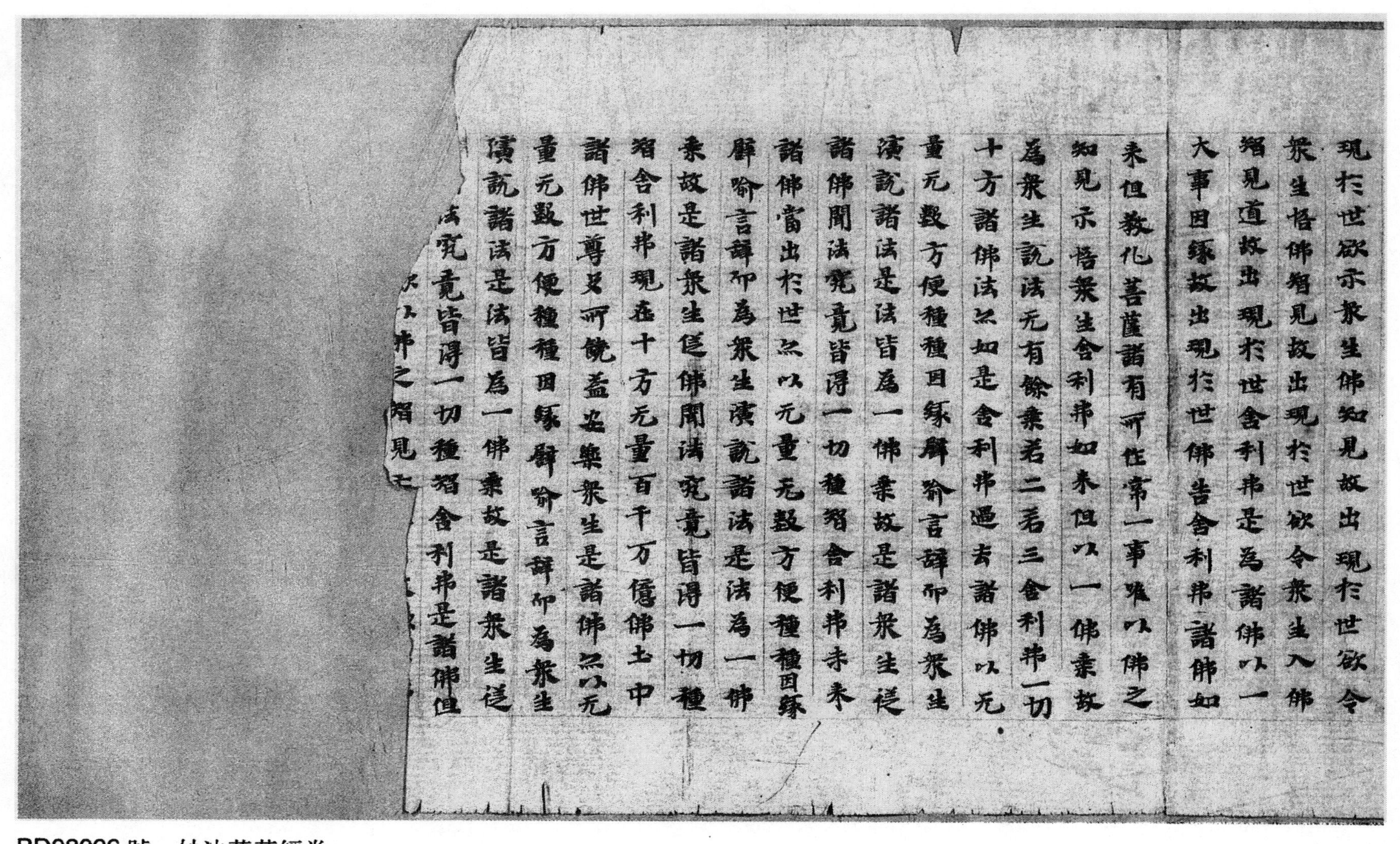

現於世欲示衆生佛知見故出現於世欲令
衆生悟佛知見故出現於世欲令衆生入佛
知見道故出現於世舍利弗是為諸佛以一
大事因緣故出現於世佛告舍利弗諸佛如
來但教化菩薩諸有所作常為一事唯以佛之
知見示悟衆生舍利弗如來但以一佛乘故
為衆生說法无有餘乘若二若三舍利弗一切
十方諸佛法亦如是舍利弗過去諸佛以无
量无數方便種種因緣譬喻言辭而為衆生
演說諸法是法皆為一佛乘故是諸衆生從
諸佛聞法究竟皆得一切種智舍利弗未來
諸佛當出於世亦以无量无數方便種種因緣
譬喻言辭而為衆生演說諸法是法為一佛
乘故是諸衆生從佛聞法究竟皆得一切種
智舍利弗現在十方无量百千万億佛土中
諸佛世尊多所饒益安樂衆生是諸佛亦以无
量无數方便種種因緣譬喻言辭而為衆生
演說諸法是法皆為一佛乘故是諸衆生從
佛聞法究竟皆得一切種智舍利弗是諸佛但
欲以佛之知見

BD08096號　妙法蓮華經卷一　（3–3）

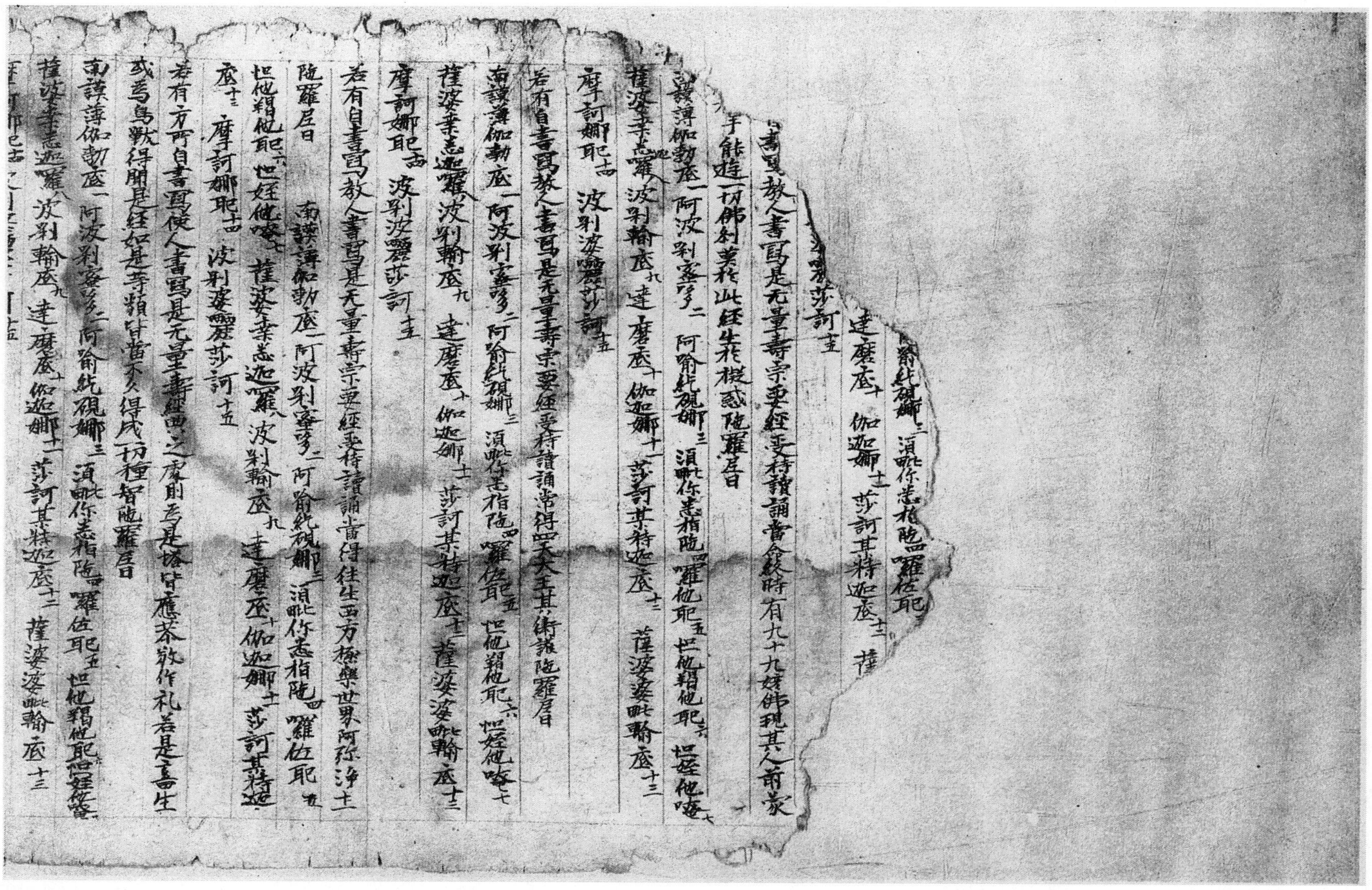

□喻紇硯娜三　須毗你悉栀陁四囉佐耶
達磨底十　伽迦娜十一　莎訶其特迦底十二　薩
□□莎訶十五
書寫教人書寫是无量壽宗要經受持讀誦當命終時有九十九姟佛現其人前來
手能遊一切佛剎莫於此經生於疑惑陁羅尼曰
南謨薄伽勃底一　阿波唎蜜哆二　阿喻紇硯娜三　須毗你悉栀陁四囉佐耶五　怛他羯他耶六　怛姪他唵七
薩婆桒悉迦囉八　波唎輸底九　達磨底十　伽迦娜十一　莎訶其特迦底十二　薩婆娑毗輸底十三
摩訶娜耶十四　波唎波囉莎訶十五
若有自書寫教人書寫是无量壽宗要經受持讀誦常得四大天王其衛護陁羅尼曰
南謨薄伽勃底一　阿波唎蜜哆二　阿喻紇硯娜三　須毗你悉栀陁四囉佐耶五　怛他羯他耶六　怛姪他唵七
薩婆桒悉迦囉八　波唎輸底九　達磨底十　伽迦娜十一　莎訶其特迦底十二　薩婆娑毗輸底十三
摩訶娜耶十四　波唎波囉莎訶十五
若有自書寫教人書寫是无量壽宗要經受持讀誦當得往生西方極樂世界阿彌陁淨土
陁羅尼曰　南謨薄伽勃底一　阿波唎蜜哆二　阿喻紇硯娜三　須毗你悉栀陁四囉佐耶五
怛他羯他耶六　怛姪他唵七　薩婆桒悉迦囉八　波唎輸底九　達磨底十　伽迦娜十一　莎訶其特迦
底十三　摩訶娜耶十四　波唎波囉莎訶十五
若有方所自書寫使人書寫是无量壽經典之處即為是塔皆應恭敬作礼若是畜生
或為鳥獸得聞是經如是等類皆當不久得成一切種智陁羅尼曰
南謨薄伽勃底一　阿波唎蜜哆二　阿喻紇硯娜三　須毗你悉栀陁四囉佐耶五　怛他羯他耶六　怛姪他唵七
薩婆桒悉迦囉八　波唎輸底九　達磨底十　伽迦娜十一　莎訶其特迦底十二　薩婆娑毗輸底十三
摩訶娜耶十四……十五

BD08097號　無量壽宗要經　（3–1）

摩訶娜耶 波唎婆囉莎訶
若有方所自書寫使人書寫是无量壽宗要經典之處則為是塔皆應恭敬作礼若是畜生
或為鳥獸得聞是經如是等類皆當不久得成一切種智陀羅尼曰
南謨薄伽勃底 阿波唎蜜多 阿喻紇硯娜 須毗你悉指陀 囉佐耶 怛他羯他耶 怛姪他唵
薩婆桑悉迦囉 波唎輸底 達磨底 伽迦娜 莎訶莫特迦底 薩婆婆毗輸底
摩訶娜耶 波唎婆囉莎訶
若有於是无量壽經自書寫若使人書畢竟不受女人之身陀羅尼曰
南謨薄伽勃底 阿波唎蜜多 阿喻紇硯娜 須毗你悉指陀 囉佐耶 怛他羯他耶 怛姪他唵
薩婆桑悉迦囉 波唎輸底 達磨底 伽迦娜 莎訶莫特迦底 薩婆婆毗輸底
摩訶娜耶 波唎婆囉莎訶
若有能於是經少分能惠施者等於三千大千世界滿中七寶布施陀羅尼曰
南謨薄伽勃底 阿波唎蜜多 阿喻紇硯娜 須毗你悉指陀 囉佐耶 怛他羯他耶 怛姪他唵
薩婆桑悉迦囉 波唎輸底 達磨底 伽迦娜 莎訶莫特迦底 薩婆婆毗輸底
摩訶娜耶 波唎婆囉莎訶
若有能恭養是經者則是供養一切諸經等无有別異陀羅尼曰
薄伽勃底 阿波唎蜜多 阿喻紇硯娜 須毗你悉指陀 囉佐耶 怛他羯他耶 怛姪他唵
薩婆桑悉迦囉 波唎輸底 達磨底 伽迦娜 莎訶莫特迦底 薩婆婆毗輸底
摩訶娜耶 波唎婆囉莎訶
如是毗婆尸佛 尸棄佛 毗舍浮佛 俱留孫佛 俱那含牟尼佛 迦葉佛 釋迦牟尼佛 若有人以七寶
供養如是七佛其福有限書寫受持是无量壽經典所有功德不可量限陀羅尼曰
南謨薄伽勃底 阿波唎蜜多 阿喻紇硯娜 須毗你悉指陀 囉佐耶 怛他羯他耶 怛姪他唵
薩婆桑悉迦囉 波唎輸底 達磨底 伽迦 莎訶莫特迦底 薩婆婆毗輸底
訶娜耶 波唎婆囉莎訶
寶等於須弥山布施其福上能知其限量是无量壽經典其福不可知數陀羅尼曰
伽勃底 阿波唎蜜多 阿喻紇硯娜 須毗你悉指陀 囉佐耶 怛他羯他耶 怛姪他唵
薩婆桑悉迦囉 波唎輸底 達磨底 伽迦娜 莎訶莫特迦底 薩婆婆毗輸底
摩訶娜耶 波唎婆囉莎訶
如是四大海水可知滴數是无量壽經典所有生果報不可數量陀羅尼曰
南謨薄伽勃底 波阿唎蜜多 阿喻紇硯娜 須毗你悉指陀 囉佐耶 怛他羯他耶 怛姪他唵
薩婆桑悉迦囉 波唎輸底 達磨底 伽迦娜 莎訶莫特迦底 薩婆婆毗輸底

BD08097 號　無量壽宗要經　（3–2）

南謨薄伽勃底 阿波唎蜜多 阿喻紇硯娜 須毗你悉指陀 囉佐耶 怛他羯他耶 怛姪他唵
薩婆桑悉迦囉 波唎輸底 達磨底 伽迦 莎訶莫特迦底 薩婆婆毗輸底
訶娜耶 波唎婆囉莎訶
寶等於須弥山布施其福上能知其限量是无量壽經典其福不可知數陀羅尼曰
伽勃底 阿波唎蜜多 阿喻紇硯娜 須毗你悉指陀 囉佐耶 怛他羯他耶 怛姪他唵
薩婆桑悉迦囉 波唎輸底 達磨底 伽迦娜 莎訶莫特迦底 薩婆婆毗輸底
摩訶娜耶 波唎婆囉莎訶
如是四大海水可知滴數是无量壽經典所有生果報不可數量陀羅尼曰
南謨薄伽勃底 波阿唎蜜多 阿喻紇硯娜 須毗你悉指陀 囉佐耶 怛他羯他耶 怛姪他唵
薩婆桑悉迦囉 波唎輸底 達磨底 伽迦娜 莎訶莫特迦底 薩婆婆毗輸底
摩訶娜耶 波唎婆囉莎訶
若有自書使人書寫是无量壽經典又能讃持供養即如恭敬供養一切十方佛土如來无有別
異陀羅尼曰
南謨薄伽勃底 阿波唎蜜多 阿喻紇硯娜 須毗你悉持陀 囉佐耶 怛他羯他耶 怛姪他唵
薩婆桑悉迦囉 波唎輸底 達磨底 伽迦娜 莎訶莫特迦底 薩婆婆毗輸底
布施力能成正覺 悟布施力人師子 布施力能聲普聞 慈悲階漸寂能入
持戒力能成正覺 悟持戒力人師子 持戒力能聲普聞 慈悲階漸寂能入
忍辱力能成正覺 悟忍辱力人師子 忍辱力能聲普聞 慈悲階漸寂能入
精進力能成正覺 悟精進力人師子 精進力能聲普聞 慈悲階漸寂能入
禪定力能成正覺 悟禪定力人師子 禪定力能聲普聞 慈悲階漸寂能入
智慧力能成正覺 悟智慧力人師子 智慧力能聲普聞 慈悲階漸寂能入
尒時如來說是經已一切世間天人阿脩羅揵闥婆等聞佛所說皆大歡喜信受奉行
无量壽宗要經

BD08097 號　無量壽宗要經　（3–3）

須菩提於意云何如來
菩提耶如來有所說法耶
佛所說義无有定法名
提亦无有定法如來可說
法皆不可取不可說非法
一切賢聖皆以无為法而有
須菩提於意云何若人
寶以用布施是人所
提言甚多世尊何以故是福德即非福德性
是故如來說福德多若復有人於此經中受
持乃至四句偈等為他人說其福勝彼何以
故須菩提一切諸佛及諸佛阿耨多羅三藐三菩
提法皆從此經出須菩提所謂佛法者即非佛法
須菩提於意云何須陁洹能作是念我得須
陁洹果不須菩提言不也世尊何以故須陁
洹名為入流而无所入不入色聲香味觸法
是名須陁洹須菩提於意云何斯陁含能作
是念我得斯陁含果不須菩提言不也世尊
何以故斯陁含名一往來而實无往來是名

BD08098 號　金剛般若波羅蜜經　（2–1）

須菩提於意云何須陁洹能作是念我得須
陁洹果不須菩提言不也世尊何以故須陁
洹名為入流而无所入不入色聲香味觸法
是名須陁洹須菩提於意云何斯陁含能作
是念我得斯陁含果不須菩提言不也世尊
何以故斯陁含名一往來而實无往來是名
斯陁含須菩提於意云何阿那含能作是念
我得阿那含果不須菩提言不也世尊何以
故阿那含名為不來而實无來是故名阿那
含須菩提於意云何阿羅漢能作是念我得
阿羅漢道不須菩提言不也世尊何以故實
无有法名阿羅漢世尊若阿羅漢作是念我
得阿羅漢道即為著我人衆生壽者世尊佛
說我得无諍三昧人中最為第一是第一離
欲阿羅漢我不作是念我是離欲阿羅漢世
尊我若作是念我得阿羅漢道世尊則不說
須菩提是樂阿蘭那行者以須菩提實无所
行而名須菩提是樂阿蘭那行
佛告須菩提於意云何如來昔在然燈佛所
於法有所得不世尊如來在然燈佛所於法
實无所得須菩提於意云何菩薩莊嚴佛土
不不也世尊何以故莊嚴佛土者則非莊嚴
是名莊嚴是故須菩提諸菩薩摩訶薩應如

BD08098 號　金剛般若波羅蜜經　（2–2）

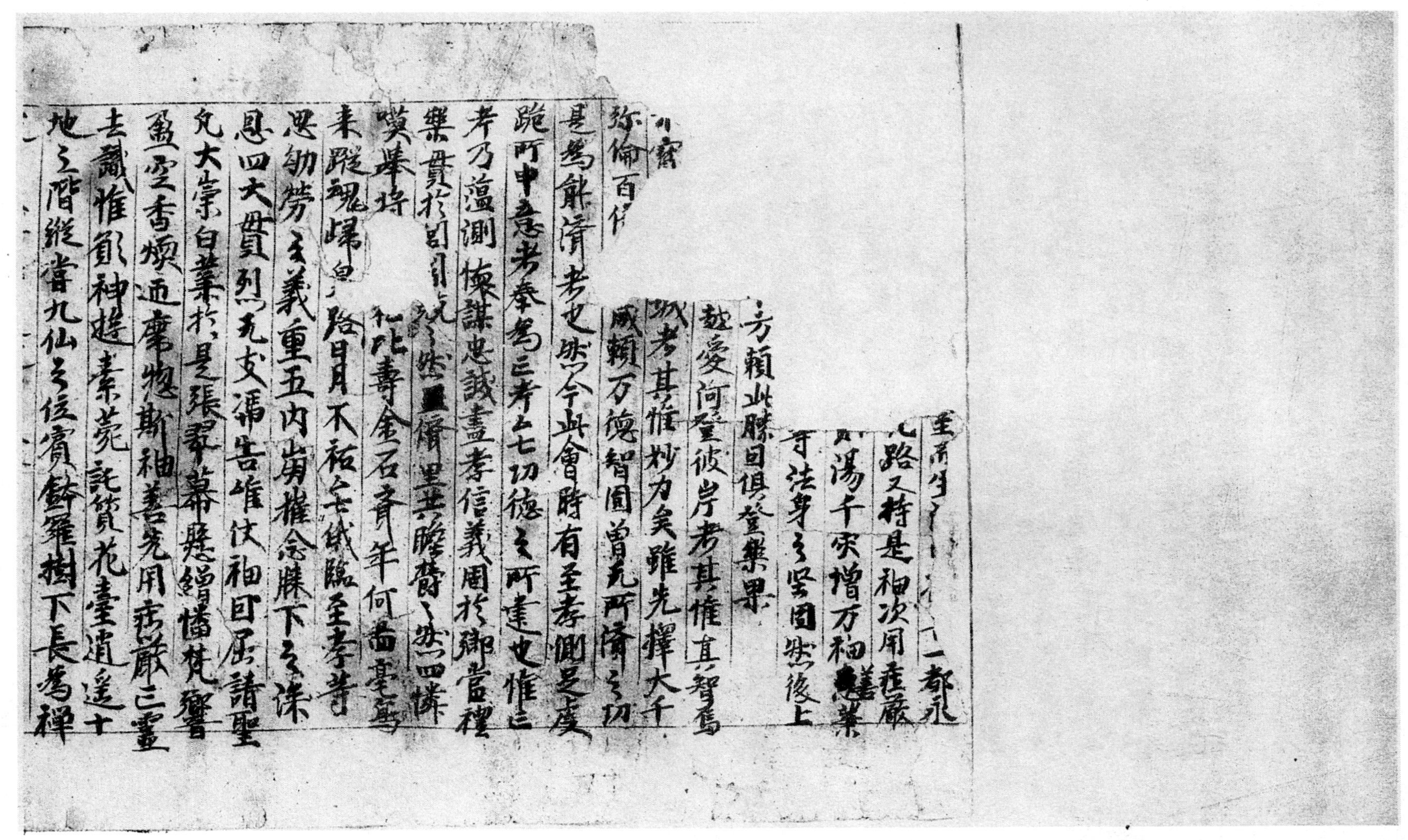

BD08099 號 1　齋儀（擬）　　（4–1）

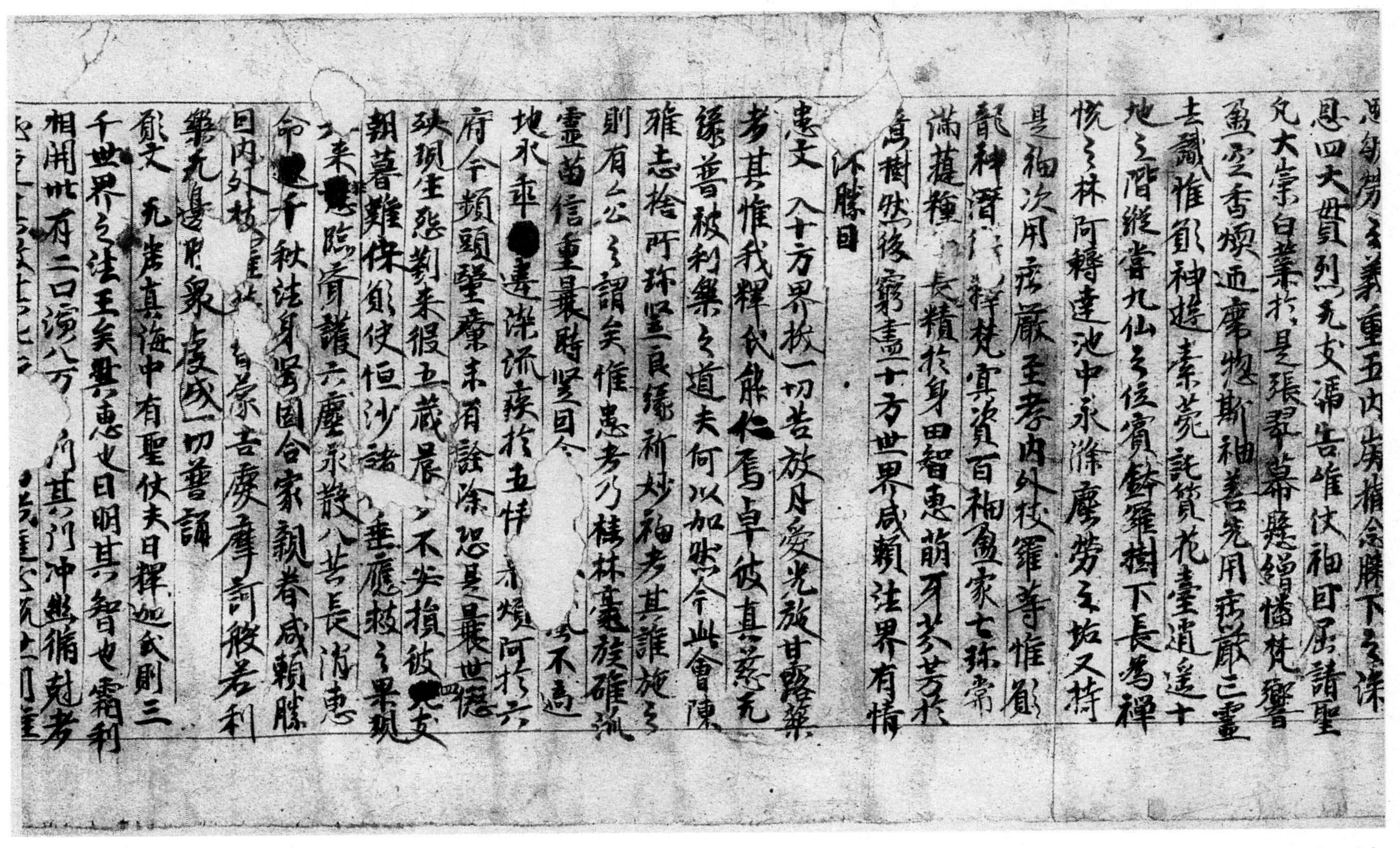

BD08099 號 1　齋儀（擬）　　（4–2）

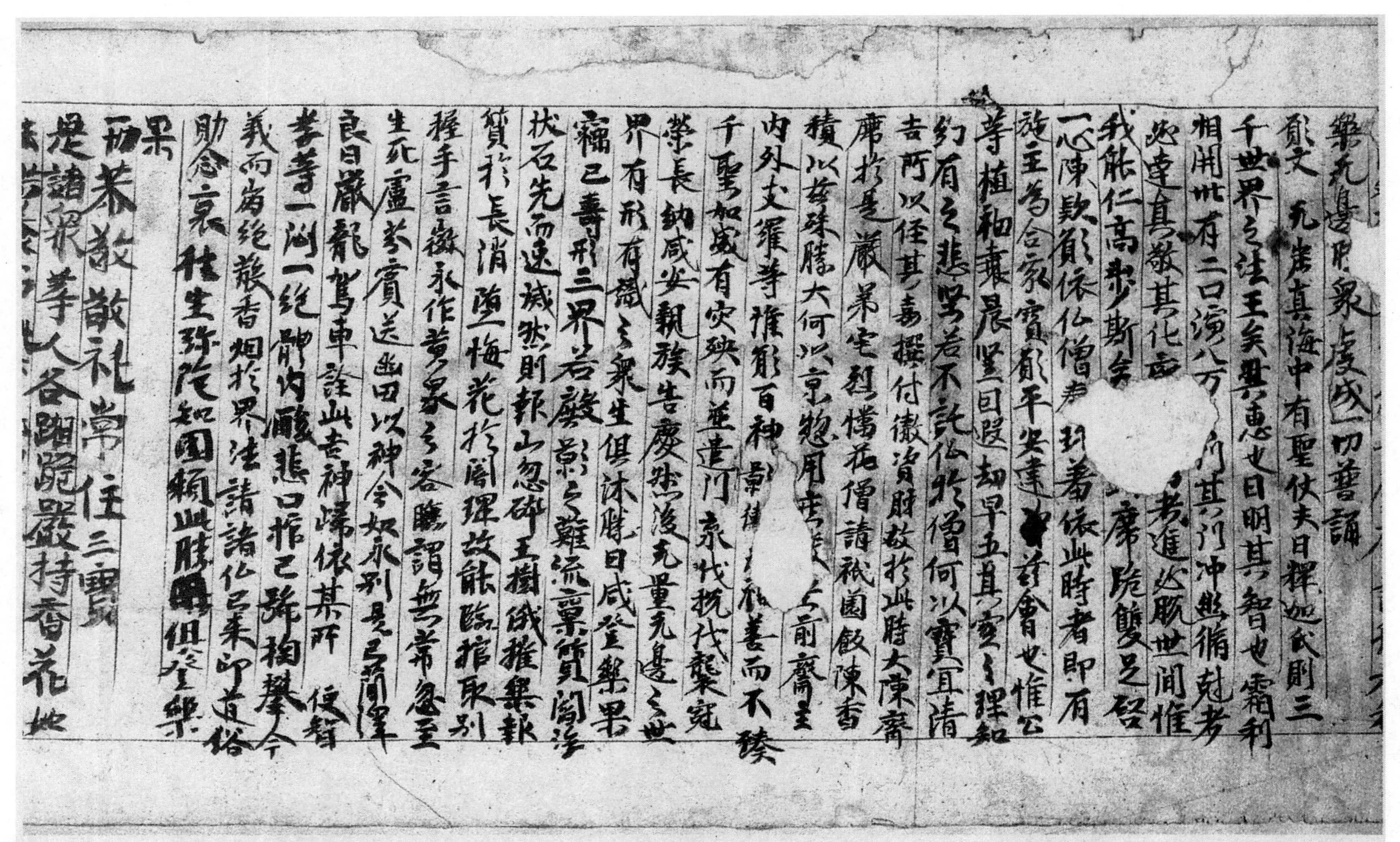

BD08099 號 1　齋儀（擬）　　（4–3）

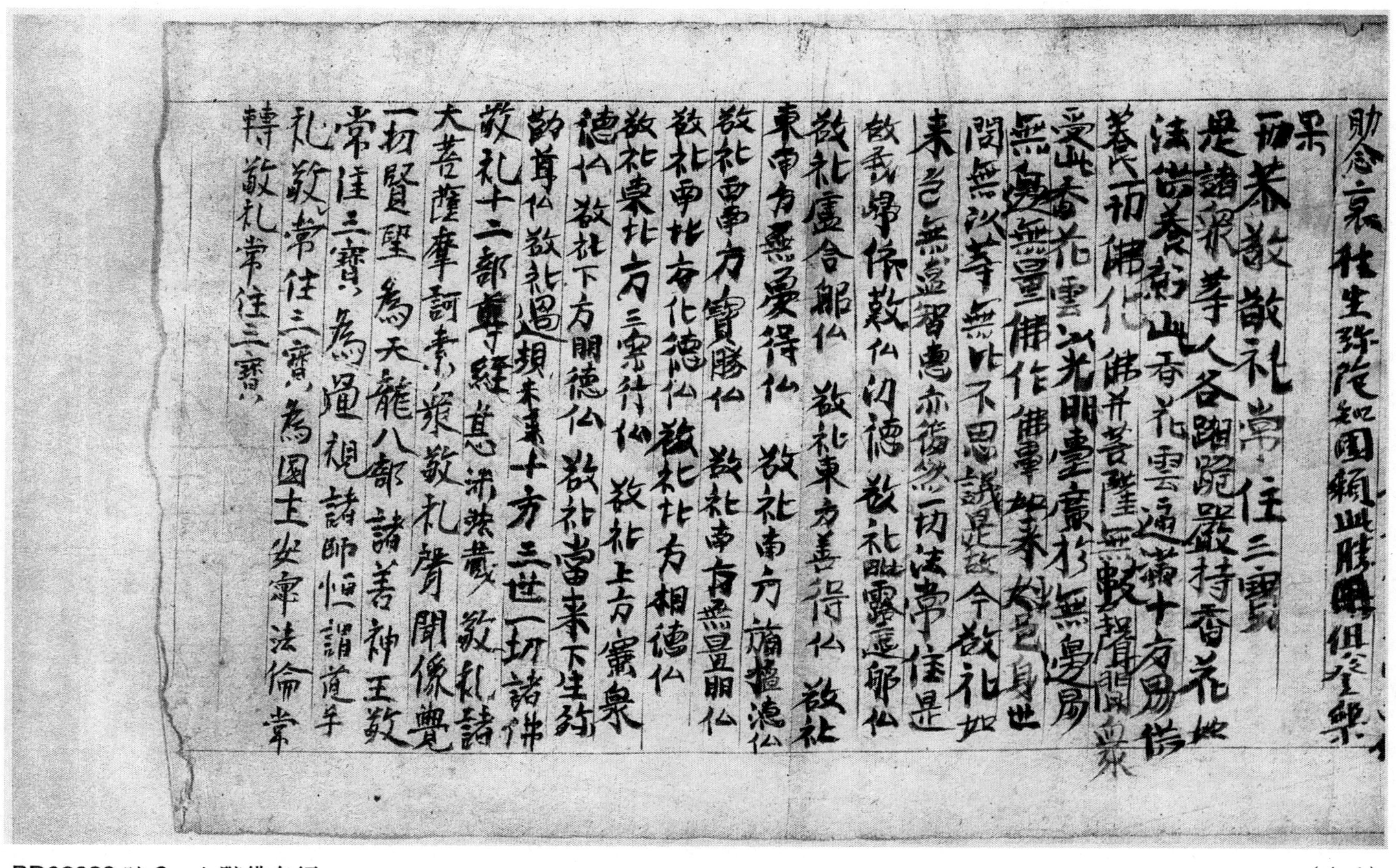

BD08099 號 2　七階佛名經　　（4–4）

BD08099 號背　雜寫　（1–1）

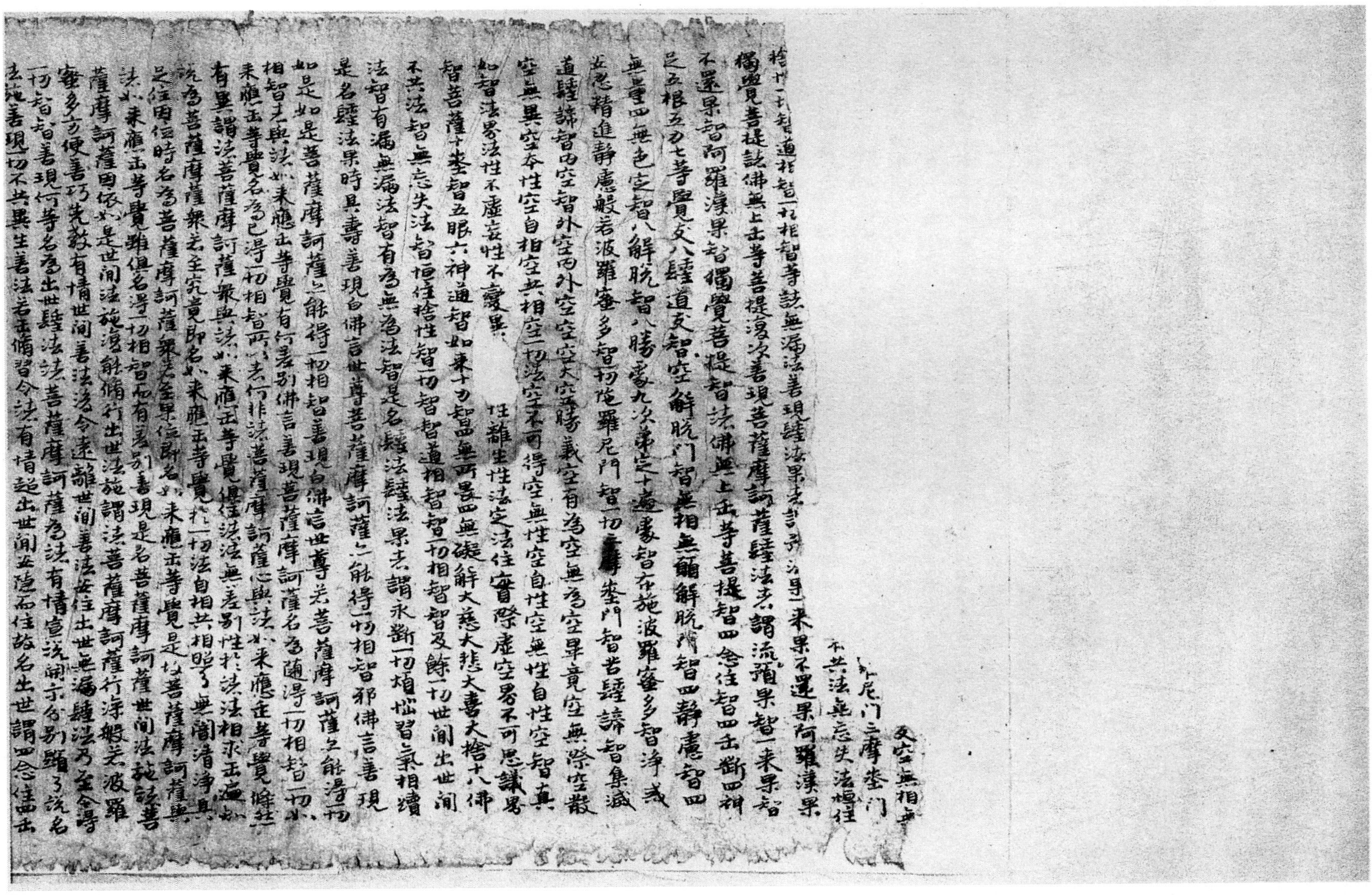

BD08100 號 A　大般若波羅蜜多經卷三八〇　（4–1）

BD08100號 A　大般若波羅蜜多經卷三八〇 （4–2）

BD08100號 A　大般若波羅蜜多經卷三八〇 （4–3）

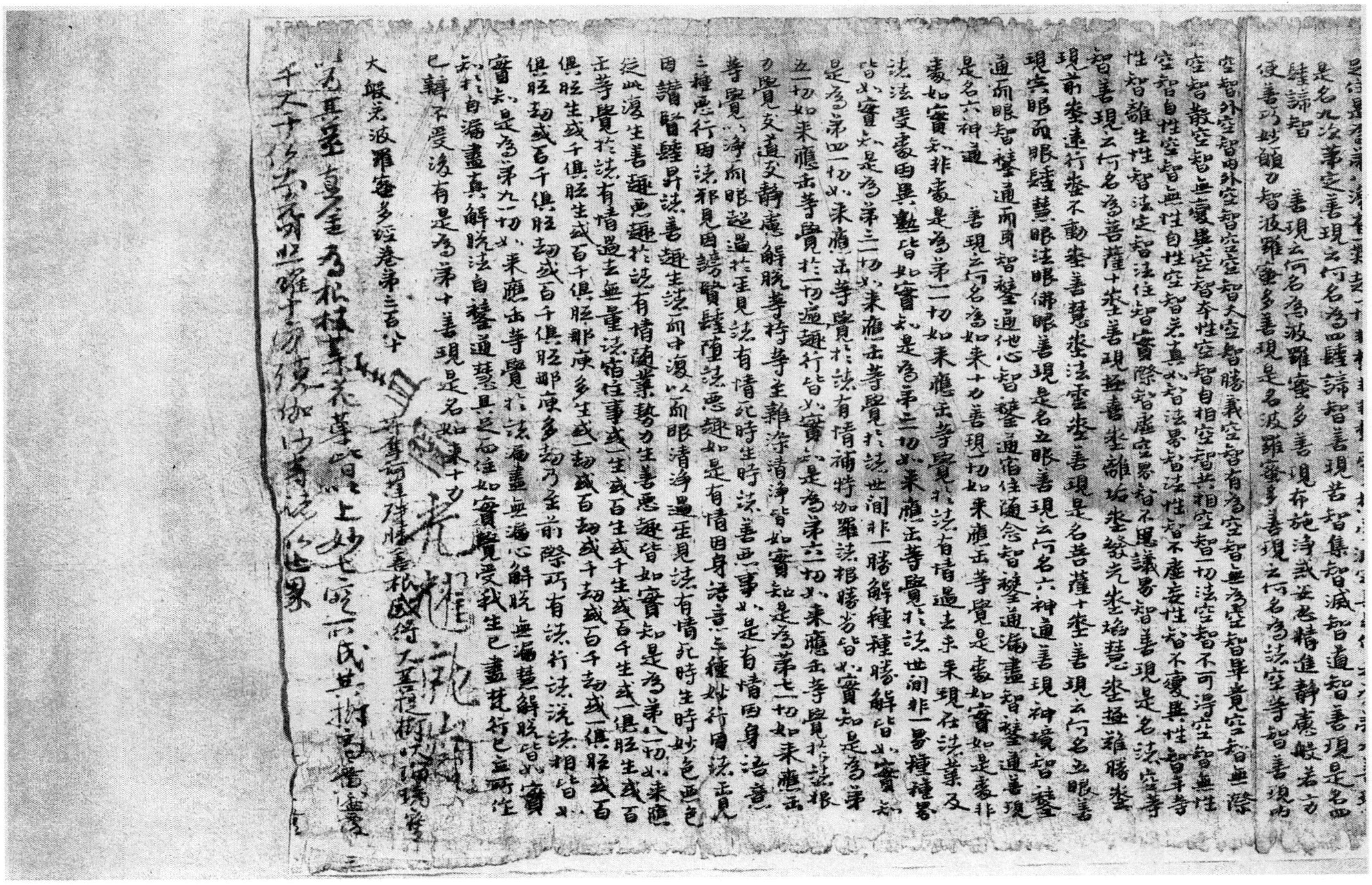

BD08100 號 A　大般若波羅蜜多經卷三八〇　（4–4）

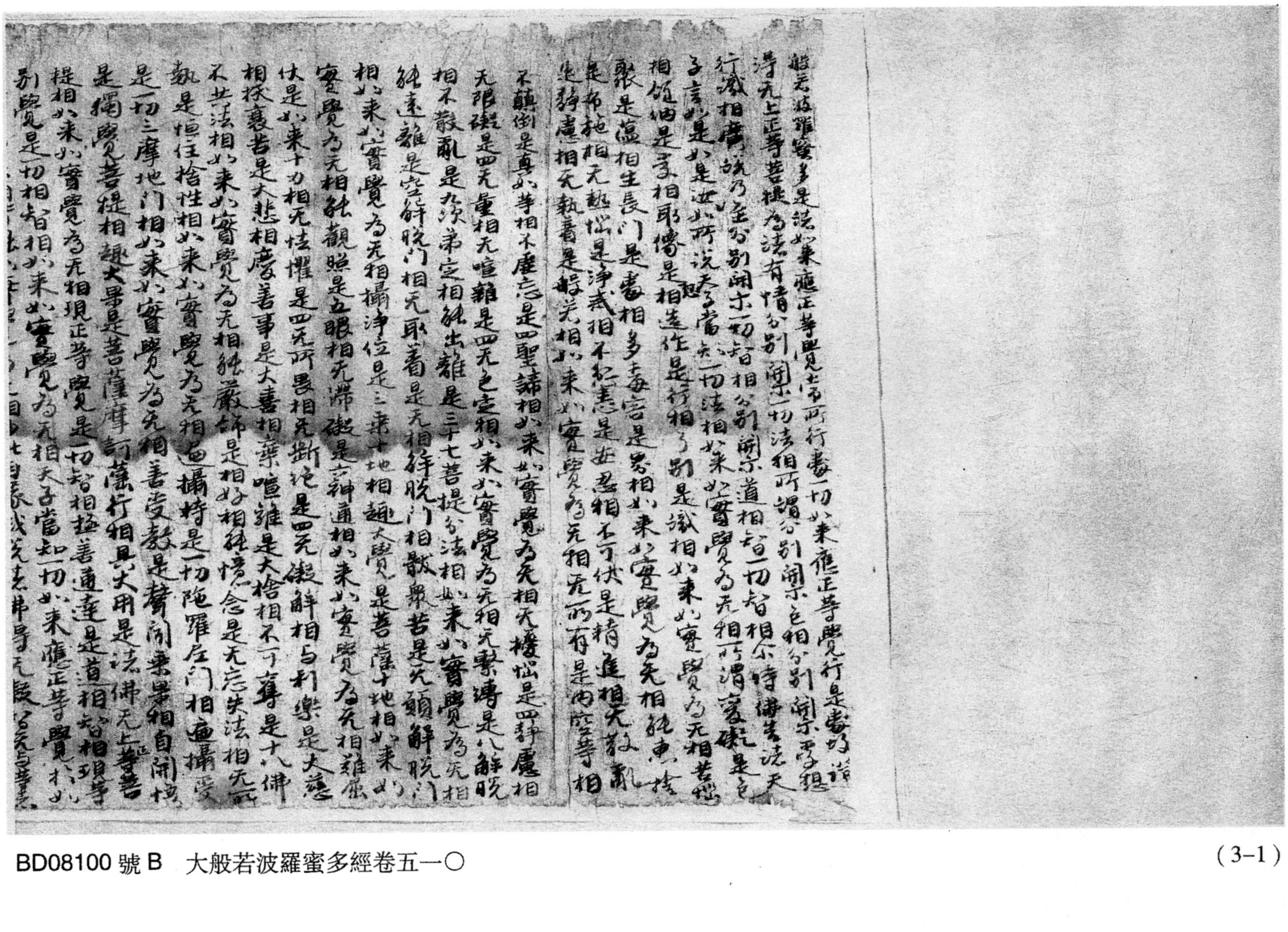

BD08100 號 B　大般若波羅蜜多經卷五一〇　（3–1）

BD08100 號 B　大般若波羅蜜多經卷五一〇　（3–2）

BD08100 號 B　大般若波羅蜜多經卷五一〇　（3–3）

薩及諸佛法不能成辦誠於三界能出離着
而於二乘不能出離由此不能信解深法舍
利子言於何深法不能信解佛言舍利子彼
於色空乃至識空不能信解如是乃至於十
八佛不共法空不能信解由於能覺所覺法
空不能信解便不能住所應學法舍利子言
於何所學彼不能住佛言舍利子彼於布施
乃至般若波羅蜜多不能安住亦不能住不
退轉地及餘無量無邊佛法由此故名愚夫
異生以於諸法執着有性謂執着色受想行
識眼處乃至意處色處乃至法處眼界乃至
意識界貪瞋癡諸見趣念住乃至菩提涅槃
皆悉有性時舍利子白佛言世尊頗有菩薩
作如是學非學般若波羅蜜多不能成辦一
切智智耶佛告舍利子有諸菩薩作如是學
非學般若波羅蜜多不能成辦一切智智舍
利子言云何菩薩作如是學非學般若波羅
蜜多佛言舍利子若諸菩薩無方便善巧分

BD08101號　大般若波羅蜜多經卷四八五　（2–1）

異生以於諸法執着有性謂執着色受想行
識眼處乃至意處色處乃至法處眼界乃至
意識界貪瞋癡諸見趣念住乃至菩提涅槃
皆悉有性時舍利子白佛言世尊頗有菩薩
作如是學非學般若波羅蜜多不能成辦一
切智智耶佛告舍利子有諸菩薩作如是學
非學般若波羅蜜多不能成辦一切智智舍
利子言云何菩薩作如是學非學般若波羅
蜜多佛言舍利子若諸菩薩無方便善巧分
別執着般若波羅蜜多乃至分別執着布施
波羅蜜多分別執着四念住乃至分別執着
十八佛不共法分別執着一切智道相智一
切相智由此因緣有諸菩薩作如是學非學
般若波羅蜜多不能成辦一切智智舍利子
言此諸菩薩如是學時定非學般若波羅蜜
多不能成辦一切智智耶佛言舍利子此諸
菩薩如是學時定非學般若波羅蜜多不能
成辦一切智智舍利子言云何菩薩脩行般
若波羅蜜多是學般若波羅蜜多如是學時
便能成辦一切智智佛言舍利子若諸菩薩
脩行般若波羅蜜多不見般若波羅蜜多

BD08101號　大般若波羅蜜多經卷四八五　（2–2）

大千世界所有微塵是為多不須菩提言甚
多世尊須菩提諸微塵如來說非微塵是名
微塵如來說世界非世界是名世界須菩提
於意云何可以三十二相見如來不不也世尊
不可以三十二相得見如來何以故如來所
說三十二相即是非相是名三十二相須菩
提若有善男子善女人以恒河沙等身命
布施若復有人於此經中乃至受持四句偈
等為他人說其福甚多
尒時須菩提聞說是經深解義趣涕淚悲泣
而白佛言希有世尊佛說如是甚深經典我
從昔來所得慧眼未曾得聞如是之經世尊
若復有人得聞是經信心清淨則生實相當
知是人成就第一希有功德世尊是實相
者則是非相是故如來說名實相世尊我
今得聞如是經典信解受持不足為難若

BD08102號　金剛般若波羅蜜經　（2–1）

等為他人說其福甚多
尒時須菩提聞說是經深解義趣涕淚悲泣
而白佛言希有世尊佛說如是甚深經典我
從昔來所得慧眼未曾得聞如是之經世尊
若復有人得聞是經信心清淨則生實相當
知是人成就第一希有功德世尊是實相
者則是非相是故如來說名實相世尊我
今得聞如是經典信解受持不足為難若
當來世後五百歲其有眾生得聞是經信解
受持是人則為第一希有何以故此人无我
相人相眾生相壽者相所以者何我相即是
非相人相眾生相壽者相何以故離一切諸相
則名諸佛佛告須菩提如是如是若復有人得
聞是經不驚不怖不畏當知是人甚為希
有何以故須菩提如來說第一波羅蜜非第
一波羅蜜是名第一波羅蜜
須菩提忍辱波羅蜜如來說非忍辱波羅蜜
何以故須菩提如我昔為歌利王割截身體
我於尒時无我相无人相无眾生相无壽者

BD08102號　金剛般若波羅蜜經　（2–2）

其有犯婬欲非障道法時諸比丘聞阿梨吒
比丘有如是惡見生我知世尊說法犯婬欲
非障道法時諸比丘聞欲除去阿梨吒比丘
惡見即往阿梨吒所恭敬問訊已在一面坐
諸比丘語阿梨吒比丘言汝審知世尊說法
犯婬欲非障道法阿梨吒報言我實知世
尊說犯婬欲非障道法時諸比丘欲除阿梨
吒惡見即慇懃問之阿梨吒莫作如是語莫
謗世尊謗世尊者不善世尊不作是語阿
梨吒世尊無數方便說法教斷欲愛知欲想
教除愛欲斷愛欲想除愛欲所燒度於愛
結世尊無數方便說欲如大火坑欲如炬火亦
如菓熟欲如假借欲如枯骨欲如段肉如夢所
見欲如利刀欲如新瓦器盛水置日中欲如
毒蛇頭欲如捉利刀欲如利戟世尊作如是
說欲阿梨吒世尊如是善說法斷欲無欲去
垢無垢調伏渴愛滅除巢窟出離一切諸結

BD08103號　四分律卷一七　（2–1）

梨吒世尊無數方便說法教斷欲愛知欲想
教除愛欲斷愛欲想除愛欲所燒度於愛
結世尊無數方便說欲如大火坑欲如炬火亦
如菓熟欲如假借欲如枯骨欲如段肉如夢所
見欲如利刀欲如新瓦器盛水置日中欲如
毒蛇頭欲如捉利刀欲如利戟世尊作如是
說欲阿梨吒世尊如是善說法斷欲無欲去
垢無垢調伏渴愛滅除巢窟出離一切諸結
縛愛盡涅槃佛如是說法汝云何言犯婬欲
非障道法時諸比丘慇懃問阿梨吒如是說
時阿梨吒比丘堅持惡見審定而言此是真
實餘皆虛妄尒時諸比丘不能除阿梨吒比
丘惡見便往世尊所頭面禮足已在一面坐
以此因緣具白世尊世尊尒時告一異比丘
汝持我言往速喚阿梨吒比丘來彼比丘受
教即往阿梨吒比丘聞世尊喚即往世尊所頭
喚汝時阿梨吒比丘聞世尊喚即往世尊
所頭面禮足已在一面坐佛問阿梨吒比丘言
汝審有是語我知佛所說法行婬欲非障道

BD08103號　四分律卷一七　（2–2）

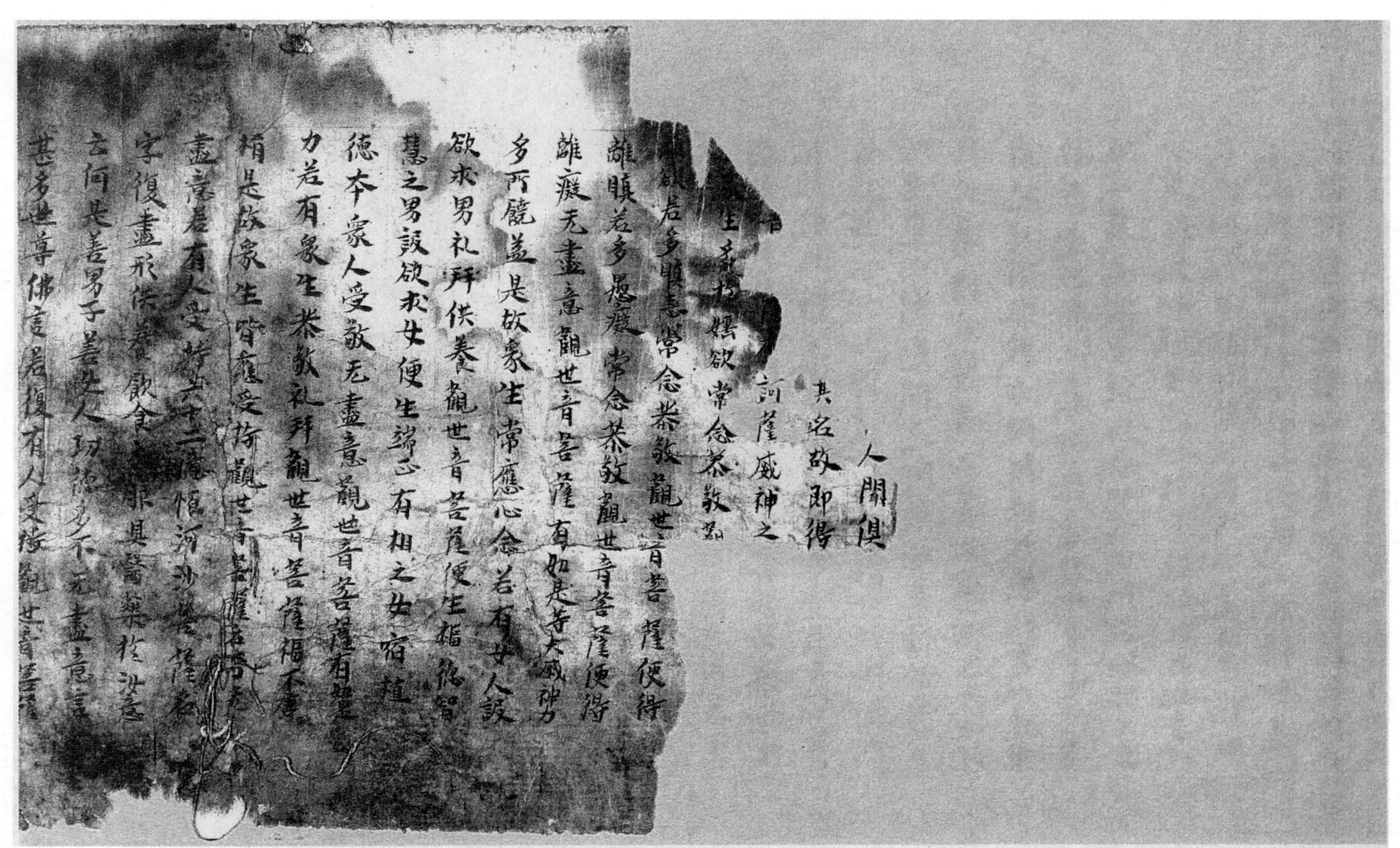

BD08104號　妙法蓮華經卷七　　（5–1）

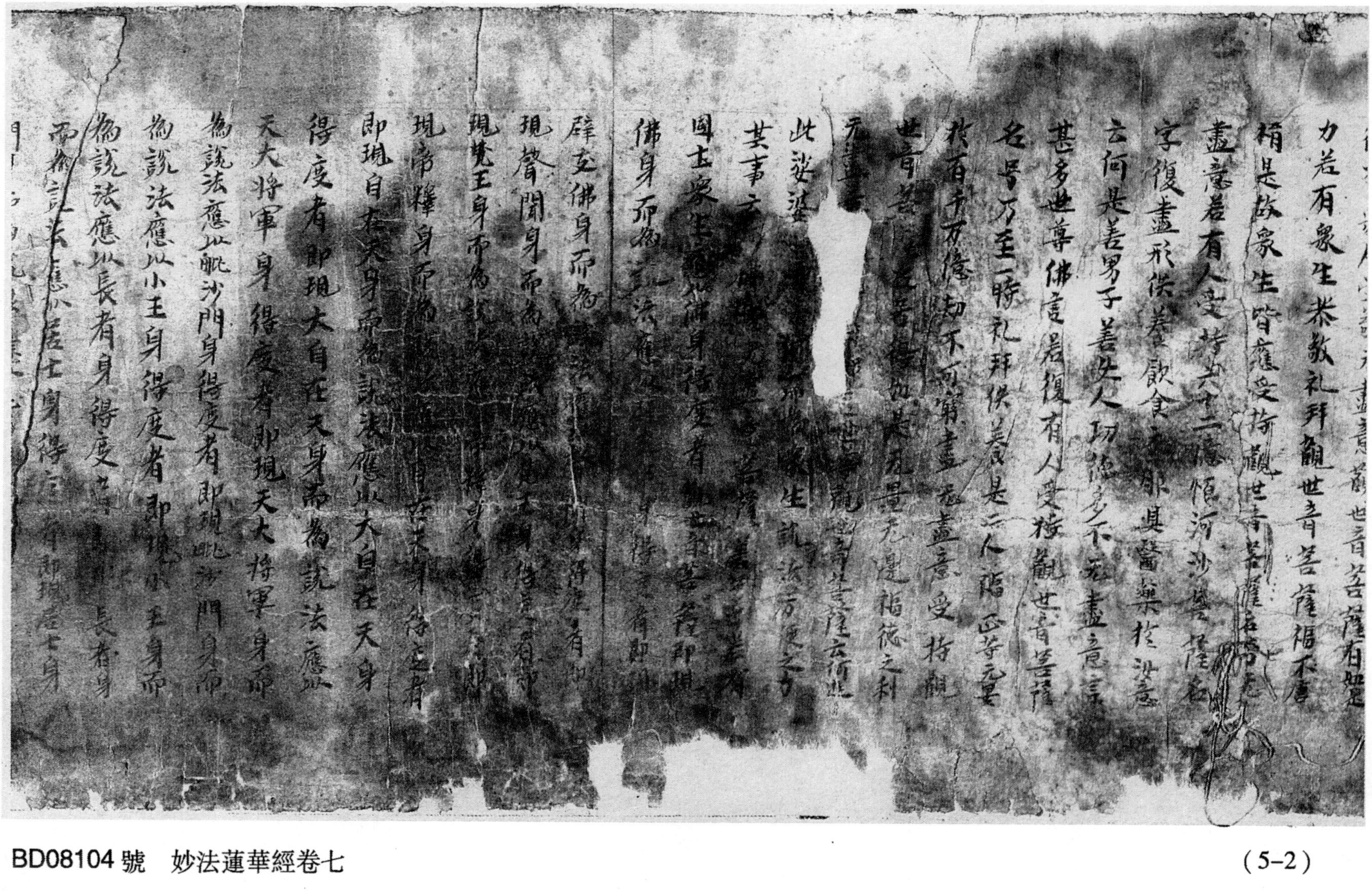

BD08104號　妙法蓮華經卷七　　（5–2）

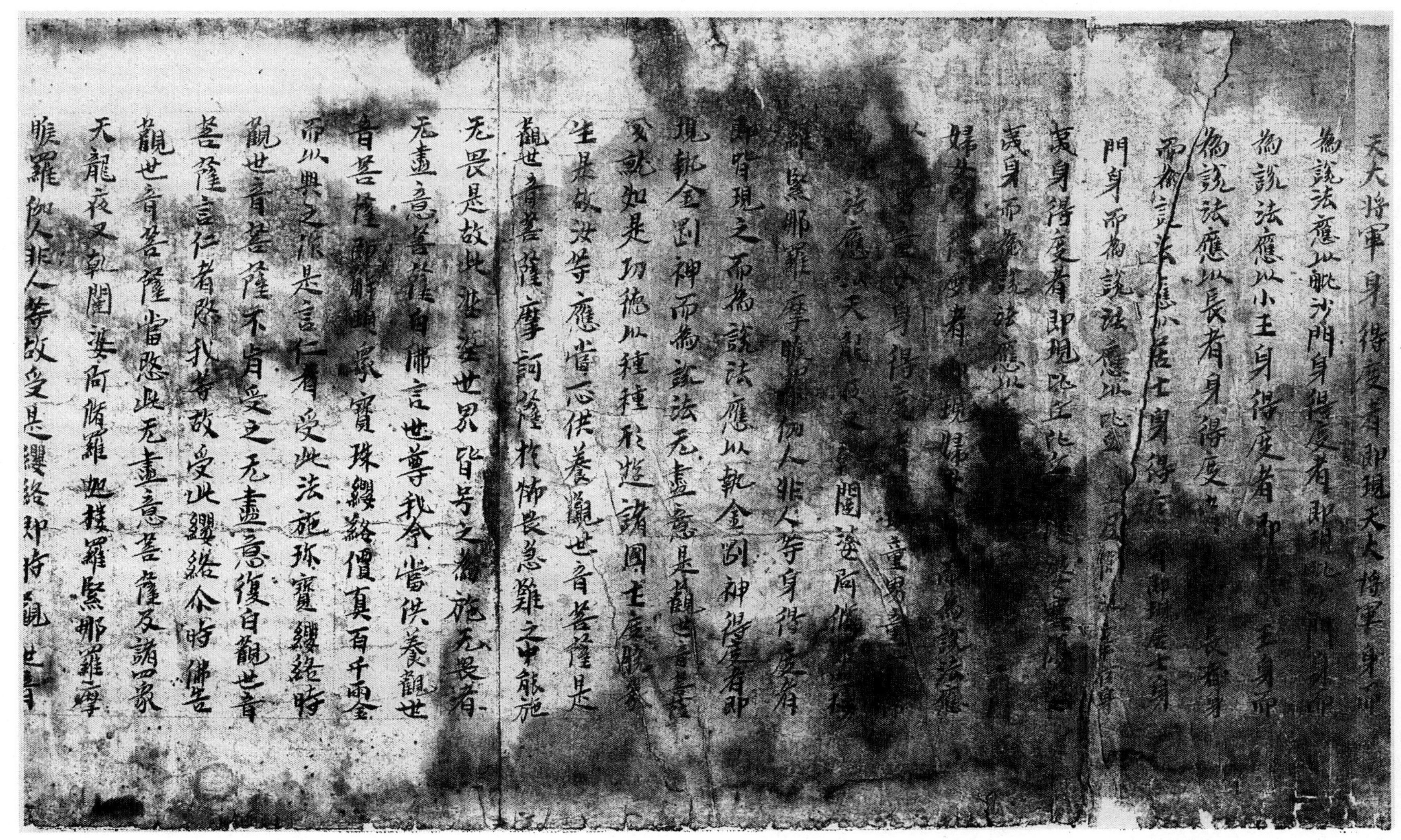
天大將軍身得度者即現天大將軍身而
為說法應以毗沙門身得度者即現毗沙門身而
為說法應以小王身得度者即現小王身而
為說法應以長者身得度者即現長者身
而為說法應以居士身得度者即現居士身
門身而為說法應以比丘比丘尼優婆塞優
婆夷身得度者即現比丘比丘尼
夷身而為說法應以長者居士宰官婆羅門
婦女身得度者即現婦女身而為說法應
以童男童女身得度者即現童男童女身而
為說法應以天龍夜叉乾闥婆阿修羅迦樓
羅緊那羅摩睺羅伽人非人等身得度者
即皆現之而為說法應以執金剛神得度者即
現執金剛神而為說法无盡意是觀世音菩薩
成就如是功德以種種形遊諸國土度脫眾
生是故汝等應當一心供養觀世音菩薩是
觀世音菩薩摩訶薩於怖畏急難之中能施
无畏是故此娑婆世界皆號之為施无畏者
无盡意菩薩白佛言世尊我今當供養觀世
音菩薩即解頸眾寶珠瓔珞價直百千兩金
而以與之作是言仁者受此法施珎寶瓔珞時
觀世音菩薩不肯受之无盡意復白觀世音
菩薩言仁者愍我等故受此瓔珞尒時佛告
觀世音菩薩當愍此无盡意菩薩及四眾
天龍夜叉乾闥婆阿修羅迦樓羅緊那羅摩
睺羅伽人非人等故受是瓔珞即時觀世音

BD08104號　妙法蓮華經卷七　（5–3）

觀世音菩薩不肯受之无盡意復白觀世音
菩薩言仁者愍我等故受此瓔珞尒時佛告
觀世音菩薩當愍此无盡意菩薩及四眾
天龍夜叉乾闥婆阿修羅迦樓羅緊那羅摩
睺羅伽人非人等故受是瓔珞即時觀世音
菩薩愍諸四眾及於天龍人非人等受其瓔
珞分作二分一分奉釋迦牟尼佛一分奉多寶
佛塔无盡意觀世音菩薩有如是自在神力
遊於娑婆世界尒時无盡意菩薩以偈問曰
世尊妙相具　我今重問彼　佛子何因緣　名為觀世音
具足妙相尊　偈答无盡意　汝聽觀音行　善應諸方所
弘誓深如海　歷劫不思議　侍多千億佛　發大清淨願
我為汝略說　聞名及見身　心念不空過　能滅諸有苦
假使興害意　推落大火坑　念彼觀音力　火坑變成池
或漂流巨海　龍魚諸鬼難　念彼觀音力　波浪不能沒
或在須彌峯　為人所推墮　念彼觀音力　如日虛空住
或被惡人逐　墮落金剛山　念彼觀音力　不能損一毛
或值怨賊繞　各執刀加害　念彼觀音力　咸即起慈心
或遭王難苦　臨刑欲壽終　念彼觀音力　刀尋段段壞
或囚禁枷鎖　手足被杻械　念彼觀音力　釋然得解脫
咒詛諸毒藥　所欲害身者　念彼觀音力　還著於本人
或遇惡羅剎　毒龍諸鬼等　念彼觀音力　時悉不敢害
若惡獸圍遶　利牙爪可怖　念彼觀音力　疾走无邊方
蚖蛇及蝮蠍　氣毒煙火然　念彼觀音力　尋聲自迴去
雲雷鼓掣電　降雹澍大雨　念彼觀音力　應時得消散
眾生被困厄　无量苦逼身　觀音妙智力　能救世間苦
具足神通力　廣修智方便　十方諸國土

BD08104號　妙法蓮華經卷七　（5–4）

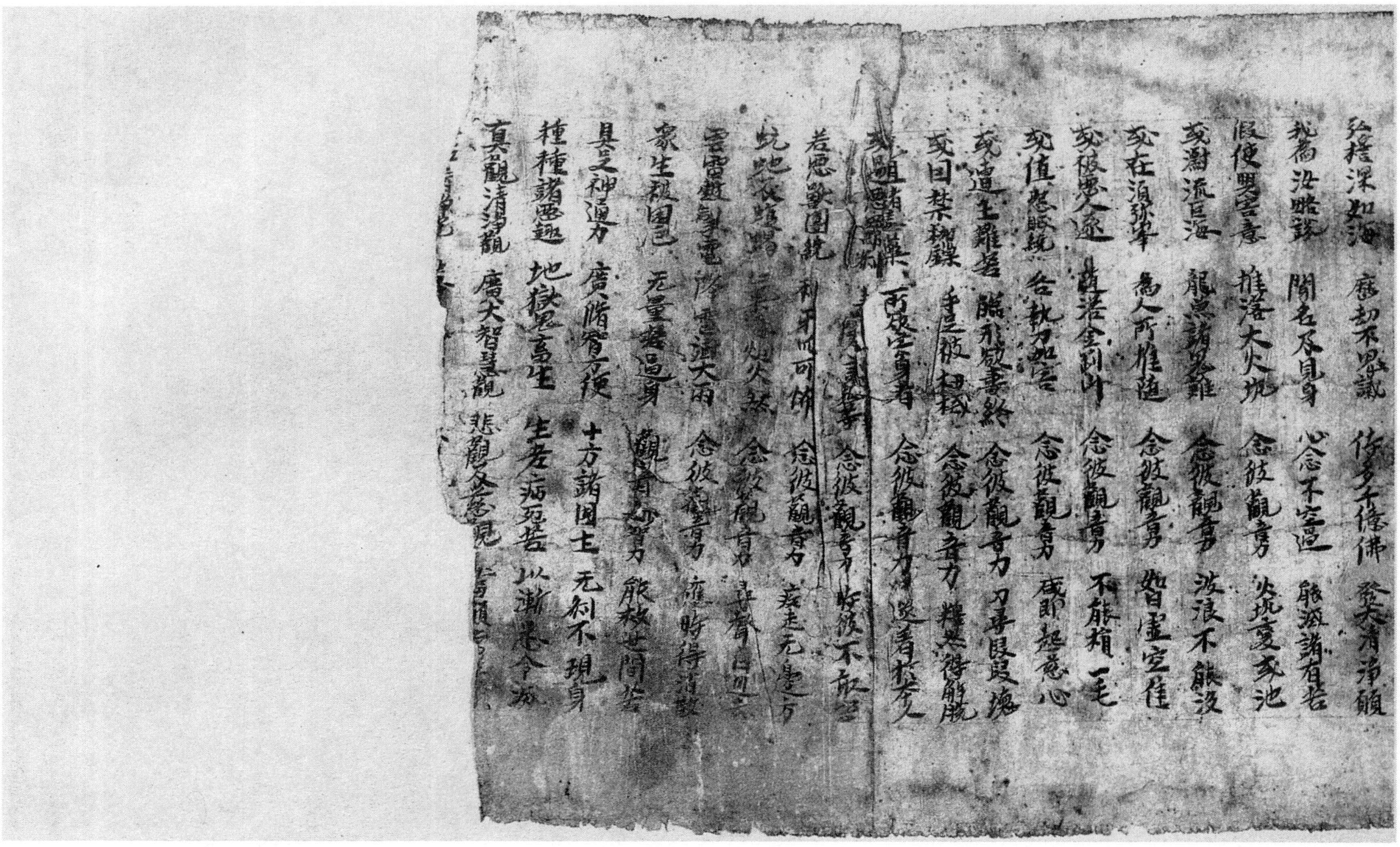

弘誓深如海　歷劫不思議　侍多千億佛　發大清淨願
我為汝略說　聞名及見身　心念不空過　能滅諸有苦
假使興害意　推落大火坑　念彼觀音力　火坑變成池
或漂流巨海　龍魚諸鬼難　念彼觀音力　波浪不能沒
或在須彌峯　為人所推墮　念彼觀音力　如日虛空住
或被惡人逐　墮落金剛山　念彼觀音力　不能損一毛
或值怨賊繞　各執刀加害　念彼觀音力　咸即起慈心
或遭王難苦　臨刑欲壽終　念彼觀音力　刀尋段段壞
或囚禁枷鎖　手足被杻械　念彼觀音力　釋然得解脫
咒詛諸毒藥　所欲害身者　念彼觀音力　還著於本人
或遇惡羅剎　毒龍諸鬼等　念彼觀音力　時悉不敢害
若惡獸圍繞　利牙爪可怖　念彼觀音力　疾走无邊方
蚖蛇及蝮蠍　氣毒煙火燃　念彼觀音力　尋聲自迴去
雲雷鼓掣電　降雹澍大雨　念彼觀音力　應時得消散
衆生被困厄　无量苦逼身　觀音妙智力　能救世間苦
具足神通力　廣修智方便　十方諸國土　无剎不現身
種種諸惡趣　地獄鬼畜生　生老病死苦　以漸悉令滅
真觀清淨觀　廣大智慧觀　悲觀及慈觀　常願常瞻仰

BD08104號　妙法蓮華經卷七　（5–5）

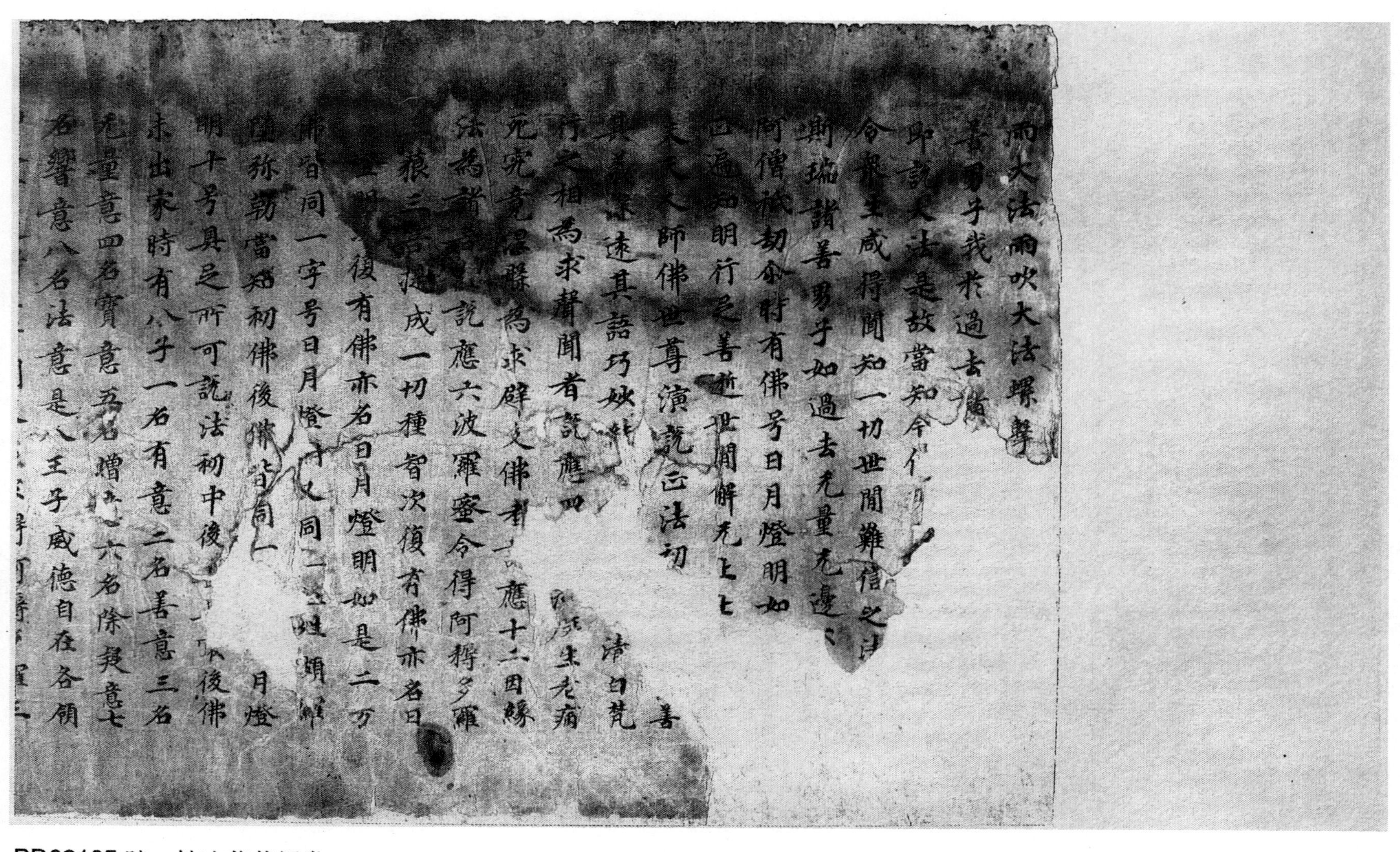

雨大法雨吹大法螺擊
善男子我於過去諸
即說大法是故當知今佛
令衆生咸得聞知一切世間難信之法
斯瑞諸善男子如過去无量无邊
阿僧祇劫爾時有佛号日月燈明如
正遍知明行足善逝世間解无上士
丈夫天人師佛世尊演說正法初　善
其義深遠其語巧妙純　清白梵
行之相為求聲聞者說應四　度生老病
死究竟涅槃為求辟支佛者說應十二因緣
法為諸菩薩說應六波羅蜜令得阿耨多羅
三藐三菩提成一切種智次復有佛亦名日
月燈明次復有佛亦名日月燈明如是二万
佛皆同一字号日月燈明又同一姓姓頗羅
墮弥勒當知初佛後佛皆同一字名日月燈
明十号具足所可說法初中後善其最後佛
未出家時有八子一名有意二名善意三名
无量意四名寶意五名增意六名除疑意七
名響意八名法意是八王子威德自在各領

BD08105號　妙法蓮華經卷一　（4–1）

後有佛亦名日月燈明如是二万
佛皆同一字号日月燈明又同一姓頗羅
墮弥勒當知初佛後佛皆同一字名日月燈
明十号具足所可說法初中後善其最後佛
未出家時有八王子一名有意二名善意三名
无量意四名寶意五名增意六名除疑意七
名響意八名法意是八王子威德自在各領
四天下是諸王子聞父出家得阿耨多羅三
藐三菩提悉捨王位亦隨出家發大乘意常
脩梵行皆為法師已於千万佛所殖諸善本
是時日月燈明佛說大乘經名无量義教菩
薩法佛所護念說是經已即於大衆中結跏
趺坐入於无量義處三昧身心不動是時天
雨曼陀羅華摩訶曼陀羅華曼殊沙華摩訶
曼殊沙華而散佛上及諸大衆普佛世界六
種震動尒時會中比丘比丘尼優婆塞優婆
夷天龍夜叉乾闥婆阿脩羅迦樓羅緊那羅
摩睺羅伽人非人及諸小王轉輪聖王等是
諸大衆得未曾有歡喜合掌一心觀佛尒時
如來放眉間白毫相光照東方万八千佛土
靡不周遍如今所見是諸佛土弥勒當知尒
時會中有二十億菩薩樂欲聽法是諸菩薩
見此光明普照佛土得未曾有欲知此光所
為因緣時有菩薩名曰妙光有八百弟子是
時日月燈明佛從三昧起因妙光菩薩說大
乘經名妙法蓮華教菩薩法佛所護念六十

BD08105 號　妙法蓮華經卷一　（4–2）

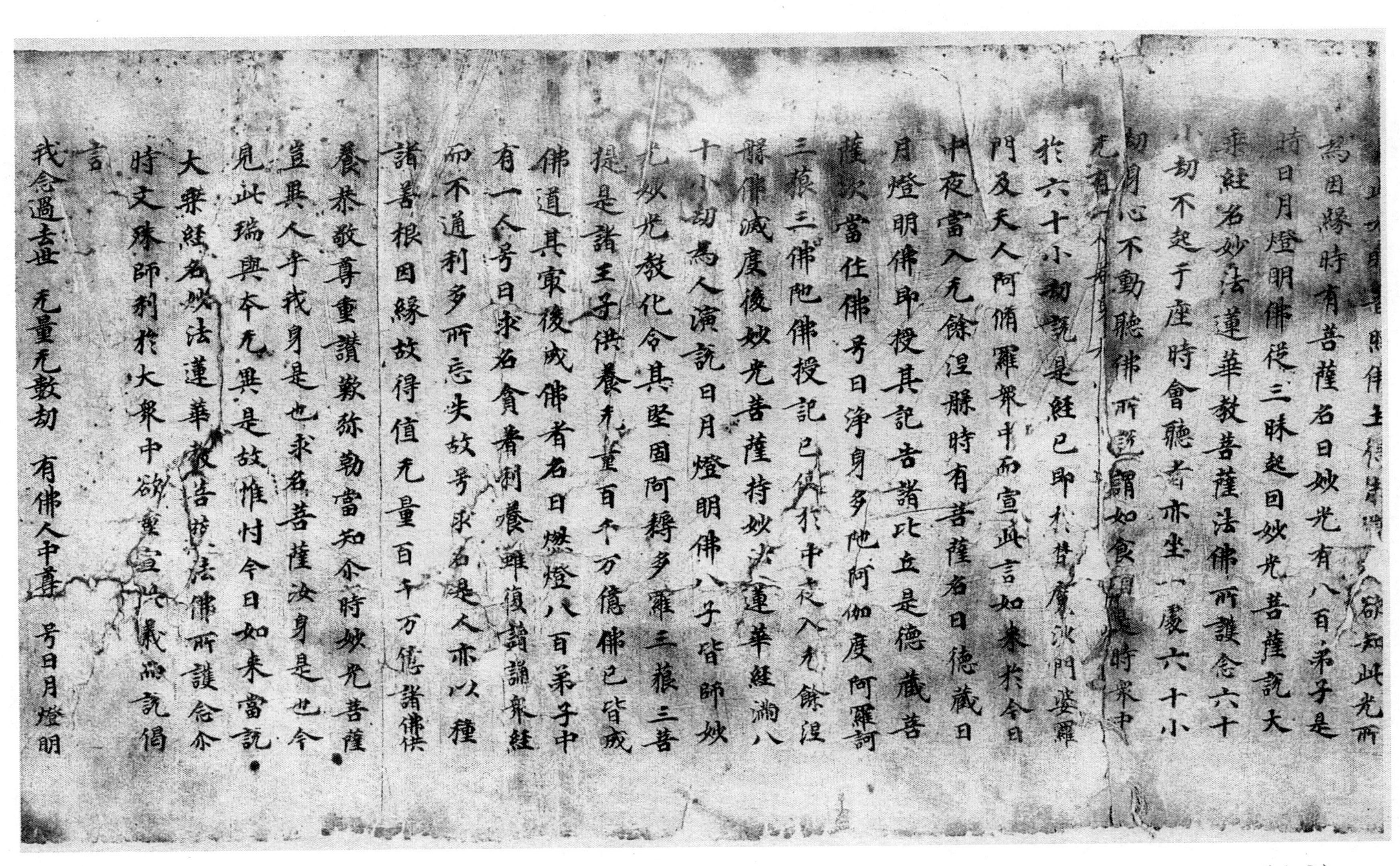

見此光明普照佛土得未曾有欲知此光所
為因緣時有菩薩名曰妙光有八百弟子是
時日月燈明佛從三昧起因妙光菩薩說大
乘經名妙法蓮華教菩薩法佛所護念六十
小劫不起于座時會聽者亦坐一處六十小
劫身心不動聽佛所說謂如食頃是時衆中
无有一人若身若心而生懈惓日月燈明佛
於六十小劫說是經已即於梵魔沙門婆羅
門及天人阿脩羅衆中而宣此言如來於今日
中夜當入无餘涅槃時有菩薩名曰德藏日
月燈明佛即授其記告諸比丘是德藏菩
薩次當作佛号曰淨身多陀阿伽度阿羅訶
三藐三佛陀佛授記已便於中夜入无餘涅
槃佛滅度後妙光菩薩持妙法蓮華經滿八
十小劫為人演說日月燈明佛八子皆師妙
光妙光教化令其堅固阿耨多羅三藐三菩
提是諸王子供養无量百千万億佛已皆成
佛道其最後成佛者名曰燃燈八百弟子中
有一人号曰求名貪著利養雖復讀誦衆經
而不通利多所忘失故号求名是人亦以種
諸善根因緣故得值无量百千万億諸佛供
養恭敬尊重讚歎弥勒當知尒時妙光菩薩
豈異人乎我身是也求名菩薩汝身是也今
見此瑞與本无異是故惟忖今日如來當說
大乘經名妙法蓮華教菩薩法佛所護念尒
時文殊師利於大衆中欲重宣此義而說偈
言
我念過去世　无量无數劫　有佛人中尊　号日月燈明

BD08105 號　妙法蓮華經卷一　（4–3）

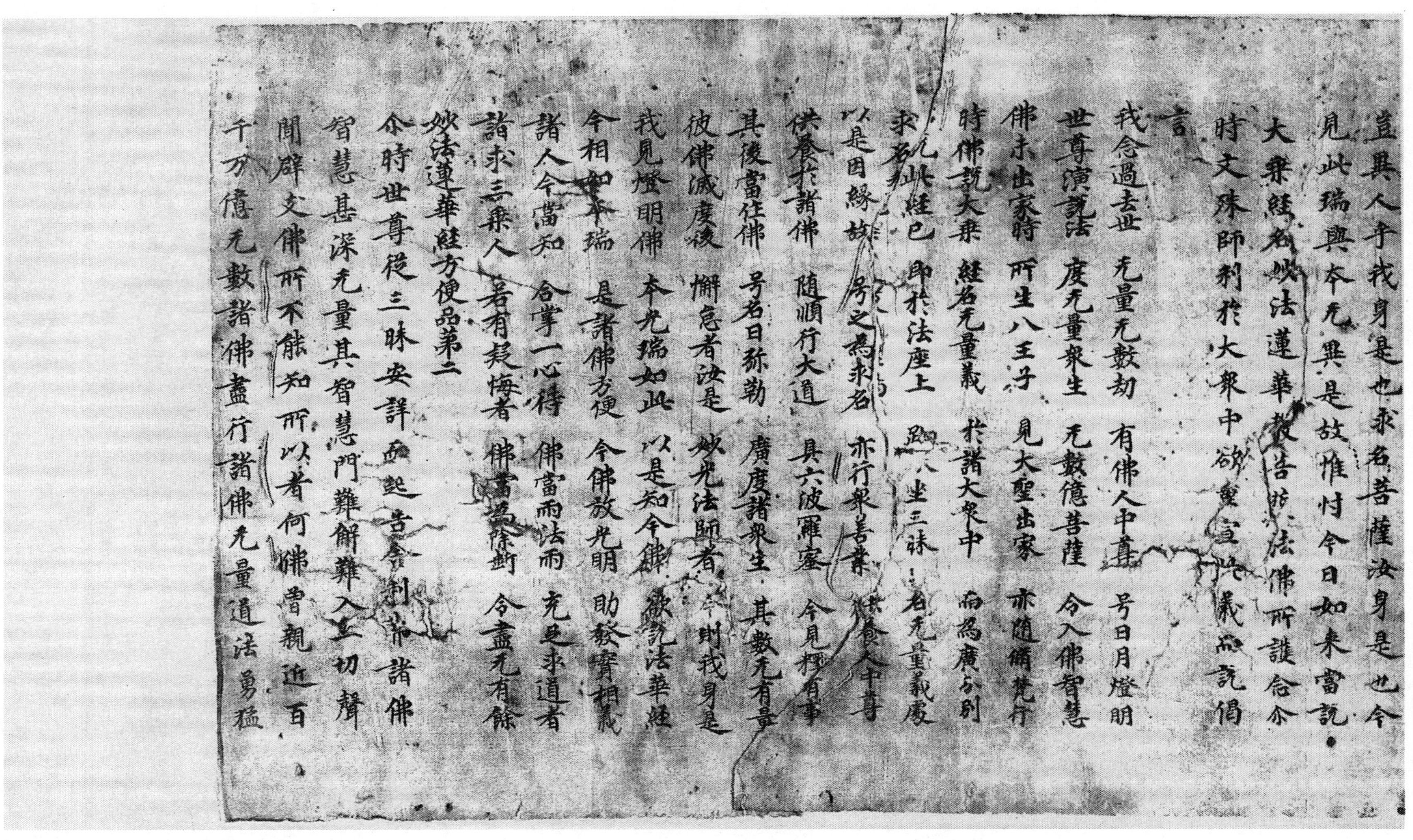

豈異人乎我身是也求名菩薩汝身是也今
見此瑞與本无異是故惟忖今日如來當說
大乘經名妙法蓮華教菩薩法佛所護念尒
時文殊師利於大衆中欲重宣此義而說偈
言
我念過去世　无量无數劫　有佛人中尊　号日月燈明
世尊演說法　度无量衆生　无數億菩薩　令入佛智慧
佛未出家時　所生八王子　見大聖出家　亦隨修梵行
時佛說大乘　經名无量義　於諸大衆中　而為廣分別
佛說此經已　即於法座上　跏趺坐三昧　名无量義處
以是因緣故　号之為求名　亦行衆善業　供養人中尊
供養於諸佛　隨順行大道　具六波羅蜜　今見釋師子
其後當作佛　号名曰彌勒　廣度諸衆生　其數无有量
彼佛滅度後　懈怠者汝是　妙光法師者　今則我身是
我見燈明佛　本光瑞如此　以是知今佛　欲說法華經
今相如本瑞　是諸佛方便　今佛放光明　助發實相義
諸人今當知　合掌一心待　佛當雨法雨　充足求道者
諸求三乘人　若有疑悔者　佛當為除斷　令盡无有餘
妙法蓮華經方便品第二
尒時世尊從三昧安詳而起告舍利弗諸佛
智慧甚深无量其智慧門難解難入一切聲
聞辟支佛所不能知所以者何佛曾親近百
千万億无數諸佛盡行諸佛无量道法勇猛

BD08105 號　妙法蓮華經卷一　（4–4）

觀世音菩薩
佛告觀世音菩
天龍夜叉乾闥婆阿修
摩睺羅伽人非人等故受是
菩薩愍諸四衆及於天龍人非
人受其瓔珞分作二分一分奉釋迦牟尼佛一分
奉多寶佛塔无盡意觀世音菩薩有如是自
在神力遊於娑婆世界
尒時无盡意菩薩以偈問曰
世尊妙相具　我今重問彼　佛子何因
具足妙相尊　偈荅无盡意　汝聽觀
弘誓深如海　歷劫不思議　侍多千億佛　發大
我為汝略說　聞名及見身　心念不空過　能滅諸有苦
假使興害意　推落大火坑　念彼觀音力　火坑變成池
或漂流巨海　龍魚諸鬼難　念彼觀音力　波

BD08106 號　觀世音經　（3–1）

具足妙相尊　偈荅无盡意　汝聽觀音行
弘誓深如海　歷劫不思議　侍多千億佛　發大清淨願
我為汝略說　聞名及見身　心念不空過　能滅諸有苦
假使興害意　推落大火坑　念彼觀音力　火坑變成池
或漂流巨海　龍魚諸鬼難　念彼觀音力　波浪不能没
或在須弥峯　為人所推墮　念彼觀音　如日虛空住
或被惡人逐　墮落金剛山　念彼觀音力　不能損一毛
或值怨賊遶　各執刀加害　念彼觀音力　咸即起慈心
或遭王難苦　臨刑欲壽終　念彼觀音力　刀尋段段壞
或囚禁枷鎖　手足被杻械　念彼觀音
呪詛諸毒藥　所欲害身者　念彼觀音力　還著於本
或遇惡羅剎　毒龍諸鬼等　念彼觀音力　時悉不敢
若惡獸圍遶　利牙爪可怖　念彼觀音力　疾走无邊方
蚖蛇及蝮蝎　氣毒煙火然　念彼觀音力　尋聲自迴去
雲雷鼓掣電　降雹澍大雨　念彼觀音力　應時得消散
衆生被困厄　无量苦逼身　觀音妙智力　能救世間苦
具足神通力　廣修智方便　十方諸國土　无剎不現身
種種諸惡趣　地獄鬼畜生　生老病死苦　以漸悉令滅
真觀清淨觀　廣大智慧觀　悲觀及慈觀　常願常瞻
仰　无垢清淨光　慧日破諸闇　能伏災風火　普明照世間
悲體戒雷震　慈意妙大雲　澍甘露法雨　滅除煩惱焰
諍訟經官處　怖畏軍陣中　念彼觀音力　衆怨悉
妙音觀世音　梵音海潮音　勝彼世間音　是故須常
念念勿生疑　觀世音淨聖　於苦惱死厄　能為
具一切功德　慈眼視衆生　福聚海无量　是故應頂
尒時持地菩薩　即從座起前白佛言世尊若有衆生

BD08106號　觀世音經　　（3–2）

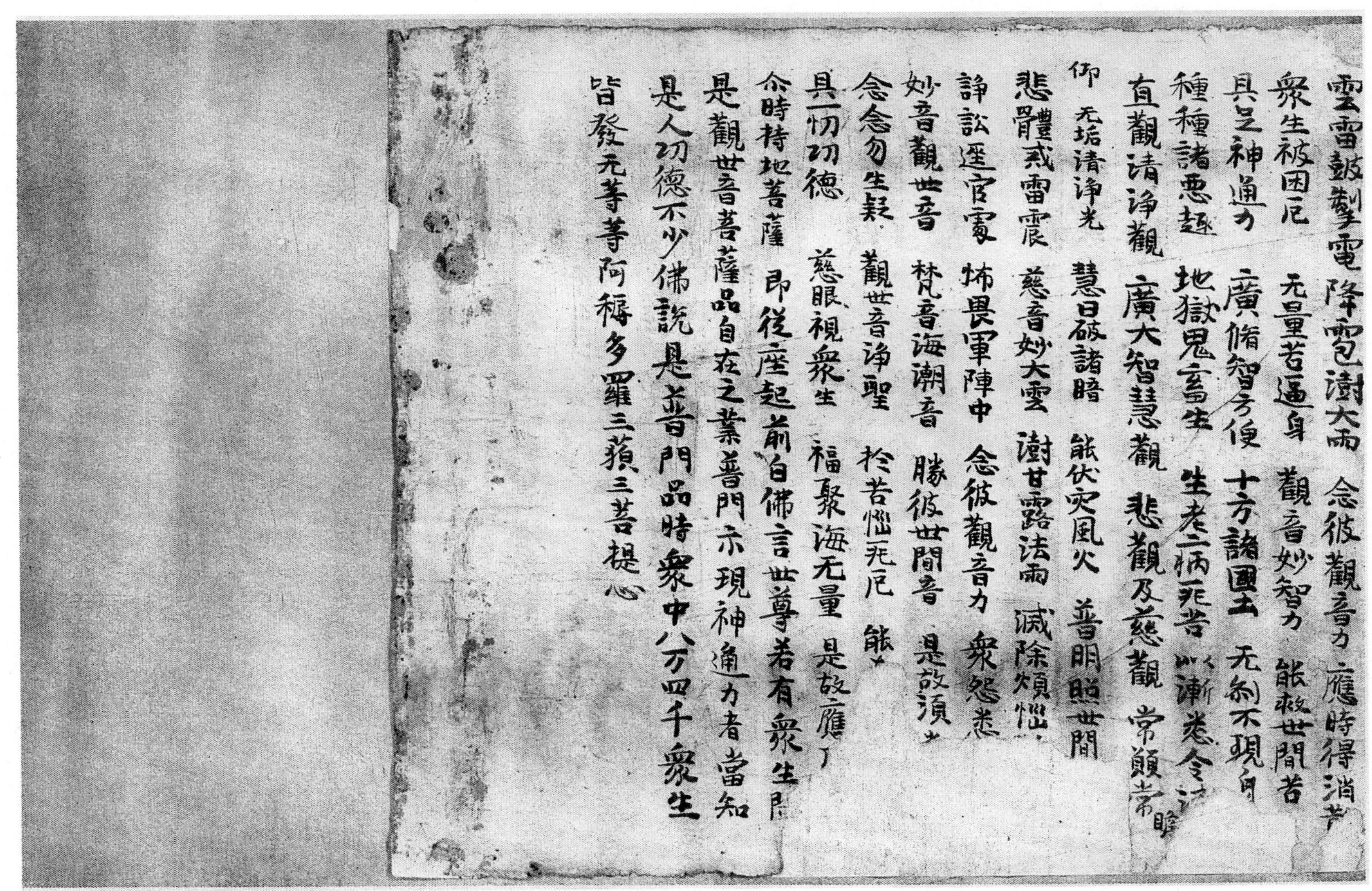

雲雷鼓掣電　降雹澍大雨　念彼觀音力　應時得消散
衆生被困厄　无量苦逼身　觀音妙智力　能救世間苦
具足神通力　廣修智方便　十方諸國土　无剎不現身
種種諸惡趣　地獄鬼畜生　生老病死苦　以漸悉令滅
真觀清淨觀　廣大智慧觀　悲觀及慈觀　常願常瞻
仰　无垢清淨光　慧日破諸闇　能伏災風火　普明照世間
悲體戒雷震　慈意妙大雲　澍甘露法雨　滅除煩惱焰
諍訟經官處　怖畏軍陣中　念彼觀音力　衆怨悉
妙音觀世音　梵音海潮音　勝彼世間音　是故須常
念念勿生疑　觀世音淨聖　於苦惱死厄　能為
具一切功德　慈眼視衆生　福聚海无量　是故應頂
尒時持地菩薩　即從座起前白佛言世尊若有衆生聞
是觀世音菩薩品自在之業普門示現神通力者當知
是人功德不少佛說是普門品時衆中八万四千衆生
皆發无等等阿耨多羅三藐三菩提心

BD08106號　觀世音經　　（3–3）

辱牛若食之則出提湖更有異草牛若
則无提湖雖无提湖不可說言雪山之中无
忍辱草佛性亦尒雪山者名為如來忍辱草
者名大涅槃異草者名十二部經衆生若能
聽者諮啓大般涅槃則見佛性十二部中雖
不聞有不可說言无佛性也善男子佛性者
亦色非色非色非〻色亦相非相非相非非
相亦一非一非一非非一非常非斷非非常
非非斷亦有亦无非有非无亦盡非盡非
盡非〻盡亦因亦果非因非果亦義非義非義
非〻義亦字非字非字非〻字云何為色金
剛身故云何非色十八不共非色法故云何
非色非〻色非色无定相故云何為相卅二
相故云何非相一切衆生相不見故云何非

BD08107號　大般涅槃經（北本）卷二七　（2–1）

盡非〻盡亦因亦果非因非果亦義非義非義
非〻義亦字非字非字非〻字云何為色金
剛身故云何非色十八不共非色法故云何
非色非〻色非色无定相故云何為相卅二
相故云何非相一切衆生相不見故云何非
相非〻相〻非相不决定故云何為一〻切
衆生悉一乘故云何非一說三乘故云何非
一非〻一无數法故云何非常從緣見故云
何非斷離斷見故云何非〻常非〻斷无始
終故云何為有一切衆生悉皆有故云何為
无從善方便而得見故云何非有非无虛空
性故云何名盡得首楞嚴三昧力故云何非
盡以其常故云何非盡非〻盡一切盡相斷
故云何為因以了因故云何為果〻决定故
云何非因非果以其常故云何為義悉能攝
取義无㝵故云何非義不可說故云何非義
非〻義畢竟空故云何為字有名稱故云何
非字无无名字故云何非字非〻字斷一切字
故云何非苦非樂斷一切受故云

BD08107號　大般涅槃經（北本）卷二七　（2–2）

救諸衆生苦難經
天台山中有一老師年九百歲正月二月天神悲哭眼中泣
血唱言苦哉苦哉衆生死盡弟子惠通合掌頂禮眼中泣淚
啓言有此災難如何得免師報言惠通我見閻浮提衆生
亡沒並念彌勒佛救諸大衆生中國黄河北相魏之地正在其
中愚癡之子不覺不知三月四月鬼兵亂起无邊无際八月九月
已來大末劫衆生行善鬼兵自滅天地黑闇得免災難寫一本
免一門寫兩本免六親寫三本免一村流傳者是弟子勝此經
者入阿鼻地獄无有出期見此經不寫者
滅門至心讀誦者得成佛道
黑風西北起 東南鎮兵共 永常太地閻 何得心不驚
先須斷酒肉 貪嗔更莫生 人能慎此事 佛道一時行
新菩薩經一卷 新菩薩經一卷 念阿彌陀佛二百三遍
勅價兆穎下諸州衆生每日念阿彌陀佛一千口斷惡行善今
年大熟无人收刈數種病死 第一瘧病死 第二天行病死
第三卒病死 第四腫病死 第五産生病死 第六患腹死
第七血癰病死 第八風黄病死 第九水痢病死 第十患眼死
今勸諸衆生寫一本免一身寫兩本免一門寫三本免一村若不

BD08108 號 1　救諸衆生苦難經　（2–1）

中愚癡之子不覺不知三月四月鬼兵亂起无量无際八月九月
已來大末劫衆生行善鬼兵自藏天地黑闇得免灾難寫一本
免一門寫兩本免六親寫三本免一村流傳者是弟子謗此經
者入阿鼻地獄无有出期見此經不寫者
滅門至心讀誦者得成佛道
黑風西北起　東南鎮兕吾　永常大地闇　何得心不驚
免須斷酒肉　貪嗔莫莫生　人能慎此事　佛道一時行
新菩薩經一卷　新菩薩經一卷　念阿彌陀佛一百三遍
勅賈耽頒下諸州衆生　每日念阿彌陀佛一千口斷惡行善今
年大熟无人收刈　數種病死　第一瘧病死　第二天行病死
第三卒病死　第四腫病死　第五產生病死　第六患腹死
第七血癰病死　第八風黃病死　第九水痢病死　第十患眼死
今勸諸衆生寫一本免一身寫兩本免一門寫三本免一村若不
信者滅門門上牓之得過此難但看七八月三家共一牛五男
同一婦僧尼巡門勸寫此經其西涼州正月威中時雷鳴
雨聲有石下大如斗石破兩開即見此經報諸衆生今勸錢
患　南无金剛藏菩薩心中

BD08108號背　辯三障五逆義（擬）

（2–1）

□下□□道乃逆等重華及輪王善業輪王雖行十善今
人不得成聖明業障何明報障生八難名日報障八難
者地獄乃至生盲生聾何明煩惱障煩惱障者謂貪嗔癡
等一切煩惱煩雜惱亂有情心身障人聖道日煩惱障若論十
地乃有障在金光明經吹者尋之三障之義略約如是之見
至一種逆殺父害母何以名逆罪父之而天母之為地天能下其潤
雨露甘潤一切芽苗地能生長萬物靈之衆生受用父母亦以母能
懷十月懷胎生受苦痛三年乳哺十五年差育父能薰悔其恩
可大若能孝敬便招人天若生逆害墮落不離
三塗受諸焚苦不能出離向父母生養能反逆罪三寶元此何
逆罪答三寶之恩亦廣大四生等父良友福田若能歸向能離
生死苦證涅槃永沒苦海常住愛流不得離苦解脫若逆罪
奉答如是有錢任嶽刑害二親破壞三尊何以之知刑害父母破
壞三尊謗經可明昔仏在時阿闍世王殺父王貪嗔逆羅奈劫
母毒逆現在人死後入阿鼻地獄至今未出提波達多毀壞如來
亦入地獄千仏出世不通懺悔奉答如是有錢任山嶽

種花香寶
言世尊以幾因緣得菩
身即於菩提現在心不
過去心不可得離於菩提心無
菩提者不可言說心亦無色
非可造作衆生亦不可得亦
何諸法甚深之義而可得知
佛言善男子如是如是菩提
皆不可得若離菩提菩提心
者不可說心亦不可說無色
生亦不可得何以故菩提及
所證皆平等故非無諸法
菩薩摩訶薩如是知者
法善說菩提及菩提心皆
來未非現在心亦如是衆
相實不可得何以故以一切法

BD08109號　金光明最勝王經卷四　（4–1）

菩薩摩訶薩如是知者
法善說菩提及菩提心皆
來未非現在心亦如是衆
相實不可得何以故以一切法
不可得菩提名亦不可得衆生
不可得聲聞聲聞名不可得獨
可得菩薩菩薩名不可得佛佛
非行不可得行非行名不可得以
一切寂靜法中而得安住此依一切功德善根而
得生起
善男子譬如寶須弥山王饒益一切此菩提
心利衆生故是名第一布施波羅蜜因善男
子譬如大地持衆物故是名第二持戒波羅蜜
因譬如師子有大威力獨步無畏離驚怨故是
名第三忍辱波羅蜜因譬如風輪那羅延力
勇壯速疾心不退故是名第四勤策波羅蜜
因譬如七寶樓觀有四堦道清涼之風來吹四
門受安隱樂靜慮法藏求滿足故是名第
五靜慮波羅蜜因譬如日輪光耀熾盛此心速
能破滅生死無明闇故是名第六智慧波羅
蜜因譬如商主能令一切心願滿足此心能度
生死險道獲功德寶故是名第七方便勝智

BD08109號　金光明最勝王經卷四　（4–2）

五靜慮波羅蜜因辟如日輪光耀熾盛此心速
能破壞生死無明闇故是名第六智慧波羅
蜜因辟如高主能令一切心願滿足此心能度
生死險道攝切德寶故是名第七方便勝智
波羅蜜因辟如淨月圓滿無翳此心能於一切
境界清淨具足故是名第八願波羅蜜因辟
如轉輪聖王主兵寶臣隨意自在此心善能
莊嚴淨佛國土無量功德廣利羣生故是名
第九力波羅蜜因辟如虛空及轉輪聖王此心
能於一切境界無有障礙於一切處皆得自
在至灌頂位故是名第十智波羅蜜因善男
子是名菩薩摩訶薩十種菩提心因如是十
因汝當修學
善男子依五種法菩薩摩訶薩成就布施波
羅蜜云何為五一者信受根二者慈悲三者
無求欲心四者攝受一切衆生五者願求一切
智智善男子是名菩薩摩訶薩成就布施
波羅蜜善男子復依五法菩薩摩訶薩成
就持戒波羅蜜云何為五一者三業清淨二者
不為一切衆生作煩惱因緣三者閉諸惡道開
善趣門四者過於聲聞獨覺之地五者一切功
德皆悉滿足善男子是名菩薩摩訶薩成就
持戒波羅蜜

BD08109號　金光明最勝王經卷四　（4–3）

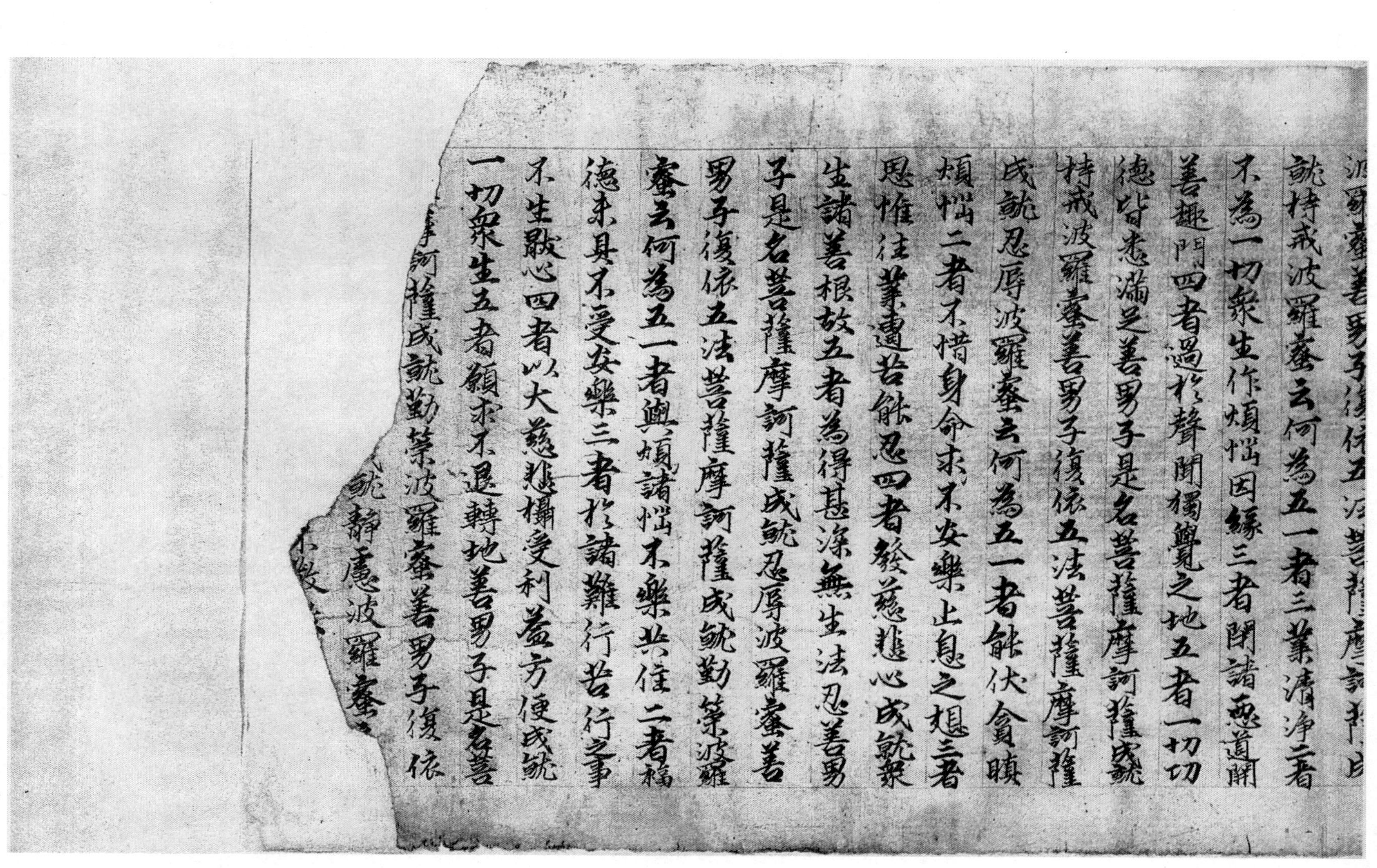
波羅蜜善男子復依五法菩薩摩訶薩成
就持戒波羅蜜云何為五一者三業清淨二者
不為一切衆生作煩惱因緣三者閉諸惡道開
善趣門四者過於聲聞獨覺之地五者一切功
德皆悉滿足善男子是名菩薩摩訶薩成就
持戒波羅蜜善男子復依五法菩薩摩訶薩
成就忍辱波羅蜜云何為五一者能伏貪瞋
煩惱二者不惜身命不求安樂止息之想三者
思惟往業遭苦能忍四者發慈悲心成就衆
生諸善根故五者為得甚深無生法忍善男
子是名菩薩摩訶薩成就忍辱波羅蜜善
男子復依五法菩薩摩訶薩成就勤策波羅
蜜云何為五一者與煩惱不樂共住二者福
德未具不受安樂三者於諸難行苦行之事
不生厭心四者以大慈悲攝受利益方便成就
一切衆生五者願求不退轉地善男子是名菩
薩摩訶薩成就勤策波羅蜜善男子復依
就靜慮波羅蜜

BD08109號　金光明最勝王經卷四　（4–4）

BD08110 號　妙法蓮華經卷五　　　　（3–1）

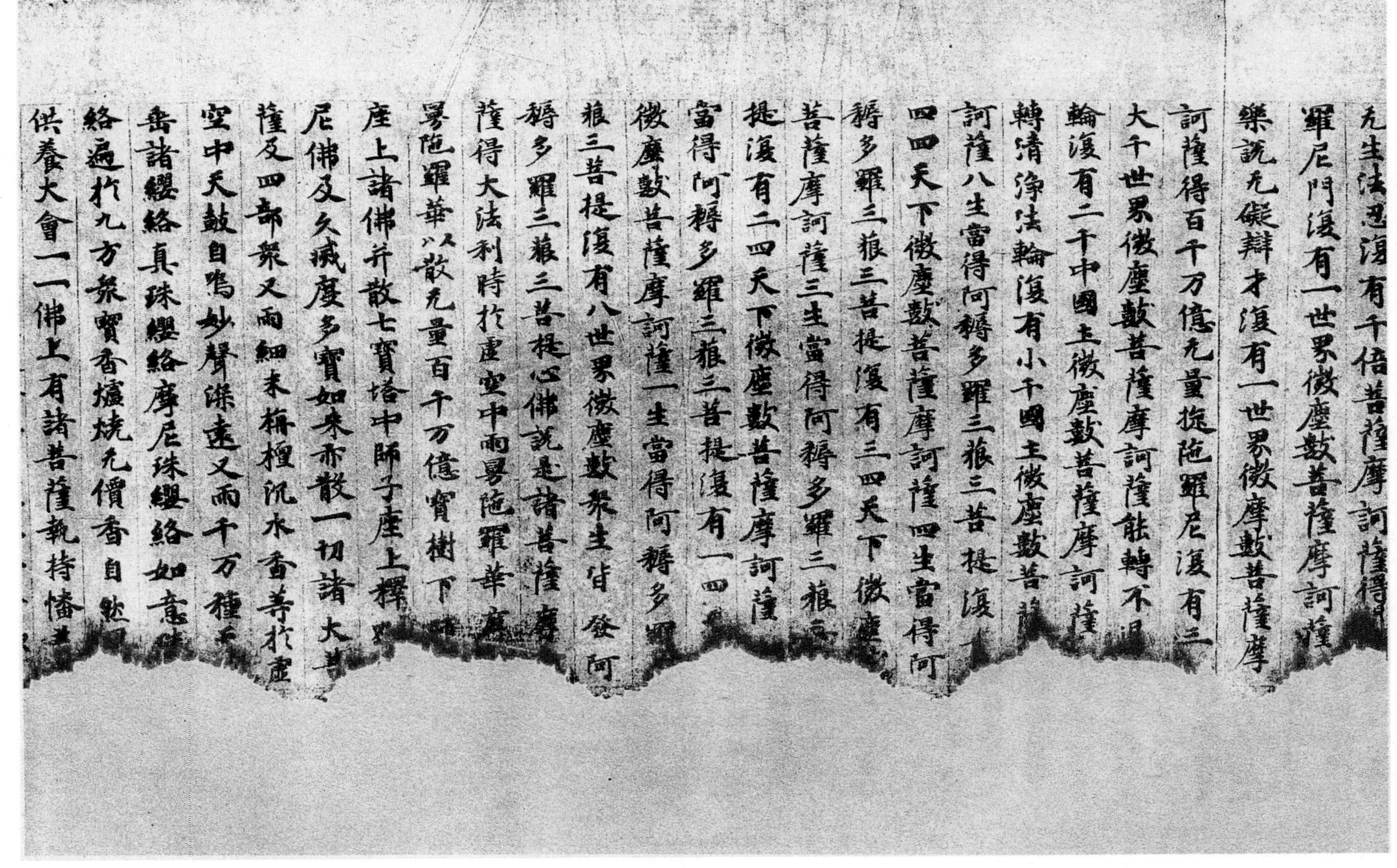

BD08110 號　妙法蓮華經卷五　　　　（3–2）

薩得大法利時於虛空中雨曼陀羅華摩
曼陀羅華以散无量百千万億寶樹下師
座上諸佛并散七寶塔中師子座上釋迦
尼佛及久滅度多寶如來亦散一切諸大菩
薩及四部衆又雨細末栴檀沉水香等於虛
空中天鼓自鳴妙聲深遠又雨千万種天
垂諸瓔珞真珠瓔珞摩尼珠瓔珞如意珠
珞遍於九方衆寶香爐燒无價香自然周
供養大會一一佛上有諸菩薩執持幡蓋
第而上至于梵天是諸菩薩以妙音聲歌无
量頌讚嘆諸佛尒時弥勒菩薩從座而起偏
袒右肩合掌向佛而說偈言
佛說希有法　昔所未曾聞　世尊有大力　壽命不可
无數諸佛子　聞世尊分別　說得法利者　歡喜充遍
或住不退地　或得陁羅尼　或无閡樂說　万億旋
或有大千界　微塵數菩薩　各各皆
界　微塵數菩

BD08110 號　妙法蓮華經卷五　（3–3）

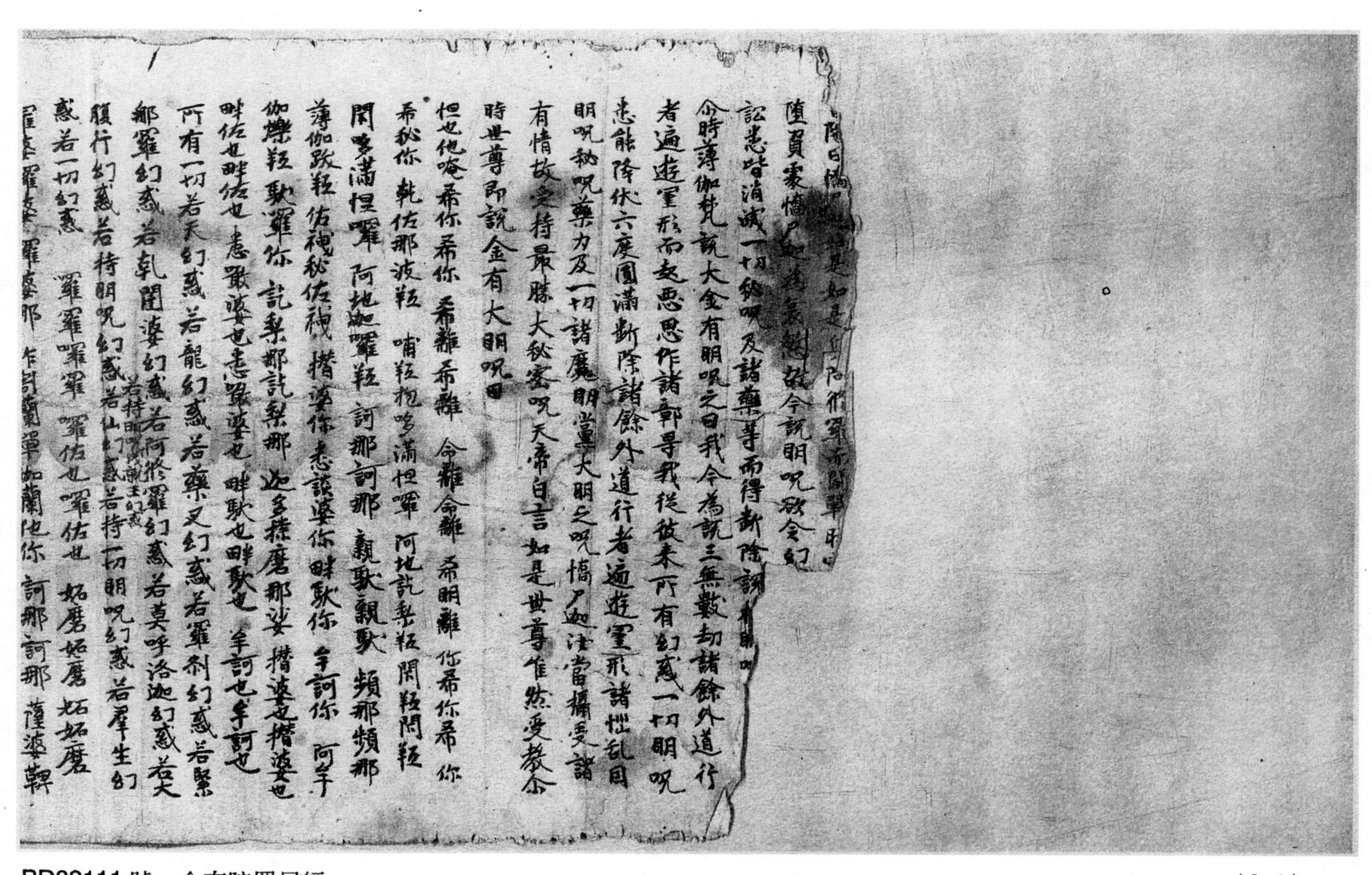
……如為衆……故今說明呪欲令幻
誑悉皆消滅一切秘呪及諸藥等而得斷除誑
尒時薄伽梵說大金有明呪之曰我今為說三無數劫諸餘外道行
者遍遊寰形而起惡思作諸部㝵我從彼來所有幻惑一切明呪
悉能降伏六度圓滿斷除諸餘外道行者遍遊寰形諸惱亂回
明呪秘呪藥力及一切諸魔明當大明之呪憍尸迦汝當攝受諸
有情故受持最勝大秘密呪天帝白言如是世尊唯然受教尒
時世尊即說金有大明呪曰
怛也他唵希你希你　希離希離　命離命離　希明離　你希你希　你
希秘你　執佐那波羅　哺羅抱哆滿怛囉　阿地訖梨羅　聞羅聞羅
聞嚩滿怛囉　阿地迦囉羅　訶那訶那　親馱親馱　頻那頻那
薄伽跋羅　佐衹秘佐衹　摺婆你　悉談婆你　畔馱你　牟訶你　阿牟
伽欏羅　馱羅你　訖梨那訖梨那　迦多捺磨那婆　摺婆也摺婆也
畔佐也畔佐也　悉戮婆也悉戮婆也　畔馱也畔馱也　牟訶也牟訶也
所有一切若天幻惑若龍幻惑若藥叉幻惑若羅刹幻惑若緊
那羅幻惑若乾闥婆幻惑若阿修羅幻惑若莫呼洛迦幻惑若人
腹行幻惑若持明呪幻惑若山幻惑若持一切明呪幻惑若羣生幻
惑若一切幻惑　羅羅囉羅　囉佐也囉佐也　姤磨姤磨　姤姤磨
羅娑羅娑　羅婆娑那　作訶蘭單加蘭他你　訶那訶那　薩婆韓

BD08111 號　金有陀羅尼經　（2–1）

時世尊即說金有大目呪曰
怛也他唵 希你希你 希你 希難希難 命難命難 希明難 你希你希你
希秘你 軋佐那波鞋 哺鞋抱哆滿怛囉 阿地訖梨鞋 閇鞋閇鞋
閇哆滿怛囉 阿地迦囉鞋 訶那訶那 親馱親馱 頻那頻那
薄伽跋鞋 佐袍秘佐袍 揩婆你 悉談婆你 畔馱你 牟訶你 阿牟
伽嚩鞋 馱羅你 訖梨那訖梨那 迦多㮈磨那婆 揩婆也揩婆也
畔佐也畔佐也 悉歌婆也悉縣婆也 畔馱也畔馱也 牟訶也牟訶也
所有一切若天幻惑 若龍幻惑 若藥叉幻惑 若羅刹幻惑 若緊
那羅幻惑 若乾闥婆幻惑 若阿修羅幻惑 若莫呼洛迦幻惑 若天
腹行幻惑 若持明呪幻惑 若仙幻惑 若持一切明呪幻惑 若群生幻
惑 若一切幻惑 羅羅囉羅 囉佐也囉佐也 姤磨姤磨 姤姤磨
羅婆羅婆 羅婆那 作害蘭單伽蘭他你 訶那訶那 薩婆鞞
哆奢嗚盧難 悉談婆也 婆尸悉談婆也 秀近悉談婆也 蘊南悉
談婆也 婆盧難悉談婆也 悉你宙悉談婆也 樹賀軋哆梨哆梨
馱囉鞋惟 馱囉寧波奢訶悉鞋 㫊奢他也婆世那 若有於我
能為怨敵諸賊嗔恚具極惡心闘諍極欲作一切無利益者
訶那訶那 哆訶哆訶 波佐波佐 半佐也半佐也 揩婆也揩婆
也 悉談婆也悉談婆也 半馱也半馱也 牟訶也牟訶也 摩訶
牟訶也 薄伽跋鞋 莎訶 於一切怖畏嬈惱疾疫願守護
我以馱莎訶 憍尸迦 若善男子若善女人 若王若王大臣 能憶
念此金有明呪者 彼無他怖畏 於彼部黨他所敵軍不能侵惱
亦非天亦非龍亦非藥叉亦非乾闥婆亦非阿修羅亦非緊
那羅亦非摩呼洛迦亦非持明呪者亦非飛空母等亦不非時
而捨壽命 明呪秘呪一切諸藥不能為害 他所敵軍不能侵嬈
他所敵軍而不傷命 刀不能害 不大毒藥明呪秘呪一切諸藥而不

BD08111 號　金有陀羅尼經　（2–2）

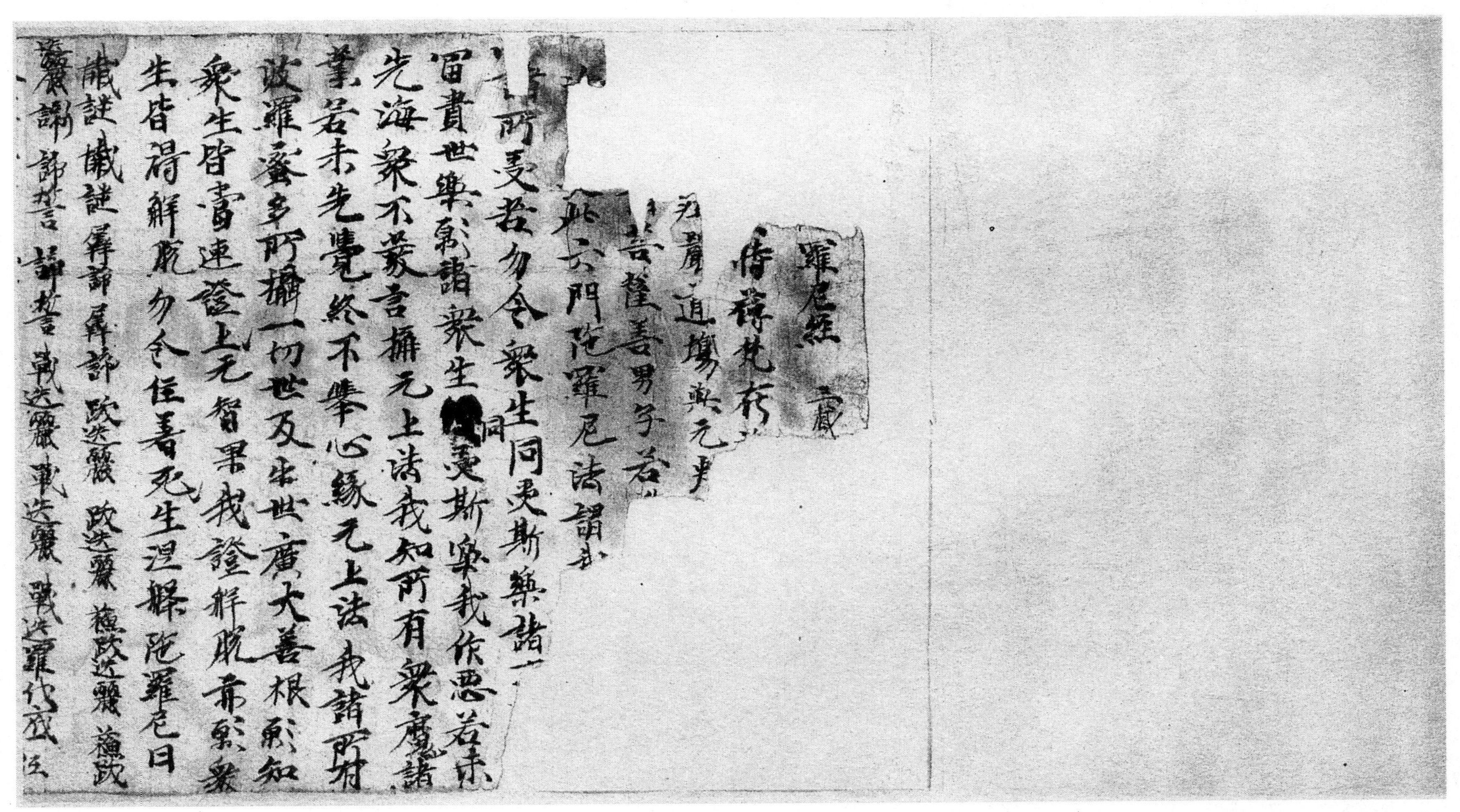
羅尼經 三藏
時薄伽梵在
廣道場與无量
菩薩善男子若
此六門陀羅尼法謂若
所受若分令衆生同受斯藥諸一
留貴世樂窮諸衆生同受斯樂我依惡若未
光海衆不發言攝无上法我知所有衆魔諸
業若未先覺終不攀心緣无上法我諸所有
波羅蜜多所攝一切世及出世廣大善根願知
衆生皆當速證上无智果我證解脫亦願衆
生皆得解脫分令住善死生涅槃陀羅尼曰
戚謎 戚謎 羼節 羼節 跋迭嚴 跋迭嚴 蘊跋迭嚴 蘊跋
薆嚴謫 節哲 謫哲 戰迭嚴 戰迭嚴 戰迭羅代底

BD08112 號 1　六門陀羅尼經　（2–1）

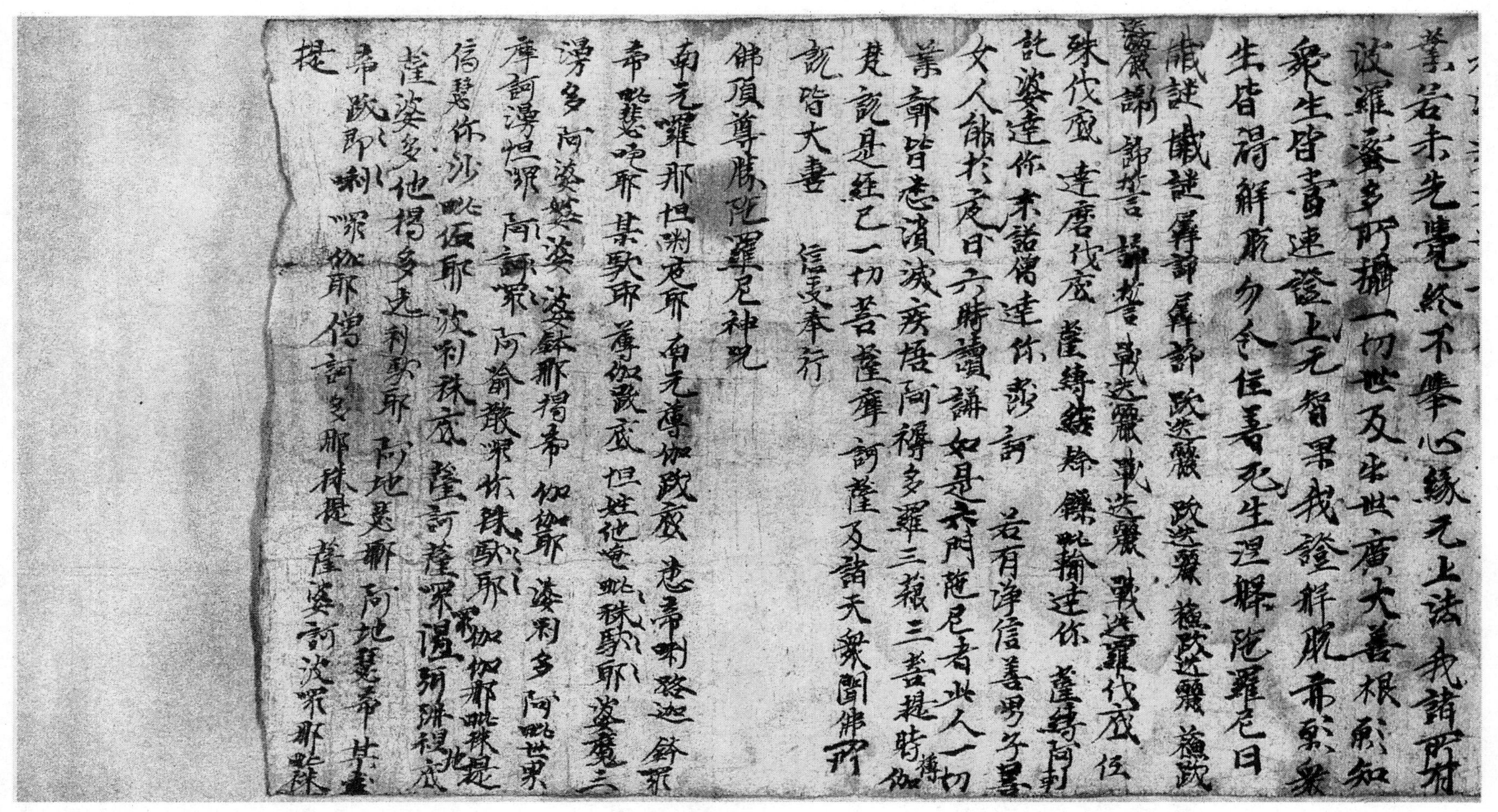

BD08112 號 1　六門陀羅尼經　（2–2）
BD08112 號 2　佛頂尊勝陀羅尼咒

BD08112 號背　雜寫　（1–1）

求集滅道聖諦若常若无
常若求集滅道聖諦若樂若苦
我若无我求集滅道聖諦若我若无
聖諦若淨若不淨求集滅道聖諦若淨若
淨依此等法行布施者我說名爲行有所
相似布施波羅蜜多憍尸迦如前所說當
皆是說有所得相似布施波羅蜜多
復次憍尸迦若善男子善女人等爲發无上
菩提心者說四靜慮若常若无常說四无量
四无色定若常若无常說四靜慮若
說四无量四无色定若樂若苦說四靜慮若
我若无我說四无量四无色定若我若无我
說四靜慮若淨若不淨說四无量四无色定
若淨若不淨若有能依如是等法脩行布施
是行布施波羅蜜多復作是說行布施者應
求四靜慮若常若无常應求四无量四无色
定若常若无常應求四靜慮若樂若苦應求
四无量四无色定若樂若苦應求四靜慮若

BD08113號　大般若波羅蜜多經卷一四五　（7–1）

說四靜慮若淨若不淨說四无量四无色定
若淨若不淨若有能依如是等法脩行布施
是行布施波羅蜜多復作是說行布施者應
求四靜慮若常若无常應求四无量四无色
定若常若无常應求四靜慮若樂若苦應求
四无量四无色定若樂若苦應求四靜慮若
我若无我應求四无量四无色定若我若无
我應求四靜慮若淨若不淨應求四无量四
无色定若淨若不淨若有能求如是等法脩
行布施是行布施波羅蜜多憍尸迦若善男
子善女人等如是求四靜慮若常若无常求
四无量四无色定若常若无常求四靜慮若
樂若苦求四无量四无色定若樂若苦求四靜
慮若我若无我求四无量四无色定若我
若无我求四靜慮若淨若不淨求四无量四
无色定若淨若不淨依此等法行布施者我
說名爲行有所得相似布施波羅蜜多憍尸迦
如前所說當知皆是說有所得相似布施
波羅蜜多
復次憍尸迦若善男子善女人等爲發无上
菩提心者說八解脫若常若无常說八勝處
九次第定十遍處若常若无常說八解脫
若樂若苦說八勝處九次第定十遍處若樂
若苦說八解脫若我若无我說八勝處九次第
定十遍處若我若无我說八解脫若淨若不
淨說八勝處九次第定十遍處若淨若不淨

BD08113號　大般若波羅蜜多經卷一四五　（7–2）

若樂若苦說八勝處九次第定十遍處若樂
若苦說八解脫若我若无我說八勝處九次第
定十遍處若我若无我說八解脫若淨若不
淨說八勝處九次第定十遍處若淨若不淨
若有能依如是等法脩行布施是行布施波
羅蜜多復作是說行布施者應求八解脫若
常若无常應求八勝處九次第定十遍處若
常若无常應求八解脫若樂若苦應求八勝
處九次第定十遍處若樂若苦應求八解脫
若我若无我應求八勝處九次第定十遍處
若我若无我應求八解脫若淨若不淨應求
八勝處九次第定十遍處若淨若不淨若有
能求如是等法脩行布施是行布施波羅蜜
多憍尸迦若善男子善女人等如是求八解
脫若常若无常求八勝處九次第定十遍處
若常若无常求八解脫若樂若苦求八勝處
九次第定十遍處若樂若苦求八解脫若我
若无我求八勝處九次第定十遍處若我若
无我求八解脫若淨若不淨求八勝處九次
第定十遍處若淨若不淨依此等法行布施
者我說名爲行有所得相似布施波羅蜜多
憍尸迦如前所說當知皆是說有所得相似布
施波羅蜜多
復次憍尸迦若善男子善女人等爲發无上
菩提心者說四念住若常若无常說四正斷
四神足五根五力七等覺支八聖道支若常

BD08113號　大般若波羅蜜多經卷一四五　（7-3）

憍尸迦如前所說當知皆是說有所得相似布
施波羅蜜多
復次憍尸迦若善男子善女人等爲發无上
菩提心者說四念住若常若无常說四正斷
四神足五根五力七等覺支八聖道支若常
若无常說四念住若樂若苦說四正斷四
神足五根五力七等覺支八聖道支若樂若苦
說四念住若我若无我說四正斷四神足五根
五力七等覺支八聖道支若我若无我說四
念住若淨若不淨說四正斷四神足五根五
力七等覺支八聖道支若淨若不淨若有
能依如是等法脩行布施是行布施波羅蜜
多復作是說行布施者應求四念住若常若
无常應求四正斷乃至八聖道支若常若无
常應求四念住若樂若苦應求四正斷乃至
八聖道支若樂若苦應求四念住若我若无
我應求四正斷乃至八聖道支若我若无我
應求四念住若淨若不淨應求四正斷乃至
八聖道支若淨若不淨若有能求如是等
法脩行布施是行布施波羅蜜多憍尸迦若善
男子善女人等如是求四念住若常若无常
求四正斷乃至八聖道支若常若无常求四
念住若樂若苦求四正斷乃至八聖道支若樂
若苦求四念住若我若无我求四正斷乃至
八聖道支若我若无我求四念住若淨若
不淨求四正斷乃至八聖道支若淨若不淨依

BD08113號　大般若波羅蜜多經卷一四五　（7-4）

念住若樂若苦求四正斷乃至八聖道支若樂
若苦求四念住若我若无我求四正斷乃至
八聖道支若我若无我求四念住若淨若
不淨求四正斷乃至八聖道支若淨若不淨依
此等法行布施者我說名為行有所得相似
布施波羅蜜多憍尸迦如前所說當知皆是
說有所得相似布施波羅蜜多
復次憍尸迦若善男子善女人等為發无上
菩提心者說空解脫門若常若无常說无相无
願解脫門若常若无常說空解脫門若樂
若苦說无相无願解脫門若樂若苦說空解
脫門若我若无我說无相无願解脫門若我
若无我說空解脫門若淨若不淨說无相无
願解脫門若淨若不淨若有能依如是等法
脩行布施是行布施波羅蜜多復作是說行
布施者應求空解脫門若常若无常應求无
相无願解脫門若常若无常應求空解脫門
若樂若苦應求无相无願解脫門若樂若苦
應求空解脫門若我若无我應求无相无願
解脫門若我若无我應求空解脫門若淨若
不淨應求无相无願解脫門若淨若不淨若
有能求如是等法脩行布施是行布施波羅
蜜多憍尸迦若善男子善女人等如是求空
解脫門若常若无常求无相无願解脫門若
常若无常求空解脫門若樂若苦求无相无

BD08113號　大般若波羅蜜多經卷一四五　（7–5）

有能求如是等法脩行布施是行布施波羅
蜜多憍尸迦若善男子善女人等如是求空
解脫門若常若无常求无相无願解脫門若
常若无常求空解脫門若樂若苦求无相无
願解脫門若樂若苦求空解脫門若我若无
我求无相无願解脫門若我若无我求空解
脫門若淨若不淨求无相无願解脫門若淨
若不淨依此等法行布施者我說名為行有
所得相似布施波羅蜜多憍尸迦如前所說
當知皆是說有所得相似布施波羅蜜多
復次憍尸迦若善男子善女人等為發无上
菩提心者說五眼若常若无常說六神通若
常若无常說五眼若樂若苦說六神通若樂
若苦說五眼若我若无我說六神通若我若
无我說五眼若淨若不淨說六神通若淨若
不淨若有能依如是等法脩行布施是行布
施波羅蜜多復作是說行布施者應求五眼
若常若无常應求六神通若常若无常應
求五眼若樂若苦應求六神通若樂若苦應求
五眼若我若无我應求六神通若我若无我
應求五眼若淨若不淨應求六神通若淨若
不淨若有能求如是等法脩行布施是行布
施波羅蜜多憍尸迦若善男子善女人等如
是求五眼若常若无常求六神通若常若无
常求五眼若樂若苦求六神通若樂若苦求
五眼若我若无我求六神通若我若无我求

BD08113號　大般若波羅蜜多經卷一四五　（7–6）

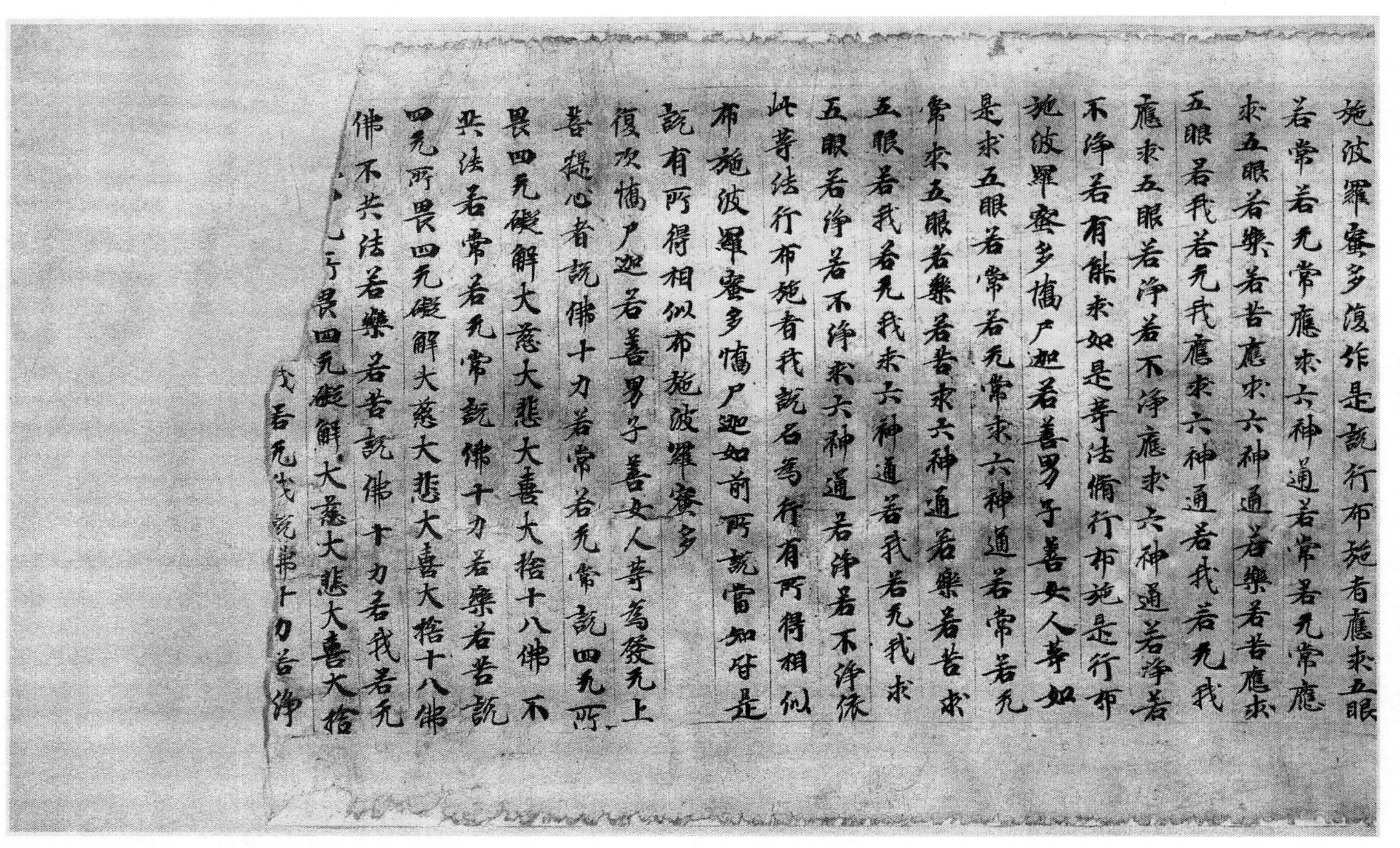

施波羅蜜多復作是說行布施者應求五眼
若常若无常應求六神通若常若无常應
求五眼若樂若苦應求六神通若樂若苦應求
五眼若我若无我應求六神通若我若无我
應求五眼若淨若不淨應求六神通若淨若
不淨若有能求如是等法脩行布施是行布
施波羅蜜多憍尸迦若善男子善女人等如
是求五眼若常若无常求六神通若常若无
常求五眼若樂若苦求六神通若樂若苦求
五眼若我若无我求六神通若我若无我求
五眼若淨若不淨求六神通若淨若不淨作
此等法行布施者我說名為行有所得相似
布施波羅蜜多憍尸迦如前所說當知皆是
說有所得相似布施波羅蜜多
復次憍尸迦若善男子善女人等為發无上
菩提心者說佛十力若常若无常說四无所
畏四无礙解大慈大悲大喜大捨十八佛不
共法若常若无常說佛十力若樂若苦說
四无所畏四无礙解大慈大悲大喜大捨十八佛
佛不共法若樂若苦說佛十力若我若无
……无所畏四无礙解大慈大悲大喜大捨
我若无我說佛十力若淨

BD08113號　大般若波羅蜜多經卷一四五　　(7–7)

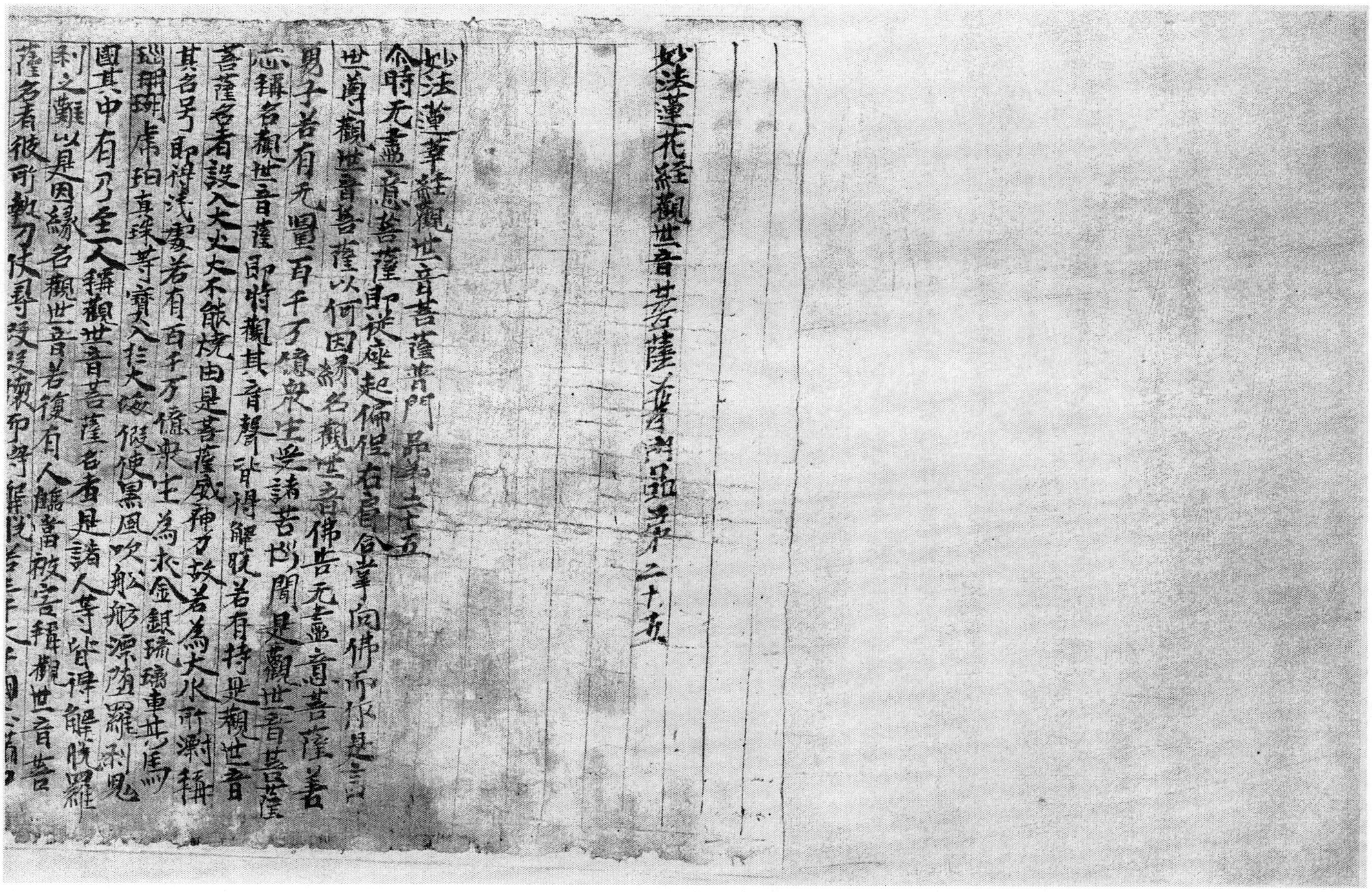

妙法蓮花經觀世音菩薩普門品第二十五
妙法蓮華經觀世音菩薩普門品第二十五
尒時无盡意菩薩即從座起偏袒右肩合掌向佛而作是言
世尊觀世音菩薩以何因緣名觀世音佛告无盡意菩薩善
男子若有无量百千万億衆生受諸苦惱聞是觀世音菩薩
一心稱名觀世音菩薩即時觀其音聲皆得解脫若有持是觀世音
菩薩名者設入大火火不能燒由是菩薩威神力故若為大水所漂稱
其名号即得淺處若有百千万億衆生為求金銀琉璃車𤦲馬
瑙珊瑚虎珀真珠等寶入於大海假使黑風吹其船舫飄墮羅剎鬼
國其中若有乃至一人稱觀世音菩薩名者是諸人等皆得解脫羅
剎之難以是因緣名觀世音若復有人臨當被害稱觀世音菩
薩名者彼所執刀杖尋段段壞而得解脫……

BD08114號　觀世音經　　(3–1)

著　録　凡　例

本目錄採用條目式著錄法。諸條目意義如下：

1.1　著錄編號。用漢語拼音首字“BD”表示，意為“北京圖書館藏敦煌遺書”，簡稱“北敦號”。文獻寫在背面者，標註為“背”。一件遺書上抄有多個文獻者，用數字1、2、3等標示小號。一號中包括幾件遺書，且遺書形態各自獨立者，用字母A、B、C等區別。

1.2　著錄分類號。本條記目錄暫不分類，該項空缺。

1.3　著錄文獻的名稱、卷本、卷次。

1.4　著錄千字文編號。

1.5　著錄縮微膠卷號。

2.1　著錄遺書的總體數據。包括長度、寬度、紙數、正面抄寫總行數與每行字數、背面抄寫總行數與每行字數。如該遺書首尾有殘破，則對殘破部分單獨度量，用加號加在總長度上。凡屬這種情況，長度用括弧標註。

2.2　著錄每紙數據。包括每紙長度及抄寫行數或界欄數。

2.3　著錄遺書的外觀。包括：(1) 裝幀形式。(2) 首尾存況。(3) 護首、軸、軸頭、天竿、縹帶，經名是書寫還是貼簽，有無經名號，扉頁、扉畫。(4) 卷面殘破情況及其位置。(5) 尾部情況。(6) 有無附加物（蟲繭、油污、線繩及其他）。(7) 有無裱補及其年代。(8) 界欄。(9) 修整。(10) 其他需要交待的問題。

2.4　著錄一件遺書抄寫多個文獻的情況。

3.1　著錄文獻首部文字與對照本核對的結果。

3.2　著錄文獻尾部文字與對照本核對的結果。

3.3　著錄錄文。

3.4　著錄對文獻的說明。

4.1　著錄文獻首題。

4.2　著錄文獻尾題。

5　著錄本文獻與對照本的不同之處。

6.1　著錄本遺書首部可與另一遺書綴接的編號。

6.2　著錄本遺書尾部可與另一遺書綴接的編號。

7.1　著錄題記、題名、勘記等。

7.2　著錄印章。

7.3　著錄雜寫。

7.4　著錄護首及扉頁的內容。

8　著錄年代。

9.1　著錄字體。如有武周新字、合體字、避諱字等，予以說明。

9.2　著錄卷面二次加工的情況。包括句讀、點標、科分、間隔號、行間加行、行間加字、硃筆、墨塗、倒乙、刪除、兑廢等。

10　著錄敦煌遺書發現後，近現代人所加內容，裝裱、題記、印章等。

11　備註。著錄揭裱互見、圖版本出處及其他需要說明的問題。

上述諸條，有則著錄，無則空缺。

為避文繁，上述著錄中出現的各種參考、對照文獻，暫且不列版本說明。全目結束時，將統一編制本條記目錄出現的各種參考書目。

本條記目錄為農曆年份標註其公曆紀年時，未進行歲頭年末之換算，請讀者使用時注意自行換算。